L'EUROPE

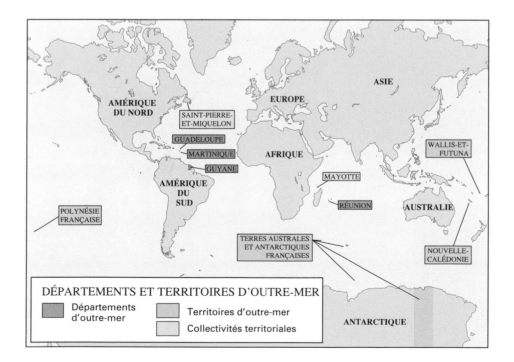

DÉPARTEMENTS ET TERRITOIRES D'OUTRE-MER

Mais oui!

Third Edition

Chantal P. Thompson
Brigham Young University

Elaine M. Phillips
Southwest Educational Development Laboratory

Houghton Mifflin Company   **Boston   New York**

Publisher: Rolando Hernández
Sponsoring Editor: Van Strength
Development Manager: Sharla Zwirek
Senior Project Editor: Rosemary R. Jaffe
Editorial Assistants: Patricia Osborne, Rachel Zanders
Senior Production/Design Coordinator: Sarah Ambrose
Senior Designer: Henry Rachlin
Manufacturing Manager: Florence Cadran
Senior Marketing Manager: Tina Crowley Desprez
Associate Marketing Manager: Claudia Martínez

Cover image: *La condition humaine (The Human Condition)*, by René Magritte, 1934. Superstock © Artists Rights Society, New York.

Credits for texts, illustrations, photographs, and realia are found following the index at the back of the book.

Printed in the U.S.A.

Student Text ISBN: 0-618-33819-5

Instructor's Annotated Edition ISBN: 0-618-33820-9

Library of Congress Control Number: 2002117267

4 5 6 7 8 9—DOW—10 09 08 07 06

Scope and Sequence

To the Student   xvii

iii

To the Student

Welcome to the third edition of **Mais oui!**, your beginning French program. **Mais oui!** is like Magritte's *La condition humaine* on the cover: it makes you think. Much as the painting demands a critical examination to uncover its multiple layers, **Mais oui!** calls on you to use critical thinking skills and to participate actively in the process of discovering the French language. It opens a window onto the cultural landscapes of *la Francophonie* where everything is not always as it first appears, where the distinction between representation and reality can sometimes be blurred by one's own cultural framework, and where multiple layers of meaning must be uncovered. In **Mais oui!**, as in Magritte's painting, real-world input and critical thinking meet on the road to higher-order learning.

- **Real-world input.** Carefully selected real-world listening and reading materials are used as entry into the language. The text comes with a sixty-minute In-text Audio CD containing the listening segments as well as the pronunciation activities for each chapter. The readings in the text are from actual magazine articles, books, literary works, or responses from French speakers around the world to survey questions on chapter topics. The **Mais oui!** Video, with accompanying activities in the Video Manual, and the CD-ROM provide additional exposure to authentic materials. The Web Search Activities expand opportunities for learning about Francophone cultures. Through a hierarchy of tasks, you develop strategies that enable you to process this input successfully. A natural stage is thus set for the introduction of vocabulary, structures, cultural concepts, and the practice of language functions. Through this wealth of real-world input, you not only learn to understand "real" French, but you embark on a journey of discovery.

- **Critical thinking.** The journey turns the traveler into a reflective observer who uses the input to discover the French way of saying things. Through a process of *Observez* and *Déduisez*, then *Vérifiez*, you are led to figure out on your own how the language works. You observe, infer, verify, and acquire the language in a stimulating environment conducive to long-term retention. You are also led to understand new social and cultural realities, for a new way of saying things is often a new way of seeing things. Take the word *vacation* for example. When you think of vacation time in the business world, how many days does it usually represent in your culture? To the French, *les vacances* is synonymous with five weeks of *congés payés* (paid vacation) per year, a mass exodus to the beaches of western or southern France in July and August, and a whole country that grinds to a complete halt for all the holidays. Language learning is not simply a matter of learning different words, but one of acquiring a new set of concepts associated with the words—a chance to expand one's horizons, inquisitively.

- **Realistic expectations.** The discovery process may sound challenging, but fortunately, the journey is a guided tour. The tasks are kept simple, and one small step at a time, you are guided from receptive to productive activities. Chances to create with the language abound, and functions (or language tasks) are recycled from chapter to chapter in ever-expanding contexts. By the end of the **Mais oui!** program, you can reasonably expect to begin to express personal meaning about a variety of simple topics, to ask and answer questions, and to deal with most common everyday situations in French.

An Overview of Your Textbook's Main Features

Mais oui! contains a brief preliminary chapter, twelve regular chapters, and a complementary chapter designed to provide a glimpse of higher functions. Each regular chapter is organized by a cultural theme.

4

L'école

This chapter will enable you to

- [ ] understand French students speaking about their school program
- [ ] read an article about the school week in France and a well-known literary text about a little boy who learns to read
- [ ] talk about studies and schedules
- [ ] express your personal reactions
- [ ] talk about activities you enjoy

À quel genre d'école vont ces jeunes gens? Quel diplôme est-ce qu'ils préparent? Et après, qu'est-ce qu'ils vont faire? Et vous? Qu'est-ce que vous étudiez? Comment sont vos cours?

● Chapter opener

Each chapter opens with a theme-setting photograph, accompanied by preview questions, which set the scene and introduce cultural and thematic information relevant to the chapter content.

128

● Communication goals establish clear learning objectives.

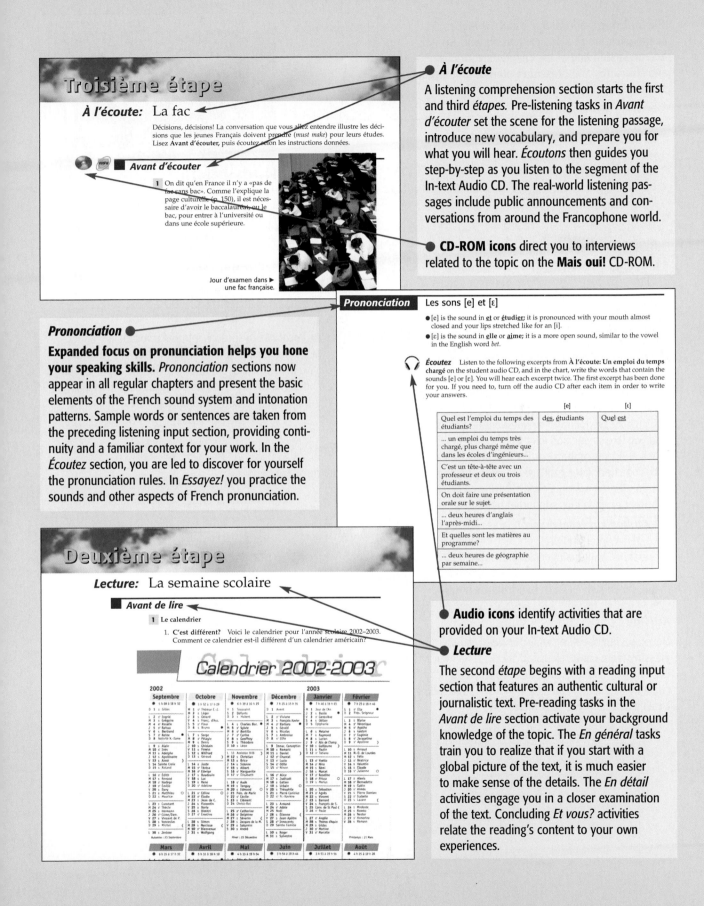

Troisième étape

À l'écoute: La fac

Décisions, décisions! La conversation que vous allez entendre illustre les décisions que les jeunes Français doivent prendre (*must make*) pour leurs études. Lisez **Avant d'écouter,** puis écoutez selon les instructions données.

Avant d'écouter

1 On dit qu'en France il n'y a «pas de fac sans bac». Comme l'explique la page culturelle (p. 150), il est nécessaire d'avoir le baccalauréat, ou le bac, pour entrer à l'université ou dans une école supérieure.

Jour d'examen dans ▶
une fac française.

À l'écoute

A listening comprehension section starts the first and third *étapes.* Pre-listening tasks in *Avant d'écouter* set the scene for the listening passage, introduce new vocabulary, and prepare you for what you will hear. *Écoutons* then guides you step-by-step as you listen to the segment of the In-text Audio CD. The real-world listening passages include public announcements and conversations from around the Francophone world.

● **CD-ROM icons** direct you to interviews related to the topic on the **Mais oui!** CD-ROM.

Prononciation ●

Expanded focus on pronunciation helps you hone your speaking skills. *Prononciation* sections now appear in all regular chapters and present the basic elements of the French sound system and intonation patterns. Sample words or sentences are taken from the preceding listening input section, providing continuity and a familiar context for your work. In the *Écoutez* section, you are led to discover for yourself the pronunciation rules. In *Essayez!* you practice the sounds and other aspects of French pronunciation.

Prononciation — Les sons [e] et [ɛ]

● [e] is the sound in **et** or **étudier;** it is pronounced with your mouth almost closed and your lips stretched like for an [i].
● [ɛ] is the sound in **elle** or **aime;** it is a more open sound, similar to the vowel in the English word *bet.*

Écoutez Listen to the following excerpts from **À l'écoute: Un emploi du temps chargé** on the student audio CD, and in the chart, write the words that contain the sounds [e] or [ɛ]. You will hear each excerpt twice. The first excerpt has been done for you. If you need to, turn off the audio CD after each item in order to write your answers.

	[e]	[ɛ]
Quel est l'emploi du temps des étudiants?	des, étudiants	Quel est
… un emploi du temps très chargé, plus chargé même que dans les écoles d'ingénieurs…		
C'est un tête-à-tête avec un professeur et deux ou trois étudiants.		
On doit faire une présentation orale sur le sujet.		
… deux heures d'anglais l'après-midi…		
Et quelles sont les matières au programme?		
… deux heures de géographie par semaine…		

Deuxième étape

Lecture: La semaine scolaire

Avant de lire

1 Le calendrier

1. **C'est différent?** Voici le calendrier pour l'année scolaire 2002–2003. Comment ce calendrier est-il différent d'un calendrier américain?

Calendrier 2002-2003

[Calendar grid for months Septembre, Octobre, Novembre, Décembre, Janvier, Février (2002–2003) and Mars, Avril, Mai, Juin, Juillet, Août]

● **Audio icons** identify activities that are provided on your In-text Audio CD.

Lecture

The second *étape* begins with a reading input section that features an authentic cultural or journalistic text. Pre-reading tasks in the *Avant de lire* section activate your background knowledge of the topic. The *En général* tasks train you to realize that if you start with a global picture of the text, it is much easier to make sense of the details. The *En détail* activities engage you in a closer examination of the text. Concluding *Et vous?* activities relate the reading's content to your own experiences.

The *Structures, Vocabulaire,* and *Stratégies de communication* sections expand on your insights and understanding of the chapter's vocabulary and structures and present related communication strategies.

Structure: Talking about course schedules

L'heure

Observez et déduisez

—Ça te plaît, tes cours?
—Oui, surtout la psychologie et la sociologie. Et la géo me plaît aussi. J'aime beaucoup mes cours. Mais pas les heures!

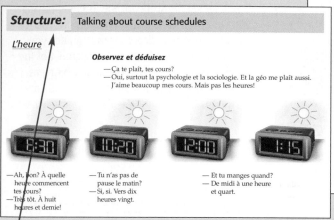

—Ah, bon? À quelle heure commencent tes cours?
—Très tôt. À huit heures et demie!

—Tu n'as pas de pause le matin?
—Si, si. Vers dix heures vingt.

— Et tu manges quand?
— De midi à une heure et quart.

● **Structures** take a unique three-step, problem-solving approach to the presentation of grammar. The *Observez et déduisez* section features examples of new structures from the preceding listening or reading passage followed by questions and tasks that lead you to examine and infer from the examples the forms and uses of the structures. In the *Vérifiez* section, you check your conclusions by comparing them with numerous examples and studying clear, concise grammar explanations supported by charts.

The ***Stratégie de communication*** section appears once per chapter and presents high-frequency expressions. Mini-dialogues demonstrate their uses in realistic contexts, and background information in English explains their cultural usage.

Activités

Develop your speaking skills through *Activités,* progressing from comprehension checks to guided practice to open-ended communicative work. All activities relate to the theme of the *étape* and emphasize personalized interactions with classmates.

Vocabulaire

La famille

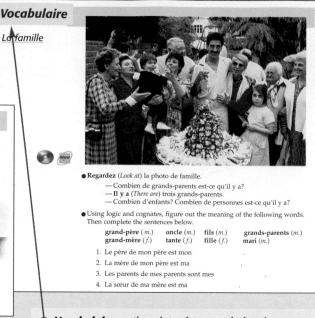

● **Regardez** (*Look at*) la photo de famille.
  —Combien de grands-parents est-ce qu'il y a?
  —**Il y a** (*There are*) trois grands-parents.
  —Combien d'enfants? Combien de personnes est-ce qu'il y a?

● Using logic and cognates, figure out the meaning of the following words. Then complete the sentences below.

grand-père (*m.*)	**oncle** (*m.*)	**fils** (*m.*)	**grands-parents** (*m.*)
grand-mère (*f.*)	**tante** (*f.*)	**fille** (*f.*)	**mari** (*m.*)

1. Le père de mon père est mon _____.
2. La mère de mon père est ma _____.
3. Les parents de mes parents sont mes _____.
4. La sœur de ma mère est ma _____.

● ***Vocabulaire*** sections introduce vocabulary important to the chapter theme. Photos, drawings, and creative mini-activities based on previously taught language and cognates make you an active participant in inferring the meanings of new words and phrases.

Stratégie de communication

Reacting to news and information

People often react in different ways to the same news. These students have found a note on the door telling them that their teacher has canceled class and has postponed their test until next week. Study the examples and answer the following questions.

What expressions can be used to express

• surprise? _____
• indifference? _____
• pleasure? _____
• irritation? _____

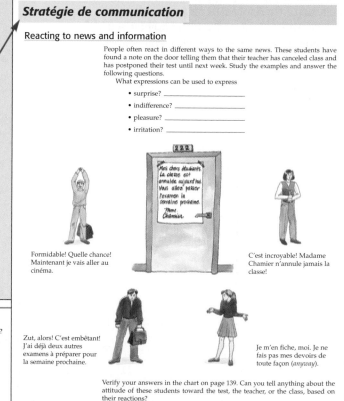

Formidable! Quelle chance! Maintenant je vais aller au cinéma.

C'est incroyable! Madame Chamier n'annule jamais la classe!

Zut, alors! C'est embêtant! J'ai déjà deux autres examens à préparer pour la semaine prochaine.

Je m'en fiche, moi. Je ne fais pas mes devoirs de toute façon (*anyway*).

Verify your answers in the chart on page 139. Can you tell anything about the attitude of these students toward the test, the teacher, or the class, based on their reactions?

Activités

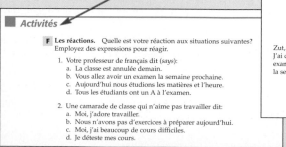

F Les réactions. Quelle est votre réaction aux situations suivantes? Employez des expressions pour réagir.

1. Votre professeur de français dit (*says*):
   a. La classe est annulée demain.
   b. Vous allez avoir un examen la semaine prochaine.
   c. Aujourd'hui nous étudions les matières et l'heure.
   d. Tous les étudiants ont un A à l'examen.

2. Une camarade de classe qui n'aime pas travailler dit:
   a. Moi, j'adore travailler.
   b. Nous n'avons pas d'exercices à préparer aujourd'hui.
   c. Moi, j'ai beaucoup de cours difficiles.
   d. Je déteste mes cours.

Note culturelle

VOCABULAIRE ACTIF

un an, une année
le calendrier
le collège
la date
l'école maternelle
l'école primaire
un élève
facultatif(ve)
une fête
une journée
les jours
  lundi, mardi, etc.
long (longue)
le lycée
les mois (m.)
  janvier, février, etc.
obligatoire
les vacances (f.)

L'école en France. L'école en France commence par **l'école maternelle,** qui est **facultative** (*optional*) pour les enfants de deux à six ans. L'école devient **obligatoire** (*mandatory*) à l'âge de six ans, quand les enfants entrent à **l'école primaire,** pour cinq ans. À l'âge de onze ans, on entre au **collège,** pour quatre ans, puis on va au **lycée** pour trois ans. On peut choisir le lycée général (académique), le lycée technique ou le lycée professionnel. À l'école primaire, au collège et au lycée, les apprenants (*learners*) s'appellent des **élèves.** Le terme étudiant est réservé à l'enseignement supérieur (l'université). Il n'y a pas d'étudiants au niveau primaire ou secondaire! Les enseignants de l'école primaire s'appellent des instituteurs/institutrices ou des professeurs d'école; au collège, au lycée et à l'université, ce sont des professeurs. Imaginez maintenant que vous faites une petite présentation à des Français sur le système scolaire (primaire et secondaire) dans votre pays (ou un autre pays que vous connaissez bien). Qu'allez-vous leur dire?

◀ Une école de village.

● *Notes culturelles*

Broaden your knowledge of French culture through an enhanced focus on the Francophone world. This section provides important, interesting information about the French-speaking world and the everyday lives and behaviors of French-speaking people. Questions encourage you to reflect on how your culture is similar and different.

Vocabulaire actif ●

Focus on real language builds confidence and fosters communication. Convenient *Vocabulaire actif* boxes placed throughout the chapter help you take note of the new vocabulary as it is introduced in context. All expressions introduced in the *Stratégie de communication* sections and the boldfaced words in the *Notes culturelles* are also active vocabulary. At the end of the chapter, all new active vocabulary, as well as expressions needed to understand the direction lines of activities, are listed and translated.

VOCABULAIRE ACTIF

Le temps

un an, une année *a year*	une fête *a holiday, celebration*
le calendrier *the calendar*	la fin *the end*
la date *the date*	un emploi du temps *a schedule*
le début *the beginning*	du temps libre *free time*

Les mois (m.)

janvier *January*	mai *May*	septembre *September*
février *February*	juin *June*	octobre *October*
mars *March*	juillet *July*	novembre *November*
avril *April*	août *August*	décembre *December*

Les jours (m.) et la semaine

lundi *Monday*	jeudi *Thursday*	dimanche *Sunday*
mardi *Tuesday*	vendredi *Friday*	par jour *per day, daily*
mercredi *Wednesday*	samedi *Saturday*	par semaine *per week, weekly*

La journée

le matin *morning*	l'après-midi (m.) *afternoon*	le soir *evening*

L'heure (f.)

Quelle heure est-il? *What time is it?*	... moins le quart *a quarter to*
À quelle heure? *At what time?*	... et demie *-thirty, half past*
neuf heures du matin *9:00 A.M. / 9:00 in the morning*	midi *noon*
	minuit *midnight*
deux heures de l'après-midi *2:00 P.M. / 2:00 in the afternoon*	une minute
	un quart d'heure *fifteen minutes*
du soir *P.M. / in the evening*	une demi-heure *a half hour*
... et quart *a quarter after*	

Jeu de rôle

Jeu de rôle You have an acquaintance with an annoying personality who is forever inviting you out. Prepare a skit with a classmate in which she or he invites you and continues to insist even though you refuse (you can't, don't have the time, and so on). Your friend tries tennis, studying, a movie—any pretext to get together. You have to find several excuses because you have no desire to go anywhere with this person.

● *Jeu de rôle*

Recurring activities in the form of skits or role-plays reflect real-life situations to help students synthesize what they have learned in each *étape*.

● **A video icon** appears at the end of the third *étape* in each chapter. At this point, you can explore chapter topics further by completing the viewing and comprehension activities in the *Video Manual* section of your Workbook/Lab Manual/Video Manual or Quia Online Workbook/Lab Manual/Video Manual.

Culture et réflexion

Continue to expand your view of French culture through *Culture et réflexion* and *Synthèse culturelle* sections.

La maternelle. Les enfants en France commencent l'école à un très jeune âge: 99,6% des enfants de 3 ans vont à la maternelle, et 36% des enfants de 2 ans. Comment expliquez-vous ces statistiques? À votre avis, est-ce une bonne idée de commencer l'école à l'âge de 2 ou 3 ans?

Le bac. À la fin de leur dernière année de lycée, les jeunes Français passent[1] un grand examen national qui s'appelle **le baccalauréat**, ou **le bac.** Les résultats à cet examen déterminent la possibilité de faire des études supérieures. Approximativement 75% des élèves qui passent le bac réussissent[2]. Les élèves qui ratent[3] l'examen peuvent refaire la dernière année de lycée et repasser le bac l'année suivante. Que pensez-vous de ce système? Préférez-vous un système de contrôle continu comme dans les lycées américains? À votre avis, quels sont les effets d'un grand examen national à la fin des études secondaires sur (a) la qualité des programmes scolaires, (b) l'attitude des élèves et des professeurs vis-à-vis de l'éducation? Est-ce une bonne idée de réserver l'accès aux études supérieures à une sorte d'élite intellectuelle?

Éducation et sacrifices. Dans la majorité des pays africains francophones, le système scolaire est basé sur le système français, l'instruction

est en français, mais les ressources sont souvent très limitées. Imaginez une salle de classe dans un village comme Toubacouta, au Sénégal: il y a 60 à 70 enfants dans une seule classe, et ces enfants doivent partager[4] une douzaine (10-12) de livres, de cahiers, de stylos... Dans d'autres villages, il n'y a pas d'école. Dans l'ensemble d'un pays comme le Sénégal, seulement 44% des enfants vont à l'école, et seulement 10% à 15% des enfants qui finissent l'école primaire continuent au collège, car les collèges sont peu nombreux et situés exclusivement dans les villes. Les études universitaires sont réservées à une très petite minorité; certains obtiennent des bourses[5] pour continuer leurs études en France. L'éducation vient donc au prix de grands sacrifices. À votre avis, est-il justifié de demander à un enfant de quitter[6] sa famille à l'âge de 11 ans pour continuer ses études en ville? Est-ce que des sacrifices, financiers et autres, sont nécessaires pour obtenir une formation universitaire chez vous? Quels sacrifices faites-vous pour votre éducation?

▲ À la maternelle.

◄ Une école primaire au Sénégal.

1. *take* 2. *pass* 3. *fail* 4. *share* 5. *scholarships* 6. *leave*

150

Culture et réflexion presents cultural information about various aspects of the Francophone world and asks you to reflect and draw your own conclusions on cultural differences and similarities.

● **WWW icons** indicate that links on the **Mais oui!** Website provide additional information and activities on the topic introduced. See the Web Search Activities for the corresponding chapter.

Synthèse culturelle introduces several native speakers of French from around the world. You read their responses to a series of questions, compare their answers to your own, and conduct an experiment, an interview, or a survey.

Synthèse culturelle

Quand vous pensez à l'école primaire, qu'est-ce qui vous vient à l'esprit[1]? Je vois...

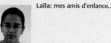

Laïla: mes amis d'enfance...

Isabelle: des enfants assis à leur pupitres[2] en rangs d'oignons[3]...

Nathalie C.: la cour, les billes[4], les petits bureaux, les dessins au mur, le tableau et les craies...

J'entends...

Laïla: le rire[5] de mes amis, les représailles de mes professeurs...

Aïssatou: la voix[6] du directeur au-dessus de la mêlée[7] pour rappeler à l'ordre les enfants turbulents...

Isabelle: des enfants qui rient et qui chantent des chansons... qui jouent au ballon chasseur[8]...

Nathalie C.: la grosse voix du maître, les rires et les cris dans la cour, la sonnerie[9]...

Je sens...

David: la colle blanche à l'amande[10]...

Nathalie C.: l'odeur des goûters[11] des enfants, des feutres[12], de la peinture...

Aïssatou: l'odeur des cacahuètes[13] ou des beignets venant des étals[14] des marchands installés devant l'école...

TASK: Et vous? Qu'est-ce qui vous vient à l'esprit quand vous pensez à l'école? Interviewez trois personnes: quelqu'un d'un autre pays[15], quelqu'un d'une autre génération, et quelqu'un d'une autre région géographique de votre pays. Analysez les réponses. Y a-t-il des différences culturelles? Qu'est-ce que vous apprenez de leurs réponses? Comparez-les avec les réponses ci-dessus, et partagez-les avec vos camarades de classe.

1. *what comes to mind?* 2. *seated at their desks* 3. *like rows of onions* 4. *marbles* 5. *laughter* 6. *voice* 7. *above the fray* 8. *dodge ball* 9. *bell* 10. *almond-scented paste* 11. *snacks* 12. *felt-tipped pens* 13. *peanuts* 14. *stalls* 15. *someone from another country*

165

Intégration

Littérature: «Ils vont lui faire éclater le cerveau... »

Marcel Pagnol (1895–1974) is the author of *Jean de Florette* and *Manon des sources,* made famous in the late 1980s through the award-winning movies with Yves Montand. Born and raised in the south of France, Marcel Pagnol has immortalized both in print and on film the charm of the sun-drenched hills of Provence and the singing accent of its people. First a playwright with acclaimed plays such as *Topaze* (1928), *Marius* (1929), and *Fanny* (1931), Pagnol turned to the screen as early as 1936 when he wrote and directed *César,* which has become a classic in the world of film. Pagnol then devoted much of his life to filmmaking. In 1957, he published the first volume of his autobiography, *La Gloire de mon père,* followed in 1958 by *Le Château de ma mère,* which were both made into movies in 1990. Son of Joseph, a schoolteacher, and Augustine, a sweet-natured woman, Marcel recounts with much humor and tenderness the early days of a magical childhood in Provence. The following piece is an excerpt from *La Gloire de mon père.*

▌ Avant de lire

1 Dans le texte, la concierge dit, «Ils vont lui faire éclater le cerveau... » (*They are going to make his brain burst . . .*). Quelle horreur! «Ils», ce sont les instituteurs d'une petite école primaire. La victime: le petit Marcel. À mon avis, quelles sont les causes possibles d'une «explosion cérébrale»? Cochez la réponse qui vous semble la plus probable.

_____ Une expérience scientifique sur le cerveau des enfants

_____ Une expérience psychologique sur les capacités cérébrales des enfants

_____ Un enfant très intelligent encouragé à apprendre trop de choses (*too much*) trop vite (*too fast*)

_____ Un enfant paresseux forcé d'étudier

_____ La punition d'un enfant qui n'est pas sage (*quiet, good*)

_____ Une réaction causée par une grande peur (*fear*)

Par écrit: I like school but I'm *so* busy!

▌ Avant d'écrire

A Strategy: Brainstorming. To prepare a writing assignment, begin brainstorming by jotting down lists of ideas and vocabulary related to the proposed task. For instance, what ideas would you be likely to use in a letter discussing your weekly activities? What would you tell a prospective student about your university?

Application. To prepare for the writing assignments that follow, develop two lists: (1) your activities and classes in an average week, and (2) opportunities for students at your university.

B Strategy: Writing to a friend. Begin a friendly letter with a salutation such as:

Cher Pierre,   Chère Natalie,   Salut les amis!

Close letters to friends with an expression like:

Bien amicalement,   Amitiés,

More familiar expressions (similar to "hugs and kisses") used with family and close friends include:

Grosses bises!   Je t'embrasse, / Je vous embrasse,

▌ Écrivez

1. En vous basant sur les listes 1 et 2 dans **Avant d'écrire A,** écrivez une lettre à votre ami(e) suisse au sujet de votre vie à l'université. Parlez d'une semaine typique—vos cours, votre emploi du temps, vos activités. Qu'est-ce que vous faites pendant la semaine? le week-end? etc.

➡ *Cher/Chère...*
La vie à l'université est très fatigante mais aussi très intéressante...

2. Vous aidez votre université à préparer de la publicité destinée aux étudiants francophones. Écrivez un paragraphe où vous décrivez les avantages d'être étudiant(e) à votre fac. Parlez des cours et des emplois du temps, des professeurs, des activités et du campus.

Side annotations:

● ***Littérature*** opens the *Intégration* section with a selection illustrating a particular genre—excerpts from novels, short stories, poems, and scenes from plays—from diverse French-speaking countries—France, Canada, Cameroon, Senegal, Morocco, Ivory Coast, and Martinique. Carefully chosen and made accessible through manageable, enjoyable tasks, literary texts become the culminating point of the chapter, synthesizing and expanding upon the chapter's content in a motivating, innovative fashion.

● **Develop your writing skills in French through a process-oriented approach.**
Par écrit provides pre-writing support and opportunities to use new vocabulary, structures, and communication strategies in a variety of ways.

The *Avant d'écrire* section presents two writing strategies such as brainstorming, outlining, adding variety to sentences, or ordering a narrative. Each strategy is immediately reinforced in an *Application* exercise set off with a pen icon. ●

The *Écrivez* section provides a wide range of writing tasks—interviews, letters, messages, photo captions, journal entries, and brief paragraphs—related to the chapter theme. ●

Supplementary Materials for the Student

The In-text Audio CD   A free copy of the sixty-minute audio CD containing the text-book's *À l'écoute* listening passages, the *Écoutez* pronunciation samples, and the items of the *Essayez!* exercises is packaged with each copy of your text. This recording is designed to maximize your exposure to the speech of native speakers from a variety of regions. It also allows you to listen to the recorded passages as often as you wish and to improve your pronunciation.

The Workbook/Laboratory Manual/Video Manual   The *Workbook* section of this manual provides structured, written practice of the materials introduced in the corresponding chapters and additional reading comprehension based on cultural and journalistic topics. Each chapter of the *Laboratory Manual,* designed for use with the audio program, contains pronunciation practice and a variety of listening comprehension tasks, all focused on the language presented in the chapter. The *Video Manual* section guides you through the thirteen modules of the **Mais oui!** Video with activities structured to help you understand authentic speech one step at a time. An *Answer Key* for *Workbook, Laboratory Manual,* and *Video Activities* is provided for self-correction.

Quia Online Workbook/Laboratory Manual/Video Manual   An online version of the Workbook/Laboratory Manual/Video Manual contains the same content as the print version in an interactive environment that provides immediate feedback on many activities.

The Audio Program   The complete Audio CD Program that accompanies the *Laboratory Manual* section of the **Mais oui!** Workbook/Laboratory Manual/Video Manual is available for your purchase. It includes the *À l'écoute* listening passages, the pronunciation exercises, and the recorded materials for the listening comprehension activities and dictations.

The *Mais oui!* Interactive CD-ROM 1.0   The dual-platform multimedia CD-ROM helps you practice each chapter's vocabulary and grammar, and provides immediate feedback so that you can check your progress in French. Each chapter includes art- and listening-based activities and the opportunity to record selected responses to help you develop your reading, writing, listening, and speaking skills. Access to a grammar reference and French-English glossary is available for instant help. The CD-ROM also contains clips from the **Mais oui!** Video with related activities. Footage includes unrehearsed interviews with native speakers focused on the topics of corresponding chapters. A progress report for each chapter shows activities completed, as well as percentage of correct answers. Open-ended exercises can be e-mailed to your instructor or printed for correction.

The *Mais oui!* Website   Cues to Web Search Activities are included on the *Culture et réflexion* page. To access the **Mais oui!** Website, select *French* at the Houghton Mifflin College Division home page, http://www.college.hmco.com/students. Here, under Web Activities, you will find several links to websites and related activities that will help you explore further the topics of the chapter and the *Culture et réflexion* section. After completing the activities, you will share your findings and discuss them with fellow students in class.

The *Mais oui!* Video   You can purchase the complete **Mais oui!** Video at an attractive, discounted price.

Reference Materials

The following materials provide students with useful reference tools throughout the course:

- *Maps*   On the front and back inside covers of the textbook, five vivid full-color maps show France, French territories around the world, and countries where French is spoken in Europe, Africa, the Americas, and the Caribbean.
- *Appendix*   The appendix contains conjugation charts of regular and irregular verbs.
- *End vocabularies*   French-English and English-French end vocabularies follow the conjugation charts. The French-English end vocabulary lists all active words and identifies the number of the chapter in which the word or phrase first appears. It also includes the classroom expressions vocabulary featured in the end-of-chapter *Vocabulaire actif* sections and all vocabulary included in the *À l'écoute, Lecture,* and *Littérature* input.

A Final Word

We hope that instructors and students alike will find their experience with **Mais oui!** enjoyable, rewarding, and motivating and that the meaning of *Mais oui!*—"But of course! It's logical! I understand!"—will become the watchword of students' success.

Acknowledgments

A book is the work of many people: its authors, yes, but also those who have accepted its concept, bettered its manner of expression, and nurtured its development. For this we thank Rolando Hernández, Van Strength, Sharla Zwirek, Rosemary Jaffe, Sarah Ambrose, Henry Rachlin, Patricia Osborne, Rachel Zanders, Tina Crowley Desprez, Claudia Martínez, Patricia Menard, and the whole team at Houghton Mifflin. They have shared our vision, supported our efforts, and provided invaluable guidance.

We also wish to thank the following colleagues for the many useful suggestions they offered in their reviews of **Mais oui!** during various stages of development:

Javier Alcaraz, Pima Community College—Downtown Campus
William G. Allen, Furman University
Laura Anderson, University of Wisconsin—Platteville
Charles Fleis, University of Arkansas at Monticello
Gary M. Godfrey, Weber State University
Carol E. Goss, Valparaiso University
Clara Krug, Georgia Southern University
Magessa O'Reilly, Memorial University of Newfoundland
Adrianna M. Paliyenko, Colby College
Howard A. Turmelle, Foothill Community College
Sharon Wilkinson, West Virginia University

Finally, we want to express our appreciation to our families (Bill Thompson, Nick, Erica, and Natalie; Bob Phillips and Jonathan), whose patience, confidence, and love sustain us. We dedicate this book to them.

Chantal P. Thompson
Elaine M. Phillips

Mais oui!

Bonjour!

What do you think these people are saying to one another?

This chapter will enable you to

- understand an announcement and a short conversation at an airport
- understand basic classroom terms
- greet people formally and informally
- introduce people
- spell in French
- identify people and things

À l'écoute: Votre attention!

You are about to listen to an audio segment on the student audio CD that is shrink-wrapped with your text. You will hear an announcement made over the public address system at a French airport. Prepare yourself by doing the activity that follows.

Avant d'écouter

1 Imagine that you are at a French airport, and someone is being paged. What do you expect to hear in this announcement?

⚠ **Attention!** Before you listen to the announcement, read the numbered tasks outlined in the **Écoutons** section below. You will probably not understand everything you hear, but these tasks will guide you step by step. For each task, focus only on what you are asked to do. As you learn various strategies for listening, authentic speech will become increasingly easier for you to understand.

Écoutons

2 Listen a first time and check the information you had anticipated in **Avant d'écouter** that is actually mentioned in the announcement.

3 Listen again. In the following list, circle the words used in the announcement, and then guess their meaning.

votre attention	merci	s'il vous plaît
Monsieur	Madame	Mademoiselle
bureau	compagnie	société
Air France	Airbus	Air Inter

L'aéroport international ▶
Charles de Gaulle.

4 Listen a final time to infer the meaning of **est priée de se présenter** from the following choices.

a. is asked to call
b. is asked to come in person
c. is asked to give a present

À l'écoute: Votre nom?

Avant d'écouter

1 The woman being paged comes to the airline counter. What do you expect will be included in the conversation?

Écoutons

2 Listen a first time and check the information you had anticipated in **Avant d'écouter.** What is actually included in the conversation?

3 Listen again. Match the French expressions on the left with the categories on the right.

1. je suis   a. greetings
2. au revoir   b. identifying oneself
3. bonjour   c. thanking
4. merci   d. leave-taking

4 Now that you have heard the conversation twice, indicate why the woman is being paged.

a. There was a message for her.
b. There was a problem with her ticket.
c. She had lost her passport.

5 Listen a final time, paying close attention to the woman's name. How is it spelled? Unscramble the following letters to spell her name.

U E A H S D C Y N

6 In English, we use *um* as a pause filler in conversation. Having heard this conversation three times, can you identify the pause filler that French speakers use to mark hesitation?

Notes culturelles

«Bonjour, madame.» In formal situations, French people generally add **monsieur, madame,** or **mademoiselle** (abbreviated **M., Mme,** and **Mlle** respectively) to **bonjour, au revoir,** and **merci.** Note that the last name is not used.

Salutations et gestes. When greeting or saying good-bye to a colleague or an acquaintance, French people always shake hands. Close friends and family members exchange kisses on the cheeks **(des bises)**—two, three, or even four kisses, depending on regional customs.

Au revoir? If you expect to see the person again in the near future, you may say **À bientôt!** (*See you soon!*) instead of **au revoir.** To say good-bye, French Canadians may say **bonjour** or **salut** rather than **au revoir.**

Merci et la politesse. **Je vous en prie** is a formal way to say *you're welcome.* **De rien** or **il n'y a pas de quoi** are less formal. French Canadians use the expression **Bienvenue!** (*Welcome!*)

Stratégie de communication

Greetings, introductions, and basic courtesy

Greetings and introductions in French, as in English, usually involve a great deal of social ritual. Study the illustrations and dialogues; then answer the following questions.

- In formal situations, do French speakers use **tu** or **vous?**

- What expressions are used to do the following?

Greet a new student
Give your name and find out his
Introduce him to a classmate
Respond to an elderly neighbor's greeting
Ask how she is doing
Say you're doing fine

- What are the French equivalents for the following expressions?

name
first name
last name
My name is . . .
Good evening.
I'm fine.
Not too good.
And you? (*formal*)
And you? (*informal*)

All vocabulary introduced in **Stratégie de communication** is active vocabulary.

VOCABULAIRE ACTIF

à bientôt
au revoir
bonjour
de rien
il n'y a pas de quoi
je suis
je vous en prie
madame
mademoiselle
merci
monsieur
s'il vous plaît

—Bonjour, madame. Comment
 allez-vous?
—Je vais bien, merci. Et vous?
—Très bien, merci.

—Bonsoir, monsieur. Vous allez
 bien?
—Oh, comme ci comme ça... les
 rhumatismes, vous savez...

—Salut! Ça va?
—Oui, et toi?
—Ça va!

— Simone, je vous présente Monsieur
  Leblanc. Monsieur Leblanc,
  Madame Bichon.
— Enchanté, madame.
— Enchantée.

— Tiens, Claire, je te présente Naïma.
— Bonjour.

— Bonjour, monsieur. Comment
  vous appelez-vous?
— Je m'appelle Cacharel.
— Pardon? Votre nom?
— Cacharel.
— Votre prénom?
— Alain.

— Comment tu t'appelles?
— Mohammed.
— Et ton nom de famille?
— Belhaj. Mohammed Belhaj.

greetings and introductions

to greet someone		to respond
formel	Bonjour, madame.	Bonjour, monsieur.
familier	Salut, Jean.	Bonsoir, Marie.

to ask how someone's doing		to respond
formel	Comment allez-vous?	Je vais bien, merci. Et vous?
	Vous allez bien?	Très bien, merci. Et vous?
		Comme ci comme ça.
familier	Comment vas-tu?	Ça va bien, et toi?
	Comment ça va?	Oh, pas mal.
		Comme ci comme ça. Et toi?

to introduce someone		to respond
formel	Je vous présente...	Enchanté(e).
		Bonjour, monsieur (madame).
familier	Je te présente...	Bonjour.

to ask someone's name		to respond
formel	Comment vous appelez-vous?	Je m'appelle...
	Votre nom? / Votre prénom?	Cacharel. / Alain.
familier	Comment tu t'appelles?	Je m'appelle...
	Ton nom? / Ton nom de famille?	Mohammed. / Belhaj.

Activités

A **Options.**   Choose the most appropriate response to the following.

1. Comment vous appelez-vous?

   _____ Très bien, merci.   _____ Je m'appelle Caroline.

2. Je vous présente Monsieur Carel.

   _____ Il n'y a pas de quoi.   _____ Enchanté.

3. Comment allez-vous?

   _____ Ça va bien.   _____ Je vais bien, merci.

4. Ton prénom?

   _____ Jacques.   _____ Chirac.

5. Bonjour, mademoiselle.

   _____ Bonjour, monsieur.   _____ Salut.

6. Merci, monsieur.

   _____ Comme ci comme ça.   _____ Je vous en prie.

7. Au revoir, Caroline.

   _____ À bientôt!   _____ De rien.

Note culturelle

Tu ou vous?   The decision to use **tu** or **vous** is often a delicate one, even for native speakers of French. In general, the pronoun **tu** is used in familiar contexts (with family, friends, children, and students your own age). Use **vous** with people you address by their last name, new acquaintances, people with whom you maintain a professional distance, or people who are older than you. French Canadians use **tu** more readily than the French, as do younger people throughout the Francophone world. However, if you have any doubt, use **vous!** Does the language you use change a bit depending on the person to whom you are speaking? Think of some examples to share.

B **Complétez.**   Now complete the following dialogues with the appropriate expressions.

1. — _____, monsieur.

   — _____, madame,

   _____?

   — _____!

2. — _____?

   — Samuel.

   — _____?

   — Beynet.

3. — _____?

   — _____ Letort.

   — _____?

   — Suzanne. Suzanne Letort.

4. — Salut, Michelle,

   _____?

   — Oui, _____?

   — _____, je suis fatiguée...

5. — Paul, _____ Jean-Michel. Jean-Michel, Paul.

   — _____.

   — _____.

6. — Charles, _____ Madame Beynet. Madame Beynet, Monsieur Duval.

   — _____, madame.

   — _____, monsieur.

Stratégie de communication

Spelling in French

When you meet new people, you may need to spell your name or ask them to spell their names **(Comment ça s'écrit?)**. Although French and English use the same alphabet, the sounds corresponding to many of the letters are different.

A	B	C	D	E	F	G	H	I	J	K	L	M
[a]	[be]	[se]	[de]	[ə]	[ɛf]	[ʒe]	[aʃ]	[i]	[ʒi]	[ka]	[ɛl]	[ɛm]

N	O	P	Q	R	S	T	U	V	W	X	Y	Z
[ɛn]	[o]	[pe]	[ky]	[ɛr]	[ɛs]	[te]	[y]	[ve]	[dublə ve]	[iks]	[i grɛk]	[zɛd]

accent aigu	André
accent grave	Irène
accent circonflexe	Benoît
c cédille	François
tréma	Joëlle
trait d'union	Marie-France, Jean-Paul
apostrophe	M'hammed

Activités

C **C'est qui?** Stand with your classmates and listen carefully as your teacher spells a name—either a first name or a last name. Sit down when you are sure he or she is *not* spelling *your* name.

D **Comment ça s'écrit?** You are making tour reservations for a group of tourists. Spell out their names to make sure there are no mistakes!

1. Jean-Pierre Segond
2. Yambo Hazoumé
3. Mariama Bâ
4. Françoise Gracq
5. Hélène Leroux
6. Aïcha Al'Kassem

E **Faisons connaissance.** Circulate in the class, exchanging greetings and asking people's first and last names and how they spell their names. Arrange the names alphabetically. Does your list match the teacher's roll?

Les salutations et les gestes.
Greetings and leave-takings in France and many Francophone countries must include physical contact. As mentioned in the **Notes culturelles** on page 4, close friends and family members exchange **des bises** (kisses on the cheeks). Colleagues and acquaintances shake hands, and if one's hands are dirty or holding other things, a finger, wrist, elbow, or arm is offered to shake instead. Some type of physical salutation must be offered to each individual present in order to be polite; when leaving a group of ten or twelve people, for example, each person in the group would receive a handshake or a kiss, even if doing so is time consuming! A bank director in Paris reports that he clocks 20 minutes of handshaking per day for most of his personnel.[1] You shake hello, and you shake good-bye, adding the first name of the person if you are on first-name terms (**«Bonjour, Martine»**, **«Au revoir, Robert»**) or adding **madame** or **monsieur** with formal acquaintances or strangers.

Do you usually shake hands when you meet someone for the first time? When you meet a friend or acquaintance in a public place? Do you exchange hugs or kisses when you greet or leave family members in the morning or at night? In what situations do such greetings make you feel uncomfortable? What does the presence or the absence of physical contact during greetings and leave-takings reveal about a culture?

Le sourire. Nothing separates Americans and French people more than their smile codes.[2] Americans smile to strangers; French people don't. This may explain why tourists sometimes label the French as rude and arrogant. True, the French don't smile without a reason, and stumbling into someone's stare is not one of them. Smiles usually come if you bump into each other by mistake or if you both witness an event worth smiling at, but when you walk down the street or sit in the subway **(le métro),** don't take the French **mine d'enterrement** (*funereal expression*) personally! How do you feel about smiling to strangers? Is it hypocritical? Does it banalize the smile?

▲ Les bises rituelles. Bonjour, Mathieu.

▲ La poignée de mains—une obligation culturelle.

1. Polly Platt, *French or Foe* (London: Culture Crossings, 1998), p. 34.   2. Ibid, p. 24.

Go to the *Mais oui!* website for Internet activities related to the topics discussed in Culture et réflexion.

À l'écoute: La salle de classe

You will watch and listen as your teacher points out and names items around the classroom. But first prepare yourself by reading these explanations.

■ *Avant d'écouter*

In French, nouns are either feminine or masculine. **Accent,** for example, is masculine—**un accent; apostrophe** is feminine—**une apostrophe.** The article that accompanies the noun indicates its gender; **un** is used with masculine nouns, **une** with feminine nouns.

■ *Écoutons*

1 First, simply watch and listen to your teacher. What are the French names for some familiar classroom items? Which article goes with each name?

2 Listen again, and repeat each word with its article.

3 Now look at the following picture and words, and match the number of each item with its name.

VOCABULAIRE ACTIF

La salle de classe
  un livre..., etc.

_____ un livre

_____ un cahier

_____ une feuille de papier

_____ un crayon

_____ un stylo

_____ une gomme

_____ une serviette

_____ un tableau

_____ un morceau de craie

_____ une porte

_____ une fenêtre

_____ un mur

_____ un professeur

_____ un sac à dos

_____ une carte

_____ une cassette

_____ un CD

_____ un classeur

_____ une horloge

_____ un bureau

_____ une chaise

_____ un étudiant

_____ une étudiante

_____ une table

_____ un dictionnaire

Structures: Identifying people and things

*Les expressions **Qu'est-ce que c'est? Qui est-ce?** • **C'est / Ce sont** •
Le genre et le nombre • Les articles indéfinis*

You should always answer
the questions in **Observez
et déduisez** first and then
check your responses in
Vérifiez which follows.

Observez et déduisez

VOCABULAIRE ACTIF

c'est / ce sont
une chose
des
une personne
Qu'est-ce que c'est?
Qui est-ce?
un/une

— Qu'est-ce que c'est?

—C'est un bureau.

—Ce sont des chaises.

— Qui est-ce?

—C'est un professeur.

—Ce sont des étudiants.

- ● Which question refers to people?
  Which question refers to things?
- ● What expression is used to identify one person or thing?
  What expression is used to identify more than one person
  or thing?
- ● What is the plural form of **un?** of **une?**
  How is a noun made plural?

Vérifiez

Les expressions Qu'est-ce que c'est? Qui est-ce?

● Use **qui est-ce?** to ask about a person **(une personne)**. Use **qu'est-ce que c'est?** to ask about a thing **(une chose)**.

L'expression C'est / Ce sont

● Use **c'est un (une)** to identify one person or thing. Use **ce sont des** to identify more than one person or thing.

Le genre et le nombre

● In French, nouns usually occur with articles that indicate number (singular or plural) and gender (masculine or feminine). Most nouns form their plural by adding an **-s,** but since the plural **-s** never changes the pronunciation of a word, you must listen carefully to the article to determine number.
● As you saw in **À l'écoute,** all nouns—even inanimate objects—have gender. Since gender distinction cannot always be determined logically, it is best to associate each noun you learn with an appropriate article: **une porte** rather than just **porte.**

Les articles indéfinis

● The indefinite articles **un** and **une** correspond to *a/an* in English and are used with nouns identifying things that can be counted. **Un** is used with masculine singular nouns, and **une** with feminine singular nouns.

> **un** classeur   **une** gomme

● **Des** *(some, any)* is the indefinite article for all plural nouns, masculine *and* feminine. In French, the article *must* be expressed.

> Ce sont **des** stylos et **des** crayons.   *These are (some) pens and pencils.*

Activités

F **Chassez l'intrus.**   Find the word in each line that does not belong with the others.

1. un stylo, un crayon, un morceau de craie, un cahier
2. un mur, un sac à dos, une porte, une fenêtre
3. une serviette, un étudiant, un professeur, une étudiante
4. un livre, une gomme, un classeur, une feuille de papier

G Identifiez. Point to an object or person in the room and ask a classmate what or who it is. Respond when someone asks you a question.

➡ — Qu'est-ce que c'est?   — Qui est-ce?
— C'est une fenêtre.   — C'est Marie.

H Singulier? Pluriel? Change the following expressions to the singular or the plural.

➡ C'est un professeur.   *Ce sont des professeurs.*
Ce sont des étudiantes.   *C'est une étudiante.*

1. C'est une gomme.
2. C'est un sac à dos.
3. Ce sont des CD.
4. Ce sont des serviettes.

5. C'est un mur.
6. Ce sont des cartes.
7. C'est une fenêtre.
8. Ce sont des horloges.

Vocabulaire

Expressions pour la classe

● Study the following expressions and divide them into two categories: those you would most likely hear the teacher say **(le professeur)** and those you would most likely hear a student say **(l'étudiant).**

All words and phrases
introduced in **Vocabulaire**
are active vocabulary.

Ouvrez vos livres.	*Open your books.*
Fermez vos livres.	*Close your books.*
Prenez une feuille de papier.	*Take out a sheet of paper.*
Écrivez (la phrase, le mot).	*Write (the sentence, the word).*
Lisez (les instructions, le chapitre, la leçon).	*Read (the instructions, the chapter, the lesson).*
Écoutez (le professeur, la cassette, la réponse, l'exemple).	*Listen to (the teacher, the cassette, the answer, the example).*
Comment?	*What?*
Répétez, s'il vous plaît.	*Please repeat.*
Vous comprenez?	*Do you understand?*
(Oui) Je comprends.	*(Yes) I understand.*
(Non) Je ne comprends pas.	*(No) I don't understand.*
Comment dit-on ... en français?	*How do you say . . . in French?*
Je ne sais pas.	*I don't know.*
Que veut dire... ?	*What does . . . mean?*
Comment ça s'écrit?	*How is that spelled?*

Activités

I **Options.**　Choose the most logical completion for each sentence beginning.

1. Écrivez...

＿＿＿ le livre ＿＿＿ le mot ＿＿＿ le mur

2. Prenez...

＿＿＿ la réponse ＿＿＿ un crayon ＿＿＿ les instructions

3. Ouvrez...

＿＿＿ la porte ＿＿＿ la cassette ＿＿＿ la chaise

4. Écoutez...

＿＿＿ les instructions ＿＿＿ le chapitre ＿＿＿ le livre

5. Lisez...

＿＿＿ le professeur ＿＿＿ la phrase ＿＿＿ le CD

J **Complétez les phrases.**　Look at the commands in activity I. With a partner, find as many ways as you can to complete each sentence.

➡ Fermez...
Fermez la porte, le livre, le cahier, la fenêtre, le sac à dos...

K **Expressions pour la classe.**　Using the classroom expressions and commands, decide what you or the teacher should say in the following situations.

1. You want to know how to say *homework* in French.
2. You can't hear what the teacher is saying.
3. You don't understand an explanation.
4. You don't know the answer to a question.
5. The teacher wants to know if you understand a question.
6. The teacher wants you to open your book.
7. The teacher wants you to take out a pen.
8. The teacher wants you to listen to the CD.
9. You want to know how to spell something.

Vocabulaire

Les nombres de 0 à 69

● Learning to count to 69 in French is not difficult if you pay attention to patterns. Look at the lists below, and see if you can fill in the missing numbers.

0	zéro	20	vingt
1	un/une	21	vingt et un
2	deux	22	vingt-deux
3	trois	23	_____
4	quatre	24	_____
5	cinq	30	trente
6	six	31	trente et un
7	sept	32	trente-deux
8	huit	35	_____
		36	_____
9	neuf		
10	dix	40	quarante
11	onze	41	_____
12	douze	47	_____
13	treize	50	cinquante
14	quatorze	51	_____
15	quinze	58	_____
16	seize		
		60	soixante
17	dix-sept	61	_____
18	dix-huit	69	_____
19	_____		

L **Combien?**   Listen to the instructor and write down the correct number of the items mentioned. Cross out the **-s** on any word that is not plural.

_____ horloges	_____ tables	_____ CD
_____ classeurs	_____ fenêtres	_____ professeurs
_____ crayons	_____ feuilles de papier	_____ livres
_____ cassettes	_____ cahiers	_____ cartes
_____ étudiantes	_____ serviettes	_____ gommes
_____ sacs à dos	_____ murs	_____ étudiants

M **Votre campus.**   Estimate how many of the following items might be found in your classroom or building: portes? fenêtres? murs? professeurs? CD? tables? horloges? cartes? tableaux? morceaux de craie?

N **Devinez.**   Using numbers from 0 to 69, create a number sequence, then read it to your classmates. They will write down the numbers they hear and then try to complete the sequence with two additional numbers.

➡ 5, 10, 15, 20, _____, _____

Synthèse culturelle

Understanding Cultural Perspectives. In these activities, you will meet native speakers of French from around the world. You'll see their responses to questions based on chapter themes. As you compare their answers to yours, be careful not to generalize too much, because their responses may reflect their individual perspectives as much as those of the culture as a whole. Your answers may vary from those of other members of your own culture, too.

Once you've read their comments, you will be asked to conduct an experiment, an interview, or a survey, then write about what you have learned in a cultural journal. The journal is for personal reflection, so you may write in either English or French, but you will also share some of your responses with your classmates. Consider the similarities and differences in your reflections and compare the results of your experiments and surveys.

Nom: Frédéric Riemer
Âge: 35 ans
Ville d'origine: Papeete, Tahiti
Études/Diplômes: licence en gestion et systèmes d'information
Profession: administrateur
Intérêts/Passe-temps: football, basketball, Internet, lire

Nom: Aïssatou Sow
Âge: affaire privée
Ville d'origine: Dakar, Sénégal
Études/Diplômes: maîtrise en histoire
Profession: assistante administrative
Intérêts/Passe-temps: émissions culturelles et éducatives, lecture et critique

Nom: Laïla Lamani
Âge: 21 ans
Ville d'origine: Agadir, Maroc
Études/Diplômes: relations internationales
Profession: étudiante
Intérêts/Passe-temps: lire, jouer aux échecs, voyager

Nom: Isabelle Lareau Funk
Âge: 24 ans
Ville d'origine: Sherbrook, Québec, Canada
Études/Diplômes: licence de français et d'espagnol
Profession: enseignante
Intérêts/Passe-temps: danser, cuisiner, faire de la randonnée

Quelles règles suivez-vous dans votre culture pour décider quel genre de salutations employer avec des collègues, des connaissances, des amis et des membres de votre famille? (In your culture, what rules do you follow for greeting colleagues, acquaintances, friends, and family members?)

Frédéric: Collègues hommes: on leur serre la main[1]; collègues femmes: on leur fait la bise ou parfois on leur dit[2] juste «bonjour» en passant. Amis proches femmes: on fait la bise; amis proches hommes, on leur serre la main.

Aïssatou: La règle[3] de base est l'expression du respect à travers chaque salutation.

Laïla: Les règles suivies dans ma culture sont assez simples: il y a un grand respect entre les jeunes[4] et leurs aînés[5]. Il y a une différence entre les membres de la famille et de simples connaissances[6]: je salue[7] mes connaissances d'une manière formelle.

La première fois que quelqu'un vous a fait une étreinte à l'américaine, quelle a été votre réaction? (What was your reaction the first time someone gave you an American-style hug?)

Isabelle: J'étais surprise parce que je connaissais à peine[8] cette personne. Je me sentais[9] un peu mal à l'aise[10], je ne savais pas si je devais faire cela pour tout le monde que je rencontrerais par la suite[11].

TASK: Think about the rules for greetings in your culture. Have you, like Isabelle, ever felt ill at ease when someone didn't follow the "rules"? Experiment with greetings that are not customary in North American culture: shake hands with a family member, shake hands with friends on greeting and departure, try **la bise** with classmates (in your French class only!), and so on. What kinds of reactions do you get when your way of greeting others is unexpected?

---

1. *shake hands*   2. *say*   3. *rule*   4. *the young*   5. *their elders*
6. *acquaintances*   7. *greet*   8. *hardly knew*   9. *felt*   10. *ill at ease*
11. *I didn't know if I should do that to everyone I met.*

VOCABULAIRE ACTIF

Les salutations (*Greetings*)

Formel

Bonjour / Bonsoir, monsieur/madame/mademoiselle.
Hello / Good evening, sir/ma'am/miss.
Comment allez-vous? / Vous allez bien? *How are you? / Are you well?*
Je vais bien, merci. Et vous? *I'm fine, thank you. And you?*
Très bien, merci. *Very well, thank you.*

Familier

Salut, Robert! *Hi, Robert!*
Comment ça va? / Comment vas-tu? *How are you?*
Ça va? *How is it going?*
Oui, et toi? *Fine, how about you?*
Ça va (bien)! *I'm fine!*
Oh, pas mal. *Oh, not bad.*
Comme ci comme ça. *So-so.*

Le nom (*Name*)

Formel

Comment vous appelez-vous? *What's your name?*
Votre nom? *Your last name?*
Votre prénom? *Your first name?*
Je m'appelle... / Je suis... *My name is . . .*
Comment s'appelle-t-il/elle? *What's his/her name?*

Familier

Comment tu t'appelles?
Ton nom de famille?

Les présentations (*Introductions*)

Formel

Je vous présente... *May I introduce . . .*
Enchanté(e). *Pleased to meet you.*

Familier

Je te présente... *This is . . .*
Bonjour! *Hello. / Glad to meet you.*

Les formules de politesse (*Polite expressions*)

S'il vous plaît (S'il te plaît) *Please*
Merci (monsieur/madame/mademoiselle) *Thank you (sir/ma'am/miss)*
Je vous en prie (Je t'en prie) / De rien / Il n'y a pas de quoi *You're welcome*

Pour partir (*Leave-taking*)

Au revoir (monsieur/madame/mademoiselle) *Good-bye*
À bientôt *See you soon*

Pour hésiter

euh...

Pour demander une répétition

Pardon? Comment? *Pardon me? What?*

Comment ça s'écrit?

les lettres de l'alphabet	une cédille	un trait d'union
un accent aigu/grave/circonflexe	une apostrophe	un tréma

La salle de classe

un bureau *a desk*	un dictionnaire *a dictionary*	un mur *a wall*
un cahier *a notebook*	un étudiant / une étudiante *a student*	une personne *a person*
une carte *a map*		une porte *a door*
une cassette	une fenêtre *a window*	un professeur *a teacher*
un CD	une feuille de papier *a sheet of paper*	un sac à dos *a backpack*
une chaise *a chair*	une gomme *a pencil eraser*	une serviette *a briefcase*
une chose *a thing*	une horloge *a clock*	un stylo *a pen*
un classeur *a binder*	un livre *a book*	une table
un crayon *a pencil*	un morceau de craie *a piece of chalk*	un tableau *a blackboard*

Les nombres

zéro	quatorze	vingt-huit	quarante-deux	cinquante-six
un	quinze	vingt-neuf	quarante-trois	cinquante-sept
deux	seize	trente	quarante-quatre	cinquante-huit
trois	dix-sept	trente et un	quarante-cinq	cinquante-neuf
quatre	dix-huit	trente-deux	quarante-six	soixante
cinq	dix-neuf	trente-trois	quarante-sept	soixante et un
six	vingt	trente-quatre	quarante-huit	soixante-deux
sept	vingt et un	trente-cinq	quarante-neuf	soixante-trois
huit	vingt-deux	trente-six	cinquante	soixante-quatre
neuf	vingt-trois	trente-sept	cinquante et un	soixante-cinq
dix	vingt-quatre	trente-huit	cinquante-deux	soixante-six
onze	vingt-cinq	trente-neuf	cinquante-trois	soixante-sept
douze	vingt-six	quarante	cinquante-quatre	soixante-huit
treize	vingt-sept	quarante et un	cinquante-cinq	soixante-neuf

Les articles indéfinis

un/une *a, an*   des *some*

Questions

Qu'est-ce que c'est? *What is it?*   Qui est-ce? *Who is it?*

Expressions verbales

C'est / Ce sont *It is, this is, these are*

EXPRESSIONS POUR LA CLASSE

Comment dit-on... (en français)? *How do you say . . . (in French)?*
Complétez... *Complete . . .*
Déduisez... *Infer . . .*
Devinez... *Guess . . .*
Écoutez (le professeur, la cassette, la réponse, l'exemple). *Listen to (the teacher, the cassette, the answer, the example).*
Écrivez (la phrase, le mot). *Write down (the sentence, the word).*
Fermez vos livres. *Close your books.*
Identifiez... *Identify . . .*
Je comprends / Je ne comprends pas. *I understand / I don't understand.*

Je ne sais pas. *I don't know.*
Lisez (les instructions, le chapitre, la leçon). *Read (the instructions, the chapter, the lesson).*
Observez... *Notice . . .*
Ouvrez vos livres (à la page...) *Turn to page . . .*
Prenez une feuille de papier. *Take out a sheet of paper.*
Que veut dire... ? *What does . . . mean?*
Répétez, s'il vous plaît. *Repeat, please.*
singulier/pluriel *singular/plural*
Vérifiez... *Verify . . .*
Vous comprenez? (Oui/Non) *Do you understand? (Yes/No)*

Qui êtes-vous?

Qui sont-ils? Quelle est leur profession? Quelle est leur nationalité? Comment sont-ils? Et vous? Qui êtes-vous? Comment êtes-vous?

This chapter will enable you to

☐ understand some riddles and a brief conversation between native speakers

☐ read a French cartoon and a mini-play

☐ identify and describe yourself and others

☐ ask and answer yes/no questions

☐ discuss where people are from

À l'écoute: Qui suis-je?

As you listen to the student audio CD, you will hear some famous people introduce themselves, then ask **Qui suis-je?** (*Who am I?*). Try to guess who they are.

Avant d'écouter

1 In a guessing game about famous people's identity, what clues are you likely to hear?

Écoutons

⚠ **Attention!** As you listen to this segment, remember that you don't need to understand every word. Before the first listening, read task 2 and focus only on what you are asked to listen for. Then read task 3 and listen again with that task in mind. Repeat the process for the other tasks. One step at a time, your ability to understand will increase.

2 Listen first to determine how many of the descriptions mention nationality. What are those nationalities? Circle them in the following list.

VOCABULAIRE ACTIF

les nationalités
  allemand, etc.
les professions
  avocat, etc.

allemand / allemande
anglais / anglaise
français / française
espagnol / espagnole
canadien / canadienne
belge
américain / américaine
chinois / chinoise
japonais / japonaise
africain / africaine
italien / italienne
russe

3 Listen again. Circle the occupations mentioned.

avocat / avocate   acteur / actrice
médecin (docteur)   écrivain
musicien / musicienne   politicien / politicienne
chanteur / chanteuse   journaliste
peintre

4 Listen for the following words. Using the context and logic, can you guess their meaning?

première femme / Cour Suprême / États-Unis / l'auteur

5 Listen a final time to decide who each person is. Be ready to justify your answers.

1. a. G. Depardieu   b. C. Deneuve   c. Madame Curie
2. a. Renoir   b. Picasso   c. Botticelli
3. a. Mozart   b. Bach   c. Tchaïkovski
4. a. Victor Hugo   b. Cervantes   c. Shakespeare
5. a. Sandra Day   b. Jane Fonda   c. George Bush
       O'Connor
6. a. Tolstoï   b. Mao Zedong   c. Nelson Mandela

| **Prononciation** | Les consonnes finales et la liaison |

Écoutez Listen to the following sentences on the student audio CD, paying close attention to the pronunciation of the words in bold. You will hear the pairs of sentences twice. Then, turn off the CD and answer the two questions that follow.

Je **suis française;** je **suis actrice.**
Je **suis français;** je **suis un** peintre impressionniste.

1. When is the **s** of **français/française** pronounced?
2. What happens when **suis** is followed by a word beginning with a vowel?

Note the following rules.

● Consonants at the end of words are generally silent.

Je suis français.

● When a word ends with a consonant + **e,** the consonant is pronounced.

avocat   avoca<u>te</u>

● Note that an **s** between two vowels is pronounced [z].

françai<u>se</u>

● When a final consonant that is normally silent is followed by a word beginning with a vowel, it is often pronounced as part of the next word. This linking of two words is called **liaison.**

Je suis‿actrice.
Je suis‿un peintre impressionniste.

***Essayez!* (Try it!)** In the following sentences, look at the final consonants in bold. Cross out the ones that should be silent, underline the ones that should be pronounced, and indicate the **liaisons** with a link mark (‿).

➡ Je suis‿allemand.

1. Je suis avocate.   4. Comment vous appelez-vous?
2. Je suis anglais.   5. C'est un étudiant.
3. Comment allez-vous?   6. Ce sont des étudiantes.

Now listen to the sentences on the student audio CD. Repeat each sentence, and listen again to verify your pronunciation.

Structures: Introducing yourself

*Le verbe **être** et les pronoms sujets*

Observez et déduisez

VOCABULAIRE ACTIF
D'où es-tu?
D'où êtes-vous?
être (de)
voici
voilà

Qui suis-je? Je suis Cécile, une étudiante. Je suis d'Aurillac.

Et voici Léopold. Il est ingénieur; il est de Dakar.

Monsieur et Madame Bonal sont français. Ils sont de Saint-Simon.

Voilà Naïma. Elle est du Maroc.

- The verb **être** (*to be*) can be used to describe yourself and others and to say where someone is from. What forms of this verb do you see above?
- What word (pronoun) is used to refer to yourself? to a man? to a woman? to a man and a woman?

Vérifiez   *Le verbe **être** et les pronoms sujets*

le verbe **être**

je suis	nous sommes
tu es	vous êtes
il/elle/on est	ils/elles sont

● The pronoun **ils** refers to any group that includes a male; **elles** refers to groups composed of females only. You already know that **vous** is the formal *you*. It is also the plural *you*—both formal and familiar.

Alors, Mike et Sally, vous êtes américains?

● In spoken English, the noun *people* and the pronouns *one*, *you*, and *they* often refer to a general, unspecified person or group:

To learn another language, *one* has to study regularly.
If *you* are enthusiastic, language learning can be fun!
If you travel to another country, *people* will appreciate your efforts to speak their language.
In France, *they* are very proud of the French language.

In familiar speech, on can also replace the pronoun nous.

In French, the pronoun **on** is used in all these instances, and although it usually refers to a group of people, it requires a singular verb.

En France, on parle *(speak)* français.

● To tell what city someone is from, use the appropriate form of the verb **être** followed by **de** and the city. Use **D'où es-tu?** or **D'où êtes-vous?** to ask where someone is from.

—D'où es-tu?   —D'où êtes-vous?
—Je suis de Boston.   —Nous sommes de Montréal.

Activités

A **D'où sont-ils?**   Match the names in the column on the left with a logical city on the right, then say where these people are from.

➡ *Jacques Chirac? Il est de Paris.*

Vladimir Poutine	Los Angeles
Sandra Bullock et Ashley Judd	Charlemagne (Canada)
Céline Dion	Palm Beach
le prince William et le prince Harry	Moscou
les Dixie Chicks	Hollywood
Venus et Serena Williams	Londres
Shaquille O'Neal	Dallas

Now think of three other celebrities and say where they are from.

B **D'où es-tu?**   Conduct a survey to find out where your classmates are from. Make a list of the different hometowns represented in the class.

➡ — *D'où es-tu?*
— *Je suis de Toronto. Et toi?*

Structures: Stating nationality and profession

Le genre et le nombre

Observez et déduisez

In the **Chapitre préliminaire,** you learned that in French nouns have gender (masculine or feminine) and number (singular or plural). You will now learn how the concepts of gender and number apply to adjectives.

1. Voilà Juliette. Elle est française. Elle est mécanicienne.

2. Mohammed est dentiste. Il est marocain.

3. Mariama est sénégalaise. Elle est ingénieur.

4. Voici Maria et Juan. Ils sont architectes. Ils sont mexicains.

● Adjectives "agree" in gender and number with the nouns they modify; that is, they have masculine and feminine, singular and plural forms. Keeping in mind the examples above and in the **À l'écoute** section on page 20, can you infer the feminine and plural forms of the following nouns and adjectives?

masculin singulier	masculin pluriel	féminin singulier	féminin pluriel
président			
secrétaire			
espagnol			
algérien			

Vérifiez   *Le genre et le nombre*

● Most adjectives and nouns can be made feminine by adding an **e** to the masculine form. This **e** is not pronounced, but the consonant that precedes it *is* pronounced. In most cases, you can listen for the sound of the final consonant to distinguish feminine from masculine.

> Il est président. (final **t** *not* pronounced)
> Elle est présiden**te**. (final **t** *is* pronounced)

● If the masculine form already ends with an unaccented **e**, there is no change for the feminine, and both are pronounced alike.

> Il est artiste (suisse).
> Elle est artiste (suisse).

● If the masculine form ends in **-ien,** the feminine ending is **-ienne.**

> Il est brésilien.
> Elle est brésilienne.

● The plurals of most nouns and adjectives are formed by adding an **-s** to the singular.

> Elle est athlète.
> Elles sont athlète**s**.

However, there is no change if the singular already ends in an **s, x,** or **z.**

> Il est anglai**s**.
> Ils sont anglai**s**.

● Nouns ending in **-eau** form their plurals by adding an **-x.**

> un morceau de craie
> des morceau**x** de craie

Notes culturelles

Le féminin des professions.   Many professions were typically practiced by men only until fairly recently. Consequently, the masculine form of some professions is used for both sexes. To distinguish between a man and a woman, the word **femme** (*woman*) may be added: **une femme écrivain, une femme ingénieur.** In popular culture in France and more frequently in Canada, an **e** is sometimes added to the masculine form (**écrivaine, auteure**) but this usage is not yet widely accepted. How has the English language changed to reflect the changing roles of men and women in North American culture?

Professions et prestige?   According to a recent survey, the occupations French people admired most were: medical doctor 56%, schoolteacher 27%, farmer 26%, business executive 21%, engineer 18%, judge 14%. What do you think would be the most admired professions in a survey of North Americans? Take a poll of your classmates and compare the results with those mentioned in the French survey.

Activités

C **Des partenaires célèbres.**   Identify the partners of the people on the left.

Elizabeth est anglaise.	Roxanne
Cyrano est français.	Juliette
Gretel est allemande.	Scarlett
Rhett est américain.	Philip
Carmen est espagnole.	Hänsel
Roméo est italien.	Don José

Now give the nationality of each partner, paying careful attention to pronunciation.

➡ *Clyde est américain; Bonnie est américaine aussi.*

Take an opportunity to learn about well-known French/Francophone public figures. If some of the names in this activity or others throughout the book are unfamiliar to you, do a quick Web search before coming to class to share what you learned with your classmates.

D **Professions.**   Identify the people below who have the same profession.

➡ *Peter Jennings et Katie Couric sont journalistes.*

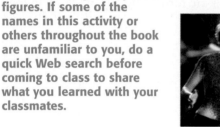    

Céline Dion	Frank Lloyd Wright	Jacques Chirac
Matt Damon	Juliette Binoche	Martina Hingis
Paul Gauguin	Toni Morrison	George W. Bush
Le Corbusier	Serena Williams	Georgia O'Keeffe
Jean-Paul Sartre	Madonna	

Now name others who have the same professions.

➡ *Ed Bradley est journaliste aussi.*

E **Identité.**   Identify the following people by their profession and nationality.

➡ *Tony Blair est politicien; il est anglais.*

1. Georgia O'Keeffe
2. Luciano Pavarotti
3. Léopold Senghor
4. Sandra Day O'Connor
5. Johann Wolfgang von Goethe

Jeu de rôle   Play the role of a "mystery person"—living or dead—and describe yourself. Your classmates will try to guess your name. If they need an additional clue, give them your first name.

➡ *Je suis français. Je suis de Paris. Je suis politicien. (Je m'appelle Jacques.)*

You should complete the corresponding workbook activities when you reach the end of the first étape in each chapter.

Deuxième étape

À l'écoute: Tu connais... ?

Tu connais Nicolas? (*Do you know Nicolas?*) When you're not sure who a certain person is, a description of that person can be helpful. As you listen to the student audio CD, you will hear two people talking about someone you will get to know in this chapter.

Avant d'écouter

1 Look at the pairs of adjectives below. They are opposites. Many of them are cognates **(mots apparentés),** that is, words that are similar in spelling and meaning to English words. Can you infer their meaning?

grand	petit	intéressant	ennuyeux
blond	brun	intelligent	bête, stupide
mince	fort, gros	optimiste	pessimiste
actif	paresseux, passif	patient	impatient
calme	nerveux	raisonnable	fou
égoïste	altruiste	riche	pauvre
fatigué	énergique	sympathique	désagréable
généreux	avare	timide	sociable
idéaliste	réaliste	triste	heureux
individualiste	conformiste	sérieux	amusant

Écoutons

2 As you listen to the conversation for the first time, look at the list of adjectives in **Avant d'écouter** and circle the ones that are mentioned.

3 The adverbs **un peu** (*a little*) and **très** (*very*) modify adjectives. Listen to the conversation again, writing down how many times each adverb is mentioned.

4 Now focus on some new words **(des mots nouveaux).**

1. Listen to the conversation again. Listen for the words **le copain** and **un garçon.** From the context, which one do you think means *boy?* Which one means *friend?*
2. Listen once more. This time listen for the words **et, aussi,** and **mais.** Using the context and logic, can you guess which one introduces an opposite? Which ones introduce an additional item?

5 Listen to the conversation a final time in order to answer the question **Comment est Nicolas?** Listen for words that tell what Nicolas is like, and then describe him.

VOCABULAIRE ACTIF

les adjectifs
  grand, petit, etc.
aussi
un copain
et
un garçon
mais
un peu
très

Prononciation   Le rythme et l'accentuation

- In the acquisition of a good accent in French, even more important than the mastery of any particular sound is the development of proper habits as far as the rhythm of the language is concerned.
- The rhythm of English is uneven:

  Some SYLlables reCEIVE GREATer EMphasis than OTHers.

- The rhythm of French, however, is very even. French words are spoken in groups, and each syllable but the last one receives equal emphasis. This accentuation in French is not a change in force, but a lengthening of the last syllable in the group and a change in intonation. Compare the following:

  English: NIColas is inTELligent.
  French: Nicolas est intelliGENT.

- Word groups consist of short sentences or single ideas within longer sentences; punctuation and linking words such as **et** and **mais** generally indicate a word group.

Écoutez   Listen to the following sentences on the student audio CD, paying close attention to the rhythm you hear as each sentence is pronounced. Use a slash to indicate the end of word groups you hear, and underline the accented syllables. Then turn off the student CD.

➡ Il est pe<u>tit</u>, / <u>brun</u>, / intelli<u>gent</u>... /

1. Non, non, au contraire! Il est très sociable et très actif, très amusant aussi...
2. C'est le copain d'Alceste?
3. Il est un peu fou, mais c'est un garçon très sympathique.

Now practice saying the sentences aloud, using the rhythm and accentuation you just indicated. Then, play the student audio CD again, and listen to the sentences to verify your pronunciation.

Essayez!   Pronounce the following sentences to yourself, paying attention to word groups. Make sure you say each syllable evenly and that you make the last syllable slightly longer.

1. Nicolas est français.
2. Nicolas est un garçon.
3. Nicolas est un garçon très amusant.
4. Alceste est grand.
5. Alceste est grand et fort.
6. Alceste est un peu paresseux, mais très sympathique.
7. Alceste est le copain de Nicolas.

Now listen to the sentences on the student audio CD. Repeat each sentence, and listen again to verify your pronunciation.

Structure: Describing personality traits

L'accord des adjectifs

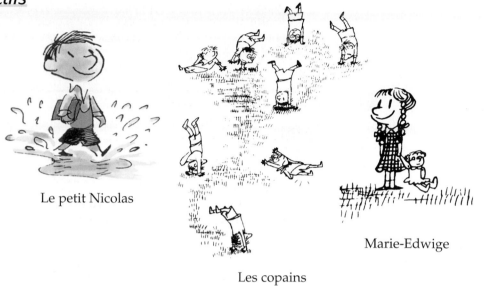

Le petit Nicolas

Les copains

Marie-Edwige

Observez et déduisez

Comment sont Nicolas et ses copains?

> Nicolas est heureux et sportif.
> Il adore le football.

> Les copains de Nicolas sont paresseux?
> Non, ils sont très actifs.

> Marie-Edwige est heureuse. Louisette
> est active! Elles sont sportives? nerveuses?

Louisette

- What is the feminine form of masculine adjectives ending in **-f?** in **-x?**
- When an adjective ends in **-x,** how is the plural formed?
- How would you say that Nicolas's friends are athletic and happy?

Vérifiez   *L'accord des adjectifs*

VOCABULAIRE ACTIF

Comment est-il?
Comment sont-ils?
sportif(ve)
typique

- Masculine adjectives ending in **-f** and **-x** form their feminine in **-ve** and **-se** respectively.

  Il est **sportif** et **sérieux**.   Elle est **sportive** et **sérieuse**.

- The plural of adjectives ending in **-x** does not change.

  Il est **ennuyeux**.   Ils sont **ennuyeux**.

- Some adjectives have irregular feminine forms.

  Il est **fou**.   Elle est **folle**.

l'accord des adjectifs

masculin singulier	masculin pluriel	féminin singulier	féminin pluriel
grand	grand**s**	grand**e**	grand**es**
typique	typique**s**	typique	typique**s**
sportif	sportif**s**	sporti**ve**	sporti**ves**
ennuyeux	ennuyeu**x**	ennuyeu**se**	ennuyeu**ses**

Activités

F Opinions.   Listen as the teacher describes some of the following people. Decide if he or she is referring to the man or the woman in each pair. Check both, if the word can refer to the man *or* the woman. Do you agree with the descriptions?

			d'accord	**pas** d'accord
1. _____ Louisette	_____ Nicolas		_____	_____
2. _____ Oprah Winfrey	_____ Bill Gates		_____	_____
3. _____ Martina Hingis	_____ Tiger Woods		_____	_____
4. _____ Maya Angelou	_____ Dave Letterman		_____	_____
5. _____ Martha Stewart	_____ Kobe Bryant		_____	_____
6. _____ Meg Ryan	_____ Tom Hanks		_____	_____
7. _____ Rosie O'Donnell	_____ Jay Leno		_____	_____
8. _____ Sandra Day O'Connor	_____ Clarence Thomas		_____	_____

G C'est à vous de décider.   Agree or disagree with the statements based on the accompanying drawings. Correct the comments that are not accurate.

➡ Jacques est blond.
Oui, il est blond.
Jacques est brun.
Non, il est blond.

1. Jacqueline est blonde.

2. Paul est grand.

3. Pierre est sérieux.

4. Marie est énergique.   5. Annick est conformiste.   6. Paul est sociable.

7. Hélène est triste.   8. Babette est fatiguée.

H Comment êtes-vous?   How would you describe yourself?

➡ Tu es énergique?   *Oui, je suis énergique.*   ou   *Non, je suis fatigué(e).*

I Comment sont-ils?   With a partner, prepare a description of one of the following people.

1. le professeur idéal
2. le professeur typique
3. l'étudiant(e) idéal(e)
4. l'étudiant(e) typique
5. l'acteur/l'actrice idéal(e)
6. le copain idéal
7. le politicien typique
8. ?

J Vrai ou faux?   First write down some words that describe you and some that do not. Then share your "self-portrait" with a partner who will guess what is true and what is false.

➡ — *Je suis un peu paresseux.*
  — *C'est vrai.*   ou   — *Toi? Non, tu es très énergique!*

Structures: Specifying people and things

Les articles définis

Observez et déduisez   Tu connais les copains de Nicolas?

Voilà Clotaire, le copain de Nicolas.
C'est un garçon heureux.

Et voici Louisette. C'est... euh...
la copine de Nicolas?

- How do you account for the difference in the articles **le, la,** and **les** in the captions above? (Think about what you learned about indefinite articles on page 12.)

Vérifiez   *Les articles définis*

- In French, the definite articles **le, la,** and **les** (*the* in English) agree in number and gender with the nouns they modify.

masculin:	le monsieur
féminin:	la dame, la femme, la fille
masc./fém. pluriel:	les copains, les copines, les étudiant(e)s

- **Le** and **la** become **l'** when followed by a word beginning with a vowel sound. Since the letter **h** is usually silent in French, most words beginning with **h** take **l'**.

  l'avocate   l'homme

- The definite articles **le, la, l',** and **les** identify more specifically than the indefinite articles—**un, une, des**—that you studied in the last chapter.

  Qu'est-ce que c'est?   C'est **un** livre. (*a book*)
  C'est **le** livre (*the book*) de Nicolas.

les articles

	articles définis	articles indéfinis
masculin singulier	le, l'	un
féminin singulier	la, l'	une
masculin pluriel	les	des
féminin pluriel	les	des

Activités

K **Votre salle de classe.** Point out various objects in the classroom, then say to whom they belong.

➡ *Voici **un** livre. C'est **le** livre de Nicolas!*

Structure: Specifying people and things

Les expressions *C'est / Il (Elle) est*

Observez et déduisez   Tu connais le monsieur là-bas *(over there)?* C'est un Français. C'est Monsieur Courteplaque, le papa de Marie-Edwige. Il est sérieux et intelligent. Et voilà la femme de Monsieur Courteplaque. Elle est française aussi. Elle est très sympathique. C'est une journaliste.

VOCABULAIRE ACTIF

là-bas

There are several ways to identify or point out people and things. In the **Chapitre préliminaire** you learned about **Qu'est-ce que c'est** and **C'est.** On page 32, you saw **voici** and **voilà** used to distinguish or set apart. Here you'll discover two more expressions for specifying people and things.

● Is the expression **c'est** followed by a noun or an adjective? And the expression **il/elle est?**

Vérifiez   *Les expressions **C'est / Il (Elle) est***

● **Il/Elle est** is used with adjectives and is used to describe.

> **Il est** intelligent.
> **Elles sont** actives.

● **C'est** occurs with nouns and is used to identify. Except with proper names, use an article before the noun.

> **C'est** un étudiant.   **Ce sont** des filles.
> **C'est** Madame Courteplaque.

● Nationalities can be either adjectives or nouns. When a nationality is an adjective, no article is used, and the word is *not* capitalized.

> Elle est française. *(adjective)*

When a nationality is a noun, an article must be used, and the word *is* capitalized.

> C'est **une** Française. *(noun)*

● Professions are treated like adjectives when they follow **il (elle) est** or **ils (elles) sont.** *No* article is used.

> **Il est** professeur.
> **Elle est** actrice.

With **c'est / ce sont,** professions are treated like nouns and must be preceded by an article.

> **C'est un** médecin.
> **Ce sont des** avocates.

Activités

L **Vrai ou faux?**   Decide if the descriptions match the pictures. Correct the statements that do not match.

1. C'est une journaliste.
   Elle est triste.

2. Ce sont des copines.
   Elles sont paresseuses.

3. C'est une fille.
   Elle est énergique.

4. C'est le petit Nicolas.
   Il est sérieux.

5. Ce sont des hommes.
   Ils sont tristes.

6. Ce sont des acteurs.
   Ils sont amusants.

M **C'est? Il est?**   Which expression would you use with the following words?

c'est/ce sont   il/elle est   ils/elles sont

➡ une Espagnole   *C'est une Espagnole.*
   petite   *Elle est petite.*

1. un homme
2. timide
3. écrivain
4. une Allemande
5. amusantes
6. des politiciens
7. désagréables
8. une femme
9. un cahier
10. des stylos

N **Qui est-ce?** Identify and describe the following people using at least two adjectives you know.

➡ *C'est un professeur!*
Il est intelligent, amusant, énergique!

1.

2.

3.

4.

5.

6.

O **Un dessin** *(drawing).* Draw a picture of someone—stick figures are okay! Invent character traits for this person, then identify and describe the picture to the class.

➡ *C'est une étudiante.*
Elle est sérieuse et intelligente.
Elle est fatiguée.
C'est la copine de Claire.

Jeu de rôle You and your classmate seem to have opposing opinions about a lot of different people! Role-play a scene in which you discuss the latest issue of *People, Newsweek,* or another magazine. First make a list of the people you will discuss. For each opinion you express about someone on the list, your friend will disagree, and vice versa.

You should complete the corresponding Workbook activities when you reach the end of the second étape in each chapter.

Culture et réflexion

L'identité québécoise. Settled by French explorers in 1534, the eastern part of Canada was known as **la Nouvelle-France** for over two centuries before Great Britain took it over in 1763. **Les Canadiens français,** however, held firmly to their language and traditions, forming the province of Quebec, the only French-speaking province in English-speaking Canada. Linguistic and cultural tensions between Anglophones and Francophones are still very much an issue, as many of the 7 million **Québécois** still talk of independence. What is a **Québécois(e)?** Here are a couple of answers from some **Québécois.** "Surrounded by English speakers, a **Québécois** defies cultural assimilation through personal inner strength—strong emotions, a strong will to preserve one's heritage, and a good sense of humor!" (I.L., student). "The **Québécois** can never rest on their laurels, for the survival of their culture is never assured. This pressure brings on a sense of insecurity at times but most often an abundance of energy and creativity" (H.D.F., university professor). Let us imagine . . . If your neighborhood were the only one for miles around that spoke your language, how would it affect your lifestyle? What would you do to preserve your heritage?

Nationalités et immigration. Like the United States, France has a long tradition of being a melting pot for immigrants from around the world who seek a new home in a democratic nation that professes **«liberté, égalité, fraternité»** for all. The most recent count estimated 4.2 million immigrants living in France, totaling 6.3% of the French population. Where do you think these immigrants come from? What influence do immigrants have on a culture? Give some specific examples from your own experience.

▲ Au Québec, en français!

▲ Un boucher algérien en France.

Go to the *Mais oui!* website for Internet activities related to the topics discussed in Culture et réflexion.

Troisième étape

Lecture: Le petit Nicolas est malade

■ *Avant de lire*

1 **Le petit Nicolas** is a popular cartoon character in France. As you look at the three cartoons below and on the next page, can you guess what this little schoolboy is up to? Do you think he is really sick **(vraiment malade)?**

2 As you have seen before, identifying cognates can greatly facilitate your comprehension. Before you actually read the text that accompanies the cartoons, can you pick out some words that look familiar? Considering those words, do you think the captions will confirm your guess above?

■ *En général*

The key to success in reading in a foreign language is the realization that you don't have to understand every word in order to understand the text. The best way to approach a text is first to skim over it to get a general idea using cognates and familiar words as anchors.

VOCABULAIRE ACTIF

allergique
le chocolat
l'école (f.)
malade
vraiment

---

3 Review the text and cartoons below and on the next page as you consider this question: **Quel est le problème de Nicolas?** *(What is Nicolas's problem?)* Check the correct answer(s).

_____ Il est vraiment malade.

_____ Il est allergique à l'école.

_____ Il est allergique au chocolat.

Le petit Nicolas est malade

Pauvre Nicolas... Il est malade. Le médecin prescrit une journée de repos et surtout pas de chocolat.

Nicolas est malade? Hum... Est-ce qu'il est vraiment malade? ou est-il allergique à l'école?

37

Le copain de Nicolas vient lui rendre visite après l'école. Alceste adore les chocolats mais il n'aime pas partager.
— Tu n'es pas vraiment malade, hein?
— Non, et je ne suis pas allergique au chocolat non plus...

Extrait de *Le petit Nicolas* (Jean-Jacques Sempé et René Goscinny).

En détail

Once you have a general idea of what the text is about, it is easier to infer the meaning of specific words and sentences.

4 Les mots.   Using the context as your guide, can you find the French words that express the following ideas?

1. a day of rest
2. no chocolate!
3. after school
4. but he doesn't like to share

5 Le texte.   Answer the following questions using sentences from the text.

1. Qu'est-ce que le médecin prescrit?
2. Le narrateur est sceptique (*skeptical*). Quelles sont les questions du narrateur?
3. Quel est le problème d'Alceste?
4. La visite d'Alceste: est-ce que Nicolas est heureux?

Et vous?

Have you ever skipped school? What excuse did you use? (**malade? fatigué(e)? une obligation familiale?**)

Structure: Asking yes/no questions

L'interrogation

Observez et déduisez   Nicolas est malade? Est-ce qu'il est vraiment malade? Ou est-il allergique à l'école?

> Look at the questions above. Find several ways to ask a question in French. How would you ask, "Is he allergic to chocolate?"

VOCABULAIRE ACTIF
Est-ce que... ?
Hein?
N'est-ce pas?

Vérifiez   *L'interrogation*

● The simplest and most common way to ask a question is to use rising into-nation with a declarative statement.

> Nicolas est malade.

> Nicolas est malade?

● **Est-ce que** (**Est-ce qu'** before a vowel) can also be added to the beginning of a statement to signal a question. This expression has no English equivalent.

> **Est-ce que** Nicolas est malade?
> **Est-ce qu'**il est vraiment malade?

● If you seek a simple confirmation, a "tag" question such as **n'est-ce pas?** or **hein?** (familiar) can be added at the end of a declarative sentence.

> Il est malade, **n'est-ce pas?**   *He's sick, isn't he?*
> Tu es vraiment malade, **hein?**   *You're really sick, aren't you?*

● A question can also be formed by inverting the subject pronoun and the verb, and placing a hyphen between them.

> Est-il malade?
> Sont-ils allergiques à l'école?

● If the subject of the sentence is a noun, both the noun *and* a pronoun must be used, with the noun preceding the inverted pronoun and verb.

> Nicolas est-il heureux?
> Les étudiants sont-ils heureux?

● Inversion is most often used in written and formal spoken French and occa-sionally in familiar speech for certain common questions such as **Comment vas-tu?** or **Comment t'appelles-tu?**

l'interrogation

intonation	Nicolas est amusant?
est-ce que	Est-ce qu'il est amusant?
tag question	Il est amusant, n'est-ce pas?
inversion	(Nicolas) est-il amusant?

◼ *Activités*

P **À mon avis** (*In my opinion*).   First indicate your feelings about your class and friends by checking either **oui** or **non** for the questions that follow.

	oui	non
1. La classe est intéressante, n'est-ce pas?	_____	_____
2. Est-ce que le professeur est patient?	_____	_____
3. Est-ce que les étudiants sont amusants?	_____	_____
4. Les étudiants et le professeur sont intelligents?	_____	_____
5. Tes copains et toi, êtes-vous heureux?	_____	_____
6. Tes copains sont sympathiques?	_____	_____

Now interview a partner, adding a second check mark to indicate his/her responses. Are your opinions the same or different?

Q **Je suis...**   Write down five adjectives that describe you, then ask questions to find your "soulmate"—a classmate who has listed the same five adjectives you have.

➡ *Est-ce que tu es patiente? Tu es sociable, n'est-ce pas? etc.*

Remember, you can respond "yes" only if the word is on your list!

Structure: Answering negatively

La négation ne... pas

Observez et déduisez

— Tu n'es pas vraiment malade, hein?
— Non, et je ne suis pas allergique au chocolat non plus!

VOCABULAIRE ACTIF

ne... pas

- From the exchange above, can you infer how to answer a question negatively in French?
- Can you answer the following question negatively?

    Est-ce que Nicolas est allergique à l'école?

Vérifiez   *La négation ne... pas*

- A sentence is made negative by placing **ne** before the verb and **pas** after it.

    Je **ne** suis **pas** malade.

- **Ne** becomes **n'** before a vowel.

    Tu **n'**es **pas** vraiment malade, hein?

Activités

R Vrai ou faux?   Decide if the following sentences are true or false. Correct the ones that are false. Add statements of your own and have classmates say if they are true or not.

➡ La maman de Nicolas est désagréable.
   C'est faux. Elle n'est pas désagréable.

1. Nicolas est allergique à l'école.
2. Il est allergique au chocolat.
3. Il est amusant.
4. Il est grand.
5. Il est triste.
6. Alceste est timide.
7. Le médecin est blond.
8. ?

S À la française.   The French tend to use understatements when they describe people and things. Agree with the sentences below the way a French person might do.

➡ Nicolas est sociable.
   C'est vrai. Il n'est pas timide!

1. Alceste est avare.
2. Louisette est sympathique.
3. Le professeur est intelligent.
4. Les étudiants de la classe sont actifs.
5. Mes copains sont sociables.

T Madame Mystère.   Try to guess the identity of Madame Mystère. Only your instructor knows for sure!

➡ Est-ce que Madame Mystère est journaliste?
   Non, elle n'est pas journaliste.

Stratégie de communication

Responding to questions and comments

In French, just as in English, you can respond noncommittally to questions and comments, or you can answer in the affirmative or the negative with various degrees of emphasis. Study these examples and find useful expressions to do the following:

- to add emphasis to **oui** or **non**
- to respond in the affirmative to a negative question
- to avoid a direct answer
- to say something is true (or not) for you also

—Comment est Nicolas? Il est amusant?
—Mais oui, bien sûr!
—Il n'est pas ennuyeux?
—Non, pas du tout!

—Louisette est sympathique, n'est-ce pas?
—Euh, ça dépend.

—Nicolas est allergique à l'école.
—Moi aussi!
—Mais il n'est pas allergique au chocolat.
—Moi non plus!

—Les copains de Nicolas ne sont pas actifs?
—Si, si! Ils sont très actifs!

responding to questions and comments

	affirmative response	negative response
affirmative questions	Oui. Mais oui! Bien sûr!	Non. Mais non! Pas du tout!
negative questions	Si, si. Mais si!	Non. Pas du tout! Mais non!
affirming comments	Moi aussi.	Moi non plus.

remaining noncommittal

Ben, je ne sais pas...
Peut-être...
Euh, ça dépend.

Remember, all expressions introduced in the **Stratégie de Communication** sections are active vocabulary.

Activités

U Moi aussi! Moi non plus!   Listen to the comments your instructor makes about himself or herself. Indicate if the statements are true for you also or not.

V Opinions.   Write five questions, then interview two partners to get their opinions. Answer their survey questions using expressions to agree or disagree.

➡ *Robin Williams est amusant?   Mais oui! / Non, pas du tout!*

Share your group's questions and findings with the class.

Jeu de rôle   With two classmates, role-play a scene between roommates who are just getting to know one another. Ask questions to find out what your new roommates are like. Are you similar in personality or very different? Perform the scene for the class, and let other students indicate if they think you'll get along. Use a variety of expressions to respond to your roommates' questions and to concur with their comments.

Complete corresponding Workbook activities when you reach the end of the third étape in each chapter. At this point, you should also do your Lab Manual activities with the audio program and explore chapter topics further with the Mais oui! Video and Mais oui! CD-ROM.

Intégration

Littérature: L'accent grave

Jacques Prévert (1900–1977) was a popular French poet who chose to depict the modern world in its "ordinariness," with simplicity, understatements, and a delightful sense of humor. Several of his poems have been set to music. *L'accent grave* is a mini-play on words.

Avant de lire

1 One of the characters in the mini-play you are about to read is named Hamlet. When you think of Hamlet, what famous line comes to your mind? Can you predict which verb is likely to be a key word in this text?

2 An accent mark can make a big difference. Take the little word **ou**: without an accent, **ou** means *or*; with **un accent grave, où** means *where*. With a text entitled *L'accent grave* and a character named Hamlet, what do you anticipate?

En général

Identifying the organization of a text can make comprehension easier. In this mini-play, who are the characters **(les personnages)?** What happens? Try to answer these questions as you read.

3 Look over the text, focusing on the characters. Who is talking to Hamlet? Using logic, can you infer the meaning of **l'élève?**

4 Now skim through the text paying attention to the action **(l'action).** Using words that you recognize and the punctuation as anchors, put the sequence of events in the proper order (1–7).

_____ Hamlet is startled.

_____ Hamlet plays on the meaning of the words **ou/où.**

_____ The teacher wants Hamlet to conjugate a verb.

___1___ The teacher calls on Hamlet.

_____ The teacher is unhappy with Hamlet.

_____ The teacher is *extremely* unhappy with Hamlet.

_____ Hamlet conjugates his favorite verb in an untraditional fashion.

L'accent grave

LE PROFESSEUR: Élève Hamlet!

L'ÉLÈVE HAMLET: *(sursautant)* ... Hein ... Quoi ... Pardon ... Qu'est-ce qui se passe ... Qu'est-ce qu'il y a ... Qu'est-ce que c'est?...

LE PROFESSEUR: *(mécontent)* Vous ne pouvez pas° répondre «présent» comme tout le monde°? Pas possible, vous êtes encore dans les nuages°.

> Vous... *Can't you*
> comme... *like everyone else*
> encore... *again in the clouds*

L'ÉLÈVE HAMLET: Être ou ne pas être dans les nuages!

LE PROFESSEUR: Suffit. Pas tant de manières. Et conjuguez-moi le verbe être, comme tout le monde, c'est tout ce que je vous demande.

L'ÉLÈVE HAMLET: To be...

LE PROFESSEUR: En français, s'il vous plaît, comme tout le monde.

L'ÉLÈVE HAMLET: Bien, monsieur. *(Il conjugue:)*
Je suis ou je ne suis pas
Tu es ou tu n'es pas
Il est ou il n'est pas
Nous sommes ou nous ne sommes pas...

LE PROFESSEUR: *(excessivement mécontent)* Mais c'est vous qui n'y êtes pas°, mon pauvre ami!

> Mais... *But you are the one who's out of it*

L'ÉLÈVE HAMLET: C'est exact, monsieur le professeur,
Je suis «où» je ne suis pas
Et, dans le fond°, hein, à la réflexion,
Être «où» ne pas être
C'est peut-être° aussi la question.

> dans... *in the end*
>
> *perhaps*

Jacques Prévert, «L'accent grave,» *Paroles* (Éditions Gallimard).

En détail

5 **Expressions de surprise.** Find in the text six ways to express surprise in French.

6 **Comme tout le monde...** What are the three things the teacher wants Hamlet to do "like everyone else"?

7 **Deux mondes différents** *(Two different worlds).*   Where are the teacher and Hamlet? Check the answers in the grid below.

	le professeur		Hamlet	
	oui	non	oui	non
dans les nuages				
dans la réalité ordinaire				
dans le conformisme				
dans les réflexions philosophiques				

8 **Etre *où* ne pas être...**   Complete the following sentences.

1. Physiquement, Hamlet est
   a. dans la salle de classe   b. dans les nuages

2. Mentalement, Hamlet est
   a. absent   b. présent

3. La situation est
   a. tragique   b. comique   c. tragique et comique

Et vous?

Do you ever feel like Hamlet? When do you feel like this? Why?

Par écrit: Celebrities in town!

Avant d'écrire

A **Strategy: Keeping purpose in mind.**   Each type of writing serves a purpose that influences what is included in the written text and what is not. If you were a newspaper reporter interviewing a celebrity, for example, you'd want to ask questions that would enable you to *inform* your readers.

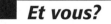 **Application.**   Jot down some questions that would get you the information your readers would want to know about an international star.

VOCABULAIRE ACTIF

ou

B **Strategy: Avoiding repetition.**   Use **et** and **aussi** to introduce an additional point and **mais** or **ou** to indicate contrast.

➡ Hamlet est amusant. Il est un peu paresseux. Il n'est pas bête.
  Hamlet est amusant et un peu paresseux aussi, mais il n'est pas bête.
  Vous êtes très raisonnable? Vous êtes un peu fou?
  Vous êtes très raisonnable ou un peu fou?

Application.   Use the following words to write a sentence that avoids repetition by using **et, mais,** or **ou.** You may use negation as well.

Pierre / amusant / sympathique / heureux

Écrivez

1. The pictures above represent famous people visiting your city. You, as chief reporter for the local newspaper, will interview them. Make a list of questions you will ask the woman and a list of questions you will ask the man in order to inform your readers about who they are, where they're from, what they do professionally, and what they are like.

2. Imagine you have now interviewed the celebrities above. Write captions that will appear in the paper under each photo stating name, profession, hometown, and character traits for each.

➡ *Voici Mme Robert. C'est une Canadienne. Elle est de Montréal. Elle est musicienne et écrivain. Elle est grande, brune et très amusante, mais elle n'est pas sportive. Elle est un peu nerveuse.*

Selon vous personnellement, quelles sont les composantes principales de «l'identité» d'un individu dans votre culture?

Laïla: Dans ma culture, l'identité d'un individu est basée sur sa famille, ses racines[1], son éducation et l'environnement dans lequel il a été élevé[2].

Aïssatou: L'origine, les valeurs morales, sociales ou religieuses, l'appartenance à une entité familiale, sociale, culturelle…

Quel rôle est-ce que la nationalité et le genre (homme/ femme) jouent dans l'image que vous avez de vous-même[3]?

Nathalie C.: Je suis très heureuse d'être une femme et particulièrement une mère[4].

Isabelle: Le fait[5] que je suis québécoise joue[6] un grand rôle dans l'image que j'ai de moi-même car je me considère premièrement québécoise et ensuite canadienne… C'est plus le fait que je suis une femme *québécoise* qui m'influence.

Frédéric: Ma nationalité et le fait d'être un homme ne jouent aucun[7] rôle dans l'image que j'ai de moi-même.

Nom: Nathalie Chesnel
Âge: 26 ans
Ville d'origine: Saint-Étienne, France
Études/Diplômes: maîtrise d'allemand
Profession: mère au foyer
Intérêts/Passe-temps: ma famille, la déco, la cuisine

TASK: Create a list of nine items that might be considered components of one's identity, such as gender, nationality, profession, family role (son, sister, etc.). Show your list to ten people from your country, and ask them to choose the three items on the list that they think best represent their identity. Allow them the option of adding one item not on your list. How widely do the responses vary?

---

1. *roots*   2. *in which he/she was raised*   3. *your image of yourself*   4. *mother*
5. *The fact*   6. *plays*   7. *doesn't play any*

VOCABULAIRE ACTIF

Verbes / expressions verbales

être *to be*
Je suis de... *I'm from . . .*
Voici/Voilà *Here is / There is*
Tu connais... ? *Do you know (so and so)?*

Les nationalités

africain(e) *African*
algérien(ne) *Algerian*
allemand(e) *German*
américain(e) *American*
anglais(e) *English*

belge *Belgian*
brésilien(ne) *Brazilian*
canadien(ne) *Canadian*
chinois(e) *Chinese*
espagnol(e) *Spanish*

français(e) *French*
italien(ne) *Italian*
japonais(e) *Japanese*
marocain(e) *Moroccan*
mexicain(e) *Mexican*

russe *Russian*
sénégalais(e) *Senegalese*
suisse *Swiss*

Les professions

acteur (actrice) *actor (actress)*
architecte *architect*
artiste *artist*
athlète *athlete*

avocat(e) *lawyer*
chanteur (chanteuse) *singer*
dentiste *dentist*
écrivain *writer*

ingénieur *engineer*
journaliste *journalist*
mécanicien(ne) *mechanic*
médecin (docteur) *doctor*

musicien(ne) *musician*
peintre *painter*
politicien(ne) *politician*
président(e) *president*
secrétaire *secretary*

Les gens (*people*)

un copain / une copine *a friend, a pal*
un(e) élève *a student (elementary through high school)*
un garçon / une fille *a boy / a girl*

un homme / une femme *a man / a woman*
un monsieur / une dame *a gentleman / a lady*

Adjectifs pour décrire les gens

actif (active) ≠ paresseux (paresseuse), passif (passive) *active, lazy, passive*
allergique *allergic*
blond(e) ≠ brun(e) *blond, brunette*
calme ≠ nerveux (nerveuse) *calm, nervous*
égoïste ≠ altruiste *selfish, altruistic*
fatigué(e) ≠ énergique *tired, energetic*
généreux (généreuse) ≠ avare *generous, stingy*
grand(e) ≠ petit(e) *tall (big), short (small)*
idéal(e) ≠ typique *ideal, typical*
idéaliste ≠ réaliste *idealistic, realistic*
individualiste ≠ conformiste *nonconformist, conformist*
intelligent(e) ≠ bête, stupide *intelligent, stupid (dumb)*

intéressant(e) ≠ ennuyeux (ennuyeuse) *interesting, boring*
malade *sick, ill*
mince ≠ fort(e), gros (grosse) *thin, heavyset*
optimiste ≠ pessimiste *optimistic, pessimistic*
patient(e) ≠ impatient(e) *patient, impatient*
raisonnable ≠ fou (folle) *reasonable, crazy*
riche ≠ pauvre *rich, poor*
sérieux (sérieuse) ≠ amusant(e) *serious, funny*
sportif (sportive) *athletic*
sympathique ≠ désagréable *nice, rude*
timide ≠ sociable *shy, friendly (outgoing)*
triste ≠ heureux (heureuse) *sad, happy*

Adverbes

là-bas *over there*
un peu *a little*

très *very*
vraiment *really*

Mots-liens (*Connectors*)

aussi *also, too*   mais *but*
et *and*   ou *or*

La négation

ne... pas

Articles définis

le, la, l', les *the*

Questions

Qui suis-je? *Who am I?*
Comment est-il/elle? *What is he/she like?*
D'où es-tu? / D'où êtes-vous? *Where are you from?*
Est-ce que... ?
N'est-ce pas? / Hein?

Expressions pour répondre et réagir (*react*)

peut-être *maybe*
Mais oui / Mais non *But of course (well, yes)* / *Of course not*
Bien sûr / Pas du tout *Of course / Not at all*
Si! / Mais si! *Yes! (after negative question) / Well, yes!*
Moi aussi / Moi non plus *Me too / Me neither*
Ben, je ne sais pas *Well, I don't know*
Euh, ça dépend *Well, it depends*

Divers

le chocolat *chocolate*
une école *a school*

EXPRESSIONS POUR LA CLASSE

à mon avis *in my opinion*   des mots nouveaux *new words*
un(e) camarade de classe *a classmate*   semblable *similar*
décidez *decide*   un sondage *a poll*
un dessin; dessinez *a drawing; draw*   absent(e) ≠ présent(e) *absent, present (here!)*
essayez *try*   masculin ≠ féminin *masculine, feminine*
un mot apparenté *a cognate*   vrai ≠ faux *true, false*

**These words and expressions in this last section are found in the chapter
in explanations and direction lines. They will be used throughout the
book, so they should become part of your active vocabulary.**

La famille

This chapter will enable you to

☐ understand native speakers talking about themselves and their families

☐ read a survey of leisure activities in France and a poem by an author from Cameroon

☐ identify family members and their relationships

☐ ask about people's ages and physical characteristics

☐ talk about leisure activities you like or dislike

Qui sont les membres de cette famille? Quel âge ont-ils? Quelle est la couleur de leurs cheveux et de leurs yeux? Quelles sont leurs activités préférées? Et vous? Qui sont les membres de votre famille? Quelles sont vos activités préférées?

À l'écoute: Une photo de famille

As you listen to the student audio CD, you will hear two people talking about a family picture. Do the following tasks one by one, focusing only on what you are asked to do for each task.

Avant d'écouter

1 Who is likely to be in a family picture? Look at the words below. Can you infer their meaning? Place them in the family tree.

le père (le papa)   la mère (la maman)
le frère   la sœur

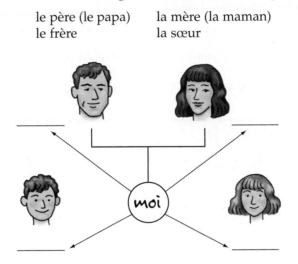

Écoutons

2 Listen to the conversation a first time to identify who is talking. Then, justify your answer.

a. two friends
b. a mother and her daughter
c. two sisters

3 Listen again, noting how many times the following words are mentioned: une fois? deux fois? trois fois? quatre fois?

père _____   frère _____   mère _____   sœur _____

4 Listen again to determine how the following people are related to Véronique (père? frère? mère? sœur?).

Paul _____   Fabien _____   Olivia _____

51

5 Now that you have heard the conversation several times, from the context, can you infer the meaning of the words in the left-hand column? Match them with items in the right-hand columns and justify your choices.

_____ 1. belle-sœur   a. *wife*   e. *children*

_____ 2. femme   b. *half-sister*   f. *nephews*

_____ 3. enfants   c. *sister-in-law* g. *cousins*

_____ 4. neveux   d. *parents*

6 Now that you have listened to the conversation several times, answer the following questions.

Combien (*How many*) de personnes y a-t-il sur la photo?
Qui sont ces personnes?

7 Listen one last time to note family resemblances **(Qui ressemble à qui?).**

1. Véronique ressemble à son/sa...
2. Paul ressemble à son/sa...
3. Fabien ressemble à son/sa...

Prononciation   Le son [r]

● The French [r] is very different from its English counterpart. There are three keys to pronouncing a French [r] correctly.

1. Keep the tip of your tongue against your lower front teeth.
2. Arch the back of your tongue toward the back of your mouth, as for the sounds [k] (<u>c</u>at) or [g] (<u>g</u>et).

→ Practice saying [go], then **gros** [gro]; **gant** [gɑ̃] → **grand** [grɑ̃].

3. Keep your lips from moving! Set your lips in position for the vowel that comes before or after the [r], and make sure they don't move for the [r].

→ Pronounce the following sound combinations, checking the corners of your mouth with your fingers to make sure your lips don't move.

k [ka] → **car** [kar]   **qui** [ki] → **cri** [kri]

🎧 *Écoutez*   Listen again to **À l'écoute: Une photo de famille,** paying close attention to the pronunciation of the **r**'s occurring in the following expressions. Listen to the segment a second time if necessary.

Note: From this point on, the directions for the Prononciation are not recorded. You should read the directions in the text.

1. Vé<u>r</u>onique
2. j'ado<u>r</u>e
3. bien sû<u>r</u>
4. mè<u>r</u>e
5. pè<u>r</u>e
6. tu <u>r</u>essembles à ta mè<u>r</u>e
7. mon f<u>r</u>è<u>r</u>e
8. mon aut<u>r</u>e f<u>r</u>è<u>r</u>e
9. Paul <u>r</u>essemble à son pè<u>r</u>e
10. Fabien <u>r</u>essemble à sa mè<u>r</u>e, je c<u>r</u>ois
11. deux sœu<u>r</u>s
12. ma belle-sœu<u>r</u>
13. leu<u>r</u>s deux enfants
14. ado<u>r</u>ables

🎧 *Essayez*   Now listen again to the words and expressions in the preceding section. Repeat each one, keeping in mind the three key directions for pronouncing the French [r]. Then listen again to verify your pronunciation.

Vocabulaire

La famille

● **Regardez** (*Look at*) la photo de famille.

—Combien de grands-parents est-ce qu'il y a?
—**Il y a** (*There are*) trois grands-parents.
—Combien d'enfants? Combien de personnes est-ce qu'il y a?

● Using logic and cognates, figure out the meaning of the following words. Then complete the sentences below.

grand-père (*m.*)	**oncle** (*m.*)	**fils** (*m.*)	**grands-parents** (*m.*)
grand-mère (*f.*)	**tante** (*f.*)	**fille** (*f.*)	**mari** (*m.*)

1. Le père de mon père est mon _____ .

2. La mère de mon père est ma _____ .

3. Les parents de mes parents sont mes _____ .

4. La sœur de ma mère est ma _____ .

5. Le frère de ma mère est mon _____ .

6. Un enfant du sexe féminin est une _____ .

7. Un enfant du sexe masculin est un _____ .

8. Mon père est le _____ de ma mère.

neveu (*m.*)	**cousin** (*m.*)	**beau-frère** (*m.*)	**petit-fils** (*m.*)
nièce (*f.*)	**cousine** (*f.*)	**belle-sœur** (*f.*)	**petite-fille** (*f.*)

9. Le fils de mon oncle et de ma tante est mon _____ .

10. La fille de mon oncle et de ma tante est ma _____ .

11. La sœur de mon neveu est ma _____ .

12. Le fils de mon fils est mon _____ .

13. La fille de mon fils est ma _____ .

14. Le mari de ma sœur est mon _____ .

Note culturelle

La famille française. Today there are probably more similarities than differences between families in France and families in the United States and Canada. For example, couples in France today tend to share authority as well as household chores. A majority of French women now work outside the home, and young children whose parents both work may spend time in daycare. As in the United States and Canada, single-parent families, blended families, and couples who live together outside marriage are not uncommon. How has the image of family in North American culture changed in your lifetime? In your estimation, what has contributed to these changes?

Activités

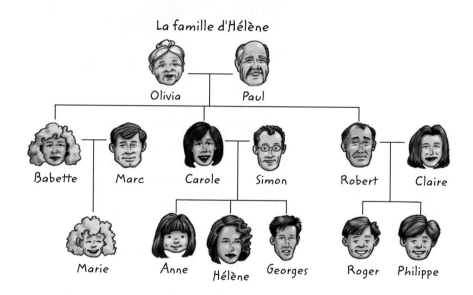

La famille d'Hélène

A **Combien de... ?** Regardez l'arbre généalogique d'Hélène. Qui sont les sœurs? les mères? les oncles? les frères? Combien de tantes est-ce qu'il y a? de pères? de fils? de maris?

B **D'autres liens de parenté (*relationships*).** Parlez de (*Talk about*) tous les liens de parenté possibles pour les membres de la famille d'Hélène.

➡ *Anne est la sœur de Georges et d'Hélène, la fille de Carole et de Simon, la nièce..., la cousine..., la petite-fille...*

Structure: Expressing ownership

Les adjectifs possessifs

Observez et déduisez

Ici c'est Marie, la fille de mon oncle et de ma tante. C'est ma cousine.

Et voici Olivia et Paul, les parents de ma mère. Ce sont mes grands-parents.

> ● In the captions above, how many ways do you find to say *my?* Review noun-adjective agreement on page 30. What conclusions can you draw about the various forms of the French word for *my?*

VOCABULAIRE ACTIF

les adjectifs possessifs
  mon, ma, etc.

Vérifiez *Les adjectifs possessifs*

● The possessive adjective agrees in number and gender with the noun following it.

| oncle (masculin) → **son** | tante (féminin) → **sa** |
| parents (masc./pluriel) → **ses** | cousines (fém./pluriel) → **ses** |

Notice that *it does not matter* whether the possessor is a male or a female. The adjective agrees with the noun that *follows* it.

son frère (*his/her* brother)   **sa** sœur (*his/her* sister)

● For singular words beginning with a vowel sound, always use the masculine adjective even if the noun is feminine.

son avocate   **mon** étudiante

les adjectifs possessifs

	masculin	**féminin**	**pluriel**
my	**mon** oncle	**ma** tante	**mes** parents
your	**ton** oncle	**ta** tante	**tes** parents
his/her/its	**son** oncle	**sa** tante	**ses** parents
our	**notre** oncle	**notre** tante	**nos** parents
your	**votre** oncle	**votre** tante	**vos** parents
their	**leur** oncle	**leur** tante	**leurs** parents

Activités

C **Vrai ou faux?** Lisez les phrases suivantes et indiquez si (*if*) elles sont vraies ou fausses selon l'arbre généalogique d'Hélène (page 54). Corrigez (*Correct*) les phrases si elles sont fausses.

➡ (Hélène) Roger est son frère.
C'est faux. Roger est son cousin.

La famille d'Hélène

1. Olivia est sa mère.
2. Roger et Philippe sont ses cousins.
3. Simon est son père.
4. Marc est sa tante.
5. Georges est son frère.

La famille d'Olivia et de Paul

6. Babette, Carole et Hélène sont leurs filles.
7. Marie est leur petite-fille.
8. Robert est leur fils.
9. Georges et Roger sont leurs fils aussi.
10. Babette est leur sœur.

Note culturelle

Des questions personnelles. Although it may seem perfectly natural for you to discuss your family with a partner in French class, such would not necessarily be the case in France where topics such as the number of members in the family or their occupation are often considered private matters to be broached only with close friends, not acquaintances. In many African cultures, asking parents how many children they have is taboo for two reasons: it would be a breach of privacy, and it might also invite fate to strike one of the children. The notion of privacy exists in all cultures; however, its manifestations vary from culture to culture. What topics do you discuss freely with acquaintances or colleagues? What topics do you never discuss with people you don't know well?

D **Interview.** Posez (*Ask*) les questions suivantes à un(e) partenaire et répondez à ses questions.

1. Il y a combien de personnes dans ta famille?
2. Qui sont les membres de ta famille?
3. Comment s'appelle ta mère? ton frère? etc.
4. Comment est ton oncle? (ta tante, etc.)
5. D'où est ton cousin? (ta cousine, etc.)

Structure: Pointing out people and things

Les adjectifs démonstratifs

Observez et déduisez

> Qui est cette femme là-bas?

> C'est ma tante. Et ce monsieur-là, c'est mon oncle.

> ● What is the meaning of **ce/cette?** Why the difference in form? Think about what you have already learned about adjective agreement.

Vérifiez   *Les adjectifs démonstratifs*

● Demonstrative adjectives are used to point out or clarify, and, like all adjectives, they agree in number and gender with the noun they modify.

VOCABULAIRE ACTIF

les adjectifs démonstratifs

ce, cet, cette, ces

-ci / -là

      ce monsieur (masc./sing.)
      cette dame (fém./sing.)
      ces garçons (masc./pluriel)
      ces filles (fém./pluriel)

● **Cet** is the form used before masculine words beginning with a vowel sound.

      cet <u>h</u>omme
      cet <u>a</u>vocat
      cet <u>é</u>tudiant

● **-ci** and **-là** may be added to the noun to distinguish between *this* and *that* or between *these* and *those.*

      ce monsieur**-ci**
      cette femme**-là**
      ces garçons**-ci**
      ces filles**-là**

Activités

E **Comment est cette famille?**   Décrivez (*Describe*) la famille en employant le vocabulaire ci-dessous.

➡ *Ces enfants sont heureux...*

		grand(e)(s)
Ces enfants		amusant(e)(s)
Cette mère	est/sont	sociable(s)
Ce père		blond(e)(s)
		?

F **Qui est-ce?**   Apportez en classe une photo d'un membre de votre famille ou une photo d'une personne célèbre. Vos camarades de classe vont poser des questions au sujet (*about*) de la personne.

➡ —*Qui est cette femme?*
  —*C'est une actrice. Elle s'appelle Sophie Marceau. Elle est française.*

Jeu de rôle   Play the role of a client who has hired a genealogist (your partner) to research and develop your family tree. Give a brief description of your immediate family, including names and relationships. Your partner will ask follow-up questions about other relatives. Share as much information as you can while your partner sketches your **arbre généalogique.** Check to be sure it's correct before the genealogist leaves to begin his/her research.

Lecture: Les loisirs et la famille

Avant de lire

1 What leisure activities do you associate with family life? Infer the meaning of the expressions below, then indicate whether you and your family practice these activities every day **(tous les jours)**, often **(souvent)**, sometimes **(quelquefois)**, or never **(jamais)**.

activités de loisirs	tous les jours	souvent	quelquefois	jamais
regarder la télévision				
écouter de la musique (radio, cassettes, CD)				
manger au restaurant				
aller au cinéma				
aller au spectacle (concert, théâtre, etc.)				
aller à des matchs de foot, de basket, etc.				
faire du sport (jouer au tennis, faire du jogging, etc.)				
jouer (au Nintendo ou à d'autres jeux)				
faire du shopping (acheter des vêtements, par exemple, un T-shirt, un jean)				

◀ Un pique-nique en famille.

En général

2 Look at the two charts that follow, and infer which one gives the following information. (Le tableau numéro 1 ou le tableau numéro 2?)

a. A comparison of what male and female young people like to do in their spare time.

b. The amount of time French people in general spend per day in leisure activities.

Now can you find the French words or expressions for the following:

a. young   c. time   e. to like, to love
b. together   d. per day   f. to do

I. Loisirs au quotidien: temps consacré à des activités de loisirs (en minutes par jour)

activités de loisirs: temps consacré à...	minutes par jour
• regarder la télévision 127	
• parler avec famille ou amis (en personne ou au téléphone)	33
• sortir (restaurant, cinéma, spectacles, shopping, etc.) 32	
• lire (livres, journaux, magazines) 25	
• faire des promenades ou du tourisme 20	
• faire du sport 16	
• jouer (enfants/adultes) 16	
• ne rien faire, réfléchir 7	
• écouter la radio, des cassettes ou des CD 4	
• autres loisirs 8	
Total	288 (4h48)

Adapté de *Francoscopie 2001*, p. 389.

II. Qu'est-ce que les jeunes Français (16–25 ans) aiment faire?

	garçons %	filles %	ensemble %
• écouter de la musique	82	84	83
• apprendre des choses nouvelles	76	83	79
• faire la fête avec des copains	79	78	78
• être en famille	55	72	63
• voyager	57	70	63
• aller au cinéma	51	59	55
• faire du sport	62	45	54
• lire (livres, journaux, magazines)	26	54	40
• dépenser de l'argent	34	42	38
• surfer sur Internet	23	20	22

Sondage Ifop–Ministère de la Jeunesse et des Sports, décembre 1999.

En détail

VOCABULAIRE ACTIF

activités

acheter (des vêtements,
  un T-shirt, un jean)
aimer
aller* (au cinéma, à un
  match de foot ou de
  basket, au restaurant,
  au spectacle, au
  concert, au théâtre)
apprendre* des choses
  nouvelles
écouter (de la musique,
  la radio, une cassette,
  un CD)
faire* (du jogging, du
  shopping, du sport, des
  promenades, la fête)
jouer (au Nintendo, au
  tennis)
lire* (des livres, des
  journaux, des magazines)
manger
parler (avec des amis)
regarder (la télévision)
sortir*
voyager
[*Infinitive form only]

3 Les mots.   Using the context and logic, can you infer the meaning of the
verbs in the left-hand column? Choose the correct answers from the right-
hand column.

1. parler	a. *to learn*
2. lire	b. *to party*
3. sortir	c. *to talk*
4. faire une promenade	d. *to spend money*
5. réfléchir	e. *to take a stroll*
6. apprendre	f. *to read*
7. faire la fête	g. *to go out*
8. voyager	h. *to think or reflect*
9. dépenser de l'argent	i. *to travel*

Now can you find the French words for the following?

1. new things	3. friends
2. nothing	4. newspapers

4 Les résultats

1. **Loisirs au quotidien (tous les jours).**   Which of the activities listed . . .
   a. involve (or may involve) the media?
   b. can be done as a family **(en famille)?**

2. **Qu'est-ce que les jeunes Français aiment faire?**   Make a list of
   activities that . . .
   a. girls like to do more than boys.
   b. boys like to do more than girls.

Et vous?

VOCABULAIRE ACTIF

expressions adverbiales

ensemble
jamais
par jour
quelquefois
souvent
tous les jours

1. **Loisirs au quotidien.**   How much time do you spend each day in
   leisure activities? Think about a typical week in your life right now
   and estimate how you spend your free time. Jot down your totals,
   then get together with two or three classmates. As you look at your
   figures, do you see any differences with the French chart? What
   conclusions can you draw?

2. **Qu'est-ce que les jeunes aiment faire?**   Would this poll yield similar
   results in North America?
   a. Number the activities given from 1 to 10 according to your own
      preferences.
   b. Get together with four classmates and compare results. (Qu'est-ce
      qui est numéro 1 pour toi? numéro 2? etc.)
   c. Discuss activities that may need to be added or deleted for a North
      American audience.
   d. Draw some cultural conclusions and share them with the class.

Structure: Talking about leisure activities

Les verbes en -er

Observez et déduisez Ma sœur et moi, nous aimons les médias. Nous aimons regarder la télévision, écouter de la musique: le jazz, le rock, la musique classique. Nous aimons aussi aller au cinéma. J'aime bien les films d'aventure et les comédies. Sophie aime les films d'amour. Mes parents aiment les sports—le tennis, le volley—et ils aiment aller à des matchs de foot le week-end. Mon grand-père, par contre, n'aime pas le sport, mais il aime beaucoup lire, surtout les romans historiques—pas les romans policiers! Est-ce que nous sommes une famille typique? (La réponse à cette question se trouve dans le sondage de la page 60.)

- The verb **aimer** is used to express preferences. How many different forms of the verb do you see in the preceding paragraph? How do you explain these differences?
- What kind of article follows the verb **aimer:** definite or indefinite?
- How would you say "I like movies"? How would you say "I don't like sports"?

Vérifiez *Les verbes en -er*

- Many French verbs are formed like **aimer.** The written stem is found by dropping the **-er** from the infinitive: **aim-.** Add the following endings to the stem to form the present tense of **-er** verbs.

le verbe **aimer**

j'aim**e**	nous aim**ons**
tu aim**es**	vous aim**ez**
il/elle/on aim**e**	ils/elles aim**ent**

Note that **je** becomes **j'** before a vowel.

> J'adore le français.   J'étudie la littérature.

Although there are five written endings for **-er** verbs, only two are pronounced: those for **nous** and **vous.** *All other endings are silent.*

je regard~~e~~	nous regard<u>ons</u>
tu regard~~es~~	vous regard<u>ez</u>
il/elle/on regard~~e~~	ils/elles regard~~ent~~

Liaison occurs when **nous, vous, ils,** and **elles** are followed by a verb beginning with a vowel.

nous_écoutons	vous_étudiez	elles_adorent
[z]	[z]	[z]

● A simple (one word) present tense is used in French to express actions in progress:

>Nous **écoutons** la radio. *We are listening to the radio.*

as well as habitual actions:

>Nous **écoutons** toujours la radio. *We always listen to the radio.*

● Spelling changes occur in the stems of some **-er** verbs.

some stem-changing verbs

é → è before a silent ending

nous préférons	BUT	ils préfèrent
vous préférez	BUT	elle préfère

mute e → è before a silent ending

nous achetons	BUT	ils achètent
vous achetez	BUT	elle achète

g → ge before -ons

je mange	BUT	nous mangeons

c → ç before -ons

je commence	BUT	nous commençons

VOCABULAIRE ACTIF

un(e) ami(e)
un(e) camarade de
    chambre
une comédie
une discothèque
dormir
écrire
un film d'amour/d'aventure
le jazz
la littérature
la musique classique
le rock
un roman historique/
    policier
surtout
les verbes en -er
    aimer, chanter, etc.
une vidéo
le volley

● Many **-er** verbs are easily recognizable cognates. They are often used in the following situations:

a. in directions in this textbook

>compléter (la phrase)   comparer (les réponses)

b. to discuss pastimes and activities

>chanter (bien/mal) *to sing well/badly*   parler (à une amie/de Paul/
>danser (dans une discothèque)   avec Marie)
>dîner (au restaurant)   penser (à sa sœur/à Noël)
>donner (un stylo à un copain) *to give*   *to think about*
>étudier (l'histoire) *to study a subject*   retrouver (son camarade de chambre)
>habiter (à Toronto) *to live*   *to meet; to get together with*
>inviter (ses amis)   travailler (pour un avocat)
>   *to work, to study*

c. to discuss likes and dislikes

>admirer (ses parents)   détester (la télévision)
>adorer (les vacances)   préférer (la littérature française)

A few verbs you may want to use in this chapter are not conjugated like aimer. For now, use only the infinitives of the verbs apprendre, aller, faire, lire, sortir, and dormir (*to sleep*).

● Verbs of preference (**aimer, adorer, préférer, détester**) can be followed by a noun or by another verb. When followed by a noun, a definite article *must* be used.

>Mon frère aime **les** romans, et il adore **les** films. Il déteste **les** sports.

When followed by another verb, the second verb is always an *infinitive*.

>J'aime **regarder** des vidéos, mais je préfère **aller** au cinéma.

In the negative, the *conjugated* verb is negated.

>Je **n'**aime **pas** lire des magazines.

Activités

G **Les activités.**   Écoutez le professeur. Est-ce que les phrases correspondent aux images ci-dessous (*below*)? Écrivez *vrai* ou *faux*.

➡ (Elle travaille.)   *faux*

1. _____

2. _____

3. _____

4. _____

5. _____

6. _____

Écoutez encore et décidez quelle image correspond à la phrase que vous entendez (*hear*). Si la phrase ne correspond pas à une image, écrivez X.

➡ (Ils mangent.)   *4*

1. _____   2. _____   3. _____   4. _____

5. _____   6. _____   7. _____

H **Préférences.** Regardez les images ci-dessous et parlez des activités et préférences de Paul et de Marie.

➡ *Paul aime aller au cinéma. Il aime regarder des films. Marie préfère écouter la radio. Elle adore la musique. Elle aime chanter aussi!*

1.

2.

3.

4.

5.

I **Habitudes.** À quelles activités participez-vous toujours? souvent? quelquefois? jamais? Cochez (*Check*) la bonne réponse selon vos expériences personnelles.

	toujours	souvent	quelquefois	jamais
1. Je regarde des films français.	____	____	____	____
2. J'invite mes copains au café.	____	____	____	____
3. Je dîne au restaurant.	____	____	____	____
4. Je chante avec la radio.	____	____	____	____
5. Je danse dans une discothèque.	____	____	____	____
6. Je joue au Nintendo.	____	____	____	____
7. Je parle à mes parents.	____	____	____	____
8. Je pense à Noël.	____	____	____	____
9. Je retrouve mes amis.	____	____	____	____
10. Je voyage.	____	____	____	____
11. J'aime lire des magazines.	____	____	____	____
12. J'aime aller au théâtre.	____	____	____	____

Maintenant (*Now*), posez des questions à un(e) partenaire. Êtes-vous semblables ou différent(e)s?

➡ *Tu regardes des films français?*   *Oui, quelquefois.* ou *Non, jamais.*

Comment est l'étudiant(e) typique de votre classe?

Stratégie de communication

Hesitating and Stalling for Time

French uses expressions for hesitating and marking pauses similar to *so* and *well* and *"ya know"* in English.

● Find the French expressions in the paragraph below used to hesitate or fill pauses.

> Mes passe-temps préférés, hein? Eh bien... euh... j'aime beaucoup la musique, euh... le rock et le rap surtout, euh... pas la musique classique! Et bon, ben, j'aime les sports, voyons... la gymnastique, le foot. Et puis j'aime retrouver mes copains au café. On s'amuse bien, quoi!

pour hésiter ou pour gagner du temps

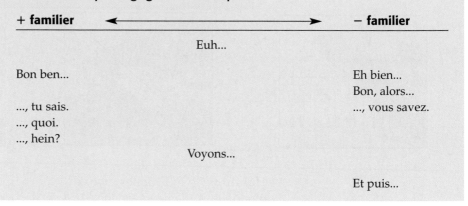

+ familier	← →	− familier
	Euh...	
Bon ben...		Eh bien...
		Bon, alors...
..., tu sais.		..., vous savez.
..., quoi.		
..., hein?		
	Voyons...	
		Et puis...

Activités

J **Opinions.** Lisez les commentaires et les questions suivantes, puis parlez de vos opinions en groupes de trois ou quatre étudiants. Employez (*Use*) des expressions pour hésiter et pour gagner du temps.

1. Vous aimez la musique classique?
2. Les films de Woody Allen sont amusants.
3. Vous n'aimez pas danser?
4. J'adore retrouver mes copains au café.
5. Vous aimez sortir en famille?
6. Vous ne jouez pas au tennis?

Structure: Asking about people and things

Les pronoms interrogatifs

Observez et déduisez

— Selon ce sondage, les hommes préfèrent les films d'aventure. Qu'est-ce que tu préfères, Marie, les films d'aventure ou les comédies?
— En fait, je préfère les films historiques.
— Et comme actrice, qui est-ce que tu préfères, Juliette Binoche ou Sophie Marceau?
— Bof, j'aime les deux (*both*). Et toi?
— Moi? Ni l'une ni l'autre (*neither*).

- What interrogative expression is used to ask questions about people? What interrogative expression is used to ask questions about things?

- How would you ask these questions: Whom do you like? What do you like?

Vérifiez Les pronoms interrogatifs

- The interrogative pronoun **qu'est-ce que** (*what?*) refers to things and is followed by a subject noun or pronoun. Note that **que** becomes **qu'** before a word beginning with a vowel.

Qu'est-ce que Marie aime?	Elle aime les vacances.
Qu'est-ce qu'elle regarde?	Elle regarde la télé.

- The interrogative pronoun **qui est-ce qu(e)** (*who/whom?*) refers to people and is followed by a subject noun or pronoun.

Qui est-ce que Marie écoute?	Elle écoute ses parents.
Qui est-ce qu'elle admire?	Elle admire le professeur, bien sûr!

VOCABULAIRE ACTIF

les deux
ni l'un(e) ni l'autre
qu'est-ce que
qui est-ce que

Rappel

● You have already used **qui est / qui sont** to ask for identification of people.

> Qui est-ce?
> Qui est cette femme?
> Qui sont vos copains?

Qui can also be followed by any of the **-er** verbs presented in this **étape** to ask who does or is doing something.

> **Qui joue** au tennis?
> **Qui danse** avec Rémi?

● Remember that questions beginning with **est-ce que** have "yes" or "no" as an answer. Do not confuse **est-ce que** with **qu'est-ce que** (*what*) and **qui est-ce que** (*whom*).

> Est-ce que tu aimes le cinéma? → Oui.
> Qu'est-ce que tu aimes? → Le cinéma.
> Qui est-ce que tu aimes? → Maman!

Activités

K Personne ou chose?   Écoutez le professeur lire les réponses. Cochez la bonne question.

1. _____ Qu'est-ce que tu aimes?   _____ Qui est-ce que tu aimes?

2. _____ Qu'est-ce que tu admires?   _____ Qui est-ce que tu admires?

3. _____ Qu'est-ce que tu préfères?   _____ Qui est-ce que tu préfères?

4. _____ Qu'est-ce que tu regardes?   _____ Qui est-ce que tu regardes?

5. _____ Qu'est-ce que tu étudies?   _____ Qui est-ce que tu étudies?

6. _____ Qu'est-ce que tu écoutes?   _____ Qui est-ce que tu écoutes?

L Nos préférences.   D'abord regardez les choix suivants, et indiquez vos préférences.

1. _____ Picasso   ou   _____ Jackson Pollock

2. _____ Sting   ou   _____ George Straight

3. _____ sortir avec des copains   ou   _____ faire du jogging

4. _____ les romans policiers   ou   _____ les romans historiques

5. _____ la télé   ou   _____ le cinéma

6. _____ Lance Armstrong   ou   _____ Tiger Woods

7. _____ aller au cinéma   ou   _____ aller au restaurant

8. _____ apprendre des choses   ou   _____ acheter des vêtements
         nouvelles

9. _____ le petit Nicolas   ou   _____ Charlie Brown

10. _____ ?   ou   _____ ?

Maintenant, posez des questions à un(e) partenaire et comparez vos réponses.

➡ — *Qui est-ce que tu préfères, Whitney Houston ou Madonna?*
  — *Moi, je préfère Madonna.*   ou   *J'aime les deux.*   ou   *Ni l'une ni l'autre.*

M Jeopardy!   Regardez les réponses ci-dessous. Quelles sont les questions? Employez les verbes suivants pour les questions:

admirer   écouter
retrouver   inviter
chanter   manger
regarder

➡ (réponse)   (question)
la télévision   *Qu'est-ce que tu regardes?*
ma sœur   *Qui est-ce que tu admires?*

1. mes copains
2. de la musique classique
3. un hamburger
4. mes professeurs
5. *Don't Cry for Me, Argentina*
6. mon/ma camarade de chambre
7. le président
8. la vidéo *Mais oui!*

Jeu de rôle   You and three classmates are each looking for a new roommate. First write down seven questions you feel are essential in helping you make a decision. Then role-play a scene in which you each ask and answer questions to decide who is compatible with whom.

Culture et réflexion

Le mariage et la famille. The number of marriages in France has increased approximately 13% since 1985. A large portion of the French population is single (35% of men and 28% of women over 18), and 13% of France's total population practices **la cohabitation** (living together outside of marriage). However, 94% of French people recently surveyed said they consider the family to be an essential ingredient for happiness. What do these statistics tell you? Do they reflect a reality found elsewhere?

Les allocations familiales. To help families with the high cost of raising children and to encourage demographic growth in a country where the fertility rate is 1.9 children per woman (versus 2.06 in the United States), the French government offers subsidies to families. **L'allocation jeune enfant,** the equivalent of $175 per month, is given to low-income families starting with the fifth month of pregnancy through the third birthday of each child. Families with two children or more, regardless of income, receive **des allocations familiales** through the eighteenth birthday of each child. This amounts to the equivalent of $120 per month for two children, $280 for three children, $430 for four,

and $600 for five. In Canada, the government allocates **des prestations fiscales pour enfants** (tax-deductible benefits for children) of up to $1,000 per month to low-income families. How do you feel about such programs?

Des enfants «bien élevés». Americans often find French parents quite strict with their children about manners. By two and a half or three, French children shake hands with grown-ups and say **«Bonjour, monsieur»** or **«Bonjour, madame».** By five or six, they are expected to sit with their families at restaurants for hours at a time. Should children be caught running wild through a restaurant or a store, the parents are expected to immediately inflict punishment, ranging from verbal reprimands to facial slaps or spanking in public. That's all part of being **bien élevé,** or well brought up. Proper behavior will often take precedence over a child's ego or "blossoming self-expression." How do you feel about disciplining children? Should a five-year-old be allowed to "run wild" in a public place or should he be expected to sit still for hours? What qualities and/or problems do the two types of upbringing foster?

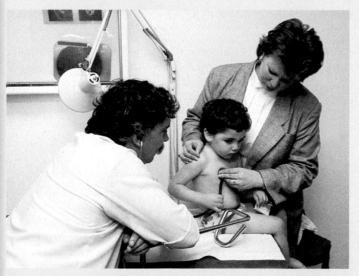

▲ Soins médicaux gratuits pour les jeunes enfants.

Vive les mariés! ▶

Troisième étape

À l'écoute: Quel âge avez-vous?

As you listen to the student audio CD, you will hear six people giving their age
(âge) and a brief description of themselves.

Avant d'écouter

1 If the people in the following pictures were talking about their age, what
numbers would they be likely to mention? Match the approximate age with
the letter of the correct picture.

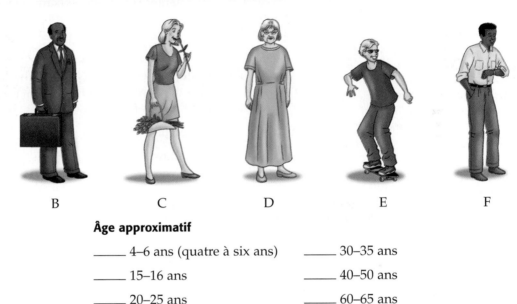

A   B   C   D   E   F

Âge approximatif

_____ 4–6 ans (quatre à six ans)   _____ 30–35 ans

_____ 15–16 ans   _____ 40–50 ans

_____ 20–25 ans   _____ 60–65 ans

 Écoutons

2 Listen first to identify which description corresponds to which picture
(image) in **Avant d'écouter.** Fill in the letter of the picture in the following
chart, and add the name of each person (*Renaud, Brigitte, Driss, Nathalie,
Marguerite* ou *Léon*).

description	image	nom
1		
2		
3		
4		
5		
6		

3 Listen again to the people as they give their age. Circle all the numbers you hear in the following list.

4 quatre	19 dix-neuf	41 quarante et un
5 cinq	20 vingt	
6 six	21 vingt et un	48 quarante-huit
	22 vingt-deux	49 quarante-neuf
11 onze		50 cinquante
12 douze	29 vingt-neuf	51 cinquante et un
13 treize	30 trente	52 cinquante-deux
14 quatorze	31 trente et un	
15 quinze	32 trente-deux	60 soixante
16 seize		61 soixante et un
17 dix-sept	40 quarante	62 soixante-deux
18 dix-huit		

VOCABULAIRE ACTIF

l'âge: (avoir) _____ ans
la description physique
   (avoir) les cheveux blonds,
      bruns, roux, noirs, gris
   (avoir) les yeux bleus,
      verts, bruns
beaucoup / pas beaucoup
un anniversaire

4 Listen a final time, paying attention to the people's descriptions of their hair and eyes (**les cheveux et les yeux**). Number the following words to show the order in which they are mentioned. If a word is mentioned several times, account for it the first time only.

a. les cheveux   _____ blonds

                    __1__ bruns

                    _____ roux

                    _____ noirs

                    _____ gris

b. les yeux   _____ bleus

                    _____ verts

                    _____ bruns

5 From memory, or after an additional listening, recap the age and physical attributes of each person. Who doesn't have much hair (**pas beaucoup de cheveux**)? Whose birthday (**anniversaire**) is it today?

nom	âge	cheveux	yeux
Nathalie			
Brigitte			
Marguerite			
Renaud			
Driss			
Léon			

| **Prononciation** | ## L'intonation |

● Intonation refers to the rising (——↗) and the falling (——↘) of the voice.

Écoutez   Look at the five sentences that follow. On the student audio CD, listen again to **À l'écoute: Quel âge avez-vous?** Notice the intonation patterns for each sentence, and circle the letter of the option that best represents the pattern you hear. Then, turn off the student audio CD.

1. a. Quel âge avez-vous? ↗

   b. Quel âge avez-vous? ↘

2. a. J'ai cinq ans. ↗

   b. J'ai cinq ans. ↘

3. a. J'ai les cheveux bruns ↗ et les yeux bleus, ↗ comme ma maman. ↘

   b. J'ai les cheveux bruns ↗ et les yeux bleus, ↗ comme ma maman. ↗

   c. J'ai les cheveux bruns ↗ et les yeux bleus, ↗ comme ma maman. ↗

4. a. Mon âge? ↘

   b. Mon âge? ↗

5. a. Aujourd'hui, ↗ c'est mon anniversaire. ↘

   b. Aujourd'hui, ↗ c'est mon anniversaire. ↗

● As you can hear, French intonation patterns are determined by the length of word groups (short sentences or single ideas within longer sentences) and by the type of utterance (question or declarative statement). Such patterns can be summarized as follows.

1. Short statements have a falling intonation.

   → Practice saying sentence 2b in **Écoutez.**

2. In longer declarative sentences
   a. each word group before the last one has a rising intonation (indicates that the sentence is not over).
   b. the last word group has a falling intonation (marks the end of the sentence).

   → Practice saying sentences 3c and 5a in **Écoutez.**

● Information questions (starting with an interrogative word, such as **quel, comment, qui, qu'est-ce que,** etc.) have a falling intonation.

   → Practice saying sentence 1b in **Écoutez.**

● Yes/no questions (those starting with **est-ce que** or anything but an interrogative word) have a rising intonation.

   → Practice saying sentence 4b in **Écoutez.**

Essayez!   Read the following sentences aloud with the proper intonation. Then listen to them on the student audio CD to verify your pronunciation.

1. Tu connais Marguerite Folin?
2. Elle a les yeux bleus et les cheveux gris.
3. Comment est-elle?
4. Est-ce qu'elle est sympathique?
5. Elle aime beaucoup la musique.
6. Elle aime aussi le cinéma, les romans historiques et les sorties en famille.
7. Et vous? Comment êtes-vous? Quel âge avez-vous?

Vocabulaire

Les nombres de 70 à 100

● French numbers from 70 to 99 follow a pattern that is a remnant of the system used by the Celts, who counted by twenties. Knowing this, can you match the written forms on the left with the correct numbers on the right?

a. soixante-dix	_____ 70	
b. quatre-vingts	_____ 71	
c. quatre-vingt-dix	_____ 72	
d. soixante et onze	_____ 80	
e. soixante-douze	_____ 81	
f. quatre-vingt-onze	_____ 85	
g. quatre-vingt-dix-huit	_____ 90	
h. quatre-vingt-un	_____ 91	
i. quatre-vingt-cinq	_____ 98	

● Now can you guess how to say the following numbers?

73   76   84   87   95   99

● The word for 100 is **cent.** How will you remember the word for *one hundred?* (What does it remind you of in English?)

Activités

N **Comptez...**

de 70 à 100   de 45 à 100 en multiples de cinq
de 0 à 100 en multiples de dix   de 70 à 100 en multiples de deux

O **Quel âge avez-vous?**   Calculez l'âge des personnes suivantes... ensemble!

➡ *Ma sœur (32) et moi (24) = 56*

Vous et...

1. votre frère ou votre sœur
2. deux camarades de classe
3. le professeur
4. un grand-parent

5. un copain / une copine
6. votre père ou votre mère
   (ou votre fils ou fille)

Structures: Discussing age and appearance

Le verbe *avoir* • *L'adjectif interrogatif* **quel**

Observez et déduisez

—Quel âge avez-vous?

—J'ai vingt et un ans.

—Et ta mère, quel âge a-t-elle?

—Ma mère a quarante-sept ans. Mon beau-père, lui, a cinquante-quatre ans, je crois.

—Et vos grands-parents? Quel âge ont-ils?

—Ben, mes grands-pères sont décédés, mais j'ai une grand-mère qui a soixante-quatorze ans et l'autre qui a quatre-vingts ans.

▲ Quel âge ont-ils?

VOCABULAIRE ACTIF

quel(le)(s)
Quel âge as-tu? / avez-vous?

- Based on the preceding dialogue, what verb is used in French to express age? What forms of the verb do you see?
- What new interrogative word do you notice? What type of word does it precede: a verb? a noun? a pronoun?
- What do you notice about the inversion form with **elle?**
- How would you say "My father is forty"?

Vérifiez   *Le verbe* **avoir**

le verbe avoir

j'ai	nous avons
tu as	vous avez
il/elle/on a	ils/elles ont

● Use the verb **avoir** (*to have*) to express age in French. **An(s)** must be stated after the number.

> Elle **a** trente **ans.**

● **Avoir** is also used with a definite article to state eye and hair color.

> Ils **ont les** cheveux noirs et **les** yeux bruns.

● Use the verb **avoir** to express possession. To say you do *not* have something, the indefinite article **(un, une, des)** becomes **de/d'** in the negative.

> J'ai **une** sœur; je n'ai pas **de** frère.
> Tu as **un** fils? Non, je n'ai pas **d'**enfants.

● Notice that in questions with inversion, **-t-** is inserted between any verb form ending with a vowel and the subject pronouns **il, elle,** or **on.**

> Quel âge a-**t**-il/elle/on?   Aime-**t**-il les enfants?

L'adjectif interrogatif **quel**

● **Quel** means *which* or *what*. It is used to clarify or to ask for a choice. It is an interrogative adjective and agrees in number and gender with the noun it modifies.

A   B   A   B

Quel homme n'a pas beaucoup de cheveux?   **Quelle** femme a quarante ans?

A   B   C

 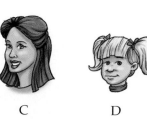

A   B   C   D

Quels garçons ont les cheveux noirs?   **Quelles** filles ont les yeux bruns?

Activités

P **Quel âge ont-ils?** Écoutez le professeur et décidez si les phrases correspondent à la scène. Choisissez (*Choose*) «possible» ou «pas possible».

➡ (Il a 60 ans.)   *pas possible*

Maintenant, à votre avis, quel âge ont-ils?

➡ 1. *Il a peut-être 16 ans.*

Q **Descriptions.** Regardez les images à la page 76. Comment sont ces personnes? Quel âge ont-elles? De quelle couleur sont leurs yeux? leurs cheveux?

R **Et votre famille?** Décrivez deux membres de votre famille—ou d'une famille célèbre, si vous préférez. Dites (*Say*) ce qu'ils ont et ce qu'ils n'ont pas.

➡ *Ma grand-mère a 82 ans. Elle a les cheveux gris et les yeux verts. Elle est petite et un peu forte. Je ressemble à ma grand-mère. Mamie a un frère, mais elle n'a pas de sœur.*

S **Cherchez quelqu'un** (*Find someone*). Posez ces questions à des camarades de classe. La personne qui répond «oui» va signer.

➡ — Tu as des cousins? *Carole*
— *Bien sûr!* ou — *Non, je n'ai pas de cousins.*

1. Tu as un frère qui s'appelle Matt? _____

2. Tu ressembles à ton père? _____

3. Tu as des grands-parents? _____

4. Tu as les cheveux (vraiment) blonds? _____

5. Tu as les yeux verts? _____

6. Tu as 24 ans? _____

7. Tu as trois sœurs? _____

8. ? _____

T **Précisons.** Interviewez votre partenaire au sujet des préférences de sa famille ou de ses copains, selon l'exemple. Répondez à ses questions.

➡ — *Ta famille aime les films? (Tes copains aiment les films?)*
— *Quels films?*
— *Les films d'aventure?*
— *Non, nous préférons les comédies. (Oui, nous aimons beaucoup les films d'aventure.)*

1. le sport (le tennis, le foot, le basket,...)
2. la musique (le jazz, le rock, la musique classique, la musique de Willie Nelson,...)
3. les sorties (en ville, à la campagne, avec la famille,...)
4. la cuisine (chinoise, française, américaine, italienne,...)
5. les romans (d'amour, historiques, policiers, de Steven King,...)

Jeu de rôle **Quelle coïncidence!** As you and your classmate discuss your new boyfriends or girlfriends (physical appearance, personalities, age, family) and their favorite pastimes, you discover that they are remarkably similar. Is it possible you are dating the same person? Role-play the scene with a partner.

Intégration

Littérature: L'homme qui te ressemble

Many fine literary works come from the former French colonies. Writers from these countries choose to write in French for a variety of reasons: their countries have no truly national language, the writers themselves have been educated in French schools, or they want to address a larger audience than it would be possible to do in their native tongue. The poem you are about to read comes from Cameroon **(le Cameroun),** a country in Equatorial Africa that was colonized first by the Germans, then by the British and the French. It became an independent republic in 1960.

When René Philombe (1930–2001) took up writing in 1956 after a short career in the colonial police administration in Yaoundé, **le mouvement de la négritude** was sending tremors throughout Black Africa. Begun by a group of African students in Paris in the 1930s (including Léopold Sédar Senghor, the future president of Senegal), this movement was an affirmation of the cultural heritage and values of the Black African civilization. It encompassed a sense of pride in one's race and background, a protest against being attributed second-class status, and a rebellious refusal to conform to the norms of colonial powers. Imprisoned on several occasions for his subversive writings, René Philombe published tales, short stories, plays, and poems. The following poem is a hymn to the human family.

Avant de lire

1 «L'homme qui te ressemble»—*The man who looks like you.* Within the human family, what are resemblances and differences based on? Check the factors that are most commonly used to compare people from different parts of the world, and add other ideas as needed.

_____ La race et la couleur de la peau (*skin*)

noir   blanc   jaune   rouge

_____ Les traits physiques: les cheveux, les yeux, le nez (*nose*), la bouche (*mouth*)

_____ Les caractéristiques universelles (la nécessité d'aimer et d'être aimé, etc.)

_____ La taille (grand, petit)   _____ La religion

_____ La langue   _____ Le statut économique et social

_____ La nationalité   _____ Le caractère, le cœur (*heart*)

_____ ?

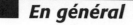

En général

2 Skim the poem briefly to determine how the poet approaches his subject.

    a. As a prayer to God **(Dieu)**

    b. As a prayer to his fellow man

    c. As an accusation in a court of law

3 Among the categories of resemblances and differences listed in **Avant de lire,** which ones are actually mentioned in the poem?

L'homme qui te ressemble

J'ai frappé à ta porte
j'ai frappé à ton cœur
pour avoir bon lit°   *bon... good bedding*
pour avoir bon feu°   *fire*
pourquoi me repousser?
Ouvre-moi mon frère!...

Pourquoi me demander
si je suis d'Afrique
si je suis d'Amérique
si je suis d'Asie
si je suis d'Europe?
Ouvre-moi mon frère!...

Pourquoi me demander
la longueur° de mon nez   *length*
l'épaisseur° de ma bouche   *thickness*
la couleur de ma peau
et le nom de mes dieux?
Ouvre-moi mon frère!...

Je ne suis pas un noir
je ne suis pas un rouge
je ne suis pas un jaune
je ne suis pas un blanc
mais je ne suis qu'°un homme   *ne... que only*
Ouvre-moi mon frère!...

Ouvre-moi ta porte
Ouvre-moi ton cœur
car je suis un homme
L'homme de tous les temps°   *de tous... of all times*
L'homme de tous les cieux°   *all heavens*
L'homme qui te ressemble!...

René Philombe, *Petites gouttes de chant pour créer l'homme* (Éditions Semences Africaines, 1977).

En détail

4 **Les mots.**   Using the context and logic, infer the meaning of the words in bold.

1. **J'ai frappé à** ta porte
   a. I closed   b. I knocked on

2. **pour** avoir
   a. in order to   b. even though

3. pourquoi **me repousser**
   a. push me away   b. invite me in

4. pourquoi **me demander si**
   a. ask me if   b. insist that

5. **car** je suis un homme
   a. for   b. whereas

5 **Le texte.**   Vrai ou faux?

1. Le poète demande à son «frère» d'ouvrir sa porte et son cœur.
2. Le «frère» ouvre immédiatement sa porte.
3. Le poète pense que la nationalité n'est pas importante.
4. Il pense que les traits physiques ne sont pas importants.
5. Il pense que la religion justifie la discrimination.
6. Il pense que tous les hommes sont frères.

Et vous?

1. **Un dialogue.**   Imaginez un dialogue entre le poète et son «frère».

—Bonjour, mon frère. Ouvre-moi ta porte...
—Es-tu d'Afrique?
— Pourquoi demandes-tu?
—Es-tu noir?
   etc. Continuez!

2. Poetry is the music of literature, and to enjoy the full impact of a poem, it should be read aloud. With a partner, prepare a unique reading of Philombe's poem, then present it to the class.

Par écrit: To be or not to be the same

Avant d'écrire

A **Strategy: Visualizing relationships.** In order to compare two people, you need to describe them not only as individuals but also as they relate to each other. One way of visualizing this relationship is through the use of a Venn diagram, a pair of overlapping circles that can be used to compare and contrast characteristics.

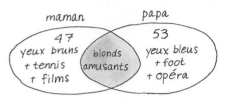

maman — papa
47 — 53
yeux bruns + tennis + films — blonds amusants — yeux bleus + foot + opéra

Application. Choose two people you know well and draw your own Venn diagram to help you organize your ideas. In the left circle, list traits and preferences exclusive to one of the people; in the right circle, the other. In the middle where the circles overlap, list traits and preferences shared by both people.

VOCABULAIRE ACTIF

alors que
par contre
plutôt

B **Strategy: Contrasting.** The following expressions may be useful when expressing a contrast.

mais	*but*
par contre	*on the other hand*
plutôt	*instead, rather*
alors que	*whereas*

Maman aime les sports, **mais** tante Marie aime **plutôt** les livres.
Paul est brun. Pierre, **par contre,** est blond.
Paul ressemble à maman **alors que** Pierre ressemble **plutôt** à papa.

Application. Write three sentences contrasting the same two people you described in activity A using **mais, par contre, plutôt,** and **alors que.**

Écrivez

1. Using the Venn diagram you constructed for the first strategy, write a paragraph comparing and contrasting the two people you selected. Tell about their physical characteristics, ages, professions, personality traits, and their likes and dislikes. Remember to use appropriate expressions to avoid repetition and to show contrast.
2. Review *L'accent grave*, page 44. Write a paragraph comparing and contrasting Hamlet and his teacher. Begin with a Venn diagram. Physical contrasts may be obvious (**grand/petit,** etc.), but what about personality traits? preferred activities? Use your imagination and appropriate expressions to enhance your writing style.

➡ Le professeur aime étudier, mais Hamlet préfère jouer au foot...

Qu'est-ce qui constitue une «famille» à vos yeux[1]? Qui en sont les membres?

David: La famille est en premier lieu[2] le cocon familial... les personnes habitant sous le même toit[3]... En second lieu il y a les parents et frères et sœurs... J'y inclurais[4] également les grands-parents et la belle-famille. Enfin, il y a les cousins, oncles et tantes.

Dans quelles circonstances, ou avec qui, vous ouvrez-vous sur[5] votre famille?

Nathalie D.: Les Antillais sont assez pudiques[6]. Ils ne parlent pas de leurs secrets de famille, seulement avec les parents ou amis très proches[7].

Laïla: Je m'ouvre sur ma famille avec une seule personne et c'est celle que je considère être ma meilleure amie[8].

Nom: David Chesnel
Âge: 30 ans
Ville d'origine: Aix-en-Provence, France
Études/Diplômes: ingénieur
Profession: consultant en systèmes d'information
Intérêts/Passe-temps: ski, piano, culture physique, jouer avec mes enfants

Nom: Nathalie Dinane
Âge: 33 ans
Ville d'origine: Pointe-à-Pitre, Guadeloupe
Études/Diplômes: licence de langue et civilisation allemande; formation de journaliste
Profession: professeur d'allemand et journaliste
Intérêts/Passe-temps: les sorties, la lecture, le sport

Quels sont les sujets de conversation que vous considérez comme appropriés avec des individus que vous ne connaissez pas bien?

Isabelle: La température, l'école ou le travail, ce qui passe à la télévision... les sujets d'actualité[9] ou la politique.

David: Activités professionnelles, culture/loisirs. Sujets *in*appropriés: politique, religion.

TASK: Interview three people from different "cultures" about (1) who they are referring to when they speak of their family, and (2) what they consider to be polite topics of conversation among acquaintances, colleagues, and friends. Interviewees may include someone from another country or a subculture of your own, for example, someone of another generation, ethnic background, or sex. In particular, ask if they're comfortable talking about their family. How do their answers compare with those of the four French-speakers?

---

1. *in your eyes*   2. *in the first place*   3. *under the same roof*   4. *would include*   5. *do you speak freely about*   6. *discreet*
7. *close*   8. *best friend*   9. *current events*

VOCABULAIRE ACTIF

La famille

un anniversaire *a birthday*
le beau-frère *brother-in-law*
la belle-sœur *sister-in-law*
le cousin / la cousine *cousin*
les enfants *children*
la femme *wife*
la fille *daughter*
le fils *son*
le frère *brother*
la grand-mère *grandmother*
les grands-parents *grandparents*
le grand-père *grandfather*

le mari *husband*
la mère *mother*
le neveu *nephew*
la nièce *niece*
l'oncle *uncle*
les parents (m.) *parents, relatives*
le père *father*
la petite-fille *granddaughter*
le petit-fils *grandson*
une photo de famille *a family picture*
la sœur *sister*
la tante *aunt*

Les amis

un ami / une amie *a friend*

un(e) camarade de chambre *a roommate*

La description physique

avoir _____ ans *to be _____ years old*
avoir les cheveux blonds/bruns/roux/noirs/gris *to have blond/brown/red/black/gray hair*
avoir les yeux bleus/bruns/verts *to have blue/brown/green eyes*
pas beaucoup de cheveux *not much hair*

Les nombres

les deux *both*
ni l'un(e) ni l'autre *neither one*
soixante-dix
soixante et onze
soixante-douze
soixante-treize
soixante-quatorze
soixante-quinze
soixante-seize
soixante-dix-sept
soixante-dix-huit
soixante-dix-neuf
quatre-vingts
quatre-vingt-un
quatre-vingt-deux
quatre-vingt-trois
quatre-vingt-quatre

quatre-vingt-cinq
quatre-vingt-six
quatre-vingt-sept
quatre-vingt-huit
quatre-vingt-neuf
quatre-vingt-dix
quatre-vingt-onze
quatre-vingt-douze
quatre-vingt-treize
quatre-vingt-quatorze
quatre-vingt-quinze
quatre-vingt-seize
quatre-vingt-dix-sept
quatre-vingt-dix-huit
quatre-vingt-dix-neuf
cent

Les loisirs

un CD
des choses nouvelles
le cinéma *movies*
une comédie *a comedy*
un concert *a concert*
une discothèque
une fête *a party*
un film d'amour *a romantic film*
un film d'aventure *an action film*
le jogging
un journal *a newspaper*
la littérature: un roman (historique/policier)
   literature: a novel (historical/detective)
un magazine

un match de foot *a (soccer) game*
la musique: le jazz, la musique classique, le rock
le Nintendo
une promenade *a walk*
la radio
un restaurant
du shopping
le sport: le basket, le base-ball, le foot(ball),
   le tennis, le volley
la télévision (la télé)
le théâtre
les vacances (f.) *vacation*
des vêtements (m.) *clothing:* un jean, un T-shirt
une vidéo

Les verbes

acheter *to buy*
admirer *to admire*
adorer *to adore*
aimer *to like, to love*
avoir (irrég.) *to have*
chanter *to sing*
danser *to dance*
détester *to detest, to hate*
dîner *to have dinner*
donner *to give*
écouter *to listen (to)*

étudier *to study (a subject)*
habiter *to live (in, at)*
inviter *to invite*
jouer *to play*
manger *to eat*
parler *to speak, to talk*
penser (à) *to think (about)*
préférer *to prefer*
regarder *to look at, to watch*
ressembler (à) *to look like,*
   to resemble

retrouver (des amis) *to meet with*
travailler *to work, to study*
voyager *to travel*

Infinitives only: aller (*to go*),
   apprendre (*to learn about*),
   dormir (*to sleep*), faire
   (*to make/go*), lire (*to read*),
   sortir (*to go out*)

il y a *there is, there are*

Les questions

Combien... ? *How much / How many?*
Quel(s)/Quelle(s)... *Which . . . ?*
Quel âge avez-vous / as-tu? *How old are you?*

Qu'est-ce que... *What . . . ?*
Qui est-ce que... *Who . . . ?*

Adjectifs démonstratifs

ce, cet, cette... -ci/là *this/that*

ces *these/those*

Adjectifs possessifs

mon, ma, mes *my*
ton, ta, tes *your (familiar)*

son, sa, ses *his/her*
notre, nos *our*

votre, vos *your (formal, plural)*
leur, leurs *their*

Adverbes de quantité et de qualité

beaucoup/pas beaucoup *much (many)/not much (not many)*
bien/mal *well/badly*

Adverbes de fréquence

jamais *never*
par jour *per day*

quelquefois *sometimes*
souvent *often*

toujours *always*
tous les jours *every day*

Expressions pour nuancer la pensée

alors que *whereas*
par contre *on the other hand*

plutôt *rather*
surtout *especially*

Expressions pour hésiter

Bon, alors / Bon, ben / Eh bien... *Well . . .*
C'est-à-dire que *That is to say*
Et puis *And then*
Quoi/Hein *You know*
Tu sais / Vous savez *You know*
Voyons *Let's see*

EXPRESSIONS POUR LA CLASSE

apportez *bring*
au sujet de *about*
cherchez quelqu'un *find someone*
choisissez *choose*
un choix *a choice*
ci-dessous *below*
cochez *check*
comparez *compare*
corrigez *correct*
décrivez *describe*
dites *say*
employez *use*
en employant *using*
ensemble *together*
entendez *hear*

une image *a picture*
indiquez *indicate*
interviewez *interview*
maintenant *now*
parlez de *talk about*
participez *participate*
posez une question *ask a question*
la réponse:
    la bonne réponse *the right answer,*
    la réponse qui convient *the appropriate answer,*
    la meilleure réponse *the best answer*
selon *according to*
si *if*
signer *to sign*
suivant(e) / qui suivent *following*

La maison et la ville

Quel type de logement est-ce? Où se trouve ce logement?
Imaginez les pièces. Et vous? Quel type de logement avez-vous?
Comment est votre chambre?

This chapter will enable you to

☐ understand native speakers having a phone conversation and asking for directions

☐ read a survey about housing in France and a humorous text about a young man from Ivory Coast discovering Paris

☐ inquire about and discuss lodging options

☐ use the telephone in French

☐ ask for, give, and receive street directions

☐ talk about future plans

Première étape

À l'écoute: Un studio

You are going to hear a telephone conversation between a prospective renter and a landlady. Do the activities in **Avant d'écouter,** then listen to the student audio CD and do the tasks in **Écoutons.**

■ Avant d'écouter

1 Imagine that you are going to attend the university in Aix-en-Provence in the south of France. Of course, you need housing. What sort would you like to have? Circle your choices.

1. Le type de logement idéal pour un(e) étudiant(e):

  un appartement meublé / non meublé (*furnished/unfurnished*)
  un studio   une maison   une résidence universitaire

2. Les pièces:

  une chambre
  une cuisine
  une entrée
  une salle à
    manger
  un salon /
    un séjour
  une salle de
    bains
  les W.C.

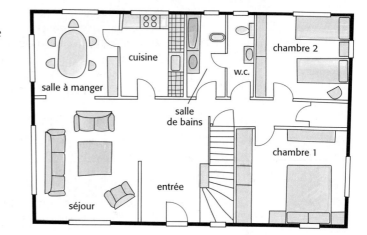

2 Now look at the following **petites annonces** (*classified ads*).

a.
> **Aix centre. 2 pièces, cuisine, s.d.b.,**
> **W.C. séparés, terrasse, garage,**
> **670 €/mois + charges.**
> **Tél. 04.42.39.06.58**

b.
> Aix centre. Studio tout confort, cuisine, salle de bains, 390€/mois charges comprises. Tél. 04.42.26.09.11

c.
> Avenue Victor Hugo. Studio meublé, idéal étudiant(e), 350€/mois + charges. Tél. 04.42.20.11.65

d.
> Boulevard Carnot. Chambre meublée dans villa, entrée indépendante. 285€/mois + électricité. Tél. 04.42.38.64.29

1. What do you think the following words and abbreviations mean?
  s.d.b.   W.C. séparés   €/mois   charges comprises   Tél.

2. What do you notice about French phone numbers **(les numéros de téléphone)?** What is the area code for southeastern France? What is the city code for Aix-en-Provence?

3. **Où préférez-vous habiter?** Which of the four housing accommodations would you choose? Why?
4. **Pour trouver** (*to find*) **un appartement...** Now imagine that you are calling about the ad of your choice. Formulate in French two or three questions you would like to ask the **propriétaire** (*landlord/owner*).

➡ *Est-ce que l'appartement est meublé?*

Notes culturelles

From now on, all cultural notes will be in French. Words in bold type are active vocabulary.

Les W.C.   En France, dans la majorité des maisons et des appartements, **les toilettes** ou les W.C. (prononcé vécé) sont dans une petite pièce séparée de la salle de bains. Comme synonyme de W.C., le mot "toilettes" est toujours pluriel en France, mais au Québec, on dit la toilette.

Les logements étudiants.   En France, beaucoup d'étudiants vont à l'université à proximité de chez eux et donc continuent à habiter dans la maison familiale. Si ce n'est pas le cas, ils peuvent habiter dans des résidences universitaires subventionnées (*subsidized*) par le gouvernement, mais les places sont limitées. L'option la plus commune est de louer (*rent*) une chambre chez un particulier (*in someone's house*) ou de louer un petit studio. Ce n'est pas du tout typique de partager un appartement avec plusieurs autres étudiants. Et vous? Préférez-vous habiter avec des camarades de chambre ou seul(e) (*alone*)? Faites un petit sondage pour comparer les préférences de vos camarades de classe.

Écoutons

3 Listen first to identify which of the ads in **Avant d'écouter** is referred to in this telephone conversation.

C'est l'annonce _____ pour les raisons suivantes:	
Ce n'est pas l'annonce	parce que les éléments suivants sont différents:
_____	
_____	
_____	

4 Listen to the conversation a final time. From the context, can you infer the meaning of the words in the left-hand column? Choose the correct answers from the right-hand columns, then justify your choice.

1. une douche
2. un lavabo
3. le centre-ville
4. voir

a. *downtown*
b. *a sink*
c. *a refrigerator*

d. *a shower*
e. *to see*
f. *to walk*

5 As you listened to the conversation, what expression did you hear used before a telephone number to confirm that the right number was called?

a. C'est bien le...
b. Voilà...
c. Est-ce que j'ai...

Prononciation **Les voyelles nasales**

● Nasal vowels are produced by diverting air into the nose. There are three nasal vowels in French, represented by the following phonetic symbols.

[ɑ̃] as in **étudiant, parents**
[ɔ̃] as in **bonjour, nom**
[ɛ̃] as in **américain, bien, mince, un**

Écoutez Listen to the student audio CD as the following words are read twice. Pay close attention to the way they are pronounced, and in the chart check the nasal sounds you hear.

	[ɑ̃]	[ɔ̃]	[ɛ̃]
quarante	✔		
vingt-six			
onze			
l'annonce			
non			
comment			
chambre			
salle de bains			
sont			
comprises			
vraiment			
centre			

Using the examples in the chart, can you complete the following summary of spellings that correspond to each nasal vowel?

[ɑ̃]   an, am, _____

[ɔ̃]   on, _____

[ɛ̃]   ain, ien, un, _____

● Note that these spellings correspond to a nasal sound only when they are followed by a consonant or occur at the end of a word. If the **n** or the **m** is followed by a vowel or another **n** or **m,** the vowel is not nasal.

nasal	**not nasal**
<u>un</u>	<u>un</u>e
canad<u>ien</u>	canad<u>ien</u>ne
ann<u>on</u>ce	téléph<u>on</u>e

Exception: <u>en</u>nuyeux (*nasal*)

 Essayez! Underline the nasal vowels in the following expressions.

1. un appartement intéressant
2. une salle à manger française
3. un salon marocain
4. une famille marocaine
5. un politicien ennuyeux à la télévision
6. la salle de bains des enfants
7. la maison de mon oncle et de ma tante
8. les chambres de mes cousins et de mes cousines

Now practice saying each expression aloud, then listen to the expressions on the student audio CD to verify your pronunciation.

Stratégie de communication

Telephone Courtesy

Certain expressions are routinely used to make phone calls. Study the following dialogues and find the words or expressions used in French to

- answer the phone
- identify yourself
- politely request to speak with someone

Au téléphone (1)

—Allô?
—Allô, bonjour, madame. Je voudrais parler à Madame Cacharel, s'il vous plaît.
—Qui est à l'appareil?
—Sylvie Dupont. Je téléphone au sujet de l'annonce.
—Un moment, s'il vous plaît. Ne quittez pas.

Au téléphone (2)

—Allô?
—Allô, bonjour, madame. Ici Sylvie Dupont. Je téléphone au sujet de l'appartement. Est-ce que je pourrais parler à Monsieur Picard, s'il vous plaît?
—Je suis désolée. Monsieur Picard n'est pas là (*isn't in*). Est-ce que vous pouvez téléphoner plus tard (*later*)?
—Bon, d'accord! Merci, madame.

pour parler au téléphone

pour commencer	
Allô?	Allô, bonjour...
pour demander qui c'est	**pour s'identifier**
Qui est à l'appareil, s'il vous plaît?	Ici Sylvie Dupont.
	C'est Sylvie Dupont.
C'est de la part de qui?	De Sylvie Dupont.
pour demander quelqu'un	**pour répondre**
Je voudrais parler à...	Un moment, s'il vous plaît. Ne quittez pas.
Est-ce que je pourrais parler à...	Je suis désolé(e). Il n'est pas là. Est-ce que vous pouvez téléphoner plus tard?
pour expliquer pourquoi vous téléphonez	
Je téléphone au sujet de...	

VOCABULAIRE ACTIF

un bureau de tabac
un répondeur
une télécarte
un téléphone
  sans fil
  portable

Although **allô** is the equivalent of *hello,* it is used only in answering the phone, not in greeting people in person. The expressions **je voudrais** (*I would like*) and **Est-ce que je pourrais** (*Could I*) are the most common ways to make a polite request. Both are generally followed by infinitives.

> **Est-ce que je pourrais** parler à Monsieur Picard?
> **Je voudrais** parler à Monsieur Picard.

Note culturelle

Les télécommunications. Pour téléphoner d'une cabine téléphonique en France, il faut acheter une **télécarte** à la poste ou dans un **bureau de tabac** (où on achète des magazines et des cigarettes). À la maison, les Français, comme vous, emploient des **répondeurs** (40%) et des **téléphones sans fil** (*cordless*). Les **téléphones portables** (mobiles) aussi sont très populaires, surtout parmi les jeunes (28%). Quels modes de télécommunication est-ce que vous employez le plus souvent?

Activités

A Dialogues. Complétez le dialogue en choisissant parmi les expressions de la liste *Pour parler au téléphone,* ci-dessus.

— Allô?

— _____ . Je voudrais _____ .

— C'est de la part de qui?

— _____ . Je téléphone _____ .

— Un moment, s'il vous plaît. _____ .

Maintenant, inventez un dialogue original avec un(e) partenaire. À qui est-ce que vous téléphonez? (À votre camarade de chambre? À votre professeur? À Madame Cacharel?) Au sujet de quoi téléphonez-vous? (D'un studio à louer? De votre classe de français? D'une fête?) Imaginez la situation.

B **Je voudrais…**   Indiquez vos préférences en matière de logement. Écrivez huit phrases avec les mots et les expressions des colonnes ci-dessous.

➡ *Je voudrais… / Je ne voudrais pas…*

		avec une petite (grande) cuisine
		au centre-ville
avoir	une maison	avec une entrée indépendante
louer	un appartement	meublé(e) / non meublé(e)
habiter	un studio	dans une résidence universitaire
	une chambre	chez un particulier
		?

Vocabulaire

Les meubles et les objets personnels

Voici l'appartement de Marie. Dans sa chambre, il y a un lit, une commode et un ordinateur.

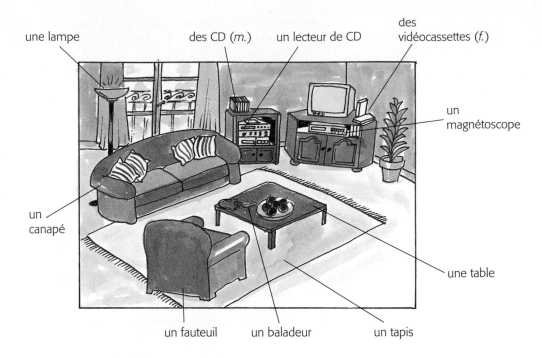

une lampe   des CD (*m.*)   un lecteur de CD

des vidéocassettes (*f.*)

un magnétoscope

un canapé

une table

un fauteuil   un baladeur   un tapis

Dans le salon, il y a un canapé, un fauteuil, un lecteur de CD et un magnétoscope.

● Quels autres objets est-ce qu'il y a dans son appartement? Trouvez au moins cinq autres choses dans la chambre et trouvez cinq autres choses dans le salon.

Note culturelle

Les appareils électroniques. Selon l'*Atlas des Français* (2002), 76% des jeunes Français de 15 à 25 ans ont une télévision, 72% une chaîne stéréo avec lecteur de CD, 43% un magnétoscope et 25% un ordinateur. À votre avis, est-ce que les réponses d'un sondage de jeunes Américains et Canadiens seraient pareilles (*the same*)? Quels appareils électroniques avez-vous? Sondez vos camarades de classe et comparez les résultats.

Activités

C Chambres d'étudiants. Trouvez les chambres (page 95) qui correspondent aux cinq descriptions suivantes. Quelle description ne correspond pas à une image? Quels sont les objets qui sont communs à toutes (*all*) les chambres?

_____ Dans la chambre d'Anne, il y a un lit, des rideaux, un poster, une lampe, une chaise, un magnétoscope et une radio.

_____ Dans la chambre de Babette il y a un lit, un placard, une commode, un tapis, un fauteuil, un magnétoscope, des étagères.

_____ Dans la chambre de Robert, il y a un lit, un ordinateur, une table, un tapis, un lecteur de CD, un magnétoscope, des vidéocassettes.

_____ Dans la chambre de Georges, il y a un lit, des rideaux, un poster, une lampe, une chaise, un ordinateur et une radio.

_____ Dans la chambre de Paul, il y a un lit, un placard, une lampe, un fauteuil, un poster, un magnétoscope et une radio.

D **Dans ma chambre.** Préparez une liste des objets personnels que vous avez dans votre chambre ou appartement. Ensuite, interviewez trois camarades de classe et comparez vos possessions.

➡ —_J'ai un ordinateur dans ma chambre._
—_Moi, je n'ai pas d'ordinateur, mais j'ai un lecteur de CD._

Maintenant, notez des objets personnels que vous n'avez pas mais que vous voudriez avoir, puis partagez vos réponses avec la classe. Quels objets l'étudiant typique a-t-il? Qu'est-ce qu'il voudrait avoir?

➡ _L'étudiant typique de la classe a un(e)..._
Il voudrait avoir...

Êtes-vous «typique»?

E **Un logement à louer.** Vous avez un logement à louer.

1. Écrivez une petite annonce pour ce logement «idéal». (Regardez les exemples à la page 88.)
2. Décrivez le logement à vos camarades de classe. (Quels sont les avantages? Combien de pièces est-ce qu'il y a? Quels meubles est-ce qu'il y a? etc.)
3. Écoutez les descriptions de vos camarades de classe. Quel logement préférez-vous? Pourquoi?

➡ *Je préfère le logement de Matt. Il y a trois chambres; c'est idéal pour trois personnes.*

Structure: Asking information questions

Les adverbes interrogatifs

Observez et déduisez *Des questions indiscrètes...*

... Et vous? Où est-ce que vous habitez? Dans une maison ou dans un appartement? Comment est votre chambre? Grande? Petite? Pourquoi est-ce que vous aimez votre chambre? Parce qu'elle est confortable? Combien de CD est-ce que vous avez? 10? 20? 120? Quand voudriez-vous inviter des copains chez vous? Aujourd'hui (*Today*)? Maintenant? Demain (*Tomorrow*)?

● What are the interrogative words used in the preceding questions? Which interrogative adverb refers to

an amount   a place   a description   a time   a reason

VOCABULAIRE ACTIF

Comment... ?
Où... ?
Pourquoi... ?
... parce que...
Quand... ?
... aujourd'hui
... demain
... maintenant
visiter

Vérifiez *Les adverbes interrogatifs*

● Information questions with interrogative adverbs like **où, quand, combien de, comment,** and **pourquoi** usually follow this pattern:

interrogative word + est-ce que + subject + verb
Où est-ce que tu habites?
Quand est-ce que tu voyages?
Combien de CD est-ce que tu as?

● These adverbs can also be used with inversion.

interrogative word + verb + subject pronoun
Combien de posters as-tu?
Pourquoi travailles-tu?

● **Où** and **comment** can be followed directly by **être** + a noun subject.

Où est ta chambre?
Comment est ton appartement?

● To answer a question with **pourquoi,** begin with **parce que.**

—**Pourquoi** est-ce que tu n'as pas de vidéocassettes?
—**Parce que** je n'ai pas de magnétoscope!

● To answer a question with **quand,** the following adverbs are useful: **aujourd'hui, demain, maintenant.**

> **Quand** est-ce que je peux visiter l'appartement?
> Oh, **aujourd'hui, maintenant,** si vous voulez.

Activités

F **Je cherche un appartement.**   Voici des questions que vous posez au sujet d'une petite annonce. Écoutez les réponses du professeur et décidez à quelle question il/elle répond.

➡ (1. Oui, il y a des lits, des tables, un canapé, des rideaux, etc.)

___1___ L'appartement est meublé?

_____ Combien de pièces est-ce qu'il y a?

_____ Où est l'appartement?

_____ Quand est-ce que je pourrais voir l'appartement?

_____ Est-ce que l'appartement est loué?

_____ Comment est l'appartement?

G **Une petite annonce.**   Deux copains discutent d'une petite annonce. Reliez les questions et les réponses logiques des colonnes ci-dessous.

Questions	Réponses
___e___ 1. Pourquoi est-ce que tu cherches un appartement? Pourquoi pas un studio?	a. Demain.
___c___ 2. C'est vrai. Alors, où est cet appartement?	b. Trois, je pense.
___d___ 3. Et comment est-il, selon l'annonce?	c. Sur le boulevard Manet.
___b___ 4. Ah, bon? Et il y a combien de chambres?	d. Il est grand et confortable.
___A___ 5. Et quand est-ce que tu téléphones au propriétaire?	e. Parce que c'est trop petit.

Maintenant, jouez le rôle des deux copains, et lisez le dialogue avec un(e) partenaire.

H **Curiosité.**   Est-ce qu'une chambre reflète la vie de la personne qui y habite? Posez des questions au sujet de la personne qui habite la chambre à gauche.

➡ Où est-ce qu'elle travaille?
(étudie? habite?)

Jeu de rôle

You've rented a room near the university, and you're discussing your ideas with the landlord. Tell him things you'd like to do, and ask if you are allowed to do other things (*Je voudrais…, Est-ce que je pourrais… ?*). The landlord is very curious (or nosy!) and asks many questions (*Où… ? Quand… ? Qui… ?* etc.).

Deuxième étape

Lecture: Les Français et leur logement

You are going to read a survey taken from *Francoscopie 2001* about housing in France. What kind of information do you expect to find in such a survey?

Avant de lire

1 Anticipation. Surveys include numbers and percentages. Look at the following figures, and try to guess which ones apply to the housing situation in France. Hide the text, practice reading the percentages aloud, and circle your predictions.

1. Nombre de Français qui habitent une maison individuelle (vs un appartement).
   a. 46–50%   b. 51–55%   c. 56–60%

2. Nombre de ménages (familles) qui sont propriétaires de leur logement.
   a. 41–45%   b. 51–55%   c. 65–70%

3. Pourcentage du budget familial consacré au logement, avec équipement et entretien (*upkeep*).
   a. 20–39%   b. 30–39%   c. 40–49%

4. Nombre de Français qui vivent (habitent) dans des villes (Paris, etc.) vs à la campagne (communautés rurales).
   a. 50–59%   b. 60–69%   c. 70–79%

5. Nombre de Français qui sont satisfaits (contents) de leur logement et qualité de vie.
   a. 65–74%   b. 75–84%   c. 85–94%

2 Un sondage. Interview ten of your classmates. Ask them the following questions and note their answers.

1. Où est-ce que tu préfères habiter?

   ____ dans une maison individuelle   ____ dans un appartement

   ____ dans une grande ville   ____ à la campagne (communauté rurale)

2. Qu'est-ce qui est plus (+) important ou moins (−) important pour toi dans le choix (la sélection) d'un logement?

   ____ le prix ($, €)

   ____ l'emplacement (*location*)

After the poll, turn your results into percentages.

➡ *Six personnes sur dix, ou 60% (soixante pour cent), préfèrent habiter dans une grande ville. Pour 70%, le prix est plus important.*

■ *En général*

3 Skim the text that follows and match each section with an appropriate title. One of the titles does not apply.

Section 1   a. Les facteurs importants pour sélectionner un logement
Section 2   b. Le type de logement des Français
Section 3   c. La mobilité résidentielle en Europe
                d. L'emplacement des lieux (*places*) de résidence

Sondage

• 56% des Français habitent une maison individuelle, 44% habitent un appartement. 54% des ménages sont propriétaires de leur résidence principale et les logements sont de plus en plus spacieux et confortables: plus d'un logement sur dix est pourvu d'au moins° deux salles de bains et le nombre moyen de pièces en logement individuel est de 4,8 pour deux à trois personnes. 17% des ménages occupent un logement social ou HLM (habitation à loyer modéré, permettant aux personnes qui ont des ressources modestes de bénéficier d'aide financière du gouvernement). Les Français consacrent 31% de leur budget à leur logement, à son équipement et à son entretien.

pourvu... *equipped with at least*

• 75% des Français vivent aujourd'hui dans des villes, dont 18% dans la région parisienne, mais quel est le rêve de la majorité des Français? Une maison à la campagne ou dans un quartier calme à la périphérie d'une grande ville. Les villes des régions ensoleillées (Marseille, Aix-en-Provence, Nice, Toulouse, etc.) sont de plus en plus recherchées.

• Les principaux critères de choix d'un logement sont, par ordre décroissant: la qualité de l'environnement (35%), la proximité par rapport au lieu de travail (33%), le prix (25%), la proximité par rapport à la famille (21%), aux écoles (18%), aux commerces et équipements culturels (14%) ou aux transports en commun (11%). 90% des Français se disent satisfaits de leur logement et de leur qualité de vie!

Adapté de *Francoscopie 2001*, pp. 175–177.

◀ Des HLM (Habitation à Loyer Modéré).

■ *En détail*

4 Les mots. Using context and logic, can you find in the text the French words or expressions for the following?

1. more and more
2. more than . . .
3. comfortable
4. average (adj.)
5. financial aid
6. the dream (of the majority . . .)
7. a neighborhood
8. sunny
9. popular, sought after
10. place of employment
11. stores
12. public transportation
13. quality of life

VOCABULAIRE ACTIF

calme
la campagne
confortable
de plus en plus
l'emplacement (m.)
être locataire (vs. propriétaire)
individuel(le)
le lieu de travail
moins
plus
le prix
un quartier
une région
un rêve
satisfait(e)
spacieux(se)
une ville

5 Le sondage

1. **Les pourcentages.** Indiquez les pourcentages donnés ou impliqués dans l'article.

   a. _____ des Français habitent dans la région parisienne.

   b. _____ des Français sont satisfaits de leur logement.

   c. _____ des familles françaises sont propriétaires de leur logement.

   d. _____ des Français sont locataires (louent leur lieu de résidence).

   e. _____ des Français habitent un appartement.

   f. _____ des familles habitent un HLM.

   g. _____ du budget est consacré au logement.

   h. _____ des Français habitent à la campagne.

2. **Plus (+) ou moins (−)?** Décidez si les phrases suivantes sont vraies ou fausses, selon le texte. Si elles sont fausses, corrigez-les.

   a. Plus de Français habitent dans un appartement que dans une maison individuelle.
   b. Les logements d'aujourd'hui sont plus confortables qu'avant.
   c. Moins de 10% des logements ont deux salles de bains.
   d. Les HLM sont des logements plus modestes que les appartements ordinaires.
   e. Plus de Français habitent à la ville qu'à la campagne.
   f. La proximité des écoles et des commerces est plus importante que la proximité du lieu de travail.
   g. La qualité de l'environnement est moins importante que le prix.
   h. La proximité des transports en commun est plus importante que la proximité par rapport à la famille.

3. **Un petit résumé.** Résumez simplement ce sondage sur le logement des Français, en utilisant les mots suivants: une maison individuelle, un appartement, propriétaires, locataires, confortable(s), les HLM, le budget, les villes, la campagne, le rêve, un quartier calme, les régions ensoleillées, les critères de choix, satisfaits.

Et vous?

1. Le sondage présente l'ordre des critères de choix d'un logement pour les Français. Est-ce que cet ordre est le même (*same*) pour vous? Pour les Américains en général? Expliquez.
2. Le rêve de la majorité des Français est d'avoir «une maison à la campagne ou dans un quartier calme à la périphérie d'une grande ville». Avez-vous le même rêve? Expliquez.
3. 90% des Français se disent satisfaits de leur qualité de vie! Imaginez la réponse des Américains: Est-ce moins? plus? pareil (*the same*)? Pourquoi, à votre avis?

Vocabulaire

Les nombres

Combien coûte (*costs*) un logement typique?

CREDIT LYONNAIS
Payez contre ce chèque non endossable sauf au profit d'une banque ou d'un organisme visé par la loi
six cent soixante-dix euros
€ 670
Aix-en-Provence
le 30 octobre 2005

Loyer d'un appartement au centre d'Aix-en-Provence

CREDIT LYONNAIS
Payez contre ce chèque non endossable sauf au profit d'une banque ou d'un organisme visé par la loi
deux cent quatre-vingt-cinq euros
€ 285
Lyon
le 7 janvier 2005

Loyer d'une chambre meublée à Lyon

CREDIT LYONNAIS
Payez contre ce chèque non endossable sauf au profit d'une banque ou d'un organisme visé par la loi
trois cent cinquante euros
€ 350
Paris
le 5 février 2005

Prix d'un appartement à Paris, 3ᵉ arrondissement

Other than when writing checks, one seldom writes out large numbers. Still, there are certain writing conventions that you should notice. Study the examples above and on page 102 and formulate a rule for forming the plural of **vingt** and **cent.** Is the rule for **mille** the same?

Notice that a space or a period may be used to separate groups of thousands:

1 000 or **1.000**

Numbers above 100 follow a simple pattern.

100	cent	200	deux cents
101	cent un	301	trois cent un
102	cent deux	402	quatre cent deux
1 000	mille	1 500	mille cinq cents
1 001	mille un	1 515	mille cinq cent quinze
2 000	deux mille	3 625	trois mille six cent vingt-cinq
10 000	dix mille	100 000	cent mille
1 000 000	un million	1 000 000 000	un milliard

Activités

I **Transition: Franc-Euro.** Combien coûtent les meubles et les appareils que votre professeur voudrait pour sa maison? Écoutez les prix et identifiez les objets ci-dessous. Numérotez-les dans l'ordre que vous entendez.

_____ bureau

_____ commode

_____ canapé

_____ ordinateur

_____ chaîne mini

_____ lit compact

__1__ baladeur

Maintenant, identifiez les prix en euros.

➡ *La commode coûte 181€ 99.*

J **Les prix.** Regardez les objets du catalogue ci-dessus. Combien coûtent les objets que vous voudriez avoir pour votre chambre ou appartement? En tout (*For everything*) ça coûte combien?

➡ *Je voudrais avoir _____ et _____ . _____ coûte _____ euros et _____ coûte _____ euros. En tout, ça coûte _____ euros.*

K **Quel logement?** (1) Choisissez le logement que vous préférez parmi les petites annonces suivantes. (2) Dites à votre partenaire combien coûte le logement et quel est le numéro de téléphone. (3) Votre partenaire écrit les nombres et identifie votre choix.

➡ — *Ça coûte... Je téléphone au numéro...*
  — *Ah bon. C'est le logement (Auriol, etc.)...*

Maintenant, changez de rôle et répétez.

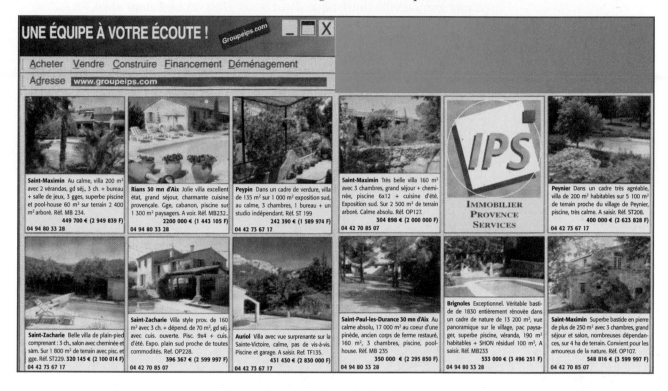

Saint-Maximin Au calme, villa 200 m² avec 2 vérandas, gd séj., 3 ch. + bureau + salle de jeux, 3 gges, superbe piscine et pool-house 60 m² sur terrain 2 400 m² arboré. Réf. MB 234.
449 700 € (2 949 839 F)
04 94 80 33 28

Rians 30 mn d'Aix Jolie villa excellent état, grand séjour, charmante cuisine provençale. Gge, cabanon, piscine sur 1 300 m² paysagers. A voir. Réf. MB232.
2200 000 € (1 443 105 F)
04 94 80 33 28

Peypin Dans un cadre de verdure, villa de 135 m² sur 1 000 m² exposition sud, au calme, 3 chambres, 1 bureau + un studio indépendant. Réf. ST 199
242 390 € (1 589 974 F)
04 42 73 67 17

Saint-Maximin Très belle villa 160 m² avec 3 chambres, grand séjour + cheminée, piscine 6x12 + cuisine d'été. Exposition sud. Sur 2 500 m² de terrain arboré. Calme absolu. Réf. OP127.
304 898 € (2 000 000 F)
04 42 70 85 07

IMMOBILIER PROVENCE SERVICES

Peynier Dans un cadre très agréable, villa de 200 m² habitables sur 5 100 m² de terrain proche du village de Peynier, piscine, très calme. A saisir. Réf. ST208.
400 000 € (2 623 828 F)
04 42 73 67 17

Saint-Zacharie Belle villa de plain-pied comprenant : 3 ch., salon avec cheminée et sàm. Sur 1 800 m² de terrain avec pisc. et gge. Réf. ST229. **320 145 € (2 100 014 F)**
04 42 73 67 17

Saint-Zacharie Villa style prov. de 160 m² avec 3 ch. + dépend. de 70 m², gd séj. avec cuis. ouverte. Pisc. 9x4 + cuis. d'été. Expo. plain sud proche de toutes commodités. Ref. OP228.
396 367 € (2 599 997 F)
04 42 70 85 07

Auriol Villa avec vue surprenante sur la Sainte-Victoire, calme, pas de vis-à-vis. Piscine et garage. A saisir. Ref. TF135.
431 430 € (2 830 000 F)
04 42 73 67 17

Saint-Paul-les-Durance 30 mn d'Aix Au calme absolu, 17 000 m² au coeur d'une pinède, ancien corps de ferme restauré, 160 m², 3 chambres, piscine, pool-house. Réf. MB 235.
350 000 € (2 295 850 F)
04 94 80 33 28

Brignoles Exceptionnel. Véritable bastide de 1830 entièrement rénovée dans un cadre de nature de 13 200 m², vue panoramique sur le village, pac paysager, superbe piscine, véranda, 190 m² habitables + SHON résiduel 100 m², A saisir. Réf. MB233.
533 000 € (3 496 251 F)
04 94 80 33 28

Saint-Maximin Superbe bastide en pierre de plus de 250 m² avec 3 chambres, grand séjour et salon, nombreuses dépendances, sur 4 ha de terrain. Convient pour les amoureux de la nature. Réf. OP107.
548 816 € (3 599 997 F)
04 42 70 85 07

L **Une maison de vacances.** (1) D'abord, imaginez que vous habitez à Paris et que vous voulez passer vos vacances «en province». (2) Les villes suivantes sont des lieux de vacances populaires. Trouvez les villes sur la carte de France, au début du livre. (3) Calculez les distances entre ces villes et Paris en employant le tableau suivant.

➡ *Montpellier est à 766 kilomètres de Paris.*

Dijon								
293	**Grenoble**							
578	668	**La Rochelle**						
249	317	839	**Marseille**					
493	302	683	156	**Montpellier**				
661	336	992	190	309	**Nice**			
310	566	468	771	766	934	**Paris**		
450	711	467	910	905	1073	139	**Rouen**	
312	507	875	756	741	909	455	576	**Strasbourg**

Maintenant, décidez dans quelle ville vous voudriez passer vos vacances selon la distance et l'emplacement. Cherchez des camarades de classe qui désirent passer leurs vacances dans le même endroit.

Structures: Describing people and things

La place des adjectifs • Quelques adjectifs irréguliers

Observez et déduisez Eh bien, nous sommes propriétaires d'une belle maison à la campagne. C'est un emplacement calme et agréable, pas trop loin d'une grande ville touristique. Pour nous, c'est un logement idéal.

In **Chapitre 2** you used a number of adjectives with the verb **être** to describe people and things, and you learned that adjectives agree in number and gender with the words they describe. In this section, you will find more adjectives and learn about their placement in the sentence.

● Find several noun-adjective combinations in the preceding paragraph.

➡ *un logement idéal*

● Based on the examples that you found in the text, what can you infer about the placement of adjectives in relationship to the nouns they modify?

● You have already seen that some adjectives are irregular, for example, **fou/folle.** Based on what you know about adjective agreement, can you fill in the chart of irregular adjectives below?

masculin singulier	masculin pluriel	féminin singulier	féminin pluriel
beau	beaux	belle	belles
nouveau			
	bons	bonne	
vieux			vieilles

Vérifiez   *La place des adjectifs; les adjectifs irréguliers*

● In general, adjectives follow the nouns they modify.

> un emplacement agréable
> des rideaux rouges

● A few adjectives precede the nouns they modify.

beau (*good-looking; lovely*)	un beau quartier
joli (*pretty*)	une jolie maison
jeune (*young*)	un jeune locataire
vieux (*old*)	un vieux propriétaire
nouveau (*new*)	un nouveau studio
mauvais (*bad*)	un mauvais emplacement
bon (*good*)	un bon prix
petit	un petit appartement
grand	une grande chambre
autre (*other*)	un autre logement

● In careful speech, the indefinite article **des** becomes **de** before a plural adjective *preceding* a noun.

> **des** maisons *spacieuses*   BUT: **de** (or **des**) *belles* maisons

This change is mandatory with **autres.**

> **d'**autres maisons

● The same noun can be preceded *and* followed by adjectives.

> une **petite** maison **blanche***
> un **vieux** tapis **jaune**

● In addition to the patterns you identified earlier, three adjectives have special forms for the masculine singular used before words beginning with a vowel or a silent **h:**

> un **bel** emplacement
> un **nouvel** appartement confortable
> un **vieil** hôtel

● The plural form of these adjectives is regular.

> de **beaux** appartements
> les **vieux** hôtels

VOCABULAIRE ACTIF

agréable
autre
beau (belle)
blanc (blanche)
bon(ne)
jaune
jeune
joli(e)
mauvais(e)
nouveau (nouvelle)
rouge
vieux (vieille)

***Blanc** is the masculine form: **un tapis blanc.**

Activités

M **Une description.**   Les adjectifs suivants décrivent un logement ou la personne associée au logement. Remarquez la forme des adjectifs et décidez à quoi ou à qui ils se réfèrent. Soulignez la bonne réponse.

1. spacieux   la maison / l'appartement
2. mauvais   l'emplacement / la salle de bains
3. grands et vieux   les chambres / les fauteuils
4. petite mais agréable   le salon / la cuisine
5. jolies   les pièces / les meubles
6. jeune et beau   la locataire / le propriétaire

Maintenant, dites comment est ce logement selon vos réponses.

➡ *La cuisine est...*

Voudriez-vous habiter ce logement? Pourquoi ou pourquoi pas?

N **Comparaisons.**   Cochez les adjectifs qui décrivent votre logement ou ajoutez un adjectif approprié.

1. ma maison

   _____ blanche   _____ vieille   _____ idéale   _____ belle   _____ ?

2. mon fauteuil

   _____ bleu   _____ bon   _____ vieux   _____ confortable   _____ ?

3. mon salon

   _____ meublé   _____ typique   _____ agréable   _____ grand   _____ ?

4. ma chambre

   _____ petite   _____ bonne   _____ belle   _____ intéressante   _____ ?

5. mes copains

   _____ jeunes   _____ patients   _____ beaux   _____ optimistes   _____ ?

Maintenant, interviewez un(e) camarade de classe. Soulignez les adjectifs qui décrivent *son* logement et répondez à ses questions.

➡ — *Comment est ta maison?*   _____ belle

Ensuite écrivez un paragraphe où vous comparez vos logements.

➡ *J'ai une vieille maison blanche, mais Frédéric a...*
   Sa maison est plus/moins spacieuse.

O **Des préférences différentes.** Complétez les phrases avec les adjectifs suivants. Attention à l'accord et au placement!

calme	grande	individuelles
sympathique	beaux	rurale
petite	agréable	vieilles
chinois	nouvel	jeune
vieux		

1. Moi, je préfère les ＿＿＿＿＿＿ maisons ＿＿＿＿＿＿ .

2. J'habite une ＿＿＿＿＿＿ ville ＿＿＿＿＿＿ au Québec.

3. Je préfère un emplacement ＿＿＿＿＿＿ et ＿＿＿＿＿＿ .

4. Ma copine, par contre, a un ＿＿＿＿＿＿ appartement dans une ＿＿＿＿＿＿ ville.

5. Dans l'appartement, elle a de ＿＿＿＿＿＿ meubles et un ＿＿＿＿＿＿ tapis ＿＿＿＿＿＿ .

6. Elle a un ＿＿＿＿＿＿ propriétaire ＿＿＿＿＿＿ aussi.

Est-ce que ces phrases sont vraies pour vous?

P **Imaginons.** Décrivez un logement idéal pour les personnes suivantes, selon leur personnalité.

> une personne qui aime le calme
> Picasso
> votre professeur
> le président des Etats-Unis

Jeu de rôle You and your partner play the roles of an interior decorator and a client who wishes to renovate an old, three-bedroom apartment. The decorator asks questions to understand the client's needs (family, pastimes), personality, and color preferences. There are three children in the family, and money *is* an object, so the client asks questions about costs. The decorator offers suggestions for renovation until the client is satisfied.

La vie privée. Privacy is sacred to French people, and a home is a private domain, reserved for family and close friends. The French rarely invite acquaintances to their home. They invite them to a restaurant or a café instead. What do you think of this custom? Is it a good idea to invite people you don't know too well to your home?

Fenêtres, portes et murs. For the sake of privacy again, French houses have shutters that are closed at nightfall. A French person in a house without shutters in the evening feels like a fish in a fish tank, exposed to the public eye. Inside the house, the doors to the various rooms are generally kept shut, especially the door to «**le petit coin**» which is *never* left open, not even to indicate that the bathroom is unoccupied. Outside the house, walls and gates generally separate the yard from the neighbors' and from the street. What is your concept of private space? Do you close your curtains or drapes at night? Are there doors inside your house or apartment that you keep closed? How do you define private space in your culture?

▲ La vie privée, c'est sacré.

Les concessions. African villagers live with their extended family in **concessions,** which consist of small dwellings (**les cases**) built around a common courtyard. Young children generally live in their mother's **case.** Teenage boys live in a separate **case.** Teenage girls may share a **case** with their grandmother. The head of the family often has **sa case personnelle.** Most family activities take place outside in the courtyard. Where do most family activities take place in your home?

▲ Une concession dans un village du Burkina Faso.

108

Troisième étape

À l'écoute: Je cherche la rue...

Being able to ask for and give directions is essential to surviving in a foreign country. As you listen to the student audio CD, you will hear just how this is done in French. Do the activities in **Avant d'écouter,** then read the tasks in **Écoutons** before you listen.

Avant d'écouter

1 Imagine you have just arrived in Aix-en-Provence. You are at the train station **(la gare SNCF)** and you need directions to get to a certain street. First look at the map **(le plan de la ville)** on page 110. What are the different words that precede street names? Which one probably means *street?* What is the abbreviation for **le boulevard? l'avenue? la place?**

2 When you *ask* for directions, you may begin by saying **Je cherche...** (*I'm looking for . . .*). What other words can you expect to use when you *give* directions? Look at the following expressions and match them with the correct pictures, using cognates and logic.

1.

2.

3.

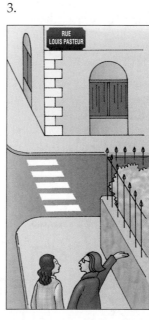

4.

    a. Allez tout droit.
    b. Traversez la rue.
    c. Tournez à droite dans l'avenue Louis Pasteur.
    d. Tournez à gauche dans la rue Espariat.

Écoutons

3 Listen to the conversation a first time and identify on the map the streets or places mentioned. Then listen again and trace with your finger the woman's route on the map from start to finish. Begin at **la gare SNCF.**

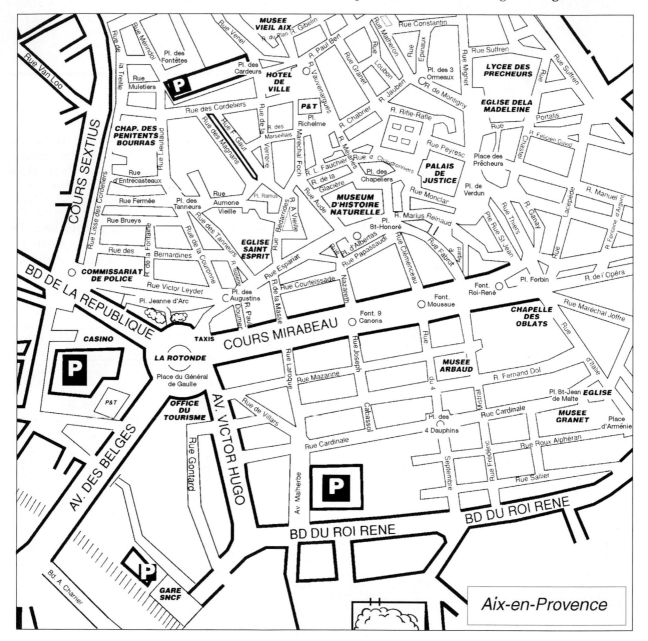

Aix-en-Provence

4 Listen to the conversation a final time, focusing on the following words. From the context, and using the map to follow along, can you infer their meaning? Select the proper English equivalent.

1. devant
2. jusqu'à

a. *to, until*
b. *from*

c. *behind*
d. *in front of*

5 According to the map, which is correct: **la troisième ou la quatrième rue?** Can you now infer how to form an ordinal number (i.e., *three* → *third*)? Complete the following chart. Irregular forms are already provided.

un →	premier/première	six →	
deux →		sept →	
trois →		huit →	
quatre →		neuf →	neuvième
cinq →	cinquième	dix →	

Prononciation   **Les sons [u] et [y]**

● [u] is the vowel sound in **vous.** It is spelled **ou,** and unlike its English counterpart, it is never pronounced as a diphthong, that is, two vowel sounds in the same syllable. Compare the following:

  English: new [nu^w]   *French:* nous [nu]
         two [tu^w]   tout [tu]

● To pronounce a French [u] correctly, say it as a single sound, with your mouth almost closed.

● [y] is the vowel sound in **tu.** It is spelled **u** and has no equivalent sound in English. To produce it, say [i] with your tongue pressed firmly against your lower front teeth, then round your lips like for [u]. Again, there is no diphthong.

  tu   salut

Écoutez   Listen to the following expressions from **À l'écoute: Je cherche la rue** on your student audio CD. You will hear each expression twice. In the chart, write the words that contain the sounds [u] or [y]. The chart has been started for you. If you need to, turn off the audio CD after each item in order to write your answers.

VOCABULAIRE ACTIF

aller
chercher
devant
les directions
    à gauche
    à droite
    tout droit
    jusqu'à
les nombres ordinaux
    premier, deuxième, etc.
tourner
traverser
la ville
    une avenue
    un boulevard
    la gare
    une place
    un plan de la ville
    une rue

	[u]	[y]
1. la rue Clémenceau		
2. comment vous expliquer		
3. l'avenue Victor Hugo		
4. vous allez tout droit jusqu'à La Rotonde	vous, tout	jusqu'à
5. une grande avenue qui s'appelle le cours Mirabeau		
6. vous tournez à droite sur le cours Mirabeau		
7. c'est la troisième ou quatrième rue à gauche		

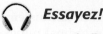 *Essayez!*

1. **Prononcez.** Practice saying the expressions in the **Écoutez** section aloud. Then listen to the expressions on the student audio CD to verify your pronunciation.
2. **[u] et [y].** For additional practice, say the following pairs of words aloud. Then listen to the words on the student audio CD to verify your pronunciation.

a. vous / vu   d. roux / rue   g. rouge / mur
b. tout / tu   e. rousse / russe   h. beaucoup / bureau
c. nous / nu   f. cours / cure

Structures: Getting around town

*Le verbe **aller** • L'impératif*

Observez et déduisez

— Pardon, monsieur, pourriez-vous me dire où se trouve (où est) le boulevard de la République?
— Euh, voyons, vous allez tout droit dans l'avenue Victor Hugo jusqu'à la place du Général de Gaulle. Tournez à gauche sur la place. Le boulevard de la République est la deuxième rue à gauche.
— Ah bon, je vais tout droit, puis je tourne à gauche sur la place du Général de Gaulle?
— C'est ça!

- Find a polite expression in the dialogue for asking directions.
- Can you identify two forms of the verb **aller?**
- Why, do you think, the verb **tournez** has no subject pronoun?

Vérifiez   *Le verbe **aller***

- The verb **aller** (*to go*) is irregular. You have seen it used to say or ask how someone is doing.

   Comment-allez vous?   Ça va bien.

le verbe **aller**

je vais	nous allons
tu vas	vous allez
il/elle/on va	ils/elles vont

● **Aller** is frequently followed by the preposition **à** to indicate movement toward a place.

> Vous **allez à** La Rotonde et vous tournez à gauche.

● Use the preposition **dans** with **avenue** and **rue**. Use **sur** with **place** and **boulevard**.

> Vous allez **dans** l'avenue des Belges (**dans** la rue d'Italie).
> Vous allez **sur** le boulevard du Roi René (**sur** la place du Général de Gaulle).

L'impératif

● The imperative, or command form, may often be used when giving directions. It is formed by dropping the subject pronoun.

> Vous prenez (*take*) le cours Mirabeau.   →   **Prenez** le cours Mirabeau.

● For the familiar (**tu**) form of the imperative, drop the **-s** of **-er** verbs and of **aller.**

> Tu ne tourn**es** pas à gauche.   →   Ne tourn**e** pas à gauche.
> Tu v**as** tout droit.   →   V**a** tout droit.

● In giving directions, you will frequently use a subject *and* the verb instead of the imperative.

> **Vous continuez** tout droit pour aller à l'église.

● The following expression is commonly used to ask for directions politely.

> **Pourriez-vous me dire où est (où se trouve)** le musée?
> *Could you tell me where the museum is (is located)?*

Activités

Q **Vrai ou faux?**   Décidez si les phrases suivantes sont vraies ou fausses selon le plan d'Aix, page 110.

1. Le Palais de Justice est sur la place de Verdun.
2. Vous êtes à La Rotonde. Pour aller à la place Forbin, vous allez dans l'avenue Victor Hugo.
3. Vous êtes au musée Granet. Pour aller à la place des Quatre-Dauphins, vous allez à droite dans la rue Cardinale.
4. Si vous êtes à la gare, le cours Mirabeau est tout droit devant vous.
5. Le Muséum d'histoire naturelle se trouve sur la place des Augustins.
6. Si vous allez de la gare à la place Jeanne d'Arc, vous traversez la place de Verdun.
7. Vous êtes à La Rotonde et vous prenez le cours Mirabeau. La rue Fabrot est la quatrième rue à droite.

R Sur quelle place? Vous êtes à Aix avec votre professeur et vos camarades de classe! Dites sur quelle place vont les personnes suivantes selon leur situation.

Pl. Jeanne d'Arc	Pl. Richelme	Pl. St-Jean de Malte
Pl. St-Honoré	Pl. du Général de Gaulle	Pl. de Verdun

➡ Nous cherchons un taxi.
Nous allons sur la place du Général de Gaulle.

1. Le professeur aime beaucoup les sciences naturelles.
2. Deux étudiantes s'intéressent au système judiciaire.
3. Vous cherchez des renseignements touristiques.
4. Une copine et moi, nous sommes catholiques pratiquantes.
5. Je ne trouve pas mon passeport.
6. Tu voudrais poster une lettre.

S Devinez! Choisissez un endroit sur le plan d'Aix. Donnez des directions pour aller à cet endroit à un(e) camarade de classe. Il/Elle va deviner le nom de l'endroit. Commencez à la gare!

Structures: Telling where you're going and why

Le futur proche • Les contractions

Observez et déduisez Je vais traverser La Rotonde pour aller à la poste dans l'avenue des Belges. Ensuite, je vais aller aux magasins du cours Mirabeau pour acheter des CD et des livres. Finalement, je vais manger au café près du cinéma.

> - What do you notice about the form of the verbs that immediately follow **vais** in the preceding paragraph?
> - What happens to the preposition **à** before **magasins** and **café?** What happens to **de** before **cours** and **cinéma?** Can you think of a reason for the changes?

Vérifiez Le futur proche

- The verb **aller** is frequently followed by an infinitive to say what one is *going to do.* This is called the **futur proche,** the *near* future.

    Nous **allons manger** au café sur le cours Mirabeau.

- In the negative, place **ne ... pas** around the conjugated form of **aller.** The infinitive follows.

    Nous **n'allons pas visiter** le musée Granet.

VOCABULAIRE ACTIF

un café
un magasin
un musée
un parc
la poste
près de

Les contractions

● The prepositions **à** and **de** contract with **le** and **les** as follows:

> Elles vont **au** cinéma près **du** parc.
> Nous allons **aux** magasins près **des** restaurants.

● There is no contraction with **la** or **l'**.

> Les étudiants sont **à l'**hôtel près **de la** poste.

les contractions

à + le = **au**	de + le = **du**
à + les = **aux**	de + les = **des**

Activités

T **Projets.** Aujourd'hui vous êtes touriste à Aix. Cochez six endroits que vous voudriez visiter. Ensuite, trouvez un(e) partenaire parmi vos camarades de classe pour aller avec vous à chaque endroit.

➡ — *Tu vas à l'hôtel de ville?*
   — *Non, mais je vais au casino. Et toi?*

À visiter...   **Avec...**

_____ l'église (f.) de la Madeleine   _____

_____ le palais de justice   _____

_____ la chapelle des Oblats   _____

_____ le musée Vieil Aix   _____

_____ l'hôtel de ville   _____

_____ l'église Saint Esprit   _____

_____ la place du Général de Gaulle   _____

_____ le casino   _____

_____ la gare SNCF   _____

_____ l'office (m.) du tourisme   _____

_____ le commissariat de police   _____

_____ _____   _____

The **Banque de mots** is a list of words that may be useful for completing the activity. Feel free to add to the list.

U **Où va-t-on?** Les membres de la famille ont des destinations différentes. Qu'est-ce qu'ils vont y faire, à votre avis?

➡ Maman va au centre-ville.
   Elle va... aller à la banque (travailler, visiter un monument, etc.)

1. Maman va au parc.
2. Papa et moi, nous allons au restaurant.
3. Moi, je vais à la poste aussi.
4. Mes sœurs vont au cinéma.
5. Mon frère va dans une discothèque.
6. Mes grands-parents vont à la gare.

BANQUE DE MOTS

travailler
manger
dîner
acheter (une télécarte)
voir (un film)
lire (un livre)
danser
retrouver des copains
jouer (au tennis)
voyager
aller à...
???

Vocabulaire

La ville et les prépositions de lieu

Hélène est sur la place Bonaparte devant l'église. Elle cherche le cinéma qui est au coin de la rue Victor Hugo et de la rue Mazarin, à côté du restaurant La Bonne Cuisine. La banque est en face du musée, entre le café et l'Hôtel Crécy. Hélène est près de l'école mais loin de l'université. Plus tard, elle va aller au parc derrière la pharmacie.

Based on the clues in the paragraph and the map, match the prepositions on the left with the terms on the right.

_____ 1. entre   a. *in front of*

_____ 2. derrière   b. *beside*

_____ 3. en face de   c. *far from*

_____ 4. loin de   d. *facing*

_____ 5. devant   e. *at the corner of*

_____ 6. près de   f. *behind*

_____ 7. à côté de   g. *near*

_____ 8. au coin de   h. *between*

Can you identify the following buildings (**bâtiments**) on the map: la banque? la pharmacie? le supermarché? le bureau de tabac? l'hôpital? le café?

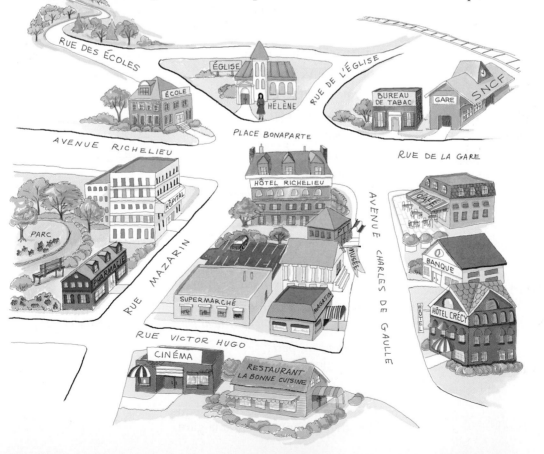

Activités

V Bâtiments. Écoutez le professeur expliquer où il/elle est. Numérotez les bâtiments dans l'ordre où vous les entendez.

➡ (1. Je suis derrière le magasin. Où suis-je?)

_____ au restaurant   _____ à l'hôpital

_____ à la pharmacie   _____ au musée

_____ à l'école   _____ à l'université

_____ au bureau de tabac   __1__ au supermarché

W Les endroits. Situez cinq bâtiments de la liste de l'activité V d'après le plan de la page 116.

➡ *Le supermarché? Il est au coin de... / près de (du)... / loin de (du)...*

Jeu de rôle You and your classmates are bragging about your hometowns. Mention the various places of interest (museums, shops, cinemas, restaurants) and their locations relative to one another. Ask your partners where various sites (hospitals, universities, hotels) are located in their hometowns.

Intégration

Littérature: Un Nègre à Paris

Imagine you have grown up in a French colony in West Africa. You have been educated in the French school system; you know more about France than about your own country. All of your life you have dreamed of seeing Paris, and all of a sudden someone gives you a plane ticket **(un billet d'avion)** to Paris and your dream comes true! Filled with wonder, you discover **la Ville Lumière,** and your seemingly naive observations shed some slightly ironic light on both the French world and your native Africa. This is the story of *Un Nègre à Paris,* written by Bernard Dadié in 1959 in the last year of French colonial rule in Africa when over twenty countries on that continent were still French colonies.

Born in 1916 in Ivory Coast **(la Côte d'Ivoire),** Dadié has been a prominent political figure in his country. Imprisoned for sixteen months for his involvement in a nationalist demonstration in 1949, Dadié then went on to serve for over twenty-five years in the Ministry of Education and the Ministry of Culture and Information of Ivory Coast. Concurrent with his political activity, he has been a prolific writer. He has authored six volumes of poetry, collections of tales and short stories, five major novels, and several award-winning plays. Bernard Dadié is known for his satirical tone, exemplified in *Un Nègre à Paris.*

Avant de lire

1 You are about to discover Paris for the first time! What are you most anxious to see? Choose from the following list, and add your own possibilities.

_____ les monuments (la Tour Eiffel, l'Arc de Triomphe, Notre-Dame de Paris, le Châtelet, etc.)

_____ les musées, comme le Louvre, le musée d'Orsay, etc.

_____ les grands boulevards et les petites rues

_____ les parcs et les squares avec leurs arbres (*trees*), leurs fleurs (*flowers*) et leurs bancs (*benches*)

_____ les quartiers chic (élégants), comme le 16e arrondissement, et les quartiers populaires, comme Pigalle

_____ le métro avec ses grands escaliers (*staircases*), ses escaliers roulants (*escalators*) et ses longs couloirs (*hallways*)

_____ les magasins et les restaurants

_____ les Parisiens!

Découvrez Paris!

2 Now picture "un Nègre à Paris" in the 1950s. What is going to impress him about this old European city? Check the answers that seem appropriate.

_____ l'architecture et le travail de la pierre (*stone*)

_____ les gens: les piétons (*pedestrians*) qui marchent dans les rues

_____ les voitures (les automobiles)

_____ le rythme rapide de la vie: les gens qui marchent vite (*fast*), qui courent (*run*) et qui semblent toujours pressés (*in a hurry*)

_____ le climat: la grisaille (*grayness*) vs le soleil

_____ l'ordre et la discipline

_____ le désordre (le chaos)

_____ le contraste entre l'ancien et le moderne

_____ les contradictions

En général

3 Skim over the text a first time to see which of the things anticipated in **Avant de lire** are actually mentioned by Dadié. Check them a second time in activities 1 and 2.

4 Skim through the reading a second time and choose a title for each of the five sections of the text. Note that there is an extra title that will not apply.

paragraphe
1. «La bonne nouvelle (*news*)... »
2. «Voilà, je suis... »
3. «Me voici... »
4. «Je vais faire rire (*make them laugh*) les touristes... »
5. «Visiter Paris... »

titre
a. Le métro
b. L'attitude des Français vis-à-vis des touristes
c. L'anticipation
d. La difficulté de découvrir Paris
e. Les automobilistes et les piétons
f. Une évidence paradoxale de la patience des Français

Un Nègre à Paris

1 La bonne nouvelle, mon ami! La bonne nouvelle! J'ai un billet pour Paris, oui, Paris! Je vais voir Paris, moi aussi, avec mes yeux. Je vais toucher les murs, les arbres, croiser les hommes. Le Châtelet, l'Arc de Triomphe... Je vais voir le Paris vivant, le Paris qui parle, chante, danse, gronde°, s'amuse° et pense.
[...]

2 Voilà, je suis à Paris! Je regarde... Des autos passent qui semblent glisser, tant elles vont vite, et pas un seul coup de klaxon°. C'est défendu. Chacun obéit à la règle°. C'est bien défendu chez nous aussi, mais c'est un plaisir pour chacun de violer la règle, de klaxonner. L'animation augmente à mesure qu'on approche du centre-ville. Du monde° dans les rues, les cafés,

rumbles
has fun

pas un... not a single horn sound
Chacun... Each one obeys the rule

des gens

les restaurants. On se croirait un jour de fête° chez nous. Une circulation intense, disciplinée. Les piétons sont les plus pressés. Il faut° les voir se faufiler à travers° les voitures et s'arrêter tout d'un coup°. N'auraient-ils pas des ressorts dans les jambes, ressorts remontés chaque matin?° La grisaille des murs aurait dû° influer sur le caractère des habitants. Erreur! Ils ont du soleil en réserve. Un peuple consultant la montre° à tout instant. Une ville prodigieuse qui vous prend, vous capte, vous emporte° malgré vous dans son courant impétueux. Ici il faut marcher vite, suivre.

[...]

3 Me voici à Notre-Dame, un lieu où les Parisiens se réunissent pour prier° Dieu. C'est la plus grande de leurs églises. Une merveille d'architecture. Les hommes ont dans la pierre gravé leur foi°. Pour te faire une idée de la majesté de l'édifice, figure-toi qu'ils ont mis° deux cents ans pour l'achever. Des êtres incompréhensibles, pleins de contradictions! Tiens les voilà qui regardent la montre, courent, sautent° du bus, dégringolent° l'escalier du métro, s'arrêtent à peine pour saluer un ami, et ces mêmes hommes, avec une patience diabolique, mettent deux cents ans pour bâtir une maison à leur dieu.

[...]

4 Je vais faire rire les nombreux touristes hissés sur° la Tour Eiffel ou l'Arc de Triomphe, mais de toutes les clartés de Paris, c'est le métro qui m'a ébloui° le plus. Ce réseau° fait de couloirs, d'escaliers roulants, de stations, est un enchevêtrement de lignes menant° à tous les coins de Paris. [Si vous vous perdez° dans] cette toile d'araignée coloriée°, un conseil: regardez bien le plan, puis résolument, vous rangez° votre amour-propre et au premier employé venu, vous demandez: «Pardon, pour aller à... Pigalle... » L'employé va vous regarder avec un petit sourire dans les yeux. Soyez digne° en serrant votre amour-propre à la gorge° et attendez la réponse. Elle suit toujours le sourire et le regard: «vous prenez Charenton des Écoles et vous changez à Madeleine». Ce n'est pas toujours l'itinéraire le plus court°, mais c'est toujours le chemin le plus sûr°.

[...]

5 Visiter Paris n'est pas une petite besogne°. Rues, avenues, boulevards, quartiers, chacun a un visage°, ses habitudes, une histoire. Des hommes depuis des siècles s'y relaient en laissant° des traces. Combien de rêves° sont nés° sur les bancs des squares? Tout cela ne se revit° pas en quelques jours...

Extrait de *Un Nègre à Paris* (Bernard Dadié).

(glosses, right margin)

jour... *holiday*
Il faut... *Il est nécessaire de*
se... *slip through* / s'arrêter... *stop suddenly* / N'auraient... *Don't they have springs in their legs, wound up each morning?* / *should have* / *their watch* / vous... *carries you along*

prier *pray*

ont gravé... *have engraved their faith* / *have taken*

jump / *run down*

hissés... *atop*
m'a... *has dazzled me*
network
un... *a tangle of lines leading to*
vous... *you get lost* / toile... *colored cobweb* / *tuck away*

soyez... *conservez votre dignité*
à... *in your throat*

the shortest
le chemin... *the surest way*

travail
face
s'y... *have been taking turns leaving / dreams / were born / ne se... can't be relived*

En détail

5 **Les mots.** Using the context, background knowledge, and logic, can you guess what the following words mean? Choose a or b.

paragraphe 2

[Les autos] semblent **glisser**...	a. glide	b. move in slow motion
C'est **défendu**...	a. allowed	b. forbidden
... **malgré vous**...	a. thanks to you	b. against your will
... [il faut] **suivre**...	a. stay behind	b. follow along

paragraphe 3

... les Parisiens **se réunissent...**   a. meet, gather   b. reminisce

... deux cents ans pour
   l'achever...   a. complete it   b. achieve it

... deux cents ans pour **bâtir...**   a. build   b. tear down

paragraphe 4

... rangez votre **amour-
   propre...**   a. pride,
   self-respect   b. love

... un petit **sourire...**   a. mouse   b. smile

paragraphe 5

... **depuis des siècles...**   a. for centuries   b. since recently

6   **Le texte.**   Vrai ou faux? Si c'est faux, corrigez.

1. Le vrai Paris est le Paris des livres et des films.
2. Les automobilistes parisiens klaxonnent constamment.
3. Les Africains aiment klaxonner pour le plaisir de violer les règles.
4. Dadié implique que les Français sont plus disciplinés que les Africains.
5. On a l'impression que les piétons ont des ressorts dans les jambes.
6. Les Français ont le caractère gris comme les murs.
7. Le rythme de Paris est contagieux.
8. Notre-Dame de Paris est un symbole de foi et de patience.
9. Les Parisiens sont contradictoires parce qu'ils sont toujours pressés mais ils mettent 200 ans à bâtir une cathédrale.
10. La chose que le narrateur préfère à Paris est la Tour Eiffel.
11. Le plan du métro est comme une toile d'araignée.
12. Pour demander des directions, il faut avoir beaucoup d'amour-propre.
13. Chaque quartier de Paris a des caractéristiques différentes.

Et vous?

1. **La bonne nouvelle!**   Vous avez un billet pour... votre ville natale! C'est votre première visite dans cette ville, alors vous regardez avec des yeux naïfs. À la manière de Dadié, décrivez la ville.

➡ *Je regarde... Il y a un petit/grand centre-ville. Je vais tout droit dans la rue principale et voilà une grande église... Je regarde les gens: ils sont... Je regarde les autos: elles (ne) vont (pas) vite...*

2. **Le métro.**   Regardez le plan du métro de Paris (page 122). C'est comme une toile d'araignée, n'est-ce pas? Imaginez que vous êtes au Châtelet, au centre de Paris. Vous désirez aller à la Place de l'Étoile, où se trouve l'Arc de Triomphe. C'est très facile! Vous cherchez la ligne jaune, qui va de Château de Vincennes à Grande Arche de La Défense. Vous prenez la direction La Défense, jusqu'à la station Charles de Gaulle-Étoile et voilà: vous êtes à l'Arc de Triomphe. Maintenant, imaginez que vous êtes à Pigalle et vous désirez aller à la Tour Eiffel. Vous avez deux options: vous prenez la ligne bleue,

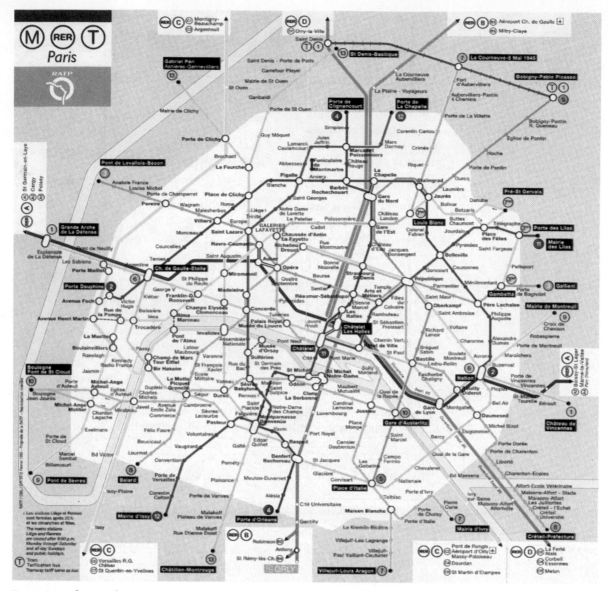

Do not confuse subway lines with the thicker RER lines for trains that run between Paris and its suburbs.

direction Porte Dauphine, vous changez à Charles de Gaulle-Étoile, vous prenez la ligne vert clair (*light green*), direction Nation, et vous allez jusqu'à la station Champ de Mars-Tour Eiffel. Ou bien vous prenez la ligne vert foncé (*dark green*), direction Mairie d'Issy, jusqu'à Montparnasse-Bienvenue; là, vous prenez la ligne vert clair, direction Charles de Gaulle-Étoile, jusqu'à la station Champ de Mars-Tour Eiffel.

À vous de pratiquer!

a. Vous êtes au Musée du Louvre; vous désirez aller à la Gare de l'Est. Quelle ligne allez-vous prendre? Quelle direction? Combien de stations y a-t-il entre votre point de départ et votre destination?

b. Vous êtes à Notre-Dame de Paris; vous désirez aller à l'Opéra. Donnez les lignes, les directions et le nombre de stations.

Par écrit: Well worth the money!

Avant d'écrire

A **Strategy: Listing.** Listing is a very common prewriting activity. If you wanted to describe your house, for example, you might first make a list of the rooms and then add some descriptive words beside each one. However, your writing may become predictable if your lists are always sequential or "logical." Developing lists in unexpected ways may lead you to surprising or provocative ideas.

 Application. Prepare to write a description of your home by developing a list in a unique way: Group rooms by adjective, by mood, by activity. Or think of each room as a painting or a musical composition—who is the artist or composer? Or develop your own method for bringing out the uniqueness of your house or apartment.

B **Strategy: Adding variety.** Improve a choppy writing style by varying sentence construction. For example, use adjectives or a sentence with **qui** to describe.

➡ J'ai une maison. La maison est spacieuse et belle.
J'ai une maison qui est spacieuse et belle.
ou: *J'ai une belle maison spacieuse.*

Application. Write two sentences describing your house or room. Use an adjective in one and a clause with **qui** in the other.

Écrivez

Begin the letter with: **Monsieur/Madame, Je vous écris au sujet de...** Conclude with: **Veuillez agréer, Monsieur/Madame, l'expression de mes sentiments distingués.** Write your address in the top right-hand corner, followed by the date. The recipient's address should be written below, flush left above the greeting.

1. Would you like to exchange lodging for the summer with a person in southern France? in Martinique? Write a letter describing your house/apartment/studio that would entice someone to make the exchange. Provide as many details as possible to convince the other party your place is ideal.

2. You have an apartment in Montreal that you want to exchange or rent out for the semester. Using the ads to the right as a model, write an ad for the local newspaper to try to rent your apartment.

CANNES/SUQUET, bordure mer : living, 2 chambres, 2 sdb, grande terrasse/jardinet, cuisine, téléphone, TV. Août-sept. 1.530/ 1.060 quinzaine. 4/6 personnes. 33 (0)1 46.28.23.13 soir.

ECHANGE JUILLET ou août, appt. 120 m², très grand standing, Avenue Montaigne, 1 chambre, 1 très grand salon, 1 bureau, grande cuisine complètement équipée, contre maison avec piscine à Los Angeles, de Beverly Hills à Malibu. 04.47.23.41.28.

JH FRANÇAIS, 23, cherche à partager studio avec jeune Américaine à Los Angeles ou Miami pour apprendre anglais et visite à partir du mois d'août et pour plusieurs mois. Sérieux, merci. FUSAC réf : 4405.

ARTISTE peintre cherche à louer pour 6 mois atelier avec appt à New York, loyer raisonnable, possibilité échange en France. Tél Strasbourg : 33 (0)3 88.36.60.30/Fax 33 (0)3 88.36.70.24.

Synthèse culturelle

Quand vous dites[1] «chez moi[2]» ou «à la maison», qu'est-ce que ça représente pour vous? Quelles émotions est-ce que cela éveille[3] en vous?

David: L'endroit dont je suis le maître, le refuge de toute la famille. Cela éveille en moi un sentiment de bien-être.

Isabelle: Ça représente non seulement ma maison mais ma ville ou mon village. Quand je suis en dehors du[4] Québec, «chez moi» représente tout le Québec. Quand je pense au Québec ou à la ville où j'habite je suis remplie[5] d'amour pour la nature, pour les beaux paysages et aussi pour les gens.

Quand vous allez chez quelqu'un d'autre (soit dans votre propre culture ou dans un autre pays), quelles différences remarquez-vous[6] entre «chez vous» et «chez eux»?

Nathalie C.: J'ai un peu honte[7] mais je dois avouer[8] que je regarde souvent si chez les autres c'est propre[9]!... À part ça je trouve que chaque maison a une odeur très particulière, et plus ou moins agréable!... Et puis je crois[10] que l'on remarque la décoration évidemment, selon si elle nous plaît ou pas.

Aïssatou: À vrai dire, il m'est réellement difficile de répondre à cette question... Je ne cherche jamais les différences... Ce qui importe, c'est la convivialité et les bons plats dégustés[11]... [Au Sénégal] à l'heure du repas, toute la famille se retrouve autour du plat[12], contrairement aux USA où la famille est plutôt dispersée.

TASK: What does "at home" mean to you? Did you relate to any of the answers given above? Next time you are in someone else's home, notice any differences between their place and yours, their ways of doing things and yours. Then experiment with a new way of doing things; for example, keep the doors closed (or open) for a day, whichever is not your custom. How does it make you feel?

---

1. *say*   2. *at my place*   3. *awaken*   4. *outside of*   5. *filled*   6. *do you notice*   7. *ashamed*   8. *have to admit*
9. *clean*   10. *think*   11. *dishes consumed*   12. *gathers around the table*

VOCABULAIRE ACTIF

Le logement

une petite annonce *a classified ad*
un appartement *an apartment*
un bâtiment *a building*
la campagne *the countryside*
les charges (f.) *utilities*
un euro
le lieu, l'emplacement (m.) *the place, location*
le lieu de travail *the work place*

un(e) locataire *a renter*
une maison *a house*
par mois *per month*
le prix *the price*
un(e) propriétaire *a landlord, landlady*
un quartier *a neighborhood, community*
une résidence universitaire *a dorm*
un studio *a studio*

Les pièces (f.)

une chambre *a bedroom*
la cuisine *the kitchen*
la douche *the shower*
l'entrée (f.) *the entry*
le lavabo *the bathroom sink*

la salle à manger *the dining room*
la salle de bains *the bathroom*
le salon / le séjour *the living room*
les toilettes (f.) / les W.C. (m.) *the restroom*

Les meubles (m.)

un canapé *a couch, sofa*
une commode *a chest of drawers*
des étagères (f.) *(book)shelves*
un fauteuil *an armchair*
une lampe *a lamp*

un lit *a bed*
un placard *a closet*
des rideaux (m.) *curtains, drapes*
un tapis *a rug*

Les objets (m.) personnels

un baladeur *a Walkman*
un lecteur de CD *a CD player*
un magnétoscope *a VCR*
un ordinateur *a computer*
un poster
un répondeur *an answering machine*

une télécarte *a phone card*
un téléphone
  sans fil *cordless*
  portable *cell phone*
une vidéocassette

La ville

une avenue
une banque *a bank*
un boulevard
un bureau de tabac *a tobacco/magazine shop*
un café
le centre-ville *downtown*
une église *a church*
la gare *the train station*
un hôpital (des hôpitaux) *a hospital*
un hôtel

un magasin *a store*
un musée *a museum*
un parc *a park*
une pharmacie *a pharmacy/drugstore*
une place *a city square*
un plan (de la ville) *a city map*
la poste *the post office*
une région *a region, area*
une rue *a street*
un supermarché *a supermarket*
une ville *a city*

Les directions (f.)

à côté de *next to*
à droite *to (on) the right*
à gauche *to (on) the left*
au coin de *at the corner of*
dans *in (on)*
derrière *behind*
devant *in front of*

en face de *across from*
entre *between*
jusqu'à *to, until*
loin de *far from*
près de *close to*
sur *on (in)*
tout droit *straight ahead*

Pour demander des directions

Pardon, monsieur / madame *Excuse me, sir / ma'am*
Je cherche... *I'm looking for . . .*
Pourriez-vous me dire... ? *Could you tell me . . . ?*
Où se trouve... ? / Où est... ? *Where is . . . ?*

Au téléphone

Allô? *Hello?*
Qui est à l'appareil? / C'est de la part de qui? *May I ask who's calling?*
Ici... *This is . . .*
Je voudrais... *I would like . . .*
Est-ce que je pourrais... ? *Could I . . . ?*
Je téléphone au sujet de... *I'm calling about . . .*
Un moment, s'il vous plaît / Ne quittez pas *Just a minute, please*
Je suis désolé(e) *I'm sorry*
Il (Elle) est là / n'est pas là. *He (She) is in / isn't in.*
Est-ce que vous pouvez téléphoner plus tard? *Can you call later?*
d'accord *okay*

Questions

comment? *how?*
où? *where?*
parce que *because*

pourquoi? *why?*
quand? *when?*

Adjectifs

agréable *nice*
autre *other*
beau (bel, belle, beaux, belles) *beautiful*
blanc (blanche) *white*
bon(ne) *good*
calme *calm, peaceful*
compris(e) *included*
confortable *comfortable*
idéal(e)
individuel(le) *individual*

jaune *yellow*
jeune *young*
joli(e) *pretty*
mauvais(e) *bad*
meublé(e) / non meublé(e) *furnished / unfurnished*
nouveau (nouvel, nouvelle, nouveaux, nouvelles) *new*
rouge *red*
satisfait(e) *satisfied, content*
spacieux(se) *spacious*
vieux (vieil, vieille, vieux, vieilles) *old*

Verbes

aller *to go*
chercher *to look for*
continuer *to continue*
coûter *to cost*
louer *to rent*
prendre (prenez) *to take*
téléphoner *to call, to phone*

tourner *to turn*
traverser *to cross*
trouver *to find*
se trouver *to be located*
visiter *to visit (a place)*
voir (infinitif) *to see*

Adverbes

aujourd'hui *today*
au moins *at least*
demain *tomorrow*
de plus en plus *more and more*

maintenant *now*
moins *less*
plus *more*
plus tard *later*

Les nombres

70 → un milliard (*a billion*)
Les nombres ordinaux: premier, deuxième, etc. (*first, second, etc.*)

Autres mots

à la campagne *in the country*
un rêve *a dream*

EXPRESSIONS POUR LA CLASSE

ajoutez *add*
ci-dessus *above*
discutez *discuss*
dites *say*
en matière de *regarding*
expliquez *explain*
imaginez *imagine*
inventez *invent, make up*

numérotez *number*
partagez *share*
reliez *link, connect*
remarquez *note, notice*
un sondage *a poll*
sondez *poll*
soulignez *underline*

4

L'école

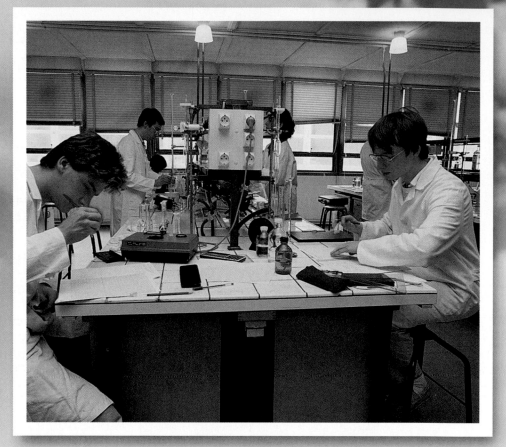

This chapter will enable you to

☐ understand French students speaking about their school program

☐ read an article about the school week in France and a well-known literary text about a little boy who learns to read

☐ talk about studies and schedules

☐ express your personal reactions

☐ talk about activities you enjoy

À quel genre d'école vont ces jeunes gens? Quel diplôme est-ce qu'ils préparent? Et après, qu'est-ce qu'ils vont faire? Et vous? Qu'est-ce que vous étudiez? Comment sont vos cours?

À l'écoute: Un emploi du temps chargé

Vous allez entendre une conversation avec une étudiante française, Marina, qui parle de l'emploi du temps (*schedule*) dans les classes préparatoires pour les grandes écoles. Comme vous allez voir, c'est un emploi du temps très chargé (*busy*). Les activités suivantes vont vous aider à comprendre la conversation.

▲ Marina parle de son emploi du temps.

Note culturelle

Les grandes écoles. L'enseignement supérieur en France est plus diversifié qu'aux États-Unis. L'université est une option, bien sûr, mais l'option la plus prestigieuse est ce qu'on appelle les grandes écoles. Ce sont des institutions réservées à l'élite intellectuelle, où l'on **prépare** des diplômes d'ingénieurs, d'administrateurs, etc. Pour préparer l'entrée à ces grandes écoles, après l'école secondaire, on fait deux ans de classes préparatoires (les «prépas»), puis on passe des **concours** (des examens compétitifs) très difficiles. Chaque grande école accepte un nombre très limité d'étudiants (par exemple, 50 étudiants par an, pour 800 candidats). Les **études** dans les grandes écoles durent (*last*) trois ans et garantissent un très bon placement professionnel. L'École polytechnique, HEC (École des hautes études commerciales) et l'ÉNA (École normale d'administration) sont trois des grandes écoles les plus réputées. Que pensez-vous du concept des grandes écoles? Ce système existe-t-il dans votre pays? Sous quelle forme?

Avant d'écouter

1 Dans une conversation sur l'emploi du temps des étudiants, de quoi va-t-on parler? Cochez les catégories que vous anticipez.

_____ les matières qu'on étudie: les maths, l'histoire, etc.

_____ le nombre de cours (classes) par jour

_____ la durée des cours (50 minutes? une heure?)

_____ l'heure des cours (Quand est-ce que ça commence?)

_____ le nombre d'heures de cours par semaine (*per week*)

_____ les devoirs (le travail avant et après les cours)

_____ les professeurs (Comment sont-ils?)

_____ la vie sociale

🎧 ■ *Écoutons*

2 Écoute globale. Écoutez la conversation une première fois pour confirmer les sujets discutés.

1. **Sujets anticipés.** Dans la liste de la page précédente, cochez une deuxième fois les sujets qui sont mentionnés.
2. **Sujets supplémentaires.** Parmi les sujets suivants, lesquels sont mentionnés?

_____ les pauses (pour manger, etc.)

_____ les colles (interrogations orales)

_____ le logement des étudiants

_____ les matières au programme dans les écoles d'ingénieurs

3 Les heures. Écoutez une deuxième fois en faisant attention aux heures mentionnées.

1. À quelle heure commencent les cours?

huit heures

huit heures et quart

huit heures et demie

2. À quelle heure finit la session du matin (*morning*)?

midi

midi moins le quart

midi et quart

3. À quelle heure commencent les cours de l'après-midi (*afternoon*)?

une heure et demie

deux heures
moins le quart

deux heures

VOCABULAIRE ACTIF

l'après-midi
commencer
un emploi du temps chargé
  un concours
  un cours
  les devoirs (m.)
  un diplôme
  les études (f.)
  un examen
  une pause
  une présentation orale
finir (*infinitive only*)
l'heure (f.)
  une demi-heure
  et demi(e)
  et quart
  midi
  minuit
  une minute
  moins le quart
  un quart d'heure
un jour
les matières (f.)
  la biologie, les maths,
    etc.
le matin
préparer
une semaine / par semaine
le soir

4. À quelle heure finissent les cours de l'après-midi?

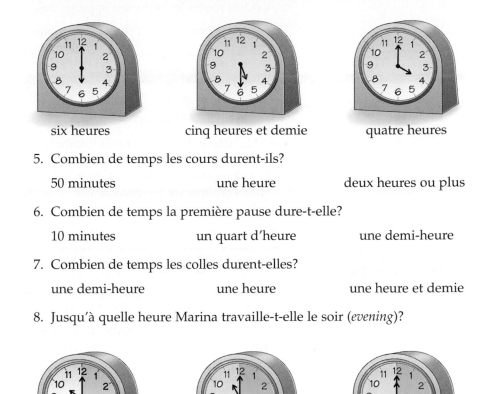

| six heures | cinq heures et demie | quatre heures |

5. Combien de temps les cours durent-ils?

   50 minutes   une heure   deux heures ou plus

6. Combien de temps la première pause dure-t-elle?

   10 minutes   un quart d'heure   une demi-heure

7. Combien de temps les colles durent-elles?

   une demi-heure   une heure   une heure et demie

8. Jusqu'à quelle heure Marina travaille-t-elle le soir (*evening*)?

| 10h/10h30 | 11h/11h30 | minuit/minuit et demi |

---

4 **Les matières.** Écoutez une troisième fois. Cochez les matières mention-nées et indiquez le nombre d'heures par semaine pour chaque matière: 1h, 2h, etc.

_____ les maths (mathématiques)	_____ la biologie
_____ le français	_____ la philo (philosophie)
_____ l'anglais	_____ l'allemand
_____ l'espagnol	_____ une autre langue étrangère
_____ l'histoire	_____ la géographie
_____ la physique	_____ la chimie (*chemistry*)
_____ les sciences économiques	_____ sciences po (politiques)
_____ l'informatique (*computer science*)	_____ la littérature
_____ l'art/la peinture	_____ l'éducation physique/ la gymnastique

5 Les colles. D'après cette conversation, qu'est-ce que c'est qu'une colle? Cochez toutes les réponses appropriées.

_____ une préparation pour les concours

_____ un tête-à-tête (*face-to-face conversation*) entre un(e) étudiant(e) et deux ou trois professeurs

_____ un tête-à-tête entre deux ou trois étudiants et un professeur

_____ une présentation orale préparée à l'avance

_____ une présentation orale impromptue

6 Comparaison culturelle. Comparez cet emploi du temps avec un emploi du temps typique de première année (*first year*) dans une université américaine. Est-ce plus ou moins chargé? Qu'est-ce qui est différent?

| **Prononciation** | **Les sons [e] et [ɛ]** |

- [e] is the sound in **et** or **étudier;** it is pronounced with your mouth almost closed and your lips stretched like for an [i].
- [ɛ] is the sound in **elle** or **aime;** it is a more open sound, similar to the vowel in the English word *bet*.

Écoutez Listen to the following excerpts from **À l'écoute: Un emploi du temps chargé** on the student audio CD, and in the chart, write the words that contain the sounds [e] or [ɛ]. You will hear each excerpt twice. The first excerpt has been done for you. If you need to, turn off the audio CD after each item in order to write your answers.

	[e]	[ɛ]
Quel est l'emploi du temps des étudiants?	de<u>s</u>, <u>é</u>tudiants	Qu<u>el</u> <u>est</u>
... un emploi du temps très chargé, plus chargé même que dans les écoles d'ingénieurs...		
C'est un tête-à-tête avec un professeur et deux ou trois étudiants.		
On doit faire une présentation orale sur le sujet.		
... deux heures d'anglais l'après-midi...		
Et quelles sont les matières au programme?		
... deux heures de géographie par semaine...		

🎧 *Essayez!*

1. **Prononcez.**   Practice saying the following words aloud, paying particular attention to the highlighted sounds. Then listen to them on the student audio CD to verify your pronunciation.

   a. [e]   répét**ez**, enchant**é**, à côt**é**, caf**é**, mus**ée**, tél**é**phon**er**, désol**é**
   all**ez**, ouvr**ez**, ferm**ez**, lis**ez**, écout**ez**, écriv**ez**
   trouv**er**, habit**er**, donn**er**, pap**ier**
   l**es**, m**es**, t**es**, c**es**

   b. [ɛ]   m**è**re, p**è**re, fr**è**re, derri**è**re, deuxi**è**me, tr**ès**
   être, fen**ê**tre, f**ê**te
   m**ais**, s'il vous pl**aît**, ch**ai**se, cr**ai**e, angl**ais**, japon**ai**se, propri**é**t**ai**re
   m**er**ci, s**er**viette, prof**ess**eur, hôt**e**l, canadi**e**nne, ch**er**, un post**er**

2. **[e] ou [ɛ]?**   In the following sentences, underline the [e] sounds with one line, and the [ɛ] sounds with two lines.

   a. La b**e**lle H**é**l**è**ne pr**é**f**è**re regard**er** la t**é**l**é**vision.

   b. La s**e**cr**é**t**ai**re de l'archit**e**cte **est** am**é**ric**ai**ne.

   c. Je v**ais** f**ai**re d**es** **é**tudes de sciences **é**conomiques, m**ais** ma mati**è**re pr**é**f**érée** **est** le franç**ais**!

   Now practice saying the sentences aloud, then listen to them on the student audio CD to verify your pronunciation.

Structure: Talking about course schedules

L'heure

Observez et déduisez

—Ça te plaît, tes cours?
—Oui, surtout la psychologie et la sociologie. Et la géo me plaît aussi. J'aime beaucoup mes cours. Mais pas les heures!

—Ah, bon? À quelle heure commencent tes cours?
—Très tôt. À huit heures et demie!

—Tu n'as pas de pause le matin?
—Si, si. Vers dix heures vingt.

— Et tu manges quand?
— De midi à une heure et quart.

—À quelle heure finissent les cours de l'après-midi?
—Vers six heures moins le quart. Et après, j'ai toujours beaucoup de travail.

— Quelle heure est-il maintenant?
— Il est onze heures moins vingt.

— Oh là là. Quand est-ce que tu vas dormir?
— Pas avant minuit. J'ai beaucoup de travail!

VOCABULAIRE ACTIF

À quelle heure... ?
après
ça me plaît
ça te plaît
occupé(e)
la psychologie
Quelle heure est-il?
   de l'après-midi
   du matin
   du soir
la sociologie
tard
tôt
vers

● Review the preceding examples and infer the correct way to state the following times. How do you distinguish between A.M. and P.M.?

Quelle heure est-il?   Il est...

6h30 (A.M.)	6h30 (P.M.)	7h25 (A.M.)
12h15 (P.M.)	9h50 (P.M.)	3h35 (P.M.)
10h45 (A.M.)	8h20 (A.M.)	12h (A.M.)

Vérifiez   *L'heure*

● Note that **Quelle heure est-il?** means *What time is it?* whereas **À quelle heure... ?** means *At what time . . . ?*

> — **À quelle heure** est-ce que tu vas retrouver Marina?
> — Très tôt (*early*). Vers trois heures et demie.

● Use **de** and **à** to indicate the time frame (*from . . . to . . .*).

> — Quand est-ce que tu as ton cours de biologie demain?
> — **De** neuf heures **à** dix heures et demie. Et j'ai un examen **de** onze heures **à** midi.

● When necessary, the expressions **du matin, de l'après-midi,** and **du soir** are used to denote *morning, afternoon,* and *evening.*

> Chantal a un emploi du temps chargé. Elle est occupée de sept heures **du matin** à huit heures **du soir!**

● If you want to say you regularly do something *in the morning, in the afternoon,* or *in the evening,* use the definite article with the appropriate expression. **Le matin** means *in the morning.*

> J'ai mon cours de maths **le matin** et mon cours de français tard (*late*) **l'après-midi. Le soir** je travaille jusqu'à minuit.

Note culturelle

L'heure officielle. On emploie toujours l'heure officielle dans les programmes de télévision, l'horaire des transports publics (trains, avions) et dans les guides touristiques où l'on annonce l'heure des films, des concerts, des pièces de théâtre, des matchs sportifs, des expositions, etc. Pour exprimer l'heure officielle de midi à minuit, ajoutez 12 heures. Par exemple, 2h de l'après-midi devient 14h (2 + 12); 7h30 du soir devient 19h30 (7 + 12).

Avec l'heure officielle, on ne peut pas utiliser les expressions **et demie, et quart, moins le quart.** Il faut dire vingt heures trente (20h30), vingt heures quinze (20h15) et vingt heures quarante-cinq (20h45). Les expressions **du matin, de l'après-midi, du soir** ne sont évidemment plus nécessaires. Donc, pour exprimer l'heure officielle:

3h du matin   = 3h

3h de l'après-midi = 15h

Dans quels contextes est-ce que l'on voit l'heure officielle dans la culture nord-américaine? À quelle heure commencent vos cours? Utilisez l'heure officielle dans votre réponse.

Activités

A Catégories. Classez les matières mentionnées à la page 131 en trois catégories. Inventez des catégories: les cours qu'on aime, qu'on n'aime pas...

B Ça me plaît. Ça te plaît? Posez des questions à votre partenaire sur les matières qu'il/elle préfère.

➡   *— La chimie, ça te plaît?*
        — Mais oui, ça me plaît (un peu/beaucoup).
ou   *— Non, ça ne me plaît pas (beaucoup/du tout).*

C **Qui est-ce?** Regardez les emplois du temps qui suivent. Écoutez le professeur et décidez s'il/si elle parle de Catherine, de Malick, ou de ni l'un ni l'autre.

Catherine	
8	8h30 maths
9	
10	histoire
11	11h45 géo
12	12h45 café avec Hélène
13	13h45 français
14	
15	pause café
16	16h15 gymnastique
17	

Malick	
8	
9	histoire
10	10h30 géo
11	
12	Resto-U avec Mariama
13	
14	14h45 français
15	
16	maths
17	17h30 gymnastique

1. ____ C'est Catherine.   ____ C'est Malick.   ____ Ni l'un ni l'autre

2. ____ C'est Catherine.   ____ C'est Malick.   ____ Ni l'un ni l'autre

3. ____ C'est Catherine.   ____ C'est Malick.   ____ Ni l'un ni l'autre

4. ____ C'est Catherine.   ____ C'est Malick.   ____ Ni l'un ni l'autre

5. ____ C'est Catherine.   ____ C'est Malick.   ____ Ni l'un ni l'autre

6. ____ C'est Catherine.   ____ C'est Malick.   ____ Ni l'un ni l'autre

7. ____ C'est Catherine.   ____ C'est Malick.   ____ Ni l'un ni l'autre

8. ____ C'est Catherine.   ____ C'est Malick.   ____ Ni l'un ni l'autre

Maintenant, parlez de l'emploi du temps de Catherine en mélangeant (*mixing*) des phrases vraies et des phrases fausses. Votre partenaire va corriger vos «erreurs».

➡ — *Catherine a son cours de maths à huit heures.*
   — *Mais non. Son cours de maths est à huit heures et demie.*

Ensuite, changez de rôle et répétez l'activité avec l'emploi du temps de Malick.

D **D'habitude.** Dites quand vous faites les activités suivantes (le matin? le week-end? tous les soirs? vers... heures? après... ? de... à... ?). Ensuite, trouvez un(e) partenaire pour chaque activité. Parlez-en avec vos camarades de classe.

→ *— D'habitude je retrouve mes copains l'après-midi. Et toi?*
— Moi aussi! ou *— Moi, je retrouve mes copains le soir.*

danser
arriver en classe
manger
parler au téléphone
préparer mes cours
aller à la bibliothèque
regarder la télé
jouer au... (tennis, Nintendo, etc.)
retrouver mes copains
écouter de la musique
aller au cinéma
acheter des vêtements

E **À quelle heure?** Pensez à votre propre (*own*) emploi du temps, et parlez de vos cours et de vos activités à un(e) camarade de classe en employant l'heure ordinaire (pas officielle). Quelles activités avez-vous en commun?

→ *Je n'ai pas de cours très tôt le matin. Ça me plaît beaucoup! Mon cours d'informatique commence à 11h. J'ai un cours de philo de 2h à 3h de l'après-midi... Le week-end je...*

Stratégie de communication

Reacting to news and information

People often react in different ways to the same news. These students have found a note on the door telling them that their teacher has canceled class and has postponed their test until next week. Study the examples and answer the following questions.

What expressions can be used to express

- surprise? _____

- indifference? _____

- pleasure? _____

- irritation? _____

Formidable! Quelle chance! Maintenant je vais aller au cinéma.

C'est incroyable! Madame Chamier n'annule jamais la classe!

Zut, alors! C'est embêtant! J'ai déjà deux autres examens à préparer pour la semaine prochaine.

Je m'en fiche, moi. Je ne fais pas mes devoirs de toute façon (*anyway*).

Verify your answers in the chart on page 139. Can you tell anything about the attitude of these students toward the test, the teacher, or the class, based on their reactions?

expressions pour réagir

l'intérêt	l'indifférence
Ah, bon?	Et alors?
Vraiment?	Tant pis!
Ah oui?	Bof!
C'est vrai?	Je m'en fiche!

la surprise	l'irritation
Tiens!	Mince!
C'est pas vrai!	C'est embêtant!
Tu plaisantes!	J'en ai marre!*
C'est incroyable!	Zut, alors!

l'enthousiasme

C'est chouette!   Formidable!   C'est génial!   Super!   Quelle chance!

J'en ai marre is the equivalent of *I'm fed up!*

Begin to use these expressions in all classroom activities and interactions with classmates as appropriate.

Activités

F Les réactions.   Quelle est votre réaction aux situations suivantes? Employez des expressions pour réagir.

1. Votre professeur de français dit (*says*):
   a. La classe est annulée demain.
   b. Vous allez avoir un examen la semaine prochaine.
   c. Aujourd'hui nous étudions les matières et l'heure.
   d. Tous les étudiants ont un A à l'examen.

2. Une camarade de classe qui n'aime pas travailler dit:
   a. Moi, j'adore travailler.
   b. Nous n'avons pas d'exercices à préparer aujourd'hui.
   c. Moi, j'ai beaucoup de cours difficiles.
   d. Je déteste mes cours.

3. Votre nouveau (nouvelle) camarade de chambre dit:
   a. Ce semestre, j'ai cours à huit heures du matin tous les jours.
   b. Je ne vais pas en cours aujourd'hui.
   c. J'ai un nouveau lecteur de CD.
   d. Je préfère écouter la musique classique.

Jeu de rôle You and two friends are complaining about your courses and your busy schedules, and exaggerating quite a bit! Tell them when you have classes, when you study, when you work, and so on. Use expressions for reacting to your classmates' comments. Present the skit to others in the class, and let them decide who is the worst off.

Deuxième étape

Lecture: La semaine scolaire

Avant de lire

1 Le calendrier

1. **C'est différent?**   Voici le calendrier pour l'année scolaire 2002–2003. Comment ce calendrier est-il différent d'un calendrier américain?

Calendrier 2002-2003

2002

Septembre
☀ 5 h 09 à 18 h 32
D 1 s Gilles
L 2 sᵗ Ingrid
M 3 s Grégoire
M 4 sᵗ Rosalie
J 5 sᵗ Raïssa
V 6 s Bertrand
S 7 sᵗ Reine ●
D 8 Nativité N.–Dame
L 9 s Alain
M 10 sᵗ Inès
M 11 s Adelphe
J 12 s Apollinaire
V 13 s Aimé ⟩
S 14 Sainte Croix
D 15 s Roland
L 16 sᵗ Édith
M 17 s Renaud
M 18 sᵗ Nadège
J 19 sᵗ Émilie
V 20 s Davy
S 21 s Matthieu ○
D 22 s Maurice
L 23 s Constant
M 24 sᵗ Thècle
M 25 s Hermann
J 26 sᵇ Côme/Dam.
V 27 s Vincent de P.
S 28 s Venceslas
D 29 s Michel ⟨
L 30 s Jérôme
Automne : 23 Septembre

Octobre
☀ 5 h 52 à 17 h 29
M 1 sᵗ Thérèse E.-J.
M 2 s Léger
J 3 s Gérard
V 4 sᵗ Franç. d'Ass.
S 5 s Fleur
D 6 s Bruno ●
L 7 s Serge
M 8 sᵗ Pélagie
M 9 s Denis
J 10 s Ghislain
V 11 s Firmin
S 12 s Wilfried
D 13 s Géraud ⟩
L 14 s Juste
M 15 sᵗ Térésa
M 16 sᵗ Edwige
J 17 s Baudouin
V 18 s Luc
S 19 s René
D 20 sᵗ Adeline
L 21 sᵗ Céline ○
M 22 sᵗ Élodie
M 23 s Jean de C.
J 24 s Florentin
V 25 s Doria
S 26 s Dimitri
D 27 sᵗ Émeline
L 28 s Simon
M 29 s Narcisse ⟨
M 30 sᵗ Bienvenue
J 31 s Wolfgang

Novembre
☀ 6 h 39 à 16 h 29
V 1 Toussaint
S 2 Défunts
D 3 s Hubert
L 4 s Charles Bor. ●
M 5 sᵗ Sylvie
M 6 sᵗ Bertille
J 7 sᵗ Carine
V 8 s Geoffroy
S 9 s Théodore
D 10 s Léon
L 11 Armistice 1918 ⟩
M 12 s Christian
M 13 s Brice
J 14 s Sidoine
V 15 s Albert
S 16 sᵗ Marguerite
D 17 sᵗ Élisabeth
L 18 s Aude
M 19 s Tanguy
M 20 s Edmond ○
J 21 Prés. de Marie
V 22 sᵗ Cécile
S 23 s Clément
D 24 Christ-Roi
L 25 sᵗ Catherine
M 26 sᵗ Delphine
M 27 s Séverin ⟨
J 28 s Jacques de la M.
V 29 s Saturnin
S 30 s André

Décembre
☀ 7 h 25 à 15 h 55
D 1 s Avent
L 2 sᵗ Viviane
M 3 s François-Xavier
M 4 sᵗ Barbara ●
J 5 s Gérald
V 6 s Nicolas
S 7 s Ambroise
D 8 sᵗ Elfie
L 9 Immac. Conception
M 10 s Romaric
M 11 s Daniel ⟩
J 12 sᵗ Chantal
V 13 sᵗ Lucie
S 14 sᵗ Odile
D 15 s Ninon
L 16 sᵗ Alice
M 17 s Judicaël
M 18 s Gatien
J 19 s Urbain ○
V 20 s Théophile
S 21 s Pierre Canisius
D 22 sᵗ Fr.-Xavière
L 23 s Armand
M 24 sᵗ Adèle
M 25 s Noël
J 26 s Étienne ⟨
V 27 s Jean Apôtre
S 28 sᵗ Innocents
D 29 Sainte Famille
L 30 s Roger
M 31 s Sylvestre

2003

Janvier
☀ 7 h 46 à 16 h 03
M 1 Jour de l'An
J 2 s Basile ●
V 3 sᵗ Geneviève
S 4 s Odilon
D 5 s Épiphanie
L 6 s Melaine
M 7 s Raymond
M 8 s Lucien
J 9 sᵗ Aix de Champ.
V 10 s Guillaume ⟩
S 11 s Paulin
D 12 sᵗ Tatiana
L 13 sᵗ Yvette
M 14 sᵗ Nina
M 15 s Rémi
J 16 s Marcel
V 17 sᵗ Roseline
S 18 sᵗ Prisca ○
D 19 s Marius
L 20 s Sébastien
M 21 sᵗ Agnès
M 22 s Vincent
J 23 s Barnard
V 24 s François de S.
S 25 Conv. de St Paul ⟨
D 26 sᵗ Paule
L 27 sᵗ Angèle
M 28 s Thomas d'Aquin
M 29 s Gildas
J 30 sᵗ Martine
V 31 s Marcelle

Février
☀ 7 h 23 à 16 h 46
S 1 sᵗ Ella ●
D 2 Prés. Seigneur
L 3 s Blaise
M 4 sᵗ Véronique
M 5 sᵗ Agathe
J 6 s Gaston
V 7 sᵗ Eugénie
S 8 sᵗ Jacqueline
D 9 sᵗ Apolline ⟩
L 10 s Arnaud
M 11 N.-D. de Lourdes
M 12 s Félix
J 13 sᵗ Béatrice
V 14 s Valentin
S 15 s Claude
D 16 sᵗ Julienne ○
L 17 s Alexis
M 18 sᵗ Bernadette
M 19 s Gabin
J 20 s Aimée
V 21 s Pierre Damien
S 22 sᵗ Isabelle
D 23 s Lazare ⟨
L 24 s Modeste
M 25 s Roméo
M 26 s Nestor
J 27 sᵗ Honorine
V 28 s Romain
Printemps : 21 Mars

Mars
☀ 6 h 35 à 17 h 32
S 1 s Aubin
D 2 s Charles le Bon
L 3 s Guénolé ●
M 4 Mardi Gras
M 5 Cendres
J 6 sᵗ Colette
V 7 sᵗ Félicité
S 8 s Jean de Dieu
D 9 Carême
L 10 s Vivien
M 11 sᵗ Rosine ⟩
M 12 sᵗ Justine
J 13 s Rodrigue
V 14 sᵗ Mathilde
S 15 sᵗ Louise de M.
D 16 sᵗ Bénédicte
L 17 s Patrice
M 18 s Cyrille ○
M 19 s Joseph
J 20 s Herbert
V 21 sᵗ Clémence
S 22 sᵗ Léa
D 23 s Victorien
L 24 sᵗ Cath. de Suède ⟨
M 25 s Humbert
M 26 sᵗ Larissa
J 27 Mi-Carême
V 28 s Gontran
S 29 sᵗ Gladys
D 30 s Amédée
L 31 s Benjamin

Avril
☀ 5 h 31 à 18 h 19
M 1 s Hugues ●
M 2 sᵗ Sandrine
J 3 s Richard
V 4 s Isidore
S 5 sᵗ Irène
D 6 s Marcellin
L 7 s J.-B. de la Salle
M 8 sᵗ Julie
M 9 s Gautier ⟩
J 10 s Fulbert
V 11 s Stanislas
S 12 s Jules
D 13 Rameaux
L 14 s Maxime
M 15 s Paterne
M 16 sᵗ Benoît/José ○
J 17 s Étienne H.
V 18 s Parfait
S 19 sᵗ Emma
D 20 Pâques
L 21 s Anselme
M 22 s Alexandre
M 23 s Georges ⟨
J 24 s Fidèle
V 25 s Marc
S 26 sᵗ Alida
D 27 Souvenir Déportés
L 28 sᵗ Valérie ●
M 29 sᵗ Cath. de Sienne
M 30 s Robert

Mai
☀ 4 h 33 à 19 h 04
J 1 Fête du Travail ●
V 2 s Boris
S 3 sᵇ Phil./Jacques
D 4 s Sylvain
L 5 sᵗ Judith
M 6 sᵗ Prudence
M 7 sᵗ Gisèle ⟩
J 8 Victoire 1945
V 9 s Pacôme
S 10 s Solange
D 11 Fête Jeanne d'Arc
L 12 s Achille
M 13 sᵗ Rolande
M 14 s Matthias
J 15 sᵗ Denise
V 16 s Honoré ○
S 17 s Pascal
D 18 s Éric
L 19 s Yves
M 20 s Bernardin
M 21 s Constantin
J 22 sᵗ Émile
V 23 s Didier ⟨
S 24 s Donatien
D 25 Fête des Mères
L 26 s Bérenger
M 27 s Auguste de C.
M 28 s Germain
J 29 Ascension
V 30 s Ferdinand
S 31 Visitation ●

Juin
☀ 3 h 54 à 19 h 44
D 1 s Justin
L 2 sᵗ Blandine
M 3 s Kévin
M 4 sᵗ Clotilde
J 5 s Igor
V 6 s Norbert
S 7 s Gilbert ⟩
D 8 Pentecôte
L 9 sᵗ Diane
M 10 s Landry
M 11 s Barnabé
J 12 s Guy
V 13 s Ant. de Padoue
S 14 sᵗ Élisée
D 15 Fête des Pères
L 16 s J.-Fr. Régis
M 17 s Hervé
M 18 s Léonce
J 19 s Romuald
V 20 s Silvère
S 21 s Rodolphe ⟨
D 22 Fête-Dieu
L 23 sᵗ Audrey
M 24 Nat. St Jean-Bapt.
M 25 s Prosper
J 26 s Anthelme
V 27 s Fernand
S 28 sᵗ Irénée
D 29 sᵇ Pierre/Paul ●
L 30 s Martial
Été : 21 Juin

Juillet
☀ 3 h 53 à 19 h 56
M 1 s Thierry
M 2 s Martinien
J 3 s Thomas
V 4 s Florent
S 5 s Antoine-Marie
D 6 sᵗ Marietta G.
L 7 s Raoul ⟩
M 8 s Thibaut
M 9 sᵗ Amandine
J 10 s Ulrich
V 11 s Benoît
S 12 s Olivier
D 13 sᵗˢ Henri/Joël ○
L 14 Fête Nationale
M 15 s Donald
M 16 N.-D. Mt Carmel
J 17 sᵗ Charlotte
V 18 s Frédéric
S 19 s Arsène
D 20 sᵗ Marina
L 21 s Victor
M 22 sᵗ Marie-Mad.
M 23 sᵗ Brigitte
J 24 sᵗ Christine
V 25 s Jacques le Maj.
S 26 sᵗ Anne
D 27 sᵗ Nathalie
L 28 s Samson
M 29 sᵗ Marthe
M 30 sᵗ Juliette ●
J 31 s Ignace de L.

Août
☀ 4 h 25 à 19 h 28
V 1 s Alphonse
S 2 s Julien
D 3 sᵗ Lydie
L 4 s J.-M. Vianney
M 5 s Abel
M 6 Transfiguration
J 7 s Gaétan
S 8 s Dominique
S 9 s Amour
D 10 s Laurent
L 11 sᵗ Claire
M 12 sᵗ Clarisse
M 13 s Hippolyte
J 14 s Evrard
V 15 Assomption
S 16 s Armel
D 17 s Hyacinthe
L 18 sᵗ Hélène
M 19 s Jean Eudes
M 20 s Bernard ⟨
J 21 s Christophe
V 22 s Fabrice
S 23 s Rose
D 24 s Barthélemy
L 25 s Louis de F.
M 26 sᵗ Natacha
M 27 sᵗ Monique ●
J 28 s Augustin
V 29 sᵗ Sabine
S 30 s Fiacre
D 31 s Aristide

2. **La fête.**   Chaque date du calendrier français est la fête d'un saint ou d'une sainte. Le 12 décembre, par exemple, est la Sainte Chantal. Si vous vous appelez Chantal, votre fête est donc le 12 décembre et c'est une occasion de faire la fête. Quelles sont les fêtes pour les dates suivantes?

➡ *Le 12 décembre est la Sainte Chantal. Le 6 décembre est la Saint Nicolas.*

a. le 19 septembre
b. le 25 février
c. le 20 avril (Déduisez le sens.)
d. le 18 octobre
e. le 12 juillet

f. le 1er mai
g. le 13 janvier
h. le 21 août
i. le 15 juin

Est-ce que vous trouvez votre nom, ou le nom d'un membre de votre famille, dans ce calendrier? Quel jour est-ce?

3. **Les jours, les semaines, les mois et les années**

le 14 juillet 2004

le jour   le mois   l'année

a. Répétez les mois de l'année après votre professeur, puis répondez.
   1) Quel est le troisième mois de l'année? Et le troisième mois de l'année scolaire?
   2) Combien de semaines complètes y a-t-il au mois de février?
   3) Quel est votre mois préféré? Pourquoi?

b. Quelle est la date de votre anniversaire (*birthday*)?

2 **Anticipation.**   Le texte que vous allez lire examine deux formules qui coexistent dans les écoles françaises: la semaine de quatre jours et celle de cinq jours. Combien de jours par semaine est-ce que les enfants vont à l'école dans votre région? À votre avis, est-ce une bonne idée d'avoir des semaines de quatre jours dans les écoles?

En général

3 Parcourez rapidement le texte (tableau exclu) pour identifier les idées principales. Cochez celles qui sont mentionnées.

_____ origine et description de la formule de quatre jours

_____ conditions nécessaires pour adopter la semaine de quatre jours

_____ commentaires d'enseignants sur la semaine de quatre jours

_____ commentaires de parents d'élèves et de psychologues

_____ nombre d'écoles qui pratiquent les deux formules

_____ avantages et désavantages de chaque formule

_____ projets (*plans*) de réformes futures

LA SEMAINE SCOLAIRE

La semaine de quatre jours est de plus en plus populaire depuis que le Ministère de l'Éducation nationale a autorisé, par un décret d'avril 1991, les inspecteurs d'académie à modifier le calendrier scolaire, au cas par cas, dans chaque académie. Trois conditions: l'inspecteur d'académie consulte les conseils d'école, la municipalité et les parents d'élèves; le calendrier scolaire doit garder° le même volume annuel de cours; et la journée ne peut pas excéder six heures. Les enfants travaillent le lundi, mardi, jeudi et vendredi, la coupure° traditionnelle du mercredi est respectée, et pour rattraper° les samedis matins libérés, soit douze journées de classe, les vacances sont écourtées: l'école commence une semaine plus tôt°, et il y a deux jours de vacances en moins à Noël, en février et à Pâques.

°doit... *must keep*

interruption
make up for
earlier

Bilan quantitatif. Un peu plus d'un quart (25,8%) des écoles pratiquent la semaine de quatre jours. Cette formule est un peu plus fréquente en milieu rural et s'applique davantage aux écoles élémentaires qu'aux écoles maternelles°. 74,2% des écoles pratiquent la semaine de cinq jours, c'est-à-dire lundi, mardi, jeudi, vendredi et samedi matin.

kindergarten

Bilan qualitatif. La semaine de quatre jours favorise la vie familiale en fin de semaine et décroît la fatigue chez les enfants et les enseignants, mais laisse certains enfants désœuvrés pendant trois jours par semaine quand il n'y a aucun accompagnement de cette mesure; cette formule occasionne aussi une réduction du temps effectif d'enseignement (surtout dans les secteurs où les jours de rattrapage sur les vacances connaissent un absentéisme certain) et favorise moins les rencontres entre parents et enseignants (le samedi étant un jour de plus grande disponibilité° des parents). La semaine de cinq jours est considérée comme plus favorable à la continuité éducative, à la répartition équilibrée° des charges de travail et au respect des rythmes biologiques. L'Inspection générale conclut qu'il n'existe pas de modèle parfait; l'important, c'est de veiller à une bonne organisation de la journée scolaire (variété des modalités de travail, alternance des activités, etc.).

availability

balanced

Adapté de *La semaine scolaire,* http://www.education.gouv.fr/discours/2000.

COMBIEN DE JOURS D'ÉCOLE			
	par semaine	*dont le samedi*	*par an*
JAPON	6 ou 5	4 samedis sur 5	210
ALLEMAGNE	6 ou 5	1 samedi sur 2	200–226
GRANDE-BRETAGNE	5		200
ITALIE	5		200–210
ÉTATS-UNIS	5		173
FRANCE	5 ou 4	matin (1)	180

Les écoliers français—seuls avec les américains—ont, par an, plus de jours de vacances que de jours de classe, mais des journées scolaires plus longues que celles de leurs voisins.

(1) Pour la semaine de cinq jours et pas dans certaines écoles privées, qui font classe le mercredi matin.

Adapté de *L'Express.*

En détail

4 Les jours de la semaine. Lisez attentivement le premier paragraphe. Quels sont les jours de la semaine? Complétez la liste qui correspond aux abréviations du calendrier.

L = _____   J = _____   S = _____

M = _____   V = _____   D = _dimanche_

M = _mercredi_

Quel est le premier jour de la semaine française? Et le dernier jour?

5 La semaine de quatre jours

1. Quels sont les jours de classe et les jours de repos (*rest*) dans la semaine de quatre jours?
2. Depuis quand (*Since when*) la semaine de quatre jours existe-t-elle et quel est le pourcentage d'écoles qui pratiquent cette formule?
3. Comment est-il possible d'avoir une semaine de quatre jours et de garder le même volume annuel de cours?
   a. Les vacances sont écourtées (moins longues).
   b. Les journées de classe sont plus longues.
   c. Les vacances sont écourtées *et* les journées de classe sont plus longues.

4. Quels sont les avantages de la semaine de quatre jours? Cochez les réponses appropriées *selon le texte.*

   _____ Il y a des effets bénéfiques pour la vie familiale.

   _____ Il y a moins de violence dans les écoles.

   _____ Les enseignants sont moins fatigués.

   _____ Les enfants sont moins fatigués.

   _____ Les parents sont plus fatigués.

5. Quels sont les désavantages de la semaine de quatre jours? Cochez les réponses appropriées *selon le texte.*

   _____ Pour certains enfants, trois jours de désœuvrement, c'est-à-dire sans (*without*) travail, et sans provisions de supervision, c'est trop.

   _____ Beaucoup d'élèves sont absents pendant les jours supplémentaires d'école.

   _____ Les parents qui travaillent n'aiment pas cette formule.

   _____ Il y a moins d'interaction entre les parents et les enseignants.

   _____ Les élèves sont plus paresseux à l'école.

▲ Le gymnase—lieu privilégié du mercredi.

6 **La semaine de cinq jours**

1. Quels sont les jours de classe et les jours de repos dans la semaine de cinq jours?
2. Quel est le pourcentage d'écoles qui pratiquent cette formule?
3. Quels sont les avantages de la semaine de cinq jours? Cochez les réponses appropriées *selon le texte*.

_____ Il y a moins de devoirs.

_____ Il y a plus de continuité dans l'éducation.

_____ Le travail est plus équilibré.

_____ La routine est plus favorable au rythme biologique des enfants.

_____ On respecte la tradition.

7 **La conclusion du Ministère de l'Éducation nationale.** Quel est le facteur le plus important pour la réussite (le succès) scolaire?

8 **Les illustrations**

1. Quel pays a le moins de jours d'école par an?
2. Quels sont les pays où le samedi est un jour d'école?
3. Quelle est l'activité favorite des enfants français le mercredi?

Note culturelle

L'école en France. L'école en France commence par **l'école maternelle,** qui est **facultative** (*optional*) pour les enfants de deux à six ans. L'école devient **obligatoire** (*mandatory*) à l'âge de six ans, quand les enfants entrent à **l'école primaire,** pour cinq ans. À l'âge de onze ans, on entre au **collège,** pour quatre ans, puis on va au **lycée** pour trois ans. On peut choisir le lycée général (académique), le lycée technique ou le lycée professionnel. À l'école primaire, au collège et au lycée, les apprenants (*learners*) s'appellent des **élèves.** Le terme étudiant est réservé à l'enseignement supérieur (l'université). Il n'y a pas d'étudiants au niveau primaire ou secondaire! Les enseignants de l'école primaire s'appellent des instituteurs/institutrices ou des professeurs d'école; au collège, au lycée et à l'université, ce sont des professeurs. Imaginez maintenant que vous faites une petite présentation à des Français sur le système scolaire (primaire et secondaire) dans votre pays (ou un autre pays que vous connaissez bien). Qu'allez-vous leur dire?

VOCABULAIRE ACTIF

un an, une année
le calendrier
le collège
la date
l'école maternelle
l'école primaire
un élève
facultatif(ve)
une fête
une journée
les jours
    lundi, mardi, etc.
long (longue)
le lycée
les mois (m.)
    janvier, février, etc.
obligatoire
les vacances (f.)

◄ Une école de village.

■ *Et vous?*

Que pensez-vous de la semaine de quatre jours pour les écoles publiques? pour les universités? pour le monde professionnel? Est-ce une bonne idée?

Structure: Talking about days and dates

Articles et prépositions avec le jour et la date

Observez et déduisez   Dans mon collège, on a la semaine de quatre jours. C'est chouette parce que le mercredi est libre pour nos passe-temps préférés, et le samedi on fait des choses en famille. Voici mes projets pour la semaine: mercredi je vais au gymnase avec mes copines, et samedi je vais acheter un cadeau pour l'anniversaire de maman—le 14 novembre. Mon anniversaire est en novembre aussi—le 29.

- Which of the preceding sentences refers to a specific Wednesday and Saturday? Which one refers to Wednesdays and Saturdays in general? In which case is the day preceded by the definite article?
- What preposition is used to express *in* with the name of a month?

Vérifiez   *Articles et prépositions avec le jour et la date*

- Use an article with a weekday to talk about what you do *every* week on that day, e.g., **le samedi** (*Saturdays, on Saturdays*).

    Le samedi est consacré à la vie de famille.

  Do *not* use an article with a weekday if it refers to one specific day.

    Nous avons des projets pour **samedi** après-midi. (*this coming Saturday*)

- To say *in* what month (in January, etc.), use **en** or **au mois de**.

    Le début de l'année scolaire (la rentrée) est **en septembre (au mois de septembre).**

  Notice that in French the names of months and days are *not* capitalized.

VOCABULAIRE ACTIF

un cadeau
le début
la fin
des projets (m.)
la rentrée

● To express dates, use **le premier** for the first day of the month, but use cardinal numbers for all other dates.

> le **premier** avril le **23** (vingt-trois) avril

⚠ **Attention!** When expressing the date numerically in French, place the day before the month. Notice you do *not* use the preposition **de** when giving dates in French.

> 30/06 → La fin (*end*) de l'année scolaire est le 30 juin.

● The year can be expressed as follows:

> 1999 → mille neuf cent quatre-vingt-dix-neuf *or*
> dix-neuf cent quatre-vingt-dix-neuf
> 2003 → l'an deux mille trois

● Express the complete date as follows:

> 05/09/2003 → le cinq septembre deux mille trois

In Canada, a birthday is known as «une fête» and one sings «Bonne fête à toi.»

Activités

G **Une date importante.** Quelle est la date de votre anniversaire? Et l'anniversaire de votre camarade de classe?

> ➡ — *Mon anniversaire est le 5 septembre. Et toi?*

H **L'année scolaire.** Regardez le calendrier de l'année scolaire 2003–2004 pour la Zone B (une grande partie de la France) indiquant la date de la rentrée scolaire (le premier jour de classe) et les dates des différentes vacances. Écoutez le professeur et indiquez la date qui correspond à l'occasion mentionnée—le début ou la fin des vacances de...

> ➡ Le début des vacances de Noël?
> *Le 20 décembre 2003.*

Calendrier scolaire 2003–2004 ⊙ ZONE B

C = Créteil
P = Paris
V = Versailles

Aix-Marseille – Amiens – Besançon – Dijon – Lille – Limoges – Nice – Orléans-Tours – Poitiers – Reims – Rouen – Strasbourg

Rentrée scolaire des enseignants	Rentrée scolaire des élèves	Toussaint	Noël	Hiver	Printemps	Début des vacances d'été*
(arrêté du 14/02/02 paru au JO du 22/02/02)						
Lundi [01–09–03]	Mardi [02–09–03]	Du mercredi [22–10–03] au lundi [03–11–03]	Du samedi [20–12–03] au lundi [05–01–04]	Du samedi [21–02–04] au lundi [08–03–04]	Du samedi [17–04–04] au lundi [03–05–04]	Mercredi [30–06–04]

(*) Les enseignants appelés à participer aux opérations liées aux examens sont en service jusqu'à la date fixée pour la clôture de ces examens par la note de service établissant le calendrier de la session.

Toussaint (*All Saints Day*) hiver *winter* printemps *spring* été *summer*

Et vos vacances à vous? Indiquez les dates suivantes: la rentrée chez vous, le début et la fin des vacances de Noël, le début et la fin des vacances de printemps, le début des vacances d'été.

I **2000 ans d'histoire.** Connaissez-vous l'histoire de la France et de l'Europe? Choisissez les dates que vous associez aux événements suivants, puis comparez avec vos camarades de classe. Qui est le plus fort en histoire? (Votre professeur va vous aider si besoin.)

1. Jeanne d'Arc délivre Orléans.	a. 51 av. J-C
2. Les colonies françaises en Afrique noire deviennent indépendantes.	b. 1429
	c. 1789
3. Prise de la Bastille marquant le commencement de la Révolution.	d. 1804
	e. 1871
4. Les frères Lumière inventent le cinéma.	f. 1895
5. Première Guerre mondiale.	g. 1914
6. Signature du traité de Maastricht instituant l'Union européenne.	h. 1945
	i. 1960
7. Napoléon devient empereur.	j. 1989
8. Mise en circulation de la monnaie en euros.	k. 1992
9. Victoire des Alliés (Seconde Guerre mondiale).	l. 2002
10. Conquête de la Gaule par les Romains.	
11. Répression de la Commune de Paris (sujet du spectacle *Les Misérables*).	
12. Chute du mur de Berlin.	

J **La semaine de quatre jours.** Vous participez à la semaine scolaire de quatre jours. Avec vos camarades de classe, imaginez comment vous allez passer votre temps libre.

➡ *Samedi matin, nous allons...*

Structure: Talking about activities

Le verbe **faire**

Observez et déduisez   Ces jeunes gens ont la semaine de quatre jours. Qu'est-ce qu'ils font quand ils ont du temps libre?

In **Chapitre 2** you learned several expressions with the infinitive form of the verb **faire** (... du shopping, du jogging, une promenade). In this section you will learn all of the present tense forms of this verb—and many more useful expressions with it.

D'habitude, Kofi fait de la natation.

Nathalie et Erica font souvent de la marche.

Quelquefois Hang fait la cuisine.

Geneviève fait toujours ses devoirs.

— Et vous? Qu'est-ce que vous faites quand vous avez du temps libre?

— Nous? Nous ne faisons jamais nos devoirs pendant notre temps libre!

● What different forms of the verb **faire** do you find in the preceding examples?

Vérifiez   *Le verbe* **faire**

le verbe **faire**	
je fais	nous faisons
tu fais	vous faites
il/elle/on fait	ils/elles font

VOCABULAIRE ACTIF

les expressions
avec faire
d'habitude
du temps libre
ne... jamais

● The verb **faire** means *to make* or *to do* and is used idiomatically with many different activities.

> Le dimanche, il **fait** toujours ses devoirs.
> Ils ne **font** jamais leur lit.
> Ils **font** la sieste (*take a nap*) ou ils **font** la grasse matinée (*sleep in*).
> Il **fait** souvent du sport.
> Elle **fait** quelquefois du ski (du golf, du vélo, du foot, du basket, du volley, du tennis, de la gymnastique, de l'exercice).*
> Elles **font** de la musique (des courses, un voyage, la cuisine).
> **Faisons** une promenade!

● Notice that questions with **faire** do not always require an answer with **faire**.

> — Qu'est-ce que vous **faites** quand vous avez du temps libre?
> — Je joue au golf.
> — Qu'est-ce que vous allez **faire** aujourd'hui?
> — Je vais travailler.

---

*The verb **jouer à** can also be used with games: Je **joue au** tennis et mon frère **joue au** basket, mais notre sœur fait de la gymnastique. Names of sports like football are often shortened, as in the example.

Activités

K **Que font-ils?** Écoutez le professeur, et indiquez qui fait les activités mentionnées.

➡️ — <u>Thomas</u> / Nora fait du golf.   ✔ moi aussi   ___ pas moi
— *Thomas fait du golf, et moi aussi.*

1. Thomas / Nora fait la grasse matinée.   ___ moi aussi   ___ pas moi

2. Thomas / Nora fait toujours ses devoirs.   ___ moi aussi   ___ pas moi

3. Thomas / Nora fait de la natation.   ___ moi aussi   ___ pas moi

4. Thomas / Nora fait de la marche.   ___ moi aussi   ___ pas moi

5. Thomas / Nora fait du foot.   ___ moi aussi   ___ pas moi

6. Thomas / Nora fait la cuisine.   ___ moi aussi   ___ pas moi

7. Thomas / Nora fait des courses.   ___ moi aussi   ___ pas moi

Maintenant, dites si vous faites les mêmes activités. Qui est le plus actif parmi vos camarades de classe? Le plus paresseux?

L **Réponses personnelles.** Lisez les phrases suivantes et répondez selon vos habitudes personnelles.

	toujours	souvent	quelquefois	jamais
1. Le matin, je fais mon lit.	___	___	___	___
2. Le mardi, je fais de la musique.	___	___	___	___
3. Le samedi, je fais des courses.	___	___	___	___
4. Le mercredi, mes amis font du volley.	___	___	___	___
5. Le week-end, nous faisons une promenade.	___	___	___	___
6. Le soir, nous faisons nos devoirs.	___	___	___	___
7. Le... , je...	___	___	___	___

Maintenant, partagez vos réponses avec un(e) partenaire.

➡️ — *Tu fais ton lit le matin?*
— *Jamais! Je n'ai pas le temps. J'ai un cours à huit heures.*

Prenez des notes sur ses réponses et écrivez un paragraphe au sujet de ses habitudes.

Jeu de rôle You and a prospective roommate have different interests and abilities. One of you is athletically inclined and likes music. The other dislikes physical activity intensely and prefers intellectual endeavors like learning languages! Discuss your pastime preferences. You may discover that the rooming arrangement would not work out! Use expressions with **faire** to talk about what you like or do not like to do.

Culture et réflexion

La maternelle. Les enfants en France commencent l'école à un très jeune âge: 99,6% des enfants de 3 ans vont à la maternelle, et 36% des enfants de 2 ans. Comment expliquez-vous ces statistiques? À votre avis, est-ce une bonne idée de commencer l'école à l'âge de 2 ou 3 ans?

Le bac. À la fin de leur dernière année de lycée, les jeunes Français passent[1] un grand examen national qui s'appelle **le baccalauréat,** ou **le bac.** Les résultats à cet examen déterminent la possibilité de faire des études supérieures. Approximativement 75% des élèves qui passent le bac réussissent[2]. Les élèves qui ratent[3] l'examen peuvent refaire la dernière année de lycée et repasser le bac l'année suivante. Que pensez-vous de ce système? Préférez-vous un système de contrôle continu comme dans les lycées américains? À votre avis, quels sont les effets d'un grand examen national à la fin des études secondaires sur (a) la qualité des programmes scolaires, (b) l'attitude des élèves et des professeurs vis-à-vis de l'éducation? Est-ce une bonne l'idée de réserver l'accès aux études supérieures à une sorte d'élite intellectuelle?

Éducation et sacrifices. Dans la majorité des pays africains francophones, le système scolaire est basé sur le système français, l'instruction

▲ À la maternelle.

est en français, mais les ressources sont souvent très limitées. Imaginez une salle de classe dans un village comme Toubacouta, au Sénégal: il y a 60 à 70 enfants dans une seule classe, et ces enfants doivent partager[4] une douzaine (10–12) de livres, de cahiers, de stylos... Dans d'autres villages, il n'y a pas d'école. Dans l'ensemble d'un pays comme le Sénégal, seulement 44% des enfants vont à l'école, et seulement 10% à 15% des enfants qui finissent l'école primaire continuent au collège, car les collèges sont peu nombreux et situés exclusivement dans les villes. Les études universitaires sont réservées à une très petite minorité; certains obtiennent des bourses[5] pour continuer leurs études en France. L'éducation vient donc au prix de grands sacrifices. À votre avis, est-il justifié de demander à un enfant de quitter[6] sa famille à l'âge de 11 ans pour continuer ses études en ville? Est-ce que des sacrifices, financiers et autres, sont nécessaires pour obtenir une formation universitaire chez vous? Quels sacrifices faites-vous pour votre éducation?

◄ Une école primaire au Sénégal.

1. *take*   2. *pass*   3. *fail*   4. *share*   5. *scholarships*   6. *leave*

À l'écoute: La fac

Décisions, décisions! La conversation que vous allez entendre illustre les décisions que les jeunes Français doivent prendre (*must make*) pour leurs études. Lisez **Avant d'écouter,** puis écoutez selon les instructions données.

Avant d'écouter

1 On dit qu'en France il n'y a «pas de fac sans bac». Comme l'explique la page culturelle (p. 150), il est nécessaire d'avoir le baccalauréat, ou le bac, pour entrer à l'université ou dans une école supérieure.

Jour d'examen dans ▶
une fac française.

Note culturelle

Le bac. Cet examen déjà présenté dans **Culture et réflexion** page 150, porte sur les programmes des trois années d'études au lycée et correspond aux orientations choisies par les élèves. Le bac général comprend la série littéraire (langue, littérature, philosophie), la série scientifique (maths, physique, chimie, sciences naturelles) et la série sciences économiques et sociales. Le bac scientifique est considéré comme le plus difficile et le plus prestigieux. Il existe aussi le bac technologique et le bac professionnel. L'examen dure plusieurs jours et comprend des épreuves (parties) écrites et orales. Imaginez que vous êtes dans un lycée français; quelle orientation allez-vous choisir: littéraire? scientifique? sciences économiques et sociales? Pourquoi?

La fac est un autre terme pour l'université, qui se divise en facultés (facs).

Exemples de facs	Pour les études de/d'
La fac des lettres et sciences humaines	histoire, géographie, littérature, philosophie, langues étrangères, sociologie, psychologie
La fac des sciences	biologie, chimie, géologie, maths, physique
La fac de droit et sciences économiques	droit (*law*), relations internationales, sciences politiques, économie, gestion (*business*), commerce

🎧 ◼ *Écoutons*

2 Écoutez une première fois. Est-ce que Stéphane est

a. au lycée?
b. à la fac?

3 Écoutez encore et répondez aux questions suivantes.

1. **Passer, réussir** ou **rater:** quel verbe est-ce que la dame utilise quand elle pose sa question à Stéphane sur le bac?
2. Quelles sont les intentions de Stéphane? Il va faire des études de _____ à la fac _____ .
3. Stéphane **a peur** du bac, «parce que c'est un examen **vachement** important.» En utilisant le contexte et la logique, déduisez le sens de **avoir peur** (être nerveux ou calme?) et **vachement** (très ou un peu?).

4 Quels diplômes est-ce que Stéphane va préparer? Écoutez encore et reliez les adverbes et les diplômes.

la maîtrise	d'abord
la licence	peut-être
le doctorat	sans doute

Déduisez: quel est le terme français pour l'équivalent du *bachelor's degree? master's degree? Ph.D.?* Comment dit-on *first? probably?*

5 Écoutez une dernière fois en faisant attention au contexte de **on peut pas** et **tu veux.** Quel verbe signifie *to want*, et quel verbe signifie *can / to be able to?*

VOCABULAIRE ACTIF

un amphithéâtre
architecture
avoir peur (de)
la bibliothèque
une bourse
le campus
la comptabilité
le droit
la fac
gratuit(e)
la médecine
passer un examen
privé(e)
public(que)
rater
le restaurant
    universitaire
réussir (*infinitive only*)

Note culturelle

L'enseignement supérieur. Nous avons déjà vu que l'option la plus prestigieuse est celle des «prépas» et des grandes écoles. Après le bac, l'enseignement supérieur offre bien sûr d'autres options.

● Les universités, avec 62% des étudiants, sont la filière la plus commune. On peut obtenir une licence en trois ans. Il faut un an de plus pour obtenir la maîtrise et trois ans de plus pour le doctorat. Les universités incluent les facultés de **médecine** (sept ans d'études).

● Les instituts universitaires de technologie (IUT), avec 6% des étudiants, permettent de préparer en deux ans des diplômes de **comptabilité** (*accounting*), d'informatique, etc.

● Les instituts universitaires de formation des maîtres (IUFM), avec 4% des étudiants, préparent les professeurs d'écoles primaires.

Il y a aussi des écoles paramédicales et sociales, des écoles d'ingénieurs indépendantes des universités, des écoles de commerce et gestion, des écoles supérieures d'art et d'**architecture**, et un nombre croissant d'écoles supérieures **privées.**

L'enseignement supérieur **public** est **gratuit** (*free*). Les étudiants paient environ 250 euros par an de frais administratifs et c'est tout! Les **restaurants**

universitaires sont subventionnés (*subsidized*) par le gouvernement et offrent aux étudiants deux repas par jour pour un prix très modique. Les étudiants dont les parents ont des ressources insuffisantes peuvent bénéficier d'une **bourse** d'études qui paie une partie de leur logement.

Le concept de **campus** n'existe pas vraiment dans les vieilles universités où les diverses facultés sont souvent dans différentes parties de la ville. Les étudiants vont à la **bibliothèque** universitaire principalement pour faire des recherches (*research*) et sortir (*check out*) des livres. Beaucoup de cours ont lieu dans des **amphithéâtres.**

En comparant les options ou conditions de l'enseignement supérieur en France et dans votre pays, quelles sont les différences que vous trouvez les plus intéressantes? Expliquez.

Prononciation   ## Les sons [ø] et [œ]

- [ø] is the sound in **euh** and **deux.** To pronounce this vowel sound, say [e], then round your lips like for an [o], without moving your tongue or the opening of your mouth.

- [œ] is the sound in **heure** and **neuf.** To pronounce it, say [ɛ], then round your lips, again without moving your tongue or the opening of your mouth.

 Écoutez   Listen to the following phrases from **À l'écoute: La fac** on the student audio CD, and in the chart, check the sounds you hear. You will hear each phrase twice.

	[ø]	[œ]
1. Tu as p**eu**r?		
2. un p**eu**		
3. tu v**eu**x		
4. on p**eu**t pas		
5. des études supéri**eu**res		
6. p**eu**t-être		

Now practice saying the phrases aloud. Then listen to the phrases again to verify your pronunciation.

🎧 *Essayez!*

1. **Prononcez.**   Practice saying the following words aloud, paying particular attention to the highlighted sounds. Then listen to the words on the student audio CD to verify your pronunciation.

   a. [ø]   mons**ieu**r, paress**eu**x, paress**eu**se, sér**ieu**x, sér**ieu**se, ennuy**eu**x, ennuy**eu**se, h**eu**reux, h**eu**reuse, v**ieu**x, les chev**eu**x, les y**eu**x, bl**eu**

   b. [œ]   un profess**eu**r, un act**eu**r, un ingén**ieu**r, une f**eu**ille, un faut**eu**il, un ordinat**eu**r, les m**eu**bles, j**eu**ne, l**eu**r, s**œu**r

2. **[ø] et [œ].**   Now practice saying aloud the following expressions that contain both [ø] and [œ]. Then listen to them on the student audio CD to verify your pronunciation.

   a. J'ai un p**eu** p**eu**r.
   b. Le mons**ieu**r aux y**eu**x bl**eu**s est profess**eu**r.
   c. Il est n**eu**f h**eu**res moins d**eu**x.

Structure: Saying what you can and want to do

*Les verbes **pouvoir** et **vouloir***

Observez et déduisez

— Tu vas passer ton bac cette année, n'est-ce pas?
— Bien sûr! Sans le bac, on ne peut pas entrer à la fac.
— Tu sais ce que tu veux faire après?
— Ben, je pense que je voudrais faire des études supérieures de chimie l'année prochaine.
— Ah, bon. Tu veux préparer la licence?
— Oui. Et la maîtrise et le doctorat si je peux.

> ● You have already learned to use the polite expressions **je voudrais** and **pourriez-vous** in Chapter 3. What other forms of the verb **vouloir** and **pouvoir** do you see in the dialogue above?

VOCABULAIRE ACTIF

avoir de l'argent
avoir le temps
un DVD
entrer à la fac
penser
prochain(e)
pouvoir
vouloir

Vérifiez   *Les verbes **pouvoir** et **vouloir***

● The verb **vouloir** is used to express desire. It is often followed directly by another verb in the infinitive.

> Je ne **veux** pas rater le bac. Je **veux faire** des études supérieures.

● **Vouloir bien** is often used to accept an invitation or to express willingness.

> — Tu veux regarder un DVD avec moi?
> — Oui, je **veux bien.**

● The verb **pouvoir** is used to express ability or permission and is commonly followed by an infinitive.

> Le prof est gentil. Nous **pouvons** toujours **poser** des questions.
> Claire et Lise ne **peuvent** pas **faire** leurs devoirs. Elles n'ont pas le temps (*time*).
> Je ne **peux** pas **faire** de courses. Je n'ai pas d'argent (*money*).

les verbes **vouloir** et **pouvoir**

je veux	nous voulons
tu veux	vous voulez
il/elle/on veut	ils/elles veulent
je peux	nous pouvons
tu peux	vous pouvez
il/elle/on peut	ils/elles peuvent

Activités

M **L'enseignement en France.**   Complétez les phrases de la colonne de gauche avec une expression logique de la colonne de droite.

1. Alain n'a pas son bac. Il ne peut pas...
2. Tu veux aller dans une grande école? Tu vas...
3. Nous voulons être avocats. Nous allons...
4. Mes copains veulent étudier la physique. Ils vont...
5. J'étudie la littérature. Je suis...
6. Vous étudiez dans un IUT. Vous pouvez...

a. à la faculté des lettres.
b. faire de la comptabilité.
c. faire la série scientifique.
d. entrer à la fac.
e. à la faculté de droit.
f. préparer des concours pendant deux ans.

N **Possibilités.** Étant donné (*Given*) les conditions ci-dessous, quelles options sont possibles? Choisissez parmi les possibilités à droite ou inventez-en d'autres!

➡ J'aime les maths et je veux travailler dans le domaine des finances. *Alors, tu peux préparer un diplôme de comptabilité.*

conditions

1. Jean-Marc veut aller à la fac, mais il n'a pas l'argent pour payer son logement.
2. Mes cousins veulent un très bon placement, et ils sont très intelligents.
3. Votre copain et vous voulez aller à la fac, et vous aimez surtout les langues et la littérature.
4. Les cours du matin finissent et j'ai très faim, mais je n'ai pas beaucoup d'argent.
5. Caroline veut aller à la fac et après, elle veut travailler avec des enfants.
6. Nous ne voulons pas faire d'études supérieures; nous voulons bien travailler dans un bureau.
7. Je veux trouver une profession où je peux aider les gens.

possibilités

aller au restaurant universitaire
aller dans une école paramédicale
bénéficier d'une bourse
être professeur d'école
préparer la série littéraire
faire des cours préparatoires
aller au lycée professionnel
?

O **Obligations/Préférences.** Qu'est-ce que ces gens ne veulent pas faire? Qu'est-ce qu'ils préfèrent faire?

➡ *Il ne veut pas passer un examen; il veut faire de la natation.*

P   **La permission.**   C'est le premier jour de votre cours de français. Jouez le rôle du professeur. Dites aux étudiants ce qu'ils peuvent faire en classe et ce qu'ils ne peuvent pas faire.

➡ manger?   *Vous ne pouvez pas manger en classe.*

1. regarder un DVD?   4. écouter la radio?   7. ?
2. parler espagnol?   5. poser des questions?
3. faire des exercices?   6. travailler en groupes?

Maintenant, expliquez au professeur ce que vous voulez et ne voulez pas faire en classe.

Q   **Invitations.**   Qu'est-ce que vous aimez faire pour vous amuser (*have fun*)? Cochez les activités qui vous intéressent et ajoutez trois autres activités.

____ faire des courses   ____ faire du jogging   ____ jouer au tennis

____ écouter un   ____ regarder un   ____ dîner au
     nouveau CD   DVD   restaurant

_____   _____   _____

Maintenant, invitez votre partenaire à faire les activités qui vous intéressent. Il/Elle va accepter ou refuser.

➡ — *Tu veux faire des courses?*
    — *Oui, je veux bien!*   ou   *Non, je ne peux pas.*

R   **Ni le temps ni l'argent?** (*Neither time nor money?*)   Qu'est-ce que vos amis et vous voulez faire ce week-end? Est-ce possible? Si ce n'est pas possible, dites pourquoi.

➡ *Mes amis et moi, nous voulons jouer au foot, mais nous ne pouvons pas parce que nous n'avons pas le temps.*

Structure: Discussing your classes

Les verbes *prendre, apprendre* et *comprendre*

Observez et déduisez

Ces étudiants **prennent** des notes en classe.   Ces étudiants **apprennent** à parler français.   Cet étudiant ne **comprend** pas l'exercice.

Et vous? Vous **apprenez** le français aussi, n'est-ce pas? Est-ce que vous **comprenez** les exercices? Est-ce que vous **prenez** des notes en classe? Est-ce que vous **prenez** le temps de faire vos devoirs?

You learned the expression **je ne comprends pas** in the **Chapitre préliminaire.** In **Chapitre 2,** you used the verb **apprendre (... des choses nouvelles);** and in **Chapitre 3,** the verb **prendre (Prenez la rue Victor Hugo...).** In this section, you will learn how to use all the forms of these verbs in the present tense.

VOCABULAIRE ACTIF

apprendre
comprendre
prendre...
   le temps de...
   une décision

● **Apprendre** and **comprendre** are both compounds of **prendre.** Using what you already know and the examples you have seen, can you infer the **tu** and **nous** forms of these verbs?

Vérifiez   *Les verbes **prendre, apprendre** et **comprendre***

● The verb **prendre** (*to take*) can be used in a variety of contexts:

> Les étudiants **prennent** des notes en classe.
> Jean-Michel **prend** son vélo pour aller en classe.
> Pour aller à la fac, **prenez** la rue de l'Université.

Note, however, that English and French usage do *not* always correspond.

> Stéphane **prend** une décision importante. (***makes** a decision*)
> Nous **passons** un examen important demain. (***take** a test*)

● **Prendre un cours** is used for extracurricular or private lessons. To talk about taking classes at school, use **avoir un cours.**

> Il **prend un cours** de gymnastique.   J'**ai un cours** de maths.

● **Prendre le temps de** + an infinitive means *to take the time to* do something.

> Je **prends le temps de** faire du sport tous les jours.

● The verb **apprendre** (*to learn*) may be followed by a noun . . .

> Nous **apprenons** *le vocabulaire.*

or by the preposition **à** and an infinitive to say one is learning to *do* something.

> Nous **apprenons à** *parler français.*

● **Comprendre** may be followed by a direct object . . .

> Tu **comprends** *la grammaire?*
> Les étudiants **comprennent** *le professeur.*

or it may stand alone.

> Vous **comprenez?** Oui, je **comprends.**

---

le verbe **prendre**

je prends	nous pren**ons**
tu prends	vous pren**ez**
il/elle/on prend	ils/elles pren**nent**

Activités

S Interview. Interviewez un(e) partenaire en vous posant (*asking each other*) les questions suivantes.

1. Tu comprends le professeur de français?
2. Les étudiants dans la classe comprennent les CD?
3. Est-ce qu'ils prennent des notes en classe?
4. Tes copains apprennent à parler espagnol?
5. Tes copains et toi, vous prenez des leçons de tennis?
6. Tu apprends la chimie, toi?
7. Tu prends ton vélo pour aller en cours?

T Pour réussir en français, on... Employez le vocabulaire suivant pour dire ce qui est nécessaire pour réussir en français.

➡ *Pour réussir en français, on apprend le vocabulaire.*

les verbes	**les noms**
étudier	la grammaire
parler	le vocabulaire
écouter	le professeur
apprendre	des notes
comprendre	des exercices
prendre le temps de	le cahier
poser des questions	les CD
faire ses devoirs tous les jours	
préparer / passer des examens	

Jeu de rôle You have an acquaintance with an annoying personality who is forever inviting you out. Prepare a skit with a classmate in which she or he invites you and continues to insist even though you refuse (you can't, don't have the time, and so on). Your friend tries tennis, studying, a movie—any pretext to get together. You have to find several excuses because you have no desire to go anywhere with this person.

Littérature: «Ils vont lui faire éclater le cerveau... »

Marcel Pagnol (1895–1974) is the author of *Jean de Florette* and *Manon des sources,* made famous in the late 1980s through the award-winning movies with Yves Montand. Born and raised in the south of France, Marcel Pagnol has immortalized both in print and on film the charm of the sun-drenched hills of Provence and the singing accent of its people. First a playwright with acclaimed plays such as *Topaze* (1928), *Marius* (1929), and *Fanny* (1931), Pagnol turned to the screen as early as 1936 when he wrote and directed *César,* which has become a classic in the world of film. Pagnol then devoted much of his life to filmmaking. In 1957, he published the first volume of his autobiography, *La Gloire de mon père,* followed in 1958 by *Le Château de ma mère,* which were both made into movies in 1990. Son of Joseph, a schoolteacher, and Augustine, a sweet-natured woman, Marcel recounts with much humor and tenderness the early days of a magical childhood in Provence. The following piece is an excerpt from *La Gloire de mon père.*

Avant de lire

1 Dans le texte, la concierge dit, «Ils vont lui faire éclater le cerveau... » (*They are going to make his brain burst . . .*). Quelle horreur! «Ils», ce sont les instituteurs d'une petite école primaire. La victime: le petit Marcel. À votre avis, quelles sont les causes possibles d'une «explosion cérébrale»? Cochez la réponse qui vous semble la plus probable.

_____ Une expérience scientifique sur le cerveau des enfants

_____ Une expérience psychologique sur les capacités cérébrales des enfants

_____ Un enfant très intelligent encouragé à apprendre trop de choses (*too much*) trop vite (*too fast*)

_____ Un enfant paresseux forcé d'étudier

_____ La punition d'un enfant qui n'est pas sage (*quiet, good*)

_____ Une réaction causée par une grande peur (*fear*)

En général

2 Parcourez le texte une première fois. Parmi (*Among*) les possibilités proposées dans **Avant de lire,** quelle est la réponse correcte?

3 Parcourez le texte une deuxième fois pour identifier les paragraphes qui correspondent aux titres suivants. Attention, il y a un titre supplémentaire qu'on ne peut pas utiliser!

paragraphe

1. «Quand ma mère va faire... »
2. «Un beau matin... »
3. «Mon père se retourne... »
15. «Alors il va prendre... »
16. «Quand ma mère arrive... »
17. «Sur la porte de la classe... »
18. «À la maison... »
19. «Non je n'ai pas mal... »

titre

a. Le papa comprend que Marcel sait lire.
b. Le papa confirme avec un livre que Marcel sait lire.
c. La maman appelle un docteur.
d. Marcel va souvent dans la classe de son père.
e. Le papa écrit une phrase sur un petit garçon qui a été puni.
f. La maman observe la condition physique de Marcel.
g. Marcel de quatre à six ans.
h. La réaction immédiate de la maman.
i. La réaction de la concierge.

«Ils vont lui faire éclater le cerveau... »

1 Quand ma mère va faire ses courses, elle me laisse° souvent dans la classe de mon père, qui apprend à lire à des enfants de six ou sept ans. Je reste assis°, bien sage, au premier rang° et j'admire mon père qui, avec une baguette° de bambou, montre les lettres et les mots qu'il écrit au tableau noir.

me... leaves me

seated / row

stick

2 Un beau matin—j'ai à peine quatre ans à l'époque—ma mère me dépose à ma place pendant que mon père écrit magnifiquement sur le tableau: «La maman a puni° son petit garçon qui n'était pas sage.» Et moi de crier: «Non! Ce n'est pas vrai!»

punished

3 Mon père se retourne soudain, me regarde stupéfait, et demande: «Qu'est-ce que tu dis?»

4 — Maman ne m'a pas puni! Ce n'est pas vrai!

5 Il s'avance vers moi:

6 — Qui dit qu'on t'a puni?

7 — C'est écrit.

8 Sa surprise est totale.

9 — Mais... mais... est-ce que tu sais lire?

10 — Oui.

11 — Voyons°, voyons...

let's see

12 Et puis il dirige° son bambou vers le tableau noir.

points

13 — Eh bien, lis°.

*du verbe **lire** (lisez)*

14 Et je lis la phrase à haute voix.

15 Alors il va prendre un livre, et je lis sans difficulté plusieurs° pages... La surprise initiale de mon père est vite remplacée par une grande joie et une grande fierté.

several

16 Quand ma mère arrive, elle me trouve au milieu de° quatre instituteurs, qui ont envoyé° leurs élèves dans la cour de récréation, et qui m'écoutent lire lentement° l'histoire du Petit Poucet°... Mais au lieu d'admirer cet exploit, elle pâlit°, ferme brusquement le livre, et me prend dans ses bras, en disant: «Mon Dieu°! mon Dieu!... »

avec

sent

slowly / Tom Thumb

turns pale

God

17 Sur la porte de la classe, il y a la concierge, une vieille femme corse°, qui répète avec effroi°: «Ils vont lui faire éclater le cerveau.... Mon Dieu, ils vont lui faire éclater le cerveau... » C'est elle qui est allée chercher ma mère.

from Corsica

peur

18 À la maison, mon père affirme que ce sont des superstitions ridicules, mais ma mère n'est pas convaincue, et de temps en temps elle pose sa main° sur mon front° et me demande: «Tu n'as pas mal à la tête°?»

hand / forehead / mal... a headache / ne... plus: no longer / peur

19 Non, je n'ai pas mal à la tête, mais jusqu'à l'âge de six ans, je n'ai plus° la permission d'entrer dans une classe, ni d'ouvrir un livre, par crainte° d'une explosion cérébrale. Elle va être rassurée quand, à la fin de mon premier trimestre à l'école, mon institutrice va déclarer que j'ai une mémoire exceptionnelle, mais que j'ai la maturité d'un bébé.

Extrait de *La Gloire de mon père* (Marcel Pagnol).

En détail

4 **Les mots.** D'après le contexte, quel est le sens des mots suivants? Choisissez a ou b.

¶1	apprendre (ici)	a. to learn	b. to teach
¶2	à peine	a. painfully	b. barely
¶14	à haute voix	a. quietly	b. aloud
¶15	fierté	a. fear	b. pride
¶16	cour de récréation	a. playground	b. principal's office
¶18	convaincue	a. convinced	b. convalescent
¶19	rassurée	a. worried	b. reassured

5 **Le texte**

1. **Vrai ou faux?** Indiquez si la phrase est vraie (V) ou fausse (F). Corrigez les phrases fausses.

   a. Marcel va généralement faire les courses avec sa mère.
   b. Quand Marcel est dans la classe de son père, il admire les autres élèves.
   c. Quand Monsieur Pagnol écrit que «la maman a puni son petit garçon qui n'était pas sage», Marcel prend cette phrase très personnellement.
   d. Monsieur Pagnol veut des évidences supplémentaires que son fils sait lire.
   e. Après la surprise initiale, Monsieur Pagnol téléphone à sa femme.
   f. Les autres instituteurs veulent que leurs élèves écoutent Marcel lire.
   g. La réaction de Madame Pagnol est très différente de la réaction de Monsieur Pagnol.
   h. La vieille concierge est superstitieuse.
   i. Madame Pagnol a peur pour son fils.
   j. Madame Pagnol encourage son fils à lire.

2. **Pourquoi?** Pourquoi Madame Pagnol est-elle «rassurée» quand elle apprend que son fils, à l'âge de six ans, a la maturité d'un bébé?

Et vous?

1. Imaginez que Marcel est votre fils de quatre ans. Vous apprenez avec surprise qu'il sait lire! Qu'est-ce que vous allez faire? Est-ce que vous allez être content(e) comme le père de Marcel, ou est-ce que vous allez avoir peur, comme sa mère? Est-ce que vous allez encourager Marcel à lire?

2. Est-ce que vous avez parfois l'impression que votre cerveau va éclater? Dans quelles circonstances? Avec un(e) partenaire, faites une liste de ces circonstances.

Par écrit: I like school but I'm *so* busy!

Avant d'écrire

A **Strategy: Brainstorming.** To prepare a writing assignment, begin brainstorming by jotting down lists of ideas and vocabulary related to the proposed task. For instance, what ideas would you be likely to use in a letter discussing your weekly activities? What would you tell a prospective student about your university?

Application. To prepare for the writing assignments that follow, develop two lists: (1) your activities and classes in an average week, and (2) opportunities for students at your university.

B **Strategy: Writing to a friend.** Begin a friendly letter with a salutation such as:

Cher Pierre, Chère Natalie, Salut les amis!

Close letters to friends with an expression like:

Bien amicalement, Amitiés,

More familiar expressions (similar to "hugs and kisses") used with family and close friends include:

Grosses bises! Je t'embrasse, / Je vous embrasse,

Écrivez

1. En vous basant sur les listes 1 et 2 dans **Avant d'écrire A,** écrivez une lettre à votre ami(e) suisse au sujet de votre vie à l'université. Parlez d'une semaine typique—vos cours, votre emploi du temps, vos activités. Qu'est-ce que vous faites pendant la semaine? le week-end? etc.

➡ *Cher/Chère...*
La vie à l'université est très fatigante mais aussi très intéressante...

2. Vous aidez votre université à préparer de la publicité destinée aux étudiants francophones. Écrivez un paragraphe où vous décrivez les avantages d'être étudiant(e) à votre fac. Parlez des cours et des emplois du temps, des professeurs, des activités et du campus.

Quand vous pensez à l'école primaire, qu'est-ce qui vous vient à l'esprit[1]? Je vois...

Laïla: mes amis d'enfance...

Isabelle: des enfants assis à leur pupitres[2] en rangs d'oignons[3]...

Nathalie C.: la cour, les billes[4], les petits bureaux, les dessins au mur, le tableau et les craies...

J'entends...

Laïla: le rire[5] de mes amis, les représailles de mes professeurs...

Aïssatou: la voix[6] du directeur au-dessus de la mêlée[7] pour rappeler à l'ordre les enfants turbulents...

Isabelle: des enfants qui rient et qui chantent des chansons... qui jouent au ballon chasseur[8]...

Nathalie C.: la grosse voix du maître, les rires et les cris dans la cour, la sonnerie[9]...

Je sens...

David: la colle blanche à l'amande[10]...

Nathalie C.: l'odeur des goûters[11] des enfants, des feutres[12], de la peinture...

Aïssatou: l'odeur des cacahuètes[13] ou des beignets venant des étals[14] des marchands installés devant l'école...

TASK: Et vous? Qu'est-ce qui vous vient à l'esprit quand vous pensez à l'école? Interviewez trois personnes: quelqu'un d'un autre pays[15], quelqu'un d'une autre génération, et quelqu'un d'une autre région géographique de votre pays. Analysez les réponses. Y a-t-il des différences culturelles? Qu'est-ce que vous apprenez de leurs réponses? Comparez-les avec les réponses ci-dessus, et partagez-les avec vos camarades de classe.

---

1. *what comes to mind?*   2. *seated at their desks*   3. *like rows of onions*   4. *marbles*   5. *laughter*   6. *voice*   7. *above the fray*   8. *dodge ball*   9. *bell*   10. *almond-scented paste*   11. *snacks*   12. *felt-tipped pens*   13. *peanuts*   14. *stalls* 15. *someone from another country*

VOCABULAIRE ACTIF

Le temps

un an, une année *a year*
le calendrier *the calendar*
la date *the date*
le début *the beginning*

une fête *a holiday, celebration*
la fin *the end*
un emploi du temps *a schedule*
du temps libre *free time*

Les mois (m.)

janvier *January*
février *February*
mars *March*
avril *April*

mai *May*
juin *June*
juillet *July*
août *August*

septembre *September*
octobre *October*
novembre *November*
décembre *December*

Les jours (m.) et la semaine

lundi *Monday*
mardi *Tuesday*
mercredi *Wednesday*

jeudi *Thursday*
vendredi *Friday*
samedi *Saturday*

dimanche *Sunday*
par jour *per day, daily*
par semaine *per week, weekly*

La journée

le matin *morning*

l'après-midi (m.) *afternoon*

le soir *evening*

L'heure (f.)

Quelle heure est-il? *What time is it?*
À quelle heure? *At what time?*
neuf heures du matin *9:00 A.M. / 9:00 in the morning*
deux heures de l'après-midi *2:00 P.M. / 2:00 in the afternoon*
du soir *P.M. / in the evening*
... et quart *a quarter after*

... moins le quart *a quarter to*
... et demie *-thirty, half past*
midi *noon*
minuit *midnight*
une minute
un quart d'heure *fifteen minutes*
une demi-heure *a half hour*

Les matières (f.) / les études (f.)

l'allemand (m.) *German*
l'anglais (m.)
l'architecture (f.)
l'art (m.)
la biologie *biology*
la chimie *chemistry*
la comptabilité *accounting*
le droit *law*
l'espagnol (m.) *Spanish*
le français
la géographie
la gymnastique / l'éducation physique (f.) *physical education, gym*
l'histoire (f.) *history*

l'informatique (f.) *computer science*
les langues étrangères *foreign languages*
la littérature *literature*
les maths (f.)
la médecine *medicine*
la musique
la peinture *painting*
la philosophie *philosophy*
la physique *physics*
la psychologie *psychology*
les sciences (f.) (économiques)
les sciences politiques (sciences po) *political science*
la sociologie *sociology*

Les écoles (f.)

l'école maternelle *kindergarten*
l'école primaire *elementary school*
le collège *junior high / middle school*

une bourse *a scholarship*
un concours *a competitive exam*
un cours *a class*
les devoirs (m.) *homework*
un diplôme *a diploma, degree*
un(e) élève *an elementary/secondary school pupil/student*
un examen *an exam, a test*

le lycée *high school*
la fac / l'université *college / university*

passer un examen *to take an exam*
une pause *a break*
une présentation orale
rater un examen *to fail an exam*
la rentrée *back to school*
réussir à un examen (*infinitive only*)
   to pass an exam

Le campus

un amphithéâtre *an amphitheater*
la bibliothèque *the library*
le restaurant universitaire *the university cafeteria*

Verbes

apprendre *to learn*
commencer *to begin*
comprendre *to understand*
entrer (à la fac) *to enter*
faire *to do, to make*
finir (*infinitive only*) *to finish*

penser *to think*
pouvoir *to be able to, can*
prendre *to take*
préparer *to prepare*
vouloir *to want*

Expressions avec faire

faire des courses *to go shopping*
faire la cuisine *to cook*
faire ses devoirs *to do homework*
faire du golf *to play golf*
faire la grasse matinée *to sleep in*
faire de la gymnastique / de l'exercice
   to exercise
faire son lit *to make one's bed*

faire de la musique *to practice music*
faire de la natation *to swim*
faire la sieste *to take a nap*
faire du ski *to ski*
faire du sport *to play sports*
faire du vélo *to go biking*
faire du volley *to play volleyball*
faire un voyage *to go on a trip*

Expressions verbales

avoir le temps (de) *to have the time (to)*
avoir peur (de) *to be afraid (of)*
Ça me plaît. *I like it.*
Ça te plaît? *Do you like it?*
prendre une décision *to make a decision*
prendre le temps (de) *to take the time (to)*

Expressions pour réagir

Ah bon? Vraiment? *Oh really?*
Bof... *Well . . .*
C'est chouette!/génial! *That's cool!*
C'est embêtant! *That's too bad!*
C'est incroyable! *Unbelievable!*
C'est pas vrai! *No! / I can't believe it!*
C'est vrai? *Is that right?*
Et alors? *So what?*

Formidable!/Super! *Great!*
J'en ai marre *I'm fed up*
Je m'en fiche *I don't give a darn*
Mince! / Zut alors! *Darn it!*
Quelle chance! *How lucky!*
Tant pis! *Too bad!*
Tiens... *Oh . . .*
Tu plaisantes! *You're kidding!*

Adverbes de temps

après *after*
d'habitude *usually*
ne... jamais *never*
tard *late*

tôt *early*
tous les soirs *every evening*
vers *toward*

Adjectifs

chargé(e) *busy*
facultatif(ve) *optional*
gratuit(e) *free (no charge)*
long (longue) *long*
obligatoire *required*

occupé(e) *busy*
privé(e) *private*
prochain(e) *next*
public(que)

Divers

l'argent (m.) *money*
un cadeau *a gift*
un DVD

des projets *plans*
les vacances *vacation time*

EXPRESSIONS POUR LA CLASSE

aider *to help*
accepter *to accept*
associer *to associate*
à tour de rôle *in turn*
circulez dans la classe *walk around the classroom*
classez *classify*
corrigez *correct*
entendre *to hear*

en vous posant *asking each other*
étant donné(e) *given*
Quel est le sens de... ? *What is the meaning of . . . ?*
n'oubliez pas *don't forget*
propre *own*
selon le cas *whatever the case may be*
selon vous *according to you*
un sketch *a skit*

À table!

Comparez les aliments sur cette photo. Qu'est-ce qui est meilleur? plus sain? moins cher? Et vous? Quels sont vos aliments préférés?

This chapter will enable you to

☐ understand conversations about food

☐ read about eating habits in France

☐ read an excerpt from an African play

☐ talk about what you like to eat and drink

☐ know what to say in a restaurant

☐ compare people and things

☐ ask for and give explanations

☐ talk about what happened

Première étape

À l'écoute: Vous désirez?

La conversation de cette étape a lieu (*takes place*) à La Belle Époque, un café-snack-bar à Aix-en-Provence. Faites d'abord l'activité 1, **Avant d'écouter,** puis écoutez en suivant les instructions données.

▌ Avant d'écouter

1 Voici une page du menu (ou de la carte) de La Belle Époque. Avec un(e) partenaire, examinez les photos et les descriptions, puis déduisez le sens des mots suivants.

de la salade
une tomate
un œuf
du maïs
du jambon
une saucisse
un avocat
de la viande (bœuf, porc, etc.)

🎧 ▌ Écoutons

2 Écoutez une première fois pour déterminer qui parle.

   a. deux clients et une serveuse (*waitress*)
   b. deux clients et un serveur (*waiter*)
   c. trois clients

3 Écoutez une deuxième fois en regardant le menu et notez sur une feuille

les plats (*dishes*) mentionnés
les plats commandés (*ordered*)

4 Qu'est-ce que le jeune homme commande en supplément?

   a. une salade
   b. des frites
   c. de la soupe

thon *tuna*   brochette *skewer*

SNACK La Belle Époque
spécialités chaudes

La Niçoise
salade, tomates, thon, œuf
5,80€

Hamburger Œuf à cheval
5,80€

La Louisiane
salade, tomates, maïs, jambon
5,80€

Coppacabana
Saucisse, Tomate, Avocat
4,60€

Sandwich
Brochette viande
3,10€

5 Quel est le sens de **j'ai faim** et **j'ai soif?** Complétez les phrases de gauche avec les explications à droite.

   1. Quand on a faim...   a. on prend une boisson.
   2. Quand on a soif...   b. on mange.

VOCABULAIRE ACTIF

les aliments (m.)
une baguette
le bœuf
des céréales (f.)
la confiture
un croissant
des frites (f.)
le fromage
une glace
du jambon
du jus d'orange
un légume
du maïs
la mousse au chocolat
un œuf
le pain (grillé)
une pizza
le porc
une quiche
un sandwich
une saucisse
le sucre
le thon
une tomate
la viande
un yaourt
avoir faim/soif
les boissons (f.)
froides: un jus de
    fruits, etc.
chaudes: un café, etc.
la cantine
la carte/le menu
un(e) client(e)
commander
le fast-food
frais (fraîche)
léger (légère)
ordinaire
les plats (m.)
le dessert
un hors-d'œuvre
le plat garni
une salade
la soupe
pressé(e)
les repas (m.)
le petit déjeuner
le déjeuner
le dîner
le souper
un serveur/une serveuse

6 Écoutez encore une fois et identifiez les boissons commandées.

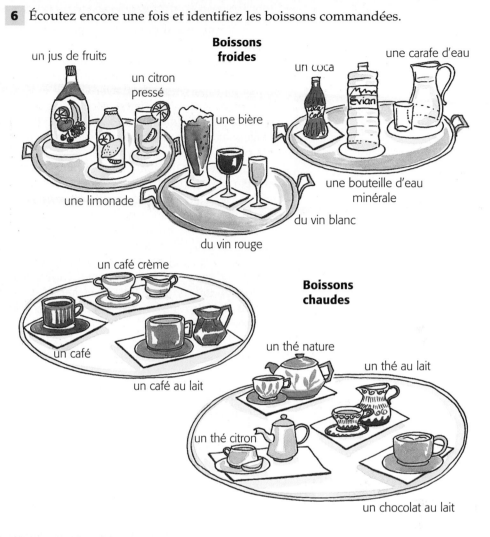

Boissons froides

un jus de fruits
un citron pressé
un coca
une carafe d'eau
une bière
une limonade
une bouteille d'eau minérale
du vin blanc
du vin rouge

Boissons chaudes

un café crème
un café
un café au lait
un thé nature
un thé au lait
un thé citron
un chocolat au lait

Notes culturelles

Les boissons. Dans la majorité des cafés et des restaurants, si vous commandez de l'eau, on va vous apporter une bouteille d'eau minérale. Si vous voulez de l'eau du robinet gratuite (*free tap water*), il faut demander une carafe d'eau ou de **l'eau ordinaire.** Un citron pressé est un mélange d'eau, de citron **frais** et de **sucre** (*fresh lemon and sugar*). Une limonade est une boisson gazeuse (*carbonated*) très semblable au 7-Up.

Les repas (*meals*). Le matin, le **petit déjeuner** consiste généralement de café au lait, de thé ou de chocolat chaud avec du pain (une **baguette** toute chaude!) et de la **confiture** (*jam*), du **pain grillé** (*toast*) ou un **croissant.** 70% des Français mangent cette version «continentale» du petit déjeuner. 13% préfèrent la formule anglo-saxonne avec des œufs et du bacon ou des **céréales.** On appelle cela le petit déjeuner anglais. 17% des Français sont trop **pressés** (*rushed*) le matin pour prendre le petit déjeuner—une boisson suffit (café ou **jus d'orange**), ou peut-être un **yaourt** (comme Yoplait ou Danone).

À midi, le **déjeuner** est généralement un repas complet, avec un **hors-d'œuvre** ou une entrée (par exemple, une salade de tomates), puis un **plat garni** ou plat principal (*main dish*) avec viande et **légume** (*vegetable*), du **fromage** (du camembert, du roquefort, etc.) et un **dessert** (de la **mousse au chocolat,** de la **glace à la vanille...**). Beaucoup d'entreprises (*companies*) servent le déjeuner dans leur **cantine** ou cafétéria. Quand on est pressé, le **fast-food** et la **pizza** sont aussi des options!

Le soir, vers 19h30 ou 20h, le **dîner** est un autre repas complet, mais souvent plus **léger** (*light*), avec de la **soupe,** un plat garni (par exemple une **quiche** avec un légume), de la **salade** verte avec de la vinaigrette, du fromage et, comme dessert, un **fruit** ou un yaourt. Le dîner est le moment privilégié pour se retrouver en famille et parler des événements de la journée. Au Québec, le repas du soir s'appelle le **souper.**

Pour vous, quel est le repas le plus important de la journée? Où aimez-vous prendre ce repas? Est-ce qu'il vous arrive souvent de manger «sur le pouce» (*on the run*)? Quand? Que mangez-vous quand vous êtes pressé(e)? **Culture et réflexion** à la page 193 va vous faire réfléchir davantage au rôle des repas dans la vie.

Prononciation   Le **e** caduc

● An unaccented **e** is not pronounced at the end of words. This type of **e** is called **le** *e* **muet,** or mute **e.**

un∉ serveus∉   cett∉ bièr∉   ell∉ mang∉

● But in monosyllables such as **je, que, le, ne,** and other words where the unaccented **e** is not in final position (**demain, samedi**), the **e** is called **le** *e* **caduc,** or unstable **e,** because sometimes it is pronounced, and sometimes not.

Écoutez   Listen to the following excerpts from **À l'écoute: Vous désirez?** on the student audio CD, paying close attention to the *e* **caducs** in bold. How are these expressions pronounced by native speakers? Indicate which pronunciation you hear, a or b. An underlined **e** represents a pronounced **e;** an **e** with a slash through it represents a silent **e.** You will hear each item twice.

1. a. Qu'est-c∉ qu<u>e</u> tu vas prendre?   b. Qu'est-c∉ qu∉ tu vas prendre?
2. a. il n'y a pas d<u>e</u> frites avec...   b. il n'y a pas d∉ frites avec...
3. a. Ben moi, j<u>e</u> vais prendre une salade niçoise.   b. Ben moi, j∉ vais prendre une salade niçoise.
4. a. mais j<u>e</u> voudrais aussi des frites.   b. mais j∉ voudrais aussi des frites.
5. a. et pour mad<u>e</u>moiselle?   b. et pour mad∉moiselle?

● The *e* **caduc** is usually not pronounced if you can drop it without bringing too many consonant sounds together.

j∉ vais prendre...   mad∉moiselle   sam∉di

● When there are two *e* **caducs** in a row, usually the second one is dropped, except in the case of **que,** which is normally retained.

> Je ne̸ comprends pas.   Qu'est-ce̸ qu**e** tu veux?

● The *e* **caduc** is pronounced when it is preceded by two or more consonant sounds.

> vendr**e**di (d, r)   une brochette d**e** bœuf (t, d)

Essayez!

1. **Prononcez.**   Practice saying the following sentences aloud, dropping the **e** when it is crossed out, and retaining it when it is underlined. Then listen to the sentences on the student audio CD to verify your pronunciation.
   a. Qu'est-ce̸ qu**e** tu re̸gardes?
   b. Je̸ n'aime pas le̸ coca; je̸ préfère les jus de̸ fruits.
   c. Nous ne̸ pr**e**nons pas de̸ café cette s**e**maine.
   d. Elle d**e**mande d**e** l'eau minérale; moi, je̸ vais de̸mander de̸ l'eau ordinaire.

2. **Le *e* caduc.**   In the following sentences, cross out the *e* **caducs** that would normally be dropped, and underline the ones that must be pronounced.
   a. Vous êtes de Paris?
   b. Je ne suis pas de Paris, mais je viens d'une petite ville à côté de Paris.
   c. Il y a de bons petits restaurants près de chez moi.

   Now practice saying the sentences aloud. Then listen to them on the student audio CD to verify your pronunciation.

Vocabulaire

Pour commander au restaurant

—Monsieur, s'il vous plaît.
—Oui, monsieur. Vous désirez?
—Je voudrais un sandwich au jambon et un citron pressé.
—Moi, je vais prendre* une pizza et un coca.
—Et pour moi, un steak frites et une bière, s'il vous plaît.

Plus tard...

—Monsieur, l'addition, s'il vous plaît.

▲ Vous désirez?

● Si vous voulez parler au serveur ou à la serveuse, qu'est-ce que vous dites? Quelles sont les expressions pour commander? Pour demander à payer?

---

* The verb **prendre** is often used to express the idea of having something to eat or drink. **Prendre** (not **manger**) is used with meals, e.g., Quand je **prends** le petit déjeuner, je **prends** du pain et du café.

L'alimentation: Ce qu'on achète au magasin

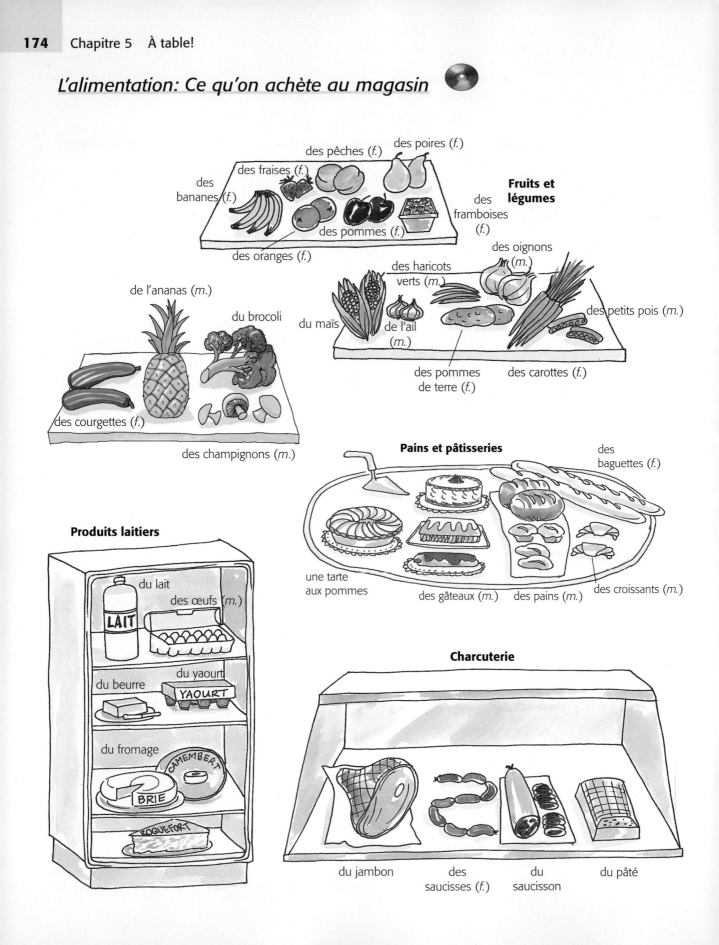

des pêches (f.)

des poires (f.)

des fraises (f.)

des bananes (f.)

Fruits et légumes

des framboises (f.)

des pommes (f.)

des oranges (f.)

des oignons (m.)

des haricots verts (m.)

de l'ananas (m.)

du brocoli

du maïs

de l'ail (m.)

des petits pois (m.)

des pommes de terre (f.)

des carottes (f.)

des courgettes (f.)

des champignons (m.)

Pains et pâtisseries

des baguettes (f.)

une tarte aux pommes

des gâteaux (m.)

des pains (m.)

des croissants (m.)

Produits laitiers

du lait

des œufs (m.)

LAIT

du yaourt

du beurre

YAOURT

du fromage

CAMEMBERT

BRIE

ROQUEFORT

Charcuterie

du jambon

des saucisses (f.)

du saucisson

du pâté

Produits énergétiques

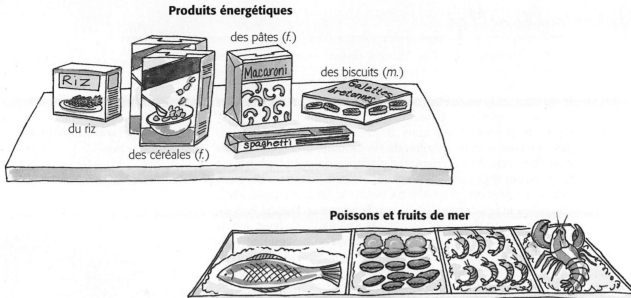

des pâtes (*f.*)

des biscuits (*m.*)

du riz

des céréales (*f.*)

Poissons et fruits de mer

du poisson   des huîtres (*f.*)   des crevettes (*f.*)   du homard

Viandes

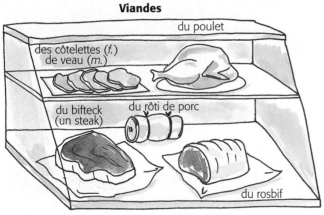

du poulet

des côtelettes (*f.*) de veau (*m.*)

du bifteck (un steak)

du rôti de porc

du rosbif

Pour manger à la maison: le couvert

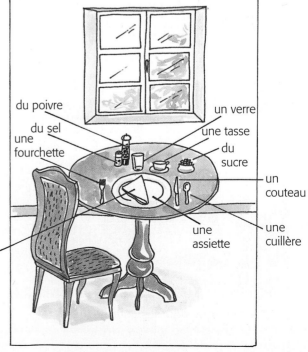

du poivre

du sel

une fourchette

un verre

une tasse

du sucre

un couteau

une cuillère

une assiette

une serviette

- Pour chaque catégorie d'alimentation, indiquez le produit que vous aimez beaucoup ou que vous n'aimez pas du tout.
- Qu'est-ce que vous achetez pour préparer votre sandwich favori?

Notes culturelles

Les magasins alimentaires. Les Français aiment manger frais et les petits magasins du quartier garantissent la fraîcheur de leurs produits: le pain et les gâteaux de pâtisserie sont plus frais à la **boulangerie-pâtisserie** du coin, et la viande est coupée devant vous (*in front of you*) à la **boucherie** du quartier. Les autres petits magasins sont la **poissonnerie** pour le poisson et les fruits de mer; la **charcuterie** pour les salamis, les saucissons et une multitude de produits préparés frais. La proximité de **l'épicerie** du coin permet d'y acheter deux ou trois articles (du lait, de la salade) et de passer quelques minutes agréables à bavarder (parler) avec le propriétaire et les voisins. Pourtant, faire ses achats dans les **supermarchés** et hypermarchés devient la norme en France. Plus de 80% des ménages (familles) y font au moins une partie de leurs achats alimentaires chaque semaine. Ces **grandes surfaces** ressemblent aux supermarchés en Amérique du Nord, avec une variété de **rayons** (rayon boucherie, rayon boulangerie, rayon fruits et légumes…), mais il y a quelques différences marquées: le rayon fromages est beaucoup plus grand; le rayon de **produits surgelés** (*frozen foods*) est un peu plus petit; et il y a un plus grand choix de vins et d'eaux minérales.

Le marché en plein air. Beaucoup de Français font toujours leurs courses, surtout le samedi, au marché en plein air. Les agriculteurs de la région viennent vendre (*sell*) leurs produits sur les places de la ville. Ces marchés sont généralement très colorés et très animés; on y trouve des fruits, des légumes, des fromages, de la charcuterie, des fleurs (*flowers*), des produits artisanaux—et beaucoup de conversation! Au Sénégal, ancienne colonie française en Afrique de l'Ouest, les marchés en plein air sont permanents et remplacent les magasins.

Où allez-vous pour faire vos courses? Y a-t-il des petits magasins dans votre ville?

Des poulets tout frais! ▶

▲ Une boutique pour les gourmands.

▲ Le marché Sandaga à Dakar.

Activités

A **Quel magasin?** Écoutez le professeur et dites dans quels magasins on trouve les produits mentionnés: à la boucherie? la boulangerie/pâtisserie? la charcuterie? la poissonnerie? l'épicerie?

B **Traditions culinaires.** Indiquez si les habitudes suivantes caractérisent plutôt les Français ou les Nord-Américains.

Cette personne...	Français	Nord-Amér.
prend des œufs, du bacon et du pain grillé au petit déjeuner.		
a un grand repas à midi dans la cantine du bureau.		
achète du pain tous les jours.		
commence le repas par une salade verte.		
va faire ses courses uniquement au supermarché.		
mange fréquemment dans un restaurant fast-food.		
achète très peu de produits surgelés.		
termine souvent le repas par du fromage.		
boit du lait avec le déjeuner.		
préfère les petits magasins du coin.		
va souvent au marché en plein air.		

C **Chassez l'intrus.** Dans chaque groupe, trouvez le mot qui ne va pas et expliquez pourquoi.

➡ du homard, du brie, du thon, des crevettes
   du brie. Ce n'est pas un poisson ou un fruit de mer.

1. du maïs, des haricots verts, des pommes, des petits pois
2. de la glace, de la mousse au chocolat, de la tarte, de la quiche
3. du bifteck, du veau, du poulet, des poires
4. de l'eau minérale, de la bière, du poivre, du café
5. des saucisses, du jambon, du pâté, du beurre
6. des tomates, des céréales, du riz, des pâtes

D **Au supermarché.** Indiquez ce que vous allez acheter pour les occasions suivantes: un pique-nique, une fête d'anniversaire, un petit déjeuner, un dîner en famille.

➡ *Pour un pique-nique, j'achète…*

Structures: Discussing food and drink

*Le verbe **boire*** • *Les articles partitifs*

Observez et déduisez Quand j'ai soif et que je veux boire quelque chose, je bois généralement de l'eau minérale ou de la limonade. Mon copain Paul boit du thé pêche, mais il ne boit pas de café. Et vous, qu'est-ce que vous buvez le plus souvent? Du coca? De la bière?

- What forms of the verb **boire** do you see in the paragraph above? What do you think the verb means? Calling to mind other irregular verbs you know, infer the following forms of **boire:**
  tu _____ nous _____

- In the paragraph, there are four different ways of expressing an indefinite quantity (the idea of *some*). What are they?

Vérifiez *Le verbe **boire***

- The verb **boire** (*to drink*) is irregular.

le verbe **boire**

je bois	nous buvons
tu bois	vous buvez
il/elle/on boit	ils/elles boivent

Les articles partitifs

- A partitive article is used before mass (uncountable) nouns to refer to an unspecified amount, a part or portion of the whole (*some*). It agrees in number and gender with the noun.

> Je prends du café
> ... de la tarte
> ... de l'eau   (*some* coffee/pie/water—
>   an unspecified amount)

- Note that the partitive article is often used after verbs such as **manger, boire, prendre, vouloir,** and **avoir,** since one frequently uses these verbs to refer to portions or unspecified amounts.

> — Tu veux **du** chocolat?
> — Non, je prends **de la** tarte au citron.

- The partitive article is always expressed in French, even though at times no article at all is used in English.

> Pour moi, de l'eau minérale, s'il vous plaît.

- After a negative expression, the partitive article is **de/d'**.

> Paul boit du café, mais il **ne** boit **pas d'**eau minérale ou **de** thé.

Rappel!

- The *indefinite* articles that you studied on page 11—**un, une, des**—are used only with nouns that can be counted. Compare the use of the indefinite and the partitive article in French:

> *indefinite:*   Tu veux **un** coca? (*a* glass/bottle/can of Coke)
> *partitive:*   Tu veux **du** coca? (*some* Coke)

- *Definite* articles—**le, la, l', les**—(p. 32) refer to specific objects or persons.

> — Quel gâteau?   — Quelle serviette?
> — **Le** gâteau sur la table.   — **La** serviette de Claire.

In French, definite articles are required after verbs used to express preference, such as **aimer, préférer, détester,** etc.

> J'aime **la** glace au chocolat.   *I like chocolate ice cream.*
> Je déteste **les** oignons.   *I hate onions.*

les articles

	masculin	féminin	m./f. pluriel	après un verbe négatif
article défini	le, l'	la, l'	les	le, la, les, l'
article indéfini	un	une	des	de, d'
article partitif	du, de l'	de la, de l'	—	de, d'

Activités

E   Les boissons.   Complétez les phrases avec des boissons logiques.

1. Mon frère ne prend pas de caféine, alors il ne boit pas de
_____ ou de _____.

2. Mes parents n'aiment pas les boissons alcoolisées, alors ils ne boivent
pas de _____ ou de _____.

3. Je préfère les boissons froides, et je bois souvent _____ et
_____.

4. Dans ma famille, nous détestons les fruits; nous ne buvons pas de
_____ ou de _____.

5. Mes sœurs sont allergiques au lait, alors elles boivent _____
et _____.

6. Vous aimez bien les boissons chaudes, alors vous buvez souvent
_____ et _____.

F   Des goûts différents.   Nathalie est allergique aux produits laitiers, Papa est
au régime, Maman est végétarienne et Nicolas a vraiment faim! Identifiez
leurs plats (ci-dessous) et décrivez ce qu'ils mangent et boivent au déjeuner.

➡ *Maman prend...*   *Nicolas a...*
  Papa mange...   *Nathalie boit...*

1. _____   2. _____

3. _____   4. _____

Maintenant, nommez trois choses que chaque personne ne mange pas.
➡ *Maman est végétarienne, alors elle ne mange pas de...*

G **On mange ce qu'on aime.**   Indiquez les préférences des personnes mentionnées, puis décidez quel aliment ou quelle boisson elles vont prendre ou ne pas prendre. Employez des articles définis et des articles partitifs.

➡ Roger / viande +
Roger aime la viande, alors il mange... du porc.

Roger / boissons alcoolisées −
Roger n'aime pas les boissons alcoolisées, alors il ne boit pas... de vin.

1. Philippe / dessert +
2. Babette / caféine −
3. Simon / boissons froides +
4. Paul / viande −
5. Claire / légumes −
6. Olivia / œufs +
7. Marc / fruits −

Jeu de rôle You and some friends are ordering a meal in the Bistro Romain. Prepare a skit using the Menu Méditerranée. Vary the polite expressions for ordering and asking for the bill.

Menu Méditerranée

Entrée + Plat ou Plat + Dessert

14,20 €-93,15 F

Entrée au choix

Carpaccio de légumes confits
*Aubergines, courgettes, tomates confites, poivrons
et cœurs d'artichaut marinés à l'huile d'olive façon Antipasti*

Salade de haricots verts et volaille aux champignons confits
*Eminé de blanc de poulet mariné, mozzarella, haricots verts, tomates
et champignons des bois confits, salades mélangées aux herbes fraîches*

Noix de Saint Jacques marinées à l'aneth et au citron
*Noix de Saint Jacques marinées, frittata aux fines herbes
et méli-mélo de salade aux herbes fraîches*

Tomates mozzarella à la vinaigrette balsamique
*Tomates, mozzarella parfumées à l'huile d'olive extra vierge,
vinaigre balsamique et basilic*

Chiffonnade de jambon de Parme affiné 14 mois
Fines tranches de jambon de Parme, beurre des Charentes

Foie gras de canard entier,
compote de figues à l'orange amère (supp. 3 €-19,68 F)
Accompagné de pain brioché, sel de Guérande et poivre

Plat au choix

Penne à la sicilienne
*Des pasta cuisinées comme en Sicile avec du thon,
des tomates confites, des olives noires, et basilic frais*

Tajine de veau aux olives
*Cuisiné et mijoté à la provençale avec du thym frais et du romarin,
servi avec une polenta au gorgonzola*

Pavé de sandre poêlé aux herbes fraîches
Accompagné d'épinards frais

Bavette d'Aloyau, beurre des Charentes aux herbes fraîches
Accompagnée de frites fraîches ou haricots verts

Carpaccio de bœuf au basilic servi à volonté*
Fines tranches de bœuf cru au basilic et à l'huile d'olive

Carpaccio de saumon à l'aneth servi à volonté*
Fines tranches de saumon cru de Norvège à l'aneth

Magret de canard au jus de sauge
Accompagné de frites fraîches ou haricots verts

Plat du jour

Dessert au choix

Crème brûlée à la Catalane
Carpaccio d'orange à la fleur d'oranger
Fromage blanc et sa crème fraîche à volonté
Fondant au chocolat maison
Affogato, *glace vanille meringuée aux pralins, arrosée de café noir*

Lecture: Que mangent les Français?

■ *Avant de lire*

1 Que mangent les Français? Quand vous pensez à cette question, qu'est-ce que vous imaginez? Cochez les réponses qui vous semblent caractéristiques de l'alimentation de tous les jours pour le Français typique.

_____ des produits naturels

_____ des produits surgelés

_____ des plats cuisinés (préparés commercialement)

_____ des produits frais

_____ des produits en boîte (*canned*)

_____ des produits diététiques ou biologiques (bio)

_____ beaucoup de produits énergétiques (pain, pâtes, etc.)

_____ beaucoup de desserts

_____ des escargots

_____ ?

2 Maintenant, pensez aux groupes sociaux mentionnés dans la liste suivante. Selon votre expérience, qu'est-ce qu'ils mangent? Utilisez le vocabulaire de la Première étape.

	mangent plus (+) de	mangent moins (−) de
les étudiants		
les hommes		
les femmes		
les célibataires (personnes non-mariées)		

Parmi ces groupes, qui, à votre avis, va acheter les produits les plus chers (*expensive*)? Les moins chers?

3 Est-ce que vous préférez manger à la maison ou au restaurant? Combien de fois par mois mangez-vous au restaurant?

Des crevettes et des ▶
poissons—tout frais!

■ *En général*

4 La structure du texte. Parcourez rapidement le texte pour identifier les idées principales. Reliez chaque idée au paragraphe approprié. Attention, il y a une idée supplémentaire qui ne s'applique pas au texte.

paragraphe	idée principale
1	a. Où mange-t-on, à la maison ou au restaurant?
2	b. Comparaison du comportement (*behavior*) alimentaire des hommes et des femmes
3	c. Description et évolution du repas français traditionnel
4	d. Les deux critères principaux qui gouvernent la consommation alimentaire
5	e. Analyse du grignotage (*snacking*) chez les jeunes
6	f. Rôle des influences anglo-saxonnes
	g. Produits qui remplacent les bases de l'alimentation traditionnelle

Que mangent les Français?

1   Le repas classique français fait l'envie de tous les étrangers qui n'ont toujours pas compris comment une personne peut manger midi et soir une entrée ou un potage°, une viande ou un poisson, grillés ou en sauce, accompagnés d'un légume, de la salade suivie de fromage et enfin un fruit ou un dessert sucré, le tout accompagné de pain et de vin. Aujourd'hui encore ce repas traditionnel est à l'honneur les jours de fêtes familiales ou amicales, il est même enrichi lors des cérémonies de mariage et autres banquets. Mais depuis la fin des années 70, les mœurs alimentaires évoluent. Les jours ordinaires, il faut manger vite et plus simplement, des produits presque prêts° achetés une fois par semaine en grande surface; en revanche, le week-end ou pendant les vacances, on essaie des recettes exotiques ou on retrouve les «bons goûts du terroir°» en faisant son marché°.

une soupe

presque... semi-préparés

bons... old country tastes / en... going to the (open-air) market

2   Depuis 1994, les adultes, et surtout les jeunes, ont augmenté leur consommation de pizzas et sodas de 80–90%. Cependant la restauration à l'anglo-saxonne—repas pris à l'extérieur, rapides, ou pris chez soi de façon destructurée (chacun se sert° dans le réfrigérateur, à l'heure qui lui convient)—n'est pas tout à fait entrée dans les habitudes. Contrairement à ce que l'on pourrait penser, les Français ne sont pas friands° du hamburger (celui-ci représente seulement 1% de la quantité de nourriture absorbée par les 15–24 ans).

chacun... each one helps himself/herself

adeptes

3   Le repas reste un temps privilégié: en province, quatre Français sur cinq rentrent déjeuner à la maison et le temps passé à table a même augmenté (2 h 15 en 2001, contre 2 h 00 en 1986). Mais la part des repas pris hors° du foyer s'accroît: 70% des Français prennent au moins un repas en semaine hors de leur domicile, contre 59% en 1996. Les citadins sont les plus fidèles adeptes des sorties; pratiquement les deux tiers° des Parisiens ne déjeunent pas chez eux. Les plus gros clients des restaurants sont les célibataires, en particulier les hommes.

outside

two-thirds

4   On assiste aussi à une évolution de la structure de l'alimentation: les ménages abandonnent les produits énergétiques traditionnels (pain, pomme de terre) au

profit des produits plus sophistiqués, plus diététiques, plus rapides à préparer (surgelés, plats cuisinés) et souvent plus chers.

5   On remarque des différences de comportement alimentaire entre hommes et femmes. À domicile, les hommes célibataires dépensent plus que les femmes pour les produits énergétiques (pâtes, riz, pain) et certains produits élaborés (soupes en boîte, charcuterie, plats cuisinés). Les femmes, elles, font des «extras» (chocolat, gâteaux, glaces) qu'elles compensent par d'autres aliments plus «sains» ou plus légers, comme les fruits et légumes, les yaourts, le poisson, la margarine, le jambon, le veau, le thé et les tisanes°.   *herb teas*

6   Dans l'ensemble, les Français recherchent la qualité et la sécurité alimentaires; les consommateurs refusent les manipulations génétiques et privilégient les produits labélisés°; les produits «bio» ont de plus en plus d'adeptes, la consommation de viandes rouges est en baisse et quand on fait ses courses, il n'est pas rare de demander à son boucher «D'où vient votre bœuf?»   à qualité garantie par un organisme indépendant

Adapté de *L'Atlas des Français,* 2002; *Francoscopie 2001; L'Expansion,* juillet–août 2002.

■ En détail

5 Les mots. En utilisant le contexte et la logique, trouvez les mots qui ont le sens suivant.

paragraphe	sens	mot(s)
1	les coutumes, les habitudes [f.] (*customs, habits*)	les mœurs
1	*recipes*	
2	*not quite*	
3	maison	
3	les habitants des villes	
5	*healthy*	
6	en déclin ou diminution	
6	*Where does (it) come from?*	

6 Le texte

1. Évolution du repas français

    a. Selon le texte, en quoi consiste le repas classique français? Quand prend-on encore ce genre de repas?

    b. Que font beaucoup de Français les jours «ordinaires»?

    c. Que fait-on le week-end ou pendant les vacances?

2. Vrai ou faux? Si c'est faux, corrigez.

    a. Les pizzas et les sodas sont de plus en plus populaires en France.

    b. La «restauration à l'anglo-saxonne», c'est un repas rapide pris à la maison avec toute la famille.

c. La restauration à l'anglo-saxonne a complètement changé les habitudes françaises.

d. Le hamburger est très populaire parmi les jeunes Français.

e. 80% des Français qui habitent en province rentrent à la maison pour le déjeuner.

f. Plus de 50% des Parisiens déjeunent chez eux (à la maison).

g. Les Français passent plus de temps à table aujourd'hui que dans les années 80.

h. Les Français mangent plus au restaurant qu'avant (*before*).

i. Les gens qui mangent le moins souvent au restaurant sont les célibataires.

j. Les Français acceptent les manipulations génétiques des aliments.

k. Les Français aiment les produits labélisés et les produits bio.

l. Les Français aiment savoir l'origine de leur viande.

3. **Que mangent les Français?**   Complétez le tableau.

les ménages en général (plus de... / moins de...)	les hommes	les femmes

Et vous?

1. Comparez l'alimentation des hommes, des femmes et de la population en général en France et dans votre pays. À votre avis, y a-t-il des différences?

2. Et vous? Est-ce que vous mangez les mêmes choses aujourd'hui qu'il y a cinq ans? Faites d'abord une liste personnelle, puis interviewez deux camarades de classe. Ensuite comparez vos réponses—est-ce que vous avez des réponses en commun?

	plus de (+)	moins de (−)	autant de (=)
Moi			
Camarade 1			
Camarade 2			

Structure: Describing eating and drinking preferences

Les expressions *ne... plus; ne... jamais*

Observez et déduisez   Tiens! On dit que les Français ne mangent plus comme avant. C'est vrai dans ma famille aussi. Nous pensons à notre santé (*health*). Nous ne mangeons plus de porc ou de glace et nous ne mangeons jamais de produits surgelés ou en boîtes.

In **Chapitre 1,** you learned how to make a statement negative using **ne... pas.** In this section, you will learn some additional ways of expressing negatives.

- Where are **ne... plus** and **ne... jamais** placed in relation to the verbs?
- What article follows these expressions?
- How would you say "I never eat fish"?

VOCABULAIRE ACTIF

être au régime
grignoter
ne... plus
ne... jamais
la santé

Vérifiez   *Les expressions **ne... plus; ne... jamais***

- The negative expressions **ne... plus** (*no longer, not . . . anymore*) and **ne... jamais** (*never*) are treated like the expression **ne... pas;** that is, **ne** precedes the verb and **plus** or **jamais** follows the verb.

    Nous sommes au régime, alors nous **ne** mangeons **plus** de porc, et nous **ne** mangeons **jamais** de dessert.

- To talk about the future, place the negative expression around **aller.**

    Demain je commence mon régime. Je **ne** vais **plus** grignoter (*snack*).

- Remember that the partitive article following a negative expression—including **ne... plus** and **ne... jamais**—is **de/d'** (see page 179).

    Les bébés **ne** boivent **jamais** <u>de</u> vin.
    Moi, je **ne** bois **plus** <u>de</u> lait!

Activités

H **Jamais!**   Donnez des conseils (*advice*) aux personnes suivantes.

➡ une personne qui déteste les fruits de mer...
Ne mangez jamais de crevettes ou de homard!

1. un(e) végétarien(ne)
2. une personne qui n'aime pas le bœuf
3. un enfant de quatre ans
4. une personne qui est allergique au sucre

I **De mauvaises habitudes.**   Dites ce que vous n'allez plus manger ou boire dans les circonstances suivantes.

➡ Vous voulez participer au Tour de France.
Je ne vais plus boire de vin ou de café et je ne vais plus manger de gâteaux ou de glace.

1. Vous voulez être en très bonne santé.
2. Vous êtes au régime.
3. Vous êtes très nerveux(se).
4. Vous apprenez que votre cholestérol est trop élevé (*high*).
5. Vous apprenez que vous êtes diabétique.
6. Vous voulez modifier vos habitudes alimentaires.

J **Des goûts incompatibles.**   Votre copain (copine) et vous allez manger ensemble, mais vous avez des goûts différents. Chaque fois que vous proposez quelque chose, votre partenaire refuse et vice versa. Expliquez pourquoi vous refusez.

➡ — *On peut manger un hamburger?*
— *Non, je ne mange plus de hamburgers. Je n'aime pas les sandwichs.*
ou: — *Non, je ne mange jamais de viande. Je préfère les légumes.*

Vocabulaire

Les expressions de quantité

● Questions about quantity **(Combien de...)** can be answered with numbers or other expressions such as **beaucoup de** or **un peu de.** Note that the article following any expression of quantity is always **de/d'.**

➡ *Les Français mangent beaucoup de pain.*

Use the expressions of quantity listed below to make statements about the illustration.

Tout ce que nous mangeons dans une vie

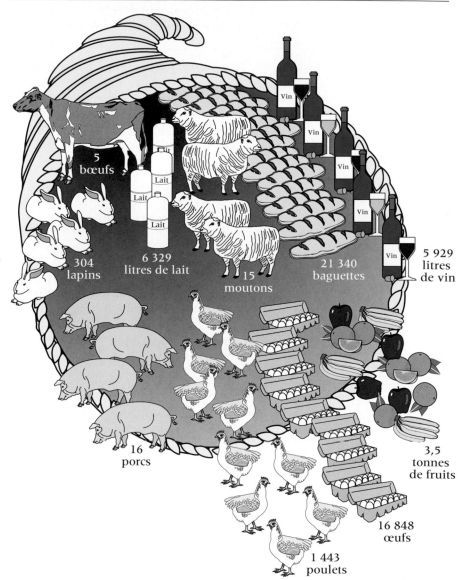

trop de (*too much*)
trop peu de (*too little, too few*)
beaucoup de
(ne... pas) assez (*enough*) **de**
un peu de
pas du tout de

Labels in illustration:
5 bœufs
304 lapins
6 329 litres de lait
15 moutons
21 340 baguettes
5 929 litres de vin
16 porcs
3,5 tonnes de fruits
16 848 œufs
1 443 poulets

● What kinds of food items do you associate with the following quantities?

➡ un bol (*bowl*) de...   *céréales, riz, glace...*

une assiette de...	une douzaine de...
une tasse de...	un kilo de...
un verre de...	100 grammes de...
une boîte (*box/can*) de...	un litre de...
une bouteille de...	une tranche (*slice*) de...
une carafe de...	un morceau (*piece*) de...

Note culturelle

Le système métrique.   La France et la plupart des pays francophones à travers le monde emploient le système métrique de poids et mesures. Pour acheter des produits au marché, il est bon de comprendre les équivalences suivantes:

28,5 grammes	*1 ounce*
1 kilogramme (1 000 grammes)	*2.2 pounds*
1/2 kilogramme (500 grammes, une livre)	*1.1 pound*
1 litre	*1.057 quart*
4 litres	*1.057 gallons*

Est-ce que vous employez jamais (*ever*) le système métrique? Dans quelles circonstances?

Activités

K Achats.   Votre copine invite six amis à dîner chez elle. Regardez sa liste d'achats, et dites si elle a assez (trop, trop peu, etc.) pour sept personnes.

➡ *Elle achète trop peu de pâté pour sept personnes.*

baguettes, 3
tranche de pâté
crevettes, ½ kg
côtelettes de veau, 7
pommes de terre, 1 kg
brie, 1
pêches, douzaine
biscuits, 1 boîte
vin, 2 bouteilles

Maintenant préparez votre propre liste d'achats. Qu'est-ce que vous allez acheter?

➡ *Je vais acheter trois tranches de pâté...*

L Votre recette favorite.   Vous préparez votre recette favorite pour votre famille. D'abord préparez une liste des ingrédients, puis calculez la quantité nécessaire.

➡ *Je vais préparer un beau rosbif avec des pommes de terre et des carottes. Il y a sept personnes dans ma famille, alors je vais acheter un kilo de rosbif...*

Structure: Comparing eating and drinking habits

Le comparatif

Observez et déduisez Selon la publicité de McDonald's, qui mange plus de fruits et de légumes? Qui prend probablement moins de soda et de desserts? Qui pense moins à la santé? Qui pense plus aux aliments traditionnels? Est-ce que les femmes mangent autant de steaks que les hommes, à votre avis?

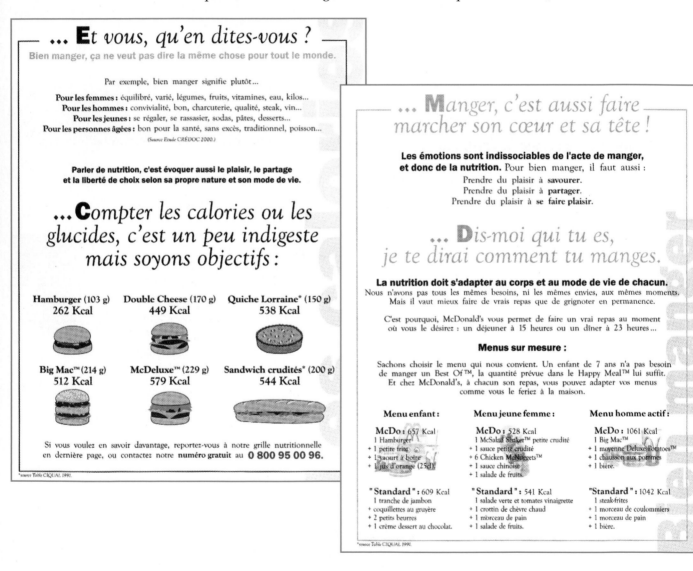

- What expression is used above to make a comparison of superiority (*more*)?
- What expression is used to make a comparison of inferiority (*less*)?
- How would you say "I eat more fruit; I eat less cheese"?

Vérifiez   *Le comparatif*

● When comparing with *nouns*, use **plus de... que** to indicate superiority, **moins de... que** to indicate inferiority, and **autant de... que** to indicate equivalency.

> Les hommes mangent **plus de** steaks **que** les personnes âgées.
> Les femmes boivent **moins de** vin **que** les hommes.
> Les personnes âgées mangent **autant de** légumes **que** les femmes.

● When comparing with *adjectives* or *adverbs*, use the expressions **plus... que, moins... que,** and **aussi... que.**

> Les fruits sont **plus** sucrés **que** les légumes.
> Le riz est **moins** gras **que** les frites.
> La quiche est **aussi** bonne **que** la pizza.

> Les jeunes grignotent **plus** souvent **que** les personnes âgées.
> Quelquefois les hommes mangent **moins** bien **que** les femmes.
> Les femmes mangent **aussi** sain **que** les personnes âgées.

● **Bon,** an adjective, has an irregular comparison of superiority: **meilleur(e)(s)** (*better*).

> Le poulet est **meilleur que** le bœuf.

Bien, an adverb, has an irregular comparison of superiority: **mieux** (*better*).

> En général, les adultes mangent **mieux que** les jeunes.

VOCABULAIRE ACTIF

aussi... que
moins... que
plus... que
autant de... que
moins de... que
plus de... que
gras(se)
sucré(e)
meilleur(e)
mieux

---

les comparaisons

qualité		quantité
+ **plus** cher **que**		**plus de** pain **que**
− **moins** cher **que**		**moins de** pain **que**
= **aussi** cher **que**		**autant de** pain **que**
BUT: **bon(ne)(s)** → + **meilleur(e)(s) que**		
bien → + **mieux que**		

Activités

M Vrai ou faux? Dites si les phrases suivantes sont vraies ou fausses. Expliquez pourquoi.

➡ Je mange moins de viande que mes parents.
C'est vrai. Mes parents aiment beaucoup le bœuf, et moi, je suis végétarien.
ou: *Mais non! Moi, je mange plus de viande que mes parents. Ils sont végétariens.*

1. Je mange mieux que mes copains.
2. Je grignote moins que mes copines.
3. Je prends plus de produits bio que ma sœur (mon frère).
4. Je mange aussi souvent que mon/ma camarade de chambre.
5. Les légumes sont meilleurs que les fruits.
6. Le riz est moins bon que les pâtes.

N Comparons. Employez la publicité de McDonald's pour faire des comparaisons.

1. Le menu enfant McDo a _____ de calories que

_____ .

2. Le menu jeune femme a _____ de calories que

_____ .

3. Un sandwich crudités a _____ de _____ qu'une

quiche lorraine.

4. La quiche lorraine a presque (*almost*) autant de _____ que

_____ .

5. ?

O Opinion ou fait (*fact*)? Comparez quelques aliments mentionnés pages 174–175 puis dites si votre comparaison est une opinion ou un fait. (Pour comparer: **bon, cher, sucré, gras(se), sain, diététique.**)

➡ *Les haricots verts sont plus sains que les frites.*

P Bien manger. Que signifie «bien manger» pour vous? Employez la banque de mots pour décrire vos préférences et vos habitudes alimentaires.

➡ *Pour moi, «bien manger» signifie manger sain. Je ne grignote plus et je ne prends jamais de fast-food. Je mange moins de sucre et plus de légumes...*

BANQUE DE MOTS		
grignoter	un plat garni	plats préparés
avoir faim/soif	le souper	pain
commander	manger	beaucoup
être au régime	prendre	en boîte
être pressé(e)	boire	la santé
le fast-food	ne... pas	trop
sain	ne... jamais	assez
léger	plus de... que	ne... plus
meilleur(e)/mieux	autant de... que	peu
sucré(e)	moins de... que	???
gras(se)		

Jeu de rôle You and a couple of friends are preparing a dinner. One of you is a vegetarian; another is on a diet; another is allergic to dairy products. DIscuss what you want and don't want to eat. Compare your preferences and come to a consensus about what you're going to prepare.

Les repas. www Un proverbe français dit qu'«il faut manger pour vivre et non pas vivre pour manger» (*you must eat to live and not live to eat*) mais les Français ont souvent la réputation de vivre pour manger, car les repas sont très importants pour eux. Ne passent-ils pas plus de deux heures par jour à table? Les repas sont-ils importants pour vous? Combien de temps dure[1] un repas typique dans votre famille? Y a-t-il une relation entre la durée des repas et l'attitude des gens vis-à-vis de la famille ou de la vie en général?

L'art de manger. Un autre proverbe français dit que «la présentation, c'est la moitié du goût» (*presentation is half the taste*). La disposition des aliments sur les plats est donc un art où les mélanges[2] de couleurs et de goûts ont une valeur esthétique autant que nutritive. C'est pourquoi on ne sert qu'une ou deux choses à la fois[3] et on ne mélange jamais les hors-d'œuvre et le plat principal! Est-ce qu'il vous arrive de mettre la salade et le plat principal en même temps sur votre assiette? La présentation des plats est-elle importante pour vous? Qu'est-ce qui caractérise un «bon» repas pour vous?

▲ La présentation, c'est la moitié du goût...

◄ Le couscous se mange avec la main droite.

Les boulettes (*balls*). «Le plaisir de la main accroît le plaisir du palais» (*The pleasure of the hand increases the pleasure of the palate*), disent les Africains qui mangent avec les doigts[4]. Dans la plupart des pays francophones d'Afrique, en effet, le repas traditionnel est un grand bol de riz ou de couscous avec du bouillon de viande et de légumes. Les membres de la famille sont assis par terre[5] autour de ce bol commun et chacun fait des «boulettes» avec sa portion. Parfois les hommes mangent séparément des femmes et des enfants, mais l'acte de manger est considéré comme un acte de communion avec la nature et avec ceux qui partagent[6] le repas. À votre avis, quels sont les avantages et les désavantages de manger de cette façon?

Des révélations... «Dis-moi ce que tu manges et je te dirai qui tu es» (*Tell me what you eat and I'll tell you who you are*). Est-ce vrai? Trouvez des exemples pour illustrer votre opinion.

---

1. *last*   2. *mixtures*   3. *at a time*   4. *fingers*   5. *on the ground*   6. *share*

Troisième étape

À l'écoute: Les courses

Vous allez écouter une conversation entre un mari et une femme qui font l'inventaire de leurs courses. Faites d'abord l'activité 1, **Avant d'écouter,** puis écoutez en suivant les instructions données.

Avant d'écouter

1 Où est-ce que vous faites vos courses, dans un supermarché ou dans des petits magasins? Préférez-vous les supermarchés ou les petits magasins spécialisés quand vous êtes pressé(e) (*in a hurry*)? quand vous cherchez un produit exotique?

Écoutons

2 Écoutez d'abord en fonction des questions suivantes.

1. Où est-ce que le monsieur a fait ses courses? Dans un supermarché ou dans des petits magasins?

2. Il a «oublié» quelque chose. D'après le contexte, que veut dire **oublier?**
   a. prendre   b. ne pas prendre

3. Qu'est-ce qu'il a oublié?
   a. le lait   b. le pain   c. une spécialité mexicaine

4. Qu'est-ce qui est exotique, selon la dame?

◀ À la Boucherie St. Jean.

3 Écoutez encore en faisant particulièrement attention aux magasins mentionnés. Qu'est-ce que le monsieur a acheté dans chaque magasin?

magasins	produits
la boulangerie	
l'épicerie	
la boucherie	
la charcuterie	

VOCABULAIRE ACTIF

être pressé(e)
faire les courses
oublier

194

4 Écoutez encore en faisant attention aux expressions communicatives.

1. Quels sont les mots utilisés dans la conversation pour

● demander une explication:
a. Quelle chose?   b. Qu'est-ce que c'est que ça?   c. Quelque chose?

● donner une explication:
a. C'est ça.   b. C'est quelque chose que...   c. Ça me semble...

2. Selon la conversation, qu'est-ce que c'est que des tacos? Et comment s'appelle la sauce mexicaine à la tomate et au piment?

5 Le passé. Écoutez une dernière fois en faisant attention aux verbes. Encerclez les formes que vous entendez. Quel est l'infinitif de **pris?**

j'ai fait	j'ai acheté	j'ai trouvé
tu as fait	tu as acheté	tu as trouvé
j'ai pris	j'ai oublié	je n'ai pas oublié
tu as pris	tu as oublié	tu n'as pas oublié

Prononciation   Les articles et l'articulation

● Because it is so common in English to reduce unstressed vowels to an *uh* sound (for example, VIS**t**a, pro**FES**s**or, C**A**pit**al), Anglophones often have the tendency to reduce the vowels in French articles to a brief **e,** thus making **le** and **la,** or **du** and **de** sound alike. It is important to remember that in French, only the *e* **caduc** can be reduced or dropped; all other vowels must be pronounced distinctly, with equal stress.

 Écoutez   Listen to the following sentences from **À l'écoute: Les courses** on the student audio CD, and fill in the articles you hear. Then cross out the *e* **caducs** that are not pronounced in the articles or in boldface in other words. You will hear each sentence twice.

1. Il n'y a plus _____ lait?

2. Mince! J'ai fait _____ courses mais j'ai complèt**e**ment oublié _____ lait!

3. Tu as pris _____ pain?

4. Oui, oui, j'ai pris deux baguettes à _____ boulang**e**rie, et puis à _____ épic**e**rie j'ai acheté _____ légumes, _____ fruits, _____ pâtes, _____ fromage et _____ beurre.

5. Et _____ viande, tu n'as pas oublié _____ viande?

6. Non, non, j'ai ach**e**té du bifteck à _____ bouch**e**rie; et puis j'ai pris _____ jambon et _____ pâté à _____ charcut**e**rie.

Essayez   Practice saying the sentences in **Écoutez** at fluent speed, making sure you drop the *e* **caducs** where necessary, and pronounce all other vowels distinctly. Then listen to the sentences to verify your pronunciation.

Structure: Saying what happened

Le passé composé

Observez et déduisez

> — Mince! J'ai fait les courses mais j'ai oublié le lait.
> — Et la viande, tu n'as pas oublié la viande?
> — Non, j'ai acheté du bifteck à la boucherie.

> - Based on the examples, can you infer how to form the past tense in French?
> - How would you say, "We forgot the ice cream!"?

Vérifiez   *Le passé composé*

- This common past tense is used in French for narrating—telling what happened. It has several English equivalents.

Tu as mangé?	*Did you eat? / Have you eaten?*
Oui, j'ai mangé.	*Yes, I ate. / Yes, I've eaten.*

- The **passé composé** is called a compound tense because it is composed of two parts—an auxiliary (helping) verb and a past participle. The auxiliary verb (**avoir** usually) is conjugated in the present. To form the past participle of **-er** verbs, drop the final **r (aimer)** and add an **accent aigu** to the **e (aimé)**.

  Nous **avons mangé** au restaurant.   Ils **ont payé** mon dîner.

- Negative expressions go around the auxiliary verb; the participle follows.

  Claude **n'**a **pas** oublié les baguettes.
  Claudine **n'**a **jamais** mangé de chips ou de salsita.

VOCABULAIRE ACTIF

hier
payer

- Irregular verbs have irregular past participles that must be learned as they are introduced.

  Elle n'**a** pas **pris** de pain hier (*yesterday*).
  J'**ai fait** les courses la semaine dernière.

le passé composé avec **avoir**

manger	
j' ai mangé	nous avons mangé
tu as mangé	vous avez mangé
il/elle/on a mangé	ils/elles ont mangé

prendre	
j' ai pris	nous avons pris
tu as pris	vous avez pris
il/elle/on a pris	ils/elles ont pris

regular participles: acheté, oublié, payé, cherché, voyagé, étudié, travaillé, etc.
irregular participles: fait (faire), pris (prendre), appris, compris, bu (boire)

Activités

Q **Une histoire.**   Numérotez les phrases suivantes dans l'ordre chronologique selon **À l'écoute: Les courses.**

_____ Le monsieur a acheté du jambon à la charcuterie.

_____ Il dit qu'il a fait les courses.

_____ Il a expliqué ce que c'est que la salsita et les tacos à sa femme.

_____ Il a acheté du pain à la boulangerie.

_____ Il a acheté du bifteck.

_____ Il a pris des fruits et des légumes à l'épicerie.

_____ Il a oublié le lait.

_____ Il a trouvé des tacos aussi.

R **Et vous?**   Qu'est-ce que vous avez fait la semaine dernière? Complétez les phrases suivantes selon vos expériences personnelles.

J'ai / Je n'ai pas...

acheté	a. du (de) lait	b. des (de) tacos	c. des (de) produits bio
pris	a. un (de) petit déjeuner léger		b. une (de) décision
	c. du (de) vin		importante
fait	a. les courses	b. la cuisine	c. mes devoirs
bu	a. de l' (d') eau minérale		b. du (de) lait
	c. un (de) thé pêche		
mangé	a. au restaurant	b. au café	c. à la cafétéria

Maintenant, comparez vos réponses avec celles d'un(e) partenaire. Avez-vous fait les mêmes choses la semaine dernière?

S **Une journée chargée.**   Christine, étudiante à la fac, a fait beaucoup de choses hier. Regardez les images ci-dessous et à la page 198, et parlez de ce qu'elle a fait.

1.   2.   3.

4.   5.   6.

T La semaine dernière? Qu'est-ce que les personnes suivantes ont fait la semaine dernière? Si vous n'êtes pas sûr(e), imaginez!

➡ *Ma camarade de chambre a téléphoné à ses amis, et elle a oublié ses devoirs. Elle a mangé au restaurant; elle a pris du bifteck.*

1. mon/ma camarade de chambre
2. ma mère / mon père
3. mes amis
4. le président des États-Unis

Stratégies de communication

Asking for clarification • Explaining

As you learn a language, you will undoubtedly find yourself asking for an explanation of unfamiliar words at times. Study the dialogues below and answer the following questions.

● What expressions are used to ask what something is?

● What expressions are used to give explanations about things, people, or places **(endroits)?**

—**Qu'est-ce que c'est que ça?**
—**C'est quelque chose que** j'ai trouvé à l'épicerie: **ça s'appelle** des tacos. **Ce sont** des chips de maïs. **C'est** une spécialité mexicaine qu'on mange avec de la salsita.
—**De la quoi?**
—De la salsita. **C'est une espèce de** sauce mexicaine à la tomate et au piment.

—**Qu'est-ce que c'est qu'**un boucher?
—**C'est quelqu'un qui** travaille dans une boucherie.
—**Une quoi?**
—Une boucherie. **C'est là où** on achète de la viande.

Verify your answers in the chart that follows.

explications

pour demander une explication	pour donner des explications sur
Qu'est-ce que c'est qu'un (qu'une)... ?	*une personne* C'est quelqu'un qui... C'est une personne qui...
Qu'est-ce que c'est que ça? Qui est-ce? Un quoi? Une quoi?	*un endroit* C'est là où...
De la quoi? Du quoi? Des quoi?	*une chose* C'est... / Ce sont... C'est quelque chose que... C'est une espèce de... Ça s'appelle...

Activités

U Les Martiens sont arrivés! Vous discutez la vie terrestre (*life on earth*) avec des Martiens. Selon votre expérience ou les photos ci-dessous, expliquez ce que sont ces aliments à vos amis de Mars! Regardez les illustrations pour les numéros 6–10.

➡ un hamburger
— *Qu'est-ce que c'est que ça?*
— *Ça s'appelle un hamburger. C'est quelque chose qu'on peut manger vite. C'est un sandwich avec de la viande, de la tomate et de la salade. C'est une spécialité américaine.*

1. une poissonnerie
2. une quiche
3. une pizza
4. un dessert
5. une boulangerie
6. des légumes sautés
7. une salade du chef
8. le taboulé
9. un sandwich club
10. des lasagnes

des lasagnes ▼

un sandwich club ▼

des légumes sautés ▼

une salade du chef ▼

le taboulé ▶

V Les humains. Maintenant expliquez ce que sont ces personnes à vos nouveaux amis extraterrestres.

➡ un(e) étudiant(e)
 — *Qu'est-ce que c'est qu'un étudiant ou une étudiante?*
 — *C'est une personne qui va à l'université pour apprendre.*
   Elle a des cours de maths, de science et de philosophie, par exemple.

1. une mère
2. un(e) camarade de chambre
3. un(e) ami(e)
4. un cuisinier
5. une actrice
6. un professeur

Jeu de rôle You've just returned from a vacation spot where you ate in several "exotic" restaurants. Prepare a skit in which you tell your partner about the unusual dishes you had to eat. Your partner will ask you questions about the foods that you mention. Do your best to describe them using the expressions in the **Stratégies de communication.**

Intégration

Littérature: Du camembert, chéri...

The literary excerpt you are about to read comes from Cameroon (**le Came-roun**), West Africa. Although Cameroon has been an independent republic since 1960, its colonial past, first German, then both British and French, has left an indelible mark. The language of most of Cameroon is French; French culture and French products are present everywhere. Caught between ancestral traditions and the commercial and social appeal of foreign modernism, small countries such as Cameroon have struggled over the years to define their national identity. Writer Guillaume Oyônô Mbia has portrayed this struggle.

Born in 1939 in Cameroon, Guillaume Oyônô Mbia studied in England and France before becoming a professor at the University of Yaoundé, the capital of Cameroon. He is known for his tales, his plays, and his sense of humor.

The following scene, taken from *Notre fille ne se mariera pas* (*Our daughter won't get married*), a play first performed on the French radio network in 1971, portrays a "modern" family in Yaoundé. Colette Atangana is trying to educate her ten-year-old son, Jean-Pierre, but experiences a few frustrations, which she expresses to a friend, Charlotte.

Avant de lire

1 Qu'est-ce qu'on fait au nom des bonnes manières à table? Cochez toutes les réponses qui vous semblent appropriées.

_____ On accepte de manger des choses qu'on n'aime pas.

_____ On mange avec le couteau dans la main droite et la fourchette dans la main gauche.

_____ On ne parle pas quand on mange.

_____ On refuse de manger des produits qui sont nouveaux ou exotiques.

_____ ?

En général

2 Parcourez le texte une première fois en fonction des questions suivantes.

1. *Du camembert, chéri...* c'est l'histoire d'une mère qui
   a. demande à son fils d'aller chercher du camembert.
   b. demande à son fils de manger moins de camembert parce que ça coûte cher.
   c. veut forcer son fils à manger du camembert.
   d. ne veut pas que son fils mange du camembert parce que c'est réservé aux adultes.
2. Parmi les bonnes manières mentionnées dans **Avant de lire**, laquelle/lesquelles Colette veut-elle apprendre à son fils?

Du camembert, chéri...

COLETTE: C'est vrai que tu refuses de manger ton camembert, chéri?

JEAN-PIERRE: Je n'aime pas le camembert!

COLETTE: La question n'est pas là! Il ne s'agit pas° d'aimer le camembert: *Il... Ce n'est pas une question*
il s'agit de le manger comme un bon petit garçon! (*L'entraînant*°   *dragging him*
de force vers la table) Viens!

JEAN-PIERRE: (*qui commence à pleurer*) J'aime pas le camembert!

COLETTE: (*tendre mais ferme*) Il faut° le manger, chéri! Apprends à manger   *Il est nécessaire de*
le camembert pendant que° tu es encore jeune! C'est comme ça   *quand*
qu'on acquiert° du goût°! Onambelé!   *développe / taste*

ONAMBELÉ: Madame?

COLETTE: Apporte-nous un couvert! Apporte-nous aussi la bouteille de
Châteauneuf-du-Pape° que nous avons commencée! (*Onambelé*   *vin français*
apporte le couvert et le vin.)

JEAN-PIERRE: (*pleurant toujours*) J'veux pas de camembert!

COLETTE: (*toujours tendre et ferme*) Il faut vouloir le manger, chéri! C'est la
culture!

JEAN-PIERRE: (*obstiné*) J'veux pas manger de culture! (*Tous les adultes éclatent*
de rire°.)   *burst out laughing*

COLETTE: Dis donc, Charlotte, pourquoi est-ce qu'il n'a pas de goût,
cet enfant? Je fais pourtant tout ce que je peux pour lui appren-
dre à vivre°! Le chauffeur va le déposer° à l'école urbaine   *live / drop him off*
chaque matin pour éviter° que les autres enfants ne lui parlent   *avoid*
une langue vernaculaire. J'ai déjà renvoyé trois ou quatre
maîtres d'hôtel parce qu'ils servaient des mangues, des ananas
et d'autres fruits du pays au lieu de lui donner des produits
importés d'Europe, ou, à la rigueur, des fruits africains mis en
conserve en Europe, et réimportés. Je ne l'autorise presque°   *almost*
jamais à aller rendre visite à la famille de son père, parce que
les gens de la brousse° boivent de l'eau non filtrée. Enfin, je fais   *bush country*
tout ce qu'une Africaine moderne peut faire pour éduquer son
enfant, et il refuse de manger du camembert! Écoute, mon
chéri! Tu vas manger ton camembert!

JEAN-PIERRE: (*criant*) Mais puisque je te dis que j'aime pas le camembert!

COLETTE: (*doucement*°) Je te répète qu'on ne te demande pas de l'aimer.   *softly*
On te demande de le manger!... Comme ceci, regarde! (*Elle*
prend un peu de camembert et de pain, et commence à le manger.) Je
le mange! Je le... (*Elle s'étrangle*° *un peu.*) Zut!... Donne-moi un   *chokes*
verre de vin, Onambelé! (*Colette boit le vin et tousse*°.) Tu as vu?   *coughs*
Tu crois que j'aime le camembert, moi?

JEAN-PIERRE: (*naïvement*) Pourquoi tu le manges, alors?

Extrait de *Notre fille ne se mariera pas* (Guillaume Oyônô Mbia).

En détail

3 **Les mots.**   Pouvez-vous déduire le sens des mots en caractères gras dans le contexte suivant?

> J'ai déjà **renvoyé** trois ou quatre **maîtres d'hôtel** parce qu'ils servaient des **mangues,** des ananas et d'autres fruits du pays **au lieu de** lui donner des produits importés d'Europe, ou, **à la rigueur,** des fruits africains **mis en conserve** en Europe, et réimportés.

1. renvoyé
2. un maître d'hôtel
3. une mangue
4. au lieu de
5. à la rigueur
6. mis en conserve

a. canned, processed
b. instead of
c. if need be
d. mango
e. type of servant
f. fired, dismissed

4 **Le texte**

1. Vrai ou faux?   Si c'est faux, corrigez.

a. Colette veut que son fils *aime* le camembert.
b. Selon Colette, c'est plus facile d'acquérir du goût quand on est jeune.
c. Jean-Pierre pense que la culture, c'est quelque chose à manger.
d. Jean-Pierre a l'occasion de parler en langue africaine avec les autres enfants quand il va à l'école.
e. Selon Colette, les produits importés d'Europe sont meilleurs que les produits africains.
f. Jean-Pierre va souvent rendre visite à la famille de son père.
g. Colette a besoin d'un verre de vin pour cacher (*hide*) le goût du camembert.
h. Jean-Pierre ne comprend pas sa mère.

2. L'éducation de Jean-Pierre.   Qu'est-ce qu'il faut ou ne faut pas faire, selon Colette? Complétez le tableau.

Il faut	Il ne faut pas
manger du camembert	*manger des mangues fraîches*

3. Le symbolisme.   Qu'est-ce que le camembert symbolise dans ce texte? Et les produits africains?

Et vous?

1. Quel est le message de ce texte pour vous? Est-ce un message positif? négatif?
2. Est-ce que Colette Atangana existe dans la société américaine? Décrivez-la.
3. Avec un(e) partenaire, préparez un petit sketch où une maman veut forcer son enfant à manger quelque chose. Déterminez d'abord le produit alimentaire que vous allez utiliser et les raisons de la mère (c'est bon pour la santé, c'est la culture, tout le monde le fait [*everybody does it*], quand on a de bonnes manières... etc.). Ensuite, en imitant le style de Guillaume Oyônô Mbia, écrivez votre sketch, et puis jouez-le devant la classe!

Par écrit: Eat, drink, and be merry!

Avant d'écrire

A **Strategy: Anticipating readers' questions.** Written communication is more difficult than oral communication because the other party is not present to ask for clarification or elaboration. You must anticipate the questions that your reader will likely have about the topic you are discussing. Try jotting down possible questions before you begin writing to help you better organize your thoughts.

Application. If you sent your family the menu from Al Fassia on the next page, what questions might they have about your dining experience there? If you were cooking a special dinner for friends and your roommate were to do the shopping, what questions might he or she have about those errands? Write two sets of questions.

Questions: *menu, repas à Al Fassia*
Questions: *les courses, les menus*

VOCABULAIRE ACTIF

après
d'abord
enfin
ensuite
finalement
premièrement
puis

B **Strategy: Organizing a narrative.** Use transitional words when describing a sequence of events to avoid a choppy writing style.

to introduce a sequence:	premièrement, d'abord
to connect the events:	puis, ensuite, après
to show contrast:	mais, par contre
to conclude:	enfin, finalement

Application. Look at the first set of questions you prepared in A. Imagine how you might describe dinner at Al Fassia. Write four sentences that you could use in your letter, beginning each sentence with a transitional word from among those listed above.

■ *Écrivez*

1. Vous avez mangé hier soir au restaurant Al Fassia avec vos amis marocains. Le repas? Magnifique! Écrivez une lettre à votre famille en vous inspirant des menus ci-dessous—de 180 dhs (dirhams—la monnaie marocaine), 220 dhs ou 340 dhs selon votre préférence et votre situation financière! Parlez de ce que vous avez mangé et bu. Décrivez les plats à l'aide de circonlocutions et d'imagination! Rappelez-vous les questions que votre famille va avoir en lisant le menu. N'oubliez pas d'employer des expressions de transition.

➡ *Chers tous,*
   Hier soir, j'ai mangé un repas magnifique au restaurant Al Fassia...

2. Votre camarade de chambre et vous invitez des amis à dîner ce soir. Vous allez préparer le repas, et votre camarade va faire les courses. Écrivez-lui un message en anticipant ses questions et en expliquant ce qu'il/elle a besoin (*needs*) d'acheter et où. (Structure utile: l'impératif, **Chapitre 3,** page 113.)

Al Fassia

Menu Gastronomique
180 dhs

Assortiment de Salades Marocaines

Sélection de Briouates

Tagine de Poulet M'charmal

Salade d'Oranges à la Cannelle

Thé à la Menthe

✤ ✤ ✤ ✤ ✤

Menu Gastronomique
220 dhs

Assortiment de Salades Marocaines

Pastilla aux Fruits de Mer

Couscous au choix

Corbeille Fruits de Saison

Pâtisseries Marocaines

Thé à la Menthe

Menu Dégustation
340 dhs (par personne)

Harira Traditionnelle aux Dattes et Citron

✤ ✤ ✤

Assortiment de Salades Marocaines

✤ ✤ ✤

Sélection de Briouates

✤ ✤ ✤

Pastilla aux Pigeons et Amandes

✤ ✤ ✤

Tagine de Loup de Mer farci au Riz et aux Dattes

✤ ✤ ✤

Couscous au choix

✤ ✤ ✤

Corbeille Fruits de saison

✤ ✤ ✤

Pâtisseries Marocaines

✤ ✤ ✤

Thé à la Menthe

---

tagine = *dish baked for hours in a clay pot*   harira = *traditional Moroccan soup*   briouates = *flaky, filled pastry*

Synthèse culturelle

*Certains de nos tabous culturels les plus forts se rapportent[1] à la nourriture. Y a-t-il des choses qui ne vous sembleraient **pas** mangeables?*

Laïla: Je ne peux pas manger de porc, mais ceci est dû à ma religion... Une autre chose qui ne me semble pas mangeable est la pizza à l'ananas. Aussi je ne pourrais jamais boire du «root beer».

Laïla

Aïssatou: Des escargots, le rat, le singe[2] ou le cheval[3]...

Frédéric: Requin[4], insectes...

Nathalie D.: Des viandes crues[5].

Aïssatou

Vous avez sans doute observé (chez des gens que vous avez connus ou pendant vos voyages) des coutumes se rapportant au manger ou au boire qui vous ont semblé bizarres. Donnez un exemple et décrivez votre réaction au moment de l'incident.

Frédéric

David: Il est extrêmement étonnant pour les Français de constater la pratique du «doggy bag» consistant à ramener à la maison ce qu'on n'a pas terminé au restaurant.

Nathalie D.

Aïssatou: ... une habitude générale qui m'a frappée depuis que je suis arrivée aux USA. Il s'agit de cette tendance à jeter dans la poubelle[6] le reste des aliments préparés même si personne n'y a touché.

David

Isabelle: Lorsque je suis arrivée aux États-Unis, j'étais surprise de voir[7] à quel point les Américains mangeaient rapidement... Aussi j'étais surprise de voir à quel point tout ce qu'ils mangeaient était sorti tout droit d'une boîte[8].

Isabelle

TASK: Quelles sont les coutumes se rapportant au manger et au boire chez vous? Qu'est-ce qui se passe si vous ne vous conformez pas aux coutumes? Essayez! Mangez à la française (couteau dans la main droite, fourchette dans la main gauche) par exemple, ou buvez à grand bruit[9] votre café. Quelles sont les réactions de votre famille? de vos copains? de votre camarade de chambre? Si vous êtes vraiment courageux, mangez quelque chose de «tabou». Décrivez l'expérience.

---

1. *are related to*   2. *monkey*   3. *horse*   4. *shark*   5. *raw*   6. *throw in the trash*   7. *see*   8. *came out of a box/can*
9. *slurp*

VOCABULAIRE ACTIF

Au restaurant / au café

la cantine *the cafeteria*
un client / une cliente *a customer*
le fast-food *fast food*

le menu / la carte *the menu*
un serveur / une serveuse *a waiter / a waitress*

Pour commander

Monsieur/Mademoiselle, s'il vous plaît?
  Sir/Miss, please?
Vous désirez? *Are you ready to order?*
Je voudrais... *I would like . . .*

Je vais prendre... *I'm going to have . . .*
Et pour moi... *For me . . .*
L'addition, s'il vous plaît. *The check, please.*

Les boissons froides

une bière *a beer*
une bouteille d'eau minérale *a bottle of
  mineral water*
une carafe d'eau *a pitcher of water*
un citron pressé *fresh lemonade*

un coca *a Coke*
un jus de fruits *fruit juice*
du jus d'orange *orange juice*
une limonade *lemon soda*
du vin rouge/blanc *red/white wine*

Les boissons chaudes

un café *coffee*
un café crème *coffee with cream*
du café au lait *coffee with milk*
un chocolat *hot chocolate*

un thé nature *tea*
un thé au lait *tea with milk*
un thé citron *tea with lemon*

Les repas (m.)

le petit déjeuner *breakfast*
le déjeuner *lunch*

le dîner *dinner*
le souper *dinner*

Les plats (m.)

un hors-d'œuvre *starter, hors d'oeuvre*
la soupe *soup*
un plat garni *main dish, entree*

la salade *salad*
le dessert *dessert*

Les aliments (m.)

Les produits (m.) énergétiques

une baguette
des biscuits (m.) *cookies*
des céréales (f.) *cereals*
un croissant

le pain *bread*
du pain grillé *toast*
des pâtes (f.) *pasta*
du riz *rice*

Les fruits (m.)

de l'ananas (m.) *pineapple*
une banane *a banana*
une fraise *a strawberry*
une framboise *a raspberry*

une orange *an orange*
une pêche *a peach*
une poire *a pear*
une pomme *an apple*

Les légumes (m.)

de l'ail (m.) *garlic*
du brocoli
une carotte *a carrot*
des champignons (m.) *mushrooms*
des courgettes (f.) *squash*
des haricots (m.) verts *green beans*

du maïs *corn*
un oignon *an onion*
des petits pois (m.) *peas*
une pomme de terre *a potato*
une tomate *a tomato*

La viande

un bifteck/un steak *a steak*
du bœuf *beef*
une côtelette de veau *a veal chop*
du jambon *ham*

du porc *pork*
du poulet *chicken*
du rosbif *roast beef*
du rôti de porc *pork roast*

Le poisson et les fruits de mer

des crevettes (f.) *shrimp*
du homard *lobster*

des huîtres (f.) *oysters*
du thon *tuna*

Les plats préparés

des frites (f.) *French fries*
du pâté
une pizza
un produit surgelé *frozen food*

une quiche
un sandwich
une saucisse *a sausage*
du saucisson *hard salami*

Les fromages (m.)

le brie   le camembert   le roquefort

Les desserts (m.)

un gâteau *a cake*
une glace (à la vanille, au chocolat) *ice cream*
la mousse au chocolat *chocolate mousse*

une tarte (aux pommes, aux fraises) *a tart*
un yaourt *a yogurt*

Divers

du beurre *butter*
la confiture *jam*
du lait *milk*

un œuf *an egg*
du poivre *pepper*
une recette *a recipe*

du sel *salt*
du sucre *sugar*

Les rayons (m.) et les magasins (m.)

la boucherie (du coin)
  the (neighborhood) butcher shop
la boulangerie *the bakery*
la charcuterie *the deli*
l'épicerie *the grocery store*

les grandes surfaces (f.) *super stores*
la pâtisserie *the pastry shop*
la poissonnerie *the fish market*
le rayon (fromages, etc.) *the (cheese) section*
le supermarché *the supermarket*

Le couvert

une assiette *a plate*
un couteau *a knife*
une cuillère *a spoon*
une fourchette *a fork*

une serviette *a napkin*
une tasse *a cup*
un verre *a glass*

Adjectifs

biologique (bio) *organic*
cher (chère) *expensive*
diététique
en boîte *canned*
frais (fraîche) *fresh*

gras (grasse) *fatty, greasy*
léger (légère) *light*
ordinaire *ordinary*
pressé (un citron) *squeezed*

pressé(es) (les gens) *rushed*
sain(e) *healthy*
sucré(e) *sweet*
surgelé(e) *frozen*

Verbes et expressions verbales

avoir faim *to be hungry*
avoir soif *to be thirsty*
boire *to drink*
commander *to order*
être au régime *to be on a diet*

être pressé(e) *to be in a hurry*
faire les courses *to go grocery shopping*
grignoter *to snack*
oublier *to forget*
payer *to pay*

Expressions négatives

ne... jamais *never*

ne... plus *not . . . anymore, no longer*

Expressions de quantité

assez (de) *enough*
une boîte (de) *a can, a box*
une douzaine (de) *a dozen*
100 grammes (de)
un kilo (de) *a kilo (2.2 lbs)*

un litre (de) *a liter*
une livre (de) *a pound*
un morceau (de) *a piece*
pas du tout (de) *not at all*

un peu (de) *a little*
une tranche (de) *a slice*
trop (de) *too much*
trop peu (de) *too little*

Expressions de comparaison

aussi... que *as . . . as*
moins... que *less . . . than*
plus... que *more . . . than*
meilleur(e) *better (adj.)*

mieux *better (adv.)*
autant de... que *as much/as many (+ noun) as*
moins de... que *less (+ noun) than*
plus de... que *more (+ noun) than*

Pour demander ou donner une explication

Qu'est-ce que c'est que ça? *What's that?*
Qu'est-ce que c'est que... ? *What is . . . ?*
C'est quelque chose que... *It's something that . . .*
C'est quelqu'un qui... *It's someone who . . .*
C'est une espèce de... *It's a kind of . . .*

C'est là où... *It's where . . .*
De la (Du) quoi? *Some what?*
Un(e) quoi? *A what?*
Ça s'appelle... *It's called . . .*

Mots de transition

premièrement, d'abord *first*
puis, ensuite *then*

pas tout à fait *not quite*
après *after that*

enfin, finalement *finally*

Divers

une habitude *a habit*   hier *yesterday*   un régime *a diet*   la santé *health*

EXPRESSIONS POUR LA CLASSE

avoir lieu *to take place*   examinez *examine*   utilisez *use*

6

Le temps et les passe-temps

This chapter will enable you to

- understand a weather report and a conversation about sports
- read humorous texts about people's reactions to television and to the weather
- describe the weather
- talk about your favorite pastimes in the present and in the past
- extend, accept, and decline invitations
- avoid repetition through the use of pronouns

Où le patinage sur glace est-il un passe-temps favori? Et vous? Quels sont vos passe-temps préférés aux différentes saisons? Est-ce que vous aimez lire? regarder la télévision?

À l'écoute: Le bulletin météo

Imaginez que vous écoutez la radio, et voici le bulletin météorologique! Pour bien le comprendre, faites les activités 1 et 2 avant d'écouter, puis écoutez en suivant les instructions données.

Avant d'écouter

1 Quel temps fait-il? Voici les possibilités, dans le langage des bulletins météo.

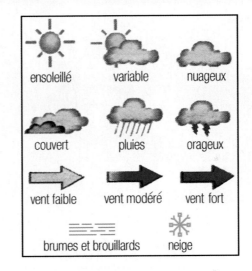

En langage ordinaire, les expressions suivantes sont plus communes. Avec quels symboles peut-on les associer?

Il fait du soleil.	**Il fait du vent.**
Il pleut.	**Il neige.**
Le ciel est couvert.	**Il y a des nuages. / Le temps est nuageux.**
Il fait du brouillard.	**Il fait mauvais.**
Il fait beau.	

En matière de **températures,** c'est une question de degrés, n'est-ce pas?

30°	**Il fait chaud.**
20°	**Il fait bon.**
10°	**Il fait frais.**
0°	**Il fait froid.**

2 Vous allez entendre un bulletin météo du mois d'août. En regardant la carte qui l'accompagne (page 212), qu'est-ce que vous anticipez pour les grandes villes mentionnées? Où est-ce qu'il pleut? Où est-ce qu'il fait du soleil? Est-ce qu'il va faire frais ou chaud sur la plus grande partie de l'Europe?

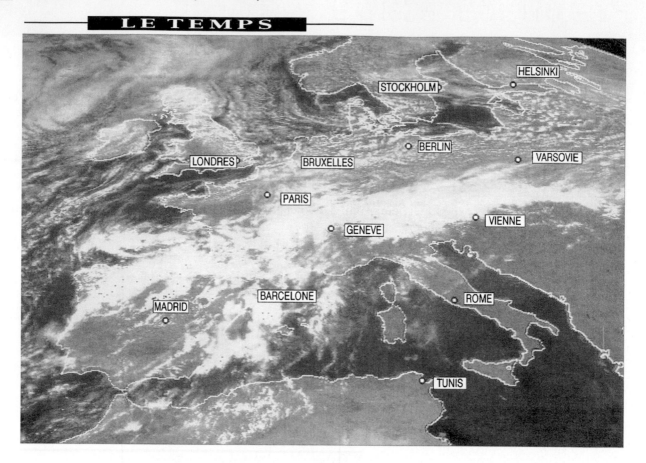

Note culturelle

Les températures. Dans le monde francophone, les températures sont en degrés Celsius, ou centigrades. 0° Celsius = 32° Fahrenheit; 10° C = 50° F; 20° C = 68° F; 30° C = 86° F; 37° C = 98° F (température du corps humain); 40° C = 104° F. Quelle température fait-il chez vous aujourd'hui en degrés Celsius?

Écoutons

3 Écoutez une ou deux fois en regardant les possibilités météorologiques données dans **Avant d'écouter.** Lesquelles sont mentionnées dans ce bulletin météo?

4 Quelles sont les températures mentionnées dans ce bulletin météo pour la plus grande partie de l'Europe? Est-ce que ce sont des températures normales pour la saison? Quelles sont les températures mentionnées pour Madrid et Rome?

le temps

Le ciel est couvert
Il fait beau, mauvais...
Il fait du brouillard
Il fait du soleil
Il fait du vent
Il neige (la neige)
Il pleut (la pluie)
la température
Le temps est
  ensoleillé, variable,
  nuageux (un nuage),
  orageux (un orage)

5 L'Europe

1. Écoutez encore pour identifier les pays qui sont mentionnés. Encerclez les noms que vous entendez.

l'Espagne (Madrid)
la France (Paris)
la Pologne (Varsovie)
la Belgique (Bruxelles)
l'Italie (Rome)

la Suisse (Genève)
la Scandinavie (Stockholm, etc.)
les Îles Britanniques (Londres)
l'Autriche (Vienne)
l'Allemagne (Berlin)

2. Quel est le pays d'origine de ce bulletin météo?

6 Écoutez une dernière fois pour identifier les points cardinaux qui sont mentionnés.

Les pluies ont touché le _____ de l'Espagne...

Cette zone de perturbation se déplace (progresse) lentement

vers _____. En montagne, quelques chutes de neige

(*snowfalls*) avec un vent d'_____. Pour trouver le

soleil, il faut aller bien au _____ de l'Europe.

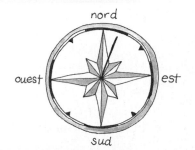

Prononciation — Les sons [o] et [ɔ]

- [o] is the closed *o* sound in **météo** and **b**e**au.**
  [ɔ] is the open *o* sound in **al**o**rs** and **c**o**mme.**

Écoutez Listen to the following expressions from **À l'écoute: Le bulletin météo** on the student audio CD, and in the chart, indicate the *o* sounds you hear. You will hear each expression twice. The first expression has been done for you.

nord, sud, est, ouest
une montagne
un pays

	[o]	[ɔ]
1. Les nouvelles ne sont pas très b**o**nnes.		✔
2. n**o**tre pays		
3. une grande partie de l'Eur**o**pe		
4. le n**o**rd de l'Espagne		
5. Cette z**o**ne de perturbation		
6. des **o**rages		
7. un vent d'ouest m**o**déré		
8. Pour trouver le s**o**leil,		
9. il f**au**t aller bien **au** sud		
10. 32 degrés à R**o**me		

Now practice saying the expressions aloud. Then listen to the expressions again to verify your pronunciation.

● As you can tell, the open [ɔ] is more common in French. The closed [o] occurs only in the following cases:

as the final sound in a word	m**o**t, styl**o**
when followed by a [z] sound	ch**o**se, p**o**ser
when spelled **ô**	h**ô**tel, dipl**ô**me
when spelled **au** or **eau**	ch**au**d, b**eau**coup
in a few isolated words	z**o**ne

Exception: au + [r] = [ɔ]: rest**au**rant, **au** revoir.

Essayez!   Practice saying and contrasting the following pairs of *o* sounds. Then listen to them on the student audio CD to verify your pronunciation.

1. **Prononcez.**

[o]	[ɔ]
nos	notre
vos	votre
allô	alors
beau	bonne
faux	folle

2. [o] **ou** [ɔ]?   In the following sentences, underline the [o] sounds with one line, and the [ɔ] sounds with two lines.

   a. Zut alors! j'ai oublié les côtelettes de veau et le chocolat!
   b. Mais j'ai pris un kilo de pommes et un morceau de roquefort.
   c. Le magnétoscope et la radio sont sur la commode, à côté de la porte.
   d. Il ne fait pas trop chaud en octobre.
   e. Quand il fait beau, on joue au golf ou on fait du vélo.

Now practice saying the sentences aloud, then listen to them on the student audio CD to verify your pronunciation.

Vocabulaire

Le temps et les saisons

Comment est le climat au Québec?

1. En hiver, il fait très froid (entre −10° et −30°), et le temps est souvent nuageux.
2. Au printemps, il fait bon, mais le temps est variable.
3. En été, les températures varient entre 20° et 35°.
4. En automne, les arbres sont magnifiques avec leurs feuilles jaunes et rouges.

À quelle phrase correspond la photo?

◀ Le célèbre Bonhomme du Carnaval de Québec.

Note culturelle

www

Festivals québécois.   Les Québécois fêtent la beauté et les plaisirs de l'hiver chaque année en février avec un festival dominé par des activités culturelles, sportives et artistiques, y compris des courses de traîneaux à chiens (*dogsled races*), des courses en canot (*canoe*), des défilés (*parades*) et des bals. La vedette (*star*) de la fête? L'ambassadeur du Carnaval, Bonhomme Carnaval. Le Carnaval de Québec est le plus grand carnaval d'hiver du monde.

En été, la ville vous offre le Festival international d'été de Québec, le plus grand événement culturel francophone en Amérique du Nord. Le festival comprend des centaines de spectacles en salle et à ciel ouvert, y compris des cirques, de la musique et du théâtre.

Y a-t-il des festivals particuliers dans votre région? Lesquels? Comment sont-ils?

Activités

A **Le temps au Canada.**   Regardez la carte météorologique à la page 216, puis complétez les phrases avec le nom d'une ville logique.

1. Le ciel est couvert à _____ .

2. Il neige à _____ .

3. À _____ il fait du soleil, mais il ne fait pas chaud.

4. Il pleut à _____ .

5. Le temps est variable à _____ .

6. Il fait assez frais à _____ .

7. Il fait beau à _____ .

8. La température est entre 0 et −7 degrés à _____ .

Maintenant, choisissez deux villes et parlez du temps qu'il y fait.

➡ *À Whitehorse il fait très froid et il ne fait pas de soleil. Le ciel est couvert et il neige. La température est entre −20 et −8 degrés.*

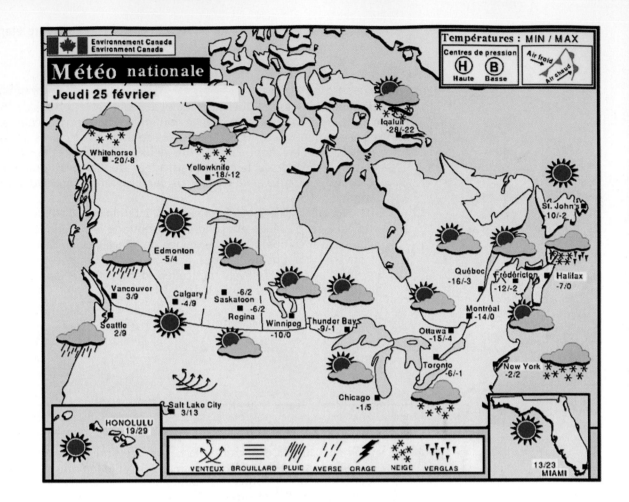

B **Le climat chez vous.** Expliquez à votre partenaire le temps qu'il fait chez vous selon les indications.

➡au mois d'avril
Au mois d'avril il fait du soleil et il fait très bon. Il ne pleut pas souvent.

1. aujourd'hui   3. en été   5. en hiver
2. au printemps   4. en automne   6. le jour de votre anniversaire

C **Et demain?** Regardez les images et dites quel temps il **va** faire cette semaine.

➡*Aujourd'hui le temps est variable mais il va faire bon.*

Prévision à long terme pour **Québec**

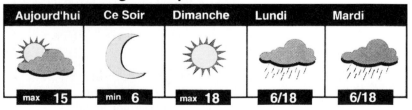

Aujourd'hui	Ce Soir	Dimanche	Lundi	Mardi
max 15	min 6	max 18	6/18	6/18

D **Un bulletin météorologique.** Préparez un bulletin météorologique. Parlez du temps qu'il fait aujourd'hui et du temps qu'il va faire demain, puis présentez-le à la classe.

Structure: Narrating past actions

Le passé composé avec **être**

Observez et déduisez

In **Chapitre 5,** you learned to say what happened in the past in French using the **passé composé.** This section introduces new information about that verb tense.

Anne et sa famille sont allées à Québec pour participer au Carnaval d'hiver. La famille est arrivée sous un ciel ensoleillé, et tout le monde est allé voir le célèbre défilé avec l'ambassadeur de la fête, Bonhomme Carnaval. Après, Anne et sa sœur sont entrées dans le Palais de Glace de Bonhomme pour voir le spectacle multimédia. Ses frères sont allés regarder la course en canot, et ses parents sont montés dans un traîneau à chien pour faire une promenade. Vers minuit, la famille est retournée à l'hôtel—très fatiguée après une belle journée à Québec.

VOCABULAIRE ACTIF

arriver
entrer dans
monter dans
passer par
rentrer
rester
retourner
tomber

- How does the past tense of the verbs in the examples above differ from the past tense of verbs you learned in **Chapitre 5**?
- Look at the past participles of the verbs in the preceding paragraph: **allées, arrivée, allé, entrées, allés, montés, retournée.** Formulate a rule that would explain the differences in the endings of the participles.

Vérifiez *Le passé composé avec* **être**

- A few common verbs like **aller** use **être** as the auxiliary in the **passé composé.**

    — Il est allé à Montréal? *Did he go to Montreal?*
    Has he gone to Montreal?
    — Non, il est allé à Québec. *No, he went to Quebec.*
    No, he's gone to Quebec.

- Some other verbs requiring **être** in the **passé composé** include **arriver, entrer dans, monter dans** (*to go up, get on or in*), **passer par, rentrer, rester** (*to stay*), **retourner,** and **tomber** (*to fall*).

● The past participle of verbs conjugated with **être** agrees in number and gender with the *subject* of the verb.

> **La famille** est arriv**ée** sous un ciel ensoleillé.
> **Les sœurs** sont entr**ées** dans le Palais de Glace.
> **Les frères** sont all**és** à la course en canot.
> **Papa** est tomb**é** dans la neige!

Activités

E **Voyages.** La famille Napesh fait beaucoup de voyages en été. Écoutez le professeur parler de la famille, et écrivez la bonne destination pour chaque personne. Ensuite, indiquez si le voyage est présent, passé ou futur.

Halifax   Ottawa   Québec   Iqaluit   Montréal   Toronto

	destination?	présent / passé / futur?
Siméon	_____	_____
Marie/Élisabeth	_____	_____
Maman	_____	_____
Joseph	_____	_____
Papa/Angélique	_____	_____
les garçons	_____	_____

Maintenant, parlez du temps qu'il fait à chaque destination selon la carte météorologique à la page 216.

F **Quelle journée!** Louis n'a pas fait de voyage, mais il a eu une journée chargée quand même. En regardant l'image ci-dessous, dites ce qu'il a fait à l'aide des verbes suivants.

rester à la maison	rester une heure au musée	monter dans un taxi
tomber dans la rue	passer par l'épicerie	aller au cinéma
rentrer à 5h du soir	entrer dans des magasins	?

➡ *Il n'est pas resté à la maison.*

Vocabulaire

Pour parler du passé, du futur et de la ponctualité

The chart below contains some useful expressions for referring to past and future times. Fill in the blanks by studying the expression used in the opposite column and writing its counterpart for expressing the past or future as required.

aujourd'hui
mardi le 9

hier   ←——→   demain
lundi le 8   mercredi le 10

	demain matin
hier après-midi	
	demain soir
vendredi (dernier)	vendredi (prochain)
	la semaine prochaine
le mois dernier	
l'année dernière	

The expressions tôt and tard that you learned in Chapitre 4 are used to refer to the hour, not to people.

● Read the following paragraph and examine the time line. Then, using context and cognates, infer the meaning of the words in boldface type.

8h	9h	9h30	10h
(il y a une heure et demie)	(en avance)	(à l'heure)	(en retard)

Anne a un rendez-vous à 9h30 ce matin, alors elle a pris le train **il y a** une heure et demie (à 8h). Si elle arrive au bureau à 9h30, elle est **à l'heure.** Si elle arrive à 10h, elle est **en retard.** Si elle arrive à 9h, elle est **en avance.**

Match the expressions in the two columns.

1. il y a   a. on time
2. à l'heure   b. early
3. en retard   c. ago
4. en avance   d. late

■ *Activités*

G Il y a longtemps?   Dites la dernière fois (*time*) que vous avez fait les activités suivantes.

➡ aller en vacances   *Je suis allé(e) en vacances il y a 7 mois.*

aller à un carnaval   rester à la maison toute la journée
arriver en classe en avance   arriver en classe en retard
rentrer à 9h un samedi soir   manger au restaurant
regarder la télé

H Calendrier.   Nous sommes aujourd'hui le 8 juin... Dites ce que Charles a fait récemment et ce qu'il *va* faire en employant le calendrier ci-dessous.

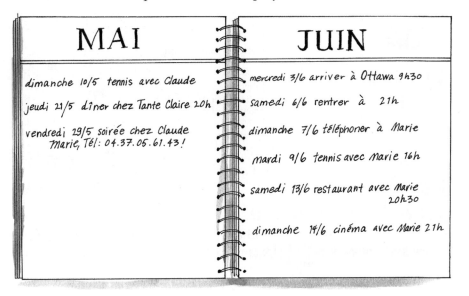

MAI

dimanche 10/5 tennis avec Claude

jeudi 21/5 dîner chez Tante Claire 20h

vendredi 29/5 soirée chez Claude
    Marie, Tél: 04.37.05.61.43!

JUIN

mercredi 3/6 arriver à Ottawa 9h30

samedi 6/6 rentrer à 21h

dimanche 7/6 téléphoner à Marie

mardi 9/6 tennis avec Marie 16h

samedi 13/6 restaurant avec Marie
    20h30

dimanche 14/6 cinéma avec Marie 21h

I Discussion.   Discutez avec un(e) partenaire d'un voyage mémorable que vous avez fait. Où est-ce que vous êtes allé(e)? Est-ce qu'il a fait beau? mauvais? Combien de temps est-ce que vous êtes resté(e)? Qu'est-ce que vous avez fait? etc.

➡ *L'été dernier je suis allé(e) au Festival international d'été à Québec...*

Jeu de rôle   Weekend plans vary with personal preferences and according to the weather. With two classmates, play the roles of three friends who have different preferences. One of you likes sports; another music, movies, and videos; the third likes to stroll around town and eat in restaurants. One is always late; another likes to arrive early. Discuss what you did last weekend, then decide on something different for this weekend. Make two sets of plans: what will you do if the weather's nice? What will you do if it rains?

Deuxième étape

Lecture: La télévision

■ Avant de lire

1 Quelles sortes d'émissions aimez-vous regarder à la télévision? Numérotez les émissions suivantes dans l'ordre de vos préférences (de 1 à 8).

_____ les films

_____ les jeux télévisés (comme *La Roue de la Fortune*)

_____ le journal télévisé (les informations)

_____ les magazines et documents

_____ les sports

_____ les variétés (musiciens, comédiens)

_____ les dessins animés (comme *Winnie l'Ourson* ou *Pokémon*)

_____ les feuilletons (les séries en épisodes, comme *The West Wing*)

2 Chez vous, qui contrôle la télé-commande (*remote control*)? Êtes-vous un «zappeur»? Quand changez-vous de chaîne (*channel*)? Cochez les réponses appropriées et ajoutez d'autres possibilités.

_____ quand il y a des pubs (publicités)

_____ quand il y a deux émissions intéressantes en même temps

_____ quand il n'y a rien (*nothing*) d'intéressant à voir

_____ quand les nouvelles sont trop déprimantes (*depressing*)

_____ quand vous êtes morose (triste)

_____ ?

■ En général

3 Le texte que vous allez lire est une bande dessinée. Parcourez la bande dessinée une première fois pour identifier l'idée principale. **Les zappeurs,** c'est l'histoire d'une famille qui

a. achète une nouvelle télévision et la regarde pour la première fois.
b. n'est pas contente parce que la nouvelle télé ne fonctionne pas bien.
c. regarde une nouvelle chaîne de télé et ne l'aime pas.
d. aime beaucoup la chaîne «anti-morosité».

Les zappeurs

© Éditions Dupuis, «Les zappeurs» par Ernst Charleroi.

En détail

4 Les images et le texte. Les paraphrases suivantes sont-elles vraies ou fausses selon les images? Corrigez les fausses, puis indiquez à quelle(s) image(s) elles correspondent.

image(s)

1. Le programme de télé annonce une nouvelle chaîne.   _____
2. La réaction à l'idée d'une chaîne «anti-morosité» est très positive chez les enfants et très négative chez les parents.   _____
3. La nouvelle chaîne donne seulement de mauvaises nouvelles.   _____
4. Le père veut «zapper» mais le fils ne veut pas.   _____
5. Les nouvelles traditionnelles sont plus intéressantes!   _____

VOCABULAIRE ACTIF

une bande dessinée
une chaîne
changer de chaîne
un dessin animé
une émission
un feuilleton
un jeu télévisé
le journal télévisé (les informations)
un programme
une pub
la télé-commande
les variétés
zapper
un zappeur

5 Les mots. D'après le contexte, quel est le sens des mots suivants? Choisissez a ou b.

1. génial!   a. cool!   b. too bad!

2. je me réjouis   a. I rejoice, I'm happy   b. I fear, I'm afraid

3. manquer   a. to watch   b. to miss

4. Bienvenue   a. Welcome   b. Hello again

5. aucun (embouteillage) a. no (traffic jams)   b. many (traffic jams)

6. se porte bien   a. is being carried   b. is doing well

7. un biberon   a. a glass   b. a baby bottle

8. nul!   a. no good!   b. none!

6 L'histoire. Résumez en trois ou quatre phrases l'histoire des zappeurs!

Et vous?

1. **Qu'en pensez-vous?** Discutez avec deux ou trois camarades de classe.

   a. Les médias semblent nous bombarder de mauvaises nouvelles. À votre avis, pourquoi les mauvaises nouvelles sont-elles plus populaires que les bonnes nouvelles? Qu'est-ce que cela indique au sujet de notre société?

   b. Les bonnes nouvelles peuvent-elles être intéressantes? Préparez un journal télévisé «anti-morosité» avec au moins quatre bonnes nouvelles se rapportant à l'actualité locale, nationale ou internationale. Comment allez-vous présenter ces nouvelles pour garder l'intérêt de votre public? Essayez vos techniques devant la classe!

2. **La télé en France.** Voici un extrait du programme de télé du dimanche 18 août pour les chaînes publiques (TF1, France 2, France 3, Canal+, France 5/Arte et M6).

DIMANCHE

18 août

14.00 Grand prix de Hongrie. *Automobile. Formule 1.* **15.50** Le podium. *Magazine.* **16.10** New York, unité spéciale. *Série américaine.* **17.00** 7 à la maison. *Série.* **18.00** Vidéo gag **18.55** Le maillon faible **20.00** Journal **20.50** Ripoux contre ripoux. *Film. Comédie. France, 1989. Avec Philippe Noiret et Thierry Lhermitte.*

Ripoux contre ripoux

Thierry Lhermitte et Philippe Noiret.

22.45 Indochine. *Film. Drame, France, 1991. Avec: Catherine Deneuve, Vincent Perez, Linh Dan Pham, Jean Yanne.*

13.25 Le Grand Batre, Châteaux en Espagne. *Film TV. France, 1997.* **15.00** Le Grand Batre, Les hautes herbes **16.30** Les années d'orage *Film TV. Allemagne, 1999.* **18.00** Voleurs de charme. *Série américaine.* **18.50** Stade 2. *Sport.* **20.00** Journal **20.50** Ma saison préférée. *Film. Drame. France, 1992. Avec Catherine Deneuve et Daniel Auteuil.*

Ma saison préférée

Catherine Deneuve, Daniel Auteuil.

22.55 Acariens cannibales. *Documentaire. 1999.* **23.55** Journal de la nuit

14.55 Christine Cromwell. *Film TV. E-U, 1990.* **16.30** Le sport du dimanche: Grande Boucle féminine *(cyclisme);* Grand Prix de Zurich *(cyclisme).* **18.05** On en rit encore **18.55** 19/20 **20.20** Titeuf **20.50** Siska. La jeune fille et la mort. *Série. All., 2001. Avec P. Kremer et M. Freihof.*

Siska

Une chambre d'amis déjà occupée.

21.55 Siska. La sorcière, au bûcher! *Série. All, 2001.* **23.00** Soir 3 **23.10** On ne refait pas l'avenir. *Théâtre.*

15.00 Pillage en eaux troubles. *Film TV. Allemagne, 2000.* **16.40** H **17.05** Umbria, le navire corail. **18.00** Une chance sur deux. *Film. Comédie policière. France, 1998. Avec Jean-Paul Belmondo, Alain Delon, Vanessa Paradis.* **19.45** Journal **20.05** Ça. Cartoon. **20.45** Fréquence interdite. *Film. Fantastique. E-U, 2000. Avec Dennis Quaid, Jim Caviezel, Shawn Doyle.*

Fréquence interdite

Bientôt séparés...

22.40 L'équipe du dimanche. Championnats européens de foot. *Magazine.* **23.45** Championnat de la PGA. *Golf.*

15.55 Israël-Palestine, une terre deux fois promise. *Documentaire.* **16.55** La 5e Dimension. La route des cachalots. *Documentaire.* **17.25** La conquête des pôles. *Documentaire.* **19.00** Gala lyrique à Leipzig **20.15** Grupo Corpo. *Danse.* **20.45** Révolte à bord. *Film. Aventure. E-U, 1946. Avec Alan Ladd et Esther Fernandez.*

Révolte à bord

Esther Fernandez, Alan Ladd.

22.20 Contre vents et marées. *Documentaire* **23.20** Au bout du monde, le cap Horn. *Documentaire allemand.*

15.40 Si c'était demain. *Film TV, E-U, 1986.* **17.25** Drôle de scène **17.40** Tessa, à la pointe de l'épée. *Série. Reine contre reine.* **18.40** Opération séduction aux Caraïbes **19.54** Six minutes/Météo **20.05** E=M6 *Le régime «santé» des hommes préhistoriques; le stress.* **20.40** Sport 6 **20.50** Capital. *Les secrets des produits «mode». DVD, journaux gratuits, etc.*

Capital

« La guerre des journaux gratuits ».

22.50 Secrets d'actualité. *Magazine. Mesrine, l'homme qui a fait trembler la France.* **23.55** Lolita 2000. *Film TV. Érotique. E-U, 1997.*

a. Que remarquez-vous de différent dans la programmation de la télévision en France?

b. Avec un(e) partenaire, cherchez dans ce programme de télé les renseignements nécessaires pour compléter le tableau suivant.

type d'émission ou titre	chaîne	heure
Indochine	TF1	
	TF1/France 2	20.00
Magazine sportif		22.40
Documentaire sur Israël et la Palestine	France 5	
	France 3	16.30
Film fantastique américain	Canal+	
Magazine sur un criminel français		22.50
	TF1	16.10
	M6	20.50
Série allemande	France 3	

c. Maintenant imaginez qu'on est le dimanche 18 août. Qu'est-ce que vous allez regarder à la télé? Avec un(e) partenaire, discutez ce qui vous intéresse et faites une liste des émissions que vous considérez pour (1) l'après-midi et (2) le soir.

Note culturelle

La télévision en France. En plus des chaînes publiques, les téléspectateurs français peuvent regarder un grand nombre de chaînes payantes, sur câble ou satellite, comme *Cinéstar* ou *CinéCinémas* pour les amateurs de films, *Eurosport* ou *L'Équipe* pour les amateurs de sport, *Paris Première* ou *Planète* pour les amateurs de documentaires, *Série Club* ou *Canal Jimmy* pour les amateurs de feuilletons, *EuroNews* pour les «infos» (les actualités), et *Télétoon* ou *Disney Channel* pour les enfants. 96% des foyers français possèdent au moins un téléviseur, et 45% en possèdent plusieurs. Un foyer sur cinq est abonné aux chaînes du câble et du satellite, et selon des statistiques de 2001, les Français de 15 ans et plus passent une moyenne de 3h19 par jour devant la télévision. Les pubs n'interrompent jamais les émissions en France—elles n'apparaissent qu'avant et après! Que pensez-vous des interruptions publicitaires? Combien de temps passez-vous devant la télé pendant l'année scolaire et pendant les vacances? Êtes-vous abonné(e) au câble? Quelles sont vos chaînes préférées?

Structure: Talking about favorite pastimes

Les verbes *lire, dire, voir* et *écrire*

 Observez et déduisez *Les passe-temps préférés*

Je passe mon temps libre à lire et à regarder des films. Hier, par exemple, j'ai lu des bandes dessinées dans le journal, et je suis allée voir deux films—des comédies—avec deux copains. (Quand j'ai du temps libre, j'aime m'amuser!) Nous avons vu *Chocolat* avec Juliette Binoche et *Amélie* avec Audrey Tautou. Patrick a dit que ce sont d'excellents films, et moi, je suis d'accord.

Et vous? Comment passez-vous votre temps libre? Complétez mon sondage:

▲ Sarah

Quand j'ai du temps libre, j'aime lire:

_____ des romans

_____ des magazines

_____ des bandes dessinées

_____ des journaux

J'écris souvent:

_____ des lettres

_____ des e-mails (des mails, des courriels)

_____ des rapports pour mes cours

_____ des poèmes d'amour

Pour m'amuser, j'aime voir:

_____ des spectacles musicaux

_____ des documentaires à la télévision

_____ des films étrangers en version originale

_____ des vieux films

VOCABULAIRE ACTIF

dire
un drame
écrire
un e-mail/un mail/
    un courriel
un film d'épouvante
un film policier
le genre
une histoire
un journal
une lettre
lire
un poème
un rapport
un roman
une sortie
la vérité
voir

- From the context, what do you think the verbs **lire, écrire, dire,** and **voir** mean?
- What are the past participles of **voir, lire,** and **dire?**
- How would you say, "I saw *Amélie*"? "We read *Madame Bovary*"?

Quel genre de films préférez-vous? Les films policiers ou...

Faites un sondage de la classe et comparez vos préférences avec celles des Français. Est-ce que les étudiants ont classé les genres de film dans le même ordre que les Français?

les films d'amour?

les films d'aventure?

les films d'épouvante?

ou les drames?

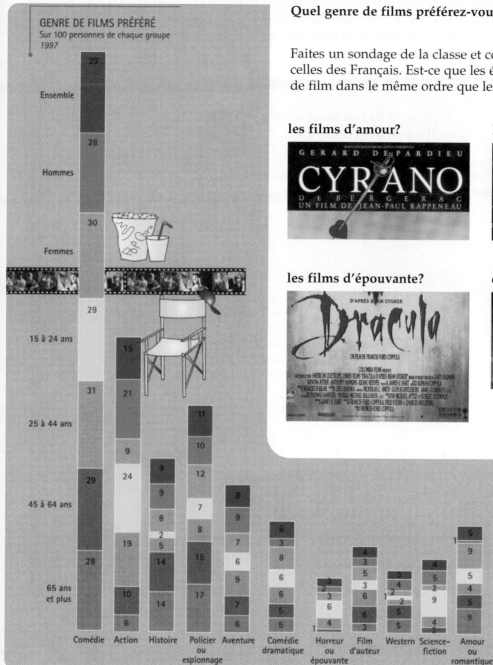

GENRE DE FILMS PRÉFÉRÉ
Sur 100 personnes de chaque groupe
1997

Vérifiez Les verbes *lire, dire, voir* et *écrire*

● You have now learned several verbs that have irregular past participles in the **passé composé. Lire, dire, voir,** and **écrire** are all conjugated in the **passé composé** with **avoir.**

— Tu **as vu** *Amélie?*
— Non, mais Claire **a dit** que c'est bien, et elle dit toujours la vérité.

— Tu **as lu** les histoires (*stories*) de Pierre?
— Il **a écrit** des histoires?!

les verbes **lire, écrire, dire, voir**

je lis	j'écris
tu lis	tu écris
il/elle/on lit	il/elle/on écrit
nous lisons	nous écrivons
vous lisez	vous écrivez
ils/elles lisent	ils/elles écrivent
je dis	je vois
tu dis	tu vois
il/elle/on dit	il/elle/on voit
nous disons	nous voyons
vous dites*	vous voyez
ils/elles disent	ils/elles voient

Participes passés: lu, écrit, dit, vu

* Note irregular form.

Activités

J **Associations.** Quels verbes (**lire, dire, écrire** ou **voir**) associez-vous avec les mots qui suivent?

1. les devoirs
2. un spectacle
3. un e-mail/un mail/courriel
4. un film d'épouvante
5. un secret
6. un roman
7. la vérité
8. la chaîne anti-morosité

K **Logique.** Complétez les phrases suivantes avec le verbe logique.

1. Les étudiants _____ (écrire/lire) des bandes dessinées.

2. Je/J'_____ (écrire/dire) quelquefois des poèmes.

3. La classe _____ (lire/voir) le professeur trois jours par semaine.

4. Hier, nous _____ (écrire/voir) une lettre à nos copains.

5. Et toi, tu _____ (voir/dire) toujours la vérité?

L **Préférences.**   Complétez les phrases avec une des réponses indiquées ou avec une réponse originale.

➡ *Mes parents lisent des magazines.*

Mes parents lisent...	des B.D.	le journal télévisé
Mes ami(e)s écrivent...	des poèmes	des choses intéressantes
Ma/Mon camarade de	des drames	«bonjour» aux étudiants
chambre a vu...	des lettres	des magazines
Le professeur dit...	des comédies	des feuilletons
	des rapports	«Faites vos devoirs»
	des journaux	?
	des romans	

M **Pour s'amuser.**   Complétez le tableau suivant avec vos préférences pour chaque catégorie.

	moi	**mes camarades de classe**
Genre de film		
Genre d'émission		
Genre de lectures		
Ce que j'aime écrire		

Maintenant, cherchez des camarades de classe qui aiment les mêmes passe-temps que vous et écrivez leur nom.

➡ *Moi, j'aime les films policiers. Quel genre de film est-ce que tu aimes voir?*
ou: *Moi, je n'aime pas lire. Et toi? Qu'est-ce que tu aimes lire?*

Structure: Avoiding repetition

Les pronoms d'objet direct: **le, la, l'** *et* **les**

Observez et déduisez

— Dis, tu as vu la nouvelle chaîne anti-morosité?
— Non, je ne **l'**ai pas vue, mais je voudrais **la** voir. On dit que les émissions sont géniales!
— Pas du tout! Moi, je **les** trouve ennuyeuses!

● To what words do the boldfaced pronouns in the preceding dialogue refer?

● Where is the pronoun placed when the verb is in the present tense? when the verb is in the **passé composé?** when there are two verbs?

● Where is **ne... pas** placed in relation to the pronoun and verb?

Vérifiez Les pronoms d'objet direct: **le, la, l'** et **les**

● A direct object is a noun that "receives" the action of the verb. It comes immediately after the verb.

> J'ai regardé **la chaîne anti-morosité** hier soir.

● A direct object *pronoun* is used to avoid repeating the noun if the direct object—a person or thing—has already been mentioned.

> — Tu as vu **le journal télévisé?**
> — Oui, je **l'**ai vu.

● Certain French verbs require a direct object, unlike their English equivalents.

> Je cherche **la télé-commande.**
> Je regarde **le documentaire sur les gorilles.**
> J'écoute **les informations à la radio.**

● The direct object pronouns **le, la, l'**, and **les** agree in number and gender with the nouns they replace. The direct object pronoun directly *precedes* the verb of which it is the object.

> — Tu vois **mon journal?**
> — Oui, je **le** vois.

In a negative sentence, **ne** precedes the object pronoun.

> — Tu vois **mes amis?**
> — Non, je **ne les** vois pas.

● In the **futur proche**, the direct object pronoun precedes the *infinitive*. (It is the object of the infinitive.)

> — Tu vas **voir** le film?
> — Oui, je vais **le voir.**
> — Moi, je ne vais pas **le voir.**

● In the **passé composé**, the pronoun directly precedes the *auxiliary* verb.

> — Tu as vu le film?
> — Oui, je **l'ai** vu.
> — Moi, je ne **l'ai** pas vu.

● Note that in the **passé composé**, the past participle agrees in number and gender with the preceding direct object pronoun.

> — Tu as vu **la** chaîne anti-morosité?
> — Oui, je **l'**ai vu**e**.

> — Tu as vu **mes amis?**
> — Oui, je **les** ai vu**s**.

Activités

N **Préférences des téléspectateurs.** De quoi parle-t-on dans les phrases de gauche? Choisissez parmi les expressions de la colonne de droite.

➡ «Je vais le regarder ce soir.»   *le journal télévisé*

1. «Je les regarde souvent.»
2. «Je la regarde tous les jours.»
3. «Je ne le regarde jamais.»
4. «Je les ai regardés hier.»
5. «Je ne l'ai pas vue.»
6. «Je ne l'ai pas aimé.»

a. la télé-commande
b. la chaîne anti-morosité
c. le programme de télévision
d. les sports
e. le journal télévisé
f. *La Roue de La Fortune*
g. les informations
h. le document sur les gorilles

Maintenant, dites si les phrases sont vraies pour vous aussi. Faites un sondage des préférences de la classe en matière de télévision.

O **Toujours «oui».** Écoutez les questions du professeur, et complétez les réponses avec le pronom qui convient: **le, la, l'** ou **les.**

➡ (Tu aimes les histoires comiques?)
   Oui, je les aime.

1. Oui, je _____ vois souvent.

2. Oui, je _____ regarde.

3. Oui, je _____ écoute.

4. Oui, je _____ ai lus.

5. Oui, je _____ ai vue.

6. Oui, je _____ ai écrit.

P **Interview.** À tour de rôle, posez les questions suivantes à un(e) partenaire. Répondez en employant un pronom d'objet direct.

➡ Tu as vu le match de foot samedi dernier?
   Oui, je l'ai vu.   ou: *Non, je ne l'ai pas vu.*

1. Tu as fait tes devoirs?
2. Tu as vu le nouveau film de Depardieu?
3. Tu as commencé la leçon de français?
4. Tu as fait ton lit?
5. Tu as écouté la dernière chanson de Céline Dion?

Maintenant, parlez de vos préférences pour samedi *prochain*.

➡ Tu veux voir le match de foot samedi?
   Oui, je veux le voir.   ou: *Non, je ne veux pas le voir.*

6. Tu vas voir tes copains?
7. Tu veux faire les courses?
8. Tu veux lire le roman de Pagnol?
9. Tu vas écrire les exercices?
10. Tu veux payer mon dîner au restaurant?

Jeu de rôle You and your "family" want to see a movie, but each person likes a different kind of film. Create a skit in which you all examine the page from *Pariscope,* below, and discuss possibilities. Each person explains why his or her choice is the best. Who will be the most convincing? Which movie will you see?

SIGNIFICATION DES CODES

: film d'animation		: film de danse
: aventure		: film musical
: comédie dramatique		: film noir
: comédie		: film politique
: court métrage		: guerre
: dessin animé		: horreur
: documentaire		: karaté
: drame psychologique		: policier
: drame		: science-fiction
: érotique		: thriller
: fantastique		: western

AMEN. 2001. 2h10. Drame français (version originale en anglais) en couleurs de Costa-Gavras avec Ulrich Tukur, Mathieu Kassovitz, Ulrich Mühe, Michel Duchaussoy.
Pendant la Seconde Guerre mondiale à Berlin, un médecin, engagé dans la Waffen SS, découvre qu'il participe à la solution finale. Profondément croyant, il tente d'alerter les autorités religieuses et, avec l'aide d'un jeune jésuite, de provoquer une réaction du pape. Inspiré de l'histoire vraie de Kurt Gerstein et de la pièce «Le vicaire» de Rolf Hochhuth, un film coup de poing sur le mutisme des autorités religieuses pendant la guerre. ✦**Studio Galande 21** v.o. ✦**Denfert 82** v.o. ✦**Le Grand Pavois 94** v.o. ✦**Saint Lambert 96** v.f.

AND NOW... LADIES AND GENTLEMEN. 2002. 2h15. Comédie française en couleurs de Claude Lelouch avec Jeremy Irons, Patricia Kaas, Thierry Lhermitte, Alessandra Martines, Jean-Marie Bigard.
Fuyant à la fois les policiers et sa vie, un gentleman cambrioleur anglais aborde au Maroc où il rencontre une chanteuse de jazz. Entre ces deux solitaires écorchés par la vie et désireux d'oublier le passé, se noue une relation faite d'attirance et de prudence. Sous la houlette du réalisateur de «Hasards et coïncidences», la chanteuse Patricia Kaas devient actrice. ✦**Cinoche 27** ✦**Les Montparnos 88** ✦**Saint Lambert 96** ✦**Ciné 13-Cinéma du Moulin de la Galette 103**

L'ANGLAISE ET LE DUC. 2001. 2h05. Drame psychologique français en couleurs d'Eric Rohmer avec Lucy Russell, Jean-Claude Dreyfus, François Marthouret, Caroline Morin, Léonard Cobiant.
Sous la Révolution, une belle et courageuse Anglaise résidant en France fut, après avoir été sa maîtresse, une fidèle amie et conseillère du duc d'Orléans, cousin de Louis XVI. Elle fervente royaliste, lui révolutionnaire, malgré leurs convictions opposées, ils tentent de se protéger l'un l'autre, d'un destin tout aussi incertain. Une grosse production et un film en numérique pour l'auteur de « Pauline à la plage ». ✦**Lucernaire forum 29** ✦**Denfert 82**

APARTMENT # 5C. 2002. 1h35. Drame franco-israélo-américain (version originale en anglais) en couleurs de Raphael Nadjari avec Tinkerbell, Richard Edson, Ori Pfeffer, Jeff Ware.
Deux jeunes Israéliens, un garçon et une fille, fraîchement débarqués à Manhattan, survivent de combines et de vols. A Brooklyn, la jeune fille se lie d'amitié avec le frère de son logeur qui, peu à peu, tente de l'aider. Usant comme pour ses autres films de l'improvisation, le réalisateur de «I am Josh Polonski's brother» brosse la chronique urbaine et noire de quelques solitaires qui tentent de se reconstruire. ✦**MK2 Beaubourg 11** v.o. ✦**MK2 Hautefeuille 31** v.o. ✦**UGC Triomphe 55** v.o. ✦**MK2 Bastille 73** v.o. ✦**Les 7 Parnassiens 90** v.o. ✦**MK2 Quai de Seine 109 bis** v.o.

APPARITIONS. Dragonfly. 2002. 1h45. Film fantastique américain en couleurs de Tom Shadyac avec Kevin Costner, Joe Morton, Ron Rifkin, Linda Hunt.
Après la disparition de son épouse, dont on ne retrouve pas le corps, un médecin urgentiste sombre dans la dépression et se réfugie dans son travail. L'un de ses jeunes patients, qui a vécu plusieurs expériences post mortem, lui affirme que son épouse tente de communiquer avec lui. La raison confrontée à des expériences de mort imminentes, inexplicables, inexpliquées. ✦**UGC Ciné Cité Les Halles 2** v.o. ✦**UGC George V 53** v.o. ✦**Gaumont Parnasse 85** v.f.

LES ARAIGNEES DE LA NUIT. 2001. 1h30. Thriller français en couleurs de Jean-Pierre Mocky avec Jean-Pierre Mocky, Patricia Barzyk, Michel Bertay, François Toumarkine.
Durant la campagne présidentielle, les candidats décèdent les uns après les autres de mort violente. Parmi ces futurs présidents, y aurait-il un meurtrier? Et comment ces hommes ont-ils trouvé l'argent pour leur campagne?... Le réalisateur nous présente son dernier opus comme un film d'aventures pas comme les autres. ✦**Brady 65**

ASTERIX ET OBELIX : MISSION CLEOPATRE. 2000. 1h45. Comédie française en couleurs d'Alain Chabat avec Gérard Depardieu, Christain Clavier, Jamel Debbouze, Monica Bellucci, Claude Rich, Gérard Darmon, Dieudonné et Edouard Baer.
L'Egypte de Cléopâtre est sous le joug de l'Empire Romain. Pour prouver à Jules César que son peuple est le plus grand, la belle reine fait le pari de construire un somptueux palais dans un délai de 3 mois. Cette mission impossible ne peut réussir qu'avec l'intervention de quelquesuns de nos Gaulois bien aimés... L'un des albums d'Uderzo et Goscinny adapté pour le grand écran par un ex Nul. ✦**Studio Galande 21** ✦**Denfert 82** ✦**Le Grand Pavois 94** ✦**Saint Lambert 96**

ATANARJUAT. La légende de l'homme rapide. 2001. 2h50. Film d'aventures canadien (version originale en langue inuite) en couleurs de Zacharias Kunuk avec Natar Ungalaaq, Sylvia Ivalu, Peter Henry Arnatsiaq, Lucy Tulugarjuk.
Dans une petite communauté d'Inuits nomades, deux frères s'imposent pour défier le mal qui divise le groupe depuis une génération. L'un est fort, l'autre rapide et ensemble ils vont devoir affronter l'instinct de vengeance du fils du chef du campement. Caméra d'Or à Cannes 2001, pour ce film entièrement inuit (premier scénario écrit dans la langue) qui s'inspire d'une légende ancestrale. ✦**Images d'ailleurs 19** v.o. ✦**Saint Lambert 96** v.o.

ATLANTIDE, L'EMPIRE PERDU. 2001. 1h35. Film d'animation américain en couleurs de Gary Trousdale et Kirk Wise.
Un jeune cartographe hérite d'un manuscrit qui lui dévoile l'emplacement exact de l'Atlantide. Grâce au financement d'un vieillard passionné comme lui par la cité mythique, il embarque à bord d'un navire futuriste aux côtés d'une équipe de choc. En route vers les grandes profondeurs et les fabuleux trésors, avec un Disney signé des créateurs du « Bossu de Notre-Dame » et de « La belle et la bête ». ✦**Le Grand Pavois 94** v.f. ✦**Saint Lambert 96** v.f.

L'AUBERGE ESPAGNOLE. 2001. 2h05. Comédie française en couleurs de Cédric Klapisch avec Romain Duris, Cécile de France, Judith Godreche, Audrey Tautou.
Un post-ado prend son sac (à dos!) direction l'Espagne pour y terminer ses études. Là-bas, il découvre une bande de jeunes, cosmopolites et débridés, qui va lui «causer du pays» (pas toujours dans la langue) et se charger de terminer son émancipation. Le réalisateur de «Peut-être» idéalise l'aventure estudiantine que l'on a tous plus ou

Le climat et la vie. Quels sont les effets du climat sur la vie personnelle? Au Québec, où les hivers sont très longs et rigoureux, on dit que les familles sont très proches[1] et quand on parle de famille, il s'agit de la famille nucléaire. Mais en Polynésie, où il fait entre 21 et 32° C toute l'année, la «famille» qui assume la responsabilité des enfants inclut les grands-parents, les oncles, les tantes et même les voisins! Comment expliquez-vous cela? Dans un pays comme la France, où les climats sont variés, on dit aussi que les gens du Nord sont plus froids et plus fermés que les gens du Midi, qui sont plus ouverts, plus gais. Est-ce la même chose aux États-Unis? Donnez des exemples de différences culturelles qui peuvent être liées (associées) au climat.

Les loisirs et l'école. En France, la vie sportive et sociale est complètement séparée de la vie scolaire. Les lycées et les universités n'ont pas d'équipes[2] sportives et n'organisent pas de bals[3] pour les jeunes. Les sports et les activités sociales se font à l'extérieur de l'école, car l'école est considérée comme une institution purement académique. À votre avis, quels sont les avantages et les désavantages de cette séparation?

Sports individuels ou collectifs? Un Français sur trois pratique un sport individuel (le jogging, l'aérobic, le ski, le cyclisme) mais seulement un sur quinze pratique un sport collectif (le football, le volley-ball, le rugby). Trouvez-vous ces statistiques surprenantes? Comment les expliquez-vous?

Les vacances. «Fermeture pour congés annuels»[4]. C'est ce qu'on voit en France sur les portes de beaucoup de magasins ou d'entreprises pendant les mois de juillet et août. Une fermeture de quinze jours à un mois! Eh oui, l'activité économique française baisse (diminue) de 25% en été, mais ce sont les vacances, et pour les Français, les vacances sont sacrées! La loi[5] française garantit cinq semaines de congés payés par an, et les Français sont prêts à faire toutes sortes de sacrifices pour avoir de bonnes vacances. Qu'est-ce que cela révèle sur les Français? Le fait que les vacances sont beaucoup moins importantes aux États-Unis est-il révélateur? De quoi?

▲ Les vacances sont sacrées.

▲ En famille en Polynésie française.

---

1. *close*   2. *teams*   3. *dances*   4. *closed for annual vacation*   5. *law*

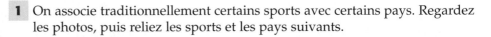

À l'écoute: Sport et culture

Le sport comme passe-temps ou comme profession est-il le reflet d'une culture? La conversation que vous allez écouter dans cette étape va proposer des idées très intéressantes. Pour bien les comprendre, faites la tâche 1 avant d'écouter, puis écoutez en suivant les instructions données.

■ *Avant d'écouter*

1 On associe traditionnellement certains sports avec certains pays. Regardez les photos, puis reliez les sports et les pays suivants.

les pays d'Europe de l'Ouest	le judo
le Canada	le football
le Japon	le football américain
les États-Unis	la gymnastique
l'Afrique	le hockey
les pays d'Europe de l'Est	la course

Avec quel(s) pays associez-vous les sports suivants: le patinage sur glace (*ice skating*)? le cyclisme? le ski? le base-ball? Y a-t-il d'autres sports liés à des pays particuliers?

Écoutons

2 Écoutez d'abord pour identifier les sports qui sont mentionnés.

3 Écoutez encore et complétez.

    1. Le _____ est caractéristique du climat du _____ :

       rigoureux et _____ .

    2. Le _____ est une conquête progressive du territoire par la

       tactique et la force, comme la conquête de _____ .

    3. Ce sont les spectateurs qui sont violents aux matchs de

       _____ en _____ .

4 Vrai ou faux? Si c'est faux, corrigez.

    1. Selon cette conversation, la société canadienne est de plus en plus violente.
    2. Hier, il y a eu un incident de violence entre spectateurs au match entre l'Allemagne et la Belgique.

5 Est-ce que vous êtes d'accord avec les idées exprimées dans cette conversation sur le hockey et le football américain? Est-ce que les sports sont vraiment le reflet des cultures? Donnez votre opinion.

Prononciation   Les consonnes **s** et **c**

● The letter **s** can be pronounced [s] or [z] in French.

Écoutez

1. Listen to the following sentences from **À l'écoute: Sport et culture** on the student audio CD, underlining the [s] sounds with one line and the [z] sounds with two lines. You will hear each sentence twice.

    a. J'ai lu quelque chose d'intéressant sur le sport.
    b. Ils disent aussi que c'est caractéristique d'une société de plus en plus violente.

Now can you infer when the **s** is pronounced [z]? Check the following chart.

	[s]	[z]
a single **s** between two vowels		
s in a liaison		
s at the beginning of words		
s between a vowel and a consonant		
spelled **-ss-**		

● The letter **c** can be pronounced [s] or [k] in French.

2. **[s] ou [k]?**   Listen to the following words from **À l'écoute: Sport et culture** on the student audio CD, and in the chart check [s] or [k] for each sound you hear. You will hear each word twice.

le climat   c'est
la tactique   la force
le Canada   la société
la conquête   un incident
la culture   ça

	[s]	[k]
c + consonant		
c + a, o, u		
c + e, i		
ç + a, o, u		

Essayez

Prononcez.   Practice saying the following words aloud, then listen to them on the student audio CD to verify your pronunciation.

1. inversion; maison; saison; conversion; télévision; émission
2. ils lisent; nous disons; vous dansez; on traverse; tu plaisantes
3. les loisirs; le cyclisme; un musée; un dessin; la philosophie
4. une bicyclette; de toute façon; un concert; les vacances; le cœur; un morceau

Structure: Talking about choices

Les verbes comme *choisir*

Observez et déduisez

— J'ai grossi pendant les vacances, et maintenant je ne réussis pas à maigrir.
— Tu n'es pas discipliné, Thomas! Tu ne réfléchis pas à ce que tu manges, et tu ne fais jamais d'exercice.
— Mais tu vois bien que je choisis des plats sains: des légumes, du poisson...
— Et tu finis par un gros morceau de gâteau!
— ...et mon passe-temps préféré, c'est le foot.
— Oui, à la télé! Choisir des émissions sportives à la télé et faire du sport, ce n'est pas exactement la même chose!

- Several new verbs are being introduced in the preceding conversation. Using the context and your knowledge of cognates, can you match the verbs with their meaning?

  1. grossir   a. to lose weight
  2. réussir à   b. to finish
  3. maigrir   c. to gain weight
  4. finir   d. to choose
  5. choisir   e. to succeed in
  6. réfléchir à   f. to think about/reflect on

- Can you infer the **je** and **tu** forms of **grossir, maigrir,** and **réfléchir?**

- Based on the example of **grossir** in the conversation, how would you form the **passé composé** of the other new verbs?

VOCABULAIRE ACTIF

choisir
discipliné(e)
finir
grossir
maigrir
réfléchir à
réussir à

Vérifiez   *Les verbes comme* **choisir**

- Verbs conjugated like **choisir** are known as regular **-ir** verbs.

- The stem of **choisir** in the present is **chois-**. To this stem, add the endings shown in the following chart. Add **i** to the singular stem to form the past participle.

le verbe **choisir**

je chois**is**	nous chois**issons**
tu chois**is**	vous chois**issez**
il/elle/on chois**it**	ils/elles chois**issent**

Passé composé   j'ai choisi

- Some of these **-ir** verbs require a preposition when followed by an infinitive or by a complement.

  Thomas a fini **de** manger.
  Il a choisi **d'**oublier son régime.
  Bien sûr, il ne réussit* pas **à** maigrir.
  Il ne réfléchit jamais **aux** conséquences de ses actes.

---

*__Réussir à un examen__ means *to pass an exam*. (Remember that **passer un examen** means *to take an exam*.)

Activités

Q **L'étudiant typique.** D'abord, lisez les phrases ci-dessous et indiquez si elles sont vraies ou fausses pour vous.

	moi		mon partenaire	
	vrai	faux	vrai	faux
1. Je maigris facilement.	____	____	____	____
2. D'habitude je grossis pendant les vacances.	____	____	____	____
3. Je réfléchis souvent à ma santé.	____	____	____	____
4. Je choisis des plats sains au restaurant.	____	____	____	____
5. Je finis mon dîner avant de goûter (*taste*) le dessert.	____	____	____	____
6. Je finis mes devoirs avant de m'amuser.	____	____	____	____
7. Je choisis de faire de l'exercice tous les jours.	____	____	____	____
8. Je réussis toujours à me réveiller à l'heure.	____	____	____	____
9. Normalement, je réussis à me coucher avant minuit.	____	____	____	____

Maintenant, interviewez un(e) camarade de classe et notez ses réponses.

➡ *Tu maigris facilement?*

Partagez les résultats avec la classe. Comment est l'étudiant(e) «typique»? Est-il/elle en bonne forme? discipliné(e)?

R **Un test psychologique.** Quel genre de personne êtes-vous? Complétez les phrases suivantes. Est-ce que vos réponses sont révélatrices? Êtes-vous discipliné(e)? optimiste? bavard(e)? calme?

1. Hier, j'ai (je n'ai pas) fini (de)...
2. D'habitude, mes copains et moi, nous réussissons toujours (ne réussissons jamais) à... et en plus...
3. Je choisis souvent (de)... alors que mes parents...
4. J'ai maigri (grossi) parce que... Quand je (maigris) grossis...
5. Je réfléchis souvent (ne réfléchis jamais) à...

Stratégie de communication

Inviting and responding to invitations

 Every speech act carries with it an implied ritual that is understood by all the parties involved. With invitations, for example, first the invitation is extended, then if it is accepted, details (time, place, etc.) are negotiated and confirmed. If the invitation is declined, an excuse is made, and regrets are expressed.

Study the following dialogues and identify the expressions used to

- invite
- accept an invitation
- decline an invitation
- suggest
- confirm
- make excuses
- express regret

▲ Bonne idée! Allons au cinéma!

—J'ai envie (*feel like*) d'aller au match de foot cet après-midi. Ça t'intéresse?
—Oui, je veux bien! À quelle heure?
—Rendez-vous devant le stade à trois heures, d'accord?
—Entendu! À trois heures!

—J'ai une idée. Allons manger au restaurant! Je t'invite.
—Oh, c'est gentil, mais je ne peux pas. J'ai des courses à faire.
—Dommage. Une autre fois, alors.

—Veux-tu aller au cinéma avec moi? Je t'invite!
—Volontiers! C'est génial!

Now verify your answers in the table on page 240.

les invitations

pour inviter

J'ai envie de...	Tu veux aller avec moi? (Vous voulez aller... ?)
J'ai une idée!	Ça t'intéresse? (Ça vous intéresse?)
Je voudrais...	Je t'invite. (Je vous invite.)
	Ça te dit? (Ça vous dit?)
	Veux-tu... ? (Voulez-vous... ?)

pour accepter

Bonne idée!	C'est gentil, volontiers!
Je veux bien.	Avec plaisir.
	C'est génial!

pour refuser

Malheureusement, je n'ai pas le temps.
C'est gentil, mais je ne peux pas...
Je suis désolé(e), mais je ne suis pas libre.

pour confirmer

Entendu.	Ça va.
D'accord.	C'est parfait!

Activités

S Dialogues. Complétez les dialogues en employant des expressions pour inviter, refuser, accepter et confirmer.

1. — J'ai une idée! Allons jouer au tennis.

   — _____

   — À trois heures?

   — _____

2. — Tu veux déjeuner au restaurant?

   — _____

   — Dommage.

3. — _____

   — Avec plaisir. C'est gentil.

   — Rendez-vous devant le stade?

   — _____

4. — _____ . Ça t'intéresse?

   — _____

Jeu de rôle Look over the entertainment possibilities listed below in *Le mois à Aix,* and decide which ones interest you the most. Then develop a skit in which you invite your partner to attend an event with you. Discuss which activity you want to attend and when you can meet. If you don't agree on the event or time, try to find a compromise.

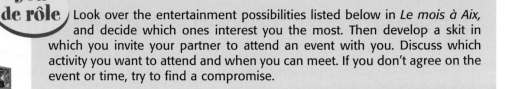

LE MOIS À AIX
JUILLET 2002

LUNDI 22

CINEMA

CINE DES JEUNES :
«**MONSTRES ET COMPAGNIE**»
de P. Docter à partir de 5 ans
à 14 H 30
CINEMA MAZARIN
Tél : 04 42 26 36 50

CONCERT

**FESTIVAL COTE COUR : "LA PAZZIA
SENILE OU LE DEMON DE MIDI",**
Commedia del Arte
à 21 H 15
CHAPELLE DES OBLATS
54 Cours Mirabeau:
06 82 17 65 75
Loc Office de Tourisme :
04 42 16 11 70

ART LYRIQUE : "DON GIOVANNI"
de Mozart
à 21 H 30
THEATRE DE L'ARCHEVECHE
"A SUMMER NIGHT'S DREAM"
Airs de Mozart
à 22 H
HOTEL MAYNIER D'OPPEDE
"LA TRAGEDIE D'HAMLET"
mise en scène de P. Brook
à 22 H
THEATRE DU GRAND ST JEAN
Tél : 04 42 17 34 34

"UN MESSIE GOSPEL"
par HOT GAMMES
à 21 H
EGLISE DE LA MADELEINE
Place des Prêcheurs :
04 42 52 66 52
Loc Office de Tourisme :
04 42 16 11 70

LE PETIT FESTIVAL :
"LES VOIX NOUVELLES"
Chorale de Martinique
à 21 H
PUYLOUBIER
Salle des Fêtes
Tél : 04 42 66 34 45

FESTIVAL DE PIANO :
Esbjörn SVENSSON TRIO, Jazz
à 21 H 30
ROGNES Carrières:
04 42 50 51 15
Loc Office de Tourisme :
04 42 16 11 70

CONFERENCE

**"L'ATELIER CEZANNE, UN SIECLE
D'HISTOIRE"** Colloque avec
M. Tompkins Lewis, C. Juliet
de 9 H 30 à 12 H
B. Ely, J. Warman, D. Coutagne, J J Rishe
de 14 H 30 à 18 H
CENTRE DES CONGRES
Bd Carnot
Tél : 04 42 21 06 53
       04 42 17 41 74

CAFE ATTAC CITOYEN
Projection de "Bella Ciao" à
propos des manifestations de
Gênes de juillet 01
à 19 H 30
SALLE VOLTAIRE Rue des Muletiers
Tél: 06 83 41 89 51

THEATRE

FESTIVAL DES ANCIENNES CARRIERES:
"LA FEMME DU BOULANGER"
de Pagnol par la Cie Jean Franval
à 21 H 30
ROGNES
Tél : 04 42 50 13 36

DIVERS

**CONCOURS INTERNATIONAL
D'ATTELAGE DE TRADITION :**
Présentation des attelages,
Épreuve de mariabilité
Attelages originaux
de 14 H à 16 H 30
Remise des prix. Ronde d'adieu des
attelages
à 17 H
Entrée gratuite
PARC DU GRAND ST JEAN
Rens: 06 63 79 89 53

CRE-ART : Foire aux croûtes et Artisanat
de 10 H à 19 H 30
COURS MIRABEAU
Tél : 04 42 63 06 75

FOIRE ARTISANS A CIEL OUVERT
LA ROQUE D'ANTHERON
Cours Foch
Tél : 04 42 50 58 63

MARDI 23

CONCERT

AIX JAZZ FESTIVAL :
L'Atelier Jazz et Classique et L'Ass.
Aligator en mini concerts
de 19 H à 20 H
COURS MIRABEAU
de 20 H à 21 H 15
PARC JOURDAN
Sarah MORROW QUINTET et
Kenny GARRETT QUARTET
à 21 H 30
THEATRE DU PARC JOURDAN :
04 42 63 06 75
Loc Office de Tourisme :
04 42 16 11 70

**ART LYRIQUE "LA PETITE
RENARDE RUSEE"**
de L. Janacek
à 20 H
THEATRE DU JEU DE PAUME
"A SUMMER NIGHT'S DREAM"
Airs de Mozart
à 22 H
HOTEL MAYNIER D'OPPEDE
"LA TRAGEDIE D'HAMLET"
mise en scène de P. Brook
à 22 H
THEATRE DU GRAND ST JEAN
Tél : 04 42 17 34 34

TRIO CAT jazz vocal
à 21 H
PIANO BAR L'ETAGE
Les 2 Garçons Cours Mirabeau
Tél : 04 42 26 00 51

FESTIVAL DE PIANO :
NUIT DU PIANO :
LISZT Boris Berezovsky
à 19 H 30
François Frédéric GUY
à 21 H 30
LA ROQUE D'ANTHERON
Parc du Château de Florans:
04 42 50 51 15
Loc Office de Tourisme :
04 42 16 11 70

THEATRE

**ZIK ZAC 2002 : "LETTRES DE
MON MOULIN"** par la Cie Olinda
à 10 H et 15 H
SALLE DU BOIS DE L'AUNE,
Tél : 04 42 63 10 11

DANSE

DANSE A AIX :
RENCONTRE avec M-A de Mey
à 17 H
**CONSERVATOIRE REPETITION
PUBLIQUE** Olivia Grandville
"la spirale de Caroline"
à 18 H 30
IUFM 2 Av. J. Isaac
Mich le-Anne DE MEY, Cie MADM
"Utopie", création 2001
à 22 H
VAL DE L'ARC :
04 42 23 41 24
Loc Office de Tourisme :
04 42 16 11 70

DIVERS

ATELIER HORS TEMPS SCOLAIRE
pour enfants de 6 à 12 ans
«**Les corps célestes**»
de 14 H à 16 H
PLANETARIUM Parc St Mitre
Tél : 04 42 27 91 27

Littérature: M. Bordenave n'aime pas le soleil

Vous connaissez déjà le petit Nicolas, n'est-ce pas? Voici une histoire très **chouette** (*cool*) sur les **récréations** (*recesses*) à l'école du petit Nicolas...

Avant de lire

1 Regardez l'illustration qui accompagne cette histoire. Le monsieur en noir est M. Bordenave. Son travail? Il est surveillant, c'est-à-dire qu'il surveille (*watches*) et discipline les enfants à la récréation. À votre avis, pourquoi n'aime-t-il pas le soleil?

2 Les mots suivants sont des mots-clés dans l'histoire.

la cour de récréation
  (*school playground*)
se battre (*to fight*)
crier (*to yell*)
mettre au piquet (*to put someone in the corner, as a punishment*)
un sandwich à la confiture
une balle
l'infirmerie (*nurse's office*)

boiter (*to limp*)
jouer
tomber par terre (*to fall on the ground*)
pleurer
se fâcher (*to get mad*)
pousser (*to push*)
glisser (*to slip*)
désespéré (*desperate*)

D'après ces mots-clés, qu'est-ce que vous anticipez comme histoire?

⚠ **Attention:** In this text, you will see verbs in another past tense, *l'imparfait*, or the imperfect (**il parlait, ils jouaient,** etc.). This tense indicates past circumstances or actions in progress (*he was speaking, they were playing,* etc.). **C'était** is the imperfect of **c'est.**

En général

3 Parcourez le texte une première fois pour vérifier vos prédictions.

4 Parcourez le texte une deuxième fois pour identifier les paragraphes qui correspondent aux titres suivants. Attention, il y a un titre supplémentaire qu'on ne peut pas utiliser!

paragraphe
1. «Moi, je ne comprends pas... »
2. «Aujourd'hui, par exemple... »
3. «Et mon sandwich... »
4. «Et alors, qu'est-ce qu'on fait... »
5. «Pendant l'absence... »
6. «M. Bordenave s'est relevé... »
7. «Alors, mon vieux... »

titre
a. Nicolas, la balle et M. Bordenave
b. La fin de la récréation
c. Comment Alceste a perdu (*lost*) son sandwich
d. Les avantages et les désavantages de la pluie
e. L'accident d'Agnan
f. La tragédie à l'infirmerie
g. La bataille (*fight*) avec les grands
h. Dialogue entre les deux surveillants

M. Bordenave n'aime pas le soleil

1 Moi, je ne comprends pas monsieur Bordenave quand il dit qu'il n'aime pas le beau temps. C'est vrai que la pluie ce n'est pas chouette. Bien sûr, on peut s'amuser aussi quand il pleut. On peut marcher dans l'eau, on peut boire la pluie, et à la maison c'est bien, parce qu'il fait chaud et on joue avec le train électrique et maman fait du chocolat avec des gâteaux. Mais quand il pleut, on n'a pas de récré° à l'école, parce qu'on ne peut pas descendre dans la cour. C'est pour ça que je ne comprends pas M. Bordenave, puisque° lui aussi profite du beau temps, c'est lui qui nous surveille à la récré.

2 Aujourd'hui, par exemple, il a fait très beau, avec beaucoup de soleil et on a eu une récré terrible°. Après trois jours de pluie, c'était vraiment chouette. On est arrivés dans la cour et Rufus et Eudes ont commencé à se battre. Rufus est tombé sur Alceste qui était en train de manger un sandwich à la confiture et le sandwich est tombé par terre et Alceste a commencé à crier. Monsieur Bordenave est arrivé en courant°, il a séparé Eudes et Rufus et il les a mis au piquet.

3 «Et mon sandwich, a demandé Alceste, qui va me le rendre°?» —«Tu veux aller au piquet aussi?» a dit monsieur Bordenave. «Non, moi je veux mon sandwich à la confiture», a dit Alceste qui mangeait un autre sandwich à la confiture. «Mais tu es en train d'en manger un!» a dit monsieur Bordenave. «Ce n'est pas une raison, a crié Alceste, j'apporte quatre sandwichs pour la récré et je veux manger quatre sandwichs!» Monsieur Bordenave n'a pas eu le temps de se fâcher, parce qu'il a reçu une balle sur la tête, pof! «Qui a fait ça?» a crié monsieur Bordenave. «C'est Nicolas, monsieur, je l'ai vu!» a dit Agnan. Agnan c'est le meilleur élève de la classe et le chouchou de la maîtresse°, nous, on ne l'aime pas trop, mais il a des lunettes° et on ne peut pas le battre aussi souvent qu'on veut. «Je confisque la balle! Et toi, tu vas au piquet!» il m'a dit, monsieur Bordenave. Moi je lui ai dit que c'était injuste parce que c'était un accident. Agnan a eu l'air tout content et il est parti avec son livre. Agnan ne joue pas pendant la récré, il lit. Il est fou, Agnan!

4 «Et alors, qu'est-ce qu'on fait pour le sandwich à la confiture?» a demandé Alceste. Il n'a pas pu répondre parce qu'Agnan était par terre et poussait des cris terribles. «Quoi encore?» a demandé monsieur Bordenave. «C'est Geoffroy! Il m'a poussé! Mes lunettes! Je meurs°!» a dit Agnan qui saignait du nez° et qui pleurait. M. Bordenave l'a emmené à l'infirmerie, suivi d'Alceste qui lui parlait de son sandwich à la confiture.

5 Pendant l'absence de monsieur Bordenave, nous on a décidé de jouer au foot. Le problème c'est que les grands jouaient déjà au foot dans la cour et on a commencé à se battre. M. Bordenave qui revenait de l'infirmerie avec Agnan et Alceste est venu en courant mais il n'est pas arrivé, parce qu'il a glissé sur le sandwich à la confiture d'Alceste et il est tombé. «Bravo, a dit Alceste, marchez-lui dessus°, à mon sandwich à la confiture!»

6 Monsieur Bordenave s'est relevé et il s'est frotté le pantalon° et il s'est mis plein de° confiture sur la main. Nous on avait recommencé à se battre

récréation

parce que

(ici) formidable

running

donner

l'institutrice
glasses

I'm dying
qui... whose nose was bleeding

marchez... step on it
s'est... brushed his pants off
mis... put lots of

et c'était une récré vraiment chouette, mais monsieur Bordenave a regardé sa montre° et il est allé en boitant sonner la cloche°. La récré était finie.

watch / sonner... ring the bell

7   «Alors, mon vieux Bordenave, a dit un autre surveillant, ça s'est bien passé°? —Comme d'habitude, a dit monsieur Bordenave, qu'est-ce que tu veux, moi, je prie pour la pluie, et quand je me lève le matin et que je vois qu'il fait beau, je suis désespéré!»

ça... did it go well?

8   Non, vraiment, moi je ne comprends pas monsieur Bordenave, quand il dit qu'il n'aime pas le soleil!

Extrait de *Le petit Nicolas* (Jean-Jacques Sempé et René Goscinny).

En détail

5 **Les mots.**   D'après le contexte, quel est le sens des mots suivants? Choisissez a ou b.

		a	b
¶1	s'amuser	a. to have fun	b. to be bored
	profiter (de)	a. to take advantage (of)	b. to suffer (from)
¶2	en train de	a. on a train	b. in the process of
¶3	le chouchou	a. teacher's pet	b. class clown
	avoir l'air	a. to breathe	b. to seem
¶4	emmener	a. to call	b. to take
¶5	revenir (revenait)	a. to go back	b. to come back
¶6	se relever (s'est relevé)	a. to pick oneself up	b. to lie down
¶7	comme d'habitude	a. as usual	b. for once
	prier	a. to pray	b. to choose
	se lever (je me lève)	a. to go to bed	b. to get up

6 **Le texte.** Complétez selon l'histoire avec le ou les mots qui conviennent.

1. Quand il pleut, on peut _____ , _____ et

   _____ , mais on ne peut pas

   _____ .

2. Alceste a commencé à _____ parce que son sandwich

   _____ . Alors M. Bordenave a puni

   (*punished*) _____ et _____ .

3. Alceste a trois autres _____ mais il insiste pour en avoir

   _____ .

4. Nicolas et ses copains n'aiment pas beaucoup _____ mais

   ils ne peuvent pas le battre aussi souvent qu'ils veulent parce qu'il a

   des _____ —peut-être aussi parce que c'est _____

   de la maîtresse.

5. Agnan a dit à M. Bordenave que c'est _____ qui lui a jeté

   une balle sur la tête.

6. Agnan est fou parce qu'il _____ pendant la récré.

7. _____ a besoin d'aller à l'infirmerie parce que

   _____ l'a poussé et il est tombé par terre.

8. Alceste, qui continue à parler de son _____ , accompagne

   _____ et _____ à l'infirmerie.

9. Quand Nicolas et ses copains ont décidé de jouer au _____

   ils ont commencé à se battre avec _____ .

10. M. Bordenave a glissé sur _____ . Après, il avait

    _____ sur son pantalon et sur sa main.

11. Nicolas et ses copains pensent qu'une récré est vraiment

    _____ quand on peut se battre.

12. _____ est désespéré quand _____ .

Et vous?

1. Est-ce que vous comprenez M. Bordenave quand il dit qu'il n'aime pas le soleil? Expliquez.
2. Imaginez que M. Bordenave fait un rapport au directeur de l'école sur cette récréation. Écrivez ce rapport, selon le point de vue de M. Bordenave, avec tous les détails nécessaires.

Par écrit: It depends on your point of view . . .

Avant d'écrire

A **Strategy: Taking a point of view.** The stories of **le petit Nicolas** are recognized and loved worldwide, in part, because their commentary on the adult world is presented from the naive (hence humorous) viewpoint of a child. Differences in point of view occur because different narrators focus on different aspects of an event, and sometimes a single narrator's viewpoint changes because of circumstances.

Application. (1) Imagine the story, *Monsieur Bordenave n'aime pas le soleil,* as told by the **surveillant** years later, after Nicolas has become an internationally known celebrity. How would the story differ? (2) Think back to a memorable vacation or day trip you took as a small child and make some notes. What events were most memorable to you? Would your parents answer in the same way? Were your feelings about the trip any different after it than they were before?

B **Strategy: Expressing time.** When you talk about the future in a present context, for instance when you state your plans, you use the **futur proche.** When you talk about the future in a past context, for instance when you tell a story, you use the past tense. The adverbial time expressions for each instance vary. See the following table.

to talk about the future		
VOCABULAIRE ACTIF	**in a present context**	**in a past context**
après	demain	le lendemain (*the next day*)
le lendemain	dans une semaine	une semaine après (*a week later*)
suivant(e)	samedi prochain	le samedi suivant (*the next Saturday*)

Application. Write three pairs of sentences using the preceding expressions to talk about the future in a present and then a past context.

➡ *Samedi prochain nous allons voir un match de hockey.*
Le samedi suivant nous sommes allés voir un match de hockey.

Écrivez

1. Racontez l'histoire, *Monsieur Bordenave n'aime pas le soleil,* selon le point de vue d'un copain de Nicolas, Alceste ou Agnan, par exemple.

2. Regardez les images suivantes. Selon vous, qu'est-ce qui s'est passé (*what happened*) pendant les vacances de cette famille? Mettez-vous (*Put yourself*) à la place d'un des enfants ou d'un des parents, puis écrivez deux paragraphes de son point de vue: le premier «avant les vacances»; le deuxième «après les vacances». N'oubliez pas d'employer des expressions de transition et, pour éviter la répétition, des pronoms d'objet direct. À mentionner: destination, temps, activités et réactions pour chaque personne, autres détails.

➡ (Avant) *Nous allons passer des vacances...* (vraiment chouettes? intéressantes?)

(Après) *Nous avons passé des vacances...* (horribles? vraiment chouettes?)

Synthèse culturelle

Avez-vous participé à des activités extra-curriculaires pendant votre scolarité? Lesquelles?

Isabelle: Les activités les plus courantes[1] à l'école sont l'art dramatique et la musique. Les équipes de sport de la communauté sont beaucoup plus importantes que les équipes de l'école.

Frédéric: J'ai beaucoup participé à des activités de sport d'équipe dont le football et le basketball. On avait des tournois d'inter-écoles dans plusieurs disciplines: piscines, athlétisme, pirogue[2], handball, football et basketball.

Aïssatou: J'ai également fait partie d'un mouvement de scoutisme... Je participais à presque toutes les activités organisées qui consistaient la plupart du temps à nous inculquer[3] une éducation de base et des valeurs morales... les notions de dignité, de résistance morale surtout et une capacité à réussir par soi-même[4].

TASK: Sondez dix étudiants dans votre institution, y compris[5] des étudiants internationaux si possible. Demandez-leur[6] les activités auxquelles ils ont participé au lycée. Groupez les réponses par catégorie: sports, théâtre et musique, service, etc. Quelles étaient les réponses les plus communes? Les moins communes? Y a-t-il des différences culturelles? Comparez-les avec les réponses ci-dessus.

---

1. communes   2. *canoeing*   3. *teach us*   4. *succeed on one's own*   5. *including*   6. *Ask them*

VOCABULAIRE ACTIF

Le climat et le temps

Il fait du soleil/du vent/du brouillard. *It is sunny/windy/foggy.*
Il fait beau/bon/mauvais/chaud/frais/froid. *The weather is nice/pleasant/bad/hot/cool/cold.*
Le temps est ensoleillé/variable/nuageux/orageux. *The weather is sunny/variable/cloudy/stormy.*
Le ciel est couvert. *It's cloudy, overcast.*
Il pleut. *It's raining.*
Il neige. *It's snowing.*
la neige *snow*

un nuage *a cloud*	la pluie *rain*
un orage *a thunderstorm*	la température

Les points cardinaux et la géographie

le nord *north*	l'ouest (m.) *west*
le sud *south*	une montagne *a mountain*
l'est (m.) *east*	un pays *a country*

Les saisons (f.)

le printemps *spring*	l'automne (m.) *fall*
l'été (m.) *summer*	l'hiver (m.) *winter*

Les passe-temps (m.)

La lecture

une bande dessinée / une B.D. *a cartoon, a comic strip*	une lettre *a letter*
un e-mail/un mail/un courriel *an e-mail*	un poème *a poem*
une histoire *a story*	un rapport *a report*
un journal *a newspaper*	un roman *a novel*

La télévision

une chaîne *a channel*	un programme *a TV guide*
changer de chaîne *to change the channel*	une pub *a commercial*
un dessin animé *a cartoon*	la télé-commande *the remote control*
une émission *a show, a program*	les variétés (f.) *a variety show*
un feuilleton *a soap opera, a series*	zapper *to channel surf*
un jeu télévisé *a game show*	un zappeur
le journal télévisé (les informations) *the news*	

Le cinéma

un drame *a drama*	un film policier *a detective film*
un film d'épouvante *a horror movie*	le genre (de film) *the kind (of film)*

Les sports

le base-ball	le judo
la course *running*	le patinage *skating*
le cyclisme *cycling*	le ski
le hockey	le stade *a stadium*

Verbes et expressions verbales

arriver *to arrive*
avoir envie (de) *to feel like*
choisir *to choose*
dire *to say*
écrire *to write*
entrer (dans) *to enter, to come in*
être discipliné(e) *to have self-control*
finir *to finish*
grossir *to gain weight, get fat*
lire *to read*

maigrir *to lose weight*
monter (dans) *to go up, to get on*
passer par *to pass through (by)*
réfléchir à *to think about, reflect on*
rentrer *to come home*
rester *to stay*
retourner *to go back*
réussir à *to succeed, to pass (a test)*
tomber *to fall*
voir *to see*

Expressions de temps

à l'heure *on time*
l'année prochaine/dernière *next year / last year*
dans une semaine *in a week*
demain matin/après-midi/soir *tomorrow
  morning/afternoon/evening*
hier matin/après-midi/soir *yesterday
  morning/afternoon/evening*

en avance *early*
en retard *late*
il y a (trois jours) *(three days) ago*
le lendemain *the next day*
le samedi suivant *the following Saturday*
une semaine après *a week later*
la semaine prochaine/dernière *next week/last week*

Les invitations

Pour inviter

Ça t'intéresse? / Ça te dit? / Ça vous intéresse? *Are you interested?*
Je t'invite / Je vous invite *I'm inviting you (My treat!)*
Tu veux... ? / Voudriez-vous... ? *Would you like to . . . ?*

Pour accepter

Avec plaisir. *I'd love to.*
Bonne idée! *Good idea!*
C'est parfait! *It's perfect!*
C'est génial! *That's cool!*

D'accord. *Okay.*
Entendu! *Good!*
Je veux bien. *I'd be glad to.*
Volontiers. *Gladly.*

Pour s'excuser

C'est gentil, mais je ne peux pas. *It's very nice of you, but I can't.*
Je suis désolé(e), mais je ne suis pas libre. *I'm sorry, but I'm not available.*
Malheureusement, je n'ai pas le temps. *Unfortunately, I don't have time.*

Les pronoms d'objet direct

le, la, l' *him/it, her/it, him/her/it*
les *them*

Divers

une sortie *an outing, a night out*
la vérité *the truth*

7

Voyages et transports

Ces gens reviennent de vacances. Où sont-ils allés? Qu'ont-ils fait? Et vous? Quand allez-vous partir en vacances? Où voulez-vous aller? Pendant combien de temps allez-vous y rester? Comment allez-vous voyager?

This chapter will enable you to

- ☐ understand conversations related to travel
- ☐ read travel brochures and an excerpt from *Le Petit Prince*
- ☐ talk about places you've been or would like to visit
- ☐ discuss vacation activities
- ☐ ask for information or help

Première étape

À l'écoute: À l'hôtel

Dans cette étape, vous allez entendre une conversation qui a lieu dans un hôtel de Quimper, en Bretagne.

Avant d'écouter

1 Imaginez que vous voyagez en Bretagne, une province de l'ouest de la France. Vous arrivez à Quimper, une ville touristique connue pour sa cathédrale et ses vieux quartiers, et vous cherchez un hôtel. Vous consultez donc un guide. Avec un(e) partenaire, étudiez ce guide et la légende des abréviations qui l'accompagne, puis remplissez le tableau à la page suivante.

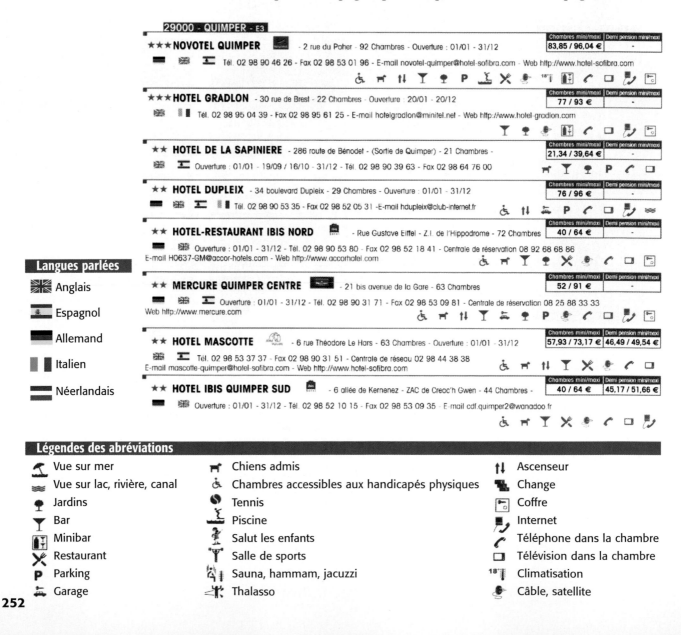

29000 - QUIMPER - E3

★★★ **NOVOTEL QUIMPER** - 2 rue du Poher - 92 Chambres - Ouverture : 01/01 - 31/12
Tél. 02 98 90 46 26 - Fax 02 98 53 01 96 - E-mail novotel-quimper@hotel-sofibra.com - Web http://www.hotel-sofibra.com
Chambres mini/maxi: 83,85 / 96,04 € — Demi pension mini/maxi: -

★★★ **HOTEL GRADLON** - 30 rue de Brest - 22 Chambres - Ouverture : 20/01 - 20/12
Tél. 02 98 95 04 39 - Fax 02 98 95 61 25 - E-mail hotelgradlon@minitel.net - Web http://www.hotel-gradlon.com
Chambres mini/maxi: 77 / 93 € — Demi pension mini/maxi: -

★★ **HOTEL DE LA SAPINIERE** - 286 route de Bénodet - (Sortie de Quimper) - 21 Chambres -
Ouverture : 01/01 - 19/09 / 16/10 - 31/12 - Tél. 02 98 90 39 63 - Fax 02 98 64 76 00
Chambres mini/maxi: 21,34 / 39,64 € — Demi pension mini/maxi: -

★★ **HOTEL DUPLEIX** - 34 boulevard Dupleix - 29 Chambres - Ouverture : 01/01 - 31/12
Tél. 02 98 90 53 35 - Fax 02 98 52 05 31 - E-mail hdupleix@club-internet.fr
Chambres mini/maxi: 76 / 96 € — Demi pension mini/maxi: -

★★ **HOTEL-RESTAURANT IBIS NORD** - Rue Gustave Eiffel - Z.I. de l'Hippodrome - 72 Chambres -
Ouverture : 01/01 - 31/12 - Tél. 02 98 90 53 80 - Fax 02 98 52 18 41 - Centrale de réservation 08 92 68 68 86
E-mail HO637-GM@accor-hotels.com - Web http://www.accorhotel.com
Chambres mini/maxi: 40 / 64 € — Demi pension mini/maxi: -

★★ **MERCURE QUIMPER CENTRE** - 21 bis avenue de la Gare - 63 Chambres -
Ouverture : 01/01 - 31/12 - Tél. 02 98 90 31 71 - Fax 02 98 53 09 81 - Centrale de réservation 08 25 88 33 33
Web http://www.mercure.com
Chambres mini/maxi: 52 / 91 € — Demi pension mini/maxi: -

★★ **HOTEL MASCOTTE** - 6 rue Théodore Le Hars - 63 Chambres - Ouverture : 01/01 - 31/12
Tél. 02 98 53 37 37 - Fax 02 98 90 31 51 - Centrale de réseau 02 98 44 38 38
E-mail mascotte-quimper@hotel-sofibra.com - Web http://www.hotel-sofibra.com
Chambres mini/maxi: 57,93 / 73,17 € — Demi pension mini/maxi: 46,49 / 49,54 €

★★ **HOTEL IBIS QUIMPER SUD** - 6 allée de Kernenez - ZAC de Creac'h Gwen - 44 Chambres -
Ouverture : 01/01 - 31/12 - Tél. 02 98 52 10 15 - Fax 02 98 53 09 35 - E-mail cdf.quimper2@wanadoo.fr
Chambres mini/maxi: 40 / 64 € — Demi pension mini/maxi: 45,17 / 51,66 €

Langues parlées

- Anglais
- Espagnol
- Allemand
- Italien
- Néerlandais

Légendes des abréviations

- Vue sur mer
- Vue sur lac, rivière, canal
- Jardins
- Bar
- Minibar
- Restaurant
- Parking
- Garage
- Chiens admis
- Chambres accessibles aux handicapés physiques
- Tennis
- Piscine
- Salut les enfants
- Salle de sports
- Sauna, hammam, jacuzzi
- Thalasso
- Ascenseur
- Change
- Coffre
- Internet
- Téléphone dans la chambre
- Télévision dans la chambre
- Climatisation
- Câble, satellite

Vous préférez un hôtel...	Vos choix possibles sont... (nom des hôtels)
avec une piscine	
avec vue sur lac ou rivière	
avec un ascenseur (*elevator*)	
avec un garage	
avec un restaurant	
avec un jardin	
où les chiens sont admis	
avec câble ou satellite	
à deux étoiles (**) et qui coûte moins de 65€ la nuit (prix maximum)	
qui offre la formule demi-pension (petit déjeuner et dîner)	
où on parle anglais et espagnol	

Écoutons

2 Écoutez une ou deux fois en fonction des questions suivantes. Les phrases ci-dessous sont-elles vraies ou fausses? Si elles sont fausses, corrigez-les.

1. La réceptionniste demande au client
   a. combien de temps il veut rester à l'hôtel.
   b. s'il a des bagages.
   c. de payer tout de suite (immédiatement).
2. Le client veut
   a. rester seulement une nuit (*one night only*).
   b. une chambre pour une personne.
   c. payer avec une carte de crédit.

3 Écoutez encore et répondez aux questions suivantes.

1. Combien coûte la chambre que prend le monsieur?
2. Comment s'appelle le monsieur?
3. Quel est le numéro de sa chambre?

4 Écoutez une dernière fois et complétez les phrases suivantes, puis déduisez le sens des mots en caractères gras.

1. Quand on entre dans un hôtel, on demande: «_____, madame (monsieur), vous avez _____ **libre,** s'il vous plaît?»

2. Le monsieur veut une chambre avec **baignoire** ou _____, si possible.

3. Il demande si le _____ est **compris.**

4. La dame lui donne sa **clé** et lui indique que sa chambre est au _____ **étage.**

5 Maintenant consultez encore le guide des hôtels de Quimper. De quel hôtel s'agit-il? Justifiez votre réponse.

6 Imaginez que vous voulez réserver une chambre dans un hôtel de Quimper. Jouez les rôles suivants avec un(e) partenaire: l'un(e) de vous est le/la touriste, l'autre le/la réceptionniste. D'abord, sélectionnez ensemble un hôtel qui vous plaît, puis jouez la situation au téléphone. «Allô?...»

Note culturelle

VOCABULAIRE ACTIF

un ascenseur
les bagages (m.)
une baignoire
une carte de crédit
(une chambre) libre
un chien
une clé
le couloir
　au bout du couloir
un escalier
une étoile
un garage
un jardin
la nuit
le petit déjeuner
　compris
une piscine
le premier étage, etc.
un(e) réceptionniste
le rez-de-chaussée
tout de suite

Le logement des vacances. Les hôtels sont classés par nombre d'**étoiles.** Les hôtels à quatre étoiles (****) sont les plus luxueux. Les hôtels à une étoile (*) sont les moins chers mais si les chambres sont équipées d'un lavabo, les W.C. et la douche sont généralement **au bout du couloir** (*down the hall*). Les chaînes d'hôtels à prix modérés, comme Formule 1 ou Nuit d'Hôtel, se multiplient en France près des sorties d'autoroutes; les chambres sont petites mais coûtent moins de 30€ la nuit. Les apart'hôtels, comme la chaîne des Citadines (***), offrent des studios et des appartements qu'on peut louer à la nuit, à la semaine ou au mois. Les gîtes ruraux sont des maisons de ferme réaménagées pour les touristes, avec tout le confort (y compris des bicyclettes!), qu'on peut louer à la semaine ou au mois à la campagne. Les chambres d'hôtes sont comme les *bed and breakfast*—des chambres de charme dans des maisons particulières.

Si l'on vous donne une chambre au premier étage dans un hôtel, ne soyez pas surpris si l'employé vous montre l'**escalier** (*stairs*) ou l'ascenseur. En France, l'étage qui est au niveau de la rue s'appelle le **rez-de-chaussée,** et le premier étage est ce qu'on appelle *second floor* dans le monde anglophone. Imaginez que vous désirez une chambre au dernier étage pour avoir une vue panoramique de la ville; l'hôtel a sept étages, y compris le rez-de-chaussée. Quel étage allez-vous demander? Maintenant, imaginez que toute votre famille a décidé de passer quinze jours en France l'été prochain. Quelle formule allez-vous choisir: l'hôtel? un apart'hôtel? un gîte rural? une chambre d'hôtes? Quels sont les avantages de chaque formule?

La rue Kéréon à Quimper. ▶

| **Prononciation** | # Les semi-voyelles [w] et [ɥ] |

- A semi-vowel is a short vowel sound that is combined with another vowel in the same syllable.
- [w] is the initial sound in **oui** [wi]; it is a short [u] sound that is also found in **soir** [swar].
- [ɥ] is the initial sound in **huit** [ɥit]; it is a short [y] sound that glides into the following vowel, in this case [i].

Écoutez Listen to the following expressions from **À l'écoute: À l'hôtel** on the student audio CD, and in the following chart check the [w] and [ɥ] sounds you hear. The first expression is done for you. You will hear each expression twice.

	[w]	[ɥ]
au m**oi**ns	✔	
deux n**ui**ts		
avec baign**oi**re		
tout de s**ui**te		
v**oi**ci		

Now draw a line to match the following spelling combinations with the appropriate phonetic symbols.

ou + vowel	[ɥ]
oi/oy	[w]
u + vowel*	[wa]

Essayez!

1. **Prononcez.** Practice pronouncing and contrasting the sounds [w] and [ɥ] in the following pairs. Then listen to them on the student audio CD to verify your pronunciation.

[w]	[ɥ]
a. oui	huit
b. Louis	lui
c. moins	juin

---

*Exception: after a **q** or a **g,** the **u** is generally not pronounced: qui [ki]; quel [kɛl]; Guy [gi]; guerre (*war*) [gɛr].

2. **[w] ou [ɥ]?** In the following sentences, underline the [w] sounds with one line, and the [ɥ] sounds with two lines.

a. Quand Marie-Louise voyage, elle prend toujours des fruits et des biscuits.
b. L'Hôtel des Trois Suisses? Continuez jusqu'au coin de la rue, puis tournez à droite.
c. Chouette! Il n'y a pas de nuages aujourd'hui. C'est ennuyeux, des vacances sous la pluie.
d. Je suis fatigué; bonne nuit!

Now practice saying the sentences aloud, then listen to them on the student audio CD to verify your pronunciation.

Structure: Talking about coming and going

Les verbes comme **sortir**

In **Chapitre 6,** you learned how to use a group of **-ir** verbs conjugated like **choisir.** In this section, you will be introduced to a group of **-ir** verbs that have a different conjugation.

Observez et déduisez Quand je suis en vacances, je sors tous les soirs, mais pendant une semaine ordinaire, je sors uniquement le week-end. En vacances je dors jusqu'à midi, si je veux! Ce matin, par contre, j'ai dormi jusqu'à 7h seulement parce que j'ai cours à 8h. (Et d'habitude je pars à 7h55!) En vacances, à l'hôtel on me sert un bon petit déjeuner dans ma chambre. À la fac, si je veux un petit déjeuner, c'est moi qui me le sers! Disons que je préfère les vacances…

VOCABULAIRE ACTIF

dormir
partir
servir
sortir

● Look at the present tense forms of the verbs **dormir, sortir, servir,** and **partir** in the preceding paragraph. What would be the third-person singular form of the verbs **dormir, sortir,** and **partir?**
● Look at the past participle of **dormir.** What would be the past participles of **partir, servir,** and **sortir?**

Vérifiez   *Les verbes comme **sortir***

les verbes comme **sortir**

servir	dormir
je sers	je dors
tu sers	tu dors
il/elle/on sert	il/elle/on dort
nous servons	nous dormons
vous servez	vous dormez
ils/elles servent	ils/elles dorment

partir	sortir
je pars	je sors
tu pars	tu sors
il/elle/on part	il/elle/on sort
nous partons	nous sortons
vous partez	vous sortez
ils/elles partent	ils/elles sortent

Passé composé

j'ai servi   j'ai dormi   je **suis** parti(e)   je **suis** sorti(e)

● Verbs like **sortir** have two stems. The plural stem is formed by dropping the **-ir** of the infinitive.

> nous **sort**-ons
> vous **sort**-ez
> ils/elles **sort**-ent

The singular stem drops the consonant preceding the **-ir** as well.

> je **sor**-s
> tu **sor**-s
> il/elle **sor**-t

● In the **passé composé, sortir** and **partir** are conjugated with **être.** This means that the past participle must agree with the subject in gender and number.

> Angèle **est sortie** tôt.   Les filles **sont parties** vers 9h.

● Both **sortir** (*to go out*) and **partir** (*to leave*) can be used alone, with a time expression, or with a preposition. Use **de** to convey the idea of leaving a particular place.

> Je sors **à** 9h15.   Je pars **aujourd'hui.**
>   **avec** mes copines.   **avec** ma famille.
>   **de** l'hôtel.   **de** Quimper.
>   **pour** mes cours.

Activités

A La vie quotidienne. Hélas vous n'êtes pas en vacances! D'abord, indiquez si ces phrases sont vraies ou fausses pour votre vie de tous les jours, puis interviewez un(e) camarade de classe pour comparer vos réponses.

	moi	partenaire
1. Mes copains et moi, nous sortons souvent le dimanche.	____	____
2. Mes parents ne sortent jamais.	____	____
3. Le matin, je pars pour mes cours avant neuf heures.	____	____
4. Mon/Ma camarade de chambre part toujours à la dernière minute.	____	____
5. Au restaurant universitaire, on sert de bons repas.	____	____
6. Chez moi, nous ne servons jamais de poisson.	____	____
7. Après un grand dîner, moi, je dors tout de suite.	____	____
8. Je dors huit heures par nuit.	____	____

Maintenant, partagez vos réponses avec vos camarades de classe. Comment est la vie de l'étudiant typique?

B Curiosité. Qu'est-ce que vos camarades de classe ont fait récemment? Pour chaque question que vous posez, trouvez une personne différente qui répond affirmativement. Posez une question complémentaire (*follow-up*)— même si la personne répond négativement.

➡ — *Tu es sorti(e) hier soir?*   — *Tu es sorti(e) hier soir?*
   — *Oui, je suis sorti(e).*   — *Non, je ne suis pas sorti(e).*
   — *Où est-ce que tu es allé(e)?*   — *Pourquoi pas?*
   — *Je suis allé(e) à la bibliothèque.*   — *J'ai fait mes devoirs.*

1. Tu es parti(e) en vacances récemment?
2. Tu es sorti(e) hier soir?
3. Tu es rentré(e) très tard?
4. Tu as bien dormi?
5. Tu es resté(e) à la maison samedi dernier?
6. Tu es allé(e) voir un bon film récemment?
7. Tu es parti(e) pour tes cours avant huit heures ce matin?
8. Tu es arrivé(e) à l'heure au cours de français?
9. Tu as servi du gâteau au professeur?

Structures: Situating events in time

Depuis / Il y a / Pendant

Observez et déduisez Angèle Martin est partie en vacances il y a une semaine pour un voyage en France. Elle a voyagé pendant onze heures pour arriver à Aix. Maintenant, elle est à l'hôtel Paul Cézanne depuis huit jours.

> ● Three time expressions are used in the preceding **Observez et déduisez.** Which one suggests how long an activity *has been going on?* Which one is used to state *how long ago* something happened? Which one indicates how long an activity *lasted?*

L'ART
DE VIVRE
UN SÉJOUR
AGRÉABLE

*Au cœur
d'Aix-en-Provence,
l'hôtel* PAUL CÉZANNE,
*refuge discret et élégant,
saura vous séduire
par son atmosphère
douce et conviviale.*

Vérifiez

Depuis

● Use **depuis** and an expression of time to indicate *how long something has been going on.* Although the activity began in the past, it is still going on, so use the *present* tense of the verb.

> On sert le petit déjeuner **depuis** une heure.
> Angèle est à l'hôtel **depuis** lundi dernier.

● To ask how long something has been going on, use the expression **depuis quand?** (*since when*) or **depuis combien de temps?** (*for how long*).

> **Depuis quand** est-elle à l'hôtel? **Depuis** samedi dernier.
> **Depuis combien de temps** est-ce qu'elle est à l'hôtel? **Depuis** une semaine.

Il y a

● You learned in **Chapitre 6** that **il y a** can be used with a period of time to say *how long ago something happened.* Since the activity has been completed, use the past tense.

> Elle est arrivée **il y a** huit jours. (trois minutes, un an, etc.)

● To ask how long ago something happened, use **quand?**

> — **Quand** est-ce qu'elle est arrivée?
> — Il y a une heure.

Pendant

● Use **pendant** to indicate *the duration of an event* in the past, present, or future.

> Après son voyage, elle a dormi **pendant** dix heures.
> On sert le petit déjeuner **pendant** une heure et demie.
> Elle va voyager **pendant** toute la nuit.

● To ask about the duration of an event or activity, use the interrogative expression **pendant combien de temps?**

> **Pendant combien de temps** est-ce qu'il a dormi?
>   est-ce qu'il dort d'habitude?
>   est-ce qu'il va dormir?

des expressions de temps

question	réponse
Depuis quand est-il à l'hôtel?	**Depuis** hier. (**Depuis** 15h.)
Depuis combien de temps est-il à l'hôtel?	**Depuis** deux jours. (**Depuis** vingt minutes.)
Quand est-ce qu'il est arrivé à l'hôtel?	Il est arrivé **il y a** vingt minutes. (... **il y a** trois jours.)
Pendant combien de temps va-t-il rester à l'hôtel?	**Pendant** une semaine.

Activités

C Clients. Indiquez de qui on parle selon le registre de l'hôtel Paul Cézanne à la page suivante. (*Aujourd'hui c'est le mardi 15 mai.*)

1. Cette personne est à l'hôtel depuis deux jours. C'est _____ .

2. Cette personne va être à l'hôtel pendant dix jours. C'est

    _____ .

3. Cette personne est arrivée il y a huit jours. C'est _____ .

4. Cette personne est partie il y a trois jours. C'est _____ .

5. Cette personne part aujourd'hui. C'est _____ .

6. Cette personne est à l'hôtel depuis lundi. C'est _____ .

7. Ces personnes sont à Aix pendant deux semaines. C'est

    _____ .

Maintenant, complétez le registre avec les dates d'arrivée et de départ prévues pour les deux autres clients:

- Nouradine Charfi est à l'hôtel depuis une semaine. Il va être à Aix pendant dix jours.
- Pierre Bonnet est arrivé à Aix il y a deux jours. Il va rester à l'hôtel pendant une semaine.

Hôtel Paul Cézanne
Réservations enregistrées le: 29/04/2003

N° Client: 4905	N° Client: 4908	N° Client: 4911
Client: M. TEISSONIER CYRIL	Client: M. BONAL ANTOINE	Client: M. CHARFI NOURADINE
Arrivée le: 01/05/2003	Arrivée le: 09/05/2003	Arrivée le:
Départ le: 11/05/2003	Départ le: 12/05/2003	Départ le:
Statut: Confirmé	Statut: Confirmé	Statut:
N° Client: 4906	N° Client: 4909	N° Client: 4912
Client: MME GRIMMER CLAUDE	Client: M. DUCLOS HENRI	Client: M. BONET PIERRE
Arrivée le: 01/05/2003	Arrivée le: 13/05/2003	Arrivée le:
Départ le: 15/05/2003	Départ le: 19/05/2003	Départ le:
Statut: Confirmé	Statut: Confirmé	Statut:
N° Client: 4907	N° Client: 4910	
Client: MME MARTIN ANGÈLE	Client: MME PÉRON CHANTAL	
Arrivée le: 07/05/2003	Arrivée le: 14/05/2003	
Départ le: 21/05/2003	Départ le: 18/05/2003	
Statut: Confirmé	Statut: Confirmé	

D **Un jeu.** Imaginez que vous travaillez dans l'hôtel Paul Cézanne. D'abord inventez tous les renseignements pour compléter le registre de gauche. Votre partenaire va faire la même chose. Ensuite, posez des questions à votre partenaire pour compléter dans votre livre le registre de droite.

➡ *Comment s'appelle le client numéro... ?*
Depuis combien de temps est-ce qu'il/elle est à l'hôtel?
Pendant combien de temps est-ce qu'il/elle va être à l'hôtel?

mon registre

Hôtel Paul Cézanne
Réservations enregistrées le:
/ /200__

N° Client: 4800	N° Client: 4802
Client:	Client:
Arrivée le:	Arrivée le:
Départ le:	Départ le:
Statut: Confirmé	Statut: Confirmé
N° Client: 4801	N° Client: 4803
Client:	Client:
Arrivée le:	Arrivée le:
Départ le:	Départ le:
Statut: Confirmé	Statut: Confirmé

le registre de mon/ma partenaire

Hôtel Paul Cézanne
Réservations enregistrées le:
/ /200__

N° Client: 4804	N° Client: 4806
Client:	Client:
Arrivée le:	Arrivée le:
Départ le:	Départ le:
Statut: Confirmé	Statut: Confirmé
N° Client: 4805	N° Client: 4807
Client:	Client:
Arrivée le:	Arrivée le:
Départ le:	Départ le:
Statut: Confirmé	Statut: Confirmé

Maintenant, comparez vos registres. Avez-vous bien noté les renseignements?

Jeu de rôle You're a guest at the Hotel Paul Cézanne, and you're spending a few moments visiting with other guests (two classmates) as you wait for breakfast. One person is in Aix on a business trip **(un voyage d'affaires),** the second is there on vacation, and the third is moving there and looking for a house to rent. Ask one another the reasons for your visit, when you arrived, how long you've been there, how long you're staying, when you're leaving, etc. If you enjoy your conversation, you might want to invite the others to go out. Discuss some possible outings.

Lecture: Un voyage en Afrique

 Avant de lire

1 Qu'est-ce que vous aimez faire pour vous amuser pendant les vacances? Regardez les deux illustrations, puis cochez les activités que vous aimez et ajoutez d'autres options si vous le désirez.

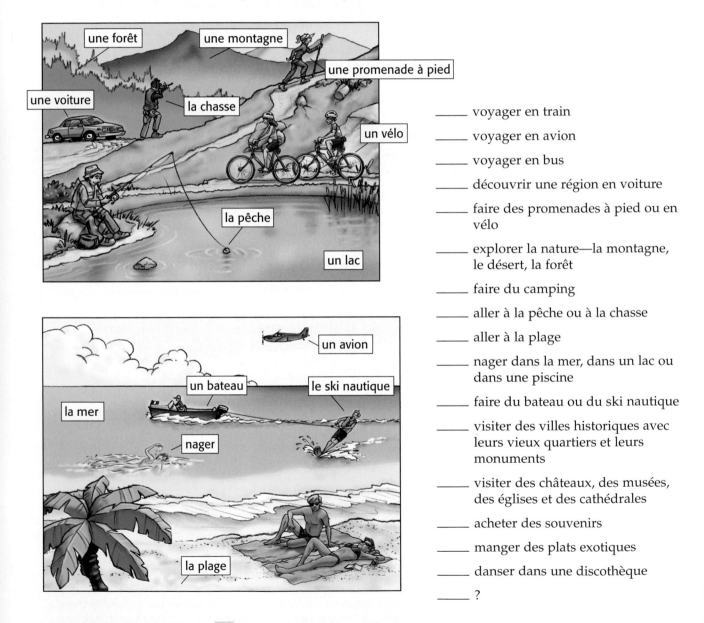

_____ voyager en train

_____ voyager en avion

_____ voyager en bus

_____ découvrir une région en voiture

_____ faire des promenades à pied ou en vélo

_____ explorer la nature—la montagne, le désert, la forêt

_____ faire du camping

_____ aller à la pêche ou à la chasse

_____ aller à la plage

_____ nager dans la mer, dans un lac ou dans une piscine

_____ faire du bateau ou du ski nautique

_____ visiter des villes historiques avec leurs vieux quartiers et leurs monuments

_____ visiter des châteaux, des musées, des églises et des cathédrales

_____ acheter des souvenirs

_____ manger des plats exotiques

_____ danser dans une discothèque

_____ ?

2 Regardez la carte d'Afrique à la fin du livre. Quels sont les trois pays francophones d'Afrique du Nord? Quels sont les pays francophones de l'Afrique occidentale (de l'ouest)?

3 Maintenant imaginez qu'on vous offre la possibilité de passer une semaine en Tunisie ou au Sénégal. Comment imaginez-vous ces pays?

1. À votre avis, laquelle des descriptions suivantes s'applique au climat de la Tunisie? du Sénégal?

Climat très agréable et sec (*dry*) de novembre à mars. Très chaud (plus de 30°) de juin à septembre avec précipitations.

Climat méditerranéen, doux et humide en hiver. Pas d'inter-saison; été sec et chaud (25°–28°), très chaud dans le Sahara.

2. Parmi les activités touristiques mentionnées dans **Avant de lire,** lesquelles, à votre avis, peut-on faire dans ces deux pays?

En général

4 Parcourez rapidement les deux textes. De quel genre de textes s'agit-il? Cochez toutes les réponses correctes.

_____ Des extraits d'une brochure d'une agence de voyages

_____ Des renseignements distribués par l'office de tourisme de la Tunisie et du Sénégal sur l'histoire et la géographie de leur pays

_____ Une description de voyages organisés

_____ Des renseignements sur les safaris et la chasse au lion

5 Reprenez la liste des activités touristiques donnée dans **Avant de lire.** Lesquelles de ces activités sont mentionnées dans les textes?

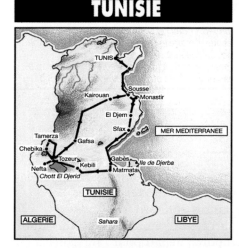

TUNISIE

L'AVIS DU LION

Un circuit se déroulant essentielle-ment dans le Sud que vous visiterez en 4x4 Toyota climatisé, et qui allie la découverte de ruines romaines, mosquée, troglodytes,[1] pistes,[2] désert, oasis... et la détente[3] à la plage pour les deux derniers jours à Port El Kantaoui.

EL DJEM - GABES - MATMATA - TOZEUR - NEFTA - TAMERZA - GAFSA - KAIROUAN

Départ de France les dimanches.

1er jour: France - Tunis- Sousse. Accueil[4] à l'aéroport et transfert à Sousse. Dîner et nuit à l'hôtel El Mouradi.

2e jour: Port El Kantaoui. Journée de détente en pension complète[5] à l'hôtel El Mouradi.

3e jour: Sousse - El Djem - Gabès - Matmata - Kébili. Départ pour le Sud en 4x4 Toyota climatisé. Visite de l'amphithéâtre romain d'El Djem. Arrêt à Sfax, arrivée à Gabès et visite de l'oasis de Chenini. Déjeuner à Matmata et visite des maisons troglodytiques. Dîner et nuit à Kébili, hôtel Al Fouar, situé au milieu des dunes de sable.

4e jour: Chott El Djerid - Tozeur - Nefta. Traversée du Chott El Djerid. Déjeuner à Nefta, visite de l'oasis et route sur Tozeur pour la visite du zoo du désert. Dîner et nuit à Nefta, hôtel Les Nomades.

5e jour: Chebika - Tamerza - Gafsa - Kairouan - Sousse. Le matin, visite des oasis de montagne Chebika et Tamerza. Continuation sur Gafsa. Déjeuner. Route sur Kairouan, ville sainte de l'Islam. Dîner et nuit à l'hôtel El Mouradi de Port El Kantaoui.

6e jour: Nabeul - Port El Kantaoui. Le matin, excursion à Nabeul, ville célèbre pour ses poteries. Visite du marché. Retour à l'hôtel pour déjeuner. Après-midi libre. Le soir, départ pour un dîner spécial tunisien avec fête bédouine. Nuit hôtel El Mouradi.

7e jour: Port El Kantaoui. Journée libre de détente à l'hôtel El Mouradi en pension complète.

8e jour: Tunis - France. Petit déjeuner, transfert à l'aéroport de Tunis et envol pour la France (repas à bord).

---

1. *cave dwellings* 2. *trails* 3. *relaxation* 4. *welcome*
5. chambre et trois repas inclus

SENEGAL

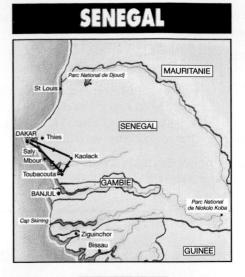

L'AVIS DU LION

Le circuit du Lion vous propose 3 journées de séjour libre sur les plages de la Petite Côte en fin de voyage. Vous découvrirez tout particulièrement la région du Siné Saloum à la richesse souvent ignorée des circuits habituels. Détente et découverte sont soigneusement dosées et le tout pour un prix attractif.

---

1. péninsule   2. *slave trade*   3. *last century*
4. type de bateau   5. *brush country*

DAKAR - TOUBACOUTA - NDANGANE TOUTI - SALOUM - SALY

1er jour: France - Dakar. Vol pour Dakar.

2e jour: Dakar. Arrivée matinale à l'aéroport de Yoff, transfert à votre hôtel sur la presqu'île[1] de Ngor. Excursion au lac Rose puis départ pour l'île Gorée, émouvant centre de la traite des esclaves[2] jusqu'au siècle dernier.[3] Déjeuner au restaurant Le Chevalier de Boufflers puis retour vers Dakar. Dîner et nuit à l'hôtel Le Calao, Ngor, Diarama ou similaire.

3e jour: Dakar - Toubacouta. Départ le matin pour Toubacouta. Déjeuner en route. Promenade en pirogue[4] l'après-midi dans le delta du Saloum. Dîner et nuit à l'hôtel-campement Les Palétuviers ou similaire.

4e jour: Toubacouta - Ndangane Touti. Départ après le petit déjeuner, en pirogue, pour l'île de Ndangane Touti. Déjeuner. Promenade en pirogue l'après-midi dans le delta du Saloum. Dîner et nuit au campement.

5e jour: Ndangane Touti - Toubacouta. Retour par la mer à l'hôtel Les Palétuviers. Déjeuner. Après-midi libre, promenade en brousse[5] dans le pays Sérère. Dîner et nuit à l'hôtel Les Palétuviers.

6e jour: Toubacouta - Saly. Petit déjeuner, puis visite d'un marché et de villages africains. Route pour Saly. Arrivée en fin de matinée. Déjeuner libre. Dîner et nuit au Club du Lion Saly.

7e et 8e jours: Saly. Séjour libre en demi-pension au Club du Lion Saly.

9e jour: Saly - France. Transfert à l'aéroport de Dakar tôt le matin et vol pour la France.

En détail

6 **Les mots.** En utilisant les mots apparentés, le contexte et la logique, pouvez-vous déduire le sens des mots en caractères gras?

1. Texte sur la Tunisie: «en 4×4 Toyota **climatisé**»; «découverte de **ruines romaines, mosquée**»; «des dunes de **sable**»; «ville **sainte** de l'Islam»; «ville **célèbre** pour ses **poteries**»
2. Texte sur le Sénégal: «3 journées de **séjour** libre»; «**Vol** pour Dakar»; «**Arrivée** matinale à l'**aéroport... départ** pour l'île Gorée... puis **retour** vers Dakar»

VOCABULAIRE ACTIF

les moyens de transport
à pied, en avion, en
    bateau, en bus, en
    train, en vélo, en
    voiture
l'aéroport
un vol

la nature
le désert, la forêt, une île,
    un lac, la mer, la plage

les vacances
acheter des souvenirs
une agence de voyages
aller à la chasse / à la
    pêche
célèbre
faire du bateau, du
    camping, du ski
    nautique
nager
passer (une semaine, ses
    vacances)
un séjour
visiter une cathédrale, un
    château, un
    monument, des vieux
    quartiers
un voyage organisé

7 **Les textes.** Complétez les tableaux suivants selon les renseignements donnés dans les textes.

1. En Tunisie

jour	lieu (*place*)	activité
2ᵉ jour		détente
	Gabès	
		visite du zoo
	Nabeul	
		dîner spécial tunisien, fête bédouine

2. Au Sénégal

jour	lieu	activité
		visite du centre de la traite des esclaves
	delta du Saloum	
		promenade en brousse
6ᵉ jour	Toubacouta	
		séjour libre

Et vous?

1. Quel circuit préférez-vous? Pourquoi?
2. Imaginez que ce voyage en Afrique est un fait accompli. En groupes de deux, racontez ce que vous avez fait chaque jour en Tunisie (étudiant(e) A) et au Sénégal (étudiant(e) B). Comparez vos aventures, posez des questions, ajoutez des détails—et n'hésitez pas à exagérer!

Notes culturelles

La Tunisie. La Tunisie, l'Algérie et le Maroc constituent le Maghreb, la région arabe de l'Afrique du Nord qui a été colonisée par la France. La majorité de la population de la Tunisie habite dans la partie nord du pays qui bénéficie d'un climat méditerranéen; le sud du pays est occupé par le désert du Sahara. L'histoire de la Tunisie remonte au IXe siècle avant Jésus-Christ, à l'époque où les Phéniciens ont fondé la ville de Carthage près de Tunis, la capitale actuelle de la Tunisie. Carthage a fait partie de l'Empire romain de 146 av. J.-C. jusqu'au Ve siècle apr. J.-C., ce qui explique la présence d'importantes ruines romaines. La Tunisie était un protectorat français de 1881 à 1956, et l'influence française est encore très présente. L'arabe est la langue officielle de la Tunisie, mais le français reste la langue de l'éducation supérieure, de l'administration et des affaires.

Le Sénégal. La colonisation française de l'Afrique noire a commencé au Sénégal avec la création de la ville de Saint-Louis, au nord du Sénégal, en 1659. De 1902 à 1960, la ville de Dakar a servi de capitale à l'Afrique occidentale française (l'AOF), la fédération des huit territoires français de l'Afrique de l'Ouest. En 1960, le Sénégal est devenu une république indépendante avec le poète Léopold Sédar Senghor comme président. Le Sénégal est un pays principalement musulman (*Muslim*) avec six langues nationales, y compris le wolof, mais le français est resté la langue officielle.

Quels sont les renseignements que vous trouvez les plus intéressants sur la Tunisie et le Sénégal? Qu'est-ce que vous aimeriez savoir d'autre? Faites des recherches sur le Web ou dans une encyclopédie, puis partagez ce que vous avez appris!

▲ Des bédouins dans le désert du Sahara.

Structures: Talking about travel

*Le verbe **(re)venir** • Les prépositions avec les noms géographiques*

▲ Ils reviennent du Luxembourg.

▲ Il revient de Tunisie.

Observez et déduisez

Pour entendre parler français, on peut voyager en France, bien sûr. Mais on peut aller aussi au Maroc ou au Mali ou même aux États-Unis, par exemple, en Louisiane.

Regardez les cartes au début du livre. Quel pays ou région du monde francophone voudriez-vous visiter? La Guyane? Le Sénégal? Les Antilles?

- If the verb **venir** means *to come,* what do you think **revenir** means?
- What three prepositions do you notice in the preceding paragraph that express the idea of being *in* or going *to* a country or region? Can you think of a reason why the prepositions are different?
- Geographical names, like all nouns, have a gender. **France** is feminine. Can you find the other feminine names in **Observez et déduisez?** What is the last letter in each of those names? Which names are masculine?
- From the preceding paragraph and the following example, can you infer which prepositions to use in the blanks below?

  Je suis **en** Suisse, mais je pars **au** Mali la semaine prochaine et ensuite je vais **aux** Antilles.

  Nous allons... _____ Espagne _____ Tunisie _____ Philippines
  _____ Portugal _____ Canada _____ Allemagne
  (*Germany*)

Vérifiez

Le verbe **(re)venir**

les verbes **venir/revenir**

je (re)viens	nous (re)venons
tu (re)viens	vous (re)venez
il/elle/on (re)vient	ils/elles (re)viennent

Passé composé

il/elle/on est (re)venu(e)	nous sommes (re)venu(e)s

● Both **venir** and **revenir** (*to come back*) require **être** in the **passé composé,** as do several other verbs you have already studied. Below is a summary chart of these verbs.

quelques verbes avec **être** au passé composé

aller	partir	rester	sortir
arriver	passer	retourner	tomber
entrer	rentrer	revenir	venir
monter			

VOCABULAIRE ACTIF

le monde

les pays
  l'Algérie, etc.

revenir

venir

Les prépositions avec les noms géographiques

● You have already seen that **de** means *from* when referring to cities (page 23) and that **à** is used to express the idea of being *in* or going *to* a city (page 217).

 — D'où es-tu?   — Où est-elle allée?
 — Je suis **de** Dakar.   — Elle est allée **à** Bruxelles.

● Most countries with names ending in **e** are feminine, and those ending in other letters are usually masculine: la Belgique le Maroc.*

● The choice of preposition to express *going to* or *being in* a place or *coming from* a place depends on gender, number, and whether the place name begins with a vowel. Study the examples in the chart below.

prepositions with geographical names

	going *to* / being *in*	coming *from*
	à	de / d'
names of cities	je vais... / je suis...	je viens...
	à Dakar	d'Alger
	en	de / d'
feminine names;	je vais... / je suis...	je viens...
masculine names	en Suisse	de Suisse
beginning with a vowel	en Irak	d'Irak
	au	du
all other masculine	je vais... / je suis...	je viens...
place names	au Canada	du Portugal
	aux	des
all plural place names	je vais... / je suis...	je viens...
	aux Antilles	des États-Unis

*__Le Mexique__ is an exception to this rule.

● The same rules for choosing prepositions apply to continents (e.g., **en Asie**) and to regions (e.g., **en Provence, au Québec**). Most states also follow these rules (**au** Texas, **en** Floride), although usage varies. **Dans l'état de...** can be used with any state.

> Il habite **dans l'état de** New York.   Elle habite **dans l'état d'**Ohio.

● When no preposition is indicated, use a definite article to refer to countries, continents, and regions.

> **L'**Algérie est le pays voisin (*neighboring*) du Maroc.
> Avez-vous visité l'Algérie ou **le** Maroc?

des noms géographiques

l'Afrique

l'Afrique du Sud
l'Algérie
le Cameroun
la Côte-d'Ivoire
la Libye
le Mali
le Maroc
la Mauritanie
le Sénégal
la Tunisie

le Proche-Orient

l'Égypte
l'Irak
l'Iran
Israël

l'Amérique du Nord

le Canada
les États-Unis
le Mexique

l'Amérique du Sud

l'Argentine
le Brésil
le Chili
la Colombie
la Guyane
le Vénézuéla

Les Antilles

la Guadeloupe
Haïti (f.)
la Martinique

l'Europe

l'Allemagne
l'Angleterre
l'Autriche
la Belgique
le Danemark
l'Espagne
la France
l'Italie
le Luxembourg
les Pays-Bas
le Portugal
la Russie
la Suisse

l'Asie

la Chine
la Corée
l'Inde
le Japon
le Viêt-nam

l'Océanie

l'Australie
la Nouvelle-
   Zélande
les Philippines

Activités

E Agent de voyages.   Vous organisez des voyages selon les préférences de vos client(e)s. Quel pays est-ce que vous recommandez pour...

➡ une personne qui aime aller à la chasse?
   Je recommande l'Afrique du Sud ou le/la...

Quel pays est-ce que vous recommandez pour...

une personne qui veut aller à la plage?
une personne qui aime faire du bateau et du ski nautique?
une personne qui s'intéresse aux châteaux?
une personne qui adore manger des plats exotiques?
une personne qui veut faire des promenades à pied en montagne?
une personne qui s'intéresse à l'histoire ancienne?
une personne qui parle couramment l'espagnol?
une personne qui s'intéresse à l'art de la Renaissance?
une personne qui étudie la forêt tropicale?

F **Arrivée à Tunis.** Vous êtes guide d'une visite organisée en Tunisie. D'où viennent les membres du groupe selon les indications ci-dessous?

➡ *Ce passager vient d'Autriche.*

Ben Gurion airport is in Tel Aviv.

G **Des stages linguistiques.** Plusieurs étudiants veulent faire des stages linguistiques. Où vont-ils aller pour apprendre les langues suivantes? Vous êtes chargé(e) des réservations!

➡ l'espagnol?
Ils vont aller en Espagne ou...

l'anglais? le chinois? le français?
le portugais? l'arabe?

H **Les sites touristiques.** Testez vos connaissances culturelles. Dites où se trouvent les sites touristiques suivants.

➡ *L'abbaye de Westminster se trouve à Londres.*

sites	villes
le palais de Buckingham	Québec
le Louvre	Jérusalem
le Kremlin	Pékin
le Parthénon	Londres
le mur des Lamentations	Moscou
la place Tien-an-men	Paris
le château Frontenac	Athènes

Maintenant, écrivez d'autres exemples de sites touristiques, et testez les connaissances de vos camarades de classe.

➡ *Où se trouve l'Alamo?*

Stratégie de communication

Asking for information or help

When you travel, you will certainly need to ask for help or information from strangers. Doing so politely makes a good impression and facilitates the task. Study the examples below and find polite expressions French speakers use to

- get someone's attention
- ask for information
- ask for help

— Pardon, madame. Je voudrais savoir à quelle heure arrive l'avion de Dakar, s'il vous plaît.
— Je suis désolée, madame. Demandez au bureau de renseignements (*information*).

— Excusez-moi de vous déranger, monsieur. Est-ce que vous pourriez m'aider à descendre (*get down*) ma valise?
— Avec plaisir.

— Pardon, monsieur. Pourriez-vous m'indiquer la consigne (*baggage checkroom*)?
— Bien sûr. Vous continuez tout droit. C'est à gauche, juste après le bureau des objets trouvés.

Now verify your answers in the chart on the next page.

pour demander de l'aide/des renseignements

pour attirer l'attention

Pardon, madame.
Excusez-moi de vous déranger, monsieur.

pour demander

Pourriez-vous...
 me donner un coup de main?
 m'indiquer... la consigne? le bureau de renseignements?
 m'aider... à descendre ma valise? à trouver la consigne?
Je voudrais savoir... s'il vous plaît.
 l'heure
 à quelle heure arrive le train (l'avion)
 où se trouve(nt)... la consigne, les toilettes, le restaurant

pour accepter

Avec plaisir.
Bien sûr. / Certainement.
Volontiers.

pour refuser

Je regrette, mais...
Je suis désolé(e)...

Note culturelle

La politesse. Le français est une langue moins directe que l'anglais. En anglais, par exemple, on peut demander des renseignements ou de l'aide aux étrangers avec peu de mots: *Would you help me . . . ?* ou *Can you tell me where to find . . . ?* Un Français, par contre, emploie beaucoup plus de mots pour dire la même chose. Dans son livre *French or Foe,* Polly Platt prétend (*claims*) que les cinq mots les plus importants de la langue française sont: «Excusez-moi de vous déranger...» Et les cinq mots après sont: «mais j'ai un petit problème.» L'emploi de ces dix mots, selon Platt, garantit une réponse rapide et complète à la demande. Essayez-les! Comment demandez-vous un petit service ou de l'aide si vous voulez être particulièrement poli en anglais?

Activités

I Soyez poli(e)!   Complétez les dialogues suivants avec des expressions polies.

   1. — Est-ce que vous pourriez m'aider à trouver mes valises?

     — _____

   2. — _____

     — Je suis désolé. Je n'ai pas de montre (*wristwatch*).

   3. — Pourriez-vous me dire où sont les toilettes?

     — _____

   4. — _____

     — Avec plaisir, monsieur.

J Des petits problèmes.   Imaginez-vous dans les situations suivantes. Comment allez-vous demander poliment de l'aide ou des renseignements? Développez les scènes avec un(e) partenaire.

   1. Vous êtes à l'hôtel El Mouradi à Sousse en Tunisie. Vous êtes en retard ce matin, et votre groupe est déjà parti pour faire le tour du port. Vous voulez prendre un taxi pour rattraper le groupe. Qu'est-ce que vous demandez au concierge?
   2. Votre amie de Dakar arrive à l'aéroport de Marseille. Vous voulez la retrouver, mais vous ne savez pas l'heure ou le numéro du vol. Qu'est-ce que vous demandez à l'employé de la ligne aérienne?
   3. Vous êtes touriste à Paris. Malheureusement, vous ne pouvez pas trouver votre passeport. Vous allez à l'ambassade pour demander de l'aide.
   4. Vous avez un voyage d'affaires imprévu (*unexpected*), alors vous allez dans une agence de voyages pour avoir des renseignements au sujet des vols de Bruxelles à New York. Vous voulez partir demain matin le plus tôt possible.

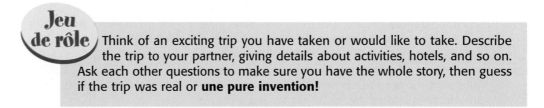

Jeu de rôle   Think of an exciting trip you have taken or would like to take. Describe the trip to your partner, giving details about activities, hotels, and so on. Ask each other questions to make sure you have the whole story, then guess if the trip was real or **une pure invention!**

Culture et réflexion

www **Les vacances des Français.** Pour la majorité des Français, les «vraies vacances» restent celles de l'été, mais la tendance actuelle est d'étaler[1] ces vacances au cours de l'année. Quarante pour cent des Français partent en vacances d'hiver pour dix à quinze jours, et la durée moyenne[2] des vacances d'été est maintenant de quinze jours. La plage reste le lieu privilégié des vacances d'été, et l'on préfère rester dans un seul endroit plutôt que[3] de visiter une série de sites. La formule des week-ends prolongés complète le profil des vacances des Français. Cette tendance au fractionnement s'explique par le désir de diversifier les expériences et par des facteurs économiques. Imaginez que vous avez cinq semaines de congés payés garanties par la loi. Est-ce que vous allez les prendre d'un seul coup[4] ou les étaler au cours de l'année? Pourquoi? Qu'est-ce que vous allez faire? Si vous partez en vacances, allez-vous rester dans un seul endroit ou préférez-vous visiter une série de sites touristiques? Expliquez.

▲ Une leçon d'auto-école.

▲ Le slogan des Français.

Les Français en voiture. Un écrivain satirique français, Pierre Daninos, compare ainsi les Anglais et les Français «au volant[5]»: «Les Anglais conduisent[6] plutôt mal, mais prudemment. Les Français conduisent plutôt bien, mais follement. La proportion des accidents est à peu près la même dans les deux pays», mais est-on «plus tranquille avec des gens qui font mal des choses bien» ou «avec ceux qui font bien de mauvaises choses»? (*Les Carnets du Major Thompson*, p. 198.) Voilà donc la réputation des Français! Il est vrai que la limite de vitesse[7] sur les autoroutes[8] françaises est de 130 km/h (81 miles/h), mais le permis de conduire[9] n'est pas facile à obtenir en France: il faut avoir dix-huit ans, investir environ 650€ en leçons d'auto-école (données non pas dans les écoles mais par des entreprises privées) et passer un examen de conduite très rigoureux. Par mesure de sécurité, les enfants de moins de dix ans ne peuvent pas s'asseoir à l'avant du véhicule. Que pensez-vous de tout cela? Est-ce une bonne idée d'avoir une limite de vitesse de 130 km/h sur les autoroutes? De passer le permis de conduire à dix-huit ans au lieu de seize? De ne pas permettre aux écoles secondaires de donner des leçons d'auto-école? De ne pas permettre aux jeunes enfants de s'asseoir à l'avant d'une voiture? Donnez votre opinion et proposez une réforme possible du code de la route dans votre pays—ou en France!

---

1. *spread out*   2. *average duration*   3. *stay in one place rather than*   4. *all at once*   5. *at the wheel*   6. *drive*
7. *speed*   8. *freeways*   9. *driver's license*

À l'écoute: À la gare

Vous allez entendre deux petites conversations qui ont lieu dans une gare de Paris. Pour vous préparer, faites les activités 1 et 2, puis écoutez en suivant les instructions données.

◼ *Avant d'écouter*

1 Voici un horaire des trains Paris–Marseille de 14h à 20h. Pour comprendre cet horaire, répondez aux questions ci-dessous et à la page 276.

numéro de train *notes à consulter*	6115	6117	17713	5322/3	6829	9834/5	17715 19	4244/5 20	5125 21	6119	6121	6181	6123	6125 10	6195 22	6127	6183 23	6129	6631 9
Paris-Gare-de-Lyon Dep	14.20	15.20								16.20	16.50	16.53	17.20	17.50	17.53	18.20	18.50	19.20	20.00
Melun Dep																			
Sens Dep																			
Laroche-Migennes Dep																			
Lyon-Saint-Exupery-Tgv Dep															19.50				
Lyon-Part-Dieu Dep			17.31	17.45	18.01	19.11	19.24	20.59	21.07										22.01
Valence-Ville Arr			18.37					20.27	22.05						20.19				
Valence-TGV Arr					18.37	19.46													
Avignon-Centre Arr			19.56					21.47	23.24						21.31				
Avignon-TGV Arr	16.57			18.49		20.21			22.15	18.56			19.57	20.29		20.57		21.57	
Arles Arr				20.19				22.10	00.09						21.51				
Miramas Arr				20.38				22.28	00.30						22.10				
Aix-en-Provence-TGV Arr	17.20				19.12	20.44						19.54		20.51				22.20	
Marseille-St-Charles Arr	17.36	18.20	21.21	19.26	19.38	20.58	23.01	01.05	22.47	19.30	19.50		20.30	21.06		21.30	21.56	22.36	

🍽 Restauration à la place

🍷 Bar

🛒 Vente ambulante

🚲 voir guide train + vélo

♿ Place(s) handicapés

▨ Trains circulant tous les jours (fond coloré)

🆀 *Réservation obligatoire*

L'office de tourisme de Paris assure l'information touristique, la réservation hôtelière, la vente de cartes : musées, transport, téléphone.

Aucun TGV n'est accessible aux abonnés de travail. Pour les autres trains renseignez-vous en gare.

JOURS DE CIRCULATION ET SERVICES DISPONIBLES

9. 🔲1re CL assuré certains jours.

10. tous les jours sauf les sam et sauf les 15 août et 1er nov.

19. tous les jours sauf les sam.

20. les ven sauf le 1er nov ; les 14 août et 31 oct.

21. les jeu, ven et sam et le 14 août.

22. tous les jours sauf les 22 juin, 6, 20 juil, 10, 24 août et 7 sept.

23. le 21 juin ; du 28 juin au 1er sept : tous les jours ; les 6, 13, 20 et 27 sept.

1. Comment s'appelle la gare de Paris d'où partent les trains pour Marseille?

2. Combien y a-t-il de TGV (trains à grande vitesse) qui vont de Paris à Marseille entre 14h et 20h et qui circulent tous les jours? À quelle heure partent-ils de Paris et à quelle heure arrivent-ils à Marseille?

3. Parmi ces TGV qui circulent tous les jours, lesquels s'arrêtent dans les villes suivantes? Donnez l'heure de départ de Paris et l'heure d'arrivée dans la ville en question.
   a. Lyon
   b. Avignon
   c. Aix-en-Provence

4. Si vous voulez voyager de Lyon à Avignon-Centre un vendredi entre 19h et 21h, quelles sont vos options? Donnez l'heure de départ de Lyon.
5. Si vous voulez voyager d'Avignon (gare du Centre ou gare TGV) à Marseille un samedi, est-ce que les trains qui partent d'Avignon à 20h29 ou à 21h31 sont des options? Expliquez.

Note culturelle

Les trains en France. Le train est un mode de transport très utilisé en France et dans le reste de l'Europe. La Société nationale des chemins de fer français (la SNCF) est réputée pour sa ponctualité, et le TGV, qui circule à des vitesses allant jusqu'à 300 km/h, a révolutionné le monde des transports. Sur des distances inférieures à 1 000 km, le TGV est plus rapide que l'avion, moins cher et plus confortable. La ligne de TGV la plus célèbre est l'Eurostar, qui emprunte le tunnel sous la Manche pour relier Paris et Londres en moins de deux heures.

Quelques renseignements utiles pour les voyages en train en France:

- Vous pouvez acheter vos billets aux **guichets** de la gare, aux billetteries automatiques, aux boutiques SNCF qui sont implantées dans les **centres commerciaux** (*malls*), dans les agences de voyages, par téléphone (08.92.35.35.35), sur Minitel (terminal de l'Administration des télécommunications) ou sur Internet (www.voyages-sncf.com).

- Avant de monter dans le train, n'oubliez pas de composter (*validate*) votre billet dans une machine de couleur orange à l'entrée du **quai** (*platform*). Si vous oubliez de composter votre billet, le contrôleur va vous faire payer une amende (*fine*).

- Pour les voyages de nuit, vous pouvez réserver une **couchette** (un lit).

- Sur chaque quai, vous allez trouver un diagramme du train qui indique à l'avance où vous allez monter dans le train, en fonction de votre place.

- Les étudiants bénéficient de **réductions** (*discounts*)! Renseignez-vous sur les tarifs (prix) spéciaux pour les jeunes de 12 à 25 ans ou, pour les voyages en Europe, considérez le Pass Inter Rail.

Quels sont les renseignements que vous trouvez les plus intéressants sur les trains en France? Avez-vous déjà voyagé en train? Où?

2 Les conversations que vous allez entendre incluent les mots suivants (en caractères gras). Pouvez-vous déduire leur sens par le contexte?

— Il est 10h. Mon train est à 10h30. Alors je vais **attendre** 30 minutes.
— Il est 10h35. Mince! Mon train est déjà parti. J'**ai raté** mon train!

🎧 ▮ *Écoutons*

3 Écoutez les *deux* conversations une première fois pour déterminer qui fait les choses suivantes—Monsieur Godot ou Monsieur Estragon? Cochez la colonne appropriée.

	M. Godot	M. Estragon
Il attend le prochain train parce qu'il a raté le premier.		
Il part en voyage d'affaires.		
Il a une petite maison à Cassis.		
Il va retrouver sa femme et ses enfants qui sont déjà en vacances.		
Il prend son billet.		
Il prend le train pour Marseille.		
Il va à Avignon.		
Il va revenir demain soir.		

4 Écoutez encore, cette fois-ci en faisant attention aux expressions utilisées pour prendre un billet de train. Complétez et déduisez le sens des mots en caractères gras.

—Un billet _____ Avignon, _____ . Vous avez

toujours des **places?**

—**Un aller-retour** ou un _____ **simple?**

—_____ ou _____ **classe?**

—**Fumeurs** ou _____-**fumeurs?**

Monsieur Estragon va être dans **le même** _____ que Monsieur

Godot.

5 Écoutez une dernière fois en faisant attention aux heures mentionnées.

Départ de Paris   Train raté: _____

                          Prochain train pour Marseille: _____

Retour d'Avignon   Départ d'Avignon: _____

                          Arrivée à Paris: _____

Maintenant, consultez l'horaire, page 275, pour voir à quelle heure Monsieur Godot et Monsieur Estragon vont arriver à leur destination.

VOCABULAIRE ACTIF

un centre commercial
à la gare
  un aller simple
  un aller-retour
  l'arrivée (f.)
  attendre
  un billet
  une couchette
  le départ
  le guichet
  un horaire
  le (la) même
  le quai
  une réduction
une place...
  en première ou
    deuxième classe
  fumeurs/non-fumeurs
le prochain train
rater le train
le TGV
un voyage d'affaires

6 Imaginez que vous êtes à la gare de Lyon, à Paris. Jouez les rôles suivants avec un(e) partenaire: l'un de vous est le voyageur / la voyageuse qui demande des renseignements et prend un billet, l'autre l'employé(e) de la SNCF. D'abord, sélectionnez ensemble une destination, puis jouez la situation au guichet. N'oubliez pas la possibilité d'une réduction!

Prononciation La lettre **l**

● The French [l] is fairly close to the [l] sound at the beginning of English words such as *list* or *love*. But it is never pronounced like the final [l] of English words, such as *pull* or *shell*. To say a French [l], remember to keep the tip of your tongue close to your top front teeth.

> Quelle surprise!   Un aller-retour, s'il vous plaît.

● The spelling **-ll-** is sometimes pronounced [j], i.e., like the *y* in *yes*.

> Marseille   un billet

 Écoutez Listen to the following phrases from the two **À l'écoute** conversations. When is the **-ll-** pronounced like [j]? In the chart, check the pronunciation you hear, then infer which vowel must precede the **-ll-** to create the *y* sound.

	[l]	[j]
Quelle surprise!	✔	
le prochain train pour Marseille		
un billet pour Lyon		
un aller-retour		

> Vowel _____ + **ll** = [j] sound*

 Essayez! In the following sentences, underline each **-ill** that is pronounced like a [j].

1. La famille Godot aime les villages tranquilles.
2. On a passé le mois de juillet à Deauville.
3. La fille dans le train mange une glace à la vanille.
4. Monsieur Estragon travaille à Versailles.
5. Quel train prenez-vous pour aller à Chantilly?

Now practice saying the sentences aloud, paying special attention to the **l**'s. Then listen to the sentences on the student audio CD to verify your pronunciation.

---

*Exceptions: **ville, mille, tranquille,** and their derivatives keep the [l] sound.

Structure: Traveling by train

Les verbes en -re

Observez et déduisez

À Paris, gare de Lyon...

Monsieur Estragon attend depuis 15 minutes au guichet où on vend des billets.

L'employé au service d'accueil répond poliment aux questions de la famille Paumé.

Thomas va au bureau des objets trouvés parce qu'il a perdu son billet pour Caen.

Hélène descend du train. Elle vient à Paris pour rendre visite à sa grand-mère.

Monsieur Godot n'a pas entendu l'annonce de son train parce qu'il dort. Il va rater son train.

- Read about the scene at the **gare de Lyon** in Paris and try to locate in the drawing above the people mentioned in the sentences. Can you infer the meaning of the verbs from context?
- Look at the verbs used in the sentences. Can you infer the **il/elle** forms of the present tense for **perdre, rendre visite,** and **entendre?**
- Can you conjugate **répondre** in the **passé composé?**

Vérifiez   *Les verbes en -re*

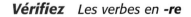

le verbe **attendre**

j'attend**s**	nous attend**ons**
tu attend**s**	vous attend**ez**
il/elle/on attend	ils/elles attend**ent**

Passé composé: j'ai **attendu**

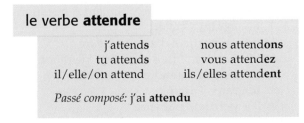

- The following verbs are conjugated like **attendre**:

descendre	*to get off/out of; to go downstairs*
entendre	*to hear*
perdre	*to lose*
rendre visite (à)	*to visit (a person)*
répondre (à)	*to answer*
vendre	*to sell*

- Verbs conjugated like **attendre** follow a regular pattern. The stem is formed by dropping the **-re** of the infinitive and adding the endings: **-s, -s, —, -ons, -ez, -ent.** **For example,** je **perd**-s vous **vend**-ez

Rendre visite (à) is used with people and visiter with places or things.

- **Descendre*** is conjugated in the **passé composé** with **être**. The other **-re** verbs are conjugated in the **passé composé** with **avoir**.

Claudine **est descendue** du train à Paris.
Marie **a rendu visite à** son amie.
Elle **a entendu** des nouvelles (*news*) intéressantes.

Activités

K **Vrai ou faux?** Dites si les phrases suivantes sont vraies ou fausses selon l'histoire de Monsieur Godot et Monsieur Estragon.

1. Monsieur Godot attend le train.
2. Il descend à Lyon.
3. Monsieur et Madame Godot vendent leur petite maison à Cassis.
4. Monsieur Godot n'a probablement pas entendu l'annonce du train de 15h40.
5. Monsieur Estragon rend visite à son cousin à Avignon.
6. Il va au guichet parce qu'il a perdu son billet.
7. L'employée répond poliment à Monsieur Estragon.

Maintenant, corrigez les phrases fausses.

L **Le «voyage» de Monsieur Ronfle.** Employez les éléments indiqués pour raconter l'histoire de Monsieur Ronfle. Ajoutez des mots-liens et une phrase pour terminer l'histoire.

➡ Monsieur Ronfle / sortir de / maison / huit heures
Monsieur Ronfle sort de la maison à huit heures.

1. Il / rendre visite / petits-enfants
2. Il / aller / gare / pour prendre / train
3. Il / attendre / dix minutes / guichet
4. employé / répondre poliment / questions / Monsieur Ronfle / et / lui vendre / billet
5. train / partir / dans une heure
6. Monsieur Ronfle / dormir / pendant que / attendre
7. Il / ne pas entendre / annonce
8. Il / rater / train
9. Il / perdre / patience**
10. ?

*****Descendre à** can also be used to express the idea of staying at a hotel: Ils sont descendus à l'hôtel Dupleix.
******No article is required before the noun in the expression **perdre patience**.

Structure: Referring to someone already mentioned

*Les pronoms d'objet indirect **lui** et **leur***

Observez et déduisez   M. Estragon n'a pas vu ses parents depuis quelques mois, alors il leur a téléphoné pour dire qu'il va leur rendre visite.

À la gare, l'employée au guichet lui demande où il va et quand il voudrait partir. M. Estragon lui répond et l'employée lui vend son billet de train. Après, M. Estragon achète un gâteau pour ses parents, mais quand il descend du train il l'oublie sur le siège (*seat*).

● Find the pronoun **l'** in the preceding paragraph. To whom or what does it refer? (What is the antecedent?) Now find the pronouns **leur** and **lui** and determine the antecedent in each instance.

● What can you infer about the placement of **lui** and **leur** in the **passé composé** and the **futur proche** based on the paragraph and what you learned about the placement of **le, la, les,** and **l'** in **Chapitre 6** (page 230)?

Vérifiez   *Les pronoms d'objet indirect **lui** et **leur***

● In **Chapitre 6,** you learned that a direct object "receives" the action of the verb and comes immediately after it. The *in*direct object also follows the verb but is preceded by the preposition **à.**

objet direct	**objet indirect**
L'employée a vendu **le billet.**	Elle a vendu le billet <u>à</u> **M. Estragon.**
L'étudiant a posé **sa question.**	Il a posé sa question <u>au</u> **professeur.**

● Verbs that reflect an exchange of objects or information with another person often require an *indirect object:*

parler des vacances **à ses copains**
écrire une carte postale **à sa famille**
téléphoner **à l'agent de voyages**
rendre visite **à ses parents**
vendre un billet de train **à M. Estragon**
servir le petit déjeuner **aux clients**
donner son billet **au contrôleur**
poser des questions **au guide touristique**
dire la vérité **à ses parents**
prêter des vêtements (*lend clothes*) **à sa sœur**
emprunter (*borrow*) une valise (*suitcase*) **à ses parents**

VOCABULAIRE ACTIF

emprunter
leur
lui
prêter
le siège
la valise

● An indirect object *pronoun* refers to a person already mentioned (the antecedent) and is used to avoid repeating the noun.

> —L'employée a vendu un billet de train **à M. Estragon?**
> —Bien sûr qu'elle **lui** a vendu un billet!

● The third-person pronouns **lui** and **leur** agree in number with the nouns they replace. No distinction in gender is made; that is, **lui** (*him/her*) and **leur** (*them*) refer to both males and females.

> J'ai écrit un e-mail à ma mère (à mon père). Je ne **lui** ai pas écrit de lettre.
> Je veux parler à mes copains (à mes copines). Je vais **leur** téléphoner demain.

● Note that the placement of indirect object pronouns is the same as that of direct object pronouns in all tenses and that there is no agreement of the past participle with *indirect* object pronouns.

les pronoms d'objet direct et indirect

objet direct	objet indirect
Paul? Je **le** vois rarement.	Je **lui** téléphone ce soir.
Marie? Je **la** vois rarement.	Je **lui** téléphone ce soir aussi.
Mes cousins? Je **les** ai vus hier.	Je ne vais pas **leur** téléphoner.
Mes amies? Je **les** ai vues mardi.	Je **leur** ai téléphoné ce matin.

Activités

M À qui? Quand vous lisez les phrases ci-dessous, à qui pensez-vous?

> ➡ Je ne lui prête jamais d'argent.
> *Je ne prête jamais d'argent à mon camarade de chambre!*

1. Je lui écris souvent des e-mails.
2. Je lui rends rarement visite.
3. Je ne lui parle jamais de mes cours.
4. Je ne lui téléphone pas pour discuter de mes problèmes.
5. Je leur emprunte de l'argent.
6. Je leur pose beaucoup de questions.
7. Je leur dis toujours la vérité.
8. Je leur achète toujours des cadeaux d'anniversaire.

N Logique ou pas? Vous allez faire un voyage en France pour rendre visite à un cousin. Qu'est-ce que vous faites dans les circonstances suivantes? Répondez en employant **lui** ou **leur.**

> ➡ Je prépare un voyage en France. (poser des questions *à votre prof de français?* emprunter de l'argent *à votre prof?*)
> *Je lui pose des questions, mais je ne lui emprunte pas d'argent! J'emprunte de l'argent à mes parents.*

1. Vous avez beaucoup à faire avant de partir. (téléphoner *à l'agent de voyage?* dire «au revoir» *à vos grands-parents?* prêter des vêtements *à votre camarade de chambre?*)

2. Vous partez demain pour la France. (prêter votre voiture *à votre frère?* écrire des e-mails *à vos parents?* emprunter une valise *à votre copain/copine?*)

3. Vous voyagez en avion. (donner votre billet *au pilote?* répondre poliment *aux employés de la ligne aérienne?* servir un repas *aux autres voyageurs?*)

4. Vous arrivez à l'aéroport en France. (montrer votre passeport *au douanier* [*customs agent*]? téléphoner *à votre cousin?* écrire une carte postale *à vos parents?*)

5. L'anniversaire de votre cousin est le jour de votre arrivée. (servir du gâteau *à votre oncle?* dire «bon anniversaire» *à votre cousin?* faire un cadeau *à votre tante?*)

O **Interview.** Interviewez un(e) partenaire et répondez à ses questions en employant un pronom d'objet indirect (**lui** ou **leur**).

➡ Tu parles de tes vacances à tes copains?
  Oui, je leur parle de mes vacances. / Non, je leur parle de politique.

1. Tu dis toujours la vérité à tes amis? à tes parents? au professeur?

2. Tu écris des e-mails à ta cousine? à tes profs? au Président des États-Unis?

3. Tes copains/copines téléphonent souvent à leurs parents? à leurs profs? à leur camarade de chambre?

4. Ton/Ta camarade de chambre rend visite à sa famille? à ta famille? à son/sa petit(e) ami(e)?

P **Partons enfin!** C'est la première fois que Claudine part toute seule en vacances. Papa n'a pas cessé de lui poser des questions au sujet de ses préparatifs. Jouez le rôle de Claudine et répondez à Papa. Employez un pronom d'objet direct **(le, la, les, l')** *ou* indirect **(lui, leur)** selon le cas.

➡ — Tu as téléphoné *à l'agent de voyage?*   — Tu as acheté *ton billet?*
  — *Mais oui, je lui ai téléphoné hier.*   — *Bien sûr que je l'ai acheté!*

1. Tu as posé les bonnes questions *à l'agent de voyage,* n'est-ce pas?

2. Tu as demandé *l'adresse de l'hôtel?*

3. Tu vas chercher *ton billet d'avion* aujourd'hui?

4. Tu as donné *ton itinéraire* à maman?

5. Tu prêtes tes CD *à ton frère* pendant ton absence?

6. Tu rends visite *à tante Carole,* n'est-ce pas?

7. Tu vas faire un petit cadeau *à tes cousins?*

8. Tu vas inviter *tes cousins* à manger au restaurant au moins une fois, n'est-ce pas?

9. Tu vas voir *le Louvre et l'Opéra?*

10. Tu écris une carte postale de Paris *à tes grands-parents?*

Jeu de rôle In groups of four or five, play the role of a family that has trouble deciding where to go on vacation. One of the children likes mountains and nature; another likes sports and the beach; the third wants to spend time shopping! One parent loves museums and tourist sites; the other simply wants some peace and quiet. Try to come up with a plan!

Littérature: Le voyage du petit prince

Antoine de Saint-Exupéry, born in 1900, was a pilot by profession. He flew mail planes from France to Senegal and then pioneered air routes to Brazil and Chile. The trips he made in the early days of aviation inspired *Courrier-Sud* (1928), *Vol de nuit* (1931), and *Terre des hommes* (1939), three novels that tell of dangerous encounters with the elements, action and responsibility, solitary struggles and human bonds. During World War II, Saint-Exupéry was sent to New York to appeal for aid for the Free French. While in New York, he published *Pilote de guerre* (1942) and *Le Petit Prince* (1943). In 1943, he returned to combat and volunteered for a number of dangerous missions. In July 1944, his plane was shot down over the Alps, and he was presumed dead.

Les anciens billets de banque français représentaient souvent des artistes et des écrivains. Ce billet de 50 francs, sorti en 1994, faisait honneur à Saint-Exupéry et au petit prince.

Le Petit Prince is a classic for both children and adults. The setting for most of the book is the Sahara Desert, where Saint-Exupéry himself almost died after a forced landing in 1935. In real life, Saint-Exupéry was rescued by some Bedouins. In *Le Petit Prince*, the pilot is rescued by an extraordinary little guy (**«un petit bonhomme tout à fait extraordinaire»**) who comes from another planet (**l'astéroïde B-612**). He lives alone on that planet until a beautiful rose appears, a rose who is really quite insecure and seeks attention in all the wrong ways. After a few misunderstandings with his rose, **le petit prince** decides to look for friends elsewhere. In the following excerpts, he travels to a number of small planets, each inhabited by a single person, and finally arrives on Earth.

Avant de lire

1 Le petit prince va visiter plusieurs petites planètes, chacune habitée par une seule personne. Il va rencontrer ainsi un buveur (une personne qui boit trop) et un businessman. Quelle personne pensez-vous que les expressions suivantes décrivent—le buveur ou le businessman?

1. un homme très occupé
2. un homme qui a honte (*is ashamed*)
3. un homme qui veut oublier quelque chose
4. un homme très sérieux

Enfin, le petit prince va arriver sur la Terre—dans le désert du Sahara, où il va parler avec un serpent. Puis il va traverser le désert et arriver dans une gare, où il va parler avec un aiguilleur, c'est-à-dire un homme qui contrôle la direction des trains. À votre avis, dans quel contexte—le désert ou la gare—le petit prince va-t-il dire les choses suivantes?

1. «Il n'y a donc personne (*no one*) sur la Terre?»
2. «On est un peu seul (*alone, lonely*) ici... »
3. «Ils sont bien pressés. Que cherchent-ils?»

2 Dans ce texte, vous allez voir des verbes comme **il fit,** ou **il pensa.** Ces verbes sont au passé simple, qui est l'équivalent littéraire du passé composé.

il fit = il a fait
il pensa = il a pensé

Pouvez-vous donner le passé composé des verbes suivants?

il demanda
il répondit
il partit

En général

3 Parcourez le texte une première fois pour trouver les phrases données dans **Avant de lire.** Est-ce que vos prédictions étaient correctes?

1. Qui est très occupé?
2. Qui a honte de ce qu'il fait?
3. Qui veut oublier quelque chose?
4. Qui pense qu'il est sérieux?
5. Où est-ce que le petit prince demande: «Il n'y a donc personne sur la Terre?»
6. Où est-on «un peu seul»?
7. De qui parle le petit prince quand il dit, «Ils sont bien pressés»?

Le voyage du petit prince

La planète suivante était habitée par un buveur, installé en silence devant une collection de bouteilles.

— Que fais-tu là? dit le petit prince au buveur.

— Je bois, répondit le buveur.

— Pourquoi bois-tu? lui demanda le petit prince.

— Pour oublier, répondit le buveur.

— Pour oublier quoi?

— Pour oublier que j'ai honte, avoua le buveur.

— Honte de quoi? demanda le petit prince.

— Honte de boire!

Et le petit prince partit, perplexe.

Les grandes personnes sont décidément très très bizarres, se disait-il en lui-même durant le voyage.

La quatrième planète était celle du businessman. Cet homme était si occupé qu'il ne leva même pas la tête° à l'arrivée du petit prince.

ne... *didn't even look up*

— Bonjour, dit le petit prince.

— Trois et deux font cinq. Cinq et sept douze. Douze et trois quinze. Bonjour. Quinze et sept vingt-deux. Vingt-deux et six vingt-huit. Vingt-six et cinq trente et un. Ouf! Ça fait donc cinq cent un millions six cent vingt-deux mille sept cent trente et un.

— Cinq cent un millions de quoi?

— Hein? Tu es toujours là? Cinq cent un millions de... je ne sais plus... j'ai tellement de travail! Je suis sérieux, moi! Je disais donc cinq cent un millions...

— Millions de quoi?

— Millions de ces petites choses que l'on voit quelquefois dans le ciel.

— Des mouches°?

flies

— Mais non, des petites choses qui brillent°.

shine

— Ah! des étoiles?

— C'est bien ça. Des étoiles.

— Et que fais-tu de ces étoiles?

— Rien. Je les possède.

— Et à quoi cela te sert-il° de posséder les étoiles?   à quoi... *what's the use*

— Ça me sert à être riche.

— Et à quoi cela te sert-il d'être riche?

— À acheter d'autres étoiles.

Celui-là°, pensa le petit prince, il raisonne un peu comme le buveur.   cet homme-là
Les grandes personnes sont vraiment extraordinaires...

[En continuant son voyage, le petit prince arrive enfin sur la Terre, et
voit un serpent.]

—Sur quelle planète suis-je tombé°? demanda le petit prince.   suis... *did I fall*

—Sur la Terre, en Afrique, répondit le serpent.

—Ah!... Il n'y a donc personne sur la Terre?

—Ici c'est le désert. Il n'y a personne dans les déserts. La Terre est
grande, dit le serpent.

—Où sont les hommes? demanda le petit prince. On est un peu seul
dans le désert...

— On est seul aussi chez les hommes, dit le serpent.

[Le petit prince traverse le désert et arrive finalement dans une gare.]

—Bonjour, dit le petit prince.

—Bonjour, dit l'aiguilleur.

—Que fais-tu ici? dit le petit prince.

—J'expédie° les trains qui emportent° les voyageurs, tantôt vers la   *send / take away*
droite, tantôt vers la gauche, dit l'aiguilleur.

Et un rapide° illuminé, grondant comme le tonnerre°, fit trembler la   *train* / grondant... *rumbling like*
cabine d'aiguillage°.   *thunder* / de contrôle

— Ils sont bien pressés, dit le petit prince. Que cherchent-ils?

— L'homme de la locomotive l'ignore lui-même, dit l'aiguilleur.

Et un second rapide illuminé gronda en sens inverse°.   en... dans la direction opposée

— Ils reviennent déjà? demanda le petit prince.

— Ce ne sont pas les mêmes, dit l'aiguilleur.

— Ils n'étaient° pas contents, là où ils étaient?   *were*

— On n'est jamais content là où l'on est, dit l'aiguilleur.

Et gronda le tonnerre d'un troisième rapide.

— Ils poursuivent° les premiers voyageurs? demanda le petit prince.   *pursue*

— Ils ne poursuivent rien du tout, dit l'aiguilleur. Ils dorment là-
dedans, ou bien ils bâillent°. Les enfants seuls écrasent leur nez contre les   *yawn*
vitres°.   écrasent... *press their noses to the*
    windows
— Les enfants seuls savent ce qu'ils cherchent, dit le petit prince. Ils
perdent du temps pour une poupée de chiffons°, et elle devient très   poupée... *rag doll*
importante, et si on la leur enlève°, ils pleurent...   *take it away*

— Ils ont de la chance°, dit l'aiguilleur.   ont... *are lucky*

Extrait et adapté de *Le Petit Prince* (Antoine de Saint-Exupéry).

En détail

4 Les mots. En utilisant les mots apparentés, le contexte et la logique, pouvez-vous déduire le sens des mots suivants?

1. Sur la planète du businessman:

— Et que fais-tu de ces étoiles?
— **Rien,** je les **possède.**
... il **raisonne** un peu comme le buveur.

2. Sur la Terre, à la gare:

J'expédie les trains... **tantôt vers** la droite, **tantôt vers** la gauche...
Ils perdent du temps pour une poupée de chiffons, et elle **devient** très importante...

5 Le texte

1. **Vrai ou faux?** Si les phrases suivantes sont vraies, expliquez-les. Si elles sont fausses, corrigez-les.

a. Le buveur veut sortir de sa situation.
b. Le businessman ne sait pas comment s'appellent les choses qu'il compte.
c. Le businessman est très matérialiste.
d. Selon le serpent, il y a des problèmes de communication et de solitude chez les hommes.
e. L'aiguilleur pense que les voyageurs savent ce qu'ils cherchent.
f. Les voyageurs du premier train reviennent déjà dans le second train.
g. Les voyageurs lisent et parlent dans les trains.
h. Les enfants savent regarder avec le cœur.

2. **Répondez.**

a. Pourquoi le petit prince pense-t-il que le businessman raisonne un peu comme le buveur?
b. Le buveur et le businessman sont seuls dans leur petit monde avec leurs problèmes ou leurs illusions. Est-ce que la situation des voyageurs dans les trains est différente? Expliquez.
c. Qu'est-ce que les enfants savent faire pour une poupée de chiffons?

Et vous?

Discutez avec un(e) partenaire.

1. Les petites planètes que le petit prince visite sont habitées par une seule personne. Puis quand il arrive sur la Terre, c'est dans un désert. Quel est le symbolisme commun?
2. «On n'est jamais content là où l'on est.» Une autre expression dit que «l'herbe (*grass*) est toujours plus verte de l'autre côté». Est-ce vrai? Pourquoi? Donnez des illustrations.
3. Imaginez que vous aussi, vous avez voyagé sur deux petites planètes, chacune habitée par une seule personne. Qui avez-vous vu sur chaque planète? Créez pour chaque personne une identité qui illustre un trait typiquement humain, et un petit dialogue avec cette personne.

Par écrit: Wish you were here!

Avant d'écrire

A **Strategy. Taking audience into account.** What you say when you write depends to a large extent on who your intended audience is. If you were developing brochures for tourists visiting your state, for example, the attractions you would emphasize to appeal to a twenty-something crowd would be different from the ones you would emphasize to entice young families with children. The adjectives you would use to describe your state might also vary.

Application. Jot down two lists: (1) the types of leisure activities and amenities found in your state most likely to interest you and your friends, and (2) those that would appeal to families with children. Remember, your lists need not be mutually exclusive!

B **Strategy: Using a telegraphic style.** We sometimes encounter a telegraphic writing style used in advertising, and we often engage in it ourselves when we take notes in class, leave notes for friends, or send postcards. This highly informal style usually consists of incomplete sentences. Only the key words remain.

Application. Look at the tourist brochure on the right and find several examples of telegraphic writing. Who do you think the intended audience is? Why?

Tous renseignements auprès de
OFFICE MUNICIPAL DU TOURISME
Place P. Baragnon
13260 CASSIS
Tél. 42.01.71.17
Fax. 42.01.28.31

CASSIS

Petit port de pêche et de plaisance. À 22 km de Marseille, situé entre le Massif des Calanques à l'ouest et la plus haute falaise d'Europe: le Cap Canaille (416 m) à l'est.
Station climatique et balnéaire.

Distractions et loisirs
- Casino municipal.
- Plongée sous-marine: 2 clubs.
- Voile et planche à voile: 2 clubs.
- Tennis: 2 clubs.

FESTIVITÉS - RENCONTRES SPORTIVES
Nombreuses festivités programmées par le Centre Culturel, Cassis Animation et l'Office Municipal de la Culture.

ITINÉRAIRES TOURISTIQUES
- Promenades - escalades dans le Massif des Calanques.
- Route des Crêtes dans le Massif du Cap Canaille.
- Route des vignobles de Cassis.
- Excursions organisées par l'Office Municipal du Tourisme.

À voir
- Le Massif des Calanques.
- Le Cap Canaille.
- Le Vignoble Cassidain.
- Le Port.
- Promenades en mer dans les Calanques de Port-Miou, Port-Pin, En-Vau.
- Musée d'arts et traditions populaires de Cassis.

Hôtels
- 5 hôtels 3 étoiles: Les Jardins du Campanile - La Plage du Bestouan - La Rade - Les Roches Blanches - Le Royal Cottage.
- 7 hôtels 2 étoiles: Le Cassitel - Le Clos des Arômes - Le Grand Jardin - Le Golfe - Le Laurence - Le Liautaud - Le Provençal.
- 2 hôtels 1 étoile: Le Commerce - Le Joli Bois.
- 1 hôtel: Maguy.
- 1 résidence de tourisme: Eleis.

Écrivez

1. Vous allez écrire une publicité touristique. Choisissez une région, par exemple, votre état ou une région francophone que vous avez visitée ou voudriez visiter. Avant de commencer, décidez quel groupe de touristes vous allez viser (*target*). Notez les sites touristiques et les agréments (*amenities*) qui vont intéresser ce groupe. Pensez à plusieurs titres intéressants, puis écrivez votre publicité en employant un style télégraphique.

2. Imaginez que vous êtes en vacances dans la région pour laquelle vous avez écrit une publicité. Écrivez une carte postale à un(e) ami(e), à un membre de votre famille ou à un(e) collègue. Il n'y a pas beaucoup de place sur une carte postale, alors il faut employer un style télégraphique. Qu'est-ce que vous avez vu? Qu'est-ce que vous avez fait? Comment allez-vous décrire la région?

> Chère Maman,
> Quelle région formidable!
> — port de pêche calme —
> avons fait excursion en
> bateau — vu vignobles
> et falaises — sortons
> ce soir au casino —
> revenons samedi 4 juillet.
>
> Bises,
> Claire et Thomas

> Madame Dupuis
> 30, rue des Cerisiers
> 86280 St-Benoît

3. Le petit prince, lui, a fait un voyage dans la solitude. Imaginez qu'après son voyage à la Terre, il écrit une carte à son amie, la rose. Qu'est-ce qu'il va lui dire?

➡ *Ma chère rose...*

Avez-vous fait des découvertes[1] profondes sur la vie et sur l'humanité, comme le Petit Prince, pendant vos voyages à vous?

Isabelle: J'ai remarqué qu'en général les gens se ressemblent[2] plus qu'ils sont différents. Lorsque je suis allée apprendre l'anglais en Ontario, j'ai rencontré beaucoup de gens de différents pays. Je me suis rendu compte[3] que j'avais beaucoup d'affinités avec les Espagnols ou Italiens puisque nos cultures étaient semblables. Nous aimions prendre notre temps pour parler avec les gens, pour manger, et nous aimions faire la bise.

Nathalie D.: J'ai découvert d'autres modes de vie, de pensées, d'autres musiques et habitudes de vie. J'ai aussi découvert que l'on avait peur de ce que l'on ne connaissait pas, et c'est peut-être de là que part le racisme[4]. Chacun a sa culture et sa religion; il faut respecter les convictions de chacun.

Frédéric: Je me suis rendu compte combien j'avais de la chance de vivre dans un pays qui m'offrait une certaine stabilité financière et la paix[5]. Moi qui pensait que notre SMIG[6] était trop bas, je me suis rendu compte que l'on était vachement privilégié et que je devais arrêter de me plaindre[7].

Aïssatou: À travers mes voyages, j'ai découvert un point commun entre les Européens et les Américains. L'autorité de la famille n'a presque pas de sens chez les jeunes. Ils sont pratiquement libres de faire ce qu'ils veulent. Par exemple, ce qui m'a frappée[8] et me frappe encore, c'est de voir un enfant hausser le ton[9] devant ses parents ou un adulte. Le côté positif que j'ai découvert aux USA, c'est que le peuple américain est très solidaire et patriotique face aux tragédies.

TASK: Interviewez quelqu'un à votre école qui est d'un autre pays. Demandez ce qu'ils/elles ont appris sur leur *propre* pays/culture[10] en voyageant et en habitant aux États-Unis, au Canada ou ailleurs.

---

1. *discoveries*   2. *resemble each other*   3. *realized*   4. *where racism comes from*   5. *peace*   6. *minimum wage*
7. *stop complaining*   8. *struck me*   9. *raise his voice*   10. *their* own *country*

VOCABULAIRE ACTIF

À l'hôtel

les bagages (m.) *luggage*
une baignoire *a bathtub*
une carte de crédit *a credit card*
(une chambre) libre *(a room) available*
un chien *a dog*
la clé *the key*
une étoile *a star*

un garage *a garage, covered parking*
un jardin *a garden*
la nuit *the night / per night*
(petit déjeuner) compris *(breakfast) included*
une piscine *a swimming pool*
un(e) réceptionniste *a receptionist*

Les étages (*floors*)

un ascenseur *an elevator*
le couloir *the hallway*
au bout du couloir *down the hall*

un escalier *the stairs*
le premier étage *the second floor*
le rez-de-chaussée *the ground floor*

Les vacances

acheter des souvenirs *to buy souvenirs*
une agence de voyages *a travel agency*
aller à la chasse *to go hunting*
aller à la pêche *to go fishing*
une cathédrale *a cathedral*
célèbre *famous*
un château *a castle*
faire du bateau *to go boating*

faire du camping *to go camping*
faire du ski nautique *to water-ski*
un monument *a monument*
passer une semaine / ses vacances *to spend a week /*
    one's vacation
un séjour *a stay*
un vieux quartier *an old quarter / part of town*
un voyage organisé *a tour*

La nature

le désert *the desert*
la forêt *the forest*
une île *an island*

un lac *a lake*
la mer *the sea*
la plage *the beach*

Les moyens de transport (*means of transportation*)

à pied *on foot*
en avion *by plane*
en bateau *by boat*
en bus *by bus*

en train *by train*
en vélo *on bicycle*
en voiture *by car*

À la gare

un aller-retour *a round-trip ticket*
un aller simple *a one-way ticket*
l'arrivée (f.) *the arrival*
un billet *a ticket*
la consigne *baggage checkroom / locker*
une couchette *a couchette / berth*
le départ *the departure*
en première ou deuxième classe *first or second class*
fumeurs / non-fumeurs *smoking / nonsmoking*

le guichet *the ticket window*
un horaire *a schedule*
une place *a seat*
le prochain train *the next train*
le quai *the platform*
un siège *a seat*
le TGV *high-speed train*
une valise *a suitcase*
un voyage d'affaires *a business trip*

À l'aéroport

un avion *an airplane*   un vol *a flight*

Les pays

(Voir le tableau p. 269)
le monde *the world*

Verbes

attendre *to wait (for)*   prêter *to lend*
descendre *to go down, to get off,*   rater (le train) *to miss (the train)*
   to stay in a hotel   rendre visite (à) *to visit (someone)*
dormir *to sleep*   répondre *to answer*
emprunter *to borrow*   revenir *to come back*
entendre *to hear*   servir *to serve*
nager *to swim*   sortir *to go out*
partir *to leave*   vendre *to sell*
perdre *to lose*   venir *to come*

Expressions de temps

depuis *since*   pendant *for/during*
depuis combien de temps? / depuis quand?   pendant combien de temps? *for how long?*
  how long? / since when?   tout de suite *right away*

Pour demander et donner des renseignements / de l'aide

Avec plaisir *With pleasure (My pleasure)*
un bureau de renseignements *an information bureau/desk*
Est-ce que vous pourriez... *Could you please . . .*
  me donner un coup de main *give me a hand*
  m'aider à... *help me . . .*
Excuser-moi de vous déranger. *I'm sorry to bother you.*
Je regrette *I'm sorry*
Pourriez-vous m'indiquer... *Could you tell me . . .*

Divers

un centre commercial *a shopping mall*
le (la) même *the same*
une réduction *a discount*

Les pronoms d'objet indirect

leur   lui

8

Les relations humaines

This chapter will enable you to

- ☐ understand the gist of discussions on more abstract topics, such as the concept of happiness
- ☐ read an article on love and marriage in France, and a literary classic about friendship—as seen through the eyes of *le petit prince*
- ☐ relate how things used to be
- ☐ link ideas while describing people and things
- ☐ make suggestions and begin to state opinions

Ces amies ont été jeunes, elles aussi, n'est-ce pas? Qu'est-ce qu'elles faisaient ensemble quand elles étaient jeunes? Quel était leur concept du bonheur? Et vous? Qu'est-ce que vous aimiez faire quand vous étiez enfant?

À l'écoute: L'amitié

Vous allez entendre un monsieur parler de l'amitié et de son meilleur ami.

■ Avant d'écouter

1 Quand vous pensez à l'amitié, quelles sont les images qui vous viennent à l'esprit? Cochez les suggestions appropriées, puis complétez la liste selon votre expérience personnelle.

L'amitié, c'est...

_____ parler de tout

_____ communiquer sans parler

_____ savoir écouter

_____ rire* ensemble (*to laugh together*)

_____ s'amuser ensemble

_____ pleurer ensemble

_____ passer des heures au téléphone

_____ raconter des blagues (*to tell jokes*)

_____ prêter des vêtements, des livres, des CD, etc.

_____ partager des idées, des secrets, etc.

_____ demander et donner des conseils (*advice*)

_____ faire des choses ensemble: sortir, aller en boîte (*to nightclubs*), au ciné (cinéma), à une soirée (*party*), etc.

_____ avoir les mêmes goûts (*same tastes*)

_____ ? _____

2 Les copains et les copines sont des camarades, c'est-à-dire des relations plus superficielles que les amis. Dans la liste qui précède, quelles sont les choses qu'on fait avec un(e) ami(e) mais pas avec un copain ou une copine?

3 Est-ce que vous voyez encore des ami(e)s d'enfance? Pensez à un(e) ami(e) d'enfance. Où et quand avez-vous fait sa connaissance (*did you meet*)?

Note culturelle

Ami? Copain? Les nuances de l'amitié se traduisent en nuances de vocabulaire. Un(e) ami(e) est quelqu'un avec qui on partage une amitié profonde; un copain/une copine est plutôt un(e) camarade, un(e) ami(e) plus superficiel(le). Parfois on utilise le mot copain/copine dans le sens de **petit(e) ami(e),** c'est-à-dire quelqu'un avec qui on partage une **relation** romantique. Au Québec, un(e) chum est l'équivalent d'un copain ou d'une copine; «mon chum» (avec l'adjectif possessif) est l'équivalent de «mon petit ami» et «ma blonde» ou «ma chum» veut dire «ma petite amie». Est-ce que vous faites la distinction entre *close friends* (des amis) et *casual friends* (des copains) quand vous parlez de vos «amis»?

*Rire se conjugue comme **dire** aux trois personnes du singulier **(je ris, tu ris, il/elle/on rit)** et comme **étudier** aux trois personnes du pluriel **(nous rions, vous riez, ils/elles rient).** Passé composé: **j'ai ri.**

Écoutons

4 Écoutez une première fois les réflexions du monsieur en regardant la liste dans **Avant d'écouter.** Quelles activités de cette liste mentionne-t-il? Cochez-les une deuxième fois.

5 Écoutez encore pour trouver la bonne réponse à chacune des questions suivantes.

1. Quand le monsieur a-t-il fait la connaissance de son meilleur ami?
   a. au lycée
   b. dans son enfance

2. Où est-ce que son ami habitait?
   a. à côté de chez lui
   b. assez loin

3. Qu'est-ce qu'ils ne faisaient *pas* ensemble?
   a. jouer au basket
   b. jouer aux cow-boys et aux Indiens

4. Qu'est-ce qu'ils faisaient «quelquefois»?
   a. ils achetaient des glaces à la vanille
   b. ils avaient des petites disputes

5. Quand ils étaient étudiants, où allaient-ils le samedi soir?
   a. au café et au ciné
   b. en boîte

6. Qu'est-ce qui est différent maintenant?
   a. la vie les a séparés
   b. ils ne racontent plus de blagues

6 Écoutez encore la dernière partie du segment sonore, depuis «Plus tard... ». En utilisant le contexte et la logique, pouvez-vous déduire le sens des mots suivants? Reliez les mots en caractères gras à leurs synonymes.

1. on faisait **un tas** de choses...	a. quelquefois
2. ce n'est plus **pareil**	b. l'un l'autre
3. on continue à **se** voir **de temps en temps**	c. beaucoup
	d. la même chose

VOCABULAIRE ACTIF

l'amitié (f.)
une blague
une boîte (de nuit)
le ciné
communiquer
un conseil
ensemble
les goûts (m.)
pareil(le)
partager
passer (des heures)
un(e) petit(e) ami(e)
pleurer
raconter des blagues (f.)
une relation
rire
un secret
une soirée
un tas de
de temps en temps
se voir

Prononciation   La lettre **g**

● You have seen that sometimes the letter **g** is pronounced [ʒ] as in **partager;** sometimes it is pronounced [g] as in **regarder;** sometimes it is pronounced [ɲ] as in **baignoire.**

 Écoutez   Look at the words on the following page, which are all familiar to you, and listen to their pronunciation on the student audio CD. As you listen, try to infer when the letter **g** is pronounced [ʒ], [g], or [ɲ], checking the appropriate boxes in the chart.

1. gentil, énergique, gymnastique
2. garçon, golf, légume
3. renseignement, Allemagne
4. église, grand

	[ʒ]	[g]	[ɲ]
g + **e, i, y**			
g + **a, o, u**			
g + **n**			
g + other consonant			

● To retain the [ʒ] sound in some forms of verbs like **manger** or **partager,** a silent **e** is added after the **g** before an **o** or an **a.**

nous partag**e**ons   je partag**e**ais

● To retain the [g] sound, a silent **u** is added after the **g** before an **e** or an **i.**

une blag**u**e   le g**u**ichet

Essayez!   Practice saying the following sentences aloud, then listen to them on the student audio CD to verify your pronunciation.

1. Mes amis aiment les voyages; après un séjour à la plage en Bretagne, ils veulent passer par la Bourgogne puis aller en montagne.
2. J'ai mis mes bagages à la consigne avant (*before*) d'aller voir un copain dans sa maison de campagne.
3. Georges et moi, nous avons les mêmes goûts—nous ne mangeons jamais d'oignons!

Structure: Describing how things used to be

L'imparfait

Observez et déduisez   Patrick est mon meilleur ami d'enfance. Il habitait à côté de chez moi, et nous faisions tout ensemble. On allait à l'école ensemble; on racontait des blagues; on riait beaucoup. Quelquefois nous avions des disputes—quand il voulait jouer à sa console Nintendo alors que moi, je voulais jouer au foot, par exemple—mais pas souvent.

Des amis d'enfance se ▶ retrouvent.

VOCABULAIRE ACTIF

autrefois
un chat

- In the preceding paragraph, a young man uses verbs in the imperfect tense to talk about his best friend and the things they used to do together. What forms of the imperfect can you identify?
- Jot down the endings for the following forms: **il, nous, on,** and **je.** Can you predict the endings for the **tu** and **vous** forms of the verb?

Vérifiez *L'imparfait*

- The formation of the imperfect is regular for all verbs except **être.*** To form the imperfect, take the *nous* form of the present tense, drop the *-ons,* and add the endings **-ais, -ais, -ait, -ions, -iez, -aient.**

> nous **parlø̸n̸s̸**
> nous **sortø̸n̸s̸**
> nous **riø̸n̸s̸**
> nous **faisø̸n̸s̸**

l'imparfait

je parlais	je sortais	je riais	je faisais
tu parlais	tu sortais	tu riais	tu faisais
il/elle/on parlait	il/elle/on sortait	il/elle/on riait	il/elle/on faisait
nous parlions	nous sortions	nous riions	nous faisions
vous parliez	vous sortiez	vous riiez	vous faisiez
ils/elles parlaient	ils/elles sortaient	ils/elles riaient	ils/elles faisaient

- The stem for **être** is **ét-.** The endings are regular.

> j'étais   nous étions

- The imperfect is used to describe what things were like in the past, the way things used to be.

> Autrefois, quand nous **étions** petits, nous **faisions** un tas de choses ensemble.
> Nous **regardions** la télé; nous **jouions** avec notre chien et notre chat (*cat*); nous **riions** beaucoup.

Activités

A **Une enfance française: comparaison.**   Comparez votre enfance avec l'enfance de Chantal pendant les années 50. Est-ce que vos enfances étaient semblables?

	moi aussi	pas moi
1. J'avais une amie qui m'invitait souvent à manger le quatre-heures (*snack*) chez elle, en revenant de l'école.	_____	_____

---

*As you learned in **Chapitre 2,** verbs ending in **-ger** add an **e** to the stem before endings beginning with **a.** Likewise, verbs ending in **-cer** add a cedilla to the **c** in the same cases:

je man**ge**ais BUT nous mangions   je commen**ç**ais BUT nous commencions

	moi aussi	pas moi
2. Après ça, on jouait ensemble, ou on faisait nos devoirs ensemble.	____	____
3. J'aimais être la première de ma classe parce qu'à la fin de l'année, je recevais un prix qui était généralement un beau livre.	____	____
4. Je lisais beaucoup, surtout les aventures d'Alice, une jeune détective.	____	____
5. Je prenais des cours de danse et d'art dramatique au conservatoire municipal.	____	____
6. Pendant l'été, ma famille fermait la maison pendant deux mois, et on partait en vacances.	____	____
7. Quelquefois on louait une villa à la montagne ou au bord de la mer, ou on faisait du camping.	____	____
8. Chaque été, nous passions aussi deux ou trois semaines chez ma grand-mère.	____	____

Maintenant, comparez vos réponses avec celles de vos camarades de classe. Est-ce que l'enfance chez vous ressemble à l'enfance de Chantal? Comment était-elle différente?

B **Un enfant pas comme les autres!** Aviez-vous des goûts particuliers quand vous étiez petit(e)? D'abord, dans la colonne de gauche, complétez les phrases selon vos préférences *d'il y a dix ans.*

Il y a dix ans...	#1	#2	#3
je mangeais beaucoup de...			
j'allais souvent...			
je lisais...			
j'aimais...			
je détestais...			
j'avais...			
je...			

Maintenant, interviewez trois camarades de classe. Pouvez-vous trouver quelqu'un qui avait des goûts identiques?

➡ *Qu'est-ce que tu lisais il y a dix ans?*
Est-ce que tu lisais... ?

C **Autrefois et aujourd'hui.** Est-ce que la vie aujourd'hui ressemble à la vie d'autrefois? Comparez les deux en employant les expressions ci-dessous.

Autrefois je...   ma famille...   mes parents...   mon copain/
                                                          ma copine...

regarder souvent la télévision   jouer au Monopoly
aller au ciné le samedi après-midi   vouloir être pompier (*firefighter*)
habiter avec mes (ses/leurs)   prêter des vêtements (des livres,
   parents   des CD)
ne pas aimer faire la sieste   aimer mes (ses/leurs) professeurs
voyager en été   raconter des blagues
rire beaucoup   ?

➡ *Autrefois je faisais beaucoup de sport; aujourd'hui j'étudie beaucoup.*
Autrefois mes parents... (ma copine...)

Maintenant, interviewez un(e) partenaire et comparez vos souvenirs.

➡ *Est-ce que ta famille regardait souvent la télé? Et aujourd'hui?*

D **De mon temps.** Posez des questions à votre professeur pour savoir comment était sa vie quand il/elle avait dix ans—mais ne soyez pas trop indiscret(-ète)! Écoutez ses réponses et devinez quelles réponses sont vraies et lesquelles sont fausses.

➡ *Est-ce que vous aviez un chat?*
Où est-ce que vous habitiez?

E **Le portrait d'un ami.** Imaginez que vous êtes psychologue et que vous interrogez un client au sujet de son meilleur ami d'enfance. En travaillant avec un(e) partenaire, écrivez huit questions que vous allez lui poser.

➡ *Comment était votre meilleur(e) ami(e)? Qu'est-ce que vous faisiez ensemble?*

Ensuite, à tour de rôle, assumez l'identité du client, et décrivez votre meilleur ami d'enfance à votre partenaire, le psychologue, en répondant aux questions que vous avez préparées.

Structure: Talking about friendships

Les verbes pronominaux

You have already learned to use two pronominal verbs. In the **Chapitre préliminaire,** you used the verb **s'appeler (Comment vous appelez-vous?),** and in **Chapitre 6,** you used the infinitive form of the verb **s'amuser.** Here you will learn how other pronominal verbs are used.

Observez et déduisez Mes meilleurs amis n'habitent plus à côté de chez moi, mais on continue à se voir de temps en temps, et chaque fois qu'on se retrouve, on s'amuse! Nous nous comprenons aussi bien aujourd'hui qu'auparavant—même si nous nous voyons rarement!

● If **se voir** means *to see each other,* what would the following verbs mean?

se parler   se comprendre
se téléphoner   se disputer

● Study the pronominal verbs in the paragraph on page 300, and fill in the following chart with the appropriate pronouns: **me (m'), te (t'), se (s'), vous.**

s'amuser

je _____ amuse	nous nous amusons
tu _____ amuses	vous _____ amusez
il/elle/on s'amuse	ils/elles _____ amusent

Vérifiez   Les verbes pronominaux

● Pronominal verbs are conjugated like other verbs except that an extra pronoun is needed before the verb.

le verbe se souvenir

je **me** souviens	nous **nous** souvenons
tu **te** souviens	vous **vous** souvenez
il/elle/on **se** souvient	ils/elles **se** souviennent

● In the negative, **ne** precedes the pronoun.

Je **ne** me dispute jamais avec mes copains.

● Some pronominal verbs indicate a *reciprocal* action, an action two or more subjects do *to* or *with* one another.

se battre   *to fight with each other*
se disputer   *to argue with each other*
se retrouver   *to meet each other (to get together)*
se (re)voir   *to see each other (again)*
se parler   *to talk to each other*
se comprendre   *to understand each other*
se téléphoner   *to phone each other*
s'écrire   *to write each other*

Autrefois ma sœur et moi, **nous nous disputions** assez souvent, mais maintenant **nous nous comprenons** bien!

● Compare the pronominal and nonpronominal forms of these verbs:

> Alexis et Marie-Pierre **se retrouvent** au café. (*They meet each other.*)
> Alexis **retrouve** Marie-Pierre au café. (*He meets her.*)

● Some pronominal verbs are used *idiomatically*.

s'entendre	*to get along* (*with each other*)
se souvenir (de)	*to remember* (*someone or something*)
s'amuser	*to have fun*
s'ennuyer*	*to be bored*

> Ma meilleure amie du lycée et moi, nous **nous entendions** bien. Je **me souviens** que nous **nous amusions** beaucoup tous les week-ends.

VOCABULAIRE ACTIF

rarement
les verbes pronominaux
  se comprendre, etc.

Activités

F **Nous deux.** Pensez à la relation que vous avez avec un frère, une sœur, un(e) autre parent ou un copain. Les phrases suivantes s'appliquent-elles (*apply*) à cette relation?

La personne: _____

	oui	non
1. Nous nous amusons ensemble.	_____	_____
2. Nous nous entendons bien.	_____	_____
3. Nous nous voyons assez souvent.	_____	_____
4. Nous ne nous parlons pas tous les jours.	_____	_____
5. Nous nous disputons rarement.	_____	_____
6. Nous nous comprenons bien.	_____	_____
7. Nous nous écrivons des e-mails.	_____	_____
8. Nous ne nous ennuyons jamais.	_____	_____

Maintenant, expliquez vos réponses à un(e) partenaire.

> ➡ *Ma sœur et moi, nous nous amusons ensemble. Nous jouons souvent au tennis.*

G **Je me souviens que...** Hélène parle de ses souvenirs d'enfance en regardant son album de photos à la page 303. Imaginez ce qu'elle va dire en employant autant de verbes pronominaux que possible.

Je me souviens que...

---

*Verbs ending in **-yer** are stem-changing verbs. Change **y** to **i** in all forms of the verb with silent endings: je m'ennuie, tu t'ennuies, il s'ennuie, ils s'ennuient, BUT nous nous ennuyons, vous vous ennuyez.

1. ... mes amis et moi, nous nous retrouvions souvent au café...

2. ... Carole et Jean...

3. ... mes cousins...

4. ... ma sœur et sa meilleure amie...

5. ... _____ et moi, nous...

Jeu de rôle It's the year 2055. You've aged and the world has changed a lot! With a partner, play the role of a grandparent and grandchild. The grandchild describes what his/her life is like "now"—in 2055—and asks if the grandparent did the same things as a young person. The grandparent talks about life fifty years ago, and explains what he or she did differently.

Deuxième étape

Lecture: L'amour et le mariage

 Avant de lire

1 Vous allez lire un article sur l'amour et le mariage en France. À votre avis, quels sont les nombres qui vont s'appliquer aux catégories suivantes pour la France des dix dernières années?

1. Nombre de couples qui vivent (habitent) ensemble sans être mariés (l'union libre ou la cohabitation):
   a. un couple sur (*out of*) dix
   b. un sur six
   c. un sur trois

2. Pourcentage de couples maintenant mariés qui ont vécu (habité) ensemble avant le mariage:
   a. 40% ou moins
   b. 50%
   c. 60% ou plus

3. Nombre de couples qui ont déjà un enfant ou plus quand ils se marient:
   a. un sur dix
   b. trois sur dix
   c. cinq sur dix

4. Pourcentage de mariages qui se terminent par un divorce:
   a. 25–30%
   b. 35–40%
   c. 45–50%

5. Âge moyen des hommes et des femmes au premier mariage:
   a. 22–24 ans
   b. 25–27 ans
   c. 28–30 ans

2 À votre avis, est-ce que le nombre de célibataires, c'est-à-dire de gens non mariés et ne vivant pas en couple, a augmenté (*increased*) ou diminué dans les dernières années? Expliquez votre opinion.

3 Où est-ce qu'on rencontre l'homme ou la femme de sa vie? Complétez la liste suivante, puis classez ces lieux de 1 (lieu le plus commun) à 10 (lieu le moins commun).

_____ au travail

_____ à la fac ou au lycée

_____ dans un lieu public (café, parc, discothèque, boîte de nuit, etc.)

_____ dans un bal (*dance*)

_____ dans une association ou un club (gymnase, association sportive, etc.)

_____ chez des amis

_____ dans son voisinage (*neighborhood*)

_____ en vacances

_____ sur Internet

_____ ?

En général

4 Parcourez le texte une première fois pour voir quels sujets sont traités dans l'article. Cochez-les.

_____ La baisse (diminution) ou la hausse (augmentation) du taux de nuptialité (nombre de mariages)

_____ Les mariages mixtes (entre deux nationalités ou races différentes)

_____ Mariages religieux vs mariages civils

_____ Comparaison de l'âge moyen au premier mariage aujourd'hui et il y a 30 ans

_____ Évolution du taux de divorce dans les quarante dernières années

_____ Qui est plus apte à demander le divorce: l'homme ou la femme?

_____ Évolution des familles monoparentales ou des familles recomposées (_blended_)

_____ Comparaison du nombre de célibataires aujourd'hui et il y a 20 ans

_____ Relation éducation-mariage chez les femmes

_____ Évolution de la cohabitation

_____ Statut légal des couples concubins (qui cohabitent)

_____ Comparaison des lieux de rencontres autrefois et aujourd'hui

_____ Saison privilégiée des rencontres

L'amour et le mariage en France

La vie en couple

La transformation de la famille est sans doute le changement le plus spectaculaire et le plus lourd° de conséquences des vingt dernières années. Le mariage à vie° et le modèle patriarcal du droit romain° ont été révoqués avec une rapidité étonnante. L'indicateur le plus significatif est le nombre d'enfants nés hors mariage: 45% à la première naissance. Le mariage suit le plus souvent la première naissance et, dans 3 cas sur 10, les enfants assistent au mariage de leurs parents.

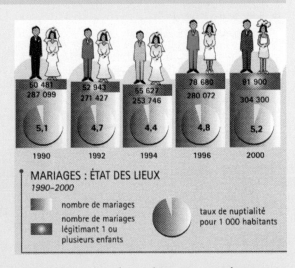

le... _heaviest, most loaded with_

pour toute la vie
Roman law

MARIAGES : ÉTAT DES LIEUX
1990-2000

nombre de mariages
nombre de mariages légitimant 1 ou plusieurs enfants

taux de nuptialité pour 1 000 habitants

Après vingt années de baisse dans le nombre de mariages—8,1 mariages pour 1 000 habitants en 1972 contre 4,7 en 1992—on observe désormais° une hausse légère mais continue du taux de nuptialité—5,2 mariages pour 1 000 habitants en

from that point on

l'an 2000, ce qui correspond à peu près à la moyenne européenne (contre 8,9 aux États-Unis)—mais cette hausse serait la conséquence d'un changement de nature fiscale° plutôt que sociologique. Si l'on se marie donc moins qu'autrefois, on se marie de plus en plus tard: l'âge moyen au premier mariage est de 28 ans pour les femmes (contre 22 ans en 1970) et de 30 ans pour les hommes (contre 24 ans en 1970). On divorce aussi plus facilement: le taux actuel est de 39 divorces pour 100 mariages, contre 10% en 1960. Dans trois cas sur quatre, c'est la femme qui demande le divorce. À cela, deux raisons: l'indépendance professionnelle et financière croissante des femmes et l'accès à différents droits° et allocations° pour les femmes qui vivent seules° avec leur(s) enfant(s).

concernant les taxes

rights / aide financière du gouvernement / *alone*

Le célibat

Les «vrais» célibataires (personnes non mariées et ne vivant pas en couple) sont de plus en plus nombreux: 28% des Français vivent seuls. Ce chiffre comprend des personnes n'ayant jamais été mariées (pour plus de la moitié°), des veufs ou veuves non remariés et ne vivant pas en couple et des personnes divorcées ou séparées. La proportion est plus grande chez les hommes que chez les femmes. Chez les hommes, les taux de célibat les plus élevés se rencontrent dans les catégories sociales modestes. On constate la tendance contraire chez les femmes: ce sont les femmes diplômées qui se marient le moins. Cette augmentation du nombre de célibataires se vérifie dans l'ensemble des pays de l'Union européenne.

half

La cohabitation

Un couple sur six n'est pas marié. À ses débuts, dans les années 70, la cohabitation était une sorte de vie commune prénuptiale, un «mariage à l'essai°» qui se substituait à la période traditionnelle des fiançailles. L'union libre s'est ensuite imposée non plus comme une période préalable au mariage, mais comme une façon acceptable de vivre en couple, qui répond à une exigence croissante de liberté individuelle dans le couple. Les pressions sociales en faveur du mariage ont peu à peu disparu, d'autant que l'accroissement de la fréquence des divorces incite les partenaires, mais aussi leurs familles, à la prudence. Aujourd'hui, environ neuf couples sur dix commencent leur vie commune sans se marier; la proportion n'était que d'un sur dix en 1965. Parmi ceux qui se marient, plus de 60% ont vécu ensemble avant le mariage, alors qu'ils n'étaient que 8% dans les années 60. L'union libre est plus répandue° dans les grandes villes, chez les non-croyants° et les diplômés. Le PACS (Pacte civil de solidarité), une loi adoptée en octobre 1999, donne un statut légal aux couples «de sexe différent ou de même sexe» qui choisissent de signer ce pacte, recevant ainsi «des droits en matière fiscale, sociale et successorale°.»

Avec toutes ces transformations des vingt der-

trial marriage

widespread

les gens qui ne croient pas en Dieu

pour les successions (*inheritance*)

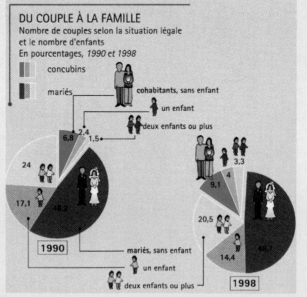

DU COUPLE À LA FAMILLE
Nombre de couples selon la situation légale et le nombre d'enfants
En pourcentages, *1990 et 1998*

concubins
mariés

cohabitants, sans enfant
un enfant
deux enfants ou plus

2,4 6,8 1,5
24
17,1 48,2

1990

3,3
4
9,1
20,5
14,4 48,7

1998

mariés, sans enfant
un enfant
deux enfants ou plus

nières années, le cycle de vie matrimoniale semble désormais marqué par les étapes suivantes: célibat, concubinage (cohabitation), résidence indépendante, résidence commune, première naissance, mariage, seconde naissance, divorce, célibat, concubinage, remariage, veuvage.

La rencontre

C'est seulement dans les contes de fées que les princes épousent des bergères°.   *shepherdesses*
Dans la réalité, les princes épousent des princesses et les bergères épousent des bergers. En effet, en France, on vit en général avec quelqu'un de son milieu social et de sa région. Mais le scénario des rencontres a évolué. Dans les années 1920, par exemple, quatre circonstances présidaient à la majorité des mariages: le voisinage, le travail, le bal et les rencontres chez des amis. Aujourd'hui on n'épouse plus son voisin (3% des mariages, contre 21% dans les années 1920). Les lieux de rencontre sont principalement les suivants: dans un bal (16%), dans un lieu public (13%), au travail (12%), chez des amis (9%), dans des associations (8%), pendant les études (8%), à l'occasion d'une fête entre amis (7%), à l'occasion d'une sortie ou d'un spectacle (5%), sur un lieu de vacances (5%), dans une discothèque ou une boîte de nuit (4%), par connaissance ancienne ou relation de voisinage (3%), par l'intermédiaire d'une annonce ou d'une agence (1%). On peut s'attendre désormais à ce qu'un nombre croissant de couples se forment sur Internet. Quant à la saison des amours, ce n'est pas le printemps, mais l'été, le temps des vacances où bals et sorties se multiplient.

Extrait de *Francoscopie 2001*, pp. 128–134, et de *Atlas des Français* (2002), pp. 74–75.

▲ Le mariage de David et Nathalie Chesnel.

En détail

5 **Les mots.**   En utilisant le contexte et la logique, identifiez les mots qui ont la signification indiquée.

partie du texte	anglais	français
La vie en couple	born out of wedlock to attend (a wedding) to get married	
Le célibat	a widow / a widower a tendency	
La cohabitation	a growing demand	
La rencontre	fairy tales to marry (someone)	

6 **Le texte**

1. **Les nombres.** Reprenez les nombres anticipés dans **Avant de lire**. Quelles sont les vraies réponses?

2. **Vrai ou faux?** Les phrases suivantes sont-elles vraies ou fausses? Si elles sont fausses, corrigez-les.

   a. Le modèle d'une société patriarcale et du mariage à vie n'existe plus en France.
   b. Trois enfants sur dix assistent au mariage de leurs parents.
   c. Le taux actuel de nuptialité est en baisse en France.
   d. En ce qui concerne le nombre de mariages, la moyenne européenne et le taux américain sont identiques.
   e. Les Français se marient six ans plus tard qu'en 1970.
   f. Le nombre de divorces a augmenté de 19% en 40 ans.
   g. Les hommes demandent plus facilement le divorce que les femmes.
   h. Pour les femmes, le divorce est facilité par l'indépendance professionnelle et financière.
   i. Les hommes de catégories sociales modestes sont plus aptes à se marier.
   j. L'éducation et les diplômes encouragent le mariage chez les femmes.
   k. La cohabitation est encore considérée comme un «mariage à l'essai».
   l. La popularité de la cohabitation s'explique par l'exigence croissante de liberté individuelle dans les couples.
   m. Le PACS donne des droits légaux et financiers aux couples non-traditionnels.
   n. On épouse souvent quelqu'un d'un milieu social différent.
   o. Les lieux de rencontre n'ont pas beaucoup changé depuis 1920.
   p. Le printemps est la saison des amours par excellence.

Et vous?

1. «La transformation de la famille est sans doute le changement le plus spectaculaire et le plus lourd de conséquences des vingt dernières années.» Est-ce la même chose en Amérique du Nord ou dans un autre pays que vous connaissez bien? Comment expliquez-vous cette transformation? Quelles sont les conséquences pour la société?

2. À votre avis, pourquoi y a-t-il de plus en plus de célibataires? Est-ce la peur du sida (*fear of AIDS*)? la situation économique? d'autres facteurs? La situation est-elle la même dans votre pays?

3. Pourquoi est-ce que les femmes diplômées se marient moins souvent que les femmes qui ont moins d'éducation? Est-ce parce qu'elles sont plus indépendantes? plus occupées? plus difficiles (*choosy*)? Est-ce la même chose en Amérique du Nord? Pensez à des femmes que vous connaissez—est-ce vrai pour elles?

4. «L'union libre est plus répandue dans les grandes villes, chez les non-croyants et les diplômés.» Pourquoi, selon vous?

VOCABULAIRE ACTIF

l'amour (m.)
augmenter
un bal
célibataire
un couple
diminuer
le divorce
épouser
le mariage
se marier
le milieu social
(l'âge) moyen
une rencontre
rencontrer

5. Le cycle de vie matrimoniale (célibat, concubinage, etc.) est-il le même en Amérique du Nord? Reprenez la liste donnée dans le texte et adaptez-la au contexte américain pour divers groupes sociaux que vous connaissez.

6. «C'est seulement dans les contes de fées que les princes épousent des bergères. Dans la réalité, les princes épousent les princesses, et les bergères épousent des bergers.»

   a. Trouvez des exemples dans la littérature, le cinéma ou l'actualité où des «princes» ont épousé des «bergères». Préparez une liste de noms célèbres. Quel groupe va pouvoir faire la liste la plus longue?

   b. Est-ce vrai que dans la réalité, on épouse quelqu'un de son milieu social? Pourquoi? Donnez des exemples personnels (des membres de votre famille, des amis, etc.).

7. Réfléchissez aux lieux et saisons de rencontre en pensant aux membres de votre famille et à vos amis. Où ont-ils rencontré l'homme ou la femme de leur vie? En quelle saison? Préparez une liste, puis faites une synthèse des réponses que vous avez en commun avec vos partenaires.

Structure: Linking ideas

Les pronoms relatifs **qui** et **que** (**qu'**)

Observez et déduisez   Si les attitudes envers le mariage ont changé, est-ce que la répartition des tâches domestiques dans les couples a changé, elle aussi? Selon l'INSÉE, «le temps consacré aux tâches domestiques par les hommes vivant en couple reste très inférieur à celui des femmes». Étudiez le tableau suivant, puis répondez aux questions à la page 310.

répartition des tâches domestiques dans les couples (en minutes par jour)

	femmes	hommes
faire la cuisine	69 min.	14 min.
faire le ménage[1] (passer l'aspirateur[2], etc.)	67 min.	11 min.
faire le linge[3] (faire la lessive[4], repasser[5], etc.)	28 min.	2 min.
faire la vaisselle[6]	28 min.	8 min.
faire du bricolage[7]	5 min.	41 min.
faire du jardinage[8]	9 min.	22 min.

1. *house cleaning*   2. *vacuuming*   3. *do the washing and ironing*   4. *do the laundry*
5. *iron*   6. *dishes*   7. *puttering*   8. *gardening*

Francoscopie 2001, p. 289.

Selon le tableau à la page précédente, c'est la femme qui fait le plus souvent le linge. Quelles sont les tâches que les hommes font plus souvent que les femmes? Et dans votre famille, quelles sont les tâches que vous faites?

> ● In the preceding paragraph, what kind of word follows the pronoun **qui:** a subject or a verb? What kind of word follows the pronoun **que (qu')?**

Vérifiez   Les pronoms relatifs **qui** et **que (qu')**

● Relative pronouns are used to relate (link) two sentences and to avoid repetition.

> Ce sont les enfants.   +   Ils font la vaisselle.
> → Ce sont les enfants **qui** font la vaisselle.

> Ranger (*Straighten*) ma chambre est une tâche.   +   Je n'aime pas cette tâche.
> → Ranger ma chambre est une tâche **que** je n'aime pas.

● Both **qui** and **que** can refer to either people or things; the difference in these pronouns is their grammatical function. The pronoun **qui** is used as a *subject* and is usually followed directly by a verb.

> D'habitude c'est la femme **qui** fait la lessive.

The pronoun **que** is an *object* and is followed by a subject and a verb.

> Repasser est une tâche **que** les hommes font rarement.

VOCABULAIRE ACTIF

faire
   du bricolage
   du jardinage
   la lessive
   le ménage
   la vaisselle
passer l'aspirateur
ranger
repasser
une tâche

pronoms relatifs

qui + verb

Ce sont les enfants **qui** font la vaisselle.
Il y a des tâches domestiques **qui** sont ennuyeuses.

que + subject + verb

Ranger ma chambre est la tâche **que** je n'aime pas.
Les couples **que** tu connais, sont-ils des couples «modernes»?

● Although the words "that," "whom," or "which" may be omitted in English, **que** may *not* be omitted in French.

les couples **que** je connais	*the couples I know*
les tâches **que** je n'aime pas	*the chores I don't like*

Activités

H **Les tâches domestiques.** Complétez les phrases suivantes selon vos expériences personnelles, et partagez vos réponses avec la classe.

ma mère / mon père   les enfants   les parents
mon/ma camarade de chambre   moi (je)   ?

1. C'est (Ce sont) _____ qui passe(nt) l'aspirateur chez moi.
2. C'est (Ce sont) _____ qui fais (fait/font) le linge.
3. C'est (Ce sont) _____ qui repasse(nt) les vêtements.
4. C'est (Ce sont) _____ qui fais (fait/font) la vaisselle.
5. Faire le ménage est une tâche que _____ déteste(nt).
6. Faire la lessive est une tâche que _____ déteste(nt).
7. Ranger la chambre est une tâche que _____ déteste(nt).
8. Faire du jardinage est une tâche que _____ déteste(nt).

Maintenant, comparez le profil de la classe avec le tableau à la page 309.

I **L'amour et le mariage.** Voici un résumé de la lecture des pages 305–307. Complétez les phrases avec **qui** ou **que (qu')**, puis indiquez si les phrases sont vraies ou fausses *selon l'article*.

                                                     vrai   **faux**

➡ C'est le nombre d'enfants nés hors mariage *qui* est l'indicateur le plus significatif de la transformation de la famille.   ✔ _____

1. L'augmentation du divorce est un phénomène _____ on attribue à l'indépendance professionnelle et financière des femmes d'aujourd'hui.   _____ _____
2. C'est l'homme _____ demande le plus souvent le divorce.   _____ _____
3. Les femmes _____ ont un diplôme et les hommes _____ sont dans les catégories sociales modestes vivent plus souvent en couple.   _____ _____
4. En France on épouse rarement quelqu'un _____ est de son milieu social.   _____ _____
5. Aujourd'hui la cohabitation est une façon acceptable de vivre en couple _____ répond à une exigence de liberté individuelle.   _____ _____
6. Parmi ceux _____ se marient, plus de 60% ont vécu ensemble avant le mariage.   _____ _____
7. Autrefois c'était souvent un voisin _____ on épousait.   _____ _____

J Préférences.   Indiquez vos préférences en matière d'amour en cochant *toutes* les réponses qui sont vraies pour vous—ou ajoutez des réponses originales.

1. Je préfère les hommes (les femmes) qui/que...

_____ comprennent mes problèmes.

_____ je rencontre dans mes cours.

_____ sont sérieux (sérieuses).

_____

2. Je veux épouser quelqu'un qui/que...

_____ écoute bien.

_____ j'admire.

_____ mes parents aiment bien aussi.

_____

3. Je ne sors pas avec les hommes (les femmes) qui/que...

_____ mes copains n'aiment pas.

_____ n'aiment pas rire.

_____ sont égoïstes.

_____

4. Pour moi, l'homme / la femme idéal(e) c'est quelqu'un qui/que...

_____ adore faire les tâches domestiques.

_____ je peux admirer.

_____ aime mon chien (mon chat).

_____

Maintenant, interviewez plusieurs camarades de classe pour trouver la personne qui vous ressemble le plus.

➡ *— Quels hommes / Quelles femmes est-ce que tu préfères?*
  *— Je préfère les hommes / les femmes **qui** comprennent mes problèmes.*
                              *... **que** je rencontre dans mes cours.*

Structure: Describing relationships

Les pronoms d'objet direct et indirect: *me, te, nous* et *vous*

Observez et déduisez

—Ah! il m'adorait; il m'écoutait; il me regardait toujours avec amour.
—Il t'attendait tous les soirs; il ne te demandait rien; il te comprenait.
—C'est vrai. Si seulement je pouvais trouver un homme aussi fidèle que mon chien!

- In the preceding dialogue, which object pronoun corresponds to **je?** to **tu?**

- Where are the pronouns **me (m')** and **te (t')** placed in relation to the verb?

- If **il m'écoutait** means *he used to listen to me,* how would you say *he used to talk to me? he used to love you?*

Vérifiez   Les pronoms d'objet direct et indirect: *me, te, nous* et *vous*

- You have already studied third-person direct object pronouns **(le, la, l', les)** in **Chapitre 6** and indirect object pronouns **(lui, leur)** in **Chapitre 7. Me (m'), te (t'), nous,** and **vous** are first- and second-person direct *and* indirect object pronouns.

je → **me (m')**	nous → **nous**
tu → **te (t')**	vous → **vous**

  Est-ce que tes amis **te** prêtent leur voiture?
  Est-ce qu'ils **t'**écoutent?
  Vos parents **vous** font souvent des cadeaux?
  Est-ce qu'ils **vous** comprennent?

- The placement of first- and second-person object pronouns is the same as for other object pronouns.

  Mon ami **m'**a dit qu'il **m'**aime et qu'il veut **m'**épouser!

- In the **passé composé,** the past participle agrees in number and gender with the preceding *direct* object pronoun (see page 230).

  Tu **nous** as vu<u>s</u> au bal, n'est-ce pas?

Résumé: les pronoms

pronoms sujets	pronoms d'objet direct	pronoms d'objet indirect
je	me	me
tu	te	te
il/elle/on	le, la, l'	lui
nous	nous	nous
vous	vous	vous
ils/elles	les	leur

Activités

K Quelle chance!   Réfléchissez à vos relations personnelles. À qui les phrases suivantes s'appliquent-elles, selon votre expérience?

	ma mère/ mon père	ma sœur/ mon frère	ma copine/ mon copain
1. Il/Elle me comprend.	_____	_____	_____
2. Il/Elle m'écoute.	_____	_____	_____
3. Il/Elle m'aime.	_____	_____	_____
4. Il/Elle m'amuse.	_____	_____	_____

	mes profs	mes parents	mes copains
5. Ils/Elles m'écrivent des mails.	_____	_____	_____
6. Ils/Elles me racontent des histoires amusantes.	_____	_____	_____
7. Ils/Elles me retrouvent souvent au café.	_____	_____	_____
8. Ils/Elles me font des cadeaux.	_____	_____	_____

Est-ce que vous avez des réponses identiques? Parlez-en avec un(e) partenaire.

L Un anxieux.   Le petit ami de Juliette est très anxieux (*insecure*). Elle veut le rassurer. Imaginez les questions qu'il lui pose et les réponses mélodramatiques de Juliette.

➡ téléphoner ce soir?   — *Tu me téléphones ce soir?*
    — *Mais oui, je te téléphone ce soir.*

1. attendre après le cours?
2. retrouver au cinéma?
3. trouver irrésistible?
4. écrire des lettres d'amour?
5. aimer?
6. épouser?!

M **S'il vous plaît!**   Votre petit(e) ami(e) vient dîner chez vous, alors vous demandez à vos camarades de chambre de «libérer» l'appartement ce soir. Dites-leur tout ce que vous avez déjà fait pour eux/elles. Sont-ils/elles d'accord ou non?

➡   préparer des repas
— *Je vous ai préparé des repas.*
— *C'est vrai. Tu nous as préparé des repas.*

prêter de l'argent
— *Je vous ai prêté de l'argent.*
— *Mais non. Tu ne nous as jamais prêté d'argent.*

1. servir le petit déjeuner au lit
2. acheter des cadeaux d'anniversaire
3. prêter mes CD
4. écouter à une heure du matin
5. aider à faire vos devoirs
6.   ?

N **Un couple moderne.**   Pour un couple moderne, l'égalité absolue est souvent importante. Jouez le rôle de l'homme ou de la femme en décrivant vos rapports selon l'exemple.

➡ adorer
Mon époux/épouse m'adore et je l'adore aussi!

1. écouter
2. téléphoner tous les jours du bureau
3. comprendre
4. admirer
5. parler de tout
6. dire la vérité

O **Les plaintes** (*Complaints*).   Les femmes ne comprennent pas toujours les hommes et vice versa. Composez deux listes avec des plaintes typiques des hommes et des femmes.

➡ (plaintes des femmes)   *Les hommes ne nous écoutent pas.*
(plaintes des hommes)   *Les femmes nous demandent trop.*

Jeu de rôle   You and a classmate will play the role of a matrimonial agency employee and a client looking for an ideal mate. The employee needs to know what kind of mate is sought (men you meet in nightclubs? women who are independent?). The client describes his/her ideal husband/wife. (I want a wife who buys me presents! I prefer a husband who likes to laugh.) Does this ideal mate exist?

Culture et réflexion

L'amitié. On dit que les Français sont comme une bonne baguette: l'extérieur est parfois dur mais l'intérieur est souple et tendre! À l'extérieur, les Français semblent parfois distants, réservés, froids, mais quand ils s'ouvrent, quand ils offrent leur amitié, c'est pour la vie. Un(e) ami(e),

▲ Les Français sont comme une bonne baguette...

pour un Français, c'est quelqu'un qui n'a pas peur d'intervenir. Dans son livre *Évidences invisibles*, l'ethnologue Raymonde Carroll donne l'exemple d'une Française vivant aux États-Unis, une jeune maman qui traverse une période difficile. Son «amie-voisine» américaine, à qui elle mentionne qu'elle est très fatiguée, dit tout simplement: «Let me know if there is anything I can do.» Une amie française, à qui elle mentionne la même chose, propose tout de suite de garder ses enfants pendant quelques heures, pour lui permettre de se reposer[1]. Selon Raymonde Carroll, la différence de réaction est culturelle: pour l'amie américaine, prendre la situation en main[2], c'est prononcer un jugement moral et dire en quelque sorte: «Tu n'es pas capable de contrôler ta vie.» Pour l'amie française, prendre la situation en main est une obligation, une des responsabilités de l'amitié. L'amitié, pour un Français, c'est dire ce qu'on pense, même si ce n'est pas toujours gentil. L'amitié, c'est s'engager[3], même si ce n'est pas toujours pratique. Les

Français préfèrent avoir peu d'amis, mais de vrais amis, plutôt que beaucoup d'«amitiés» superficielles. Et vous? Préférez-vous avoir peu d'amis, mais de vrais amis? Quand un(e) ami(e) traverse une situation difficile, qu'est-ce que vous faites? Attendez-vous que votre ami(e) vous demande de l'aide, ou prenez-vous la situation en main? Est-ce que vous êtes toujours honnête avec vos amis? Expliquez.

«Dating». La France évoque toutes sortes d'images romantiques, n'est-ce pas? Ah, l'amour... Est-ce donc vrai qu'il n'y a pas de mot pour «dating» en français? Eh oui! Le concept de «dating» n'existe même pas. Un jeune homme ne vient jamais chercher une jeune fille chez elle pour l'amener au cinéma. Non, les jeunes sortent généralement en groupe, et ils se donnent rendez-vous devant le cinéma ou à la terrasse d'un café. Les couples se forment à l'intérieur du groupe. Un autre concept complètement étranger à la culture française est le concept des «proms» ou autres activités sociales organisées par les écoles. La vie sociale et l'école sont deux mondes totalement séparés en France. Comparez les coutumes d'interaction sociale pour les jeunes en France et dans votre culture. Quels sont les avantages et les désavantages de sortir en groupe? en couple? Est-ce le rôle des écoles d'organiser des activités sociales? Expliquez votre point de vue.

▲ Les jeunes sortent généralement en groupe.

---

1. *rest*   2. *take charge*   3. *commit oneself*

Troisième étape

À l'écoute: Le bonheur

Vous allez entendre deux personnes donner leur définition du bonheur. Est-ce que ces définitions vont correspondre à votre concept du bonheur?

Avant d'écouter

1 Qu'est-ce que c'est que le bonheur pour vous? Cochez les suggestions que vous trouvez appropriées, puis ajoutez d'autres possibilités selon votre expérience personnelle.

Le bonheur, c'est...

être / se sentir* (*to feel*)	avoir	pouvoir
_____ aimé(e)	_____ une famille	_____ s'accepter
_____ accepté(e)	_____ des ami(e)s	_____ trouver son identité
_____ apprécié(e)	_____ de l'argent	_____ aimer les autres
_____ libre (*free*)	_____ le confort matériel	_____ apprécier ce qu'on a
_____ indépendant(e)	_____ la santé	_____ partager
_____ intelligent(e)	_____ un bon travail	_____ accumuler des choses matérielles
_____ beau (belle)	_____ confiance en soi (*self-confidence*)	_____ s'amuser
_____ ?	_____ ?	_____ arriver à ses objectifs (*reach one's goals*)
		_____ ?

* **(Se) sentir** se conjugue comme **partir**.

Maintenant, choisissez dans ces listes les six éléments qui sont les plus importants pour vous et classez-les de 1 (le plus important) à 6 (le moins important).

Écoutons

2 Écoutez les conversations une première fois pour identifier le pays d'origine des deux personnes interviewées. Trouvez ces pays sur les cartes du monde francophone à la fin du livre.

1. Larmé vient de/du _____.
2. Nayat est née (*was born*) en/au _____, mais elle a grandi (*grew up*) en/au _____.

VOCABULAIRE ACTIF

apprécier
avoir besoin (de)
avoir confiance en soi
le bonheur
le confort matériel
(trouver) son identité
libre
se passer (quelque
    chose se passe)
se sentir (libre)
tout le monde

Le bonheur c'est de se comprendre
sans se parler.

3 Écoutez encore en regardant le tableau page 317. Soulignez les définitions mentionnées par Larmé, et encerclez celles que Nayat suggère.

4 Écoutez encore pour compléter les extraits suivants des conversations avec les mots donnés. Conjuguez les verbes si c'est nécessaire, et déduisez le sens des mots en caractères gras. Attention: chaque liste contient des mots supplémentaires; le même mot peut être utilisé plus d'une fois.

1. Larmé   [*Mots:* partager, **se passer, avoir besoin,** heureux, pareil, individualiste, **tout le monde,** sa famille, voisins, amis, le village, son pays]

   On _____ des autres pour être _____. En Europe et aux États-Unis c'est _____ ; on est très _____, ou bien quand on _____, c'est avec _____ ou quelques _____. En Afrique, quand quelque chose _____, tout _____ le sait, _____ participe.

2. Nayat   [*Mots:* **se développer,** s'accepter, se sentir, **isolé(e), déchiré(e),** libre, amour, identité, héritage, richesse, monde(s), culture(s)]

   Quand j'étais petite, je _____ inférieure parce que j'étais _____ entre deux _____. Maintenant, pour moi le bonheur, c'est de trouver mon _____ dans ces deux _____, et d'apprécier la _____ d'un double _____. Sans l' _____ on est _____ et on ne peut pas vraiment _____ .

5 Écoutez une dernière fois et résumez...

1. la différence entre les relations humaines en Afrique et en Europe ou aux États-Unis, selon Larmé.
2. le problème de Nayat quand elle était petite.

Prononciation   ## Les consonnes finales (suite)

- You have learned that in French, most final consonants are silent unless they are followed by a mute **e.**

  petit / petite
  grand / grande
  français / française

- Four consonants, however, are normally pronounced in final position—they are **c, r, f,** and **l,** all exemplified in the word CaReFuL.

  ave**c**   su**r**   neu**f**   i**l**

Exceptions:

1. The **r** is silent in most **-er** endings.

   parler   premier   papier

2. Some words are individual exceptions. They are words in which a final **c, r, f,** or **l** is silent **(bland, pord, gentil),** or words in which other final consonants are pronounced (tenni**s**, cin**q**, sep**t**, conce**pt**).

● Whether or not they are the last letter in the word, final consonant sounds must be pronounced clearly and completely. In American English, final consonant sounds are not always fully enunciated. In French, they are completely "released." Contrast:

English	French
intelligent	intelligente
lam**p**	lampe
sou**p**	soupe
fil**m**	fil**m**

Écoutez   On the student audio CD, listen to the following excerpts from the conversation with Larmé, and underline all the final consonants that are pronounced. Which ones follow the CaReFuL rule? Which are individual exceptions?

1. Je viens de Pala, un petit village au sud du Tchad.
2. Quel est votre concept du bonheur?
3. Le bonheur, ça dépend de l'individu. Pour moi, le bonheur c'est le fait de se sentir libre.
4. Dans quel sens?
5. En Afrique, quand quelque chose se passe, tout le village le sait, tout le monde participe.

▲ Cheikh Hamidou Kane, le grand écrivain africain, avec un de ses petits-fils—une image du bonheur?

Essayez!   Practice saying the sentences in **Écoutez** aloud, making sure you release all final consonant sounds clearly and completely. Then listen to the sentences again to verify your pronunciation.

Structure: Expressing obligation and necessity

Le verbe **devoir**

Observez et déduisez

Je pense que pour être vraiment heureux, les jeunes doivent se sentir libres. On doit pouvoir décider ce qu'on veut faire dans la vie.

Moi, personnellement, je dois mon bonheur à la richesse d'un double héritage—français et algérien. Je dois beaucoup à ma famille.

- What forms of the verb **devoir** do you see in the preceding sentences?
- In which sentences does the verb mean *to owe?* In which sentences does it mean *must* or *to have to?*

VOCABULAIRE ACTIF

devoir

Vérifiez   Le verbe **devoir**

- The verb **devoir** is irregular.

le verbe **devoir**

je dois	nous devons
tu dois	vous devez
il/elle/on doit	ils/elles doivent

passé composé: j'ai dû

- **Devoir** can be followed by a noun or an infinitive. When followed by a noun, it means *to owe.*

> Nayat **doit** son identité à son double héritage.
> Mon camarade de chambre me **doit** de l'argent!

● When used with an infinitive, **devoir** expresses obligation or necessity, and its meaning varies according to the tense.

présent: *have to (must)*
Pour être heureux, on **doit** se sentir accepté.
passé composé: *had to*
Pour arriver à mes objectifs, j'**ai dû** beaucoup travailler.
imparfait: *was supposed to*
Claire **devait** arriver à ses objectifs aussi, mais elle n'a pas travaillé.

Activités

P Le bonheur. Lisez les phrases suivantes, et indiquez si ce sont les opinions de Larmé ou de Nayat. (Écoutez encore **À l'écoute** si vous voulez.)

	Larmé	Nayat
Pour être heureux...		
1. On doit s'accepter.	_____	_____
2. On doit se sentir libre.	_____	_____
3. On doit arriver à ses objectifs.	_____	_____
4. On doit partager avec les autres.	_____	_____
5. On doit choisir ce qu'on veut faire dans la vie.	_____	_____
6. On doit trouver son identité.	_____	_____
7. On doit apprécier son héritage.	_____	_____
8. On doit se sentir aimé.	_____	_____

Que pensez-vous de ces opinions? Êtes-vous d'accord?

Q Obligations familiales. Pour que le bonheur règne dans la famille, chacun doit s'occuper de ses obligations, n'est-ce pas? Parlez des obligations dans votre famille.

➡ *Tout le monde doit ranger sa chambre.*

Je		faire la lessive
Ma sœur / Mon frère		travailler beaucoup
Mes parents		faire les devoirs
Tout le monde	devoir	faire les courses
?		passer l'aspirateur
		laver la voiture
		ranger sa (leur) chambre
		?

R **La semaine dernière.** Indiquez vos obligations de la semaine dernière.

___✔___ J'ai dû... ___✗___ Je n'ai pas dû...

_____ aller au supermarché	_____ faire mes devoirs
_____ ranger ma chambre	_____ demander de l'argent à mes parents
_____ écrire un rapport	_____ répondre aux questions du professeur
_____ laver ma voiture	
_____ passer un examen	_____ travailler
_____ passer des heures à la bibliothèque	_____ lire un roman
_____ parler français	_____ prêter de l'argent à mon/ma camarade de chambre
_____ _____	_____ _____

Maintenant, cherchez un(e) camarade de classe qui a eu autant d'obligations que vous.

➡ *Tu as dû ranger ta chambre?*

S **Zut alors!** Votre mémoire n'est pas trop bonne. Dites ce que vous deviez faire récemment que vous avez oublié de faire.

➡ *Zut alors! Je devais téléphoner à ma sœur!*

Stratégie de communication

Making suggestions / Giving advice

▲ Pauvre Patrick!

When friends and family complain to you about personal problems or difficulties, you may feel compelled to offer advice—whether it is requested or not! Look at the following dialogue, and identify some French expressions used for giving advice or making suggestions.

— Tu as l'air triste, Patrick. Ça ne va pas?
— Ben, pas trop... Mes parents et moi, nous ne nous entendons pas très bien en ce moment. Et puis mes camarades de chambre sont toujours en train de se disputer. Et en plus, Béatrice ne veut plus sortir avec moi!
— Oh là là, pauvre Patrick! Il faut te changer les idées. Tu as besoin de sortir; tu devrais t'amuser un peu pour ne pas penser* à tes problèmes. Si (*What if*) tu venais au cinéma avec Josée et moi ce soir?

expressions pour donner des conseils

Tu as besoin de... (Vous avez besoin de...)	+ infinitif
Tu dois... (Vous devez...)	+ infinitif
Tu devrais... (Vous devriez...)	+ infinitif
Il faut...	+ infinitif
Si tu... (Si vous...)	+ verbe à l'imparfait

*Ne and pas are placed together before the verb when negating an infinitive.

Activités

T **Le bonheur.** Quels conseils avez-vous pour une personne qui cherche le bonheur dans la vie?

1. Pour trouver le bonheur, il faut...
2. Pour trouver le bonheur, vous devriez...
3. Pour trouver le bonheur, vous avez besoin de...
4. Si vous...

U **Soucis.** Votre camarade de chambre a beaucoup de soucis (de problèmes). Qu'est-ce que vous lui conseillez dans les situations suivantes?

«Je ne m'entends pas bien avec mon/ma petit(e) ami(e).»
«Mes parents ne me comprennent pas.»
«Mes copains ne me parlent plus.»
«J'ai de mauvaises notes.»
«Je veux perdre du poids (*lose weight*).»
«Je veux être riche.»

V **Le courrier du cœur.** Il y a des gens qui envoient des lettres aux journaux pour demander des conseils—à Dear Abby, par exemple. Patrick et Micheline sont deux jeunes Français qui ont écrit des lettres à «Chère Chantal». Lisez leurs lettres, et préparez une réponse écrite à *une* de ces lettres avec un(e) partenaire.

Chère Chantal,
J'ai 18 ans et j'habite chez mes parents. Je ne m'entends pas bien du tout avec eux. Ils détestent mon petit ami, Gérard, et ils ne me permettent plus de sortir avec lui. Par conséquent, nous nous disputons souvent à la maison, et je me sens déchirée entre ma famille et mon ami. En fait, Gérard et moi, nous pensons que le mariage est peut-être une solution à notre problème. Qu'est-ce que vous nous conseillez? Nous avons tous les deux 18 ans.

Micheline

Chère Chantal,
J'ai un camarade de chambre vraiment embêtant! Nos goûts sont très différents. Lui, il aime le rock et moi, je préfère la musique country. Lui, il étudie le matin; moi, j'étudie le soir. Il est paresseux. Il passe des heures au téléphone, mais il n'a jamais le temps de ranger la chambre. En plus, il a un chat désagréable. Je suis allergique aux chats! À votre avis, qu'est-ce que je dois faire?

Patrick

Jeu de rôle You and a couple of your childhood friends are reunited for the first time in many years. You reminisce about the way things used to be and share what is new in your lives, asking and giving advice, much as you did in the "good ol' days."

Intégration

Littérature: Qu'est-ce que signifie «apprivoiser»?

We have seen **le petit prince** travel through the desert of loneliness. Here, he finds a road that leads him to a beautiful garden where, to his great surprise, he sees thousands of roses that look exactly like his rose—the rose back on his little planet, the one who had told him she was «**unique au monde**». So, she had lied! She was just an ordinary flower! «**Je me croyais riche d'une fleur unique...**»

Feeling betrayed, **le petit prince** starts to cry. That's when a fox **(un renard)** appears. He is going to mention the word **apprivoiser.** What do you think it means? **Qu'est-ce que signifie «apprivoiser»?**

Avant de lire

1 Les mots suivants en caractères gras sont importants dans le texte que vous allez lire. D'après le contexte de chaque phrase, déduisez le sens de ces mots et trouvez l'équivalent anglais dans la liste donnée.

1. Je ne suis pas très populaire; je **n'ai que** deux copains.	a. fields
2. Un homme qui chasse les animaux est un **chasseur.**	b. chicken/hen
3. Les chasseurs chassent avec des **fusils.**	c. wheat
4. Une **poule** produit des œufs.	d. only
5. Un **lien,** c'est ce qui attache des choses ou des personnes.	e. gold/golden
6. Le **blé** est une céréale.	f. bond
7. À la campagne, il y a des **champs** de blé.	g. guns
8. Le blé est couleur d'**or,** ou **doré.**	h. hunter

2 Dans ce texte, vous allez encore voir des verbes au passé simple, mais vous allez voir aussi des verbes au futur. **Je pleurerai,** par exemple, signifie *I will cry.* Utilisez le contexte et la logique pour identifier l'infinitif qui correspond à chaque verbe en caractères gras.

1. Nous **aurons** besoin l'un de l'autre.	a. être
2. Tu **seras** pour moi unique au monde, je **serai** pour toi unique au monde.	b. revenir
3. Tu **reviendras** me dire adieu.	c. faire
4. Je te **ferai** cadeau d'un secret.	d. avoir

3 Qu'est-ce qu'il faut faire pour commencer une amitié? Cochez les suggestions qui vous semblent appropriées et ajoutez d'autres possibilités, selon votre expérience personnelle.

Il faut...

_____ parler

_____ s'observer sans parler d'abord

_____ s'ouvrir (*open oneself up*) immédiatement à l'autre personne

_____ s'ouvrir progressivement

_____ donner son temps

_____ faire des cadeaux

_____ savoir écouter

_____ faire des choses ensemble

_____ ?

En général

4 Parcourez le texte une première fois. Dans quel ordre les idées générales suivantes sont-elles présentées? Classez-les de 1 à 8.

_____ Le renard donne la définition du mot «apprivoiser».

_____ Le renard pose des questions sur la planète du petit prince.

_____ Le renard explique pourquoi il ne peut pas jouer avec le petit prince.

_____ Le renard explique pourquoi les hommes n'ont pas d'amis.

_____ Le renard explique comment on devient (*becomes*) unique au monde.

_____ Le renard donne au petit prince son secret et des conseils très importants.

_____ Le renard compare les cheveux du petit prince et les champs de blé.

_____ Le renard explique qu'il va être triste quand le petit prince va partir.

Qu'est-ce que signifie «apprivoiser»?

— Bonjour, dit le renard.
— Bonjour, répondit poliment le petit prince. Qui es-tu?
— Je suis un renard, dit le renard.
— Viens jouer avec moi, lui proposa le petit prince. Je suis tellement°   *so*
5 triste...
— Je ne peux pas jouer avec toi, dit le renard. Je ne suis pas apprivoisé.
— Ah! pardon, fit le petit prince.
Mais après réflexion, il ajouta:
— Qu'est-ce que signifie «apprivoiser»?
10   — Tu n'es pas d'ici, dit le renard, que cherches-tu?

— Je cherche les hommes, dit le petit prince. Qu'est-ce que signifie «apprivoiser»?

— Les hommes, dit le renard, ils ont des fusils et ils chassent. C'est bien gênant. Ils élèvent° aussi des poules. C'est leur seul intérêt. Tu cherches des *raise*
15 poules?

— Non, dit le petit prince. Je cherche des amis. Qu'est-ce que signifie «apprivoiser»?

— C'est une chose trop oubliée, dit le renard. Ça signifie «créer des liens». Tu n'es encore pour moi qu'un petit garçon tout semblable à cent
20 mille petits garçons. Et je n'ai pas besoin de toi. Et tu n'as pas besoin de moi non plus. Mais si tu m'apprivoises, nous aurons besoin l'un de l'autre. Tu seras pour moi unique au monde. Je serai pour toi unique au monde.

— Je commence à comprendre, dit le petit prince. Il y a une fleur, je crois qu'elle m'a apprivoisé...
25 — C'est possible, dit le renard. On voit sur la Terre toutes sortes de choses...

— Oh, ce n'est pas sur la Terre, dit le petit prince.

Le renard parut intrigué.

— Sur une autre planète?
30 — Oui.

— Il y a des chasseurs sur cette planète?

— Non.

— Ça, c'est intéressant! Et des poules?

— Non.
35 — Rien n'est parfait, soupira° le renard. *sighed*

Mais le renard revint à son idée.

— Ma vie est monotone. Je chasse les poules, les hommes me chassent. Toutes les poules se ressemblent, et tous les hommes se ressemblent. Je m'ennuie donc un peu. Mais si tu m'apprivoises, ma vie sera comme
40 ensoleillée. Et puis, regarde! Tu vois, là-bas, les champs de blé? Je ne mange pas de pain. Le blé pour moi est inutile°. Les champs de blé ne me *useless*
rappellent rien. Et ça, c'est triste! Mais tu as des cheveux couleur d'or. Alors ce sera merveilleux quand tu m'auras apprivoisé! le blé, qui est doré, me fera penser à toi. S'il te plaît... apprivoise-moi!

45 — Je veux bien, répondit le petit prince. Mais je n'ai pas beaucoup de temps. J'ai des amis à découvrir° et beaucoup de choses à connaître. *trouver*

— On ne connaît que les choses que l'on apprivoise, dit le renard. Les hommes n'ont plus le temps de rien connaître. Ils achètent des choses

toutes faites chez les marchands. Mais comme il n'existe pas de marchands
50 d'amis, les hommes n'ont plus d'amis. Si tu veux un ami, apprivoise-moi!
    — Que faut-il faire? dit le petit prince.
    — Il faut être très patient, répondit le renard.

[Le renard explique qu'il faut s'asseoir chaque jour un peu plus près, ne
pas parler quelquefois parce que «le langage est source de malentendus°».   *misunderstanding*
55 Il faut s'ouvrir progressivement, et venir toujours à la même heure pour
avoir le temps de se préparer le cœur, car l'anticipation est nécessaire au
bonheur.]

    Ainsi le petit prince apprivoisa le renard. Et quand l'heure du départ
arriva:
60   — Ah, dit le renard... Je pleurerai.
    — C'est ta faute, dit le petit prince. Tu as voulu que je t'apprivoise.
    — Bien sûr, dit le renard.
    — Mais tu vas pleurer! dit le petit prince.
    — Bien sûr, dit le renard.
65   — Alors tu n'y gagnes rien°!   *gain nothing*
    — J'y gagne, dit le renard, à cause de la couleur du blé.
    Puis il ajouta:
    — Va revoir les roses. Tu comprendras que ta rose est
unique au monde. Tu reviendras me dire adieu, et je te ferai
70 cadeau d'un secret.

[Le petit prince va revoir les roses, comprend qu'elles ne sont
pas du tout comme sa rose parce qu'elles ne sont pas
apprivoisées. Sa rose est unique au monde parce que c'est pour
elle qu'il a sacrifié son temps, c'est elle qu'il a servie, c'est elle
75 qu'il a écoutée, c'est elle qu'il a aimée—c'est elle qu'il aime.]

    Et il revint vers le renard.
    — Adieu, dit-il...
    — Adieu, dit le renard. Voici mon secret. Il est très sim-
ple. On ne voit bien qu'avec le cœur. L'essentiel est invisible
80 pour les yeux.
    — L'essentiel est invisible pour les yeux, répéta le petit
prince, pour se souvenir.
    — C'est le temps que tu as perdu pour ta rose qui fait ta rose si
importante...
85   — C'est le temps que j'ai perdu pour ma rose... fit le petit prince, pour
se souvenir.
    — Les hommes ont oublié cette vérité°, dit le renard. Mais tu ne dois   *truth*
pas l'oublier. Tu es responsable pour toujours de ce que tu as apprivoisé.
Tu es responsable de ta rose...
90   — Je suis responsable de ma rose... répéta le petit prince, pour se
souvenir.

Extrait et adapté de *Le Petit Prince* (Antoine de Saint-Exupéry).

En détail

5 **Les mots.** En utilisant le contexte et la logique, pouvez-vous déduire ce que signifient les mots en caractères gras? Trouvez les synonymes.

1. (Page 326, line 13)   C'est bien **gênant**.   a. pareil
2. (Page 326, line 18)   Ça signifie **créer** des liens...   b. parce qu'il y a
3. (Page 326, line 19)   Tu n'es encore pour moi   c. faire, fabriquer
   qu'un petit garçon tout **semblable** à cent   d. problématique
   mille petits garçons.   e. font penser à
4. (Page 326, line 41)   Les champs de blé ne me
   rappellent rien.
5. (Page 327, line 66)   J'y gagne, **à cause de** la
   couleur du blé.

6 **Le texte.**   Répondez aux questions suivantes, selon le texte.

1. Pourquoi le renard ne peut-il pas jouer avec le petit prince?
2. Quel est le seul intérêt des hommes, selon le renard?
3. Qu'est-ce que signifie «apprivoiser»?
4. Pourquoi le renard dit-il que «rien n'est parfait» quand il parle de la planète du petit prince?
5. Pourquoi le renard veut-il que le petit prince l'apprivoise?
6. Pourquoi le petit prince n'a-t-il pas beaucoup de temps pour apprivoiser le renard? Est-ce ironique?
7. Pourquoi les champs de blé vont-ils être une consolation pour le renard après le départ du petit prince?
8. Qu'est-ce que le petit prince comprend quand il revoit les roses?
9. Quel est le secret du renard? Comment est-ce que l'expérience du petit prince avec les roses l'a préparé à comprendre ce secret?
10. Quelle vérité est-ce que les hommes ont oubliée, selon le renard?

Et vous?

1. Est-ce que vous êtes d'accord avec le renard quand il dit que «les hommes n'ont plus le temps de rien connaître» et «n'ont plus d'amis»? Avec un(e) camarade de classe, faites une liste des obstacles aux relations humaines dans la société moderne, puis comparez votre liste avec celles des autres groupes.
2. Qu'est-ce qu'il faut faire pour apprivoiser quelqu'un? En groupes de deux ou trois, comparez la liste du renard et votre liste à vous, selon vos expériences personnelles. Ensuite présentez vos conclusions à la classe.

   Selon le renard   **Selon nous**

3. Est-ce que vous avez «des champs de blé» dans votre vie—des objets, des chansons (*songs*), des parfums ou d'autres choses—qui vous rappellent des personnes que vous aimez? En groupes de deux ou trois, comparez vos «champs de blé».

4. «On ne voit bien qu'avec le cœur. L'essentiel est invisible pour les yeux.» Pensez à deux personnes que vous aimez. Qu'est-ce qu'on voit avec les yeux quand on regarde ces personnes? Et avec le cœur? Individuellement d'abord, complétez le tableau suivant, puis partagez vos observations avec un(e) partenaire.

nom ou initiale	avec les yeux	avec le cœur

Post scriptum

After realizing that he is responsible for his rose, **le petit prince** decides to return to his planet to take care of her. The return will not be easy. **Le petit prince** will have to leave his body on earth, because it will be too heavy to carry on the way up. The snake that he met when he arrived on Earth will help him make his ultimate sacrifice. The prince's death will be the supreme illustration of the fox's secret: it is only with the heart that one can truly see; what is essential is invisible to the eyes. The body is just a shell; the essential lives on. **On ne voit bien qu'avec le cœur. L'essentiel est invisible pour les yeux...**

Par écrit: The way we were

Avant d'écrire

A **Strategy: Using reporters' questions.** The standard questions asked by reporters—who? what? where? when? why? and how?—can be used as an effective pre-writing tool to help generate ideas. The answers to some questions will, of course, be more important than others depending upon the topic, but the process of *asking* questions will help clarify which items are most relevant.

Application. What questions would you ask a friend you hadn't seen in a long time? What would you ask someone who has lived a long time? List as many questions as you can in each category.

B **Strategy: Talking about the way things were.** These expressions can be used to introduce a discussion of the way things were in the past.

autrefois   *back then*
à cette époque-là ⎱
en ce temps-là   ⎰   *at that time*

Application. Use the preceding expressions to introduce three sentences about what life was like when you were ten years old.

Écrivez

1. Le petit prince se prépare à retourner sur sa planète. Il anticipe les questions que sa rose va lui poser et, dans son journal de voyage, prépare les réponses qu'il va donner, décrivant au passé ses impressions de la Terre. Qu'est-ce que le petit prince écrit dans son journal?

    Questions de la rose   **Réponses du petit prince**

2. C'est l'an 2085. Vous fêtez votre centième anniversaire, et un journaliste vous pose des questions pour un article qui va paraître dans le journal local. Comment allez-vous répondre à ses questions?

    Vous aviez une grande famille?
    Qu'est-ce que vous faisiez pour vous amuser quand vous étiez petit(e)?
    Vous aviez un(e) meilleur(e) ami(e) à cette époque-là? Comment était-il/elle?
    Est-ce que l'institution du mariage était différente autrefois?
    Et le concept du bonheur?

*Quand vous parlez d'**un(e) ami(e)**, qu'est-ce que vous entendez par là[1]?*

 **Laïla:** ... quelqu'un de très sacré. C'est quelqu'un à qui je peux me confier[2] librement, qui connaît tous mes secrets et dont je connais tous les secrets. C'est aussi quelqu'un en qui je peux trouver du réconfort dans mes moments de tristesse et qui peut partager ma joie.

 **Nathalie C.:** Mes amis, ce sont des gens très proches[3] sur qui je peux compter, à qui je peux me confier, et qui me connaissent et que je connais très bien. Il n'en reste pas moins que je côtoie[4] d'autres personnes que j'aime beaucoup, que je n'appelle pas *mes amis.* Ce sont des connaissances, des copains, copines...

 **David:** Un ami est quelqu'un en qui j'ai entière confiance, à qui je peux me confier de tout, et avec qui je pense rester en contact très longtemps encore. J'ai donc en ce sens un nombre limité *d'amis,* le reste étant des *copains.*

TASK: Qu'est-ce que le mot *ami(e)* signifie pour vous? Comparez vos idées avec les réponses de Laïla et de David et Nathalie Chesnel. Ensuite, sondez l'opinion de cinq personnes que vous connaissez. Demandez-leur de faire une liste de synonymes pour le mot *friend.* Ensuite, demandez-leur la différence entre les mots qu'ils mentionnent. Finalement, demandez le mot qu'ils utilisent le plus régulièrement et pourquoi.

---

1. *what does that mean for you?*   2. *confide in*   3. *close*   4. *associate with*

VOCABULAIRE ACTIF

Verbes et expressions verbales

apprécier *to appreciate*
augmenter *to increase*
avoir besoin (de) *to need*
avoir confiance en soi *to be self-confident*
communiquer *to communicate*
devoir *to have to, to owe*
diminuer *to reduce, get smaller*

épouser *to marry (someone)*
partager *to share*
passer des heures (à + inf.) *to spend hours*
pleurer *to cry*
raconter *to tell (a story)*
rencontrer *to meet*
rire *to laugh*

Verbes pronominaux

s'amuser *to have fun*
se battre *to fight*
se comprendre *to understand one another*
se disputer *to fight, to argue*
s'écrire *to write one another*
s'ennuyer *to be bored*
s'entendre (bien ou mal) *to get along*
se marier *to get married*

se parler *to talk to one another*
se passer (quelque chose se passe) *to happen, to take place*
se retrouver *to meet (by previous arrangement)*
se (re)voir *to see each other (again)*
se sentir (apprécié, libre) *to feel (appreciated, free)*
se souvenir (de) *to remember (someone or something)*
se téléphoner *to phone one another*

L'amour (m.)

un couple *a couple*
le divorce *divorce*
le mariage *marriage*

un(e) petit(e) ami(e) *a boyfriend / a girlfriend*
une relation *a relationship*
une rencontre *a (chance) meeting*

Les sorties (f.)

un bal *a dance*
une boîte (de nuit) *a nightclub*

le ciné (le cinéma)
une soirée *a party*

Les tâches (f.) domestiques (*domestic chores*)

faire du bricolage *to putter, do-it-yourself*
faire du jardinage *to do gardening*
faire la lessive *to do the laundry*
faire le ménage *to do housework*

faire la vaisselle *to do the dishes*
passer l'aspirateur *to vacuum*
ranger (sa chambre) *to tidy up*
repasser *to iron*

Ce qu'on donne ou ce qu'on a

l'amitié (f.) *friendship*
le bonheur *happiness*
un chat *a cat*

le confort matériel *material comfort*
son identité (f.) *one's identity*
les (mêmes) goûts (m.) *(the same) tastes*

Ce qu'on dit ou ne dit pas

une blague *a joke*
un conseil *a piece of advice*

un secret *a secret*

Expressions pour donner des conseils

Il faut... *It is necessary . . .*
Si tu / Si vous (+ imparfait)... *What if you . . .*
Tu as / Vous avez besoin de... *You need to . . .*

Tu dois / Vous devez... *You must . . . / have to . . .*
Tu devrais / Vous devriez... *You should . . .*

Divers

(l'âge) moyen *the average (age)*
célibataire *single*
ensemble *together*
libre *free*

le milieu social *the social environment*
pareil(le) *the same*
un tas de *lots of*
tout le monde *everyone*

Adverbes de temps

à cette époque-là *at that time*
autrefois *in the past*
en ce temps-là *in those days*
rarement *rarely*
de temps en temps *from time to time*

9

Les souvenirs

This chapter will enable you to

- understand extended past narrations and descriptions

- read texts about French holidays and traditions, and a literary passage by a Moroccan author about a young immigrant's struggles with French past tenses

- distinguish between *the way things were* and *what happened* in the past

- handle social situations and simple discussions related to holidays and gift giving

- state thoughts and opinions at a simple level

- make comparisons

Qu'est-ce que ces enfants ont fait aujourd'hui? Et vous? Est-ce que vous vous souvenez de votre premier jour d'école? Connaissiez-vous les autres enfants?

Première étape

À l'écoute: Un souvenir d'école

Tout le monde a des souvenirs associés à l'école. Ici une dame va vous raconter quelque chose qui s'est passé quand elle était à l'école maternelle.

Avant d'écouter

1 Étudiez les phrases suivantes pour déduire le sens des mots en caractères gras. Complétez ensuite le tableau donné.

l'idée	la façon de le dire en français
to call on someone for an answer	
to raise one's hand/finger	
to be mad or angry	
to be ashamed	
to be punished	
to beat	
pictures	
to remain standing	
to be seated	
to stop	
to whisper	

1. Quand il n'y a pas assez de chaises, certaines personnes **sont assises,** mais d'autres **restent debout.**
2. En France, quand on veut répondre en classe, on **lève le doigt** (eh non, ce n'est pas la main, mais seulement l'index!) en espérant que le professeur va nous **interroger.**
3. Dans les livres d'enfants, il y a beaucoup d'**images** ou d'illustrations.
4. Quand on est fatigué de faire quelque chose, on **arrête** de le faire; c'est le contraire de commencer.
5. Si on ne veut pas que les autres entendent, on parle très doucement, on **murmure.**
6. Quand un enfant fait quelque chose de mal, il risque d'**être puni.** L'interdiction de regarder la télé est une forme de punition; **battre** quelqu'un est une punition corporelle. Si l'enfant regrette et se sent embarrassé, il **a honte** de sa mauvaise action.
7. Quand on **est fâché,** ou irrité, on perd quelquefois le contrôle de ses émotions.

2 L'école maternelle, la maîtresse (l'institutrice), une petite fille, interroger, lever le doigt, une réponse, une image, fâché, battre, puni, la honte... Tous ces mots sont des mots-clés dans le «souvenir d'école» que vous allez entendre. Quelle sorte d'histoire anticipez-vous?

🎧 ■ *Écoutons*

3 Écoutez d'abord pour comprendre la progression des idées dans cette histoire. Classez les images suivantes dans l'ordre chronologique, de 1 à 4.

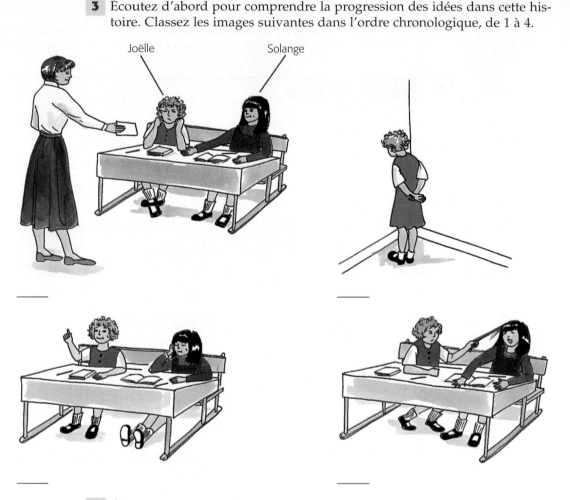

Joëlle   Solange

_____   _____

_____   _____

4 Écoutez encore et indiquez si les phrases suivantes sont vraies ou fausses. Si elles sont fausses, corrigez-les.

1. Solange était une bonne élève.
2. Joëlle faisait la collection d'images.
3. Un jour, la maîtresse a arrêté d'interroger Joëlle pour donner l'occasion aux autres de répondre.
4. Joëlle voulait aider Solange à avoir des images.
5. Chaque fois que Joëlle n'a pas été interrogée, elle a murmuré les réponses et sa voisine a entendu.
6. Joëlle a pensé qu'elle était victime d'une injustice.
7. Joëlle a battu* Solange.
8. Les autres élèves ont séparé Joëlle et Solange.
9. La punition de Joëlle a été de rester assise au coin de la classe pendant plus de deux heures.
10. Joëlle n'a plus jamais attaqué personne en classe!

---

* **Battre** est un verbe irrégulier. Présent: je bats   nous battons
                                                  tu bats   vous battez
Participe passé: battu   il/elle/on bat   ils/elles battent

VOCABULAIRE ACTIF

arrêter
avoir honte
battre
être assis(e)
être fâché(e)
être puni(e)
une image
interroger
lever le doigt
la maîtresse
murmurer
rester debout

5 Écoutez encore et complétez les extraits suivants du segment sonore avec la forme appropriée des verbes au passé composé ou à l'imparfait.

1. Je crois que j' _____ cinq ans à l'époque, j' _____ donc à l'école maternelle.

2. Quand on _____ bien, la maîtresse nous _____ des images.

3. Cinq ou six fois de suite, Solange _____ le doigt, la maîtresse _____ Solange, et Solange _____ des images, avec mes réponses.

4. J' _____ tellement fâchée que j' _____ à battre Solange.

5. Je n' _____ la honte et l'humiliation... mais ça m'_____ quelque chose.

Prononciation — [e] ou [ɛ]?

Distinguishing between the closed [e] and the open [ɛ] is crucial when listening for and producing verbs in the **passé composé** and **imparfait.** Compare **j'ai été** [ʒe ete] and **j'étais** [ʒetɛ]. The open [ɛ] characterizes the **imparfait** ending whereas the closed [e] is the hallmark of the **passé composé,** since many past participles end in **-é.**

Écoutez Listen to the following words from **À l'écoute: Un souvenir d'école** on the student audio CD. Underline the closed [e] sounds with one line and the open [ɛ] sounds with two lines. Then draw some conclusions about the spelling indications for the two sounds.

1. Joëlle, **est**-ce que tu as un souvenir d'**é**cole à nous racont**er**?
2. J'**é**tais assise à côt**é** d'une petite fille qui s'appel**ait** Solange.
3. J'**ai**mais bien r**é**pondre aux qu**es**tions de la m**aî**tr**ess**e.
4. Cinq ou six fois de suite, j'**ai** lev**é** le doigt, sans succ**ès**.
5. C'**é**tait moi qui sav**ais** l**es** r**é**ponses **et** c'**é**tait à Solange qu'on donn**ait** l**es** images!
6. J'**ai** dû r**es**ter debout, au coin de la classe, av**ec** la t**ê**te contre le mur.
7. M**ais** je n'**ai** plus jam**ais** attaqu**é** p**er**sonne!

Conclusions. Check the appropriate sound symbol in the chart on page 338 and give an example or two from the sentences above.

Orthographe (*spelling*)	[e]	[ɛ]
é	✔ <u>é</u>cole, lev<u>é</u>	
è		
ê, ë		
-er /-ez		
et (la conjonction)		
est (le verbe être)		
ai en position finale		
ai + autre lettre (-ais, -ait)		
e + deux consonnes* (elle, rester, etc.)		
les, des (articles)		
e + une consonne prononcée à la fin d'un mot (cher)		

Essayez!

1. Pronounce the seven sentences in **Écoutez,** distinguishing clearly between [e] and [ɛ].

2. In the following sentences, underline the closed [e] sounds with one line and the open [ɛ] sounds with two lines, then practice saying the sentences aloud. Listen to them on the student audio CD to verify your pronunciation.

   a. Appelle Marie-Thérèse; elle était dans la même classe que Joëlle et Solange cette année-là.
   b. Elle sait ce qui s'est passé!
   c. Quand elle a vu Joëlle au coin avec les mains derrière le dos, elle a eu pitié.
   d. Pendant le déjeuner, elle est allée lui acheter des caramels au lait et quand la maîtresse ne regardait pas, elle les lui a donnés.

*When the letter **e**, with no accent, is followed by a single consonant inside a word, it is pronounced [ə] (*e* **caduc**): petite, premier, levé, debout. You will review **le** *e* **caduc** in **Chapitre 10.**

Structure: Telling a story about the past

L'imparfait et le passé composé

Observez et déduisez J'aimais bien répondre aux questions de la maîtresse parce que, quand je répondais bien, elle me donnait des images.

Solange a levé le doigt, la maîtresse a interrogé Solange, et Solange a eu des images avec *mes* réponses. Quelle injustice!

> ● In both of the preceding sentences, Joëlle is talking about the past. What verb tense is used in each sentence? Which sentence answers the question *What happened?* Which sentence answers the question *What were things like?*

Vérifiez *L'imparfait et le passé composé*

● Any occurrence in the past can be viewed from different perspectives. Two of these perspectives are expressed in French through the **imparfait** and the **passé composé.** The imperfect tense is used to say what was going on in the past. The imperfect tense answers the questions *What was it like? What were the circumstances?* **(Quelles étaient les circonstances?)** There are two main instances in which you will use the imperfect tense:

1. As you learned in **Chapitre 8,** the imperfect is used to tell *what it was like* in the past, *the way things used to be* (page 298).

    Quand j'**étais** petite, j'**adorais** l'école.

2. The imperfect is also used to "set the stage," to create a mood, to reveal the background conditions.

    Je crois que j'**avais** cinq ans à l'époque; j'**étais** donc à l'école maternelle.

    J'**étais** assise à côté d'une petite fille qui **s'appelait** Solange. Elle n'**aimait** pas l'école et elle ne **travaillait** pas trop bien.

    Conditions include all *physical* description.

    Moi, j'**avais** les cheveux courts (*short*) et bouclés (*curly*) tandis que Solange **avait** les cheveux longs et noirs.

● Verbs in the **passé composé,** on the other hand, answer the questions *What happened? What happened next?* **(Qu'est-ce qui s'est passé?)**

    La maîtresse **a arrêté** de m'interroger, mais j'**ai murmuré** les réponses et Solange les **a entendues.**

● Since the imperfect sets the stage (describes the circumstances) and the **passé composé** tells what happened, it is not uncommon to see the two tenses used together.

    J'**étais** tellement fâchée ce jour-là que j'**ai attrapé** (*grabbed*) Solange par les cheveux, et j'**ai commencé** à la battre.

● The choice between the **imparfait** and **passé composé** must be made *in context*. If you are unsure about your choice, ask yourself if—*in this context*—the verb answers the question *What were the circumstances?* (→ **imparfait**) or the question *What happened?* (→ **passé composé**).

Joelle **était** fâchée et elle **a attaqué** Solange. Par conséquent, elle **a été** punie.

l'imparfait	le passé composé
What were the circumstances?	What happened?
What was it like?	What happened next?

Activités

A **Un autre point de vue.** D'abord, écoutez le professeur lire l'histoire selon Solange. Décidez si les phrases indiquent *les circonstances* ou *ce qui s'est passé*.

➡ (Joëlle était la meilleure élève de la classe.)   *les circonstances*

Maintenant, écoutez l'histoire encore une fois. Trouvez au moins une différence entre l'histoire de Solange et l'histoire de Joëlle.

B **Conclusions.** Quelles conclusions peut-on tirer de l'histoire de Joëlle? Complétez les phrases de la colonne de gauche avec une expression logique de la colonne de droite.

1. Solange était jalouse...
2. Joëlle était frustrée...
3. La maîtresse a été surprise...
4. Les élèves ont ri...
5. Joëlle était humiliée...
6. Les parents de Joëlle n'étaient pas contents...

a. quand les filles ont commencé à se battre.
b. parce qu'elle a dû rester au coin.
c. quand la maîtresse leur a raconté l'incident.
d. parce que Joëlle recevait toujours des images.
e. parce que la maîtresse ne l'interrogeait plus.
f. quand Joëlle a «attaqué» Solange.

avoir honte

ne pas être contente

rire/murmurer

se battre

travailler

se disputer

C **Quels élèves!** La maîtresse a quitté (*left*) la classe pendant quelques minutes. Décrivez la scène dans la salle quand elle est revenue.

➡ Quand la maîtresse est revenue... (ne pas être contente) *elle n'était pas contente*

D **Rêve ou cauchemar?** (*Dream or nightmare?*)   Solange est très troublée. Elle parle à une amie du rêve qu'elle a fait hier soir. Racontez le rêve en employant le passé composé et l'imparfait.

> Je suis à l'école. J'ai peur et j'ai froid. La maîtresse est très grande. Elle a les cheveux bleus. Je parle à mon amie quand la maîtresse commence à nous interroger. Je lève le doigt et je réponds à sa question, mais la réponse est fausse. J'ai honte. Les autres élèves rient et moi, je pleure. Puis ils me battent, mais la maîtresse, elle ne regarde pas. Elle mange une pomme noire!

E **Un souvenir d'école.**   (1) D'abord, pensez à votre premier jour d'école. Comment était-il? Complétez la colonne de gauche dans le tableau ci-dessous.

Quelles étaient les circonstances?	Qu'est-ce qui s'est passé?
La maîtresse (le maître) était...	
J'aimais (n'aimais pas)...	
Je voulais (ne voulais pas)...	
Les élèves étaient...	
Je pouvais (ne pouvais pas)...	
?	

(2) Maintenant, pensez à *ce qui s'est passé* ce jour-là. Écrivez ce que vous avez fait—ou n'avez pas fait—dans la colonne de droite. (Par exemple: lever le doigt, répondre aux questions, avoir des images, apprendre beaucoup, s'amuser, rester debout, être puni(e), murmurer, se battre, etc.)

(3) Finalement, organisez les phrases dans l'ordre logique. (Ajoutez des détails si vous le désirez!) Racontez votre expérience aux autres étudiants.

F Imaginez. Inventez votre propre histoire en regardant la séquence d'images ci-dessous. Travaillez avec un(e) partenaire.

BANQUE DE MOTS

voir
faire beau
marcher
chercher quelqu'un
préparer un examen
une bonne/mauvaise note
réussir
rater
être gentil(le)/
   content(e)...
aider quelqu'un
(ne pas) devoir
(re)passer un examen
(ne pas) avoir honte/
   peur/envie
expliquer
(ne pas) comprendre
(ne pas) apprendre
oublier
(ne pas) vouloir
(ne pas) trouver
écouter
(ne pas) travailler
???

Jeu de rôle

Lately you and a classmate have not met certain obligations or been able to do the things you wanted. For one of you, unexpected circumstances have kept you from your assigned task (the library was closed? the computer "ate" your paper?). For the other, it's been other people who have hindered your plans (a classmate who borrowed a book? a boss who had you work overtime?). Role-play a scene with a partner in which you both commiserate on your fate and your frustration.

Deuxième étape

Lecture: Fêtes et traditions

Avant de lire

1 Les jours de fête sont d'autres occasions riches en souvenirs. Ce sont des jours de congé (vacances), des occasions de s'amuser, de manger, d'offrir ou de recevoir des cadeaux, etc. Quelles sont les fêtes que vous célébrez dans votre famille? Noël? le Ramadan? Hanoukka? le Jour d'action de grâces (fête américaine, le quatrième jeudi de novembre)? Comment est-ce que vous fêtez votre anniversaire? la fête nationale de votre pays?

2 Avec quelles fêtes est-ce que vous associez les choses suivantes?

des jouets

un ours en peluche

une poupée

une dinde

un sapin

une bougie

un ballon

un jeu électronique

un défilé militaire

un bouquet de fleurs

un pique-nique

■ *En général*

3 Parcourez rapidement le texte et indiquez dans quelle partie **(A. Le calendrier des fêtes en France** ou **B. Les Français et les fêtes de fin d'année)** on peut trouver des renseignements sur...

1. les fêtes civiles et religieuses en France.
2. les fêtes qui ne sont *pas* des jours fériés (jours où on ne travaille pas).
3. les cadeaux qu'on fait le plus souvent aux enfants.
4. ce qu'on mange au repas traditionnel de Noël.
5. ce qu'on mange le jour des Rois (*kings*).
6. des traditions particulières à une région du sud de la France, la Provence.

A. Le calendrier des fêtes en France

Les jours se suivent° mais ne se ressemblent pas. Le calendrier français, qui est le calendrier grégorien élaboré en 1582 sous l'autorité du pape Grégoire III, comporte des fêtes civiles ou religieuses; certaines de ces fêtes sont légales et ces jours-là, dits fériés, on ne travaille pas. Il y a en France, en plus des dimanches, onze jours fériés.

viennent l'un après l'autre

▲ Pâques: Des poules en chocolat pour les enfants.

- **Le 1er janvier, ou Jour de l'An** (fête civile): On se souhaite les uns aux autres une «bonne et heureuse année», on s'offre des petits cadeaux appelés «étrennes» et on se réunit en famille pour un repas de fête.
- **Pâques** (fête religieuse): C'est la grande fête chrétienne qui commémore la résurrection du Christ; c'est aussi la grande fête du printemps.

Les enfants cherchent, dans les jardins ou dans les appartements, des œufs, des poules, des lapins ou des poissons en chocolat «apportés par les cloches° qui viennent de Rome». Le lundi de Pâques est toujours férié.

bells

- **Le 1er mai** (fête civile): C'est la fête du Travail. Elle a pour origine le 4e congrès des *trade unions* de Chicago en 1884 et a été adoptée en 1885 par le Congrès international socialiste de Paris comme jour de revendication des travailleurs. La tradition veut que l'on offre du muguet (*lily of the valley*), qui est un porte-bonheur.
- **Le 8 mai** (fête civile): C'est le jour anniversaire de la victoire des Alliés en 1945, marquant la fin de la Seconde Guerre mondiale. Des cérémonies du souvenir sont organisées devant les monuments aux morts.
- **L'Ascension** (fête religieuse): Cette fête se situe un jeudi, quarante jours après le dimanche de Pâques et célèbre le miracle de l'élévation de Jésus-Christ dans le ciel, quarante jours après sa résurrection.

▲ Noël: Repas du réveillon en famille.

• **Le lundi de Pentecôte** (fête religieuse): La Pentecôte se situe cinquante jours après le dimanche de Pâques et commémore la descente du Saint Esprit sur les apôtres°.

apostles

▲ Le 14 juillet: Vive la France!

• **Le 14 juillet** (fête civile): C'est la principale des fêtes nationales, commémorant la prise de la Bastille en 1789. À Paris (sur les Champs-Élysées, en présence du Président de la République) et dans les grandes villes, les militaires défilent. Le soir, on danse dans les rues et on tire des feux d'artifice.

• **Le 15 août** (fête religieuse): C'est la fête de l'Assomption, qui fait référence à l'enlèvement miraculeux de la Vierge Marie par les anges°.

l'enlèvement... quand les anges (angels) ont emporté la mère du Christ au ciel

• **Le 1er novembre** (fête religieuse): C'est la fête de tous les saints (ou la Toussaint) et le lendemain, le 2 novembre, c'est la fête de tous les morts. Ce jour-là, les Français vont dans les cimetières déposer des fleurs sur les tombes, en particulier des chrysanthèmes.

• **Le 11 novembre** (fête civile): C'est l'anniversaire de l'armistice de 1918 entre l'Allemagne et la France, marquant la fin de la Première Guerre mondiale. Chaque ville, chaque village, dépose des fleurs sur ses monuments aux morts.

• **Le 25 décembre** (fête religieuse): Noël, qui célèbre la naissance du Christ, n'est plus seulement une fête religieuse mais une fête générale de l'enfance. Les catholiques vont à la messe de minuit le 24 décembre, puis on «réveillonne» autour d'un grand repas. Bien sûr, le Père Noël apporte des cadeaux qu'il dépose au pied du sapin.

D'autres fêtes, qui ne sont pas des jours fériés, donnent aussi l'occasion de «faire la fête». Ces autres fêtes incluent:

• **Le jour des Rois (l'Épiphanie):** Cette fête, célébrée le premier dimanche après le Jour de l'An, commémore l'adoration du Christ par les rois mages. On mange en famille un gâteau appelé galette des rois qui contient une petite figurine en plastique. Celui ou celle qui trouve cet objet dans son morceau est couronné roi ou reine pour la journée.

▲ La Toussaint: Les chrysanthèmes du souvenir.

▲ Mardi Gras: Le défilé de Nice.

• **Le Mardi Gras:** En février, le Mardi Gras est le dernier jour du carnaval précédant la période de préparation à Pâques. Les enfants, et parfois les adultes, se déguisent. Certaines villes, comme Nice, organisent de grands carnavals avec des défilés et des bals costumés.

• **La Saint Valentin:** Depuis le XVe siècle, la Saint Valentin, célébrée le 14 février, est la fête des amoureux. On envoie une carte ou on offre un cadeau à celle ou celui qu'on aime.

• **Le 1er avril:** C'est le jour des blagues habituellement interdites°. On dit «poisson d'avril» à ceux à qui on fait une farce. Ce jour-là les journaux, la radio et la télévision annoncent de fausses nouvelles.

forbidden

Extrait de *La France au quotidien*, 2001, pp. 13–17.

B. Les Français et les fêtes de fin d'année

La plupart des Français établissent d'avance un budget spécial pour les fêtes de fin d'année. Les plus grandes dépenses sont représentées par les achats de jouets ou de nourriture.

Les peluches (ours, lapins et autres animaux) restent le jouet privilégié, le cadeau le plus souvent offert aux enfants en saison de fête, devant les poupées et les jeux électroniques ou vidéo.

Pendant longtemps, le repas traditionnel de Noël comprenait une oie°. De nos jours, la dinde farcie aux marrons° est devenue la reine incontestée des repas des fêtes. Les huîtres, le foie gras° et la bûche° figurent aussi au menu classique de ces repas ou réveillons.

En Provence, où les vieilles traditions ont longtemps revêtu° un caractère particulier, le repas de Noël s'appelait «le gros souper». Le menu comprenait des poissons, des légumes et toujours un plat de lasagnes au beurre et au fromage, car les lasagnes, à l'origine, symbolisaient les langes° de l'enfant Jésus. Le repas se terminait par treize desserts (des fruits secs ou confits° et des gâteaux), symboliques du Christ et de ses douze apôtres°. La tradition des treize desserts continue à être observée de nos jours.

goose
farcie... stuffed with chestnuts
goose liver pâté / yule log cake

pris

swaddling clothes
dried or candied
apostles

Extrait du *Journal français d'Amérique* et de *Noël en Provence*.

En détail

4   Les mots.   En utilisant le contexte et la logique, pouvez-vous déduire le sens des mots en caractères gras? Expliquez en français si vous le pouvez, ou traduisez.

Le calendrier des fêtes en France

1. (Le 1er janvier) On **se souhaite** une «bonne et heureuse année», on **s'offre** des petits cadeaux...
2. (Pâques) ... des œufs, des poules, **des lapins** ou des poissons en chocolat.
3. (Le 1er mai) ... on offre du muguet, qui est **un porte-bonheur.**
4. (Le 8 mai) ... l'anniversaire de **la victoire** des Alliés. Des cérémonies du souvenir sont organisées devant **les monuments aux morts.**
5. (Le 14 juillet) Le soir, on danse dans les rues et on tire **des feux d'artifice.**
6. (Le 1er novembre) ... dans **les cimetières** déposer des fleurs sur **les tombes,** en particulier **des chrysanthèmes.**
7. (Le 25 décembre) **Le Père Noël** apporte des cadeaux.
8. (Le jour des Rois) ... est **couronné** roi ou **reine...**
9. (Le Mardi Gras) Les enfants, et parfois les adultes, **se déguisent.**

Les Français et les fêtes de fin d'année

10. ... la dinde **farcie** aux marrons est devenue la reine incontestée.

5 Le texte

1. **Le calendrier des fêtes en France**

   a. Complétez le tableau suivant selon le texte.

date ou moment	nom de la fête	jour férié? ✔	ce qu'on fait
			On s'offre des étrennes et on a un grand repas de famille.
	jour des Rois		
date mobile	Pâques		
un mardi de février			
	Fête nationale		
			On fait des blagues, des plaisanteries et des farces; la télé et la radio annoncent de fausses nouvelles.
			Les amoureux s'offrent des cartes et des cadeaux.
1er novembre			
	l'Armistice		
			Les catholiques (80% des Français) vont à la messe de minuit.

   b. Quelle est l'origine...
      1) du calendrier français?   3) de la Fête nationale du 14 juillet?
      2) de la fête du 1er mai?

2. **Les Français et les fêtes de fin d'année.** Répondez aux questions suivantes selon le texte.

   a. Quelles sont les plus grandes dépenses dans le budget des fêtes de fin d'année?
   b. Quel est le jouet le plus populaire qu'on offre comme cadeau?
   c. Donnez quatre plats qui figurent au menu traditionnel du repas de Noël.

   dans l'ensemble de la France   en Provence

   d. Quel est le symbolisme de deux des parties du repas traditionnel de Noël en Provence?

Et vous?

1. Avec un(e) partenaire, préparez un calendrier des jours de fête aux États-Unis, au Canada ou dans un autre pays que vous connaissez bien. Donnez la date, le nom de la fête, et une petite description de la façon de célébrer cette fête, sur le modèle de **Le calendrier des fêtes en France.** Ensuite, comparez votre liste avec celles des autres groupes.

2. Répondez aux questions suivantes concernant les jouets.
   a. À votre avis, quels sont les jouets le plus souvent offerts aux enfants dans votre pays? Quels étaient vos jouets préférés quand vous étiez enfant?
   b. Racontez un souvenir particulier associé à un jouet. Pour vous aider à distinguer entre le passé composé et l'imparfait, organisez d'abord vos pensées dans le tableau suivant, puis comparez vos souvenirs.

Quelles étaient les circonstances? (conditions ou descriptions → **imparfait**)	**Qu'est-ce qui s'est passé?** (actions ou réactions → **passé composé**)
Comment était ce jouet?	Qui vous l'a donné? À quelle occasion?
	Quelle a été votre réaction? Avez-vous été surpris(e)?
Est-ce que vous saviez à l'avance?	
Est-ce que vous jouiez souvent avec ce jouet?	Quand avez-vous arrêté de jouer avec ce jouet?
Est-ce que vous le prêtiez?	Est-ce que ce jouet a causé une dispute un jour?
?	?

3. Changez de partenaire et racontez un souvenir particulier associé à un repas de fête.

Quelles étaient les circonstances? (imparfait)	**Qu'est-ce qui s'est passé?** (passé composé)
Qui était là?	Qu'est-ce que vous avez fait avant le repas?
Où est-ce que c'était? (Chez vous? Au restaurant?)	Qui a fait la cuisine?
	Qu'est-ce que vous avez mangé?
Comment étaient les plats?	
Comment étaient les gens?	De quoi est-ce que vous avez parlé?
?	?

VOCABULAIRE ACTIF

un ballon
une bougie
un bouquet de fleurs
un défilé
une dinde
un feu d'artifice
un jeu électronique
un jouet
un jour de congé
un lapin
mort(e)
offrir (inf.)
un ours en peluche
une peluche
le Père Noël
un pique-nique
la plupart
une poupée
une reine
un roi
un sapin
souhaiter
une tradition/
    traditionnel(le)

Note culturelle

Le Ramadan. Le Ramadan est un mois sacré pour les musulmans. Célébré le neuvième mois du calendrier islamique, il commémore le commencement de «la descente du Coran en tant que guidance pour les hommes», par l'intermédiaire du prophète Mahomet. Pendant un mois, les musulmans pratiquent le *jeûne,* c'est-à-dire qu'ils s'abstiennent de manger et de boire du matin jusqu'au soir. C'est un mois de purification, pendant lequel le musulman apprend à contrôler ses désirs physiques et à surmonter sa nature humaine. Le Ramadan est un mois important dans le monde francophone, parce que l'Islam est la deuxième religion de France et 50% de l'Afrique francophone est musulmane. Est-ce que vous avez jamais pratiqué le jeûne? Dans quelles circonstances?

Stratégie de communication

Expressing thanks, congratulations, and good wishes

Birthdays, holidays, and other special events are often occasions for expressing good wishes or thanks to others and for acknowledging those wishes. Read the exchanges below and identify the expressions

- for wishing someone well
- for thanking
- for acknowledging
- for congratulating

— Voici un petit cadeau d'anniversaire pour toi.
— Oh là là. Tu es trop gentil! Merci mille fois!
— Mais ce n'est rien.

— Joyeux Noël, Monsieur Tournier.
— Et bonne année, Madame Robert!

— Vous avez terminé vos études?! Félicitations!
— Merci. Je suis très content.

— Une bonne note en français? Chapeau, Nancy, bravo!
— Merci, c'est gentil. J'ai eu de la chance.

Now check your answers in the chart on page 350.

pour remercier, féliciter, souhaiter

remercier	accepter des remerciements
Merci beaucoup / mille fois. C'est trop gentil / bien gentil. Tu es trop gentil(le) / bien aimable. Vous êtes trop gentil(le) / bien aimable.	Je vous en prie. / Je t'en prie. Ce n'est rien. De rien. Il n'y a pas de quoi.

féliciter	accepter des félicitations
Félicitations! Bravo! Chapeau!	Merci. C'est gentil.

souhaiter

Joyeux Noël! Joyeuses fêtes!
Bonne année! Bon anniversaire!
Bonne chance! Bon courage! Bon voyage! Bonnes vacances!

Activités

G À vous! Complétez les dialogues avec des expressions convenables pour remercier, féliciter ou souhaiter.

1. — Je peux t'aider à préparer l'examen si tu veux.

   — _____
   — _____

2. — Vous avez acheté une nouvelle maison? _____!

   — _____

3. — Enfin, c'est le dernier jour de classe!

   — _____

4. — Que je suis nerveux! Aujourd'hui j'ai un examen vachement important.

   — _____

H Félicitations! Remerciements! Souhaits! Jouez le rôle des deux personnes dans les situations suivantes avec un(e) camarade de classe. Une personne va expliquer la situation; l'autre va réagir avec une expression appropriée.

➡ Vous avez eu la meilleure note de la classe à l'examen.
   — *Quelle chance! J'ai eu une bonne note à l'examen!*
   — *Chapeau!*

1. Vos amis ont un cadeau d'anniversaire pour vous.
2. Votre professeur va avoir 29 ans demain—encore!
3. Votre copain vous prête sa voiture.
4. Un ami de la famille vous invite à un concert de jazz.
5. Vos copains partent demain pour la France.
6. Votre cousine va se marier.

Structure: Comparing traditions and holidays

Le superlatif

In **Chapitre 5**, you learned to make simple comparisons using **plus** and **moins**. In this section, you learn how to express superlatives such as *the best/worst . . .*

Observez et déduisez   Chez nous, les plus grandes dépenses pour les fêtes de fin d'année sont pour les achats de jouets et de nourriture. Les peluches et les jeux vidéo sont les cadeaux les plus populaires, même s'ils ne sont pas les moins chers. La dinde farcie aux marrons est le repas de fête que l'on sert le plus souvent.

- Find four examples of the superlative (e.g.: the most fun, the least expensive) in the preceding paragraph. What can you infer about the formation of the superlative?

VOCABULAIRE ACTIF

longtemps
le/la meilleur(e)
le mieux
le moins
le plus

Vérifiez   *Le superlatif*

- You have already used comparative forms of adjectives and adverbs to compare people or things. The superlative is used to express extremes in comparing quality or quantity, both negative and positive, to distinguish *the most, the least, the best, the worst*, etc.

- You have used the expressions **plus... que** and **moins... que** to form the comparative of adjectives. To form the superlative of an adjective, place a definite article and **plus** or **moins** before the adjective.

comparatif:	Parmi les fêtes, le 1ᵉʳ avril est **plus** amusant **que** le 14 juillet...
superlatif:	... mais, le 25 décembre est **le plus** amusant, à mon avis.

- Both the article and the adjective agree in number and gender with the noun.

le meilleur gâteau	**la** meilleure fête
les jouets les moins cher**s**	**les** blagues les plus amusant**es**

- Adjectives in the superlative maintain their normal position before or after the noun.

adjectives *preceding* the noun:	les plus grandes dépenses
adjectives *following* the noun:	le cadeau le plus populaire

  Note that when the adjective follows the noun, *two* definite articles are used.

- You have also used **plus... que** and **moins... que** to form the comparative of adverbs. To form the superlative of adverbs, simply insert **le** before the comparative. **Le** is invariable.

comparatif:	Les repas français durent (*last*) **plus longtemps** que les repas américains.
superlatif:	Le repas de Noël dure **le plus longtemps** de tous.

●As in the comparative, **bon(ne)** and **bien** have irregular forms:

comparatif: J'aime **mieux** le chocolat suisse. C'est **meilleur** que le chocolat américain.

superlatif: Mais ce que j'aime **le mieux** comme chocolat? Les chocolats belges sont **les meilleurs** de tous!

●A phrase beginning with **de** may be used to qualify the superlative.

le cadeau le plus populaire **de** la liste
de tous
de la famille

Activités

I Traditions.   Complétez les phrases selon vos traditions et vos préférences.

1. Dans notre famille, la fête la plus importante c'est...

_____ Noël   _____ Hanoukka   _____ le Ramadan

_____ le Jour d'action de grâces   _____ _____

2. Le plat le plus traditionnel pour les repas de fête chez nous c'est...

_____ la dinde   _____ le jambon   _____ l'oie   _____ le lapin

_____ _____

3. Le cadeau qu'on fait le plus souvent aux enfants c'est...

_____ une peluche   _____ un ballon   _____ un jeu électronique

_____ une poupée   _____ _____

4. Pour moi, le meilleur cadeau c'est...

_____ de l'argent   _____ des vêtements   _____ des CD

_____ des livres   _____ _____

5. La *moins* grande dépense dans le budget des fêtes de fin d'année c'est pour...

_____ les cadeaux   _____ l'alimentation   _____ les voyages

_____ les décorations   _____ _____

6. Pour la fête nationale, l'activité la plus commune de ma famille c'est...

_____ un pique-nique   _____ un défilé   _____ un bal costumé

_____ _____

Maintenant, pour chaque phrase, trouvez un(e) camarade de classe qui a répondu comme vous.

➡ *Quelle est la fête la plus importante de ta famille?*

Quelles sont les réponses les plus communes de la classe?

J **Insistez!**   Les opinions suivantes sur les fêtes et les traditions ne sont pas très «passionnées». Exprimez votre propre opinion d'une manière plus enthousiaste selon l'exemple, ou changez l'adjectif si vous préférez.

> ➡ Halloween? C'est une tradition bizarre.
> *Pour moi, c'est la tradition la plus (la moins) bizarre!*
> OU: *Pour moi, c'est la tradition la plus amusante!*

Noël? C'est une fête importante.
Un CD? C'est un bon cadeau.
Le Père Noël? C'est un homme généreux.
La dinde farcie aux marrons? C'est un bon plat.
L'oie? C'est un plat élégant.
Un défilé militaire? C'est une tradition patriotique.

Est-ce que vos camarades de classe partagent vos opinions?

BANQUE DE MOTS
commun
cher
amusant
sérieux
intéressant
ennuyeux
important
traditionnel
bon
difficile
facile
???

K **Expériences.**   Dans les catégories ci-dessous, faites des comparaisons basées sur vos expériences personnelles en utilisant le comparatif et le superlatif.

> ➡ la nourriture, les cadeaux, les fleurs et d'autres décorations pour Noël
> *Chez nous, les dépenses pour les décorations à Noël sont moins grandes que pour la nourriture. Les plus grandes dépenses de la famille sont pour les cadeaux.*

1. le Jour de l'An, le Ramadan, la Saint Valentin
2. la dinde, la galette des rois, des poissons en chocolat
3. un défilé, un bal costumé, un pique-nique
4. un ballon, un jeu électronique, une peluche
5. faire des blagues, s'offrir des étrennes, le jeûne
6. une cérémonie du souvenir, des feux d'artifices, la messe de minuit

L **Interview.**   En groupes de trois ou quatre, parlez des fêtes et des traditions de votre famille, ce qui est le plus commun, le plus important, etc. Comparez vos façons de célébrer les fêtes: les activités communes, les cadeaux et les repas traditionnels, par exemple. Prenez des notes et, ensemble, préparez un résumé basé sur les réponses du groupe. Présentez le résumé à la classe.

Jeu de rôle You and three classmates play the role of siblings who are organizing a family reunion. To no one's surprise, it is not easy to reach a consensus because no two siblings can agree on the best, the worst, the most, the least—about anything! In hopes of winning the siblings over to your individual point of view, you each recall your favorite family reunion of the past and what made it your favorite: the best food, the most interesting activities, the fewest annoying relatives, the funniest experiences, etc.

Culture et réflexion

Les griots. Dans les sociétés africaines traditionnelles, les griots jouent un rôle très important: ils assurent le lien entre le passé et le présent. Spécialistes de généalogie, conteurs[1],

▲ Un village du Mali écoute sa griote.

poètes, musiciens, les griots sont présents à toutes les cérémonies familiales et communautaires. Par leurs paroles flatteuses, ils font revivre[2] les ancêtres et leurs légendes. Ils chantent le triomphe du bien sur le mal. Ils transmettent, de génération en génération, l'histoire, la morale et la culture du peuple. Dans les sociétés occidentales, la tradition orale existe-t-elle toujours? Est-ce important de connaître ses ancêtres? Pourquoi ou pourquoi pas? Comment la morale se transmet-elle de génération en génération? Avons-nous des équivalents des griots? Expliquez.

«Je me souviens.» La présence du passé se manifeste certainement dans la devise[3] officielle du Québec, «Je me souviens». De quoi les Québécois se souviennent-ils? De leurs origines françaises, d'un pays qui de 1535 à 1763 s'appelait la Nouvelle-France, de la domination anglaise (1763–1867), puis de la création de la Fédération du Canada permettant aux «Canadiens français» une certaine autonomie. Depuis 1974, la seule langue officielle du Québec est le français, mais les tensions linguistiques et culturelles entre les francophones et les anglophones continuent. Comment la devise «Je me souviens» peut-elle aider les Québécois à préparer leur avenir?

«C'est pur, c'est français!» Savez-vous qu'il existe en France une institution nationale chargée de protéger la pureté de la langue française? Eh oui, c'est le rôle de l'Académie française! Fondée en 1634, cette institution se compose de 40 membres, élus à vie[4], presque tous des écrivains illustres. Ses fonctions incluent la rédaction d'un *Dictionnaire de la langue française* (1ère édition en 1694, 9e édition en 1986) et d'une *Grammaire de la langue française* (publiée en 1933), l'attribution annuelle de prix littéraires, et la *Défense de la langue française,* une association officielle qui contrôle l'évolution de la langue et lutte contre l'invasion des mots étrangers, en particulier anglais. S'il existe un terme français pour désigner une nouvelle invention technologique, par exemple, défense[5] à tout document officiel d'utiliser le terme anglais. Exemple: «un courriel» pour un *e-mail.* Problème: la plupart des Français disent «un e-mail»... À votre avis, est-il important de parler *correctement* sa langue maternelle? Donnez des exemples de «fautes[6]» qui sont maintenant acceptées dans l'anglais parlé. Qu'est-ce que vous considérez comme une «corruption» de votre langue? Est-ce du snobisme de résister à cette corruption?

---

1. *storytellers*   2. *bring to life*   3. *motto*   4. *elected for life*   5. *it is forbidden*   6. erreurs

À l'écoute: Un souvenir de voyage

Ici, quelqu'un va vous raconter un souvenir de voyage—à Tahiti!

Avant d'écouter

1 Quand vous pensez à la Polynésie, qu'est-ce que vous imaginez? Cochez les images qui vous semblent appropriées et complétez la liste selon votre imagination.

_____ des plages magnifiques   _____ des tableaux de Gauguin

_____ des fleurs exotiques   _____ ? _____

_____ des arbres exotiques:
des palmiers, des cocotiers
(*coconut trees*), etc.

2 Maintenant imaginez un repas tahitien. Cochez les plats qui, selon vous, vont figurer au menu, puis complétez la liste selon votre imagination.

_____ des poissons cuits (*cooked*)   _____ du taro (ou «fruit de la terre», comme une pomme de terre)

_____ des poissons crus (*raw*)

_____ des fruits cuits   _____ de la viande

_____ des fruits crus   _____ ? _____

▲ Les délices de la cuisine tahitienne.

Écoutons

3 Écoutez d'abord pour identifier au moins six choses que vous avez anticipées dans **Avant d'écouter** et qui sont mentionnées dans le passage (nature, aliments typiques, etc.). Cochez-les une deuxième fois.

4 Écoutez encore et indiquez si les phrases suivantes sont vraies ou fausses. Si elles sont fausses, corrigez-les.

1. Quand Édith est arrivée à Papeete, elle a pensé qu'il faisait chaud et humide.
2. En sortant de l'aéroport, elle est allée au cinéma.
3. Quand elle a fait le tour de la ville, elle a vu que les maisons des Tahitiens étaient généralement très modestes.
4. Il n'y avait pas de fenêtres aux maisons.
5. Le tama'ara'a est un repas tahitien.
6. Quand elle a été invitée dans une famille tahitienne, elle a dû retirer ses chaussures (*take off her shoes*) avant d'entrer dans la maison.
7. Édith ne savait pas identifier certains plats qu'il y avait sur la table.
8. Les hôtes (*hosts*) ont mangé avec les invités.
9. Il n'y avait pas d'assiettes pour les hôtes sur la table.
10. Un repas traditionnel tahitien se mange avec les doigts.

VOCABULAIRE ACTIF

cru(e) ≠ cuit(e)
frapper (ce qui m'a
   frappé[e])
magnifique
montrer
ouvert(e)
reconnaître
tahitien(ne)

5 Écoutez encore la conversation pour pouvoir compléter le résumé suivant avec les verbes donnés, au passé composé ou à l'imparfait. (Pour les nouveaux verbes, une forme du passé composé et de l'imparfait vous est donnée.) Ensuite écoutez la conversation une dernière fois pour vérifier vos réponses (choix du verbe et temps). Pouvez-vous déduire le sens des mots en caractères gras?

avoir l'impression	manger (2 fois)
reconnaître (a reconnu/reconnaissait)	descendre
être	s'asseoir (s'est assis/
frapper	s'asseyait)

Quand elle _____ de l'avion, ce qui l' _____, c'était la chaleur et l'humidité. Elle _____ d'être dans un sauna. Les portes _____ **ouvertes** en permanence.

Sur la table, il y avait des œufs de **tortue** et d'autres choses qu'elle (ne... pas) _____. Seuls les parents _____ à table avec les invités. **Plus** les invités _____, **plus** les hôtes étaient contents. Les hôtes (ne... pas) _____ devant les invités, pour **montrer** leur respect.

6 Imaginez que vous êtes parmi les invités à ce repas tahitien. Préparez trois ou quatre questions que vous aimeriez poser à vos hôtes.

Prononciation | «C'est pur, c'est français!»

● It is common in English to diphthongize vowel sounds, i.e., make two sounds out of one vowel, as in *so*. In French, however, there are no similar diphthongs of vowel sounds. Once your tongue and lips are in place to pronounce the vowel, they don't move any more. Another difference is the tension in your cheek muscles: for English, the muscles are quite relaxed, thus making diphthongs easy; for French, the muscles are much tighter, making for purer sounds. To experience this difference, place your thumb lightly on one cheek and your fingers on the other cheek, then contrast the tension in your muscles as you say the English word first, then the French. Can you also feel that for the English words, your mouth keeps moving while you say the vowel sound, whereas for the French words there is no such movement?

English	French
to	tout
bow	beau
tray	très

● Another tendency of Anglophone speakers is to "swallow" some vowels while stressing others. In French, all vowels are equally stressed. Compare the following.

English	French
proFEssor	professeur
TaHIti	Tahiti
traDItional	traditionnel

● **Un accent étranger** occurs when you transfer pronunciation habits from one language to another. Diphthongs and unequally stressed vowels are big culprits in giving Anglophone learners of French **un accent étranger.** When you speak French, remember to keep your vowel sounds pure and equally stressed. **C'est pur, c'est français!**

Écoutez   Listen to the following sentences on the student audio CD, paying close attention to the vowel sounds. As you listen, underline the vowels you might have felt inclined to diphthongize or "swallow."

1. Il faisait tellement chaud, c'était comme un sauna.
2. J'ai été invitée à manger dans une famille tahitienne très traditionnelle.
3. C'était un vrai festin! Il y avait du poisson cru, du poulet, des œufs de tortue et toutes sortes d'autres choses que je ne reconnaissais pas.

Essayez!

1. Now practice repeating the three sentences above with pure, equally stressed vowel sounds, remembering that for nasal vowels, the **n** is not pronounced—**et voilà! C'est pur, c'est français!** Verify your pronunciation on the student audio CD as needed.

2. With the same instructions as in activity 1, practice saying the following dialogue. Verify your pronunciation on the student audio CD.

—Je suis allée à Tahiti l'été dernier.
—Ah bon? Où ça?
—À Tahiti même, puis à Bora Bora.
—C'était beau?
—Magnifique! Dans les lagons, l'eau est transparente et le sable est comme un tapis sous les pieds. C'est un vrai paradis de couleurs: il y a le vert, le turquoise et le bleu marine de la mer, et puis le jaune, le rouge, le bleu, le noir et le multicolore des petits poissons qui dansent entre les coraux. Je n'ai jamais rien vu d'aussi beau!

Structure: Saying you know someone or something

Les verbes *savoir* et *connaître*

Observez et déduisez   Édith connaît une famille tahitienne et, depuis son voyage là-bas, elle connaît un peu Tahiti aussi. Maintenant elle sait préparer quelques plats tahitiens et a appris quelques coutumes du pays. Par exemple, elle sait que dans une famille traditionnelle on mange avec les doigts, et elle sait pourquoi la famille ne mange pas avec les invités.

● French has two verbs that mean *to know*, **savoir** and **connaître.** Study the use of the two verbs in the paragraph above. Which verb means *to know* a person? Which one means *to know* a fact or piece of information? Which one means *to know of* or *to be familiar with* a place? Which one means *to know how to do something?*

You have been using the expressions **Je ne sais pas** and **Vous savez** for some time. In **Chapitre 1,** you also used the verb **connaître (Tu connais Nicolas?).** Here you learn to use all forms of these two verbs and to distinguish between them.

Vérifiez   *Le verbe* **savoir**

le verbe **savoir**

je sais	nous savons
tu sais	vous savez
il/elle/on sait	ils/elles savent

Passé composé: j'ai su

● When followed by an infinitive, **savoir** means *to know how to do something.*

Édith sait faire la cuisine tahitienne.

● **Savoir** is used to say one does or doesn't know how to speak a language.

Elle ne sait pas le tahitien; elle sait le français et l'anglais.

● **Savoir** is used to say one knows facts (things learned or memorized).

Elle sait les noms des plats traditionnels.

● **Savoir** can also be followed by a clause beginning with **que, où, pourquoi,** etc.

Elle sait pourquoi la famille ne mange pas avec les invités.

Le verbe **connaître**

le verbe **connaître**

je connais	nous connaissons
tu connais	vous connaissez
il/elle/on connaît	ils/elles connaissent

Passé composé: j'ai connu

VOCABULAIRE ACTIF

connaître
se connaître
savoir

● To express the idea of knowing *people,* use **connaître.**

Édith connaît une famille tahitienne.

● **Connaître** also means *to know of* or *be familiar with* a place or a topic.

Elle connaît bien Tahiti et son histoire.

● In the **passé composé, connaître** can also mean *met* (as well as *knew*).

Édith **a connu** beaucoup d'amis de la famille tahitienne.

● **Se connaître** means *to know each other* or, in the **passé composé,** *to meet.*

Édith et la famille se connaissent depuis longtemps; ils se sont connus à Papeete.

● **Reconnaître** means *to recognize.*

Il y avait des plats qu'Édith ne reconnaissait pas.

Activités

M **Connaître ou savoir?** Reliez les expressions de gauche avec des expressions logiques à droite. Ensuite indiquez si les phrases sont vraies pour vous aussi.

		moi aussi	pas moi
Je sais...	le tahitien	_____	_____
Je connais...	Papeete	_____	_____
	un restaurant tahitien	_____	_____
	préparer le taro	_____	_____
	où est Tahiti	_____	_____
	des tableaux de Gauguin	_____	_____
	une famille tahitienne	_____	_____
	pourquoi Édith est allée à Papeete	_____	_____
	le nom des amis d'Édith	_____	_____

N **Interviews.** Demandez à votre partenaire si les personnes indiquées connaissent ou savent les choses suivantes.

➡ Tu... (Tahiti, le tahitien)
— *Tu connais Tahiti?*
— *Oui, je connais Tahiti.*
— *Tu sais le tahitien?*
— *Non, je ne sais pas le tahitien.*

1. (des Français, le français, un bon restaurant français)
Est-ce que tes amis...
2. (dessiner, les peintres impressionnistes, un grand musée)
Est-ce que tu...
3. (s'amuser en vacances, les coutumes d'un autre pays, où aller en vacances)
Est-ce que ta famille et toi, vous...
4. (pourquoi tu apprends le français, parler français, ton professeur de français)
Est-ce que ton copain (ta copine)...

O **Que sait-on?** Partagez vos connaissances avec vos camarades de classe en groupes de trois ou quatre. Qu'est-ce que vous savez ou connaissez sur les sujets mentionnés?

➡ Tahiti
Je connais un bon hôtel à Tahiti.
Moi, je sais où se trouve une plage magnifique.
Et moi, je connais des gens qui habitent à Papeete.

1. les repas traditionnels tahitiens
2. le climat et la végétation à Tahiti
3. les coutumes dans un autre pays
4.   ?

Structure: Using negative expressions

Les expressions ne... rien, ne... personne

You have already learned several ways to express negatives: *not* **(ne... pas),** *no longer* **(ne... plus), and** *never* **(ne... jamais). Here you learn how to express the concepts of** *nothing* **and** *no one.*

Observez et déduisez   Quel cauchemar! Thomas a participé à un dîner traditionnel tahitien chez les amis d'un ami, mais il ne connaissait pas les traditions du pays. Il ne connaissait personne à côté de lui, et il ne reconnaissait rien sur son assiette. Il n'y avait pas de fourchette ou de couteau, et les hôtes n'ont rien mangé—ils l'ont regardé manger! Pauvre Thomas. Personne ne lui a expliqué les coutumes tahitiennes!

> ● Find two new negative expressions in **Observez et déduisez.** Which expression means *nothing?* Which one means *no one?*

Vérifiez   *Les expressions **ne... rien, ne... personne***

● You have seen the negative expressions **ne... rien** (*nothing*) and **ne... personne** (*no one*) in activities throughout the book. They correspond to the affirmative expressions **quelque chose** (*something*) and **quelqu'un** (*someone*).

ne... rien	≠	quelque chose
ne... personne	≠	quelqu'un

● **Ne... rien** follows the same placement rules as the other negative expressions you have studied: before the past participle in the **passé composé** and after **aller** in the **futur proche.**

> *passé composé:*   Thomas **n'a rien** mangé.
> *futur proche:*   Il **ne** va **rien** boire non plus.

However, note the placement for **personne** in those tenses.

> *passé composé:*   Thomas **n'a** vu **personne.**
> *futur proche:*   Il **ne** va voir **personne.**

● Both **personne** and **rien** follow the preposition of verbs requiring a preposition.

> Parce qu'il était un peu timide, Thomas **n'**a parlé à **personne;** il **n'**a parlé de **rien.**

● **Rien** and **personne** may both be used as the subject of a sentence. In this case, both parts of the expression precede the verb.

> **Personne ne** lui a expliqué les coutumes et il ne savait pas se comporter (*behave*). **Rien ne** lui était familier.

● Like **jamais,** both **rien** and **personne** can be used alone to answer a question.

> — Qu'est-ce qu'il a dit?   — Qui est-ce qu'il connaissait?
> — **Rien!**   — **Personne!**

● The chart on page 362 illustrates the use of negative expressions in various tenses.

Résumé: la négation

	temps simples (présent, imparfait)	temps composé (passé composé)	futur proche
pas	Il **ne** comprenait **pas** les coutumes.	Les hôtes **n'**ont **pas** mangé du tout.	Il **ne** va **pas** voyager.
plus	Il **ne** s'amuse **plus**.	Il **n'**a **plus** mangé de fruit cru.	Il **ne** va **plus** dîner avec eux.
jamais	Il **ne** mange **jamais** avec ses doigts.	Il **n'**a **jamais** mangé de taro en France.	Il **ne** va **jamais** retourner à Papeete.
rien	Il **ne** reconnaissait **rien** sur l'assiette.	Il **n'**a **rien** compris.	Il **ne** va **rien** dire.
personne	Il **ne** connaissait **personne**.	Il **n'**a compris **personne**.	Il **ne** va regarder **personne**.

Activités

P Vrai ou faux? Écoutez encore **À l'écoute,** puis lisez les phrases suivantes et indiquez si elles sont vraies ou fausses selon Édith.

Son voyage

1. Édith ne connaît personne à Tahiti.
2. Rien à Tahiti ne lui plaît.
3. Personne n'invite Édith à la maison.
4. Elle n'apprend rien d'intéressant au sujet de Tahiti.

Les traditions tahitiennes

5. Personne ne porte de chaussures (*shoes*) dans la maison.
6. Personne ne ferme la porte de la maison.
7. À un dîner traditionnel tahitien, on ne boit rien.
8. Les hôtes ne mangent rien.

Q Pauvre Thomas. Après un voyage à Tahiti, les copains de Thomas lui ont posé beaucoup de questions. Jouez le rôle de Thomas, et répondez à leurs questions en employant **ne... rien** et **ne... personne.**

➡ Qu'est-ce que tu as appris sur les coutumes tahitiennes avant d'y aller?
Malheureusement, je n'ai rien appris.

1. Alors une fois arrivé, qui t'a parlé des coutumes?
2. Qui est-ce que tu connaissais au dîner?
3. Qu'est-ce que tu as dit aux autres invités?
4. Qu'est-ce que tu as reconnu sur ton assiette?
5. Qu'est-ce que les hôtes ont mangé?
6. Qu'est-ce qu'ils ont bu?

R **Moi, non.** Faites une liste de tout ce que vous ne faites *pas* quand vous êtes en vacances. Employez les expressions **ne... rien** et **ne... personne**.

➡ *Je ne lis rien...*   *Je ne téléphone à personne...*

S **Comparaison.** Avez-vous passé des vacances ou fait des voyages qui n'étaient pas très agréables? Décrivez-les, puis imaginez un voyage idéal que vous voudriez faire... à Tahiti ou ailleurs. Partagez vos expériences et vos rêves avec un(e) partenaire. Posez-lui des questions au sujet de ses expériences et comparez-les avec les vôtres.

Jeu de rôle

With a partner, play the role of two complaining friends. One of you has returned from a vacation in which everything seemed to go wrong (bad weather, missed flights, closed museums, etc.). The other had to stay home and is unhappy about not having a vacation. Each describes the circumstances and events of their "miserable" experience.

Intégration

Littérature: La concordance des temps

Born in Fès, Morocco, in 1944, Tahar Ben Jelloun has become an important spokesman for French-speaking Arabs. Through his poems, his short stories, and most of all his novels, he has exposed the wounds and the scars of a people torn between past and present and between two cultures. In *Les yeux baissés* (*With Lowered Eyes*), a novel published in 1991, he shows the boring and oppressed life of a young shepherd girl who grows up in a very poor village in southern Morocco. When she is about eleven years old, she moves to Paris with her family and discovers a new world, one that seems to require a new identity, a new birth. If she is to survive in this world, she must learn the language. For her, the biggest problem with the French language is **la concordance des temps**—knowing which tense to use in the past! In the following excerpt, we learn that her struggle with past tenses is actually symbolic of the identity crisis she faces as she tries to adjust to a new and totally different culture. One day, she enters a church in Paris to sort out her frustrations.

■ Avant de lire

1 Voici quelques expressions que vous allez voir dans la lecture qui suit. Analysez d'abord le sens des mots en caractères gras, puis complétez les phrases à la page suivante en choisissant parmi ces mots.

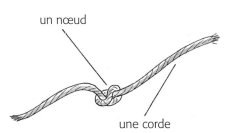

un nœud

une corde

une corde, un nœud

un verre vide   un verre plein

vide, plein

une faute **se tromper**	Quand on écrit quelque chose qui n'est pas correct, c'est une erreur ou **une faute.** **Se tromper,** c'est faire des fautes.
par cœur	Apprendre **par cœur,** c'est mémoriser.
sentir, une odeur	Les parfums **sentent** bon; ils ont une bonne **odeur.** On **sent** les **odeurs;** on entend les **bruits.** Dans les villes on entend **le bruit** des voitures et on sent **l'odeur** de **l'essence.** **L'essence** est une forme de pétrole utilisée par les voitures.
un bruit **l'essence**	

1. Quand rien ne se passe, les journées sont _____ et ennuyeuses. Quand les activités sont nombreuses, au contraire, les journées sont bien _____ .

2. Le temps peut être comparé à une _____ avec des _____ pour représenter les événements importants.

3. Quand je pense au village de mon enfance, je peux encore _____ les _____ des arbres, des fleurs, des rues...

4. Les enfants dorment—ne faites pas trop de _____ , s'il vous plaît.

5. J'ai besoin de prendre de _____ à la station-service.

6. J'ai appris _____ mes conjugaisons, mais j'ai fait plusieurs _____ à l'examen; je _____ de temps—j'ai utilisé le passé composé au lieu de l'imparfait!

2 Voici des phrases-clés dans le texte que vous allez lire:

> Je continuais à faire des fautes...
> Je repensais alors au village...
> Mon passé était vraiment simple...
> J'ai compris qu'il fallait [était nécessaire de] se détacher complètement du pays natal.
> ... j'ai pu maîtriser [contrôler] la concordance des temps

D'après ces phrases-clés, quelle sorte d'histoire est-ce que vous anticipez pour cette petite bergère marocaine qui essaie de s'adapter à la vie à Paris?

En général

3 Parcourez le texte une première fois puis classez (de 1 à 6) les idées générales suivantes dans l'ordre où elles sont présentées dans l'histoire.

_____ Le concept du temps dans le village de la jeune bergère

_____ Le concept du temps en France

_____ Le problème principal de la langue française

_____ La confrontation entre les verbes français et les souvenirs du village

_____ La nouvelle appréciation et perception de la ville et de la langue française

_____ Le souvenir particulier qui a causé la «libération» de la narratrice

La concordance des temps

1 Je continuais à faire des fautes en écrivant mais je lisais correctement. Mon handicap majeur était l'utilisation des temps. J'étais fâchée avec la concordance des temps. Je n'arrivais pas à distinguer toutes ces nuances du passé dans une langue que j'aimais mais qui ne m'aimait pas. Je butais contre° l'imparfait, le passé simple—simplicité toute illusoire—et le passé composé. Pour tout simplifier, je réduisais° l'ensemble au présent, ce qui était absurde.

butais... *stumbled against*

reduced

2 Je repensais alors au village, aux journées identiques où il ne se passait rien. Ces journées vides, s'étiraient° comme une corde entre deux arbres. Le temps, c'était cette ligne droite°, marquée au début, au milieu et à l'autre bout par trois nœuds, trois moments où il se passait quelque chose: les états° du soleil. La vie était ces trois moments où il fallait penser à sortir les bêtes°, manger au moment où le soleil est au-dessus de la tête, rentrer les bêtes quand il se couchait°.

stretched

ligne... *straight line*

positions

animaux

quand... le soir

3 Mon passé était vraiment simple, fait de répétition, sans surprise. En arrivant en France j'ai su que la fameuse corde était une suite° de nœuds serrés° les uns aux autres, et que peu de gens avaient le loisir de s'arrêter sous l'arbre.

série

close together

4 Je connaissais par cœur les conjugaisons des verbes «être» et «avoir», mais je me trompais tout le temps quand il s'agissait de les utiliser dans une longue phrase. J'ai compris qu'il fallait se détacher complètement du pays natal. Mais le village était toujours là; il rôdait autour° de moi. Je résistais. Je niais° cette présence. Je suis entrée un jour dans une église pour ne plus sentir les odeurs du village. Mais j'étais ramenée au village par une main magique et je revoyais la même corde avec les trois nœuds, et moi assise sous l'arbre, attendant... Dans cette église obscure, j'entendais la litanie° des enfants de l'école coranique°, et je voyais, par moments, la tête du vieux fqih° qui dormait. Sa bouche entrouverte° laissait passer un filet de salive° transparent.

rôdait... *prowled around*

denied

récitation / religieuse arabe

professeur du Coran / un peu ouverte / filet... *string of saliva*

5 Cette image venue de si loin m'a donné un frisson°: ç'a été le coup de fouet° dont j'avais besoin pour arrêter de perpétuer la présence du village.

shiver

coup... *whiplash*

6 Dehors, j'ai apprécié l'agitation de la ville, l'odeur de l'essence, le bruit du métro, et tout ce qui annulait° en moi le souvenir du village.

canceled

7 À partir de là, j'ai pu maîtriser la concordance des temps. J'ai fait des exercices et je n'ai plus utilisé le présent. Cela m'amusait, car je savais que le jour où je ne mélangerais plus° les temps, j'aurais réellement quitté° le village.

ne... *would no longer mix* / aurais quitté: *would have left*

Extrait de *Les yeux baissés* (Tahar Ben Jelloun).

En détail

4 Les mots.   Trouvez dans le texte des synonymes pour les mots en caractères gras et substituez-les dans les phrases suivantes, qui sont des paraphrases du texte.

1. (¶2)   Au village, les journées étaient toutes **pareilles.**
2. (¶2)   Le temps était comme une corde, ou une ligne droite, marquée au début, au milieu et à l'autre **extrémité** par trois nœuds.
3. (¶4)   La narratrice se trompait **constamment** quand **il était question d'**utiliser les verbes au passé dans des phrases.
4. (¶4)   Elle voulait refuser la présence de son village, mais elle était toujours **transportée** dans son village par une force magique.

5 Le texte.   Répondez aux questions du tableau, selon le texte.

Quelles étaient les circonstances?	Qu'est-ce qui s'est passé?
1. Quel était le handicap majeur de la narratrice?	
2. Combien de nœuds y avait-il dans la corde du temps de son village? Quels étaient ces nœuds?	
3. Comment était la corde du temps en France?	4. Qu'est-ce qu'elle a fait un jour pour essayer d'oublier son village?
5. Comment était l'image «venue de si loin»? Qu'est-ce qu'elle «entendait» dans sa mémoire? Qu'est-ce qu'elle «voyait»?	6. Quelle a été la réaction de la jeune Marocaine à cette image?
	7. Qu'est-ce qu'elle a pu apprécier en sortant de l'église?
	8. Qu'est-ce qui a changé pour elle dans la langue française?

Et vous?

1. L'auteur présente le temps comme une corde avec des nœuds. Avec un(e) partenaire, comparez la corde du temps à différentes périodes de votre vie. Combien y avait-il de nœuds, c'est-à-dire de moments importants, dans chacune de ces cordes, et quels étaient ces nœuds? (Le petit déjeuner? Le départ pour l'école? Une activité particulière? Une émission de télévision? Le repas du soir? etc.)

   a. Quand vous étiez à l'école primaire.
   b. Quand vous étiez au lycée.
   c. Aujourd'hui.

2. Considérez les problèmes de séparation et d'adaptation de la narratrice.
   a. Pourquoi la jeune Marocaine devait-elle arrêter de vivre mentalement dans son village pour pouvoir s'adapter à son nouveau monde?
   b. Pensez à un moment où vous avez dû vous adapter à une nouvelle situation (par exemple, quand vous avez quitté votre famille pour la première fois, ou la première semaine dans une nouvelle école). Organisez d'abord vos pensées selon le tableau, puis discutez avec un(e) camarade de classe.

Quelles étaient les circonstances?	Qu'est-ce qui s'est passé?
Où étiez-vous? Avec qui étiez-vous? À quoi pensiez-vous? Qu'est-ce qui était familier/différent? Qu'est-ce qui était facile/difficile? Pourquoi? ?	Qu'est-ce que quelqu'un a dit ou fait? Quelle a été votre réaction? Qu'est-ce que vous avez fait pour vous adapter à la nouvelle situation? Qu'est-ce que vous avez appris? Qu'est-ce qui n'a pas changé? ?

Par écrit: I had *so* much fun!

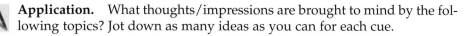

Avant d'écrire

A **Strategy: Using sentence cues.** Sometimes getting an idea to write about is the most difficult aspect of a writing assignment. Sentence completions can serve as a stimulant to generate ideas. Completing a sentence that begins, "Last year while Christmas shopping . . . ," for example, could trigger memories about the sights, sounds, smells, and people associated with this moment in the past.

Application. What thoughts/impressions are brought to mind by the following topics? Jot down as many ideas as you can for each cue.

a. L'année dernière pendant les fêtes de fin d'année...
b. Une fois à l'école quand j'avais 8 (12, 16) ans...
c. Je me souviens bien de nos vacances en...

B **Strategy: Organizing a story in the past.** In this chapter you learned that in French, you need to distinguish between two past tenses when relating a memory from your past. You may want to use a diagram to visualize the relationship between what happened and what the conditions were.

Application. Choose a memorable moment from those you listed above and construct a diagram related to it using the example below. First write a name for the memory in the center of the page. In a column to the right, develop a list of verbs telling what happened. To the left, develop a list of circumstances, e.g., how you felt, what your attitude was, what the weather was like, who was there, and so on. You may have a "circumstance" for each "event"—or you may not. In order to make the story come alive as you tell it, however, it is important to balance the story narrative—what happened—with descriptive detail relating what it was like for you. Now draw the diagram showing the relationship between the circumstances (C) and the events (É).

circonstances	*un souvenir*	événements
C, C	⟷	É
	⟷	É
C	⟷	É
	⟷	É, É, É
C, C	⟷	É

Écrivez

1. C'est le Jour de l'An et vous écrivez une carte à votre cousine que vous n'avez pas vue depuis des mois. Souhaitez-lui une bonne année et racontez-lui ce que vous avez fait pendant les fêtes de fin d'année.

2. Vous avez un souvenir amusant que vous voulez publier dans le *Journal français d'Amérique.* Alors, il faut, bien sûr, être précis et bref— mais intéressant aussi. Vous devez raconter votre histoire en moins de 100 mots. Choisissez votre titre (par exemple, «Humour à l'école»? «Rire en famille»? «S'amuser en voyage»?) et écrivez l'essentiel de ce qui s'est passé et quelles étaient les circonstances.

Synthèse culturelle

Pourriez-vous donner un exemple d'événement passé (familial, personnel ou culturel) qui continue à influencer vos actions ou vos pensées actuelles?

Nathalie C.: J'ai une expérience toute particulière dans ce domaine. Mon arrière-grand-mère a habité chez nous jusqu'à ce qu'elle décède quand j'avais 18 ans. Elle a beaucoup souffert[1] du fait des deux guerres[2], et du milieu très modeste dans lequel elle a toujours vécu[3]. Pour des raisons familiales assez compliquées, elle est venue habiter avec mes parents quand ils se sont mariés. Parce qu'elle a vécu une vie très dure, je l'ai beaucoup admirée. Avoir à manger n'a pas toujours été très facile et elle nous a appris à avoir un certain respect de la nourriture. Aujourd'hui quand je donne à manger à mes enfants, s'ils n'en veulent plus pour «x» raisons, ce n'est pas grave, mais je refuse qu'ils tatouillent, qu'ils s'amusent avec. S'ils n'en veulent pas c'est pour le chien ou la poubelle[4], mais ce n'est jamais un jeu[5]. Il y a aussi plein de petites choses comme par exemple, faire tomber le sel sur la table qui peuvent porter malheur ou autre et que l'on peut conjurer. Tout ça, c'est à cause de mon arrière-grand-mère.

Isabelle: Depuis que je suis toute petite ma mère nous amenait[6] au marché chaque semaine pour faire les courses. Elle cultivait aussi un grand jardin, donc nous mangions souvent des aliments frais. À cause de cela j'ai développé un goût pour les aliments frais. Aussi lorsque nous allions chez mes grands-parents, la première chose qu'ils nous offraient c'était de la nourriture. Il me semble que tout ce que nous faisions c'était de manger en discutant. Pour eux, le fait de nous donner de la nourriture c'était leur manière de nous donner de l'amour. Aujourd'hui je me surprends[7] à faire la même chose. Si je veux montrer mon amour pour quelqu'un, je lui offre de la nourriture. Aussi, parce qu'au Québec il y a tellement de lois qui protègent[8] la langue française, pour moi aujourd'hui c'est très important de conserver ma langue.

TASK: Réfléchissez à une habitude ou une tradition familiale chez vous. D'où vient-elle? Interviewez les membres les plus âgés de votre famille (tante, grand-père, parent, etc.) pour rechercher les origines de cette tradition. Si vous préférez, recherchez les origines d'une tradition américaine, par exemple, la coutume de dire *«God bless you!»* quand quelqu'un éternue[9].

---

1. *suffered*   2. *wars*   3. *lived*   4. *trash can*   5. *game*   6. *took us*   7. *surprise myself*   8. *protect*   9. *sneezes*

VOCABULAIRE ACTIF

Verbes

arrêter *to stop*
avoir honte (de) *to be ashamed (of)*
battre *to beat*
connaître *to know (someone)*
se connaître *to know one another, to meet*
être assis(e) *to be seated*
être fâché(e) *to be mad, angry*
être puni(e) *to be punished*
féliciter *to congratulate*
frapper (Ce qui m'a frappé(e)...)
  to strike (What struck me . . .)

interroger (quelqu'un) *to call on / to question (someone)*
lever le doigt *to raise one's hand*
montrer *to show*
murmurer *to whisper*
offrir (inf.) *to offer, give (a gift)*
reconnaître *to recognize*
remercier *to thank*
rester debout *to remain standing*
savoir *to know (something)*
souhaiter *to wish*

Adjectifs

cuit(e) ≠ cru(e) *cooked ≠ raw*
magnifique *magnificent*
mort(e) *dead*

ouvert(e) *open*
tahitien(ne) *Tahitian*
traditionnel(le) *traditional*

Noms

un ballon *a ball*
une bougie *a candle*
un bouquet de fleurs *a bouquet of flowers*
une coutume *a custom*
un défilé *a parade*
une dinde *a turkey*
un feu d'artifice *fireworks*
une image *a picture*
un jeu électronique *an electronic game*
un jouet *a toy*
un jour de congé *a holiday, a day off*

un lapin *a rabbit*
la maîtresse *the (elementary school) teacher*
un ours en peluche *a teddy bear*
une peluche *a stuffed animal*
le Père Noël *Santa Claus*
un pique-nique *a picnic*
une poupée *a doll*
une reine *a queen*
un roi *a king*
un sapin *a fir tree / Christmas tree*
une tradition *a tradition*

Expressions pour remercier, féliciter, souhaiter

Bon anniversaire! *Happy birthday!*
Bonne année! *Happy New Year!*
Bonne chance! *Good luck!*
Bon courage! *Hang in there!*
Bonnes vacances! *Have a good vacation!*

Bon voyage! *Have a nice trip!*
Bravo! / Chapeau! / Félicitations! *Congratulations!*
Ce n'est rien. *Think nothing of it.*
Joyeux Noël *Merry Christmas*

Le superlatif

le moins... *the least . . .*
le plus... *the most . . .*

le (la) meilleur(e) *the best (adj.)*
le mieux *the best (adv.)*

Divers

longtemps *a long time*
personne *nobody*
la plupart (des gens) *most (people)*

quelque chose *something*
quelqu'un *someone*
rien *nothing*

10

La vie de tous les jours

This chapter will enable you to

- ☐ understand longer conversations about daily life and exercise
- ☐ read some fashion tips from a popular French magazine and a French-Canadian short story about a sweater—and hockey
- ☐ talk about your daily routine
- ☐ describe the clothes you wear
- ☐ respond to compliments in a French manner
- ☐ discuss choices related to health and exercise

Quelle est la routine quotidienne de cette jeune maman? Imaginez! Et vous? Quelles sont les activités de votre routine quotidienne?

À l'écoute: La routine quotidienne

Est-ce que vous vous souvenez de Larmé, le jeune homme du Tchad qui nous a parlé du bonheur (Chapitre 8)? Cette fois, il va vous parler de la vie de tous les jours dans son village. Avant de l'écouter, pensez à votre routine quotidienne (de tous les jours).

■ *Avant d'écouter*

1 Regardez les illustrations et les verbes donnés, et dites quand et dans quel ordre vous faites les actions suivantes le matin.

➡ *Je me réveille à/vers sept heures; je..., puis..., après ça je...*

se réveiller

se lever*

se laver / prendre une douche

se brosser les dents

se peigner / se coiffer

se maquiller

se raser

s'habiller

prendre le petit déjeuner

---

* **Se lever** se conjugue comme **acheter** (avec un accent grave devant une syllabe muette): je me l**è**ve, mais nous nous l**e**vons.

2 Parlez de votre routine du soir. Quand vous êtes fatigué(e), qu'est-ce que vous faites pour **vous reposer?** Vous regardez la télé? Vous faites de l'exercice physique? Vous lisez? À quelle heure est-ce que **vous vous couchez** (allez au lit)?

3 Maintenant imaginez la vie dans un village africain. À quelle heure pensez-vous que la journée commence? Quelles sont les actions déjà mentionnées qui vont / ne vont pas faire partie de la routine quotidienne?

Écoutons

4 Écoutez d'abord pour identifier les idées générales de la conversation. Cochez parmi les sujets ci-dessous ceux qui sont traités.

_____ la routine du matin

_____ la routine du soir

_____ les responsabilités des hommes

_____ les responsabilités des femmes

_____ les activités des enfants pendant la journée

_____ ce qu'on mange le matin

_____ ce qu'on mange le soir

_____ avec qui on mange le repas du soir

5 Écoutez encore en regardant les verbes donnés dans **Avant d'écouter.** Quelles sont les actions qui sont mentionnées dans la conversation?

6 Écoutez encore et indiquez si les phrases suivantes sont vraies ou fausses. Si elles sont fausses, corrigez-les.

1. Dans ce village du sud du Tchad, on se lève vers sept ou huit heures.
2. On mange avant d'aller aux champs.
3. Les femmes ne travaillent pas aux champs.
4. Après le travail aux champs, les hommes aident les femmes à préparer le repas du soir.
5. Les hommes ne mangent pas avec les femmes.
6. Les hommes et les femmes ont des causeries (conversations) différentes.
7. Les filles de plus de dix ou douze ans mangent séparément.
8. On se couche vers dix heures du soir.

7 Écoutez une dernière fois et complétez les phrases avec les mots suivants. Pouvez-vous déduire le sens de ces mots?

noir	la lune	dur	du bois	le feu

1. Larmé dit que les femmes travaillent plus _____ que les hommes. Après le travail des champs, et avant de pouvoir préparer à manger, elles vont chercher _____ pour _____ .

2. Quand est-ce qu'on se couche? Ça dépend de _____ . Comme il n'y a pas d'électricité, on se couche quand il fait trop _____ pour y voir.

VOCABULAIRE ACTIF

le bois
le feu
la lune
la routine quotidienne
  se brosser les dents
  se coiffer
  se coucher
  s'habiller
  se laver, prendre une douche
  se lever
  se maquiller
  se peigner
  se raser
  se reposer
  se réveiller
(travailler) dur

| **Prononciation** | Le **e** caduc |

- We have already seen in **Chapitre 5** (page 172) that an unaccented **-e** at the end of words is called **un *e* muet,** or mute **e,** and is *not* pronounced.

  la routin∉ quotidienn∉

- Plural endings in **-es** and verb endings in **-es** or **-ent** are silent as well.

  les homm∉∮ parl∉n∉

- You have also seen in **Chapitre 9** that an unaccented **e** followed by two consonants inside a word is generally pronounced [ε], as in **personne** or **appelle.** Most of the time, however, an unaccented **e** corresponds to the sound [ə], as in **le** or **petit.** It is called **le *e* caduc,** or unstable **e,** because sometimes it is pronounced and sometimes it is not. In this **étape,** you learn to *recognize* **le *e* caduc** so as not to confuse it with [e] or [ε]. In the third **étape** of this chapter, you learn when you must pronounce **le *e* caduc** and when you may drop it in fluent speech.

Écoutez As you listen to the following sentences based on **À l'écoute: La routine quotidienne** on the student audio CD, underline all the *e caducs* you hear. Ignore all mute (or final) **e**'s. The first sentence is already done for you, indicating what you should listen for.

1. Je vais te parler de la vie de tous les jours dans mon petit village.
2. Ce n'est pas un secret: les femmes travaillent plus que les hommes!
3. Elles se lèvent plus tôt pour faire le feu et préparer le premier repas.
4. Elles restent aux champs toute la journée et quand elles reviennent au village le soir, elles ne peuvent pas se permettre de se reposer comme les hommes.
5. Elles appellent les enfants pour leur rappeler d'aller chercher du bois pour le feu.
6. Le bois est une ressource précieuse dans les régions désertiques.
7. Les enfants africains ressemblent aux enfants de partout: certains obéissent, d'autres se rebellent.
8. Après le repas du soir et les causeries, on se couche quand il fait trop noir pour y voir.

Looking at the **e**'s you have underlined, can you infer when an **e** is an *e* caduc? Check all the rules that apply.

_____ In monosyllabic words such as **je, te, se, le, que,** etc.

_____ In the body of a word, when **e** is followed by a single consonant: app**e**ler, r**e**belle

_____ In the body of a word, when **e** is followed by two identical consonants: app**e**lle, r**e**belle, perm**e**ttent

_____ When a word begins with **ress-:** r**e**ssource, r**e**ssembler

_____ When **e** is followed by a consonant + **l** or **r:** s**e**cret, r**e**gret, r**e**fléter

_____ When **e** is followed by any two consonants other than the combination above: r**e**ster, p**e**rmettre

_____ When **e** is followed by **n** or **m** at the end of a word, or before another consonant: **e**n, **e**nfants, r**e**ssemblent

🎧 *Essayez!*

1. Pronounce the eight sentences in **Écoutez**, reflecting on why each underlined **e** is an *e* **caduc.** Verify your pronunciation on the student audio CD as needed.

2. In the following sentences, identify and underline all the *e* **caducs.** Be prepared to give a rationale.

    a. Le secrétaire s'appelle René; j'ai un message à lui donner.
    b. Il ressemble à quelqu'un que je connais.
    c. A-t-il une Chevrolet? J'essaie de me rappeler.
    d. La lessive ne fait pas partie de ses responsabilités.
    e. Il s'intéresse au développement des pays africains.
    f. Il aime se lever tôt, sauf le samedi.

Structure: Talking about daily routines

Les verbes réfléchis

Observez et déduisez   Aujourd'hui la maman de Larmé se fâche parce qu'il se réveille tard, et il ne veut pas se lever tout de suite. Son papa n'est pas content non plus parce qu'il ne se dépêche pas. «Larmé! Quand vas-tu t'habiller?»

> ● From the context, which verb in the preceding paragraph means *to hurry up?* Which one means *to get mad?*
> ● What happens to the pronoun when the pronominal verb is an infinitive?

Vérifiez   *Les verbes réfléchis*

● Some pronominal verbs indicate a *reflexive* action, that is, an action that reflects back on the subject of the verb. The reflexive pronoun is often *not* expressed in English.

    Je me lève tôt le matin, et je me douche tout de suite.
    I get (myself) up   *I shower (myself)*

● Just as with the pronominal verbs you saw in **Chapitre 8,** the reflexive pronoun always precedes the verb directly, even in the interrogative:

    Vous couchez-vous tôt ou tard?

and in the negative:

    Nous nous couchons vers 10h, mais nous ne **nous** endormons pas tout
        de suite.

● The pronoun agrees with the subject when an infinitive is used.

    Je ne passe pas beaucoup de temps à **me** peigner.

● Remember that some verbs have a pronominal *and* a nonpronominal form.

    D'abord le papa **se réveille,** puis il **réveille** les enfants.

VOCABULAIRE ACTIF

se dépêcher
se doucher
s'endormir
se fâcher

Activités

A **La routine.** Lisez la description d'une routine quotidienne ci-dessous. Cochez la phrase si votre routine est pareille. Si elle est différente, choisissez parmi les autres possibilités ou ajoutez votre propre réponse.

_____ Je me réveille *assez tôt.*

    _____ ... *aussi tard que possible.*

    _____ ... *facilement.*

_____ _____

_____ Une fois réveillé(e), je me lève *tout de suite.*

    _____ ... *après quelques minutes.*

    _____ ... *au dernier moment.*

_____ _____

_____ Je me brosse les dents *avant de prendre le petit déjeuner.*

    _____ ... *après le petit déjeuner.*

    _____ ... *si je m'en souviens.*

_____ _____

_____ Je passe *très peu de temps* à me coiffer.

    _____ ... *quelques minutes...*

    _____ ... *des heures...*

_____ _____

_____ Je m'habille selon *le temps qu'il fait.*

    _____ ... *la mode.*

    _____ ... *mon humeur.*

_____ _____

_____ Je me douche *le matin.*

    _____ ... *le soir.*

    _____ ... *une fois par mois!*

_____ _____

_____ Quand je me couche, je m'endors *tout de suite.*

    _____ ... *difficilement.*

    _____ ... *avec ma peluche préférée.*

_____ _____

Maintenant, comparez vos réponses avec celles d'un(e) partenaire.

    ➡ *Quand est-ce que tu te réveilles? Est-ce que tu t'habilles selon la mode?*

B **Stéréotypes.** Larmé est un jeune étudiant du Tchad. Imaginez un jeune étudiant de chez vous. Que va-t-il faire ce week-end à votre avis?

    ➡ se réveiller à 9h?
       Oui, il va se réveiller à 9h.
ou: *Non, il ne va pas se réveiller à 9h. Il va se réveiller à midi!*

1. se lever tôt?
2. passer des heures à se coiffer?
3. se raser?

4. se dépêcher?
5. s'amuser?
6. s'endormir tard?

Maintenant, dites si, ce weekend, les personnes suivantes vont faire ces mêmes activités ou pas.

Mes parents...
Mes copains et moi, nous...
Le professeur (Vous...)
Moi (Je...)

Structure: Saying what you did

Les verbes réfléchis au passé composé

Observez et déduisez   J'habite au Texas, et non au Tchad, mais ma routine n'est pas très différente de celle de Larmé. Ce matin, je me suis levée assez tôt; je me suis brossé les dents; j'ai pris mon petit déjeuner; je me suis dépêchée d'aller au travail. Et vous? Vous vous êtes réveillés de bonne heure? Vous vous êtes lavé les cheveux?

> ● Which auxiliary is used in the **passé composé** of pronominal verbs?
> ● Is the author of the paragraph male or female? How do you know?
> ● Compare the past participles of the verbs in the preceding paragraph. Can you think of any reason why the past participles of **se brosser les dents** and **se laver les cheveux** are different from the others?

Vérifiez   *Les verbes pronominaux au passé composé*

● All pronominal verbs require **être** as the auxiliary in the **passé composé.**

> Mon frère s'**est** levé à neuf heures aujourd'hui.

● As with object pronouns, the reflexive pronoun always comes directly before the auxiliary in the **passé composé.**

> Moi non plus, je ne **me** suis pas dépêché ce matin. Je **me** suis promené dans le parc.
>
> Et vous? **Vous** êtes-vous reposés aussi?

● The past participle usually agrees in number and gender with the reflexive pronoun (and the subject).

> Ma sœur? **Elle** ne s'est pas peign**ée** ce matin.

However, the past participle does *not* agree if the verb is *followed* by a direct object.

> Elle ne s'est pas bross**é les cheveux.** En plus, elle ne s'est pas bross**é les dents!**

It also does *not* agree if the reflexive pronoun serves as an *indirect* object, as is the case with verbs like **se parler** and **se téléphoner.** (On parle **à** quelqu'un. On téléphone **à** quelqu'un.)

> Mes copains et moi, nous nous sommes téléphon**é.**
> Vos copines et vous, vous vous êtes parl**é** aujourd'hui?

Activités

C Aujourd'hui.   (1) Regardez les images. Qu'est-ce que cette étudiante a fait aujourd'hui? Écoutez votre professeur, et numérotez les images selon les descriptions que vous entendez.

_____   _____

1   _____   _____

_____   _____   _____

(2) Maintenant, dites si vous avez fait les mêmes choses aujourd'hui.

➡ *Je me suis peigné(e). Je ne me suis pas ennuyé(e).*

D **Les esprits curieux.** Travaillez en petits groupes, et imaginez ce que le professeur a fait hier en employant les verbes ci-dessous. Cochez votre choix.

➡ se réveiller ___✓___ tôt / _____ tard

1. se lever _____ tout de suite / _____ dix minutes plus tard
2. se laver _____ hier matin / _____ hier soir
3. s'habiller avant de se brosser les dents _____ oui / _____ non
4. _____ prendre / _____ ne pas prendre le petit déjeuner
5. lire le journal _____ hier matin / _____ hier soir
6. _____ se dépêcher / _____ ne pas se dépêcher hier matin
7. se promener _____ après le travail / _____ avant le travail
8. _____ se reposer devant la télé / _____ travailler après le dîner
9. se coucher _____ tard / _____ tôt

Maintenant, lisez vos listes au professeur, qui va vous dire si vous avez raison.

➡ (groupe 1) *Nous pensons que vous vous êtes réveillé(e) tôt.*
(groupe 2) *Nous ne sommes pas d'accord. Nous pensons que...*
(professeur) *Vous avez raison. Je me suis réveillé(e) tôt.*
ou: *Mais non! Je me suis réveillé(e) à midi, hier!*

E **Trouvez quelqu'un...** Qu'est-ce que vos camarades de classe ont fait hier? Pour chaque question que vous posez, trouvez une personne différente qui répond «oui». Écrivez le nom de la personne.

➡ — *Tu t'es couché(e) avant neuf heures?*
— *Non, je me suis couché(e) à une heure et demie du matin!*

Trouvez quelqu'un qui.. **Camarade de classe**

1. s'est couché avant neuf heures. _____
2. s'est fâché contre un copain (une copine). _____
3. s'est reposé sous un arbre. _____
4. s'est réveillé avant six heures (du matin!). _____
5. a pris une douche après minuit. _____
6. s'est promené avec un(e) ami(e). _____
7. ne s'est pas brossé les dents. _____
8. s'est amusé en classe. _____

Quelles sont les activités les plus communes de la classe? les moins communes?

F **Des excuses.** Vous avez promis d'aider votre camarade de chambre hier, mais vous ne l'avez pas fait. Maintenant, faites vos excuses et expliquez tout ce que vous avez fait hier—du matin au soir.

➡ *J'étais vraiment occupé(e) hier. D'abord, je me suis réveillé(e) à six heures et demie...*

Jeu de rôle

It's near the end of the semester, and you and your roommate are suffering from burnout. You've decided to change your routine as soon as the semester ends. Role-play a scene in which you discuss what you're going to do differently.

Lecture: Arithmétique de la mode

Le texte suivant est extrait de *Biba*, un magazine semblable à *Elle* ou *Vogue*, mais destiné principalement aux jeunes. L'article en question s'intitule **Système b,** c'est-à-dire Système (ou Suggestions ingénieuses)–Biba pour la vie quotidienne. Ici, le «système vestiaire» donne des conseils de mode (*fashion*).

Avant de lire

1 Regardez d'abord le titre et les illustrations qui accompagnent le texte. À votre avis, de quoi s'agit-il dans cet article?

a. Des vêtements et accessoires qu'on peut porter (*wear*) pour faire du jogging.

b. Des vêtements et accessoires qui peuvent accompagner un jogging ou pantalon de survêtement (*sweatpants*) pour diverses activités.

c. Trois options d'articles qu'on peut acheter pour le prix d'un jogging de luxe.

En général

2 Parcourez le texte une première fois pour confirmer votre hypothèse. Quelle est la bonne réponse à l'activité 1 ci-dessus?

3 Parcourez le texte une deuxième fois pour identifier l'ordre des renseignements donnés pour chaque vêtement ou accessoire. Numérotez de 1 à 5.

_____ la description de l'article

_____ le prix

_____ la marque (Christian Dior, Ralph Lauren, etc.)

_____ le nombre de coloris ou couleurs possibles

_____ la matière ou le tissu (polyester, coton, etc.)

Système vestiaire

(arithmétique de la mode)

Le jogging en ville

AVEC LUI, DÉSORMAIS, ON COURT AUSSI LES RENDEZ-VOUS, LES BOUTIQUES ET LES VERNISSAGES. RECYCLEZ LE VÔTRE OU CHOISISSEZ-EN UN URBAIN.

PANTALON DE SURVÊTEMENT ANTHRACITE, EN COTON ET POLYESTER, CHEVIGNON GIRL, 46 €. EXISTE EN GRIS CLAIR CHINÉ ET MARINE.

Version night-bar

Lunettes de soleil à monture acétate, Scooter, 92 €, 3 coloris.
+ Tunique près du corps, col chinois, en soie rebrodée de fleurs, Paul & Joe, 135 €, existe en noir.
+ Mini-pochette zippée en velours bordeaux, Claudie Pierlot, 17 €, 3 coloris.
+ Sandales hautes à plateau en crêpe de Chine irisé, Nine West, 92 €, 3 coloris.

Version shopping

Capeline en flanelle, Printemps, 39 €, 3 coloris.
+ Chemise en satin de polyester, Unanyme de Georges Rech, 105 €, 6 coloris.
+ Veste ceinturée en maille acrylique chinée, Kookaï, 52 €, 3 coloris.
+ Bottines lacées en veau velours, semelle crêpe, Sequoïa, 78 € env., 10 coloris.

Version concert de rap

Lunettes bandeau profilées, verres polycarbonate, Diesel by Safilo, 84 €.
+ T. shirt col montant zippé à inscription argentée, en polyamide, Marithé et François Girbaud, 77 €, 3 coloris.
+ Cabas zippé 4 poches en nylon et cuir, existe aussi en marron, Y'Saccs Tokyo au Printemps, 92 €,
+ Bottines en cuir souple, semelle en microfibre, Ligne basket Nimasc de Nimal, 98 €, 4 coloris.

Version night-bar   **Version shopping**   **Version concert de rap**

Page réalisée par Christine Lerche assistée de Sylvie Poidevin.

---

désormais = maintenant   on court = *one runs*   vernissages = *art exhibit previews*   rebrodée = *embroidered*
Printemps = chaîne de grands magasins en France   veau = *calf*

En détail

4 Identifiez le nom des vêtements ou accessoires mentionnés. Écrivez le numéro correspondant à côté de l'illustration (ou *des* illustrations selon le cas).

1. des lunettes de soleil
2. des chaussures (sandales ou bottines)
3. une chemise
4. une tunique
5. une veste
6. un T-shirt
7. un chapeau (une capeline)
8. un cabas
9. une pochette

5 **La matière.** Identifiez les articles qui sont faits des matières suivantes.

➡ en coton et polyester   *Le pantalon de survêtement (le jogging)*

1. en soie (*silk*)
2. en velours (*velvet*)
3. en satin de polyester
4. en flanelle
5. en cuir souple (*soft leather*)
6. en nylon et cuir
7. en polyamide (tissu synthétique)
8. en maille (*knit*) acrylique

6 En utilisant le contexte et la logique, déduisez le sens des mots suivants. Attention, il y a un choix de trop dans chaque section!

Le jogging

1. anthracite (gris foncé)	a. navy blue	c. dark gray
2. gris clair	b. light blue	d. light gray
3. marine		

Version night-bar

1. un col	a. high	d. platform
2. une fleur	b. low	e. burgundy
3. bordeaux	c. a collar	f. a flower
4. haut(e)		
5. à plateau		

Version shopping

1. une ceinture	a. a belt	c. a hood
2. une semelle	b. a sole	

Version concert de rap

1. des verres (m.)	a. lenses	d. zipper
2. argenté	b. brown	e. pockets
3. des poches (f.)	c. silver	
4. marron		

7 **Qu'est-ce que c'est?**   Pouvez-vous identifier les articles ci-dessous?

1. Cet article de Marithé et François Girbaud coûte 77€.
2. Cet article est la base des trois versions.
3. Cet article a un col chinois et des fleurs.
4. Cet article existe en 6 coloris.
5. Cet article a des semelles à plateau.
6. Cet article se porte sur les yeux.
7. Cet article a une ceinture.
8. Cette version inclut un chapeau.

8 **L'arithmétique de la mode...**   Faites le total des prix—en français, bien sûr. Combien coûte chaque version, pantalon inclus? Laquelle des trois versions est la meilleure affaire (*deal*)? Comparez les prix en France et chez vous.

Et vous?

Avez-vous une garde-robe (*wardrobe*) versatile? Avec les articles mentionnés dans le texte et les articles supplémentaires suivants, créez votre version école, votre version cinéma et votre version shopping. Votre base: le pantalon universel des jeunes—le jean!

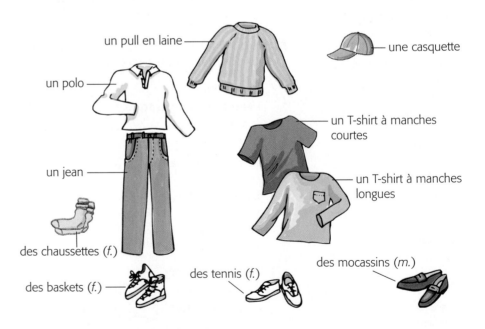

un pull en laine — une casquette

un polo —

un T-shirt à manches courtes

un T-shirt à manches longues

un jean —

des chaussettes (*f.*)

des baskets (*f.*) —   des tennis (*f.*)   des mocassins (*m.*)

Vocabulaire

Les vêtements

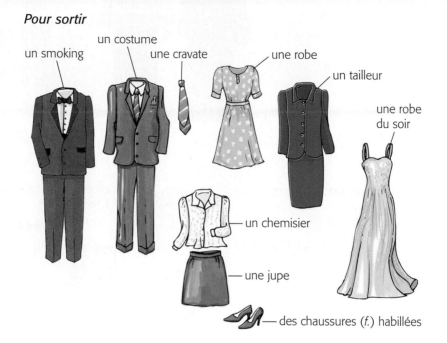

Pour sortir

un smoking

un costume

une cravate

une robe

un tailleur

une robe du soir

un chemisier

une jupe

des chaussures (*f.*) habillées

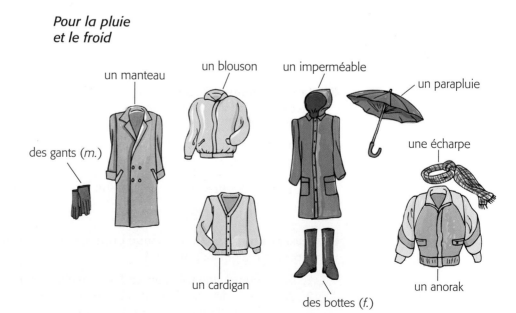

Pour la pluie et le froid

des gants (*m.*)

un manteau

un blouson

un imperméable

un parapluie

une écharpe

un cardigan

des bottes (*f.*)

un anorak

Pour la nuit · une robe de chambre · un pyjama · une chemise de nuit · des pantoufles (*f.*)

Pour le beau temps · une chemise à fleurs · un short uni · un short à carreaux · un maillot de bain à rayures · un maillot de bain à pois

Portez-vous un jogging en ville? Qu'est-ce que vous portez pour faire du shopping? pour vous reposer à la maison? pour aller dans une discothèque?

Activités

G Masculin, féminin, unisexe? Classez les mots que vous entendez. Est-ce que ce sont des vêtements pour hommes? pour femmes? ou des vêtements unisexe?

| ➡ **pour hommes** | **pour femmes** | **unisexe** |
| *une cravate* | *une jupe* | *des gants* |

Maintenant, écoutez encore une fois et levez la main si vous portez le vêtement mentionné.

H Chassez l'intrus. Dans chaque groupe ci-dessous, trouvez le mot qui ne va pas, et expliquez pourquoi.

1. un costume, une robe, un tailleur, un chemisier
2. des tennis, des sandales, des bottes, des gants
3. un pull, un chemisier, un blouson, un jean
4. un short, des tennis, un jogging, une jupe
5. un manteau, une veste, un pull, un maillot de bain
6. un pantalon, une chemise, un pyjama, une cravate

I Que porte-t-on? À votre avis, qu'est-ce que les gens suivants portent pour aller aux endroits mentionnés? (Si vous ne savez pas, imaginez!)

➡ Céline Dion / pour chanter à la Maison-Blanche
Elle porte une longue robe du soir en soie bleu marine avec des chaussures habillées.

le (la) président(e) de votre institution / pour travailler
votre camarade de chambre / pour aller en ville
vos professeurs / pour sortir le week-end
vous / pour voyager en avion
Madonna / pour se reposer à la maison
Britney Spears / pour aller dans une boîte de nuit

J Quelle chance! Vous avez gagné 500 euros à la loterie! Décrivez à un(e) partenaire les vêtements que vous voudriez acheter avec cet argent. Mentionnez l'occasion pour laquelle vous achetez les vêtements, la couleur, le tissu, etc. Il/Elle va essayer d'en faire un sketch!

➡ *D'abord, je vais m'acheter une robe imprimée en coton et des sandales noires pour sortir le week-end quand il fait chaud...*

Structures: Saying what you wear and when

Le verbe *mettre* • *Les pronoms avec l'impératif*

Observez et déduisez

— Papa, qu'est-ce qu'on met pour aller faire du vélo cet après-midi?
— Selon la météo, il va faire beau. Mettez des shorts et des T-shirts... Mais prenons nos blousons quand même. Au moins mettez-les dans la voiture—en cas de vent.

- **Mettre** is an irregular verb. Using the examples above and what you already know about verbs, what other forms of the present tense can you infer?
- What do you notice about the placement of the pronoun **les** in the preceding dialogue?

Vérifiez *Le verbe **mettre***

le verbe mettre*

je mets	nous mett**ons**
tu mets	vous mett**ez**
il/elle/on met	ils/elles mett**ent**

Passé composé: j'ai mis

* **Permettre** (*to permit, allow*) and **promettre** (*to promise*) are conjugated like **mettre.**

Les pronoms avec l'impératif

● Object pronouns follow a verb in the imperative if the sentence is affirmative. Join the verb and pronoun with a hyphen.

— Qu'est-ce que je fais de nos pulls?
— Donne-**les** à maman. Ou bien, mets-**les** dans la voiture.

If the sentence is negative, the pronoun maintains its regular position in front of the verb.

— Ne **les** mets pas dans la valise.

● The pronouns **me** and **te** become **moi** and **toi** when they follow the verb.

Claire! Donne-**moi** ta valise... et dépêche-**toi.** Nous sommes en retard!

VOCABULAIRE ACTIF

mettre

Activités

K **Ce qu'on met.** Est-ce que les phrases suivantes sont vraies ou fausses selon votre expérience personnelle? Discutez avec un(e) partenaire et corrigez les phrases qui sont fausses.

	vrai	faux
➡ Quand j'ai froid, je mets des vêtements en laine. *Je mets des vêtements en coton. Je n'aime pas la laine.*	_____	✓
1. Quand j'ai chaud, je mets un jean et un T-shirt.	_____	_____
2. Je mets souvent des vêtements à rayures.	_____	_____
3. Quand j'étais petit(e), mes ami(e)s et moi, nous mettions toujours un short pour jouer dehors.	_____	_____
4. Pour aller à la plage, nous mettions un maillot de bain et des bottes.	_____	_____
5. Mes copains ont mis des chaussures habillées hier pour aller en cours.	_____	_____
6. Ils ne mettent jamais de costume pour aller en cours.	_____	_____
7. Le professeur a mis des vêtements à carreaux la semaine dernière.	_____	_____
8. Il/Elle ne met jamais de sandales.	_____	_____

L **Dans ma valise...** Reliez les personnes de la colonne de droite avec une situation de la colonne de gauche, et dites ce qu'elles mettent dans leurs valises pour faire le voyage indiqué.

➡ Pour aller en Floride, je...
... mets des shorts, des chaussettes, des T-shirts, des tennis, une robe, des sandales et un maillot de bain.

Pour passer le week-end chez un copain   moi, je...
Pour passer une semaine à la montagne   mes copains et moi, nous...
Pour voyager au Sénégal en été   le professeur...
Pour aller en Alaska en hiver   mes parents...
Pour aller à New York   mon (ma) camarade de
                       chambre...

M **Des cadeaux.** Votre copain vous demande conseil pour ses achats de Noël. Dites-lui quels vêtements il devrait acheter pour les personnes suivantes.

➡ ses camarades de chambre qui préfèrent les vêtements habillés
Donne-leur des cravates!

1. son oncle Bernard qui aime le jogging
2. ses petites sœurs qui aiment nager
3. ses cousins qui vont faire un voyage en Alaska
4. sa petite amie
5. vous!

Note culturelle

Les compliments. Les formules de politesse ne se traduisent pas toujours très bien d'une culture à l'autre. En Amérique du Nord, par exemple, «*Thank you*» est la réponse attendue à un compliment. En France, par contre, «Merci» suggère une certaine fierté (*pride*). C'est comme si on disait: «Je suis d'accord! Vous avez raison!» En français, il faut plutôt minimiser l'éloge (*praise*) en exprimant le doute—«Vraiment? Tu trouves?»—ou en partageant la gloire—«Mais Thomas m'a beaucoup aidé». On peut aussi reporter l'attention sur la gentillesse de l'autre personne—«Mais vous êtes trop gentille». Quand quelqu'un vous fait un compliment, comment répondez-vous? Est-ce différent selon la personne? si c'est un(e) ami(e)? si c'est quelqu'un que vous ne connaissez pas bien?

Stratégie de communication

Giving and responding to compliments

Study the mini-dialogues below and on page 390 and find some examples of

- how compliments are given
- how compliments are minimized

— J'aime beaucoup ta jupe! Elle est très jolie.
— Tu trouves? Je l'ai depuis longtemps.

—Elle est vraiment chic, cette robe.
—Vraiment? Vous pensez que ça me va (*fits me*)?
—Ah oui. Et cette couleur vous va vraiment bien.
—Vous êtes bien gentille.

—Quelle belle cravate!
—C'est ma femme qui me l'a achetée. Elle a bon goût, n'est-ce pas?

—Tu as vraiment fait du bon travail!
—Tu trouves? Ce n'était pas si difficile que ça.

◀ Elle est vraiment chic, cette robe.

pour faire ou répondre à un compliment

pour faire un compliment

C'est vraiment chic, votre... (robe, etc.)
Quelle belle cravate (Quel beau pantalon, etc.)
Cette couleur (Ce jogging) vous va bien.

pour répondre à un compliment

Vous trouvez? / Tu trouves?
Vous pensez que ça me va? / Tu penses que ça me va?
Vous êtes bien gentil(le).
Vraiment? Je ne sais pas.
C'est ma femme (mon père) qui...
Je l'ai depuis longtemps.

Activités

N **Des compliments.** Avec un(e) partenaire, jouez les scénarios suivants. À tour de rôle, faites un compliment ou acceptez le compliment «à la française».

1. Vous aimez beaucoup la coiffure d'une copine.
2. Vous admirez le pantalon de votre professeur.
3. Vous aimez les nouvelles chaussures d'un(e) camarade de classe.
4. Votre petite sœur vous fait un compliment sur votre nouveau pull (et non, vous ne voulez pas le lui prêter).
5. Vous complimentez votre camarade de chambre sur le dîner qu'il (elle) a préparé.
6. Vous pensez que la veste de votre meilleur(e) ami(e) lui va très bien.

Jeu de rôle Prepare a fashion show with your classmates. Each student takes a turn as the announcer, describing and complimenting the clothes of another student. In addition, each student plays the role of the fashion model on the runway as the announcer describes the clothes.

Culture et réflexion

 La haute couture. C'est au grand Louis XIV que nous devons la tradition française de haute couture. Roi de France de 1643 à 1715, le «Roi-Soleil» installe sa cour[1] à Versailles, qui devient le centre de la vie politique, sociale et artistique de l'époque. C'est Louis XIV qui établit «l'étiquette», c'est-à-dire les conventions dictant comment les gens se comportent[2] et s'habillent. Que porte-t-on pour aller au théâtre? à la chasse? aux «salons» sociaux? La cour de Versailles devient le modèle de la mode pour toute l'Europe. Les styles ont beaucoup changé depuis l'époque de Louis XIV, mais le règne de la haute couture française continue dans les boutiques de l'Avenue Montaigne à Paris, avec des noms comme Christian Dior, Coco Chanel, Yves Saint-Laurent, Christian Lacroix, Jean-Paul Gaultier, etc. Évidemment, la haute couture a une clientèle assez limitée, mais son influence se fait sentir dans le prêt-à-porter[3], accessible à tous. Qu'est-ce qui influence le plus votre choix quand vous achetez des vêtements: le style? le prix? la marque? Quelles sont vos marques préférées? Pourquoi? Est-ce qu'une grande marque assure la qualité du vêtement? Pourquoi les gens suivent-ils la mode, à votre avis? Est-ce du snobisme ou autre chose? Expliquez.

Les costumes régionaux. La coiffe[4] bretonne, la jupe provençale, le boubou africain—ces costumes sont depuis des siècles une façon d'indiquer sa région d'origine. On porte, littéralement, son identité culturelle. Si ces traditions restent fortes dans certaines régions, beaucoup de costumes régionaux sont maintenant réservés aux jours de fêtes, ou disparaissent complètement. Les vêtements se standardisent, comme les modes de vie. À votre avis, est-ce une bonne chose de remplacer l'identité régionale par une identité globale? Y a-t-il un style de vêtements particulier à votre région? Décrivez-le.

▲ La haute couture—pas tout à fait du prêt-à-porter!

▲ Un costume bien breton de la région de Pont L'Abbé, dans le Finistère. Pas très pratique pour monter en voiture!

▲ Le boubou africain—ample et confortable.

1. *court*   2. *behave*   3. *ready-to-wear*   4. *headdress*

Troisième étape

À l'écoute: La forme

Pour être en forme (*in shape*), il faut faire de l'exercice physique, n'est-ce pas? Avant d'écouter la conversation, une mise en train (*warm-up*) linguistique et psychologique s'impose...

▮ *Avant d'écouter*

1 Voici, extraits du magazine français *Vital*, deux exercices très simples: des pompes et un exercice de raffermissement du haut du corps (*upper body firming*). Lisez la description de ces exercices—et essayez-les à la maison si vous le désirez!

Exercice A

Exercice B

A. Effectuez des pompes à plat ventre (1), les mains (2) placées sous les épaules (3). Les genoux (4) sont pliés (*bent*), les pieds (5) en l'air pour assurer une bonne position du dos (6). Tendez (*Straighten*) les bras (7), puis repliez-les alternativement.

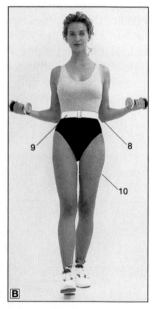

B. Debout, les coudes (8) contre la taille (9), une haltère dans chaque main. Levez (↑) et abaissez (↓) les haltères sans bouger les coudes. En même temps, montez et descendez sur les demi-pointes (*balls*) des pieds, sans plier les jambes (10).

2 Maintenant un autre genre d'exercice—un petit exercice de mémoire! Sans regarder le texte, est-ce que vous pouvez nommer toutes les parties du corps indiquées par des numéros sur les photos?

3 Quel genre d'exercice physique est-ce que vous faites? Du tennis? Du vélo? Du jogging? De l'aérobic? De la musculation (*weight lifting*)? Combien de fois par semaine faites-vous de l'exercice? Où est-ce que ça fait mal (*hurt*) après?

4 Vous allez écouter deux petits entretiens avec David et Nathalie, le jeune couple français dont vous avez déjà fait la connaissance dans plusieurs épisodes de **Synthèse culturelle.** David est sorti de l'École des mines, une grande école d'ingénieurs très prestigieuse, et maintenant il travaille à Paris où il fait du consulting pour une entreprise multinationale. Nathalie a une maîtrise d'allemand, mais pour le moment elle s'occupe à plein temps de leurs deux enfants, une petite fille de trois ans et un petit garçon de six mois. À votre avis, quel genre d'exercice vont-ils faire pour rester en forme? Imaginez d'abord le cas de Nathalie, la jeune maman, puis le cas de David, le jeune ingénieur.

Écoutons

VOCABULAIRE ACTIF

le corps
les bras (m.)
les coudes (m.)
le dos
les épaules (f.)
les genoux (m.)
les jambes (f.)
les mains (f.)
les pieds (m.)
la taille
le ventre

l'exercice physique
baisser
un club de fitness
être/rester en forme
faire de l'aérobic, du
   cardiotraining,
   du fitness, de la
   marche, de la muscu
   (musculation), du step
faire mal à
un gymnase
lever
marcher
des produits bio (m.)

5 Écoutez une première fois pour voir à qui s'appliquent (ou s'appliquaient) les pratiques suivantes. Cochez la case appropriée.

	Nathalie	David	Les deux
manger des produits bio (biologiques)			
faire de la marche			
faire du fitness			
faire du step			
faire du cardiotraining			
faire de la muscu (musculation)			
faire des abdos (abdominaux)			

6 Réécoutez la conversation avec Nathalie pour voir si les phrases suivantes sont vraies ou fausses. Si elles sont fausses, corrigez!
1. David et Nathalie font très attention à ce qu'ils mangent.
2. Nathalie achète des produits bio pour toute leur alimentation.
3. Quand Nathalie a besoin d'aller quelque part avec les enfants, même si c'est près, elle prend la voiture parce que c'est trop compliqué de mettre les enfants dans la poussette (*stroller*).
4. David et Nathalie ont un chien qu'il faut promener.
5. Nathalie n'a jamais été membre d'un club de fitness.

7 Maintenant, réécoutez la conversation avec David pour voir si les phrases suivantes sont vraies ou fausses. Si elles sont fausses, corrigez!
1. David fait du fitness trois fois par semaine.
2. Il va d'abord à la cantine (cafétéria), puis il va au gymnase.
3. Le gymnase se trouve près de l'immeuble où il travaille.
4. Le Gymnase Club offre des cours de step et d'aérobic.
5. Il y a une piscine, un sauna, des appareils de musculation et de cardiotraining.
6. La cible (l'objectif) de David est de prendre de la masse musculaire.
7. David s'est fait un programme tout seul, sans entraîneur.
8. David suit son programme à la lettre et non «au feeling».
9. David est un des rares employés de son entreprise à faire du fitness.
10. Le gymnase appartient (*belongs*) à l'entreprise et donc ce n'est pas cher d'être membre du club.

| **Prononciation** | **Le e caduc (suite)** |

Now that you know how to *recognize* an *e* **caduc** (see **Première étape**), let's learn when it must be pronounced and when it may be dropped in fluent speech.

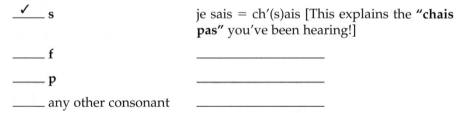 ***Écoutez*** As you listen to the following sentences based on **À l'écoute: La forme** on the student audio CD, pay close attention to the *e* **caducs**. Underline the ones that are pronounced, and cross out the ones that are not. Pay attention also to the way the **j** in **je** is pronounced when the **e** is dropped. How is that **j** pronounced at times?

1. Je fais beaucoup de marche; si je peux aller à pied, je prends pas la voiture.
2. On promène le chien, on fait le tour du parc.
3. C'est ce que je fais le plus, marcher.
4. Moi je prends une heure le midi pour faire un peu de muscu.
5. Au lieu de manger à la cantine, je prends un sandwich et je vais faire du sport.
6. Je sais pas combien d'employés font du fitness dans mon entreprise, mais je pense que c'est peut-être la moitié.

1. As you analyze what you have just heard, what conclusions can you draw about the pronunciation of **je** when the **e** is dropped? Check all the rules that apply and provide examples from the sentences above. The first one is done for you as a model.

   Je is pronounced like **ch** when the following word starts with:

   ____✓____ **s**   je sais = ch'(s)ais [This explains the **"chais pas"** you've been hearing!]

   _____ **f**   _____

   _____ **p**   _____

   _____ any other consonant   _____

2. Now look at the **e**'s you have underlined or crossed out. Can you infer when **le** *e* **caduc** must be pronounced and when it may be dropped in fluent speech? The answer lies in the number of consonant *sounds* that *precede* the **e**.

   • On promène l**e** chien.
     How many consonant *sounds* precede the **e** of **le** before you see another vowel? There is the **l** of **le** and the **n** of **promène**, therefore two consonant sounds. If you tried to drop the **e** of **le**, you would have to pronounce **n** + **l** + **ch** (**chien**) all in one mouthful. That's too many consonants for the French! In this case, you *must* keep the *e* **caduc**.
   • On fait l**e** tour du parc.
     How many consonant sounds precede the **e** of **le** before you see another vowel? There is the **l** of **le** and that's it, because the **t** of **fait** is silent. There is one consonant sound, so it's okay to drop the **e**.
   • C'est c**e** que je fais.
     Here we have three *e* **caducs** in a row. What happens? You drop every other one.

Recap these principles in the chart below by checking the appropriate column and giving some different examples from the sentences in **Écoutez.**

Cases	Keep the **e**	Drop the **e**
When **e** is preceded by **one** consonant **sound** (silent consonants do not count)		
When **e** is preceded by **two** consonant **sounds**		

Essayez!

1. With the **e**'s crossed out or underlined as need be, you are now ready to pronounce the six sentences in **Écoutez** just like French people would! Remember to pronounce the **je** as **ch** when appropriate, and try not to stop before each syllable containing an *e* **caduc**—if you lose the fluency, it no longer makes sense to drop those **e**'s! Verify your pronunciation on the student audio CD as needed.

2. Here are a few more sentences. First identify the *e* **caducs;** underline the ones that must be pronounced, and cross out the ones that would be dropped in fluent speech. Then practice saying those sentences just like French people would. Verify your pronunciation on the student audio CD. Don't worry if you can't do it consistently in your own speech at this point. Now that you understand how it works, try to do it *some* of the time!

   a. Avant, je faisais de la muscu, mais j'ai plus le temps.
   b. Ce que je préfère, c'est la marche et le vélo.
   c. Je fais aussi attention à ce que je mange.
   d. Si je peux me permettre d'acheter du bio, je le fais.
   e. L'important c'est de manger des choses fraîches—beaucoup de légumes, beaucoup de fruits—et de faire de l'exercice régulièrement.
   f. La semaine dernière, j'ai fait de l'exercice tous les jours; cette semaine, je sais pas...

Vocabulaire

Les traits du visage

▲ Petite fille à Dakar.

Étudiez la photo à droite, puis essayez d'identifier les traits du visage décrits ci-dessous. Lesquels sont visibles sur la photo? Lesquels ne le sont pas?

La **tête** est la partie supérieure du corps.
Le **cou** est entre la tête et le corps.
La petite fille voit avec les **yeux** (un **œil**).
Elle entend avec les **oreilles.**
Elle sent les odeurs et les parfums avec le **nez.**
Les **joues** sont de chaque côté de son nez.
Elle fait la bise avec les **lèvres.**
La nourriture entre par la **bouche** et passe par la **gorge** en allant vers l'estomac.
Quand elle ouvre la bouche, on voit ses **dents** toutes blanches.
Le **front** est entre les yeux et les cheveux.

Activités

O **Montrez** (*Point to*)...   Écoutez le professeur. Montrez la partie du corps que vous entendez.

➡ Montrez la tête!   (*Point to your head.*)

P **Avez-vous une bonne mémoire?**   Composez trois listes des parties du corps sans regarder votre manuel en travaillant avec un(e) partenaire.

On a une... ; on a deux... ; on a plusieurs...

Q **Où est-ce que ça fait mal?**   Dites où ça fait mal selon la situation indiquée.

➡ Quand on fait trop de musculation... *ça fait mal aux bras, au dos...*

1. Quand on mange trop...
2. Quand on fait trop de jogging...
3. Quand on met des chaussures qui sont trop petites...
4. Quand on fait du cardiotraining pendant des heures...
5. Quand on regarde trop de vidéos de fitness...
6. Quand la radio est trop fort...
7. Quand on fait de la muscu tous les jours...

Maintenant, dites *dans quelles circonstances* on a mal aux autres parties du corps.

➡ *On a mal aux dents quand on mange trop de sucre.*

Structure: Discussing health and exercise

Le pronom **y**

Observez et déduisez

—Qu'est-ce que vous faites dans votre famille pour rester en forme?
—Eh bien, moi, je vais au club de fitness à midi. J'y vais presque tous les jours pour faire de la muscu. Et ma femme, elle marche souvent dans le parc avec les petits. Par exemple, hier ils y sont allés pendant une heure pour promener le chien. Et quand elle a des courses à faire, elle préfère y aller à pied si possible.

- Examine how the pronoun **y** is used in the preceding conversation. To what does it refer each time it is used?
- Where is **y** placed in relation to a verb in the present tense? to a verb in the **passé composé?** Where is it placed when there is more than one verb, as in the last sentence?

You learned to use direct and indirect object pronouns (**le, lui, me, te,** etc.) in earlier chapters. Here you learn to use the pronoun y to avoid repetition.

Vérifiez   *Le pronom* **y**

- The pronoun **y** can be used to avoid repeating the name of a place. It can substitute for a prepositional phrase beginning with **à, en, sur, dans,** or another preposition of location.

    David aime aller **au gymnase** à midi.
    Il **y** va pour faire de la musculation.

    Sa femme préfère se promener **dans le parc.**
    Elle **y** va avec les petits et le chien.

- **Y** takes the same place in the sentence as do direct and indirect object pronouns: directly before the verb in the present:

    Au gymnase? J'**y** vais quand j'ai le temps.

    before the auxiliary verb in the **passé composé:**

    La dernière fois que j'**y** suis allé? Euh... le mois dernier, je crois.

    and before the infinitive in sentences with a verb followed by an infinitive.

    ... mais je voudrais bien **y** aller plus régulièrement!

VOCABULAIRE ACTIF

se promener
y

Activités

R **Mais où?** Dites où sont (où vont) David et Nathalie.

1. Le matin, David y est.
2. À midi, David y va pour rester en forme.
3. Autrefois Nathalie y faisait du step.
4. Maintenant Nathalie y promène le chien.
5. Elle préfère y acheter des produits bio.

Et vous? Où êtes-vous?

6. J'y fais du sport.
7. J'y fais de la musculation.
8. J'y fais mes devoirs.
9. J'y mange tous les jours.
10. J'y habite.

S **Y ou *lui*?** Pour chaque question que le professeur vous pose, soulignez la bonne réponse.

1. Oui, il (y / lui) est.
2. Oui, il (y / lui) va tous les jours.
3. Oui, il (y / lui) pose quelquefois des questions.
4. Oui, il (y / lui) a fait un programme de training.
5. Oui, elle (y / lui) sert des produits bio.
6. Oui, elle (y / lui) parle de leurs finances.
7. Oui, elle (y / lui) fait de la marche.
8. Oui, elle (y / lui) va à pied.

T **Questionnaire.** La réceptionniste du club de fitness vous pose des questions sur votre mode de vie et vos préférences. Répondez en employant un pronom: **y, le, l', les** ou **lui,** selon le cas.

1. Venez-vous *au club* tous les jours?
2. Connaissez-vous *les appareils de musculation?*
3. Avez-vous déjà parlé *à l'entraîneur?*
4. Aimez-vous *le cardiotraining?*
5. Avez-vous déjà fait du step *dans ce club?*
6. D'habitude, faites-vous *votre exercice* le matin?
7. Faites-vous de l'exercice *chez vous* aussi?
8. Voudriez-vous nager *dans notre piscine?*

BANQUE DE MOTS

un gymnase
un parc
un stade
un club de fitness
à la plage
à la campagne
à la montagne
à la piscine
???

U Où va-t-on pour... ?   Complétez les phrases suivantes avec le nom d'un endroit logique et la préposition qui convient.

1. Normalement je fais du ski _____ .

2. Pour faire du cardiotraining, mes copains et moi, nous allons

   _____ .

3. Cet après-midi, je vais faire du step _____ .

4. Mes camarades de chambre aiment faire de la musculation

   _____ .

5. Ma sœur/Mon frère fait de la marche _____ .

6. Pour faire du vélo, on peut aller _____ .

7. Dans ma famille, nous préférons nager _____ .

Maintenant, interviewez un(e) camarade de classe pour comparer vos réponses.

➡ — *Tes copains et toi, vous allez au stade pour faire du cardiotraining?*
  — *Oui, nous y allons tous les jours.*
ou: — *Non, nous allons dans un club de fitness.*

V Destination bonne forme!   Où voudriez-vous aller pour faire un voyage de fitness? Avec quelques camarades de classe, choisissez la meilleure destination pour rester en bonne forme. Notez toutes les activités de fitness qu'on peut y faire, puis comparez votre liste avec celles des autres groupes.

➡ — *Choisissons Tahiti. On peut y nager dans la mer et faire du jogging sur la plage.*
  — *Mais il fait trop chaud pour faire du fitness. Moi, je préfère la montagne. On peut y faire du ski et de la marche, et on peut y faire des promenades à vélo aussi.*
  — *Et nager dans un lac...*

Jeu de rôle   In groups of four or five, play the role of a family that has trouble deciding where to go on vacation. One person likes mountains and nature; another likes sports and the beach; the third wants to spend time shopping. One family member loves museums and tourist sites; another simply wants some peace and quiet. Try to come up with a plan.

Intégration

Littérature: Une abominable feuille d'érable sur la glace

Born near Montreal in 1937, Roch Carrier belongs to the generation of Quebecois writers who have sought to express the unique identity of the French-Canadian people, their intense attachment to their native land, and their rejection of the political and cultural domination by the English-speaking minority in the predominantly French-speaking province of Quebec. In the 1960s and '70s, a growing secessionist movement formed **le Parti québécois,** a political party that won a large majority in the provincial assembly in the 1976 elections. In 1980, Quebec's voters turned down a referendum to secede from Canada, but French separatism remained strong. It was right at that time—1979—that Roch Carrier published *Les enfants du Bonhomme dans la lune,* a collection of tales that received **le Grand Prix littéraire de la ville de Montréal** in 1980. In that collection, *Une abominable feuille d'érable sur la glace* (*An abominable maple leaf on the ice*) is about a boy, hockey, a sweater, and a very symbolic maple leaf.

▮ *Avant de lire*

1 Que faut-il pour jouer au hockey?

un arbitre   une patinoire   un bâton

les patins

deux équipes

2 Vous avez déjà vu dans vos lectures des verbes au passé simple. Pouvez-vous reconnaître les verbes suivants? Trouvez l'équivalent au passé composé.

il/elle fit   a pris
        commença   a eu
        prit   est venu
        écrivit   a fait
        eut   a commencé
        vint   a sauté
        sauta (*jumped*)   a écrit

3 Voici quelques expressions-clés du texte:

... le chandail bleu, blanc, rouge des Canadiens de Montréal...
... un chandail bleu et blanc, avec la feuille d'érable au devant, le chandail des Maple Leafs de Toronto.
... une des plus grandes déceptions (*disappointments*) de ma vie!
À la troisième période, je n'avais pas encore joué (*I hadn't played yet*)...
C'est de la persécution!

D'après ces expressions, quelle sorte d'histoire est-ce que vous anticipez?

En général

4 Parcourez le texte une première fois, simplement pour identifier l'idée générale. Ce texte est l'histoire d'un garçon qui

a. est fatigué de porter toujours le même uniforme de hockey et demande à sa mère de lui acheter un chandail complètement différent.
b. est invité à jouer pour l'équipe des Maple Leafs de Toronto.
c. fait partie d'une équipe de jeunes fanatiques des Canadiens de Montréal mais est obligé de porter le chandail des Maple Leafs de Toronto.

Une abominable feuille d'érable sur la glace

Les hivers de mon enfance étaient des saisons longues, longues. Nous vivions en trois lieux: l'école, l'église et la patinoire; mais la vraie vie était sur la patinoire.

Tous, nous portions le même costume que Maurice Richard, notre héros, ce costume rouge, blanc, bleu des Canadiens de Montréal, la meilleure équipe de hockey au monde; tous, nous peignions nos cheveux à la manière de Maurice Richard. Nous lacions° nos patins à la manière de Maurice Richard. Nous découpions° dans les journaux toutes ses photographies. Sur la glace, nous étions cinq Maurice Richard contre cinq autres Maurice Richard; nous étions dix joueurs qui portions, avec le même enthousiasme, l'uniforme des Canadiens de Montréal. Tous nous avions au dos le très célèbre numéro 9.

laced
cut out

Un jour, mon chandail des Canadiens de Montréal était devenu trop petit; puis il était déchiré° ici et là. Ma mère me dit: «Avec ce vieux chandail, tu vas nous faire passer pour pauvres!» Elle fit ce qu'elle faisait chaque fois que nous avions besoin de vêtements. Elle commença de feuilleter° le catalogue que la compagnie Eaton° nous envoyait par la poste chaque année. Ma mère était fière°. Elle n'a jamais voulu nous habiller au magasin général; seule la dernière mode du catalogue Eaton était acceptable. Pour commander mon chandail de hockey, elle prit son papier à lettres et elle écrivit: «Cher Monsieur Eaton, auriez-vous l'amabilité de m'envoyer un chandail de hockey des Canadiens pour mon garçon qui a dix ans et qui est un peu trop grand pour son âge, et que le docteur Robitaille trouve un peu trop mince? Je vous envoie trois piastres° et retournez-moi le reste s'il en reste.»

Monsieur Eaton répondit rapidement à la lettre de ma mère. Deux semaines plus tard, nous recevions le chandail. Ce jour-là, j'eus l'une des plus grandes déceptions de ma vie! Au lieu du° chandail bleu, blanc, rouge des Canadiens de Montréal, M. Eaton nous avait envoyé un chandail bleu et blanc, avec la feuille d'érable au devant, le chandail des Maple Leafs de Toronto. J'avais toujours porté le chandail bleu, blanc, rouge des Canadiens de Montréal; tous mes amis portaient le chandail bleu, blanc, rouge; jamais dans mon village on n'avait vu un chandail des Maple Leafs de Toronto. De plus, l'équipe de Toronto se faisait battre régulièrement par les triomphants Canadiens. Les larmes° aux yeux, je trouvai assez de force pour dire:

— J'porterai° jamais cet uniforme-là.

— Mon garçon, tu vas d'abord l'essayer! Si tu te fais une idée sur les choses avant de les essayer, mon garçon, tu n'iras° pas loin dans la vie...

Elle tira° le chandail sur moi. Je pleurais.

— J'pourrai jamais porter ça.

— Pourquoi? Ce chandail te va très bien... Comme un gant...

— Maurice Richard se mettrait jamais ça sur le dos...

— T'es° pas Maurice Richard. Puis, c'est pas ce qu'on se met sur le dos qui compte, c'est ce qu'on se met dans la tête... Si tu gardes pas ce chandail, il va falloir écrire à M. Eaton pour lui expliquer que tu veux pas porter le chandail de Toronto. M. Eaton, c'est un Anglais; il va être insulté parce que lui, il aime les Maple Leafs de Toronto. S'il est insulté, penses-tu qu'il va nous répondre très vite? Le printemps va arriver et tu auras pas joué° une seule partie° parce que tu auras pas voulu porter le beau chandail bleu que tu as sur le dos.

Je fus donc obligé de porter le chandail des Maple Leafs. Quand j'arrivai à la patinoire, tous les Maurice Richard en bleu, blanc, rouge s'approchèrent° un à un pour regarder ça. Au coup de sifflet° de l'arbitre, je partis prendre mon poste habituel. Le chandail des Maple Leafs pesait° sur mes épaules comme une montagne. Le chef d'équipe vint me dire d'attendre. Il aurait besoin de moi à la défense, plus tard. À la troisième période, je n'avais pas encore joué; un des joueurs de défense reçut un coup de bâton° sur le nez, il saignait°; je sautai sur la glace: mon heure était venue! L'arbitre m'arrêta. Il prétendait° que j'avais sauté sur la glace quand il y avait encore cinq joueurs. C'était trop injuste!

C'est de la persécution! C'est à cause de mon chandail bleu! Je frappai mon bâton sur la glace si fort qu'il se brisa°. Le vicaire°, en patins, vint tout de suite vers moi.

torn

regarder
grand magasin canadien
proud

vieille monnaie québécoise

instead of

tears
(Je) / futur de **porter**

futur d'**aller**
a mis

tu n'es

won't have played
un match

sont venus
whistle
weighed

was hit
was bleeding
claimed

broke / priest

— Mon enfant, un bon jeune homme ne se fâche pas comme ça. Enlève
tes patins et va à l'église demander pardon à Dieu.

Avec mon chandail des Maple Leafs de Toronto, j'allai à l'église, je priai
Dieu; je lui demandai qu'il envoie au plus vite des mites° qui viendraient   *moths*
dévorer mon chandail des Maple Leafs de Toronto.

Extrait de *Une abominable feuille d'érable sur la glace* (Roch Carrier).

En détail

5 **Le texte.** Lisez plus attentivement et indiquez si les phrases suivantes
sont vraies ou fausses. Si elles sont fausses, corrigez-les.

1. Maurice Richard était un des garçons qui jouaient dans l'équipe du
   narrateur.
2. Les joueurs des deux équipes portaient tous le même uniforme, et
   tous les joueurs avaient le même numéro sur le dos.
3. La mère du narrateur pensait que le magasin général de la ville n'était
   pas assez bien pour acheter les vêtements de la famille.
4. La mère du narrateur faisait confiance (*trusted*) au catalogue de la
   compagnie Eaton.
5. Dans sa lettre à M. Eaton, la mère du narrateur a oublié de spécifier le
   nom de l'équipe (les Canadiens).
6. Elle a mis de l'argent dans la lettre à M. Eaton.
7. L'équipe des Maple Leafs de Toronto était la meilleure équipe du
   Canada.
8. Quand le narrateur a vu le chandail des Maple Leafs, il a pleuré.
9. La maman a expliqué que pour réussir dans la vie, il faut essayer les
   choses avant de les juger.
10. Elle a aussi expliqué que ce qu'on pense est plus important que les
    vêtements qu'on porte.
11. La maman pense que si elle demande à M. Eaton d'échanger
    (*exchange*) le chandail, M. Eaton va le faire très vite.
12. Quand le narrateur est arrivé à la patinoire avec son nouveau
    chandail, les autres joueurs sont tous venus lui faire des compliments.
13. Le chef d'équipe n'a pas voulu donner au narrateur son poste
    habituel.
14. Le narrateur a utilisé son bâton pour frapper (*hit*) l'arbitre.
15. Le vicaire a demandé au narrateur d'aller prier (*pray*) à l'église.
16. La prière du narrateur montrait une vraie repentance!

6 **Les mots.** En utilisant le contexte et la logique, pouvez-vous déduire le
sens des mots suivants?

1. **envoyer** («... le catalogue que la compagnie Eaton nous **envoyait** par
   la poste... »)
2. **recevoir** («Deux semaines plus tard, nous **recevions** le chandail.»)
3. **enlever** («**Enlève** tes patins et va à l'église... »)
4. **dévorer** («... des mites qui viendraient **dévorer** mon chandail... »)

Et vous?

1. En groupes de deux, préparez un résumé de l'histoire du chandail. L'un(e) de vous va être responsable des circonstances/conditions (comment étaient les choses?); l'autre va donner les actions (qu'est-ce qui s'est passé?). Sur une feuille de papier, faites deux colonnes comme dans le tableau suivant, puis remplissez chaque colonne avec les détails importants. Ensuite, soyez prêt(e)s à lire votre résumé à la classe.

étudiant(e) A Comment étaient les choses?	étudiant(e) B Qu'est-ce qui s'est passé?
Quand le narrateur avait 10 ans... Etc.	 Un jour, sa mère a décidé de lui acheter un nouveau chandail... Etc.

2. On peut lire cette histoire à un niveau littéral, mais on peut aussi y voir des symboles. Complétez le tableau suivant selon votre interprétation. Relisez l'introduction sur Roch Carrier au besoin.

	littéralement	figurativement
le chandail bleu, blanc, rouge	uniforme des Canadiens de Montréal	
le chandail bleu et blanc avec la feuille d'érable		
Monsieur Eaton		les «Anglais»
L'erreur de M. Eaton	une simple erreur?	les anglophones...
Maurice Richard		

Par écrit: Close encounters

Avant d'écrire

A **Strategy: Viewing different facets of an object.** To use this strategy, you are going to answer a series of questions that will lead you to examine a topic from a variety of viewpoints before you begin writing. When you do begin to write, you do *not* need to describe your topic from all perspectives. You can focus on only one or blend two or more together. Choose the ones that best spark your imagination.

Application.   Imagine you wish to describe an article of clothing that has some special significance for you. The garment may be new or old, elegant or ugly, yours or someone else's. It may evoke memories of pleasant or unpleasant circumstances, or it may remind you of someone else. Whatever the case, think about the article of clothing as you try to answer the following questions.

How would you describe the garment to someone who is not in the room?

Does it remind you of someone, something, or some event?

What can you do with the article besides wear it?

How would you divide the garment into its constituent parts?

What other garment is similar? different? Explain.

Do you like the article of clothing? Why or why not?

B **Strategy: Making descriptions vivid.**   Descriptions become memorable when details appeal to the senses and sharp images are produced. Study the following example from *Une abominable feuille d'érable sur la glace*:

... un chandail bleu et blanc, avec la feuille d'érable au devant, le chandail des Maple Leafs de Toronto.

Application.   Now try completing the following sentence in a way that depicts an old sweater in an evocative and vivid manner.

J'ai un vieux chandail...

Écrivez

Choisissez un des sujets suivants.

1. Le narrateur dans le conte de Carrier raconte un souvenir de sa jeunesse associé à un chandail. Vous souvenez-vous d'un vêtement particulier de votre passé? Votre premier costume, par exemple, ou votre première robe du soir? Ou, vous souvenez-vous du jour où votre tante vous a acheté ce grand manteau à carreaux (orange!)? Écrivez un paragraphe où vous décrivez le vêtement. Pourquoi est-ce que vous vous souvenez de ce vêtement? Pourquoi est-il mémorable?

2. Quelle chance! En vous promenant hier soir, vous avez rencontré un extraterrestre avec qui vous avez parlé! Maintenant vos copains pensent que vous avez perdu la boule (*your marbles*). Alors il faut décrire le bonhomme en détail. Comment était-il (description physique, portrait moral)? À quoi ressemblait-il? Vous a-t-il fait une bonne impression? Pourquoi? / pourquoi pas?

3. Vous avez décidé de faire peau neuve (*turn over a new leaf*). Vous allez être plus discipliné(e) en ce qui concerne votre routine quotidienne, vous voulez faire plus attention à ce que vous mangez et vous avez une nouvelle cible: être en très bonne forme! Développez une liste de changements que vous allez faire dans votre vie. Ensuite, pour ne pas oublier, écrivez-vous un petit mot en expliquant tout ce que vous allez faire de différent et les bénéfices que vous attendez de ces changements.

Synthèse culturelle

L'apparence joue un rôle important dans nos premières impressions des gens. Est-ce qu'il vous est arrivé d'être jugé(e)[1]—à tort ou à raison—selon votre apparence?

Aïssatou: Lorsque j'ai commencé à travailler... les Américains préjugeaient que je devais comprendre les choses très difficilement, d'une part. Et d'autre part, il y avait les stéréotypes concernant les Africains ancrés dans leurs têtes par les médias... la plupart du temps, cela résultait de leur part en une attitude condescendante qui a disparu[2] lorsqu'ils ont appris que j'avais obtenu ma maîtrise mais également vu la qualité de mon travail.

Quand vous pensez à «l'Américain typique», quelle image vous vient à l'esprit?

Isabelle: Des gens qui portent des jeans et des T-shirts, qui mangent des hamburgers en regardant un match de football américain. Je les vois comme étant des gens riches, très grands et beaux. Ils ont les cheveux blonds, les yeux bleus et la peau bronzée.

Aïssatou: L'image qui me vient à l'esprit est celle d'un fermier[3] américain: très attaché à son pays, solidaire mais sans aucune[4] connaissance de ce qui se passe en dehors des frontières[5] de son continent.

TASK: Est-ce qu'on vous a jugé selon votre apparence ou selon votre nationalité? Que pensez-vous des descriptions d'Isabelle et d'Aïssatou au sujet de l'Américain typique? Si vous êtes américain(e), est-ce que c'est *vous* qu'elles décrivent ou non? Qu'est-ce qui vous vient à l'esprit quand vous pensez au Sénégalais typique ou au Canadien typique?

Demain quand vous irez en cours[6], faites-vous une nouvelle identité! Imaginez que vous êtes hippie (médecin, pasteur[7], professeur, chanteuse de rock, etc.). Habillez-vous selon l'identité choisie. Faites attention aux réactions de vos copains, de vos camarades de classe, de vos professeurs. Est-ce qu'ils remarquent vos vêtements? Qu'est-ce qu'ils vous disent? Est-ce qu'ils vous regardent d'une manière bizarre?

---

1. *judged*   2. *disappeared*   3. *farmer*   4. *without any*   5. *outside the borders*   6. *go to class*   7. *minister*

VOCABULAIRE ACTIF

Les vêtements (m.)

un anorak *ski jacket, parka*
un blouson *a short jacket*
un cardigan *a button-up sweater*
une casquette *a cap*
des chaussettes (f.) *socks*
une chemise *a man's shirt*
une chemise de nuit *a nightgown*
un chemisier *a blouse*
un col *a collar*
un costume *a man's suit*
une cravate *a tie*

un imperméable *a raincoat*
un jean *jeans*
un jogging *a jogging suit*
une jupe *a skirt*
un maillot de bain *a swimsuit*
un manteau *a coat*
une marque *a brand*
la mode *fashion*
un pantalon *(a pair of) pants*
une poche *a pocket*
un polo *a polo shirt*

un pull *a sweater (generic term)*
un pyjama *pajamas*
une robe *a dress*
une robe de chambre *a bathrobe*
une robe du soir *an evening gown*
un short *shorts*
un smoking *a tuxedo*
un tailleur *a woman's suit*
un T-shirt *a T-shirt*
une veste *a jacket (generic)*

Les chaussures (f.)

des baskets (f.) *basketball shoes*
des bottes (f.) *boots*
des bottines (f.) *ankle-boots*
des chaussures habillées *dress shoes*

des mocassins (m.) *moccasins*
des pantoufles (f.) *slippers*
des sandales (f.) *sandals*
des tennis (f.) *tennis shoes*

Les accessoires (m.)

une ceinture *a belt*
un chapeau *a hat*
une écharpe *a winter scarf*

des gants (m.) *gloves*
des lunettes (f.) de soleil *sunglasses*
un parapluie *an umbrella*

Les matières (f.) et les tissus (m.)

en coton (m.) *cotton*
en cuir (m.) *leather*
en flanelle (f.) *flannel*
en laine (f.) *wool*
en nylon (m.) *nylon*
en polyester (m.) *polyester*
en soie (f.) *silk*

en velours (m.) *velvet*
à carreaux *plaid*
à fleurs *flowered*
à pois *polka dot*
à rayures *striped*
uni *solid (color)*
(gris) clair *light (gray)*

(gris) foncé *dark (gray)*
bleu marine *navy blue*
bordeaux *burgundy*
marron *brown*
à manches courtes / longues
   short-sleeved / long-sleeved
haut(e) *high*

Pour faire ou répondre à un compliment

Pour faire un compliment

C'est vraiment chic, votre... (robe, etc.) *Your dress is really chic*
Quelle belle cravate (Quel beau pantalon, etc.) *What a beautiful tie (pants, etc.)*
Cette couleur (Ce jogging) vous va bien. *That color (jogging outfit) looks good on you.*

Pour répondre à un compliment

Vous trouvez?/Tu trouves? *Do you think so?*
Vous pensez que ça me va?/Tu penses que ça me va? *Do you think this fits (suits) me?*
Vous êtes bien gentil(le).
Vraiment? Je ne sais pas.
C'est ma femme (mon père) qui...
Je l'ai depuis longtemps. *I've had it a long time.*

Les traits du visage

la bouche *mouth*	la gorge *throat*	un œil / des yeux (m.) *eye / eyes*
le cou *neck*	la joue *cheek*	les oreilles (f.) *ears*
les dents (f.) *teeth*	les lèvres (f.) *lips*	la tête *head*
le front *forehead*	le nez *nose*	

Le corps

le bras *arm*	le genou *knee*	le pied *foot*
le coude *elbow*	la jambe *leg*	la taille *waist*
le dos *back*	la main *hand*	le ventre *stomach*
l'épaule (f.) *shoulder*		

La forme

l'aérobic (m.)	l'exercice physique (m.) *exercise*
le cardiotraining *cardiovascular workout*	un gymnase *a gym*
un club de fitness *a health club*	la musculation *weight training*
être/rester en bonne forme *to be/stay in good shape*	un produit bio *an organic product*
	le step *step workout*

Verbes

baisser *to lower*	faire de l'aérobic, du cardiotraining, du fitness, de la marche, de la muscu, du step	marcher *to walk*
se brosser les dents/les cheveux *to brush one's teeth/hair*		mettre *to put (on)*
se coiffer *to do one's hair*		se peigner *to comb one's hair*
se coucher *to go to bed*	faire mal (à) *to hurt*	porter *to wear*
se dépêcher *to hurry*	s'habiller *to get dressed*	prendre une douche *to take a shower*
se doucher *to shower*	se laver *to wash (oneself)*	se promener *to go for a walk*
s'endormir *to fall asleep*	lever *to raise*	se raser *to shave*
se fâcher *to get mad*	se lever *to get up*	se reposer *to rest*
	se maquiller *to put on makeup*	se réveiller *to wake up*

Divers

le bois *wood*	la lune *the moon*
(travailler) dur *(to work) hard*	la routine quotidienne *the daily routine*
le feu *fire*	y *it, there*

Plans et projets

11

Qu'est-ce que ces étudiants feront dans l'avenir? Quelle profession choisiront-ils? Seront-ils heureux? Se marieront-ils? Auront-ils des enfants? Et vous? Qu'est-ce que vous ferez dans vingt ans? Où serez-vous?

This chapter will enable you to

- understand a conversation between a job applicant and a prospective employer and an excerpt from a radio interview between two political figures in France

- read an article on people's perceptions of work and a literary text from Senegal about the condition of women in an African society

- talk about the future

- discuss jobs, careers, and other issues related to the professional world

- use turn-taking strategies in a conversation

409

Première étape

À l'écoute: Le monde du travail

Comment se passe une conversation téléphonique entre quelqu'un qui cherche du travail et un employeur en France? Cette étape vous propose un exemple d'une telle conversation.

Avant d'écouter

Imaginez que vous cherchez du travail dans la région parisienne. En consultant le journal, vous voyez les petites annonces à la page 411.

1 Avec un(e) camarade de classe, trouvez dans les annonces les mots donnés dans la colonne de gauche. En utilisant le contexte et la logique, pouvez-vous relier ces mots à leur définition (à droite)?

1. un comptable
2. un(e) débutant(e)
3. un gagneur
4. un vendeur / une vendeuse
5. le salaire
6. de haut niveau
7. exigé
8. juridique
9. un infirmier / une infirmière
10. le bloc opératoire

a. quelqu'un qui vend quelque chose dans un magasin
b. quelqu'un qui travaille avec les nombres, les budgets, etc.
c. quelqu'un qui assiste un médecin dans un hôpital
d. quelqu'un qui aime la compétition et être le premier
e. quelqu'un qui commence (dans le monde du travail ou autre chose)
f. un synonyme de «nécessaire» ou «obligatoire»
g. un adjectif qui se rapporte à la justice
h. la partie d'un hôpital où on fait les opérations
i. l'argent qu'on gagne par mois ou de l'heure quand on travaille
j. compliqué, sophistiqué

2 Maintenant avec votre partenaire, discutez chaque petite annonce; dites pourquoi ces postes vous intéressent ou non, soit comme emplois temporaires ou comme carrières. Comparez-les avec des emplois que vous avez déjà eus et la profession que vous voulez exercer.

CARRIÈRES ET EMPLOIS

CENTRE HOSPITALIER recherche **INFIRMIERS[IÈRES]** D.É. BLOC OPÉRATOIRE salaire intéressant Tél: 01.49.11.60.53	IMPORTANT GROUPE DE PRESSE recrute **SUPERVISEURS** POUR GRANDE CAMPAGNE DE TÉLÉMARKETING Vous avez 20 à 30 ans. Vous avez le sens de l'animation et l'expérience du télémarketing. Appelez dès maintenant de 9 heures à 18 heures. Tél: 01.43.87.03.00
HÔTEL *** cherche **ASSISTANT[E]** **DE DIRECTION** Bilingue anglais Formation hôtelière Référ. exigées Tél: 01.42.56.88.44	
AGENCE DE PUBLICITÉ FINANCIÈRE recherche **COMPTABLE** connaissance informatique Tél: 01.40.26.55.50	SOCIÉTÉ COMMUNICATION recherche **CONSEILLERS** **COMMERCIAUX** • débutant(es) accepté(es) • tempérament de gagneur • capables négociations de haut niveau • formation assurée • promotion rapide possible Tél: 01.48.98.55.00
SECRÉTAIRE **BILINGUE ANGLAIS** Expérience service juridique. Très bon salaire. Poste stable. Tél: 01.43.71.89.89	
VENDEUSE vêtements femmes. Qualifiée, bonne présentation, anglais si possible. Âge min, 25 ans Référ. récentes. Tél: 01.40.06.57.52	ÉCOLE INTERNATIONALE recrute **RESPONSABLE** **DÉPARTEMENT** **BILINGUE ANGLAIS** Expérience pédagogique obligatoire universitaire ou secondaire. 39 h minimum par semaine. Logement. Tél: 01.43.07.86.06

Écoutons

3 Écoutez une première fois pour identifier

1. la petite annonce qui a occasionné cette conversation.
2. l'expérience professionnelle de la jeune fille. Quelles sont les phrases qui décrivent sa situation?

_____ Elle n'a pas encore fini ses études.

_____ Elle a déjà son diplôme.

_____ Elle a travaillé pendant trois mois.

_____ Elle a trois ans d'expérience professionnelle.

4 Écoutez encore pour déduire d'après le contexte le sens des mots dans la colonne de gauche. Reliez-les à leur définition dans la colonne de droite. (Attention, il y a deux définitions supplémentaires.)

1. un stage	a. 39–40 heures par semaine
2. un poste	b. une position
3. à plein temps	c. une période de vacances
4. à mi-temps	d. un résumé de ses qualifications
5. un curriculum vitae	e. une conversation officielle
6. prendre rendez-vous	f. une période de travail pratique dans un programme d'études
7. un entretien	g. à temps partiel
8. remplir une demande d'emploi	h. perdre son travail
9. être embauché(e)	i. être choisi(e) comme employé(e)
	j. décider d'une heure spécifique pour voir quelqu'un
	k. compléter un formulaire (*form*) pour essayer d'avoir un travail

VOCABULAIRE ACTIF

un(e) comptable
un curriculum vitae / un CV
un(e) débutant(e)
embaucher /
    être embauché(e)
un emploi
un(e) employé(e)
un employeur
un entretien
(faire) une demande
    d'emploi
gagner
un infirmier /
    une infirmière
un poste à mi-temps /
    à plein temps
prendre rendez-vous
remplir un formulaire
le salaire
un stage
un vendeur /
    une vendeuse
venir de (+ infinitive)

5 Écoutez encore en faisant particulièrement attention aux verbes.

1. D'après le contexte, quel est le sens de **je viens de...** (... sortir, etc.)?

   a. I've come to   b. I have just

2. Plusieurs verbes dans cette conversation sont au futur. Cochez dans la liste suivante les formes que vous entendez.

   _____ vous chercherez   _____ il fera

   _____ vous prendrez   _____ il faudra

   _____ vous viendrez   _____ je commencerai

   _____ vous remplirez   _____ je pourrai

Maintenant, pouvez-vous identifier l'infinitif ou la forme correspondante du présent pour chacun des verbes de la liste ci-dessus? Quel est le futur de l'expression **il faut?** Quel est le futur du verbe **faire? pouvoir? venir?**

6 Écoutez la conversation une dernière fois pour répondre aux questions suivantes.

1. Quelles sont les trois choses que l'employeur veut savoir?
2. Quelles sont les trois choses que l'employeur dit à la jeune fille de faire?
3. La jeune fille ne pose qu'une seule question. Quelle est cette question, et quelle est la réponse?

7 Avec un(e) partenaire, choisissez une petite annonce qui vous intéresse et jouez le rôle d'un(e) postulant(e) (une personne qui fait une demande d'emploi) et de l'employeur. Dans une conversation téléphonique semblable à celle que vous venez d'entendre, posez les questions appropriées—et improvisez les réponses!

Prononciation Le **s** français: [s] ou [z]?

● You have already worked on the French **s** in **Chapitre 6,** but because the rules that govern the pronunciation of the letter **s** are not the same in English and in French, the French **s** often continues to be a trouble spot for English speakers. Once you understand how it works, however, you will see that **c'est facile comme bonjour!**

Écoutez As you listen to the following conversation, pay close attention to each **s.** Underline with one line those that are pronounced [s] and underline with two lines the ones that are pronounced [z]. You will then draw some conclusions.

— Tu te spécialises en philosophie? Comment vas-tu réaliser tes rêves grandioses?
— Un philosophe sait penser et quelqu'un qui sait penser peut tout faire! J'ai déjà travaillé comme conseiller commercial dans une société de communication; j'ai aussi enseigné des cours de prononciation française où on parlait d'immersion, d'inversion, de conversion, d'observation...
— C'est très intéressant, tout ça, mais quelle carrière vas-tu choisir?
— Alors là, il faut que je réfléchisse...

Now can you infer how it works? Match the various cases with the appropriate sound, and give examples from the conversation above.

orthographe (*spelling*)	[s]	[z]
initial **s**	✔ sait, société	
-ss-		
intervocalic **s** (inside a word, between two vowels)		
inside a word, preceded or followed by a consonant		
final **s** (normally silent) in a **liaison**		

Essayez!

1. Repeat the conversation in **Écoutez,** distinguishing clearly between [s] and [z]. Verify your pronunciation on the student audio CD as needed.

2. **Un test d'embauche?** As part of the application process for a mysterious job, an employer wants to know what associations the following words trigger in your mind. Underline the [s] sounds with one line and the [z] sounds with two lines, then practice saying the words. Verify your pronunciation on the student audio CD, then give some word associations— **en français, bien sûr.**

   a. la curiosité
   b. l'hypocrisie
   c. le désert du Sahara
   d. un dessert
   e. du poisson
   f. du poison
   g. un épisode
   h. ressembler
   i. l'immersion
   j. le professionnalisme

Vocabulaire

Pour parler du travail

Mes amis ont des rêves grandioses. Par exemple, Gilles ne veut pas être ouvrier chez Renault; il veut être chef d'entreprise ou homme d'affaires. Nadia ne veut pas être journaliste; elle veut avoir un poste de direction au *Nouvel Observateur*. Karim ne veut pas être un simple cuisinier; il veut être le patron de son propre restaurant. Didier veut être non seulement banquier, mais cadre à la Banque de France. José veut exercer une profession libérale comme médecin ou avocat, ou peut-être enseignant dans une école supérieure. Moi, je veux être fonctionnaire; j'aime la sécurité de travailler pour le gouvernement.

● En choisissant parmi le nouveau vocabulaire de cette étape, complétez les phrases suivantes d'une façon personnelle en parlant de vos «rêves grandioses».

> Je ne veux pas être...
> Je voudrais...

Activités

A Quelles catégories? Classez le vocabulaire suivant selon quatre catégories que vous développez avec des camarades de classe.

curriculum vitae   poste   cadre   ouvrier(ière)
   entreprise   salaire   emploi   sécurité
exercer   poste de direction   banquier(ière)
   fonctionnaire   gagner   patron(ne)   enseignant(e)
profession libérale   expérience   embaucher
   chef d'entreprise   journaliste   stage   cuisinier(ière)
remplir   employé(e)   homme/femme d'affaires
   employeur   vendeur(euse)   rendez-vous   débutant(e)
comptable   entretien   infirmier(ière)   demande d'emploi

B **Préférences.** Cochez les professions que les personnes suivantes voudraient exercer, à votre avis. Interviewez un(e) partenaire pour compléter la colonne de droite.

	moi	copain/ copine	frère/ sœur	camarade de chambre	partenaire
comptable					
journaliste					
infirmier(ière)					
vendeur/ vendeuse					
banquier(ière)					
enseignant(e)					
homme/ femme d'affaires					
?					

Maintenant, expliquez vos réponses. Par exemple, est-ce une profession où on gagne beaucoup d'argent? où il y a beaucoup de temps libre? où il y a très peu de stress? etc.

➡ *Ma copine voudrait être comptable parce qu'elle aime les mathématiques et la sécurité d'un bon travail.*

Structure: Thinking about the future

L'infinitif

Observez et déduisez Qu'est-ce que l'avenir réserve à ces jeunes gens? Sandrine espère être cadre. Mohammed a l'intention d'être banquier. Karine compte devenir* journaliste. Philippe veut devenir comptable. Isa a envie d'être infirmière.

Sandrine   Mohammed   Karine   Philippe   Isa

You have been using the **futur proche** to refer to the immediate future since **Chapitre 3.** Here you learn a variety of other ways to speak about your plans and the future.

● Study the examples above. Can you find five different verbs or expressions to talk about the future?

*Devenir is conjugated like venir.

Vérifiez *L'infinitif*

- In the **futur proche,** you use the verb **aller** followed by an infinitive to say what you are going to do.

  Je **vais parler** à mon patron.

- The following expressions, followed by an infinitive, can also be used to speak about the future.

  espérer* (*to hope to*)
  vouloir
  compter (*to plan to*)   } + infinitive
  avoir l'intention de (*to intend to*)
  avoir envie de

■ *Activités*

C **L'avenir et le travail.**   Voici les résultats d'un sondage effectué auprès de jeunes Français de 15 à 24 ans. Récapitulez chaque réponse en utilisant les expressions données dans **Vérifiez.**

➡ *Trente et un pour cent des jeunes Français **comptent travailler** dans une grande entreprise.*

l'avenir

Vous préférez travailler dans		Dans dix ans, professionnellement, pensez-vous être	
une grande entreprise	31%	ouvrier	3%
une PME[1]	12%	employé	15%
la fonction publique	20%	cadre moyen	18%
une profession libérale	34%	cadre supérieur	18%
ne sait pas	3%	pratiquant une profession libérale	23%
		enseignant (professeur)	8%
		chef d'entreprise	9%

1. petite ou moyenne entreprise
Le Français dans le monde, N° 246

Et vous? Quelle est votre réaction à ce sondage? Expliquez votre point de vue et écoutez les opinions de vos camarades de classe.

➡ *Moi, j'espère travailler dans la fonction publique. Je n'ai pas envie de travailler dans une grande entreprise. Et vous?*

D **L'avenir.**   Comment voyez-vous l'avenir? Complétez les phrases suivantes en ajoutant un infinitif.

Dans 10 ans...
1. je / vouloir...
2. mon/ma camarade de chambre / compter...
3. mes parents / espérer...
4. mes amis / avoir l'intention de...
5. les étudiants d'aujourd'hui / aller...

---

*Espérer has a stem-changing conjugation like **préférer:** j'espère, tu espères, on espère, nous espérons, vous espérez, ils espèrent.

Structure: Planning for a career

Le futur simple

Observez et déduisez

une débutante   un postulant   des infirmières   un patron

> J'espère que le patron m'embauchera.

> J'espère que les postulants seront qualifiés.

_____   _____

> J'espère que j'aurai du succès dans ma carrière.

> J'espère que nous trouverons des postes dans un hôpital.

_____   _____

- Match the hopes expressed above with the person most likely to have voiced each:

    une débutante / un postulant / des infirmières / un patron

    Write the name under the appropriate bubble.

- Can you infer the infinitive of the verb **aurai? seront?**

- The verbs in the preceding examples are in the **futur simple.** Based on the examples given and previous knowledge, can you infer the rest of the **futur simple** conjugation?

je _____	nous _____
tu chercheras	vous _____
il/elle/on _____	ils/elles chercheront

Vérifiez *Le futur simple*

- The simple future in French, as in English, is used to say what *will take place* or what one *will do.*

  Les nouveaux diplômés **chercheront** un poste.

- The future tense is formed by adding the following endings to the infinitive: **-ai, -as, -a, -ons, -ez, -ont.**

le futur simple

je travailler**ai**	nous traviller**ons**
tu traviller**as**	vous traviller**ez**
il/elle/on traviller**a**	ils/elles traviller**ont**

- For infinitives ending in **-e,** drop the **-e** before adding the future ending.

  Le postulant **prendra** rendez-vous avec la patronne.

- Certain irregular verbs have irregular stems to which the future endings are added.

être	**ser-**	pouvoir	**pourr-**	venir	**viendr-**
avoir	**aur-**	vouloir	**voudr-**	savoir	**saur-**
faire	**fer-**	devoir	**devr-**	voir	**verr-**
aller	**ir-**	falloir	**faudr-**		

Résumé: pour parler de l'avenir

- Le futur proche (**aller** + infinitif): Je **vais chercher** un poste.
- Autres expressions verbales + infinitif: J'**ai envie de travailler** comme infirmier.
  Je **compte travailler...**
- Le futur simple: J'**aurai** une profession intéressante.

Activités

E **Cherchons un travail!** Normalement, on ne trouve pas de poste au hasard (*by chance*); il y a une certaine progression. Mettez les activités suivantes dans l'ordre logique.

_____ faire une demande d'emploi	_____ parler au patron
_____ pouvoir gagner sa vie	_____ demander un entretien
_____ choisir une profession	_____ lire les petites annonces
_____ travailler dur	_____ prendre rendez-vous
_____ être embauché(e)	__1__ finir ses études

Maintenant, dites à un(e) partenaire ce que vous ferez pour chercher un travail. Comparez votre progression à celle de votre partenaire.

➡ *Bon, d'abord je finirai mes études...*

F Clairvoyant(e).   En employant le futur simple, dites ce que les personnes suivantes feront dans les circonstances indiquées... selon votre «boule de cristal»!

➡ vous / dans cinq ans (avoir, trouver, ?)
Dans cinq ans j'aurai un appartement à New York. Je trouverai un bon poste. Je serai reporter pour le New York Times...

1. vous / dans cinq ans (vouloir, aller, ?)
2. vos copains (copines) / après leurs études (savoir, ne plus devoir, ?)
3. votre famille / ce week-end (faire, devoir, ?)
4. le professeur / pendant les vacances (être, ne pas venir, ?)
5. ? / ?

G Un monde idéal.   Qu'est-ce que vous espérez pour l'avenir? Complétez les phrases suivantes, puis partagez vos réponses avec la classe.

J'espère que ma famille...
mes copains (copines)...
les gens...
le gouvernement...
?

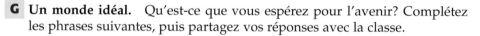

Jeu de rôle   Imagine that you are a famous figure from the past or a modern-day celebrity. Now, with that identity in mind, imagine you're still in high school, and you're writing a paper called *«Mon avenir»* for your French class. Share your aspirations of future accomplishments with your classmates! Will you be Picasso? Queen Victoria? Napoleon? Mother Teresa? Someone else?

Deuxième étape

Lecture: L'image du travail

 Le travail et la réussite (le succès) professionnelle ont un sens différent pour différentes personnes. Le texte que vous allez lire dans cette étape analyse l'image du travail chez les Français d'aujourd'hui.

Avant de lire

1 Quelle est votre image du travail? Cochez les réponses qui expriment votre opinion et ajoutez d'autres réponses au besoin.

Pour moi, le travail (une carrière), c'est...

_____ un mal nécessaire

_____ un moyen de gagner sa vie

_____ un moyen de faire fortune (devenir riche)

_____ un moyen de s'épanouir (développer ses talents et sa personnalité)

_____ un moyen d'acquérir un statut social

_____ un moyen de monter dans la société

_____ un moyen d'établir des contacts sociaux (collègues, amis)

_____ un moyen d'avoir la sécurité, sans la peur du chômage (*unemployment*)

_____ un moyen d'être utile (*useful*) à la société

_____ un moyen d'éviter l'ennui (*avoid boredom*)

_____ ?

2 L'illustration qui accompagne le texte à la page suivante est un peu insolite (bizarre), n'est-ce pas? Quelle est la conception du travail de ce jeune homme, à votre avis? Est-il ambitieux? conformiste? Qu'est-ce que ses vêtements révèlent? et ses patins à roulettes (*roller skates*)? Imaginez sa profession, sa personnalité et ses projets d'avenir.

En général

3 Parcourez le texte une première fois pour identifier les idées générales.

Quatre conceptions nouvelles du travail

Quels sont les quatre adjectifs qui définissent ces conceptions?

La régression du carriérisme

1. Cochez les idées qui sont mentionnées dans cette partie du texte.

   _____ La mentalité des jeunes cadres dans les années 80.

   _____ Les attentes (*expectations*) des jeunes cadres d'aujourd'hui.

   _____ Les professions préférées des jeunes des années 80.

   _____ Les professions préférées des jeunes d'aujourd'hui.

   _____ Les prédictions d'un sociologue pour le vingt et unième siècle.

   _____ Une analyse de la situation actuelle par un sociologue.

2. Quelle génération de jeunes cadres le jeune homme de l'illustration représente-t-il? Pourquoi?

L'image du travail

Quatre conceptions nouvelles du travail

Quelle est l'attitude des Français vis-à-vis du travail? Une vieille chanson populaire dit que «le travail c'est la santé, rien faire c'est la conserver!... » Peu de Français sont assez naïfs pour imaginer qu'on puisse se soustraire° à l'obligation de travailler, mais avec la crise économique et la peur croissante du chômage, quatre conceptions nouvelles du travail sont apparues°.

éviter

arrivées

Une conception «sécuritaire» s'est développée dans les catégories les plus vulnérables de la population. Elle est particulièrement forte chez tous ceux qui se sentent menacés dans leur vie professionnelle pour des raisons diverses: manque de formation, charges de famille, une entreprise ou une profession vulnérable.

On rencontre aussi chez les personnes les plus attachées à la consommation une conception «financière». Leur vision du travail est simple et concrète. Il s'agit avant tout de bien gagner sa vie, afin de pouvoir dépenser sans trop compter.

La conception «affective» est répandue° chez ceux qui accordent une importance prioritaire aux relations humaines dans le travail et qui cherchent à s'épanouir. Elle concerne beaucoup de jeunes et d'adultes des classes moyennes pour qui la nature de l'activité professionnelle revêt° une importance particulière, ainsi que son environnement (les collègues, la hiérarchie, le cadre° de travail...).

commune

prend
environnement
considérer

Enfin, la conception «libertaire» représente une façon d'envisager° le travail comme une aventure professionnelle. Ses adeptes sont attirés surtout par la liberté, propice° à la création et à la réalisation de soi-même. Ils sont ouverts à toutes les formes nouvelles de travail (temps partiel, interim°) ainsi qu'à l'utilisation des technologies dans l'entreprise. Ils sont par principe très mobiles et considèrent tout changement de travail, d'entreprise ou de région comme une opportunité.

favorable

travail temporaire

La régression du carriérisme

Les années 80 étaient l'ère du *golden boy,* le jeune cadre dynamique pour qui réussite professionnelle et argent étaient synonymes. L'ambition des «jeunes loups°» était de faire fortune. Aujourd'hui, le désir de s'épanouir en occupant un emploi intéressant leur paraît de plus en plus légitime. Pour beaucoup, le travail idéal, c'est celui que l'on accomplit sans avoir l'impression de travailler. De plus, le désir de gagner le plus d'argent possible en travaillant, ou d'accélérer son ascension dans l'entreprise, semble s'essouffler° depuis quelques années. Ainsi, les métiers qui, dans l'absolu, ont aujourd'hui les faveurs des jeunes (chercheur, médecin, journaliste, professeur...) ne sont pas systématiquement ceux qui permettent de gagner le plus d'argent ou d'acquérir du pouvoir. Les attentes qualitatives tendent à s'accroître°: être utile; exercer des responsabilités; participer à un projet collectif; apprendre et se développer sur le plan personnel; avoir des contacts enrichissants; créer. Le sociologue Gilles Lipovetsky, auteur de *L'Ère du vide* (éd. Gallimard) confirme: «Désormais°, penser l'ambition uniquement en termes de progression sociale est dépassé°. Les gens veulent toujours gagner de l'argent mais se demandent pour quoi faire? L'argent doit être utile à réaliser de nouveaux luxes: ceux d'aider les autres, de prendre son temps, de réaliser ses désirs.»

wolves

diminuer

augmenter

from now on
outdated

Adapté de *Francoscopie 2001* (Gérard Mermet), pp. 268–269.

■ *En détail*

4 Les mots. En utilisant le contexte et la logique, déduisez le sens des mots suivants.

Quatre conceptions nouvelles du travail, ¶2

1. **menacé** («... ceux qui se sentent menacés dans leur vie professionnelle»)
   a. en situation de risque   b. en situation de sécurité

2. **(le) manque de formation**
   a. l'absence d'organisation   b. l'absence de préparation académique

3. **les charges** (de famille)
   a. les accusations   b. les obligations financières

4. **une entreprise** («une entreprise ou une profession vulnérable»)
   a. une compagnie   b. un projet

La régression du carriérisme

5. **un métier** («les métiers qui ont aujourd'hui les faveurs des jeunes»)
   a. un domaine d'études   b. une profession

6. **le pouvoir** («qui permettent d'acquérir du pouvoir»)
   a. l'autorité, la capacité   b. l'aptitude, la capacité d'essayer de dominer

7. **réaliser** («L'argent doit être utile à réaliser de nouveaux luxes»)
   a. comprendre   b. obtenir

5 Le texte. Lisez plus attentivement pour voir si les phrases suivantes sont vraies ou fausses. Si elles sont fausses, corrigez-les.

Quatre conceptions nouvelles du travail

1. Selon une vieille chanson populaire, «le travail, c'est la santé» et donc la meilleure façon de conserver sa santé, c'est de travailler constamment.
2. Les quatre conceptions nouvelles du travail sont dues à la crise économique.
3. La première conception est celle des gens qui ont particulièrement peur du chômage.
4. La deuxième conception est une vision tout à fait matérialiste.
5. La troisième conception concerne principalement les riches qui ont moins de préoccupations financières.
6. La quatrième conception est celle des gens qui aiment la routine.

La régression du carriérisme

7. Les «jeunes loups» des années 80 préféraient un emploi qui paie bien à un emploi intéressant.
8. Le travail idéal d'aujourd'hui est défini comme un travail où l'on peut être son propre (*own*) patron.
9. Les métiers préférés des jeunes d'aujourd'hui sont des métiers qui permettent une ascension sociale rapide.
10. Le désir de s'épanouir est une attente qualitative.
11. Selon le sociologue cité, la progression sociale reste l'ambition la plus commune.
12. Prendre son temps et épanouir sa personnalité sont des luxes dans la société d'aujourd'hui.

6 **Récapitulation.** En utilisant vos propres mots, définissez

1. les quatre conceptions du travail présentées dans le texte.
2. le *golden boy* des années 80.
3. l'ambition des jeunes cadres d'aujourd'hui.

Et vous?

VOCABULAIRE ACTIF

l'ambition (f.)
les attentes (f.)
une carrière
le chômage
l'ennui (m.)
éviter
la formation
un manque (de)
un métier
le pouvoir
réaliser (ses rêves, ses
    désirs)
la réussite
la société
utile

Discutez les sujets suivants en groupes de deux ou trois, puis comparez vos réponses avec celles des autres groupes.

1. Est-ce que votre conception du travail correspond à l'une des quatre catégories présentées dans le texte? Laquelle? Pourquoi?
2. Est-ce que le *golden boy* du texte existe toujours dans la société américaine? Expliquez.
3. Quelle est votre définition du luxe? Quels luxes voulez-vous réaliser dans votre vie?
4. Le texte parle à plusieurs reprises d'épanouissement. Comment peut-on «s'épanouir» dans sa vie professionnelle, personnelle et familiale? Donnez des idées pour chaque domaine.
5. À votre avis, les conceptions du travail et de la réussite professionnelle seront-elles différentes dans 20 ans? Imaginez les définitions de l'avenir.

Note culturelle

Les conditions de travail en France. La durée légale du travail des salariés est passée à 35 heures par semaine en 2002. Pourquoi? Principalement pour réduire le chômage et créer des emplois. En 2002, la France comptait environ 9% de chômeurs, contre 5,5% aux États-Unis, 6,7% en Belgique et 13% en Espagne. Chez les jeunes de 15 à 24 ans, le taux de chômage était encore de 20% en mars 2002, malgré les programmes gouvernementaux comme les stages d'insertion qui garantissent des subventions (*subsidies*) aux entreprises qui embauchent des jeunes. Si la semaine des 35 heures a créé plus de 300 000 emplois en 2002, elle a aussi contribué à une quantité de travail accrue (plus grande) pour les cadres et les indépendants, et une dévalorisation de la notion de travail pour beaucoup de Français. La majorité des salariés (54%) disent qu'ils préfèrent gagner moins d'argent et avoir plus de temps libre. Est-ce votre préférence personnelle aussi?

Imaginez une semaine de trente-cinq heures en Amérique du Nord: est-ce que les «accros du travail» (*workaholics*) vont pouvoir s'adapter? Quelles seront les conséquences pour la société américaine?

Structure: Identifying conditions and consequences

Le futur simple après certaines locutions

Observez et déduisez   Quelle est votre définition de la réussite?

Si je deviens riche, j'achèterai une voiture de luxe.

Moi, dès que j'aurai assez d'argent, je voyagerai.

Et moi, quand je pourrai, j'aiderai les autres.

- Study the picture captions above. What tense is used after the conjunctions **quand** and **dès que** (*as soon as*)? What tense is used after **si?**

Vérifiez   *Le futur simple après certaines locutions*

- In French, the future tense—*not* the present—is required after the expressions **quand** and **dès que** if one is speaking about the future.

    Dès qu'il **aura** la sécurité d'un travail sûr, il n'**aura** plus peur du chômage.

- The future tense is also used to indicate what will happen if certain conditions are met. Use **si** and a verb in the *present* tense to express the *conditions.* Use the *future* tense to explain the *consequences.*

    Si tu **es** au bon endroit au bon moment, tu **feras** fortune!

Activités

H **Choisissez!**   Qu'est-ce qu'une carrière représente pour vous? Complétez les phrases suivantes, en soulignant la phrase qui exprime ce qui compte le plus pour vous.

1. Dès que j'aurai un bon poste...
   a. je serai utile à la société.
   b. je me développerai sur le plan professionnel.

2. Quand je finirai mes études...
   a. je ferai fortune.
   b. je gagnerai ma vie.

3. Quand je commencerai ma carrière...
   a. je monterai vite dans l'entreprise.
   b. j'aurai des collègues sympathiques.

4. Dès que j'aurai mon diplôme...
   a. je chercherai un travail intéressant.
   b. je n'aurai plus peur du chômage.

5. Quand j'aurai un travail...
   a. je chercherai à acquérir du pouvoir.
   b. j'exercerai des responsabilités importantes.

Maintenant, comparez vos réponses en groupes de trois ou quatre. Quels concepts sont les plus importants pour votre groupe? Faire fortune ou gagner sa vie? etc. Faites un résumé de vos réponses pour la classe.

I **Des conseils.**   Lisez les conditions et les conséquences suivantes et formulez des conseils logiques pour quelqu'un qui cherche un travail.

➡ *Si tu as ton diplôme, tu pourras trouver un bon poste.*

conditions	conséquences
être au bon endroit au bon moment	réussir ta vie
	être heureux (heureuse)
avoir de l'ambition	avoir un bon emploi
étudier	choisir une carrière qui te plaît
penser aux autres	devoir travailler dur
vouloir être heureux	apprendre (à)
se réveiller tôt	avoir besoin d'argent
être responsable	faire fortune
avoir un diplôme universitaire	t'amuser
?	donner un sens à ta vie
	?

J **Mon avenir.**   Complétez les phrases pour parler de vos projets d'avenir.

1. Dès que j'aurai mon diplôme...
2. Quand je trouverai un bon emploi...
3. Dès que je ferai fortune...
4. Quand je me marierai...
5. Quand j'aurai 40 ans (65 ans)...
6. Quand je serai prêt(e) à acheter une maison...

Structure: Adding emphasis

Les pronoms toniques

Observez et déduisez

— Qu'est-ce que la réussite pour toi, Nadine?

— Pour moi, la réussite c'est exercer des responsabilités, participer à des projets collectifs...

— Et pour toi, Patrick?

— Eh bien, moi, je pense que la réussite c'est avoir un travail intéressant et avoir du temps libre aussi.

- What two pronouns do you find after the preposition **pour** in the preceding conversation? Can you infer the subject pronouns to which they correspond?

- Match each subject pronoun in the left column to its corresponding stress pronoun in the right column.

  je   toi
  tu   elle
  il   moi
  elle   elles
  on   vous
  nous   eux
  vous   soi
  ils   lui
  elles   nous

- In the last sentence of the dialogue, you see «Moi, je... ». You have seen this use of **Moi, je...** many times throughout this text. Can you infer its function from the context?

Vérifiez   *Les pronoms toniques*

les pronoms toniques

moi	nous
toi	vous
lui, elle, soi	eux, elles

- Stress, or tonic, pronouns are used after prepositions:

  Réussir ma vie professionnelle... ? C'est avoir de bons collègues; c'est participer à des projets avec **eux.**
  Être heureux dans ma vie personnelle... ? C'est m'amuser avec ma copine; c'est aller chez **elle.**
  Et pour **toi?** Qu'est-ce que c'est que «réussir»?

● for emphasis:

> **Moi,** je veux un travail sûr. **Lui,** il veut se sentir libre.

● after **c'est/ce sont:**

> C'est **nous** qui cherchons une «aventure» professionnelle.
> Ce sont **eux** qui veulent faire fortune.

> (**Ce sont** is used only with the third-person plural, **eux/elles.**)

● and alone as a question or as an answer to a question:

> — Qui veut réussir?
> — **Moi!**
> — **Vous** aussi?

Activités

K **Qu'est-ce qu'une vie réussie?** Écoutez les activités mentionnées et indiquez si elles jouent un rôle important dans le concept d'une vie réussie pour vous, pour votre meilleur(e) ami(e), ou pour vous deux.

> ➡ (se marier?)   pour moi   pour elle/lui   pour nous deux
>   _____   ✔ _____   _____

Maintenant, réfléchissez à vos réponses. Est-ce que vous ressemblez beaucoup à votre ami(e)?

L **La réussite.** Regardez les photos ci-dessous, puis lisez les phrases suivantes. Décidez qui a dit chacune de ces phrases: l'homme? le couple? la femme? Est-ce que les phrases pourraient s'appliquer à différentes personnes?

> ➡ «La réussite, c'est arriver à ses objectifs.»
> *C'est lui qui l'a dit.*

«La réussite, c'est s'accepter.»
«La réussite, c'est avoir confiance en soi.»
«La réussite, c'est être libre.»
«La réussite, c'est avoir le confort matériel.»
«La réussite, c'est avoir la tranquillité.»
«La réussite, c'est avoir du temps libre.»
«La réussite, c'est avoir de l'argent.»
«La réussite, c'est pouvoir voyager.»

M Moi, je... et toi? (1) Parmi les descriptions suivantes, cochez dans la 1ère colonne celles qui s'appliquent à vous.

	s'applique à moi	s'applique à...
1. être ambitieux(euse)	_____	_____
2. être attiré(e) par la créativité	_____	_____
3. se sentir menacé(e) par le chômage	_____	_____
4. être attaché(e) à la consommation	_____	_____
5. accorder une importance prioritaire aux relations humaines	_____	_____
6. chercher l'aventure professionnelle	_____	_____
7. s'ennuyer quelquefois	_____	_____
8. _____	_____	_____

(2) Interviewez quatre camarades de classe pour voir si vous vous ressemblez. Écrivez les noms des camarades qui vous ressemblent.

Jeu de rôle Role-play a scene with three classmates in which each of you is a proponent of a different **«conception du travail».** Defend your **«conception»,** and ask your classmates questions to force them to defend their opinions.

Culture et réflexion

 Le monde des affaires. Comme le dit Polly Platt dans son livre *French or Foe?*, les affaires en France sont «un tango» et il faut connaître les pas[1] pour pouvoir danser. Tout d'abord, il faut savoir que si vous voulez le pain le plus frais chez le boulanger du coin ou des échantillons gratuits[2] à la parfumerie, il faut établir un rapport personnel avec les commerçants. Un brin[3] de conversation («Votre maman est sortie de l'hôpital? À cet âge-là, évidemment, on devient fragile... ») avant la transaction assure un meilleur service. Il est vrai que cela prend du temps, mais c'est un investissement qui rapporte[4], que ce soit[5] à la banque, chez l'avocat, chez le médecin ou dans un magasin, le client le mieux servi ne sera pas nécessairement celui qui dépense le plus d'argent, mais celui qui prend le temps d'établir un rapport personnel avec son interlocuteur. Pensez au monde des affaires dans votre pays: les transactions sont-elles personnalisées? Si oui, comment? Si non, pourquoi pas, à votre avis? Préférez-vous une culture où «le temps, c'est de l'argent», ou une culture où les relations humaines sont plus valorisées? Peut-on avoir les deux?

La femme au Sénégal. L'article 154 du Code de la Famille stipule: «La femme peut exercer une profession, à moins que[6] son mari ne s'y oppose.» L'article 134 de ce même code stipule que «la femme peut demander à son mari, à l'occasion du mariage ou postérieurement, d'opter pour le régime de la monogamie ou de la limitation de la polygamie». Si le mari s'y oppose, le mariage est automatiquement placé sous le régime de la polygamie, qui autorise l'homme à avoir jusqu'à quatre femmes. Ces lois semblent rétrogrades aux Occidentaux. Cependant, l'écrivain sénégalais Cheik Aliou Ndao fait remarquer que «il serait dangereux de juger l'Afrique comme s'il s'agissait d'un pays européen, sous le prétexte d'une universalité qui, en fait, n'est que la généralisation de la réflexion européenne». Ndao explique que la société africaine traditionnelle est basée sur l'harmonie entre l'homme et la femme et que la femme devient l'inférieure de l'homme seulement s'il devient un «rival»—un concept occidental. Quels sont les dangers de juger une société non-occidentale selon les valeurs occidentales? Donnez des exemples de tels jugements et leurs conséquences.

▲ Un petit brin de conversation avant la transaction.

▼ La femme africaine dans un monde en transition.

---

1. *steps*   2. *free samples*   3. peu   4. *pays off*   5. *be it*   6. *unless*

À l'écoute: Hommes et femmes—l'égalité?

Vous allez entendre deux députés (ou représentants) à l'Assemblée nationale, dans le Parlement français, discuter la question de l'égalité (*equality*) des hommes et des femmes en France.

Avant d'écouter

▲ L'Assemblée nationale—quelques femmes?

1 À votre avis, l'égalité des sexes est-elle un mythe ou une réalité de nos jours? Est-ce que l'égalité des droits (*rights*) garantit l'égalité des chances? Pensez à la société nord-américaine. En groupes de deux ou trois, décidez si les femmes sont les égales des hommes dans les domaines suivants. Donnez des explications ou des exemples pour justifier vos réponses, puis, si vous le désirez, ajoutez d'autres catégories où la question d'égalité se pose.

1. dans les écoles et les universités
2. dans le monde professionnel
   a. embauche
   b. promotions
   c. postes de direction
   d. salaires
3. dans le monde politique
4.   ?

2 Selon vous, qu'est-ce qui est plus difficile pour les femmes: entrer ou monter (avoir des promotions) dans les domaines traditionnellement masculins? Expliquez.

Écoutons

3 Écoutez d'abord pour identifier le point de vue de Françoise Brasseur et de Philippe Aubry sur l'égalité entre les hommes et les femmes. Est-ce un mythe ou une réalité pour elle? pour lui?

4 Écoutez encore en faisant attention aux chiffres. Complétez les phrases.

1. Les femmes constituent _____ pour cent de la population active (qui travaille).
2. À profession égale, les femmes gagnent en moyenne (*average*) _____ pour cent de moins que les hommes.
3. Il y a seulement _____ pour cent de représentation féminine au Parlement.
4. Les femmes ont le droit de voter depuis _____ ans.
5. Dans _____ ans, la situation sera très différente.

VOCABULAIRE ACTIF

l'égalité (f.)
évidemment
franchement
personnel(le)
professionnel(le)
une promotion
la réalité
réservé(e) à
seulement
traditionnellement

5 Écoutez encore ce que dit Françoise Brasseur pour trouver le contexte des mots suivants et déduire leur sens. Donnez un synonyme, un antonyme ou une définition.

➡ en théorie
Contexte: «*On peut en parler, oui, en théorie!*»
Sens: *Le contraire de la pratique.* ou: *C'est ce qu'on dit mais pas ce qu'on fait.*

1. réservé (à)
2. évidemment
3. franchement

6 Écoutez une dernière fois et reconstituez les arguments des deux députés.

1. Deux «preuves» que l'égalité est plus qu'une théorie.
2. Trois «preuves» que l'égalité est seulement une théorie.
3. Une raison pour laquelle l'égalité est difficile à réaliser.

7 Discutez les sujets suivants.

1. Imaginez une discussion semblable entre des démocrates et des républicains aux États-Unis. Est-ce que les arguments seront les mêmes? En groupes de trois, adaptez l'interview au contexte américain. Discutez d'abord les différences et les ressemblances que vous voyez, puis jouez l'interview.
2. Philippe Aubry pense que dans soixante ans, la situation sera très différente. Êtes-vous aussi optimiste? À votre avis, qu'est-ce qui sera différent? Qu'est-ce qui ne changera pas dans la condition des femmes—et des hommes? Faites une liste de vos prédictions.

Note culturelle

Le gouvernement français. Le gouvernement français est divisé en trois branches ou pouvoirs.

- Le pouvoir exécutif: le Président de la République, élu pour cinq ans, nomme le Premier ministre qui dirige une équipe de 40 à 50 ministres. Leur fonction commune est d'assurer l'exécution des lois.
- Le pouvoir législatif: l'Assemblée nationale, avec 577 députés qui sont élus pour cinq ans, et le Sénat, avec 321 sénateurs qui sont élus pour neuf ans, forment le Parlement, dont la fonction est de discuter et voter les lois.
- Le pouvoir judiciaire: créé en 1799, le Conseil d'État contrôle la légalité des actes administratifs. La Cour de cassation joue le rôle d'une cour suprême et peut casser (changer) les jugements prononcés par les tribunaux.

Pouvez-vous comparer la structure du gouvernement de votre pays avec celle du gouvernement français?

Prononciation | Les nombres

● Numbers are another trouble spot for learners of the French language. When do you pronounce the [k] in **cinq,** for example, and when is it silent? From now on, it will no longer be a mystery!

Écoutez As you listen to the following statements based on **À l'écoute: Hommes et femmes—l'égalité?** on the student audio CD, look at the final consonants in boldface type. Underline those that are pronounced and cross out the ones that are silent. You will then draw some conclusions.

1. Les femmes, qui constituent quarante-cin**q** pour cent de la population active, gagnent en moyenne di**x**-hui**t** pour cent de moins que les hommes. Il y a hui**t** ans, ou même si**x** ans, cette différence était de ving**t**-cin**q** à ving**t**-si**x** pour cent.

2. S'il y a hui**t** cent quatre-vingt-di**x**-hui**t** membres du Parlement en France, cin**q** cent soixante-di**x**-sep**t** à l'Assemblée nationale, élus pour cin**q** ans, et trois cent ving**t** et un au Sénat, élus pour neu**f** ans, et s'il y a seulement onze pour cent de représentation féminine, cela voudrait dire qu'il y a non pas quatre-vingt-douze, mais quatre-vingt-deu**x** femmes au Parlement.

What conclusions can you draw about the pronunciation of final consonants in numbers? Complete the following chart.

	se prononce	ne se prononce pas
le **q** de **cinq** devant voyelle (5 ans) ou consonne (5%)	✔	
le **q** de **cinq** devant **cent(s)** (500) ou **mille** (5 000)		
le **x** de **six** ou **dix** devant une voyelle (6 ans, 18)		
le **x** de **six** ou **dix** devant une consonne (6%)		
le **t** de **sept** (toujours)		
le **t** de **huit** devant une voyelle (8 ans)		
le **t** de **huit** devant une consonne (huit cents, 28%)		
le **t** de **vingt** entre 21 et 29 (25 ou 26%)		
le **t** de **vingt** entre 81 et 99 (82, 92)		
le **t** de **quarante, soixante,** etc. (45%, 72 femmes)		
le **t** de **cent,** sauf en liaison avec une voyelle (100%, 800 membres, etc.)		

Note that in **neuf ans,** the **f** is pronounced like a **v.** This occurs only in two expressions: **neuf heures** and **neuf ans.** In all other cases, the **f** is pronounced **f:** neu**f** hommes, neu**f** employés, neu**f** mille.

🎧 *Essayez!*

1. Practice saying the sentences in **Écoutez,** paying close attention to the numbers. Verify your pronunciation on the student audio CD as needed.

2. In the following sentences, focus on the numbers with their final consonants in boldface. Underline the consonants that are pronounced and cross out the ones that are silent, then practice saying the sentences. Verify your pronunciation on the student audio CD.

   a. Dans toutes les catégories d'âge, les femmes sont plus souvent au chômage: ving**t**-trois pour cen**t** de femmes contre dix-hui**t** pour cent d'hommes chez les quinze à ving**t**-quatre ans; di**x** pour cent contre sep**t** pour cent chez les ving**t**-cin**q** à quarante-neu**f** ans.

   b. Le congé de maternité, indemnisé à quatre-vingt-di**x** pour cent, date de mille neu**f** cent soixante et onze. La durée légale du congé de maternité est fixée à seize semaines: si**x** semaines avant la naissance, di**x** semaines après. À partir du troisième enfant, le congé de maternité peut durer jusqu'à ving**t**-six semaines.

3. Can you now show your mastery of numbers, with the numbers given in digits? Read the following numbers, guess the correct answers, then verify your pronunciation on the student audio CD. (See the correct answers in the footnote at the bottom of the page.)

   a. Nombre de femmes qui pensent qu'être une femme est un handicap pour sa carrière: 29%, 45% ou 66%?
   b. Nombre d'hommes qui pensent qu'être une femme est un handicap pour sa carrière: 22%, 36% ou 83%?
   c. Nombre de femmes qui préfèrent avoir un homme comme supérieur (comme patron): 25%, 38% ou 52%?
   d. Nombre d'hommes qui préfèrent avoir une femme comme supérieure: 16%, 23% ou 26%?
   e. Date du droit de vote pour les femmes en France et en Belgique: 1892, 1927 ou 1944?
   f. Date du droit de vote pour les femmes en Suisse: 1871, 1951 ou 1971?

Structure: Qualifying an action

Les adverbes

Observez et déduisez   Evidemment, les femmes peuvent entrer dans toutes les professions aujourd'hui. Malheureusement elles montent difficilement aux postes de direction, et elles gagnent rarement autant que les hommes à profession égale.

ANSWERS: a. 45%   b. 36%   c. 52%   d. 16%   e. 1944   f. 1971

- Adverbs frequently describe *how* something is done. Study the preceding examples, and infer two rules for the placement of adverbs in a sentence.
- Study the paragraph at the bottom of page 433, and complete the chart showing how adverbs are formed from adjectives.

certain	→	certaine	→	certain**ement**
traditionnel	→	traditionnel**le**	→	traditionnel**lement**
actif	→	_____	→	_____
poli		→		poli**ment**
absolu		→		_____
impati**ent**		→		impati**emment**
réc**ent**		→		_____

Vérifiez Les adverbes

- The suffix **-ment** corresponds to *-ly* in English. Many adverbs of manner are formed by adding **-ment** to the feminine form of an adjective.

      heureuse → heureusement   seule → seulement

  The **-ment** suffix is added directly to the masculine form if it ends in a vowel.

      rapide → rapidement   vrai → vraiment

  If the adjective ends in **-ent** or **-ant,** change the ending as follows:*

      constant → const**amment**   fréquent → fréqu**emment**

- In a simple tense (present, imperfect, future), most adverbs follow the verb.

      Aujourd'hui, les femmes entrent **facilement** dans le monde
          professionnel...

  In the negative, they follow **pas.**

      ... mais elles ne montent pas **rapidement.**

- Adverbs of time (like **aujourd'hui**) and those that modify the entire idea are placed at the beginning or the end of the sentence.

      Malheureusement, les femmes gagnent 25 pour cent de moins que
          les hommes.
      Et il y a très peu de femmes au Parlement, **évidemment.**

- In the **passé composé,** adverbs ending in **-ment** usually follow the past participle.

      Elle a attendu **patiemment** une promotion.

  Short, common adverbs like many you have already learned (**bien, mal, déjà, encore, souvent, quelquefois, beaucoup, assez, trop, jamais, rien,** etc.) come *between* the auxiliary and the past participle.

      Elle a **beaucoup** travaillé, mais elle n'a **jamais** eu de promotion.

---

*The adverb **lentement** (*slowly*) does not follow this rule. (The endings **-emment** and **-amment** are pronounced the same.)

VOCABULAIRE ACTIF

absolument
activement
certainement
constamment
difficilement
facilement
fréquemment
généralement
heureusement
lentement
malheureusement
patiemment /
    impatiemment
poliment
rapidement
rarement
récemment
sérieusement

● Below is a chart of some common adverbs and their uses.

Résumé: les adverbes

interrogation	fréquence	quantité
où?	encore	trop
comment?	souvent	beaucoup / peu
combien?	rarement	assez
quand?	quelquefois	plus / moins
pourquoi?	déjà	autant
négation	**temps**	**manière**
ne... plus	hier	bien / mal
ne... jamais	demain	rapidement
ne... pas (du tout)	aujourd'hui	seulement
	autrefois	sérieusement
		vraiment, *etc.*

Activités

N **Égalité entre hommes et femmes?**   Écoutez le professeur et cochez l'adverbe qui exprime (*expresses*) le mieux votre opinion sur l'égalité dans le monde professionnel.

➡ (1. Les femmes sont les égales des hommes dans le monde professionnel.)

1. _____ absolument   ✔ rarement   _____ heureusement
2. _____ facilement   _____ fréquemment   _____ traditionnellement
3. _____ vraiment   _____ rapidement   _____ lentement
4. _____ généralement   _____ souvent   _____ certainement
5. _____ sérieusement   _____ beaucoup   _____ peu
6. _____ constamment   _____ quelquefois   _____ lentement

Est-ce que vos camarades de classe sont d'accord avec vous?

O **Tout est relatif.**   Qualifiez les phrases suivantes à l'aide d'un adverbe de la table ci-dessus.

➡ L'égalité est *souvent* difficile à réaliser.

1. On peut parler d'égalité entre les étudiantes et les étudiants dans mon école.
2. Les étudiantes de mon école parlent de l'égalité.
3. Les femmes dans ma famille choisissent une carrière.
4. Elles gagnent autant que les hommes.
5. Dans mon pays, les femmes ont des postes de direction dans les grandes entreprises.
6. Les femmes constituent une partie importante du gouvernement.
7. Les institutions politiques et professionnelles dans notre société changent.

P **Comparaisons.** Comparez les femmes modernes et les femmes traditionnelles à l'aide des suggestions suivantes (ou choisissez un autre adverbe si
vous le voulez).

➡ parler (franchement?) *Les femmes modernes parlent plus franchement*
(*moins poliment, aussi raisonnablement...*) *que les femmes traditionnelles.*

1. entrer dans le monde professionnel (facilement?)
2. travailler (sérieusement?)
3. monter dans leur carrière (rapidement?)
4. attendre l'égalité (patiemment?)
5. avoir des promotions (fréquemment?)

Q **Dans un monde idéal...** Décrivez le patron (la patronne) idéal(e).
Complétez les phrases suivantes en employant des adverbes de manière,
de fréquence ou de temps.

➡ Le patron (La patronne) idéal(e) remerciera *constamment les employés.*
Il (Elle) se fâchera *rarement.*

1. Il (Elle) travaillera...
2. Il (Elle) écoutera...
3. Il (Elle) comprendra...
4. Il (Elle) parlera...
5.   ?

Stratégie de communication

Taking part in a conversation • Interrupting

There are times in conversation when you'll want to interrupt the speaker, for example, in a lively discussion on a
controversial topic. Study the following example, and
identify the expressions used to interrupt.

— Est-ce qu'on peut parler d'égalité entre les
hommes et les femmes? Eh bien, oui, en théorie...
— Excusez-moi, mais c'est plus que de la théorie! Les
femmes aujourd'hui peuvent entrer dans toutes
les professions...
— Attendez! Entrer, peut-être, mais pas *monter.* Le
pouvoir économique et politique est encore
réservé aux hommes, et...
— Oui, mais il faut du temps pour changer les
institutions et la mentalité de la société...
— Franchement, il faut *trop* de temps!

expressions pour prendre la parole ou interrompre

Oui/Non, mais...	Excusez-moi, mais...
Écoute/Écoutez...	Au contraire!
Attends!/Attendez!	Franchement...

Note culturelle

L'art de la conversation. Selon l'ethnologue culturelle Raymonde Carroll, «bien que le mot *conversation* soit le même en anglais et en français, il est loin de signifier la même chose dans les deux cultures». Les Américains se plaignent (*complain*) souvent des Français: «Ils vous interrompent tout le temps... ils vous posent des questions et n'écoutent jamais la réponse». Les Français, eux, trouvent que «les conversations américaines sont ennuyeuses» et que les Américains «répondent à la moindre question par une conférence». En fait, l'art de la conversation dans les deux cultures est très différent. Pour un Français, «les longues réponses qui restent ininterrompues... sont réservées... aux conversations qualifiées de *sérieuses*» et sont déplacées (*out of place*) dans une soirée ou une fête. En plus, les Français se servent des interruptions pour réagir, pour animer la conversation, et pour montrer leur intérêt—pas pour couper la parole à quelqu'un. Essayez d'expliquer les «règles» de la conversation dans votre pays à quelqu'un qui n'est pas de chez vous.

Raymonde Carroll, *Évidences invisibles,* pp. 44, 61, 62.

Activités

R **Une conversation animée.** Avec un(e) partenaire jouez le rôle de deux député(e)s au Parlement en utilisant les éléments suivants. Vous voulez expliquer votre position; votre partenaire veut vous interrompre. Employez des expressions pour hésiter (page 66) et pour interrompre (page 436).

Député républicain
Les femmes constituent aujourd'hui 45 pour cent de la population active.
Elles peuvent entrer dans toutes les professions.
Elles ont le droit de voter seulement depuis soixante ans.
Soixante ans, ce n'est pas beaucoup.
Les institutions et les mentalités changent lentement.
Dans soixante ans, la situation des femmes sera différente.

Député socialiste
Les femmes ne montent pas facilement dans le monde professionnel.
Une femme dans un poste de direction est l'exception.
Le pouvoir économique et politique est réservé aux hommes.
Les hommes dirigent toutes les grandes entreprises.
Les femmes gagnent en général 18 pour cent de moins que les hommes.
Seulement 11 pour cent des membres du Parlement sont des femmes.

Jeu de rôle How have the relationships and responsibilities of men and women changed in the last thirty years? What will they be like in 2020? In groups of three, play the roles of colleagues who have different opinions on the answers to these questions. One thinks that the relationship between men and women was better in the past; another prefers today's situation; the third is impatiently awaiting a more egalitarian future. Try to convince your partners of your point of view.

Intégration

Littérature: Une si longue lettre

Mariama Bâ (1929–1981), a writer from Senegal, was one of the pioneers of women's literature in Africa. *Une si longue lettre*, published in 1979, is a 130-page letter from Ramatoulaye, a Senegalese woman, to her best friend, Aïssatou. Ramatoulaye and Aïssatou were among the first girls in Senegal to receive an advanced degree from «**l'école des Blancs»,** and both have become schoolteachers. Aïssatou married Mawdo Bâ, a doctor, and Ramatoulaye married Modou Fall, an intellectual who has become an administrator and politician. Both couples are «**résolument progressistes»,** but they also live in a very traditional society, deeply rooted in the practice of polygamy. After twenty years of marriage, and under much pressure from his family, Mawdo Bâ takes a second wife **(une co-épouse).** A few years later, Modou Fall also takes a **co-épouse**—his daughter's best friend—and abandons Ramatoulaye and their twelve children. In *Une si longue lettre*, Ramatoulaye shares her distress with Aïssatou—Aïssatou who has gone through the same ordeal, who understands, who has asked herself the same painful questions on women's condition in an African Muslim society. In the excerpt, Ramatoulaye remembers what it was like when her friend lost her husband to a second wife.

■ Avant de lire

1 Le texte que vous allez lire contient des mots illustrés dans le paragraphe suivant. Lisez ce paragraphe sur le cycle de la vie, puis, en utilisant le contexte et la logique, associez chaque mot en caractères gras avec son équivalent anglais, dans la liste donnée.

Quand on arrive dans ce monde, c'est la naissance; les **sages-femmes** ou les médecins aident les bébés à **naître.** Puis les parents **élèvent** leurs enfants et leur **enseignent** des principes, des valeurs. Plus tard, les jeunes choisissent de **garder** ou de **rejeter** ces valeurs, d'obéir aux **lois** ou de **mépriser** les traditions. **Mûrir,** pour beaucoup, c'est apprendre à **faire son devoir, gagner sa vie,** assumer des responsabilités. Petit à petit, on **vieillit,** et finalement on meurt; on peut **mourir** de causes naturelles ou être victime d'une **maladie** qui **tue,** comme certaines formes de cancer.

Équivalents anglais: *to be born; to die; to kill; to keep; to reject; to despise; to raise; to teach; laws; midwives; disease/sickness; to earn a living; to do one's duty; to mature; to grow old*

2 Dans l'extrait que vous allez lire, il est question de «Tante Nabou» et de «la petite Nabou». Tante Nabou, mère de Mawdo Bâ, vient d'une famille royale et n'a jamais approuvé le mariage de son fils avec Aïssatou, fille d'un simple bijoutier (*jeweler*). Pour perpétuer le sang royal (*royal blood*), Tante Nabou prépare une jeune nièce, qui s'appelle aussi Nabou—«la petite Nabou»—à devenir la co-épouse de Mawdo. Sous la pression de la famille et de la tradition, quelle va être la réaction de Mawdo? Et quelle va être la réaction d'Aïssatou, la première épouse? Va-t-elle accepter de partager l'homme qu'elle aime? Choisira-t-elle le compromis (c'est-à-dire rester, accepter la situation) ou la rupture (c'est-à-dire partir, divorcer)? Discutez vos prédictions en groupes.

En général

3 Parcourez le texte une première fois pour identifier les paragraphes qui contiennent les idées générales suivantes.

paragraphes

1. «La petite Nabou est entrée... »
2. «Après son certificat d'études... »
3. «La petite Nabou est donc... »
4. «Je savais. La ville savait... »
5. «C'est pour ne pas voir... »
6. «Alors, tu n'as plus compté... »
7. «Mawdo ne te chassait pas... »
8. «Tu as choisi la rupture... »

idées générales

a. Tante Nabou annonce à Mawdo qu'il doit épouser la petite Nabou.
b. Raisons pour lesquelles Mawdo obéit à sa mère
c. Réaction d'Aïssatou
d. Formation domestique de la petite Nabou
e. Formation scolaire et professionnelle de la petite Nabou
f. Mawdo parle à Aïssatou d'amour et de devoir.
g. Mawdo explique à Aïssatou pourquoi il doit épouser la petite Nabou.
h. Infériorité des enfants d'Aïssatou

Une si longue lettre

1 **L**a petite Nabou est entrée à l'école française. Mûrissant sous la protection de sa tante, elle apprenait le secret des sauces délicieuses, à manier fer à repasser et pilon°. Sa tante ne manquait jamais l'occasion de lui rappeler son origine royale et lui enseignait que la qualité première d'une femme est la docilité.

à... les tâches domestiques

2 Après son certificat d'études° et quelques années au lycée, Tante Nabou a conseillé à sa nièce de passer le concours° d'entrée à l'École des Sages-Femmes d'État°: «Cette école est bien. Là, on éduque. Des jeunes filles sobres, sans boucles d'oreilles°, vêtues de blanc, couleur de la pureté. Le métier que tu y apprendras est beau; tu gagneras ta vie et tu aideras à naître des serviteurs° de Mahomet°. En vérité, l'instruction d'une femme n'est pas à pousser. Et puis, je me demande comment une femme peut gagner sa vie en parlant matin et soir°.»

diplôme d'études primaires
examen
State
earrings

servants / prophète des musulmans

allusion au métier d'institutrice

3   La petite Nabou est donc devenue sage-femme. Un beau jour, Tante
Nabou a convoqué Mawdo et lui a dit: «Mon frère te donne la petite
Nabou comme femme pour me remercier de la façon digne° dont je l'ai   honorable
élevée. Si tu ne la gardes pas comme épouse, je ne m'en relèverai jamais°.   je... *I'll never get over it*
La honte tue plus vite que la maladie.»

4   Je savais. La ville savait. Toi, Aïssatou, tu ne soupçonnais° rien. Et   *suspected*
parce que sa mère avait pris date pour la nuit nuptiale, Mawdo a enfin eu
le courage de te dire ce que chaque femme chuchotait°: tu avais une co-   *was whispering*
épouse. «Ma mère est vieille. Les chocs et les déceptions° ont rendu son   *disappointments*
cœur fragile. Si je méprise cette enfant, elle mourra. C'est le médecin qui
parle, non le fils. Pense donc, la fille de son frère, élevée par ses soins°,   ses... elle (Tante Nabou)
rejetée par son fils. Quelle honte devant la société!»

5   C'est «pour ne pas voir sa mère mourir de honte et de chagrin» que
Mawdo était décidé à aller au rendez-vous de la nuit nuptiale. Devant
cette mère rigide, pétrie° de morale ancienne, brûlée intérieurement par°   formée / brûlée... *burnt inside*
les féroces lois antiques, que pouvait Mawdo Bâ? Il vieillissait et puis,   *by*
voulait-il seulement résister? La petite Nabou était bien jolie...

6   Alors, tu n'as plus compté, Aïssatou, pas plus que tes quatre fils: ceux-ci
ne seront jamais les égaux° des fils de la petite Nabou. Les enfants de la   *equals*
petite Nabou seront de sang royal. La mère de Mawdo, princesse, ne pouvait pas se reconnaître dans les fils d'une simple bijoutière. Et puis une
bijoutière peut-elle avoir de la dignité, de l'honneur?

7   Mawdo ne te chassait pas°. Il allait à son devoir et souhaitait que tu   ne... *wasn't kicking you out*
restes. La petite Nabou habiterait° toujours chez sa mère; c'est toi qu'il   *would live*
aimait. Tous les jours, il irait°, la nuit, voir l'autre épouse, pour «accomplir   *would go*
un devoir».

8   Tu as choisi la rupture, un aller sans retour avec tes quatre fils. Tu as
eu le courage de t'assumer. Tu as loué une maison et, au lieu de regarder
en arrière°, tu as fixé l'avenir obstinément.   *backwards*

Extrait de *Une si longue lettre* (Mariama Bâ).

■ *En détail*

4 Les mots.   En utilisant le contexte et la logique, pouvez-vous déduire le
sens des expressions en caractères gras?

1. «Sa tante **ne manquait jamais l'occasion de** lui rappeler son origine
   royale... »
2. «En vérité, l'instruction d'une femme **n'est pas à pousser.**»
3. «Tu as eu le courage de **t'assumer.**»
4. «... tu **as fixé** l'avenir **obstinément.**»

5 **Le texte.** Répondez aux questions suivantes.

1. Quelle est la qualité la plus importante d'une femme, selon Tante Nabou?
2. Pourquoi Tante Nabou a-t-elle voulu que sa nièce entre à l'École des Sages-Femmes?
3. Si Mawdo refuse de prendre la petite Nabou comme épouse, quelle sera la réaction de sa mère?
4. Quelle explication Mawdo a-t-il donnée à Aïssatou pour justifier son mariage à la petite Nabou?
5. Mawdo Bâ voulait-il vraiment résister à ce mariage? Donnez deux indications du contraire.
6. Quel était le problème d'Aïssatou, selon la mère de Mawdo? Pourquoi les fils d'Aïssatou ne seront-ils jamais les égaux des fils de la petite Nabou?
7. Quel arrangement Mawdo a-t-il proposé à Aïssatou?
8. Quelle a été la réaction d'Aïssatou?

Et vous?

1. Quelques pages plus tard, Ramatoulaye dira qu'Aïssatou était la «victime innocente d'une injuste cause». À votre avis, de quoi exactement Aïssatou était-elle la victime?
2. Mawdo Bâ et Aïssatou se disaient «progressistes», mais c'est la tradition qui a été la plus forte pour Mawdo. À votre avis, la tradition et le progrès sont-ils compatibles? En groupes de deux ou trois, trouvez des situations, dans l'histoire, l'actualité, la littérature, le cinéma ou même dans votre expérience personnelle, qui illustrent ce conflit entre la tradition et le changement.
3. Chaque culture a ses traditions et ses valeurs concernant le mariage, la famille, la religion, la notion du bien et du mal, le concept du devoir, l'attitude vis-à-vis de la nature, et bien d'autres choses. Prenez deux ou trois traditions de votre culture et comparez ces traditions il y a 50 ans et aujourd'hui. Ont-elles changé? Comment voyez-vous l'avenir de ces traditions ou valeurs? Organisez vos idées en quatre colonnes: **Traditions, Il y a 50 ans, Aujourd'hui, Dans 50 ans.**

Par écrit: In my crystal ball . . .

Avant d'écrire

A **Strategy: Webbing.** Webbing allows a writer to draw on both sides of the brain, the analytical and the intuitive, making visible the processes of association, imagination, and feeling. You begin by writing your topic in the center of a circle. Lines radiating from the circle lead to other words brought to mind through free association. Some of the associations are "logical," i.e., they can be analyzed:

emploi → travailler

Others are on an intuitive or feeling level drawn from personal experience:

avenir → incertain

Application. Try webbing as a prewriting technique using the terms **avenir** and **emploi** as centers of thought. Spend five to ten minutes on each web before beginning the writing activities.

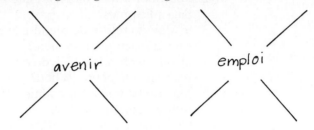

B **Strategy: Adding variety to sentence beginnings.** Your writing will be monotonous if you begin each sentence with the same word or type of word. To see how well you do at varying sentence beginnings, take one of your previous creative writing efforts and circle the first word in each sentence. Did your sentences begin in different ways or did most of your sentences begin with a subject pronoun **(je, il...)?**

Application. Study the examples that follow, then try to rewrite four or five sentences from your previous writing effort, using each of the following types of sentence beginnings.

noun:	Mawdo ne te chassait pas.
pronoun:	Je savais.
article:	La petite Nabou entra...
preposition:	Après son certificat d'études...
	Devant cette mère rigide...
adjective:	Quelle honte devant la société!
	Cette école est bien.
verb:	Pense donc,...
	Mûrir, pour beaucoup, c'est apprendre...
conjunction:	Si tu ne la gardes pas comme épouse,...
	Et puis, je me demande...

Écrivez

1. L'extrait d'*Une si longue lettre* se termine par la phrase «au lieu de regarder en arrière, tu as fixé l'avenir obstinément.» Mais, ce n'est pas vraiment la fin de la lettre. À vous maintenant de terminer l'histoire d'Aïssatou. Écrivez un paragraphe sur ce qui arrivera à la jeune femme et ses quatre fils. Qu'est-ce qu'elle fera? Est-ce qu'elle trouvera un emploi? Où est-ce qu'elle habitera? etc. N'oubliez pas de varier les débuts des phrases.

2. Quelle chance! Vous vouliez passer l'été au Québec et vous allez pouvoir le faire! Vous venez d'être embauché(e) pour le poste décrit dans

une des annonces ci-dessous. Maintenant il faut expliquer à votre camarade de chambre que vous ne pourrez pas venir lui rendre visite comme prévu (*planned*). Envoyez-lui une lettre pour expliquer la situation. Dites-lui où vous passerez l'été, où vous travaillerez, ce que vous ferez et ce que vous espérez voir pendant votre séjour.

TÉLÉPHONISTES-RÉCEPTIONNISTES
(liste de rappel)

Le CENTRE HOSPITALIER DES CONVALESCENTS DE MONTRÉAL désire s'adjoindre des téléphonistes-réceptionnistes pour travailler sur appel. Les exigences du poste sont les suivantes: horaire flexible, incluant quarts de travail de soir et de fin de semaine, bilinguisme à l'oral et à l'écrit, connaissance d'une console téléphonique, expérience d'au moins une année dans un milieu de travail semblable.

Les candidat(e)s intéressé(e)s sont prié(e)s de faire parvenir leur curriculum vitae au plus tard le 30 septembre à:

> Mme S. Marcil
> Dossier 4521
> Direction des ressources humaines
> Centre hospitalier des Convalescents de Montréal
> 6363, chemin Hudson
> Montréal (Québec) H3S 1M9

Journaliste

LE DEVOIR est à la recherche de deux jeunes journalistes à titre de surnuméraires d'été pour travailler au sein de la section des informations générales.

Un diplôme universitaire de premier cycle (en journalisme, en communication et/ou dans un autre domaine), une connaissance de la presse écrite et la maîtrise d'autres langues que le français seront des atouts.

Durée de l'emploi: 10 semaines

Rémunération: selon la convention collective en vigueur.

Envoyez vos candidatures avant le 15 mai à:

Bernard Descôteaux,
rédacteur en chef
LE DEVOIR
2050 de Bleury, 9ᵉ étage
Montréal (Québec)
H3A 3M9

Rabais Campus
Journaux et magazines

Nous recherchons des représentant(e)s pour nos promotions de ventes d'abonnements par kiosques du **DEVOIR** pour les campus étudiants de Montréal, Québec, Ottawa, Sherbrooke, Trois-Rivières et Chicoutimi.

Exigences: Dynamisme, aptitudes à la vente, disponibilité et bonne présentation

Salaire: de 8 $ à 9 $/hre; de 1 à 5 semaines

Pour informations:

Hélène Génier (514) 982-0637
Monique Lévesque (418) 529-4250
Entre 9h00 et midi

Synthèse culturelle

Comment avez-vous décidé ce que vous vouliez faire dans la vie? Quels sont les facteurs qui ont guidé (ou guident encore) vos décisions?

 **Laïla:** J'adore les informations et je m'intéresse beaucoup à ce qui se passe dans le monde. Aussi, beaucoup de personnes dans ma famille ont étudié la politique, donc voilà pourquoi j'ai décidé d'étudier les relations internationales.

 **David:** Le chemin[1] était relativement «tracé» par mes aptitudes en mathématiques... Je ne me suis jamais vraiment posé la question, surtout que ces études mènent à un éventail[2] de métiers énormes. Ensuite, je me suis également laissé porter par[3] les opportunités: je n'ai pas vraiment de plan de carrière.

Pour vous personnellement, qu'est-ce que c'est que «la réussite» (ou «réussir sa vie»)?

 **Aïssatou:** C'est la capacité d'éduquer sa famille et de vivre la vie intellectuelle que l'on s'est choisie.

 **Nathalie D.:** C'est de faire ce que l'on a choisi, de gagner correctement sa vie et surtout de le faire honnêtement.

 **Frédéric:** C'est de voir mes enfants eux-mêmes réussir dans leur vie familiale et professionnelle.

 **Laïla:** Quand on atteint le but[4] qu'on s'est fixé dans la vie et qu'on a réalisé une bonne partie de nos rêves. Mais aussi d'avoir le sentiment d'avoir été une bonne personne envers soi-même, les gens et Dieu.

TASK: Développez un sondage se rapportant à la réussite ou à une vie «réussie». Énumérez quatre exemples de réussite selon vous personnellement, puis ajoutez cinq autres choses qui représentent la réussite dans votre culture. Montrez votre liste à dix personnes. Demandez-leur de choisir les trois exemples qui leur semblent les meilleurs et d'en ajouter un si besoin. Comparez vos réponses avec celles des Francophones ci-dessus.

---

1. *path* 2. *lead to a range* 3. *carried along by* 4. *attains the goal*

VOCABULAIRE ACTIF

Le monde du travail

l'ambition (f.) *ambition*
les attentes (f.) *expectations*
l'avenir (m.) *the future*
un banquier *a banker*
un cadre *a professional
(manager, executive, etc.)*
une carrière *a career*
un chef d'entreprise *a CEO*
le chômage *unemployment*
un(e) comptable *an accountant*
un(e) cuisinier(ière) *a cook*
un curriculum vitae (un CV)
a résumé
un(e) débutant(e) *a beginner*
l'égalité (f.) *equality*
un emploi *a job*

un(e) employé(e) *an employee*
un employeur *an employer*
l'ennui (m.) *boredom*
un(e) enseignant(e) *a teacher*
une entreprise *a company*
un entretien *an interview*
un(e) fonctionnaire *a government
employee, a civil servant*
la formation *education, training*
un homme / une femme d'affaires
a businessman / -woman
un(e) infirmier(ière) *a nurse*
un manque (de) *a lack (of)*
un métier *a job, career*
un(e) ouvrier(ière) *a factory worker*
le patron / la patronne *the boss*

un poste à mi-temps / à plein temps
a half-time / full-time position
le pouvoir *power*
une profession (libérale)
a profession
un poste de direction *a management
position*
une promotion *a promotion*
la réalité *reality*
la retraite *retirement*
la réussite, le succès *success*
le salaire *salary*
la sécurité *security*
la société *society*
un stage *an internship*
un(e) vendeur(euse) *a salesperson*

Verbes et expressions verbales

avoir l'intention de *to intend to*
compter (+ infinitif) *to plan to, to count on*
devenir *to become*
embaucher / être embauché(e) *to hire / to be hired*
espérer *to hope*
éviter *to avoid*
exercer une profession *to practice a profession*
faire une demande d'emploi *to apply for a job*

gagner (sa vie, de l'argent) *to earn (a living, money)*
prendre rendez-vous *to make an appointment*
réaliser (ses désirs, un projet) *to fulfill, to achieve,
to accomplish*
remplir un formulaire *to fill out a form*
venir de (faire quelque chose) *to have just (done
something)*

Adjectifs

professionnel(le) *professional*

réservé(e) à *reserved (for)*

utile *useful*

Adverbes

absolument *absolutely*
activement *actively*
certainement *certainly*
constamment *constantly*
difficilement *with difficulty*
évidemment *obviously*
facilement *easily*
franchement *frankly*

fréquemment *frequently*
généralement *generally*
heureusement *fortunately*
lentement *slowly*
malheureusement *unfortunately*
patiemment/impatiemment
patiently/impatiently
poliment *politely*

rapidement *fast*
rarement *rarely*
récemment *recently*
sérieusement *seriously*
seulement *only*
traditionnellement *traditionally*

Pour prendre la parole ou interrompre

Attends!/Attendez! *Wait!*
Excuse-moi / Excusez-moi, mais... *Excuse me, but . . .*

Au contraire *On the contrary*

Écoute!/Écoutez! *Listen!*

Pronoms toniques

moi, toi, lui, elle, soi, nous, vous, eux, elles *me, you, him, her, oneself, us, you, them, them*

Divers

dès que *as soon as*

12

Soucis et rêves

This chapter will enable you to

- ⌐ understand conversations about health and globalization
- ⌐ read an article and a literary passage about fantasies
- ⌐ discuss physical and mental health
- ⌐ say what you would do if . . .
- ⌐ provide opinions

Quels sont les soucis de cette dame? Imaginez ses problèmes. Et vous? Si vous étiez à sa place, qu'est-ce que vous feriez?

À l'écoute: Des questions de santé

Quand vous avez un rhume (*a cold*) ou la grippe (*the flu*), est-ce que vous prenez rendez-vous chez votre médecin ou est-ce que vous vous contentez d'acheter des médicaments à la pharmacie? Et quand vous achetez des médicaments, est-ce que vous demandez l'avis d'un(e) pharmacien(ne) ou bien est-ce que vous vous contentez de lire les indications sur la boîte (*box*)? Cette conversation avec une pharmacienne va vous donner une idée de ce que font les Français pour leurs «petits maux quotidiens», c'est-à-dire les maladies qui ne sont pas graves.

Avant d'écouter

1 Quels sont les «petits maux» que vous attrapez? Cochez-les à gauche et indiquez ce que vous faites pour les traiter. Est-ce que vous vous faites soigner par un médecin (un docteur) ou bien est-ce que vous vous soignez tout(e) seul(e), avec ou sans médicaments?

	Je me fais soigner par un médecin	Je me soigne tout(e) seul(e) *avec* médicaments	*sans* médicaments
_____ un rhume	_____	_____	_____
_____ la grippe	_____	_____	_____
_____ une indigestion	_____	_____	_____
_____ des troubles gastriques (problèmes d'estomac)	_____	_____	_____
_____ des allergies (aux pollens, etc.)	_____	_____	_____
_____ une bronchite	_____	_____	_____

2 Et quels sont les symptômes de ces maladies? Reliez les maladies à leurs symptômes habituels. (Certains symptômes peuvent s'appliquer à plusieurs maladies.)

un rhume
la grippe
une indigestion
des troubles gastriques
des allergies
une bronchite

On a mal à la tête.
On a de la fièvre (une température de 40° par exemple).
On a le nez qui coule (*runny nose*).
On a le nez bouché (congestionné).
On a mal à la gorge.
On tousse (*coughs*).
On éternue. (Atchoum!)
On a mal au ventre.
On a la nausée.
On a mal partout!

■ *Écoutons*

3 Ecoutez d'abord pour identifier les «petits maux» et autres sujets mentionnés. Cochez les catégories appropriées.

_____ les rhumes

_____ les indigestions

_____ les allergies

_____ les grippes

_____ les troubles gastriques

_____ les bronchites

_____ les blessures (à la suite de petits accidents)

_____ le rôle des pharmaciens en France

_____ l'automédication

_____ le danger des antibiotiques

_____ les maladies contagieuses

_____ le remboursement par la sécurité sociale

4 Écoutez encore en faisant plus attention aux détails de la conversation, pour pouvoir compléter le tableau suivant. Pouvez-vous déduire le sens des mots en caractères gras?

les maux	les remèdes
	du paracétamol
	de l'**aspirine** ou de l'Efferalgan
	un **vaccin**
	«**rester au lit** et **attendre que ça passe**»
	désinfecter, appliquer **les premiers soins**
	des **sirops** ou autres **traitements**

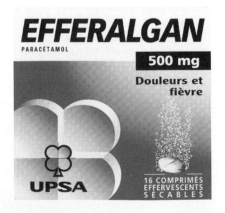

VOCABULAIRE ACTIF

des allergies (f.)
un antibiotique
de l'aspirine (f.)
une assurance
attraper un rhume
avoir de la fièvre
avoir mal à (la tête, la
    gorge, etc.)
avoir la nausée
avoir le nez qui coule /
    le nez bouché
une blessure
une boîte
une bronchite
contagieux(se)
un docteur
éternuer
gratuit(e)
la grippe
une indigestion
un mal (des maux)
une maladie grave / pas
    grave
un médicament
une ordonnance
un(e) pharmacien(ne)
les premiers soins
rester au lit
du sirop
se soigner
se faire soigner
un symptôme
tousser
un traitement
un vaccin

5 Écoutez une dernière fois pour répondre aux questions suivantes (choisissez toutes les réponses correctes).

1. Selon la conversation, qu'est-ce qui est gratuit pour les personnes de plus de 60 ans et remboursé par la sécurité sociale pour les autres?
   a. le vaccin pour la grippe
   b. tous les médicaments
   c. les visites médicales

2. Dans quel sens les pharmaciens sont-ils de «véritables conseillers médicaux» en France?
   a. Ils appliquent les premiers soins en cas de blessures.
   b. Ils recommandent des traitements pour les maladies qui ne sont pas graves.
   c. Ils traitent les maladies graves.

3. Pourquoi la tendance à l'automédication est-elle ironique en France?
   a. Parce que la sécurité sociale et les assurances complémentaires remboursent les médicaments achetés sans une ordonnance (*prescription*) du docteur.
   b. Parce que les médicaments achetés sans ordonnance ne sont pas remboursés.
   c. Parce que les Français n'aiment pas se soigner tout seuls.

Note culturelle

La médecine en France. L'état de santé des Français est relativement bon puisque l'espérance de vie en France est une des meilleures au monde: 74 ans pour les hommes, 82 ans pour les femmes (contre 74 ans pour les hommes et 79 ans pour les femmes aux États-Unis). Tous les Français sont couverts par la sécurité sociale, qui rembourse environ 75% des frais médicaux. La plupart des Français disposent aussi d'assurances complémentaires qui ajoutent environ 10% aux remboursements. Les médecines alternatives, comme l'homéopathie et l'acupuncture, sont très populaires et sont généralement remboursées par la sécurité sociale. Les Français consultent des médecins environ sept fois par an, et les généralistes continuent à faire 20% de leurs consultations à domicile. Que ce soit sur ordonnance ou par automédication, les Français sont les plus gros acheteurs de médicaments d'Europe. Et vous? Pratiquez-vous l'auto-médication? Que pensez-vous des médecines alternatives? Combien de fois par an, en moyenne, consultez-vous des médecins?

Prononciation — Liaisons obligatoires et liaisons défendues

● You learned in **Chapitre 1** that when a final consonant that is normally silent is followed by a word beginning with a vowel sound, it is often pronounced as part of the next word.

    des‿allergies

● This linking of two words is called **une liaison;** some **liaisons** are mandatory **(obligatoires),** others are forbidden **(défendues),** and whatever is neither **obligatoire** nor **défendu** is **facultatif** (*optional*). In this section, we consider some of the most common cases of **liaisons obligatoires** and **liaisons défendues.**

● From your experience in French so far, can you define the following **liaisons?** Indicate O for **obligatoire** and D for **défendue.** The first two are already done for you as models.

___O___ article + any word starting with a vowel sound: des enfants; un autre enfant

___D___ singular noun + any word: un enfant américain; l'enfant est malade

_____ adjective + noun: un petit enfant; des petits enfants

_____ pronoun + verb or pronoun: Nous allons à la pharmacie. Nous y allons.

_____ verb + pronoun (inversion): Ont-ils du sirop?

_____ interrogative adverb + any word*: Quand as-tu attrapé ce rhume? Comment as-tu fait pour te soigner?

_____ after **et:** Et après?

_____ one-syllable preposition + any word: dans une pharmacie; chez un médecin

_____ one-syllable adverb + any word: très intéressant

🎧 *Écoutez* As you listen to the following sentences based on **À l'écoute: Des questions de santé** on the student audio CD, identify the types of liaisons you hear between the words highlighted in boldface. Indicate ‿ for **une liaison obligatoire,** ⟂ for **une liaison défendue,** and give the rationale.

—**Comment êtes-**vous tombée?
—J'allais **chez un ami,** un **grand ami** à moi qui est **étudiant en informatique, et alors** je descendais un **petit escalier très abrupt** devant **son immeuble,** et puis voilà, tout bêtement, je suis tombée.
—**Vous êtes** allée **chez un** médecin?
—Ben non, pour **des écorchures** (*scrapes*) comme ça, on se fait soigner **dans une** pharmacie.

🎧 *Essayez!*

1. Pronounce the dialogue above, making sure you link the words in **les liaisons obligatoires** and do *not* pronounce any consonant sound in **les liaisons défendues.** As a review of what you learned in **Chapitre 10,** in addition, practice dropping some *e* **caducs** as needed, then verify your pronunciation on the student audio CD.

2. In the following dialogue, indicate **les liaisons obligatoires** and **les liaisons défendues.** For an additional challenge, cross out the *e* **caducs** that

---

* Exceptions: Comment allez-vous? Quand est-ce que...

could be dropped in fluent speech, then practice saying it just as French people would. Verify your pronunciation on the student audio CD.

—**Peut-on** acheter ce médicament **sans ordonnance?**

—Non, madame, pour **les antibiotiques, vous avez** besoin d'une ordonnance.

—Est-ce que **l'Efferalgan est un antibiotique?**

—Non, non. **Vous en** voulez?

—Oui, s'il vous plaît. **Et autrement,** qu'est-ce que **vous avez** pour les rhumes?

—Ce **médicament est très efficace**—c'est du Doli Rhume.

—Je vous remercie, **vous êtes bien aimable.**

Structure: Discussing symptoms, remedies, and general health

Le pronom **en**

Observez et déduisez

—Aïe, aïe, aïe! Je n'arrête pas de tousser! Tu as du sirop?

—Oui, oui. Prends-en.

—Et j'ai mal à la tête aussi. Tu n'as pas de comprimés?

—Si, mais n'en prends pas trop. Les médicaments, tu sais, il ne faut pas en abuser.

—Mais j'ai mal partout.

—Tu as peut-être une bronchite. Pourquoi n'appelles-tu pas le médecin?

—Bof...

—Je crois que tu en as besoin!

In this section you learn about the pronoun en. Think back to what you already know about pronouns such as **lui, les,** and **y,** then answer the questions in the box to the right.

● The pronoun **en** is used several times in the preceding conversation. To what does it refer in each case? What can you infer about the placement of this pronoun in relation to the verbs in the sentences?

VOCABULAIRE ACTIF

appeler
un comprimé
en
hypocondriaque
une vitamine

Vérifiez   Le pronom **en**

● The pronoun **en** is used with verbal expressions requiring the preposition **de** when it refers to *things,* e.g., **avoir besoin/peur/honte/envie de** and **parler de.**

> Les hypocondriaques aiment parler **de leurs maladies;** ils **en** parlent tout le temps!

Remember that when referring to *people,* you use a stress pronoun:

> J'ai peur du médecin.   J'ai peur de **lui.**

but for *things,* you use **en:**

> J'ai peur des maladies.   J'**en** ai peur.

● Use **en** to replace a noun preceded by the following:

an indefinite or a partitive article (see page 179):

> —Vous prenez **des vitamines?**
> —Oui, j'**en** prends tous les jours.

a number:

> —Vous avez pris **quatre comprimés?!**
> —Non, non. J'**en** ai pris deux seulement.

or an expression of quantity (see page 188):

> —Michel a vraiment **beaucoup de maladies.**
> —Oui. Il **en** a trop! Je pense qu'il est hypocondriaque.

● The pronoun **en** takes the same position in the sentence as other object pronouns, that is, before the verb of which it is the object.

> Une ordonnance? Pour ces comprimés, vous n'**en** avez pas besoin.

Activités

A **Premier brouillon** (*First draft*). Nancy prépare une description de son frère pour sa classe de français. Aidez-la à compléter son premier brouillon en soulignant tous les compléments qui sont répétés.

Mon frère Martin est hypocondriaque, et il prend beaucoup de médicaments. Du sirop? Oui, il prend du sirop chaque fois qu'il tousse. Des comprimés pour le rhume? Ben oui, il prend des comprimés chaque fois qu'il éternue. De l'aspirine? Bien sûr. Il prend beaucoup d'aspirine pour tous ses maux! Pourtant, Martin ne fait pas grand-chose pour être en bonne santé. Manger sain? Il n'a pas envie de manger sain. Faire de l'exercice? Il n'a pas besoin de faire de l'exercice. Parler de ses symptômes au pharmacien? Il ne parle jamais de ses symptômes. Aller chez le médecin quand il est vraiment malade? Mais non, il a peur d'aller chez le médecin. J'adore mon frère, mais il est un peu fou!

B **Deuxième brouillon.** Regardez encore l'activité A. Cette fois-ci, aidez Nancy à mieux rédiger son paragraphe en remplaçant les compléments que vous avez soulignés par le pronom **en** ou un autre pronom au besoin.

C **Et pour vous?** De quoi parle-t-on dans les phrases suivantes? Quelle serait la réponse pour vous personnellement?

> ➡ J'en ai peur. (Je n'en ai pas peur.)
> *J'ai peur d'attraper un rhume.*

1. J'en ai envie. (Je n'en ai pas envie.)
2. J'en ai honte. (Je n'en ai pas honte.)
3. J'en ai besoin. (Je n'en ai pas besoin.)
4. J'en parle souvent. (Je n'en parle pas souvent.)
5. J'en ai beaucoup. (Je n'en ai pas beaucoup.)
6. J'en ai deux ou trois. (Je n'en ai pas du tout.)
7. J'en voudrais. (Je n'en veux pas.)

Maintenant, comparez vos réponses avec celles de vos camarades de classe.

BANQUE DE MOTS

ma santé
des allergies
des symptômes
mon régime alimentaire
les maladies
  contagieuses
faire de l'exercice
manger plus sain
aller chez le médecin
acheter des produits bio
???

D **Des secrets.** On peut apprendre beaucoup en regardant dans le frigo et l'armoire à pharmacie (*medicine cabinet*) de quelqu'un! Qu'est-ce qu'on y trouverait chez vous?

➡ des produits bio
Il n'y en a pas. ou: *Il y en a beaucoup (très peu / deux ou trois, etc.)*

1. des fruits et des légumes
2. de la viande
3. des comprimés
4. du sirop

5. de l'aspirine
6. des produits homéopathiques
7. _____

E **Sondage Santé.** Préparez un sondage avec vos camarades de classe en employant les expressions ci-dessous. Ajoutez deux ou trois questions supplémentaires, puis faites le sondage.

➡ faire beaucoup d'exercice
—Fais-tu beaucoup d'exercice?
—Non, je n'en fais jamais!

prendre beaucoup de médicaments
aller souvent chez le médecin
demander conseil au pharmacien
recommander des traitements
  homéopathiques

aimer le cardiotraining
avoir besoin de manger sain
faire de la cuisine végétarienne
aller régulièrement au gymnase
                          ?

Structure: Saying what you would do

Le conditionnel

Observez et déduisez

À la pharmacie...

—Quel malheur! J'ai de la fièvre, j'ai la nausée, j'ai mal à la tête—en fait, j'ai mal partout. Pourriez-vous me recommander un sirop ou un autre traitement?
—Ben, vous avez sûrement une grippe, madame, et malheureusement, il faudra attendre que ça passe. À votre place, je prendrais de l'Efferalgan et je resterais au lit.

● What two things does the pharmacist say she *would* do if she were the customer? Study those examples, then imagine how you would express the following: *I would sleep. I would drink lots of water.*

Vérifiez   *Le conditionnel*

VOCABULAIRE ACTIF

se blesser
partout
prescrire
recommander
tranquille

● In French, the conditional is used to state what someone *would* or *would not* do under certain conditions. It is a simple tense formed by adding the imperfect endings to the infinitive: **-ais, -ais, -ait, -ions, -iez, -aient.**

le conditionnel

je me coucher**ais**	nous nous coucher**ions**
tu te coucher**ais**	vous vous coucher**iez**
il/elle/on se coucher**ait**	ils/elles se coucher**aient**

je prendr**ais**	nous prendr**ions**
tu prendr**ais**	vous prendr**iez**
il/elle/on prendr**ait**	ils/elles prendr**aient**

● Although they have the same endings, be sure not to confuse the imperfect tense of the verb with the conditional.

> *imparfait:*   Elle **appelait** le médecin.
> *conditionnel:* Elle **appellerait** le médecin.

● Verbs that have an irregular stem in the future (see page 418) have the same irregular stem in the conditional.

> Vous **ser**iez plus tranquille.
> Vous n'**aur**iez plus mal à la tête.

As with the future tense, **-re** verbs drop the **-e** before adding the ending.

> Le médecin vous **prescrir**ait des médicaments.

● Use the conditional of **pouvoir** to suggest what someone *could* do.

> Vous **pourriez** vous faire soigner en pharmacie.

Use the conditional of **devoir** to say what someone *should* do.

> Vous vous êtes blessé? Vous **devriez** vous faire soigner tout de suite.

● Remember that the conditional tense is used most frequently to express wishes and polite requests (see page 92).

> **Auriez**-vous le numéro de téléphone de la pharmacie?
> Je **voudrais** parler au pharmacien, s'il vous plaît.

Activités

F **Que feraient-ils?**   Indiquez ce que les personnes suivantes feraient (✓) et ne feraient pas (X) si vous aviez la pneumonie.

➡ Ma grand-mère...   ___✓___ *me préparerait de la soupe au poulet*
                       ___X___ *aurait peur*

1. Je...
   _____ me coucherais   _____ serais anxieux(se)
   _____ pleurerais   ?

2. Mes parents...
   _____ viendraient me voir   _____ prendraient ma température
   _____ appelleraient le médecin   ?

3. Le médecin...
   _____ m'examinerait   _____ prescrirait des médicaments
   _____ me recommanderait   ?
        de l'exercice

4. Le pharmacien...
   _____ me soignerait   _____ me dirait de rester au lit
   _____ me ferait un vaccin   ?

5. Mes copains...
   _____ feraient mes devoirs   _____ seraient tristes
   _____ sortiraient sans moi   ?

Quelles sont les réponses les plus communes de la classe?

G **Vous êtes vraiment malade!**   Parce que vous devez rester au lit, vous appelez souvent pour demander des petits services à votre famille. Pour être plus poli(e), refaites les phrases en employant le conditionnel de **vouloir** et de **pouvoir**.

➡ Nicolas, j'ai soif. Va me chercher du jus d'orange.
   Nicolas, tu voudrais m'apporter du jus d'orange, s'il te plaît?
   ou: *Nicolas, est-ce que tu pourrais m'apporter du jus d'orange, s'il te plaît?*

1. Papa, apporte-moi de l'aspirine.
2. Maman, j'ai faim. Prépare mon déjeuner.
3. Nathalie, Andrée! Je m'ennuie. Apportez-moi le journal.
4. Maman, papa, j'ai mal partout. Téléphonez au médecin.
5. Andrée, je tousse. Donne-moi le sirop.
6.   ?

H **À votre place.** Vous demandez souvent conseil au pharmacien du quartier au sujet de votre santé générale. Imaginez ses réponses.

➡ Je souffre de la grippe.
À votre place, je boirais beaucoup de jus de fruit. Je resterais au lit, et j'attendrais que ça passe. L'année prochaine, je n'oublierais pas le vaccin!

1. J'ai une migraine.
2. Je me suis blessé(e) en faisant de la gymnastique.
3. Je veux être en bonne forme.
4. Je veux maigrir.

Jeu de rôle Read the following notes in the medical files of three patients, then imagine you are the doctor of one of them. What would you say to your patient, played by a classmate? Say what he or she can do to improve his or her condition. Your partner will ask questions about what habits he or she should change and may present some excuses for bad habits. Present your recommendations using your best bedside manner.

Hôpital St-Pierre
Nom: MEGOT, *Michel*   Age: *47*   Poids: *100 kilos*
Remarques:
Père et 2 oncles morts d'une crise cardiaque
Fumeur

Hôpital St-Pierre
Nom: BOUFFETOUT, *Jean-Paul*   Age: *8 ans*   Poids: *60 kilos*
Remarques:
Déteste l'exercice physique; régime malsain
Parents trop tolérants

Hôpital St-Pierre
Nom: LAFOLIE, *Patricia*   Age: *28 ans*   Poids: *57 kilos*
Remarques: *Histoire médicale chargée: bronchite, 1992; pneumonie, 1993; migraines, 1993→présent; indigestions fréquentes; rhume des foins chronique. Hypocondriaque?*

Deuxième étape

Lecture: Les fantasmes des Français

Un fantasme est un rêve, conscient ou inconscient. Quels sont vos fantasmes?
Quels sont les fantasmes des Français?

Avant de lire

1 Parlons d'abord de vos fantasmes.
Est-ce que vous rêvez d'être
célèbre? d'être riche? de voyager?
Complétez l'étoile de vos rêves
personnels et comparez-les avec
ceux d'un(e) camarade de classe.

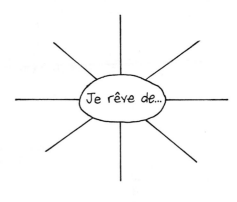

Je rêve de...

En général

2 Regardez l'article sur **Les fantasmes des Français.** Est-ce que vous recon-
naissez dans le texte ou dans les résultats du sondage des rêves mentionnés dans votre étoile personnelle? Lesquels?

3 Parcourez l'article. Les sujets suivants sont-ils traités dans le texte, dans les
résultats du sondage, ou dans les deux? Complétez le tableau.

sujets	texte	sondage	les deux
le plus grand fantasme		✔	
les sept pôles de l'imagination			
les professions de rêve			
les cadeaux			
les voyages			
la maison			
les actes extraordinaires (exploits)			
le bonheur affectif			
la sexualité			
un quart d'heure à la télévision			
l'éternité			

A. Les fantasmes des Français

Le fantasme n° 1 des Français, c'est partir. Tous ne rêvent pas de traverser les continents. Il y a mille et une manières de partir, de rompre° avec la routine, avec soi-même. Pour savoir quels rêves cachés caressent les Français, *L'Express* a demandé à l'institut Louis Harris de sonder leurs fantasmes. Le résultat est surprenant.

°break

En fait, les fantasmes des Français sont, comme eux, multicolores et multiformes. L'imagination ne s'empare° pas des mêmes images selon que l'on est jeune ou vieux, homme ou femme, riche ou pauvre. Mais pour la plupart, l'imagination est attirée° par sept grands pôles. Dans l'ordre: 1. les voyages; 2. l'argent, tombé du ciel, grâce à saint Loto°; 3. le travail: la profession qu'on aurait rêvé d'exercer; 4. la maison, «neuve», «jolie», «grande», à la campagne ou au bord de la mer, «à soi»; 5. le bonheur affectif, en famille, en couple, ou dans une société qu'on rêve plus juste, plus démocratique et pacifique; 6. la sexualité, qui fait surtout rêver les plus jeunes; 7. enfin, l'éternité: tout est bon pour défier ou éviter la mort°—devenir célèbre, vivre cent ans, mille ans.

°prend

°attracted

°grâce à... *thanks to Saint Lottery*

°défier... *challenge or avoid death*

Les fantasmes des Français sont effectivement plutôt «réalistes». Un réalisme teinté d'humanitarisme, un rêve de retour à la vraie vie, odorante° comme une miche° de pain.

°qui sent bon

°*loaf*

B. Sondage

Quel est votre plus grand fantasme?

Être le (la) plus compétent(e)	**39%**
Être le (la) plus aimé(e)	23
Être le (la) plus drôle	14
Être le (la) plus intelligent(e)	12
Être le (la) plus célèbre	3
Être le (la) plus sexy	2
Être le (la) plus grand(e)	1
Être le (la) plus beau (belle)	1
Sans opinion	5

Quelle profession auriez-vous rêvé d'exercer?

Médecin sans frontières[1]	**32%**
Berger[2]	11
Cosmonaute	9
Navigateur solitaire	8
Prince ou princesse	8
Chanteur à succès	7
Ambassadeur de France	6
Chef de la brigade antigang	5
Président de la République	3
Raider en Bourse[3]	2
Prostituée de luxe	1
Évêque[4]	1
Sans opinion	7

1. volontaires dans les pays pauvres ou situations de crise
2. *shepherd*   3. *stock market*   4. *bishop*

L'exploit de vos fantasmes?

Sauver un enfant de la noyade[1]	**46%**
Faire le tour du monde à la voile[2]	16
Recevoir le prix Nobel	10
Écrire un best-seller	9
Escalader l'Himalaya	8
Marquer le but de la victoire[3] en coupe du monde	6
Commettre le crime parfait	4
Sans opinion	1

1. *drowning*   2. *in a sailboat*   3. *score the winning goal*

Si vous gagniez 1 million d'euros au Loto, comment rêveriez-vous de les dépenser?

En arrêtant de travailler pour vivre en rentier[1]	**25%**
En créant une entreprise	24
En donnant tout aux déshérités[2]	18
En quittant tout pour refaire votre vie au bout du monde[3]	11
En dépensant tout votre argent n'importe comment[4]	7
En achetant un château et une Rolls	7
Sans opinion	8

1. *person of independent means*   2. pauvres   3. loin
4. impulsivement

Le cadeau de vos fantasmes?

Une Ferrari	**22%**
Un bijou de chez Cartier	18
Une place dans la prochaine navette spatiale[1]	17
Une caisse de vin de pommard de 1929	16
Un tableau de Matisse	12
Un costume ou une robe de chez Christian Dior	8
Un tuyau d'initié[2] en Bourse	4
Sans opinion	3

1. *space shuttle*   2. *an insider's tip*

Le week-end de vos fantasmes?

Sur une île déserte	**52%**
Dans un palace[1]	36
Au lit	8
Sans opinion	4

1. hôtel de grand luxe

La contrée de vos fantasmes?

Tahiti	**25%**
Australie	17
Californie	14
Brésil	12
Japon	11
Tibet	7
Sahara	5
Grand Nord	4
Sans opinion	5

Si on vous offrait un quart d'heure d'antenne[1] à la télévision, qu'en feriez-vous?

Vous défendriez une grande cause humanitaire	**48%**
Vous feriez la morale aux hommes politiques	22
Vous feriez une déclaration d'amour	12
Vous feriez votre propre publicité	7
Vous raconteriez votre vie	5
Vous diriez du mal de votre pire ennemi[2]	1
Sans opinion	5

1. *air time*   2. parleriez négativement de votre plus grand ennemi

La maison de vos fantasmes?

Une cabane au Canada	**25%**
Un bungalow aux Seychelles[1]	24
Un château dans le Périgord[2]	17
Une villa hollywoodienne à Saint-Tropez[3]	13
Un hôtel particulier à Paris	8
Un palais à Marrakech[4]	7
Un loft à New York	3
Sans opinion	3

1. îles de l'océan Indien   2. région de France
3. ville touristique de la Côte d'Azur (*Riviera*)
4. résidence royale au Maroc

Extrait de *L'Express.*

En détail

4 Le texte

1. **Le texte même.**

   a. Quel est le fantasme n° 1 des Français?
   b. Quels sont les facteurs qui font varier les «images» de l'imagination?
   c. Quels sont les sept pôles principaux de l'imagination des Français?
   d. Comment les Français rêvent-ils la société?
   e. Comment peut-on défier la mort? Donnez deux «solutions» mentionnées dans l'article.
   f. Quelle comparaison l'auteur de l'article utilise-t-il pour décrire «la vraie vie»?

2. **Le sondage.** Quel est l'ordre de préférence des fantasmes suivants? Complétez le tableau. Suivez l'exemple.

fantasme	ordre	derrière	devant
a. être le (la) plus drôle (comique)	3ᵉ	le (la) plus aimé(e)	le (la) plus intelligent(e)
b. être cosmonaute (astronaute)			
c. sauver un enfant de la noyade			
d. créer une entreprise			
e. avoir un vêtement de chez Christian Dior			
f. passer le week-end dans un palace			
g. aller en Californie			
h. faire la morale (donner une leçon) aux hommes politiques			
i. vivre dans un hôtel particulier (une maison de luxe) à Paris			

VOCABULAIRE ACTIF

un bijou
caché(e)
dépenser
en fait
une étoile
faire le tour du monde
un fantasme
quitter
rêver
soi-même
surprenant(e)
un tableau

5 **Les mots.** Utilisez le contexte et la logique pour trouver dans l'article les mots qui ont le sens suivant. Vous avez déjà vu certains de ces mots.

1. Premier paragraphe: *oneself; hidden; surprising*
2. Deuxième paragraphe: *heaven-sent; one would have dreamed; one's own*
3. Troisième paragraphe: *actually* (Trouvez un synonyme dans le deuxième paragraphe.)
4. Sondage «L'exploit... »: *the World Cup*
5. Sondage «Si vous gagniez... »: *leaving (someone or something); to spend money*
6. Sondage «Le cadeau... »: *a jewel; a case (of wine); a painting*
7. Sondage «Si on vous offrait... »: *your own advertisement*

Et vous?

1. L'article donne les sept grands pôles de l'imagination des Français. À votre avis, est-ce que ces pôles seraient les mêmes pour les Américains? Dans le même ordre? En groupes de quatre ou cinq personnes, discutez les différences possibles et préparez un rapport pour la classe.
2. Si ce sondage s'adressait au public américain, est-ce que les questions seraient les mêmes? Par exemple, pour les professions, est-ce que «médecin volontaire» ou «berger» seraient mentionnés? Avec vos partenaires, reprenez chaque partie du sondage et faites les changements que vous jugez nécessaires.

3. L'auteur de l'article dit que les Français rêvent de retourner à «la vraie vie, odorante comme une miche de pain». Que pensez-vous de cette image? Quelles sont les autres images qui vous viennent à l'esprit quand vous pensez à «la vraie vie»? Avec un(e) partenaire, faites une liste de huit à dix images, puis comparez votre liste avec celles de vos camarades de classe.

Structure: Hypothesizing

Le conditionnel (suite)

Observez et déduisez

▲ Des vacances de rêve
sur une île déserte.

Fantasmes et rêves...

— Si je gagnais 1 million d'euros à la loterie, je dépenserais tout mon argent. Je m'achèterais une Ferrari et...
— Si j'avais le temps, j'arrêterais de travailler et je ferais le tour du monde.
— Si j'étais riche et célèbre, je serais sûrement heureux.

● To hypothesize is to predict consequences based on conditions that have not yet occurred. You have already learned (page 424) to hypothesize about *probable* future events using the following tense sequence:

si + present + future

Si j'ai le temps, j'irai au cinéma ce soir.

● When you hypothesize about events that are *less* likely to occur, a different combination of verb tenses is used. Study the examples in **Observez et déduisez,** and complete the following sentences, using the new tense sequence.

Si je gagnais à la loterie, _____ .
Je serais heureux(se) si _____ .

Write the tense sequence: **si** + _____ + _____

Vérifiez *Le conditionnel*

● To hypothesize about imaginary circumstances and consequences, use **si** and the *imperfect* to express the circumstances and the *conditional* to express the consequences.

Si j'**étais** plus âgé, je **comprendrais** tout!
(*condition*) → (*consequence*)

● Either the condition or the consequence clause may come first, but the conditional tense is never used in the **si** clause.

— **Si** j'avais le temps, je ferais mes devoirs.
— Et moi, j'irais à la plage **si** j'avais le temps!

Activités

I **Mes rêves.** Complétez les phrases suivantes selon vos rêves personnels.

1. Si je gagnais un million d'euros à la loterie, j'achèterais _____, et j'irais _____ .

2. Si on m'offrait le cadeau de mes rêves, je demanderais _____, et je voudrais aussi _____ .

3. Si j'avais la maison de mes rêves, j'aurais _____ , et j'habiterais à (en, au, aux) _____ .

4. Si j'exerçais la profession de mes rêves, je serais _____, et je travaillerais _____ .

5. Si je pouvais réaliser mon plus grand rêve, j(e) _____, et j(e) _____ .

Maintenant, interviewez un(e) partenaire et comparez vos réponses. Vos rêves sont-ils semblables ou non? Qui a les rêves les plus grandioses?

➡ *Si tu gagnais un million d'euros à la loterie, qu'est-ce que tu achèterais?*

J **Hypothèses.** Parlez de vous et de vos copains (copines) en employant les expressions suivantes. Montrez un rapport logique entre les conditions et les conséquences selon l'exemple.

➡ *Si j'avais le temps et l'argent, je voyagerais dans un pays francophone. Mes copains eux, ils iraient sur une île déserte.*

Si...

être le prof	être célèbre (riche, etc.)
avoir un million de dollars	arrêter de travailler
habiter une île déserte	parler parfaitement le français
exercer la profession de mes rêves	voyager dans un pays francophone
avoir 35 ans	avoir le temps
	?

K **Gagnants!** Pour fêter son ouverture (*grand opening*), une agence de voyages offre un séjour au Québec—tous frais payés, bien sûr! Lisez les renseignements et regardez les dépliants ci-dessous, puis dites ce que les personnes suivantes feraient ou ne feraient pas si elles gagnaient le prix.

➡ *Si j'allais à Québec, je mangerais au restaurant Aux Anciens Canadiens.*

1. vous
2. vos parents
3. votre professeur de français
4. votre camarade de chambre ou un(e) ami(e)

Québec et sa région—sites à visiter

Palais Montcalm   On y présente du théâtre, des concerts de musique classique et des spectacles de variétés.

Centre Molson de Montréal   Club de hockey Les Canadiens. Les Canadiens représentent la ville de Montréal au sein de la Ligue nationale de hockey.

Le vieux quartier

Hôtel du Parlement   Premier site historique national du Québec, l'Hôtel du Parlement est un édifice imposant.

Quartier du Petit-Champlain   Aujourd'hui, suite à une restauration générale, le quartier du Petit-Champlain rappelle un coquet village au bord du fleuve. Ses rues étroites d'antan sont animées par des musiciens, des clowns et des jongleurs.

Parc des Champs-de-Bataille   Créé en 1908, le parc a été le théâtre de la bataille entre les armées anglaise et française dirigées par Wolfe et Montcalm (1759).

L   Remue-méninges.   La profession de vos rêves: *professeur de français?!* Peut-être pas... mais imaginez de toute façon. Si vous étiez le professeur pendant une semaine, qu'est-ce que vous feriez? Qu'est-ce que vous ne feriez pas? Qu'est-ce que vous changeriez? Préparez une liste avec des camarades de classe.

➡ *Si nous étions le professeur, nous regarderions des films français tous les jours.*

Jeu de rôle   In groups of four or five, assume the role of students who are playing the party game *If I (he, she, you) were . . .* For each person in the group, including yourself, complete the following sentences. (Don't forget the explanation!) Then share your hypotheses with each other, and guess who in the group is being referred to each time.

If this person were an animal, he or she would be . . . because . . .
If this person were a song, he or she would be . . . because . . .
If this person were a color, he or she would be . . . because . . .

Aminata Sow Fall est considérée comme la femme écrivain la plus éminente de l'Afrique francophone actuelle. Elle est l'auteur de *La Grève des Battù* (*The Beggars' Strike*, 1979), *L'Appel des Arènes* (*The Call of the Ring*, 1982) et *Douceurs du Bercail* (*Sweetness of Home*, 1998), qui ont reçu de grands prix littéraires internationaux. Ses autres activités incluent la direction du Centre pour l'étude des civilisations au Ministère de la culture du Sénégal, la fondation du Bureau africain pour la défense des libertés des écrivains, des conférences aux quatre coins du monde, et une intervention comme invitée d'honneur aux Nations Unies (janvier 1999). Ici, elle écrit, expressément pour *Mais oui!,* ses pensées sur les soucis et les rêves de l'Afrique.

Soucis et rêves de l'Afrique

L'Afrique: on serait tenté de dire «la Terre des soucis». Le continent est en effet rongé[1] par mille et un fléaux[2] qui sont autant de facteurs d'anéantissement[3]. Et chaque jour apporte son lot[4] de calamités naturelles ou d'incendies attisés[5] par l'ambition et la déraison. Les champs de mort au Rwanda sont encore fumants[6] sous la clameur désespérée des rescapés[7] du génocide et voici que les armes tonnent encore[8] en République du Congo, à Brazzaville, en Guinée-Bissau, au Lesotho, faisant écho aux bombes qui sèment[9] l'horreur en Algérie. Le tout sur fond de misère, d'analphabétisme, de dictature[10] (Eh oui, en cette ère de démocratie!).

Mais je veux rêver. Quelque chose au fond de moi me dit que ce géant blessé va se relever[11]; que ce grand malade va se secouer pour se débarrasser[12] de tous ses complexes et pesanteurs[13] pour mieux capter ses énergies morales et spirituelles dangereusement diluées dans l'attentisme qui a généré une mentalité d'assisté[14]. Mes rêves de l'Afrique: un continent debout avec un mental de gagneur[15], avec une voix[16] réelle au concert des Nations, avec la volonté[17] réelle d'exister. Et je sais que le rêve n'est pas utopie: il y a le soleil, les rires, le bleu du ciel, une faune et une flore magnifiques. Et il y a des hommes et des femmes qui savent écouter et aimer, qui croient en la culture, donc à l'Humain.

Aminata Sow Fall

Aminata Sow Fall (Dakar, octobre 1998)

D'après ce texte, quels sont les soucis de l'Afrique? Quelles sont les calamités politiques et sociales mentionnées? Qu'est-ce que «ce géant blessé», «ce grand malade» doit faire pour «se relever» et chanter «avec une voix réelle au concert des Nations»? Qu'est-ce qu'il y a en Afrique qui indique que le rêve n'est pas une utopie? Et vous, comment voyez-vous l'avenir de l'Afrique? Si l'on vous demandait d'écrire un paragraphe ou deux sur les soucis et les rêves de votre pays, que diriez-vous? Essayez...

---

1. attaqué   2. *plagues*   3. destruction   4. sa dose   5. *fires fed by*   6. *still smoking*   7. survivants   8. *the thunder of gunfire is heard again*   9. *sow*   10. *All these on a background of misery, illiteracy, and dictatorship*   11. *get back up* 12. *is going to shake off*   13. inertie   14. *diluted in the wait-and-see attitude of welfare recipients*   15. *a winning attitude* 16. *voice*   17. le désir

Troisième étape

À l'écoute: La mondialisation

La mondialisation, ou globalisation, est un terme que l'on entend de plus en plus souvent aujourd'hui et qui occasionne des soucis aussi bien que des rêves. Dans cette étape, vous allez écouter deux points de vue sur la mondialisation: celui d'un Français, M. Lompré, ingénieur au Centre d'Énergie atomique à Paris, et celui d'une Africaine, Aminata Sow Fall, l'écrivain dont vous venez de faire la connaissance dans **Culture et réflexion.**

Avant d'écouter

1 Le dictionnaire Larousse définit la mondialisation comme «le fait de devenir mondial» ou de présenter «des extensions qui intéressent le monde entier». Quand vous pensez à la mondialisation, quels sont les mots qui vous viennent à l'esprit? Cochez les suggestions appropriées, puis ajoutez vos propres idées.

▲ La mondialisation du manger?

_____ un phénomène nouveau

_____ un phénomène politique

_____ un phénomène économique

_____ un phénomène culturel

_____ une occidentalisation du monde (le monde qui se conforme aux normes des pays occidentaux comme l'Europe et l'Amérique)

_____ la compétition capitaliste

_____ les restaurants fast-food, comme McDo et Burger King, qui «envahissent» le monde

_____ la langue anglaise qui «envahit» le monde

_____ l'influence de la technologie et des médias

_____ la disparition des inégalités entre les pays riches et les pays pauvres

_____ au contraire, des inégalités de plus en plus marquées entre les pays riches et les pays pauvres

_____ ?

2 Sachant que vous allez entendre le point de vue d'un ingénieur français et celui d'une Africaine de grand renom, pensez-vous qu'ils vont voir la mondialisation comme quelque chose de (a) principalement positif, (b) principalement négatif ou (c) positif et négatif en même temps? Imaginez leur position respective.

Écoutons

VOCABULAIRE ACTIF

un aspect positif/négatif
les avances (f.)
  technologiques
la compétition
une conséquence
un défaut
un défi
l'inégalité (f.)
un être humain
faire face (à)
la mondialisation/
  globalisation
la morale occidentale
un phénomène
un symbole
trouver l'équilibre (entre)
l'Union européenne
une valeur

3 Écoutez une première fois pour identifier les idées principales de chaque conversation. Cochez celles qui sont mentionnées, et si oui, indiquez les initiales de la personne qui les mentionne (**ML** pour M. Lompré ou **ASF** pour Aminata Sow Fall).

✔   **initiales**

_____ _____ les découvertes maritimes de Christophe Colomb, Magellan, etc.

_____ _____ l'évolution constante du monde

_____ _____ la révolution industrielle du XIXe siècle

_____ _____ les avances technologiques

_____ _____ les événements du 11 septembre 2001

_____ _____ les pays riches et les pays pauvres

_____ _____ le rôle des banques internationales

_____ _____ l'Union européenne

_____ _____ le dilemme entre les valeurs humaines et l'argent

_____ _____ le sacrifice pour un idéal commun

_____ _____ une convergence des valeurs universelles

_____ _____ l'aspect religieux de la mondialisation

4 Maintenant, réécoutez chaque conversation séparément, et indiquez si les phrases suivantes sont vraies ou fausses. Si elles sont fausses, corrigez-les.

1. Selon M. Lompré

a. La mondialisation est un phénomène nouveau.

b. La mondialisation s'est accélérée ces derniers temps.

c. Les tours du World Trade Center étaient le symbole de la morale occidentale.

d. La mondialisation n'a rien en commun avec la colonisation.

e. La mondialisation est un phénomène complètement négatif.

f. La France n'a pas vraiment besoin de l'Union européenne pour faire face à la concurrence (compétition) internationale.

2. Selon Aminata Sow Fall

a. L'homme doit trouver une réponse humaine à l'évolution du monde.

b. Notre bonheur est influencé par les énergies et les ressources dont nous disposons.

c. L'homme ne peut pas constamment recréer le sens (la définition) du bonheur humain.

d. Si le bonheur humain est notre objectif principal, la mondialisation cesse (arrête) d'être une compétition et cesse donc de poser des problèmes.

e. La compétition mène à (*leads to*) l'égoïsme.

f. Le défaut (le problème) de la mondialisation, c'est de mettre l'homme au centre et non l'argent.

g. La mondialisation permet la communication.
h. Le défi (*challenge*) de la mondialisation est de trouver l'équilibre entre les valeurs humaines et les priorités économiques.
i. Dire «l'Occident m'impose... » est une excuse valable (*valid*).
j. L'Afrique a besoin d'un idéal commun et de discipline.

Prononciation | Rythme et intonation

- We have already mentioned that **un accent étranger** occurs when you transfer pronunciation habits from one language to another. Going beyond individual sounds, let's return to rhythm and intonation patterns that differ greatly in French and English.

- **Le rythme.** As seen in **Chapitre 1** (page 28), the rhythm of English is very uneven, with ACcented SYLlables reCEIVing GREATer EMphasis than OTHers. The rhythm of French, on the other hand, is very even, with every syllable receiving equal emphasis. The only mark of accentuation in French is a slight lengthening of the last syllable in a word group and a change in intonation. Word groups consist of short sentences or single ideas within longer sentences, as indicated by punctuation or simply through meaning. A speaker wishing to emphasize a point may make shorter word groups, whereas someone who speaks fast will make fewer groups. The average number of syllables in a word group is between five and ten.

  > Ma position sur la mondialisa<u>tion</u>,/ c'est que le monde évolue constam<u>ment</u>/ et que c'est aux êtres hu<u>mains</u>/ de trouver une réponse hu<u>maine</u>/ aux différents visages que présente le <u>monde</u>./

  The sentence above can thus be divided into five word groups, with a slight pause after each one and a slight lengthening of the last syllable in the group.

- **L'intonation.** As seen in **Chapitre 2** (page 73), French intonation patterns are also regulated by word groups. In a declarative sentence such as the one above, each word group before the last one has a rising intonation, indicating that the sentence is not over; falling intonation is reserved for the final word group, marked by a period or a semicolon. Commas always indicate a rising intonation in French. This is very different from English, where a comma frequently triggers falling intonation.

  > Ma position sur la mondialisation,/ c'est que le monde évolue constamment/ et que c'est aux êtres humains/ de trouver une réponse humaine/ aux différents visages que présente le monde./

- French intonation patterns can be summarized as follows.

  Declarative sentences:

  Yes/no questions:

  Information questions:

🎧 ***Écoutez***   As you listen to the following sentences from **À l'écoute: La mondialisation** on the student audio CD, indicate with slashes the word groups you hear and mark the intonation with arrows.

> — L'Union européenne est une bonne chose pour la France?
>
> — Absolument. La France toute seule ne peut pas faire face à la concurrence internationale, mais l'Europe, oui. Le monde d'aujourd'hui est un monde multiculturel.
>
> — Qu'est-ce que vous voulez dire exactement?

🎧 ***Essayez!***

1. Now practice repeating the model sentence under **Le rythme / L'intonation** and the short dialogue in **Écoutez,** making sure that you do *not* stop in the middle of a word group and that your intonation rises or falls as needed.

2. In the following sentences, indicate the word groups with slashes, the intonation with arrows, and practice saying them with **un bon accent français.** Verify your pronunciation on the student audio CD.

   a. Quand on a comme objectif principal le bonheur de l'être humain, et l'attachement aux valeurs essentielles de l'humanité, la mondialisation ne pose pas de problème parce qu'elle cesse d'être une compétition.

   b. Même à l'intérieur des pays développés, la compétition mène à un égoïsme qui opprime. Le défaut de la mondialisation, c'est de mettre l'argent au centre, en oubliant l'être humain. Le défi de la mondialisation, c'est de trouver l'équilibre, pour que l'homme soit là au centre et non l'argent.

Stratégie de communication

Providing opinions

This strategy reviews techniques you have used to state your opinion and introduces some new expressions to help you elaborate on them.

We express opinions in a variety of ways: in our descriptions of someone or something **(Le professeur typique est...)**, in comparisons we make **(Les fruits sont meilleurs que les légumes.),** in our assertions **(Si, si... Mais non!),** in the advice we give **(Il faut... Vous devriez...),** in our choice of qualifiers **(absolument; malheureusement),** in our expressions of preference **(Moi, je préfère... parce que...),** etc. Sometimes we "advertise" our opinions **(Pour moi... À mon avis...)**—but not always. As you can see, you have been making simple statements of opinion since **Chapitre 1!** Now you will begin to elaborate a bit on your opinions.

Search the following statements for words that suggest "opinion" and for words that help you elaborate or connect the thoughts expressed. Underline them.

Un point de vue

Premièrement, il faut dire que la mondialisation n'est pas un phénomène nouveau. Il est vrai que la mondialisation s'est accélérée récemment, surtout à cause des avances technologiques qui contribuent à l'explosion du commerce mondial. Il y a des inégalités, c'est sûr, mais selon moi, la mondialisation permet une convergence des valeurs universelles.

Un autre point de vue

Ma position sur la mondialisation, c'est que le monde évolue constamment alors que les cultures changent lentement. Pourtant, il y a des valeurs universelles et c'est à ces valeurs que nous devrions nous attacher, non pas à la compétition. Pour moi, le monde est un endroit où l'objectif principal de chaque pays devrait être le bonheur de l'être humain. En fait, le défaut de la mondialisation c'est de mettre l'argent au centre. Si on mettait plutôt l'homme au centre, à mon avis, tout changerait.

Now check the chart that follows to see some words and expressions you can use to begin explaining your opinion.

pour vous aider à développer une opinion

pour lier et élaborer

et
mais
alors/alors que
parce que + sujet/verbe
à cause de + nom
pourtant, cependant
qui/que/où
surtout
plutôt
en fait

pour qualifier

pour moi
selon moi
à mon avis
Je pense que...
Je crois que...
malheureusement

pour comparer

plus/moins important (équitable...) que
le meilleur / le pire

pour confirmer

Il est vrai que...
C'est sûr.

pour insister

Si, si!
Certainement pas!
Absolument! Tout à fait!

pour suggérer

On devrait... / Nous devrions...
Il faut...

pour émettre des hypothèses

Nous aurions dû + verbe...
Si [on faisait cela]...
Si j'étais le Président / le Premier ministre...

Activités

M **À mon avis...**   Employez des expressions appropriées de la liste à la page précédente pour compléter les phrases suivantes.

1. _____ le monde a besoin d'un commerce plus équitable

   _____ les profits des dix plus grands groupes mondiaux

   sont supérieurs aux profits de l'ensemble des pays moins développés.

2. _____ , la grande pauvreté touche près d'un être humain

   sur quatre, _____ partager les richesses d'une manière

   _____ .

3. _____ le monde a besoin de diversité culturelle,

   _____ il ne faut pas que la vision occidentale envahisse le

   reste du monde.

4. _____un monde multiculturel est _____un

   monde dominé par une seule culture.

5. _____ , la mondialisation est une nouvelle forme de

   colonisation; _____ elle a aussi des aspects très positifs!

N **La mondialisation: Un bien ou un mal?**   Avant de donner votre opinion, réfléchissez aux aspects positifs et négatifs de la question. Pour commencer, complétez le tableau suivant en travaillant avec votre professeur et vos camarades de classe. Faites une liste des idées et du vocabulaire important pour parler de la mondialisation. Notez des structures utiles pour donner une opinion. Finalement, pensez aux mots et aux expressions de la **Stratégie de communication** qui peuvent vous aider à élaborer ou à expliquer votre opinion.

vocabulaire		structures	outils pour élaborer
aspects positifs	aspects négatifs		
			tout le vocabulaire de la page 470

O Questions. Imaginez que vous êtes journaliste et que, dans le cadre d'une émission sur la mondialisation, vous interviewez une «Mme Pour» et un «M. Contre». Quelles questions allez-vous leur poser pour leur faire défendre leurs opinions? Travaillez avec un(e) partenaire en écrivant au moins trois questions pour chaque personne. Voici quelques sujets possibles: le protectionnisme économique, l'élimination des différences culturelles, l'exploitation des ressources naturelles ou l'aide financière aux pays pauvres.

P Prenez position (*Take a stand*). Considérez ce que vous avez entendu de M. Lompré et Mme Fall et les conversations que vous avez eues avec vos camarades de classe en faisant les activités ci-dessus. C'est le moment de prendre position! Êtes-vous pour ou contre la mondialisation? Préparez quatre assertions qui expriment votre opinion. (Vous pourriez changer d'opinion demain si vous voulez!)

> ➡ *La mondialisation est une bonne chose pour la France et pour moi!*
> ou: *La mondialisation est la cause de beaucoup de problèmes dans le monde...*

Maintenant, lisez vos phrases à un(e) partenaire et écoutez ses réactions. S'il/Si elle a des questions, essayez de clarifier vos assertions. Posez-lui des questions si vous ne comprenez pas parfaitement ce qu'il/elle dit.

Q Expliquez! Élaborez! Parmi les quatre phrases que vous avez lues pour votre partenaire, choisissez l'assertion qui est la plus importante ou intéressante à votre avis. Ensuite, préparez votre «défense»: Expliquez pourquoi (parce que...); donnez des exemples qui soutiennent (*support*) votre opinion; pensez aux autres points de vue et essayez de les réfuter. Prenez des notes, puis développez vos arguments avec votre partenaire. Écoutez ses réactions, puis repensez une dernière fois vos idées.

R Essai. Maintenant que vous savez bien exprimer et expliquer votre opinion au sujet de la mondialisation, préparez vos arguments par écrit. Employez les structures et le vocabulaire que vous avez identifiés dans l'activité N aussi bien que le vocabulaire de la **Stratégie de communication.**

Jeu de rôle

You surely have opinions on a lot of subjects, such as globalization, of course, but also education, health, sports, travel, etc. Working with a partner, choose a subject that interests you, and then play the role of an American student and a French journalist. The journalist wants to write an article on the opinions of an American student and asks profound questions about the topic. The student develops his/her opinion with the aid of explanations, hypotheses, etc. In the end, the journalist presents a report on the opinion of his/her partner.

Intégration

Littérature: Les Choses

Born in Paris in 1936, Georges Perec was the only child of a Jewish couple who had emigrated from Poland. His father was killed in World War II in 1940, and his mother died at the Auschwitz concentration camp in 1943. Left orphaned at age 7, Georges was raised by an aunt and uncle, and soon found refuge in what would be his life's passion: writing. From about 1960 until 1982, when he died of cancer, he devoted himself to being a novelist, essayist, and poet.

Known as **«un virtuose de la langue»,** Perec challenged himself with all kinds of language experiments. For example, he wrote a whole novel, *La Disparition,* without the most common vowel in French, the letter *e!* He also wrote a puzzle-novel, *La Vie, mode d'emploi (Life, Operating Instructions),* in which the reader is expected to piece the different parts of the novel together. *Les Choses,* Perec's first published novel (1965), was an instant success. It is the story of a young middle-class couple, Jérôme and Sylvie, whose quest for happiness in material possessions, **«les choses»,** ends in broken dreams and a sense of emptiness. The novel also experiments with moods and tenses: the story starts out in the conditional, then moves to the past, and ends in the future. In the opening chapter, Jérôme and Sylvie depict in great detail each room of their would-be apartment—the perfect setting for the perfect life.

Avant de lire

1 Décrivez votre maison ou votre appartement idéal.

1. Quelles choses est-ce qu'il y aurait sur les murs? (des livres? des objets d'art? des photos?)
2. Est-ce que vous préféreriez les couleurs vives (*bright*) ou les couleurs douces? La lumière (*light*) et les choses lumineuses, ou l'obscurité et les choses sombres?
3. Est-ce que les pièces seraient en ordre ou en désordre? Est-ce que vous auriez une femme de ménage (une employée) pour nettoyer la maison et y mettre de l'ordre?

En général

2 Parcourez le texte une première fois en pensant aux questions suivantes.

1. Quelle pièce est décrite dans cet extrait?
2. Les goûts de Jérôme et de Sylvie sont-ils semblables aux vôtres? Reprenez les questions d'**Avant de lire** et trouvez les points que vous avez en commun.

3 Dans quel paragraphe trouve-t-on les idées suivantes? Reliez les paragraphes et les idées.

¶1 «La vie, là,... »   a. L'harmonie des choses et de la vie
¶2 «Ils ouvriraient... »   b. Le petit déjeuner
¶3 «Leur appartement... »   c. L'anticipation du bonheur
¶4 «Il leur semblerait... »   d. Les activités du matin, après le petit
¶5 «Ils savaient... »   déjeuner
                              e. Le charme de l'appartement

Les Choses

1   La vie, là, serait facile, serait simple. Toutes les obligations, tous les problèmes qu'implique la vie matérielle trouveraient une solution naturelle. Une femme de ménage serait là chaque matin. Il y aurait une cuisine vaste et claire, avec des carreaux° bleus, trois assiettes de faïence° décorées d'arabesques jaunes, des placards° partout, une belle table de bois blanc au centre, des tabourets°, des bancs°. Il serait agréable de venir s'y asseoir, chaque matin, après une douche, à peine° habillé. Il y aurait sur la table des pots de marmelade, du beurre, des toasts, des pamplemousses° coupés en deux.

tiles / stoneware
cabinets
stools / benches
hardly
grapefruit

2   Ils ouvriraient les journaux. Ils sortiraient. Leur travail ne les retiendrait que quelques heures, le matin. Ils se retrouveraient pour déjeuner; ils prendraient un café à une terrasse, puis rentreraient chez eux, à pied, lentement.

3   Leur appartement serait rarement en ordre mais son désordre même serait son plus grand charme. Leur attention serait ailleurs: dans le livre qu'ils ouvriraient, dans le texte qu'ils écriraient, dans le disque qu'ils écouteraient, dans leur dialogue.

4   Il leur semblerait° parfois qu'une vie entière pourrait harmonieusement s'écouler° entre ces murs couverts de livres, entre ces choses belles et simples, douces, lumineuses.

Il... Ils penseraient
se passer

5   Ils savaient ce qu'ils voulaient; ils avaient des idées claires°. Ils savaient ce que seraient leur bonheur, leur liberté. Il leur arrivait d'avoir° peur. Mais le plus souvent, ils étaient seulement impatients: ils se sentaient prêts; ils étaient disponibles: ils attendaient de vivre, ils attendaient l'argent. Ils aimaient la richesse avant d'aimer la vie.

précises
Il... Parfois ils avaient

Extrait de *Les Choses* (Georges Perec).

En détail

4 **Les mots.**   Utilisez le contexte et la logique pour déduire le sens des expressions en caractères gras ci-dessous.

¶1 «... des pamplemousses **coupés en deux.**»
   a. two by two   b. cut in half

¶2 «Leur travail **ne les retiendrait que** quelques heures... »
   a. would only keep them   b. would not keep them

¶3 «Leur attention serait **ailleurs...** »
   a. elsewhere   b. nowhere

¶4 «... **couverts de livres...** »
   a. book covers   b. covered with books

¶5 «... ils se sentaient **prêts;** ils étaient **disponibles...** »
   a. ready / available   b. close / busy

5 **Le texte.**   Les phrases suivantes sont-elles vraies ou fausses? Justifiez vos réponses.

1. Jérôme et Sylvie n'auraient pas de soucis matériels.
2. Une femme de ménage viendrait une fois par semaine.
3. Les placards de la cuisine seraient décorés d'arabesques jaunes.
4. Ils prendraient une douche avant le petit déjeuner.
5. Ils prendraient le déjeuner ensemble.
6. Ils rentreraient chez eux en voiture.
7. Les livres, les disques, leurs activités et leur conversation seraient plus importants que l'ordre ou le désordre de leur appartement.
8. Ils seraient heureux de passer toute leur vie dans cet appartement.
9. Ils acceptaient le présent avec patience.
10. Ils aimaient la vie plus que l'argent.

Et vous?

1. La journée idéale—qu'est-ce que vous feriez? À la manière de Jérôme et Sylvie, décrivez ce que vous feriez du matin jusqu'au soir. Décrivez aussi les choses qui seraient autour de vous aux différents moments de cette journée.

2. Jérôme avait 24 ans et Sylvie en avait 22 quand ils ont tous les deux abandonné leurs études universitaires pour prendre des emplois temporaires, avec l'espoir de vite gagner beaucoup d'argent. Ont-ils eu raison? Imaginez que vous parlez à Jérôme ou à Sylvie au moment de leur décision. Divisez-vous en deux groupes: un groupe sera pour les études, et l'autre contre. Préparez d'abord une liste de conseils et d'arguments. Ensuite essayez vos conseils et arguments sur le professeur qui jouera le rôle de Jérôme ou de Sylvie. Qui aura les meilleurs arguments?

   ➡ À ta place, je finirais/j'abandonnerais mes études parce que...
   ou: *Tu devrais finir/abandonner tes études parce que...*
   Si tu finissais/abandonnais tes études, tu pourrais...

3. «Ils attendaient de vivre, ils attendaient l'argent.» Parfois, on «attend de vivre», comme un enfant avant de commencer l'école, par exemple, ou un(e) étudiant(e) avant de commencer «la vraie vie» du monde professionnel. En groupes de deux ou trois, faites une liste de situations où, parfois, on «attend de vivre». Pour chacune de ces situations, indiquez ce qu'on attend, et les dangers ou les avantages de cette anticipation.

4. «Ils aimaient la richesse avant d'aimer la vie.» En groupes de deux, contrastez l'attitude, les priorités et les actions des gens dans les deux catégories suivantes. Trouvez au moins cinq contrastes.

Les gens qui aiment la richesse avant d'aimer la vie	**Les gens qui aiment la vie avant d'aimer la richesse**

Par écrit: If only . . .

Avant d'écrire

A **Strategy: Looping.** Often one of the most difficult prewriting tasks is narrowing the focus of the topic. Looping, a technique involving several stages of prewriting, is designed to help you do just that: decide on which elements of a broad theme you will concentrate. Begin looping by freewriting (writing without stopping) for five to ten minutes on the assigned subject. Next, stop and read what you've written, consciously seeking out the "center of gravity," the feature that seems to prevail. Once you've identified this focal point of the first "loop," use it as the topic for the next five to ten minutes of freewriting, the second loop. The process can be repeated as often as necessary until you feel you have clearly identified the focus of the paper you wish to write.

Application. Practice looping using one of the following topics:

Mon plus grand rêve
La maison de mes rêves

B **Strategy: Adding variety through analogy.** An analogy is an attempt to explain or describe something by comparing it to something else, often something that at first glance may seem totally unrelated. You are probably familiar with the use of similes and metaphors in literature to express analogies. In French, descriptions can also be enhanced through the use of these stylistic techniques, for example:

Ma maison est vieille **comme** le monde,
elle **ressemble à** une cabane,
mais **c'est** une forteresse contre le temps.

Application. Now try creating three analogies of your own using the topic **Ma maison** and the preceding examples as models.

Écrivez

1. Dans l'extrait de *Les Choses,* Jérôme et Sylvie imaginent une maison parfaite, une vie idéale. À vous maintenant de décrire la maison de vos rêves. Comment serait-elle? Qu'est-ce qu'elle aurait? n'aurait pas? Qu'est-ce qui s'y passerait? Avant d'écrire, décidez quel sera le point de départ de votre description: les *choses*—ce qu'il y aurait (le décor et les objets matériels); les *activités*—ce que vous y feriez; ou *autres choses*—les rêves familiaux, les expériences partagées, les valeurs, les éléments immatériels. Limitez votre sujet en employant la technique décrite dans **Avant d'écrire** (A).

2. Si votre bonne fée (*fairy godmother*) vous accordait votre plus grand désir, qu'est-ce que ça serait? Décrivez ce qui se passerait si vous aviez cette bonne fortune. Est-ce que vous achèteriez quelque chose? Iriez-vous quelque part? Feriez-vous quelque chose d'extraordinaire? Donnez autant de détails que possible.

Si une fée, d'un coup de sa baguette magique, pouvait exaucer votre vœu[1] le plus cher, qu'est-ce que ça serait?

Nathalie C.: Vivre une éternité avec toute ma famille, mes parents, ma sœur, mon mari, mes enfants, et évidemment mon chien!

Laïla: Ça serait de faire en sorte qu'il n'y ait plus les mots *haine, violence* et *guerre* dans le dictionnaire.

David: Avoir une immense maison au bord de la Méditerranée... beaucoup de terrain... tout le confort et l'équipement dernier cri...

Frédéric: De voir moins d'injustice dans le monde où l'on voit les riches dominer les pauvres. Ce serait bien de voir tout le monde avoir les mêmes avantages.

Aïssatou: Voir ma famille réussir dans le sens de l'épanouissement[2] moral, intellectuel et matériel de chacun, dans le sens surtout de sa dignité et de ses libertés.

Quand vous pensez au monde actuel, qu'est-ce qui vous inquiète le plus? Pourquoi?

Nathalie C.: Le non-respect de l'environnement.

Nathalie D.: Cette montée de violence: sexuelle, délinquance, pédophilie, guerre et les maladies incurables comme le sida[3].

Laïla: La haine et la violence qui existent entre des gens, des peuples, car ceci est la cause principale des guerres et des conflits autour du monde.

Aïssatou: C'est le pouvoir[4] de l'argent. Même dans les sociétés où les valeurs familiales sont très fortes, l'opportunisme prend le pouvoir.

Frédéric: L'égoïsme qui nous entoure actuellement. Les gens ont tendance à ne penser qu'à eux-mêmes.

Nathalie C.

Laïla

David

Frédéric

Aïssatou

Nathalie D.

TASK: Qu'est-ce qui vous inquiète le plus quand vous pensez au monde actuel? Comparez vos idées avec les réponses ci-dessus.

En ce qui concerne les rêves, employez le sondage des pages 458–459 pour interviewer dix personnes qui ne sont pas dans votre classe de français. Si elles ne sont pas satisfaites des choix proposés par le sondage, elles peuvent inventer leurs propres[5] choix. Calculez les pourcentages, et comparez vos résultats avec ceux du sondage dans le manuel.

---

1. *grant your wish*   2. *growth*   3. *AIDS*   4. *power*   5. *their own*

VOCABULAIRE ACTIF

La santé et les maladies (f.)

des allergies (f.)
une assurance *insurance*
attraper un rhume *to catch a cold*

une bronchite *bronchitis*
la grippe *the flu*
hypocondriaque
une indigestion *indigestion*

Les symptômes (m.)

avoir de la fièvre *to have a fever*
avoir la nausée *to be nauseated*
avoir le nez bouché *to be congested*
avoir le nez qui coule *to have a runny nose*

avoir mal à *to hurt*
avoir mal à la tête / à la gorge *to have a headache / a sore throat*
une blessure *a wound*

se blesser *to hurt oneself*
éternuer *to sneeze*
un mal/des maux *pain, ailment*
tousser *to cough*

Les traitements (m.)

un antibiotique *an antibiotic*
appeler/aller voir le médecin/ le docteur *to call/to see the doctor*
de l'aspirine *aspirin*
une boîte *a box*
un comprimé *a tablet*

un médicament *a medication*
une ordonnance *prescription*
un(e) pharmacien(ne) *a pharmacist*
les premiers soins *first aid*
prescrire *to prescribe*
recommander *to recommend*

rester au lit *to stay in bed*
se soigner *to take care of oneself*
se faire soigner *to be taken care of*
du sirop *syrup*
une vitamine
un vaccin *a vaccination*

Les rêves (m.) et les peurs (f.)

un bijou (des bijoux) *a jewel*
dépenser (de l'argent) *to spend (money)*
une étoile *a star*
un fantasme *a fantasy*

quitter (quelqu'un/un endroit) *to leave (someone/a place)*
rêver *to dream*
un tableau *a painting*
le tour du monde *a trip around the world*

Adjectifs

caché(e) *hidden*   contagieux(se) *contagious*   grave *serious*   surprenant(e) *surprising*   tranquille *calm*

La mondialisation

un aspect positif/négatif *a positive/negative aspect*
les avances (f.) technologiques *technological advances*
la compétition *competition*
une conséquence *a consequence, result*
un défaut *a flaw, defect*
un défi *a challenge*
l'égalité/l'inégalité (f.) *equality/inequality*
un être humain *a human being*

faire face (à) *to face (up to)*
la mondialisation/la globalisation *globalization*
la morale occidentale *Western morality, ethics*
un phénomène *a phenomenon*
un symbole *a symbol*
trouver l'équilibre (entre) *to find a balance (between)*
l'Union européenne *the European Union*
une valeur *a value*

Divers

en (pronom) *some / . . . of them*   en fait *actually*   partout *everywhere*   soi-même *oneself*

chapitre complémentaire

Des questions d'actualité

Quelles sont les revendications de ces manifestants? Et vous?
À votre avis, quels sont les problèmes les plus graves du monde
actuel? L'immigration et le racisme? Les sans-abri? Autre chose?

This chapter will enable you to

☐ read about immigration in
France and the effects of
colonialism in Martinique

☐ understand the gist of an
appeal by a famous French
activist for the homeless
(l'abbé Pierre)

☐ express your viewpoint on
social issues

Lecture

www L'immigration

Vous allez lire un article qui résume les problèmes de l'immigration en France.

■ *Avant de lire*

1 L'immigration pose des problèmes sociaux, politiques, culturels et moraux. En groupes de deux ou trois, discutez les questions suivantes.

1. Est-ce qu'un pays «riche» devrait **accueillir les étrangers** (accepter les gens d'autres pays), ou **fermer ses frontières** (*borders*)? Considérez les circonstances suivantes et, pour chacune, indiquez ce que vous feriez—est-ce que vous accueilleriez les étrangers ou est-ce que vous fermeriez les frontières?
   a. L'économie du pays est bonne; il n'y a pas beaucoup de chômage.
   b. Le pays traverse une crise économique.
   c. Les étrangers sont des réfugiés politiques.
   d. Les étrangers ont des qualifications professionnelles et parlent la langue du pays d'adoption.
   e. Les étrangers n'ont pas de qualifications professionnelles et ne parlent pas la langue du pays d'adoption.
2. Qu'est-ce qu'il faut faire pour s'intégrer à un nouveau pays? (Apprendre la langue? Parler la langue du pays d'adoption à la maison? Abandonner sa culture d'origine? Ignorer les préjugés [*prejudices*]?) Faites une liste de quatre ou cinq éléments qui, selon vous, sont nécessaires à l'intégration.

2 Qui sont les étrangers dans votre pays ou région? Imaginez la situation en France: d'où viennent la plupart des étrangers? Des autres pays européens? D'Afrique? D'Asie? Devinez!

En général

3 Parcourez le texte une première fois en faisant attention à son organisation. Dans quelle partie du texte—(1) **Les étrangers,** (2) **Un cercle vicieux** ou (3) **L'intégration**—se trouvent les renseignements suivants?

renseignements/sujets	étrangers	cercle vicieux	intégration
a. Handicaps des jeunes étrangers			
b. Les différentes catégories d'étrangers			
c. Conséquences de la crise économique de 1974 sur l'immigration			
d. Comparaison des immigrés autrefois et aujourd'hui			
e. Problèmes d'assimilation des musulmans (religion de l'Islam)			
f. Nouvelles lois (*laws*) de l'immigration			
g. Raisons possibles pour les actes de délinquance			

L'immigration en France

Les étrangers

La politique française en matière d'immigration a connu une rupture spectaculaire en 1974: avec la crise économique, la France a fermé ses frontières aux étrangers. Cette crise économique a eu pour conséquence le développement, dans certaines couches° de la population, de sentiments xénophobes° à l'égard des étrangers, accusés de «prendre le travail des Français». Le Front national, le parti d'extrême droite de Jean-Marie le Pen, propose en effet de lutter contre le chômage en rendant «la France aux Français». Les lois Pasqua de 1993 ont ajouté aux mesures de contrôle de l'immigration en réformant le code de la nationalité. Elles stipulent, par exemple, que les enfants nés en France de parents étrangers ne recevront plus automatiquement la nationalité française et que le mariage à une citoyenne ou un citoyen français ne garantit pas la nationalité française. Ces lois sont jugées draconiennes par des organismes comme S.O.S.-Racisme, dont le slogan «Touche pas à mon pote°» prêche la tolérance.

    Les étrangers représentent aujourd'hui 5,6% de la population (contre 6,8% en 1982). Parmi eux, on distingue principalement trois catégories:

• les étrangers installés depuis longtemps, Italiens, Polonais et Espagnols, par exemple: ils sont souvent bien intégrés.

(marges)
catégories / hostiles

copain

- «les immigrés», Portugais et Maghrébins (Algériens, Marocains ou Tunisiens), auxquels l'économie française a fait appel° à partir des années 60, quand elle était en période d'expansion.

auxquels... que l'économie française a invités

- les réfugiés qui sont venus d'Asie ou d'Europe de l'Est, par exemple, pour des raisons politiques.

Officiellement, la France n'accueille plus de nouveaux immigrants depuis 1974, sauf° pour des cas particuliers: regroupement de familles, personnes susceptibles d'obtenir le statut de réfugié politique, spécialistes dont le pays a besoin. Une immigration clandestine continue cependant.

excepté

Un cercle vicieux

Les statistiques tendent à montrer que les étrangers ou les Français d'origine étrangère sont plus fréquemment responsables d'actes de délinquance (vols, usage et vente de drogues, etc.). Elles montrent aussi que les jeunes Maghrébins réussissent moins bien leurs études que les Français de souche° ou que les étrangers d'autres origines. Mais ces chiffres°, qui servent à alimenter la xénophobie, sont rarement accompagnés des explications nécessaires. Ils n'indiquent pas, en particulier, que les conditions de vie des enfants d'étrangers sont souvent moins favorables que celles des autres enfants. Si moins de 25% des enfants nés de parents maghrébins obtiennent le baccalauréat, contre 40% en moyenne nationale, c'est parce qu'ils cumulent les handicaps et les retards dès° l'école primaire. Il n'est donc pas étonnant que le taux° de chômage des jeunes d'origine algérienne soit deux fois plus élevé° que celui des jeunes Français. De même, beaucoup de jeunes des cités° se sentent oubliés par la société et les institutions et font preuve d'indifférence ou de délinquance.

d'origine
nombres

depuis
pourcentage
grand
subsidized housing

L'intégration

Les principes révolutionnaires de 1789 défendaient l'idée de l'homme universel. La France considérait que l'intégration des étrangers sur son sol° devait se faire par assimilation, c'est à dire par abandon des particularismes culturels des pays d'origine.

territoire

Autrefois, la plupart des étrangers qui s'installaient en France étaient européens. Ils avaient les mêmes valeurs judéo-chrétiennes que les Français, apprenaient la langue française et s'intégraient rapidement.

Mais l'assimilation est moins facile pour les étrangers qui viennent d'Afrique du Nord et d'Afrique noire. Les différences culturelles sont plus marquées, et beaucoup de Français (49%) considèrent que les préceptes de la religion islamique rendent° l'intégration des immigrés musulmans impossible. Le débat sur «le droit° à la différence» ne fait que commencer°.

font
the right
ne... has only begun

Extrait de *La France d'aujourd'hui*, CLE International, 1991 (pp. 26–28) et *Francoscopie 2003* (pp. 232–233).

4 Maintenant, regardez le tableau des pourcentages sur l'évolution de l'immigration (page 483). D'où viennent la plupart des étrangers résidant en France actuellement? Est-ce que vos prédictions étaient correctes?

plus d'Africains, moins d'Européens					
Évolution du nombre d'étrangers en provenance d'Europe, d'Afrique et d'Asie résidant en France et répartition selon les nationalités aux recensements (en %).					
	1954	**1975**	**1982**	**1990**	**1999**
Nationalités					
d'Europe	84,0%	62,0%	48,5%	41,3%	37,0%
d'Afrique	13,5%	35,0%	43,5%	46,8%	51,5%
d'Asie	2,5%	3,0%	8,0%	11,9%	11,5%
Nombre d'étrangers (en millions)	1,7	3,4	3,6	3,6	3,3

- 76% des Français estiment qu'il y a trop d'Arabes en France, 46% trop de Noirs, 40% trop d'Asiatiques, 34% trop d'Européens du Sud (Espagne, Portugal).

- 41% des Français avouent avoir une tendance au racisme.

- 49% des étrangers vivant en France souhaitent s'intégrer à la société française, 38% d'entre eux se sentent déjà intégrés.

INSEE

En détail

5 **Les mots.**   Utilisez le contexte et la logique pour déduire le sens des mots en caractères gras.

Les étrangers

1. La politique française en matière d'immigration a connu **une rupture** spectaculaire en 1974.
   a. un changement brutal   b. une augmentation
2. Le Front national [...] propose en effet de **lutter** contre le chômage...
   a. se battre   b. encourager
3. Les lois Pasqua stipulent, par exemple, [...] que le mariage à **une citoyenne ou un citoyen** français...
   a. quelqu'un qui habite   b. quelqu'un qui a la nationalité
      dans une ville   du pays

Un cercle vicieux

4. **Il n'est donc pas étonnant** que le taux de chômage...
   a. Ce n'est donc pas une surprise   b. Ce n'est donc pas logique
5. Beaucoup de jeunes des cités **font preuve d'**indifférence...
   a. regrettent   b. manifestent

6 **Le texte.**   Lisez le texte plus attentivement et répondez aux questions suivantes et à la page 484.

1. Quelles ont été les conséquences de la crise économique de 1974 sur l'immigration en France?
2. De quoi les étrangers sont-ils accusés?
3. Qu'est-ce que c'est que le Front national? Quel est son slogan?
4. Qu'est-ce que les lois Pasqua ont réformé? Donnez un exemple de réforme.

5. Que prêche l'organisme S.O.S.-Racisme? Quel est son slogan?
6. Quelles sont les trois catégories d'étrangers? Qui sont les Maghrébins?
7. Dans quels cas particuliers la France accueille-t-elle encore de nouveaux immigrants?
8. Qu'est-ce que les statistiques montrent? Qu'est-ce qu'elles n'indiquent pas?
9. Quel est le taux de jeunes Maghrébins qui obtiennent le baccalauréat par rapport à la moyenne nationale? Quelles sont les raisons et les conséquences de cette différence?
10. Pourquoi l'intégration des immigrés d'autrefois était-elle plus facile?
11. Pourquoi l'intégration des immigrés d'aujourd'hui est-elle plus difficile?
12. Quel est le pourcentage
    a. d'étrangers dans la population française?
    b. de Français qui disent qu'ils ont tendance à être racistes?
    c. d'étrangers qui étaient originaires d'Afrique en 1954 et en 1999?
    d. d'étrangers qui se sentent bien intégrés à la société française?

Et vous?

VOCABULAIRE ACTIF

abandonner
accueillir (inf. only)
un(e) citoyen(ne)
une crise
la délinquance
d'origine
un droit
encourager
étonnant(e)
un(e) étranger(ère)
un foulard
une frontière
un(e) immigré(e)
s'intégrer
l'intolérance (f.)
une loi
lutter
un préjugé
le racisme

1. Les États-Unis sont un pays d'immigration. Quelles sont les origines de votre famille? Comparez vos origines avec celles de quatre ou cinq camarades de classe.
2. Y a-t-il des «cercles vicieux» pour les gens qui immigrent dans votre pays? Expliquez.
3. Le texte définit l'assimilation comme «l'abandon des particularismes culturels des pays d'origine». Avec deux ou trois partenaires, considérez différents groupes ethniques dans votre pays/région.
    a. Quels sont les particularismes de ces groupes? (Langue, musique, nourriture, fêtes, religion, vêtements, etc.) Faites une liste.
    b. Dans la liste que vous venez de faire, quels sont les particularismes qu'il faut «abandonner», selon vous, pour s'intégrer à la société américaine? Quels particularismes est-il bon de garder? Discutez puis comparez vos idées avec celles des autres groupes.
4. Que pensez-vous du «droit à la différence»? Considérez d'abord le cas des jeunes filles islamiques qui habitent en France et qui revendiquent le droit de porter le foulard (*head scarf*) islamique dans les écoles publiques.

Le foulard islamique ▶ interdit à l'école?

Parmi les arguments suivants, avec lesquels êtes-vous d'accord?

a. Les signes extérieurs de différence encouragent la division; le rôle des écoles publiques est de favoriser l'intégration et non la division; les écoles publiques doivent donc interdire le port (*forbid the wearing*) du foulard islamique.

b. La liberté d'expression garantit le droit de porter des signes religieux. Au nom de la liberté, les écoles publiques doivent donc permettre le port du foulard islamique.

c. Si le port du foulard islamique est un prétexte pour des manifestations nationalistes, il faut l'interdire.

Maintenant, pensez aux groupes ethniques que vous connaissez. Quels «droits» veulent-ils? Qu'en pensez-vous?

Structure: Expressing beliefs and desires

Le présent du subjonctif

Observez et déduisez

Des jeunes Français discutent des problèmes de l'intégration.

— À mon avis, il faut que tous les gens qui habitent en France apprennent le français.

— Tiens, que tu es intolérante. Tu es xénophobe? Tu veux que les immigrés abandonnent leur héritage culturel?

— Pas du tout! C'est bien que des gens de cultures différentes habitent en France. Je n'ai pas de préjugés. Mais il vaudrait mieux qu'ils apprennent à parler la langue du pays pour s'intégrer et réussir.

In Chapitre 12, you learned some communicative strategies for expressing your opinions. Here you learn one way that French grammar helps distinguish opinions from facts.

● Find some expressions in the preceding dialogue that are used to indicate an opinion. What word concludes each of those expressions?

Vérifiez   *Le présent du subjonctif*

● The tenses you have studied so far (past, present, future) have all been in the indicative mood. The indicative mood is used to indicate *facts;* it implies a sense of objectivity. Compare the following statements:

On apprend le français.   Il faut qu'on apprenne le français.

The second sentence is a *subjective* statement of belief expressed in the *subjunctive* mood.

● The subjunctive occurs in a clause introduced by **que** following certain verbs and impersonal expressions. Use the subjunctive to indicate an opinion after **il faut, il vaut (vaudrait) mieux, il est temps,** and **c'est dommage/bien.**

> **Il vaudrait mieux qu'**ils apprennent le français, mais **il ne faut pas qu'**ils abandonnent leur langue maternelle.

Use the subjunctive to express desire after the verbs **vouloir** and **aimer.**

> Je **voudrais que** la discrimination finisse.
> J'**aimerais que** nous nous entendions.

The subjunctive is also used following the verbs **regretter** and **douter.**

> Nous **regrettons que** notre pays ferme ses frontières.
> Je **doute que** les immigrés contribuent aux problèmes économiques.

● To form the present subjunctive, use the stem of the **ils** form of the present *indicative.*

> ils finiss—   ils parl—
> ils apprenn—   ils sort—

For **je, tu, il/elle/on,** and **ils/elles,** add the following endings to the stem.

> que je finiss**e**   que tu apprenn**es**
> qu'il parl**e**   qu'elles sort**ent**

The **nous** and **vous** forms are identical to the imperfect; add **-ions** and **-iez** respectively.

> que nous finiss**ions**   que nous parl**ions**
> que vous appren**iez**   que vous sort**iez**

le présent du subjonctif

Il faut qu(e)...

je parle	nous parlions
tu parles	vous parliez
il/elle/on parle	ils/elles parlent

Il est temps qu(e)...

je finisse	nous finissions
tu finisses	vous finissiez
il/elle/on finisse	ils/elles finissent

Il vaudrait mieux qu(e)...

j'apprenne	nous apprenions
tu apprennes	vous appreniez
il/elle/on apprenne	ils/elles apprennent

VOCABULAIRE ACTIF

C'est bien/dommage
douter
il est temps
il vaut (vaudrait) mieux
intolérant(e)
regretter

Activités

A **Front national/S.O.S.-Racisme.**   Dans un débat entre partisans des deux groupes, attribuez les phrases suivantes au Front national (FN) ou au groupe S.O.S.-Racisme (R).

1. _____ Il vaut mieux que la France ferme ses frontières.
2. _____ Je voudrais qu'on accepte les étrangers.
3. _____ Il faut que les immigrés retournent dans leurs pays d'origine.

4. _____ Je doute que les étrangers contribuent aux problèmes économiques.

5. _____ Il est temps que nous respections les valeurs des autres cultures.

6. _____ J'aimerais que les immigrés se sentent les bienvenus dans notre pays.

7. _____ L'intolérance est le plus grand problème de nos jours.

8. _____ Le taux de chômage en France est dû au grand nombre d'immigrés.

Maintenant, «corrigez» les phrases avec lesquelles vous n'êtes pas d'accord.

B **Opinions?**   Quelques étudiants de l'université de Rennes discutent des problèmes de l'immigration dans un café. Est-ce que leurs déclarations signalent une réalité objective (O) ou un point de vue subjectif (S)?

1. _____ Les statistiques indiquent que le racisme est un problème sérieux dans les grandes villes.

2. _____ Il faut qu'on respecte tout le monde, mêmes si les gens sont différents.

3. _____ C'est vrai. Mais il ne faut pas que les particularismes culturels encouragent la division.

4. _____ Moi, j'aimerais que les immigrés s'intègrent mieux dans la société française.

5. _____ C'est dommage que la crise économique rende la situation des immigrés plus difficile.

6. _____ C'est vrai. On accuse les étrangers de causer le chômage.

7. _____ Il est temps qu'on trouve une solution au problème de l'immigration.

Maintenant, parlez avec un(e) partenaire. Dites avec quelles déclarations vous êtes d'accord. Vos réponses se ressemblent-elles?

C **Point de vue.**   Complétez les phrases suivantes avec l'expression qui exprime le mieux votre opinion: **Il faut (ne faut pas) que** ou **je voudrais (ne voudrais pas) que.**

1. _____ mon pays ferme ses frontières aux étrangers.

2. _____ le gouvernement reconnaisse ses responsabilités envers les immigrés.

3. _____ on interdise la liberté d'expression religieuse.

4. _____ des gens de cultures différentes habitent parmi nous.

5. _____ qu'on apprécie les contributions des immigrés.

6. _____ les immigrés apprennent la langue du pays où ils habitent.

7. _____ les étrangers abandonnent totalement leur culture.

8. _____ tout le monde s'entende mieux.

D **Vos opinions.** Comment peut-on se comprendre mieux? Discutez les questions suivantes en petits groupes et expliquez vos réponses par écrit.

1. À votre avis, vaut-il mieux que les immigrés abandonnent leurs particularismes culturels?
2. Faut-il qu'ils apprennent la langue du pays où ils habitent?
3. Faut-il que tout le monde se ressemble pour avoir une société stable?
4. Aimeriez-vous que votre pays accepte plus d'étrangers?
5. Voudriez-vous que le gouvernement aide les immigrés à s'intégrer dans votre pays? Comment?

Maintenant, comparez vos réponses avec celles des autres groupes. Les groupes sont-ils d'accord sur certaines idées?

À l'écoute

 # L'appel de l'abbé Pierre

Vous allez entendre la voix (*voice*) de quelqu'un que tout le monde en France connaît, respecte et admire. Son nom: l'abbé Pierre. Depuis plus de cinquante ans, il est le défenseur des pauvres et surtout des gens qui n'ont pas de logement: les sans-abri (*homeless*).

L'abbé Pierre est devenu célèbre en février 1954 quand, pendant un hiver glacial, il a lancé (fait) un appel à la radio en faveur des sans-abri et a provoqué dans la population française une mobilisation nationale immédiate. En février 1994, pendant un hiver de récession économique et de chômage, l'infatigable abbé Pierre, âgé de 81 ans, a lancé un autre appel à la radio et à la télévision. C'est cet appel que vous allez entendre.

 Attention! Ne vous inquiétez pas si vous ne comprenez pas tout. C'est normal! Nous allons vous demander seulement de comprendre les idées principales et quelques détails. Faites l'activité préparatoire, puis écoutez en fonction des questions données.

L'abbé Pierre et ▶ les sans-abri.

Avant d'écouter

1 Imaginez un discours d'une personnalité religieuse sur la pauvreté et les sans-abri. De quoi va-t-il parler? Cochez les sujets que vous anticipez et complétez la liste ci-dessous avec vos idées personnelles.

1. _____ La guerre contre la misère (la pauvreté)
2. _____ Le nombre de personnes qui vivent en-dessous du seuil de la pauvreté (*below poverty level*)
3. _____ Des statistiques qui comparent le nombre de sans-abri aux États-Unis et en Europe
4. _____ Des exemples de catastrophes qui ont causé la misère
5. _____ Une définition du public à qui cet appel, ou ce cri (*cry for help*) est adressé
6. _____ La responsabilité des municipalités (villes) et des citoyens français en général dans ces efforts pour détruire (éliminer) la misère
7. _____ La responsabilité des églises et des groupes religieux
8. _____ Des suggestions pour trouver ou bâtir (*build*) des logements pour les sans-abri
9. _____ ?

Écoutons

2 Écoutez une première fois pour vérifier vos prédictions. Parmi les sujets que vous avez anticipés, lesquels sont réellement mentionnés? Cochez-les une deuxième fois.

3 Écoutez encore et cerclez les bonnes réponses.

1. L'abbé Pierre appelle son public
   a. «Mes amis».
   b. «Françaises, Français».
2. Dans la guerre contre la misère, l'ennemi est
   a. l'indifférence.
   b. l'argent.
3. La misère attaque
   a. les minorités ethniques.
   b. l'univers total des hommes.
4. Le nombre de personnes qui vivent en-dessous du seuil de la pauvreté en Europe est de
   a. 40 000 000.
   b. 40 000.
5. Quand il parle des gens qui sont laissés à l'abandon (abandonnés), sans espoir, dans les grandes villes, l'abbé Pierre mentionne
   a. les vieux.
   b. des générations de jeunes.
6. L'abbé Pierre dit que pour se mobiliser (pour faire quelque chose)
   a. il ne faut pas attendre des catastrophes bien visibles.
   b. il faut regarder des films sur les sans-abri.

VOCABULAIRE ACTIF

un appel
bâtir
une catastrophe
détruire
la guerre
l'indifférence
la misère
la pauvreté
un(e) pauvre
une pétition
respecter
un(e) sans-abri
se mobiliser
une solution

7. L'appel de l'abbé Pierre s'adresse
   a. à tous les gens qui écoutent, et surtout les jeunes.
   b. aux organisations politiques.
8. Beaucoup de municipalités trahissent (*betray*) la cause parce qu'elles
   a. n'ont pas de gîtes (*shelters*) pour les pauvres.
   b. refusent (*ferment*) leurs gîtes aux plus faibles (*vulnérables*).
9. Selon l'abbé Pierre, il faut que la France
   a. utilise les logis vides (les logements non-occupés) et les bureaux vides pour les sans-abri.
   b. détruise (*élimine*) les mauvais logements.
10. Il dit aussi que la France
    a. a les ressources nécessaires (argent, technique, etc.) pour bâtir des logements immédiatement.
    b. doit choisir un nouveau gouvernement, plus favorable aux pauvres.
11. L'abbé Pierre demande aux citoyens français
    a. de voter aux élections du 15 mars.
    b. d'écrire à leurs maires (*mayors*) et de faire des pétitions.

4 Imaginez que vous êtes le maire d'une ville qui a beaucoup de sans-abri. Comment allez-vous les aider? (Est-ce que vous allez demander aux propriétaires de bureaux ou d'appartements vides de les ouvrir aux sans-abri? Qu'est-ce que vous allez faire pour aider les sans-abri à trouver un emploi ou pour trouver de l'argent pour bâtir de nouveaux logements? Allez-vous mobiliser le public par une campagne dans les médias? Demanderez-vous de l'aide aux groupes religieux?) Avec deux ou trois partenaires, faites une liste des solutions que vous proposez pour aider les victimes de la crise économique.

Structures: Expressing personal viewpoints

Subjonctif ou infinitif? • Le subjonctif irrégulier

Observez et déduisez   L'abbé Pierre veut alerter le public. Il ne voudrait pas qu'on soit indifférent aux problèmes des sans-abri. À son avis, il ne faut pas attendre des catastrophes bien visibles. Il faut qu'on fasse quelque chose immédiatement; il faut se mobiliser!

VOCABULAIRE ACTIF

indifférent(e)

- Based on the preceding paragraph, besides the subjunctive, what form of the verb can follow **vouloir** and **il faut?**
- The preceding paragraph contains examples of some irregular subjunctive verbs. Can you identify the subjunctive forms of **être** and **faire?**

Vérifiez   *Subjonctif ou infinitif?*

● Expressions of one's viewpoint, desire, and emotion can also be made in French *without* using the subjunctive. If the subject of both clauses is the same or if the subject is not indicated, the expression or verb must be followed by an infinitive. Compare the following pairs of sentences:

> *L'abbé Pierre* voudrait **aider** les sans-abri.
> (one subject   →   infinitive)

> *L'abbé Pierre* voudrait que *le gouvernement* **aide** les sans-abri.
> (different subjects   →   subjunctive)

> Il ne faut pas **attendre** une catastrophe.
> (unspecified subject → infinitive)

> Il ne faut pas que *nous* **attendions** une catastrophe.
> (specified subject   → subjunctive)

● After the verb **regretter** and after expressions with **être,** use the preposition **de** before the infinitive.

> L'abbé Pierre regrette **de** voir détruire des logements vides.
> C'est dommage **de** détruire des logements vides.

Le subjonctif irrégulier

● Several common verbs are irregular in the subjunctive. They may have one or two stems or be completely irregular as are **être** and **avoir.**

verbs with a single stem and regular endings

	faire **fass-**	**savoir** **sach-**	**pouvoir** **puiss-**
que je	fasse	sache	puisse
que tu	fasses	saches	puisses
qu'il/elle/on	fasse	sache	puisse
que nous	fassions	sachions	puissions
que vous	fassiez	sachiez	puissiez
qu'ils/elles	fassent	sachent	puissent

verbs with two stems and regular endings

	aller **aill-/all-**	**vouloir** **veuill-/voul-**
que j(e)	aille	veuille
que tu	ailles	veuilles
qu'il/elle/on	aille	veuille
que nous	allions	voulions
que vous	alliez	vouliez
qu'ils/elles	aillent	veuillent

verbs with irregular stems and endings

	être **soi-/soy-**	**avoir** **ai-/ay-**
que j(e)	sois	aie
que tu	sois	aies
qu'il/elle/on	soit	ait
que nous	soyons	ayons
que vous	soyez	ayez
qu'ils/elles	soient	aient

Activités

E **Logique.** Complétez les phrases en cochant toutes les possibilités logiques—et correctes! (Faites attention à la forme des verbes et à la syntaxe.)

1. Il faut que
   - _____ les citoyens fassent des pétitions.
   - _____ bâtir des logements.
   - _____ nous nous mobilisions.

2. Il est temps
   - _____ d'aider les sans-abri.
   - _____ que nous allions à la mairie avec nos pétitions.
   - _____ combattre la misère.

3. C'est dommage
   - _____ que tant de gens n'aient pas de logement.
   - _____ refuser des gîtes aux plus faibles.
   - _____ que tant de citoyens soient indifférents à la misère.

4. Je ne voudrais pas
   - _____ être sans logement.
   - _____ vivre dans la rue.
   - _____ que le problème continue.

5. Il vaut mieux
   - _____ se mobiliser pour aider les pauvres.
   - _____ de s'entendre.
   - _____ que le public soit éduqué.

6. Je doute
   - _____ que le maire comprenne les problèmes des sans-abri.
   - _____ oublier les sans-abri.
   - _____ qu'il y ait assez de gîtes.

F **L'appel.** Trouvez ci-dessous quelques affirmations de l'abbé Pierre. Transformez-les en employant un infinitif selon l'exemple pour créer des phrases plus générales.

➡ Il faut que tout le monde fasse quelque chose.
   Il faut faire quelque chose.

1. C'est dommage que nous attendions une catastrophe bien visible.
2. Il ne faut pas que le gouvernement détruise des logis vides.
3. Il est temps que le gouvernement construise de nouveaux logements.
4. Il vaut mieux qu'on ait un plan d'action.
5. C'est bien que nous nous mobilisions.
6. Il est temps que nous écrivions aux maires.
7. Il faut que nous fassions des pétitions.

G   Mes préférences.   Formez six phrases pour exprimer vos propres idées. Utilisez des mots de chaque colonne, et employez le subjonctif ou un infinitif selon le cas.

➡ *Je voudrais que tout le monde fasse appel aux députés.*
Il est temps de construire des gîtes.
Je ne voudrais pas vivre dans la rue.

Je voudrais (ne voudrais pas)		le gouvernement	aider les enfants sans-abri
Je regrette		tout le monde	lancer des pétitions
Il faut (ne faut pas)	que	on	se mobiliser
Il vaudrait mieux	de	—	détruire des logis vides
Il est temps	—	?	s'intéresser au problème
			construire des gîtes
			avoir un logement
			être indifférent
			faire quelque chose pour aider les pauvres
			vivre dans la rue
			arrêter la misère
			faire appel aux députés
			?

Littérature

Chemin-d'école

Born in Martinique in 1952, Patrick Chamoiseau published his first novel, *Chronique des sept misères,* in 1986. In 1992, he received **le prix Goncourt,** one of the most distinguished literary prizes in France, for his novel *Texaco.* A disciple of Aimé Césaire, another writer from Martinique who, in the 1930s, launched in literature a black awareness movement called **la négritude,** Chamoiseau raises a more sarcastic voice against colonialism. Mixing Creole and French, tenderness and irony, he explores through his writings the contradictions between the white world of government and education, and the everyday realities of the Creole world. Chamoiseau gives these contradictions a very personal dimension in the two volumes of his autobiography. Calling himself **le négrillon** (*the little Negro boy*), he first portrays, in *Antan d'enfance* (1990), an inquisitive preschooler immersed in the traditions of his people. In *Chemin-d'école* (1994), **le négrillon** goes to school, a colonial school where he learns to read using books about **le petit Pierre,** a little boy with blond hair and blue eyes who makes snowmen in the winter.

Pour nous, le petit Pierre des lectures faisait figure d'extraterrestre.
Mais à mesure des lectures sacralisées (*made sacred*), c'est Petit-Pierre qui devenait normal.

Une école coloniale en ▶
Martinique, scène du film
Rue Cases-nègres. Ce film
décrit une situation
semblable à celle du
négrillon.

Little by little, **le négrillon** fills his head with images from another world that has become his new reality.

> Cet univers devenait la réalité. Il dessinait avec. Rêvait avec. Pensait avec. Mentait avec. Imaginait avec. Son corps, lui, allait en dérive (*adrift*) dans son monde créole inutile. (*Chemin-d'école*, p. 156)

In the following excerpt, **le négrillon** reflects on the "civilizing mission" of his schoolteacher, **le Maître.**

Avant de lire

1 Imaginez que vous êtes dans une école coloniale des Caraïbes. Selon le point de vue des Européens (les colons), à quel monde s'appliquent les éléments suivants—le monde noir (N) ou le monde blanc (B)? Mettez l'initiale appropriée devant chaque élément, selon ce que vous anticipez.

_____ les mauvaises mœurs (*mores, customs*)

_____ la Civilisation

_____ l'Histoire

_____ une non-histoire cannibale

_____ des millions de sauvages

_____ une longue nuit de non-humanité, d'inexistence

_____ les races supérieures

_____ les races primitives

_____ les ténèbres (*darkness*)

_____ la lumière (*light*)

2 Les mots suivants sont des mots importants dans le texte que vous allez lire. D'après le contexte de chaque phrase, déduisez le sens de ces mots et trouvez le synonyme ou la définition dans la liste donnée.

1. L'animal est **la proie** du chasseur.
2. Il y a **un fantôme** qui hante ce château.
3. Cet instrument est en **fer.**
4. Une voiture a quatre **roues.**
5. Avant l'invention de la voiture, **le cheval** (*pl.* **les chevaux**) servait de moyen de transport.
6. **La canne-à-sucre** est une des ressources principales des Caraïbes.

a. un type de métal
b. une plante tropicale
c. un objet rond qui tourne
d. un animal domestique utilisé pour l'équitation
e. une apparition surnaturelle de quelqu'un qui est mort
f. une victime

3 Deux autres mots importants dans ce texte sont **le droit** et **le devoir** (*duty*). À votre avis, qui va utiliser ces mots—les colons (les Blancs) ou les Martiniquais (les Noirs)?

En général

4 Parcourez le texte une première fois. Dans quel ordre les idées générales sont-elles présentées? Classez-les de 1 à 5.

_____ Rôle de l'Universel (les choses communes à tous) dans le concept de la civilisation

_____ Bénéfices (conséquences positives) de la colonisation

_____ Raison pour laquelle les enfants créoles doivent aller à l'école

_____ Origines de l'Histoire et de la Civilisation

_____ Réaction du négrillon

5 Relisez le texte pour vérifier vos réponses aux tâches 1 et 3.

Chemin-d'école

On allait à l'école pour perdre de mauvaises mœurs: mœurs d'énergumène°, mœurs nègres ou mœurs créoles—c'étaient les mêmes. [...] Le souffle vibrant du savoir° et notre être créole semblaient en insurmontable contradiction. Le Maître devait nous affronter° mais aussi affronter le pays tout entier. Il était en mission de civilisation. [...] Chacun de ses mots, de ses gestes, chaque injonction, chaque murmure était donc bardé° d'Universel. L'Universel était un bouclier°, un désinfectant, une religion, un espoir, un acte de poésie suprême. L'Universel était un ordre.

En ce temps-là, le Gaulois aux yeux bleus, à la chevelure blonde comme les blés, était l'ancêtre de tout le monde. En ce temps-là les Européens étaient les fondateurs° de l'Histoire. Le monde, proie initiale des ténèbres, commençait avec eux. Nos îles avaient été là, dans un brouillard d'inexistence, traversée par de vagues fantômes caraïbes, eux-mêmes pris dans l'obscurité d'une non-histoire cannibale. Et, avec l'arrivée des colons, la lumière fut.* La Civilisation. L'Histoire. L'humanisation de la Terre.

Christophe Colomb avait découvert l'Amérique, et aspiré° au monde des millions de ces sauvages, qui durant une nuit immémoriale, soustraits à l'humanité°, l'avaient attendu.

— Savez-vous, ostrogoths°, qu'ils portèrent au Nouveau Monde le fer, la roue, le bœuf, le porc, les chevaux, le blé, la canne-à-sucre... ?

— Les races supérieures, il faut le dire ouvertement, ont, vis-à-vis des races primitives, le droit et le devoir de ci-vi-li-sa-tion!

Le négrillon aimait entendre le Maître leur conter l'Histoire du monde. Tout semblait simple et juste.

Extrait de *Chemin-d'école* (Patrick Chamoiseau).

personne possédée du démon
Le... les choses qu'on apprenait
confront

plein
shield

founding fathers

mis
durant... pendant une longue nuit de non-humanité
sauvages

*Référence à la Bible: «Que la lumière soit, et la lumière fut» ("Let there be light, and there was light").

En détail

6 **Le texte.**   Lisez plus attentivement et indiquez si, *selon le texte,* les phrases suivantes sont vraies ou fausses. Si elles sont fausses, corrigez-les.

1. À l'école, les mœurs nègres ou créoles étaient considérées comme un héritage précieux.
2. Il y avait une grande contradiction entre l'identité créole des enfants et ce qu'ils apprenaient à l'école.
3. Dans sa mission de civilisation, le Maître devait civiliser non seulement les enfants mais aussi leur famille et toute la Martinique.
4. Selon le Maître, la civilisation, commencée par les Européens, était quelque chose d'universel qui s'appliquait à toutes les races.
5. Le Gaulois aux yeux bleus et aux cheveux blonds était seulement l'ancêtre des Français.
6. Avant l'arrivée des Européens, le Nouveau Monde était habité par des fantômes, des cannibales et des sauvages.
7. Les Européens ont apporté la lumière et le progrès au Nouveau Monde.
8. La canne-à-sucre existait déjà dans les îles des Caraïbes quand Christophe Colomb est arrivé en Amérique.
9. Les races supérieures ont la responsabilité de civiliser les races primitives.
10. Le négrillon ne croyait pas ce que le Maître disait.

Et vous?

1. Pourquoi est-ce que «tout semblait simple et juste» au négrillon? Avec un(e) partenaire, faites une liste de raisons possibles, puis comparez vos réponses avec celles de vos camarades de classe.
2. À votre avis, est-ce que c'était «simple et juste» d'apprendre au négrillon que les mœurs créoles étaient mauvaises? Faites une liste des choses qui, selon vous, n'étaient pas «simples et justes» dans cette mission de civilisation. (Ce n'était pas juste de dire que...)
3. Maintenant pensez aux livres qui vous ont appris l'histoire. Est-ce que tout était «simple et juste»? Donnez un ou deux exemples qui peut-être ne l'étaient pas.

VOCABULAIRE ACTIF

Verbes et expressions verbales

abandonner *to abandon*
accueillir (infinitive only) *to welcome*
bâtir *to build*
détruire *to destroy*
douter *to doubt*
encourager *to encourage*

s'intégrer *to integrate (oneself)*
lutter (contre) *to fight (against)*
se mobiliser *to rally, mobilize*
regretter *to regret*
respecter *to respect*

Expressions pour donner son opinion

c'est bien que *it's a good thing that*
c'est dommage que *it's too bad that*
il est temps que *it's (about) time that*

il vaut mieux que *it is better / preferable that*
il vaudrait mieux que *it would be better*

Noms

un appel *an appeal/a call*
une catastrophe
un(e) citoyen(ne) *a citizen*
une crise *a crisis*
la délinquance *delinquency*
un droit *a right*
un(e) étranger(ère) *a foreigner*
un foulard *a head scarf*
une frontière *a border*
la guerre *war*
un(e) immigré(e) *an immigrant*
l'indifférence

l'intolérance
une loi *a law*
la misère *destitution, misery*
l'origine (f.) *origin, background*
    d'origine africaine *of African origin*
les pauvres *the poor*
la pauvreté *poverty*
un préjugé *a prejudice*
le racisme
les sans-abri *the homeless*
une solution

Adjectifs

étonnant(e) *surprising*
indifférent(e)
intolérant(e)

Appendice: Conjugaison des verbes

Regular Verbs

Infinitif	Indicatif				Impératif	Subjonctif	Conditionnel
	Présent	Passé Composé	Imparfait	Futur			
-ER écouter							
je/j'	écoute	ai écouté	écoutais	écouterai		écoute	écouterais
tu	écoutes	as écouté	écoutais	écouteras	écoute	écoutes	écouterais
il/elle/on	écoute	a écouté	écoutait	écoutera		écoute	écouterait
nous	écoutons	avons écouté	écoutions	écouterons	écoutons	écoutions	écouterions
vous	écoutez	avez écouté	écoutiez	écouterez	écoutez	écoutiez	écouteriez
ils/elles	écoutent	ont écouté	écoutaient	écouteront		écoutent	écouteraient
-IR sortir							
je/j'	sors	suis sorti(e)	sortais	sortirai		sorte	sortirais
tu	sors	es sorti(e)	sortais	sortiras	sors	sortes	sortirais
il/elle/on	sort	est sorti(e)	sortait	sortira		sorte	sortirait
nous	sortons	sommes sorti(e)s	sortions	sortirons	sortons	sortions	sortirions
vous	sortez	êtes sorti(e)(s)	sortiez	sortirez	sortez	sortiez	sortiriez
ils/elles	sortent	sont sorti(e)s	sortaient	sortiront		sortent	sortiraient
-IR finir							
je/j'	finis	ai fini	finissais	finirai		finisse	finirais
tu	finis	as fini	finissais	finiras	finis	finisses	finirais
il/elle/on	finit	a fini	finissait	finira		finisse	finirait
nous	finissons	avons fini	finissions	finirons	finissons	finissions	finirions
vous	finissez	avez fini	finissiez	finirez	finissez	finissiez	finiriez
ils/elles	finissent	ont fini	finissaient	finiront		finissent	finiraient

Regular Verbs

Infinitif	Indicatif				Impératif	Subjonctif	Conditionnel
	Présent	Passé Composé	Imparfait	Futur			
-RE vendre							
je/j'	vends	ai vendu	vendais	vendrai		vende	vendrais
tu	vends	as vendu	vendais	vendras	vends	vendes	vendrais
il/elle/on	vend	a vendu	vendait	vendra		vende	vendrait
nous	vendons	avons vendu	vendions	vendrons	vendons	vendions	vendrions
vous	vendez	avez vendu	vendiez	vendrez	vendez	vendiez	vendriez
ils/elles	vendent	ont vendu	vendaient	vendront		vendent	vendraient
-IRE écrire							
j'	écris	ai écrit	écrivais	écrirai		écrive	écrirais
tu	écris	as écrit	écrivais	écriras	écris	écrives	écrirais
il/elle/on	écrit	a écrit	écrivait	écrira		écrive	écrirait
nous	écrivons	avons écrit	écrivions	écrirons	écrivons	écrivions	écririons
vous	écrivez	avez écrit	écriviez	écrirez	écrivez	écriviez	écririez
ils/elles	écrivent	ont écrit	écrivaient	écriront		écrivent	écriraient

Auxiliary Verbs

Infinitif	Indicatif				Impératif	Subjonctif	Conditionnel
	Présent	Passé Composé	Imparfait	Futur			
avoir							
j'	ai	ai eu	avais	aurai		aie	aurais
tu	as	as eu	avais	auras	aie	aies	aurais
il/elle/on	a	a eu	avait	aura		ait	aurait
nous	avons	avons eu	avions	aurons	ayons	ayons	aurions
vous	avez	avez eu	aviez	aurez	ayez	ayez	auriez
ils/elles	ont	ont eu	avaient	auront		aient	auraient
être							
je/j'	suis	ai été	étais	serai		sois	serais
tu	es	as été	étais	seras	sois	sois	serais
il/elle/on	est	a été	était	sera		soit	serait
nous	sommes	avons été	étions	serons	soyons	soyons	serions
vous	êtes	avez été	étiez	serez	soyez	soyez	seriez
ils/elles	sont	ont été	étaient	seront		soient	seraient

Reflexive Verb

Infinitif	Indicatif				Impératif	Subjonctif	Conditionnel
	Présent	Passé Composé	Imparfait	Futur			
se laver							
je	me lave	me suis lavé(e)	me lavais	me laverai		me lave	me laverais
tu	te laves	t'es lavé(e)	te lavais	te laveras	lave-toi	te laves	te laverais
il/elle/on	se lave	s'est lavé(e)	se lavait	se lavera		se lave	se laverait
nous	nous lavons	nous sommes lavé(e)s	nous lavions	nous laverons	lavons-nous	nous lavions	nous laverions
vous	vous lavez	vous êtes lavé(e)(s)	vous laviez	vous laverez	lavez-vous	vous laviez	vous laveriez
ils/elles	se lavent	se sont lavé(e)s	se lavaient	se laveront		se lavent	se laveraient

Verbs with Stem Changes

Infinitif	Indicatif				Impératif	Subjonctif	Conditionnel
	Présent	Passé Composé	Imparfait	Futur			
acheter							
j'	achète	ai acheté	achetais	achèterai		achète	achèterais
tu	achètes	as acheté	achetais	achèteras	achète	achètes	achèterais
il/elle/on	achète	a acheté	achetait	achètera		achète	achèterait
nous	achetons	avons acheté	achetions	achèterons	achetons	achetions	achèterions
vous	achetez	avez acheté	achetiez	achèterez	achetez	achetiez	achèteriez
ils/elles	achètent	ont acheté	achetaient	achèteront		achètent	achèteraient
appeler							
j'	appelle	ai appelé	appelais	appellerai		appelle	appellerais
tu	appelles	as appelé	appelais	appelleras	appelle	appelles	appellerais
il/elle/on	appelle	a appelé	appelait	appellera		appelle	appellerait
nous	appelons	avons appelé	appelions	appellerons	appelons	appelions	appellerions
vous	appelez	avez appelé	appeliez	appellerez	appelez	appeliez	appelleriez
ils/elles	appellent	ont appelé	appelaient	appelleront		appellent	appelleraient
préférer							
je/j'	préfère	ai préféré	préférais	préférerai		préfère	préférerais
tu	préfères	as préféré	préférais	préféreras	préfère	préfères	préférerais
il/elle/on	préfère	a préféré	préférait	préférera		préfère	préférerait
nous	préférons	avons préféré	préférions	préférerons	préférons	préférions	préférerions
vous	préférez	avez préféré	préfériez	préférerez	préférez	préfériez	préféreriez
ils/elles	préfèrent	ont préféré	préféraient	préféreront		préfèrent	préféreraient
payer							
je/j'	paie	ai payé	payais	payerai		paie	payerais
tu	paies	as payé	payais	payeras	paie	paies	payerais
il/elle/on	paie	a payé	payait	payera		paie	payerait
nous	payons	avons payé	payions	payerons	payons	payions	payerions
vous	payez	avez payé	payiez	payerez	payez	payiez	payeriez
ils/elles	paient	ont payé	payaient	payeront		paient	payeraient

Irregular Verbs

Infinitif		Indicatif				Impératif	Subjonctif	Conditionnel
	Présent	Passé Composé	Imparfait	Futur				
aller								
je/j'	vais	suis allé(e)	allais	irai			aille	irais
tu	vas	es allé(e)	allais	iras		va	ailles	irais
il/elle/on	va	est allé(e)	allait	ira			aille	irait
nous	allons	sommes allé(e)s	allions	irons		allons	allions	irions
vous	allez	êtes allé(e)(s)	alliez	irez		allez	alliez	iriez
ils/elles	vont	sont allé(e)s	allaient	iront			aillent	iraient
boire								
je/j'	bois	ai bu	buvais	boirai			boive	boirais
tu	bois	as bu	buvais	boiras		bois	boives	boirais
il/elle/on	boit	a bu	buvait	boira			boive	boirait
nous	buvons	avons bu	buvions	boirons		buvons	buvions	boirions
vous	buvez	avez bu	buviez	boirez		buvez	buviez	boiriez
ils/elles	boivent	ont bu	buvaient	boiront			boivent	boiraient
connaître								
je/j'	connais	ai connu	connaissais	connaîtrai			connaisse	connaîtrais
tu	connais	as connu	connaissais	connaîtras		connais	connaisses	connaîtrais
il/elle/on	connaît	a connu	connaissait	connaîtra			connaisse	connaîtrait
nous	connaissons	avons connu	connaissions	connaîtrons		connaissons	connaissions	connaîtrions
vous	connaissez	avez connu	connaissiez	connaîtrez		connaissez	connaissiez	connaîtriez
ils/elles	connaissent	ont connu	connaissaient	connaîtront			connaissent	connaîtraient

Irregular Verbs

Infinitif	Indicatif				Impératif	Subjonctif	Conditionnel
	Présent	Passé Composé	Imparfait	Futur			
devoir							
je/j'	dois	ai dû	devais	devrai		doive	devrais
tu	dois	as dû	devais	devras	dois	doives	devrais
il/elle/on	doit	a dû	devait	devra		doive	devrait
nous	devons	avons dû	devions	devrons	devons	devions	devrions
vous	devez	avez dû	deviez	devrez	devez	deviez	devriez
ils/elles	doivent	ont dû	devaient	devront		doivent	devraient
dire							
je/j'	dis	ai dit	disais	dirai		dise	dirais
tu	dis	as dit	disais	diras	dis	dises	dirais
il/elle/on	dit	a dit	disait	dira		dise	dirait
nous	disons	avons dit	disions	dirons	disons	disions	dirions
vous	dites	avez dit	disiez	direz	dites	disiez	diriez
ils/elles	disent	ont dit	disaient	diront		disent	diraient
faire							
je/j'	fais	ai fait	faisais	ferai		fasse	ferais
tu	fais	as fait	faisais	feras	fais	fasses	ferais
il/elle/on	fait	a fait	faisait	fera		fasse	ferait
nous	faisons	avons fait	faisions	ferons	faisons	fassions	ferions
vous	faites	avez fait	faisiez	ferez	faites	fassiez	feriez
ils/elles	font	ont fait	faisaient	feront		fassent	feraient

Irregular Verbs

Infinitif	Indicatif				Impératif	Subjonctif	Conditionnel
	Présent	Passé Composé	Imparfait	Futur			
mettre							
je/j'	mets	ai mis	mettais	mettrai		mette	mettrais
tu	mets	as mis	mettais	mettras	mets	mettes	mettrais
il/elle/on	met	a mis	mettait	mettra		mette	mettrait
nous	mettons	avons mis	mettions	mettrons	mettons	mettions	mettrions
vous	mettez	avez mis	mettiez	mettrez	mettez	mettiez	mettriez
ils/elles	mettent	ont mis	mettaient	mettront		mettent	mettraient
pouvoir							
je/j'	peux	ai pu	pouvais	pourrai		puisse	pourrais
tu	peux	as pu	pouvais	pourras		puisses	pourrais
il/elle/on	peut	a pu	pouvait	pourra		puisse	pourrait
nous	pouvons	avons pu	pouvions	pourrons		puissions	pourrions
vous	pouvez	avez pu	pouviez	pourrez		puissiez	pourriez
ils/elles	peuvent	ont pu	pouvaient	pourront		puissent	pourraient
prendre							
je/j'	prends	ai pris	prenais	prendrai		prenne	prendrais
tu	prends	as pris	prenais	prendras	prends	prennes	prendrais
il/elle/on	prend	a pris	prenait	prendra		prenne	prendrait
nous	prenons	avons pris	prenions	prendrons	prenons	prenions	prendrions
vous	prenez	avez pris	preniez	prendrez	prenez	preniez	prendriez
ils/elles	prennent	ont pris	prenaient	prendront		prennent	prendrait
savoir							
je/j'	sais	ai su	savais	saurai		sache	saurais
tu	sais	as su	savais	sauras	sache	saches	saurais
il/elle/on	sait	a su	savait	saura		sache	saurait
nous	savons	avons su	savions	saurons	sachons	sachions	saurions
vous	savez	avez su	saviez	saurez	sachez	sachiez	sauriez
ils/elles	savent	ont su	savaient	sauront		sachent	sauraient

Irregular Verbs

Infinitif		Présent	Passé Composé	Imparfait	Futur	Impératif	Subjonctif	Conditionnel
venir	je	viens	suis venu(e)	venais	viendrai		vienne	viendrais
	tu	viens	es venu(e)	venais	viendras	viens	viennes	viendrais
	il/elle/on	vient	est venu(e)	venait	viendra		vienne	viendrait
	nous	venons	sommes venu(e)s	venions	viendrons	venons	venions	viendrions
	vous	venez	êtes venu(e)(s)	veniez	viendrez	venez	veniez	viendriez
	ils/elles	viennent	sont venu(e)s	venaient	viendront		viennent	viendraient
voir	je/j'	vois	ai vu	voyais	verrai		voie	verrais
	tu	vois	as vu	voyais	verras	vois	voies	verrais
	il/elle/on	voit	a vu	voyait	verra		voie	verrait
	nous	voyons	avons vu	voyions	verrons	voyons	voyions	verrions
	vous	voyez	avez vu	voyiez	verrez	voyez	voyiez	verriez
	ils/elles	voient	ont vu	voyaient	verront		voient	verraient
vouloir	je/j'	veux	ai voulu	voulais	voudrai		veuille	voudrais
	tu	veux	as voulu	voulais	voudras	veuille	veuilles	voudrais
	il/elle/on	veut	a voulu	voulait	voudra		veuille	voudrait
	nous	voulons	avons voulu	voulions	voudrons	veuillons	voulions	voudrions
	vous	voulez	avez voulu	vouliez	voudrez	veuillez	vouliez	voudriez
	ils/elles	veulent	ont voulu	voulaient	voudront		veuillent	voudraient

Lexique

The **French-English Vocabulary** contains all the words and expressions included in the **Vocabulaire actif** sections at the end of each chapter. Entries are followed by the chapter number (**P** for the **Chapitre préliminaire**) where they appear. In addition the French-English vocabulary includes all words and expressions used in the **À l'écoute** listening sections and the **Lecture** and **Littérature** reading selections, as well as all words and expressions used in the **Activités** sections.

The **English-French Vocabulary** includes words listed in the **Vocabulaire actif** sections, plus many additional words that students might want to use for their speaking or writing assignments.

Expressions are listed under their key word(s). In subentries, the symbol ~ indicates the repetition of the key word. Regular adjectives are given in the masculine form, with the feminine ending following in parentheses. For irregular adjectives, the irregular ending of the feminine, or the whole word if needed, is given in parentheses. Irregular forms of the plural are also indicated. The gender of each noun is indicated after the noun. If the noun has both a masculine and a feminine form, both are listed in full. If the noun has an irregular form for the plural, this is also indicated in parentheses after the word.

The following abbreviations are used.

adj.	adjective	*m.pl.*	masculine plural
adv.	adverb	*n.*	noun
art.	article	*pl.*	plural
conj.	conjunction	*prep.*	preposition
f.	feminine	*pron.*	pronoun
f.pl.	feminine plural	*rel.pron.*	relative pronoun
inv.	invariable	*sing.*	singular
m.	masculine	*v.*	verb

Français-Anglais

à   to, at, in [3]
 ~ **bientôt**   see you soon [P]
 ~ **cause de**   because of
 ~ **côté de**   next to, beside [3]
 ~ **domicile**   at home
 ~ **haute voix**   aloud
 ~ **la campagne**   in the country [7]
 ~ **la rigueur**   if need be
 ~ **l'heure**   on time [6]
 ~ **mi-temps**   half-time [11]
 ~ **pied**   on foot [7]
 ~ **plein temps**   full-time [11]
 ~ **tour de rôle**   in turn
 ~ **votre avis**   in your opinion
abaisser   to lower
abandonner   to abandon, to give up, to leave behind [C]
abbaye *f.*   abbey
abbé *m.*   priest
abdominal *m.* (*pl.* **abdominaux**)   sit-up
abdos *m.pl.*   abdominal muscles [10]
abonnement *m.*   subscription
abri *m.*   shelter
absent(e)   absent [4]
absolu(e)   absolute
absolument   absolutely [11]
académie *f.*   school district
accent *m.*   accent [P]
 ~ **aigu**   acute accent [P]
 ~ **circonflexe**   circumflex accent [P]
 ~ **grave**   grave accent [P]
accepter   to accept
accessoire *m.*   accessory [10]
accident *m.*   accident
accompagner   to accompany
accomplir   to accomplish, to fulfill
accord *m.*   agreement
 d'~   agreed, OK [3]
accorder   to give, to grant
accroître   to increase
 s'~   to grow
accueillir   to welcome [C]
accumuler   to accumulate
accuser   to blame
achat *m.*   purchase
acheter   to buy [2]
acquérir   to acquire
acte *m.*   act, action
acteur/actrice *m./f.*   actor [1]
actif(ve)   active [1]
activement   actively [11]
activité *f.*   activity
actualité *f.*   current events

actuel(le)   current, present-day
actuellement   currently, at the present time
addition *f.*   bill, check (restaurant) [5]
adepte *m./f.*   adherent
adjoint(e) *m./f.*   assistant
admirer   to admire [2]
admis(e)   allowed
adorer   to adore [2]
adresse *f.*   address
aérobic *m.*   aerobics [10]
aéroport *m.*   airport [7]
affaires *f.pl.*   business [7]
 voyage d'~   business trip [7]
affectif(ve)   emotional
affiche *f.*   sign; poster
affronter   to confront
africain(e)   African [1]
Afrique *f.*   Africa
 ~ **du Sud**   South Africa
âge *m.*   age [2]
 Quel ~ as-tu/avez-vous?   How old are you? [2]
agence *f.*   agency
 ~ **de voyages** *f.*   travel agency [7]
 ~ **matrimoniale**   marriage bureau
agir sur   to have an effect on
s'agir: il s'agit de   it's a question of [9]
agréable   pleasant, nice [3]
agrément *m.*   amenity
 voyage d'~   pleasure trip
agresser   to attack
agricole   agricultural
agriculture *f.*   agriculture
ah bon?   really? [4]
aide *f.*   aid, help
aider   to help
aiguilleur *m.*   switchman
ail *m.*   garlic [5]
ailleurs   elsewhere
aimable   nice [9]
aimer   to like, to love [2]
air *m.*   air
 avoir l'~   to look, to seem
 en plein ~   outdoor
ajouter   add
alcoolisé(e)   alcoholic
Algérie *f.*   Algeria
algérien(ne)   Algerian [1]
aliment *m.*   food [5]
alimentaire   relating to food
alimentation *f.*   food, nutrition
alimenter   to feed

Allemagne *f.*   Germany
allemand *m.*   German (language) [4]
allemand(e)   German [1]
aller   to go [2]
 ~ **à la chasse**   to go hunting [7]
 ~ **à la pêche**   to go fishing [7]
 ~ **bien**   to feel good; to look good on; to fit [10]
 ~ **en cours**   to go to class
 ~ **mal**   to look bad on; to fit poorly [10]
 ~**-retour** *m.*   round-trip ticket [7]
 ~ **simple** *m.*   one-way ticket [7]
 ça va?   how are you? [P]
 comment allez-vous/vas-tu?   how are you? [P]
 vous allez bien?   how are you? are you well? [P]
allergies *f.pl.*   allergies [12]
allergique   allergic [1]
allô?   hello (on the telephone) [3]
allons   let's go
allumer   to turn/switch on
allumette *f.*   match
 pommes ~s   matchstick potatoes
alors   so, then
 ~?   well?
 ~ **quand même**   but still [11]
 ~ **que**   whereas, while [2]
 et ~?   Oh yeah? [4]
alpage *m.*   mountain pasture
altruiste   altruistic [1]
amabilité *f.*   kindness, politeness
amande *f.*   almond
ambassade *f.*   embassy
ambigu(ë)   ambiguous
ambition *f.*   ambition [11]
âme *f.* **sœur**   soul mate
améliorer   to improve
amener   to bring
américain(e)   American [1]
Amérique *f.*   America
 ~ **du Nord**   North America
 ~ **du Sud**   South America
ami/amie *m./f.*   friend [2]
amicalement   (closing to a friendly letter) in friendship
amitié *f.*   friendship [8]
 ~**s**   (closing to a friendly letter)
amour *m.*   love [8]
 roman *m.* **d'~**   romantic novel [2]
 film *m.* **d'~**   romantic movie [2]
amphithéâtre *m.*   lecture hall [4]
amusant(e)   funny, amusing [1]

amuser to amuse
  s'~ to have fun [8]
an *m.* year [4]
analyse *f.* analysis
ananas *m.* pineapple
ancêtre *m.* ancestor
anchois *m.* anchovy
ancien(ne) ancient; former
  anciens combattants *m.pl.* war veterans
anglais *m.* English (language) [4]
anglais(e) English [1]
Angleterre *f.* England
animal *m.* (*pl.* **animaux**) animal
animer to make lively
année *f.* year [4]
  les ~s 50 the fifties
anniversaire *m.* birthday; anniversary [2]
  bon ~! happy birthday! [9]
annonce *f.* classified ad; announcement [3]
  petites ~s classified ads
annoncer to announce
annonceur/annonceuse *m./f.* announcer
annuel(le) annual
annulé(e) cancelled
annuler to cancel
anorak *m.* ski jacket, parka
antan yesteryear
anthracite charcoal gray
antibiotique *m.* antibiotic [12]
anticiper to anticipate
Antilles *f.pl.* West Indies
antique ancient
août *m.* August [4]
aphasique aphasic
apostrophe *f.* apostrophe [P]
apparaître to appear
appareil *m.* appliance
  ~ électronique electronic appliance
  qui est à l'~? who is calling? [3]
apparence *f.* appearance
apparenté(e) related
  mot ~ cognate
appartement *m.* apartment [3]
appartenir to belong
appel *m.* appeal, call [C]
  faire ~ to appeal
  sur ~ on call
appeler to call, to name
  je m'appelle my name is [P]
  s'~ to be named
appétit *m.* appetite
  bon ~! enjoy your meal!
appliquer to apply
  s'~ to apply oneself
apporter to bring [5]
  pourriez-vous m'~ please bring me [5]

apprécier to appreciate [8]
apprendre to learn; to teach [4]
apprivoiser to tame
approprié(e) appropriate
après after [5]
après-midi *m.* afternoon [4]
  de l'~ in the afternoon (time) [4]
arabe *m.* Arabic
arabesque *f.* arabesque
arachide *f.* peanut
araignée *f.* spider
arbitre *m.* referee
arbre *m.* tree
  ~ généalogique family tree
architecte *m./f.* architect [1]
architecture *f.* architecture [4]
argent *m.* money [4]
argenté(e) silver
Argentine *f.* Argentina
armée *f.* army
arrêt *m.* stop
arrêter to stop [9]
arrière *m.:* **en ~** backwards
arrivée *f.* arrival [7]
arriver to arrive; to happen
art *m.* art [4]
artichaut *m.* artichoke
artiste *m./f.* artist [1]
ascenseur *m.* elevator [7]
Asie *f.* Asia
aspect *m.* aspect [12]
aspirateur *m.* vacuum cleaner [8]
  passer l'~ to vacuum [8]
aspirine *f.* aspirin [12]
assassinat *m.* assassination
s'asseoir to sit down
assez enough [5]; rather
assiette *f.* plate [5]
assis(e) seated [9]
assister à to attend, to be present at
associer (à) to match
Assomption *f.* Assumption
s'assumer to take charge (of one's life)
assurance *f.* insurance [12]
assurer to ensure
astuce *f.* astuteness
athlète *m./f.* athlete [1]
atout *m.* advantage
attacher to tie, to bind
attaque *f.* **cérébrale** stroke
attaquer to attack
attendre to wait (for) [7]
attentes *f.pl.* expectations [11]
attentif(ve) careful
attention! be careful! attention!
attirer to attract
attraper to grab
attribuer to award
au (*see* **à**) [3]
  ~ besoin if necessary
  ~ coin de at the corner of [3]

  ~ contraire on the contrary [11]
  ~ lieu de instead of
  ~ moins at least [2]
  ~ revoir good-bye [P]
  ~ sujet de about [3]
au-delà de over; beyond
augmenter to increase [8]
aujourd'hui today [3]
aussi also [1]
  ~... que as . . . as [5]
aussitôt que as soon as
Australie *f.* Australia
autant de as many . . . as [5]
auteur *m.* author
autobus *m.* bus
automne *m.* autumn, fall [6]
autoriser to authorize
autorité *f.* authority
autre other [3]
  l'un l'~ one another
autrefois formerly [8]
autrement differently
avance *f.* advance
  à l'~ beforehand
  d'~ in advance
  en ~ early [6]
avancer to advance
avant before
  ~ de before
avantage *m.* advantage
avare stingy; greedy
avec with
  ~ plaisir *m.* with pleasure [6]
avenir *m.* future [11]
aventure *f.* adventure [2]
  film *m.* **d'~** adventure movie [2]
avenue *f.* avenue [3]
avion *m.* plane [7]
  en ~ by plane [7]
avis: à mon ~ in my opinion [C]
  à votre ~ in your opinion
avocat *m.* avocado
avocat/avocate *m./f.* lawyer [1]
avoir to have [2]
  ~ _____ ans to be _____ years old [2]
  ~ besoin (de) to need [8]
  ~ confiance en (soi) to be self-confident [8]
  ~ de la chance to be lucky
  ~ du mal (à) to have a hard time
  ~ envie de to want to, to feel like [6]
  ~ faim to be hungry [5]
  ~ honte (de) to be ashamed (of) [9]
  ~ l'air to look, to seem
  ~ l'intention de to intend to [11]
  ~ le temps to have time [4]
  ~ lieu to take place
  ~ mal à la tête to have a headache
  ~ peur to be afraid [4]

~ **soif** to be thirsty [5]
~ **tort** to be wrong [12]
en ~ marre to be fed up [4]
avouer to admit, to confess
avril *m.* April [4]

bac/baccalauréat *m.* baccalaureate exam
bagages *m.pl.* luggage [7]
bagarre *f.* brawl, fight
baguette *f.* loaf of French bread [5]
baignoire *f.* bathtub [7]
bâiller to yawn
bain *m.* bath(tub)
salle *f.* **de ~s** bathroom [3]
baissé(e) lowered
baisser to lower [10]
se ~ to duck
bal *m.* dance [8]
~ **costumé** costume ball
baladeur *m.* Walkman [3]
balle *f.* ball
ballon *m.* ball [9]
balnéaire bathing
banal(e) (*m.pl.* **banals**) commonplace
banane *f.* banana [5]
banc *m.* bench
bande *f.* **dessinée** comic strip [6]
banlieue *f.* suburbs [11]
banque *f.* bank [3]
banquier *m.* banker [11]
barbare barbaric
barbare *m./f.* barbarian
barbe *f.* beard
quelle ~! what a bore!
bardé(e) covered
bas(se) low
base-ball *m.* baseball [2]
basket *f.* basketball shoe [10]
basket *m.* basketball [2]
faire du ~ to play basketball [4]
bataille *f.* battle
bateau *m.* (*pl.* **bateaux**) boat [7]
en ~ by boat [7]
faire du ~ to go boating [7]
bâtiment *m.* building [3]
bâtir to build [C]
bâton *m.* stick
battre to hit, to beat [9]
se ~ to fight [8]
bavard(e) talkative
beau/bel/belle/beaux/belles
handsome, beautiful [3]
il fait beau it's nice weather [6]
beaucoup much, many, a lot [2]
beau-frère *m.* brother-in-law [2]
beauté *f.* beauty
bébé *m.* baby
bédouin(e) Bedouin
belge Belgian [1]
Belgique *f.* Belgium

belle-sœur *f.* sister-in-law [2]
ben well, so [1]
bénéfice *m.* benefit
berger/bergère *m./f.* shepherd/ shepherdess
besoin *m.* need
au ~ as needed
avoir ~ de to need [8]
bête stupid [1]
bêtise *f.* stupidity [12]
~**s** *f.pl.* nonsense
beurre *m.* butter [5]
biberon *m.* baby bottle
bibliothèque *f.* library [4]
bicyclette *f.* bicycle
bien well; fine [P]
~ **sûr** of course [2]
c'est ~ que it's a good thing that [C]
eh ~ well
bien *m.* good
bientôt soon [4]
bienvenue *f.* welcome
bière *f.* beer [5]
bifteck *m.* steak [5]
bijou *m.* (*pl.* **bijoux**) jewel [12]
bijoux *m.pl.* jewelry
bilingue bilingual
billet *m.* ticket [7]
biologie *f.* biology [4]
biologique (**bio**) organic, biological [5]
biscuit *m.* cookie [5]
bise: faire la ~ to kiss
blague *f.* joke [8]
blanc *m.* white [3]
blanc (**blanche**) white [3]
blé *m.* wheat
blesser to wound
se ~ to be injured, to be hurt
blessure *f.* injury, wound [12]
bleu(e) blue [2]
bleu marine navy blue [10]
bloc *m.* **opératoire** surgery (department)
blond(e) blond [1]
blonde *f.* girlfriend (slang)
blouson *m.* waist-length jacket [10]
bœuf *m.* beef [5]
bof! (expression of indifference) [4]
boire to drink [5]
bois *m.* wood [10]; woods
boisson *f.* drink, beverage [5]
boîte *f.* can; box [5]
~ (**de nuit**) nightclub [8]
en ~ canned [5]
boiter to limp
bon(ne) good; right [3]
bon courage! good luck!
bonne ...! (feast day) happy ...! [9]
bonne idée *f.* good idea [6]

bonne réponse *f.* correct answer
bon voyage! have a nice trip!
de bonne heure early
il fait bon the weather is pleasant, nice [6]
bonbon *m.* (piece of) candy
bonheur *m.* happiness; good fortune [8]
bonjour hello; good morning [P]
bonsoir good evening, good night [P]
bord *m.* edge
à ~ on board
au ~ de la mer at the shore, seaside
bordeaux (*inv.*) burgundy (color) [10]
botte *f.* boot [10]
bottine *f.* ankle boot [10]
bouche *f.* mouth [10]
bouché: avoir le nez ~ to be congested [10]
boucher/bouchère *m./f.* butcher
boucherie *f.* butcher shop [5]
boucle *f.* buckle
~ **d'oreille** earring
bouclier *m.* shield
bouger to move
bougie *f.* candle [9]
boulanger/boulangère *m./f.* baker [5]
boulangerie *f.* bakery [5]
boule *f.* ball
boulevard *m.* boulevard [3]
bouquet *m.* bouquet [9]
bourse *f.* scholarship
bout *m.* end
bouteille *f.* bottle [5]
bras *m.* arm [10]
bravo! bravo! [9]
bref (**brève**) brief
Brésil *m.* Brazil
brésilien(ne) Brazilian [1]
brie *m.* Brie cheese [5]
briller to shine
briser to break
broche *f.* brooch, pin
brochette *f.* food on a skewer
brocoli *m.* broccoli [5]
bronchite *f.* bronchitis [12]
(se) brosser to brush [10]
brouillard *m.* fog [6]
il fait du ~ it's foggy [6]
brousse *f.* brush; the bush (wilderness)
bruit *m.* noise
brûler to burn
brume *f.* haze
brumeux(se) hazy
brun(e) dark-haired, brunette, brown [1]
brusquement abruptly

bûche *f.* yule log cake
budget *m.* budget
bulletin *m.* **météo** weather report
bureau *m.* (*pl.* **bureaux**) desk; office [P]
  ~ de poste post office [3]
  ~ de renseignements information desk [7]
  ~ de tabac tobacco/magazine shop [3]
bus *m.* bus [7]
  en ~ by bus [7]
businessman *m.* businessman
but *m.* goal
buveur/buveuse *m./f.* drinker

ça this; that
  ~ dépend it depends
  ~ s'appelle it's called [5]
  ~ te dit? are you interested?
  ~ va? How are you? [P]
  ~ va (bien)! I'm fine! [P]
cabane *f.* cabin
cabas *m.* tote bag
cabine *f.* **d'aiguillage** *f.* control booth
cabinet *m.* **de toilette** *f.* toilet
caché(e) hidden [12]
cacher to hide
cadeau *m.* (*pl.* **cadeaux**) gift [4]
cadre *m.* executive [11]; surroundings
  ~ moyen middle manager
  ~ supérieur high-level executive
cafard: avoir le ~ to have the blues
café *m.* café [3]; coffee [5]
  ~ au lait *m.* coffee with milk [5]
  ~ crème *m.* coffee with cream [5]
  ~ décaféiné decaffeinated coffee
caféine *f.* caffeine
cahier *m.* notebook, workbook [P]
caisse *f.* case
caleçon *m.* leggings
calendrier *m.* calendar [4]
calme calm [1]
camarade *m./f.* classmate; friend
  ~ de chambre roommate [2]
camembert *m.* Camembert cheese [5]
Cameroun *m.* Cameroon
campagne *f.* countryside
  à la ~ in the country [3]
camping *m.* camping [7]
  faire du ~ to go camping [7]
campus *m.* campus [4]
Canada *m.* Canada
canadien(ne) Canadian [1]
canapé *m.* couch, sofa [3]
cancer *m.* cancer
candidature *f.* candidacy
canne *f.* cane
  ~ à sucre *f.* sugar cane

cannibale *m./f.* cannibal
cantine *f.* cafeteria [5]
capeline *f.* sun hat
capituler to surrender
car for
caractère *m.* character
  ~s gras bold type
caractéristique characteristic
carafe *f.* pitcher [5]
cardigan *m.* button-up sweater [10]
cardiotraining *m.* cardiovascular workout [10]
caresser to caress, to stroke
carnaval *m.* carnival; period before Lent
carotte *f.* carrot [5]
carré *m.* square
carreau *m.* (*pl.* **carreaux**) square
  à carreaux plaid [10]
carrefour *m.* intersection
carrière *f.* career [11]
carte *f.* map [P]; menu [5]; card
  ~ de crédit credit card [7]
  ~ postale postcard [7]
cas *m.* case
  en ~ de in case of
  selon le ~ as the case may be
case *f.* hut
casquette *f.* cap
casser to break
cassette *f.* cassette [P]
catastrophe *f.* catastrophe [C]
catégorie *f.* category, class
cathédrale *f.* cathedral [7]
cauchemar *m.* nightmare
cause *f.* cause
  à ~ de because of
causerie *f.* chat
CD *m.* CD [P]
  lecteur *m.* **de ~** CD player [3]
ce/cet/cette/ces this, that; these, those [2]
  ~...-ci this, these [2]
  ~...-là that, those [2]
ce (*pron.*) this; it [P]
  ~ que what
  ~ sont they are [P]
ceci (*pron.*) this
cédille *f.* cedilla [P]
ceinture *f.* belt [10]
célèbre famous [7]
célébrer to celebrate
célibat *m.* single life
célibataire single, unmarried [8]
célibataire *m./f.* single person
celui/celle/ceux/celles that/that one
cent hundred
centième one hundredth
centre *m.* center
  ~ commercial shopping mall [7]
centre-ville *m.* downtown [3]

céréale *f.* cereal grain
  ~s cereal [5]
certain(e) some
certainement certainly [11]
cerveau *m.* (*pl.* **cerveaux**) brain
ces (*see* **ce/cet/cette/ces**)
c'est this is; he/she/it is [P]
c'est-à-dire that is
chacun(e) each one
chaîne *f.* channel [6]
  changer de ~ to change the channel [6]
chaise *f.* chair [P]
chalet *m.* chalet
chaleur *f.* heat
chambre *f.* room; bedroom [3]
champ *m.* field
champignon *m.* mushroom
chance *f.* luck
  avoir de la ~ to be lucky
  bonne ~! good luck! [9]
  quelle ~! what luck! [4]
chandail *m.* sweater
changement *m.* change
changer to change [6]
  ~ de chaîne to change the channel [6]
  se ~ les idées à to take one's mind off things
chanson *f.* song
chanter to sing [2]
chanteur/chanteuse *m./f.* singer [1]
chapeau *m.* (*pl.* **chapeaux**) hat [10]
  ~! bravo! [9]
chaque each
charcuterie *f.* delicatessen [5]
chargé(e): horaire ~ full schedule
charges *f.pl.* utilities [3]; responsibilities
charmant(e) charming
chasse *f.* hunting [7]
  aller à la ~ to go hunting [7]
chasser to kick out; to chase
chasseur *m.* hunter
chat/chatte *m./f.* cat [8]
château *m.* (*pl.* **châteaux**) castle, château [7]
chaud(e) hot [5]
  il fait ~ it's hot (weather) [6]
chaussette *f.* sock [10]
chausson *m.* (culinary) turnover
chaussure *f.* shoe [10]
chef *m.* chief, leader; chef
  ~ d'entreprise head of company [11]
chef-d'œuvre *m.* (*pl.* **chefs-d'œuvre**) masterpiece
chemin *m.* path
chemise *f.* shirt [10]
  ~ de nuit nightgown [10]
chemisier *m.* blouse, women's shirt [10]

cher (chère) dear; expensive [5]
chercher to look for [3]
  va me ~... go get me . . .
chercheur/chercheuse *m./f.*
  researcher
chéri(e) darling, dear
cheval *m.* (*pl.* **chevaux**) horse
chevelure *f.* head of hair
cheveux *m.pl.* hair [2]
chez at the home of
chic *inv.* chic, sophisticated
  ~! cool! great!
chien *m.* dog [7]
chiffre *m.* figure, number
Chili *m.* Chile
chimie *f.* chemistry [4]
Chine *f.* China
chiné(e) mottled
chinois(e) Chinese [1]
chip *m.* chip
choc *m.* shock
chocolat *m.* chocolate [1]; hot
  chocolate [5]
choisir to choose [6]
choix *m.* choice
cholestérol *m.* cholesterol
chômage *m.* unemployment [11]
chômeur/chômeuse *m./f.*
  unemployed person
chose *f.* thing
  quelque ~ something
chouchou/chouchoute *m./f.*
  (teacher's) pet
chouette great, neat, cool [4]
chuchoter to whisper
chum *m./f.* friend;
  boyfriend/girlfriend
chute *f.* **de neige** snowfall
-ci (*see* **ce/cet/cette/ces**)
ci-dessous below
ci-dessus above
ciel *m.* (*pl.* **cieux**) sky [6]
  le ~ est couvert it's cloudy [6]
  le ~ est variable it's partly
  cloudy
cil *m.* eyelash
cimetière *m.* cemetery
ciné *m.* movies [8]
cinéaste *m./f.* filmmaker
cinéma *m.* cinema, movies; movie
  theater [2]
cinq five [1]
cinquante fifty [1]
cinquième fifth [3]
circonflexe: accent ~ circumflex
  accent
circonlocution *f.* circumlocution
circonstance *f.* circumstance
circuit *m.* circuit, route
circuler dans la salle to circulate in
  the classroom
cirque *m.* circus

citer to cite, to quote
citoyen/citoyenne *m./f.* citizen [C]
citron *m.* lemon [5]
  ~ pressé fresh lemonade [5]
clair(e) light, bright; clear [10]
classe *f.* class [P]
classer to classify
classeur *m.* binder [P]
claustrophobe claustrophobic
clé *f.* key [7]
client/cliente *m./f.* customer [5]
climat *m.* climate [6]
climatisé(e) air conditioned
club *m.* **de fitness** healthclub [10]
coca *m.* Coke [5]
cocher to check
cocotier *m.* coconut tree
cœur *m.* heart [8]
  de bon ~ heartily
  par ~ by heart
cohabitation *f.* cohabitation
coiffure *f.* hairdo
  se coiffer to do one's hair [10]
coin *m.* corner [3]
  au ~ de at the corner of [3]
  boucherie du ~ *f.* neighborhood
  butcher shop
coincé(e) stuck
col *m.* collar [10]
colère *f.* anger
collection *f.* collection
  faire la ~ de to collect
collège *m.* middle school/junior
  high [4]
collègue *m./f.* colleague
collier *m.* necklace
colline *f.* hill
Colombie *f.* Colombia
colon *m.* colonist
colonisation *f.* colonization
colonne *f.* column
coloris *m.* color, shade
combien (de) how much, how
  many [2]
comédie *f.* comedy [2]
comédien/comédienne
  m./f. comedian
comique funny, comical
commander to order [5]
comme like, as; how [12]
  ~ ci ~ ça so-so [P]
  ~ d'habitude as usual
commencement *m.* beginning
commencer to begin [4]
comment how [1]
  ~? what? [P]
  ~ allez-vous? how are you? [P]
  ~ ça s'écrit? how do you spell
  that? [P]
  ~ ça va? how are you? [P]
  ~ dit-on... ? how do you say . . . ?
  ~ est-il? what is he like? [1]

  ~ s'appelle-t-il? what is his
  name? [P]
  ~ tu t'appelles? what is your
  name? [P]
  ~ vas-tu? how are you? [1]
  ~ vous appelez-vous? what is
  your name? [P]
commerce *m.* business; store
commercial(e) (*m.pl.* **commerciaux**)
  business (*adj.*)
commettre to commit
commode *f.* chest of drawers;
  dresser [3]
commun: en ~ in common
commune rurale *f.* rural
  community; small town [3]
communiquer to communicate
  [8]
compact *m.* compact disc, CD
compagne *f.* companion
compagnie *f.* company
comparaison *f.* comparison [5]
comparer to compare
compenser to compensate
compétition *f.* competition [12]
complémentaire complementary,
  additional [7]
compléter to complete
composté(e) validated
comprendre to understand [4]
  se ~ to understand each
  other [8]
comprimé *m.* pill, tablet [12]
compris(e) included [3]
compromis *m.* compromise
comptabilité *f.* accounting [4]
comptable *m./f.* accountant [11]
compter to count; to intend (to do
  something) [11]
concerner to concern
concert *m.* concert [2]
concierge *m./f.* caretaker
concordance *f.* **des temps** sequence
  of tenses
concours *m.* **d'entrée** entrance
  examination
confiance: avoir ~ en (soi) to be
  self-confident
confisquer to confiscate
confiture *f.* jam [5]
conflit *m.* conflict
conformiste conformist [1]
confort *m.* comfort, ease [8]
  ~ matériel physical comfort [8]
  tout ~ all the conveniences
confortable comfortable [3]
congé *m.*: **jour de ~** day off;
  holiday [9]
conjoint/conjointe *m./f.* spouse
conjugaison *f.* conjugation
conjuguer to conjugate
connaissance *f.* knowledge

connaître to know [9]
  se ~ to know each other [9]
  tu connais... ? do you know (so and so)? [1]
conquête *f.* conquest
consacré(e) à devoted to
conseil *m.* advice; council [8]
conseiller/conseillère *m./f.* counselor, advisor
conseiller to advise
conséquence *f.* consequence [12]
conséquent: par ~ as a result
conservateur(trice) conservative
conserver to preserve
conserves *f.pl.* preserves
considérer to consider
consigne *f.* baggage checkroom [7]
consommation *f.* consumption
constamment constantly [11]
construire to build
contagieux(se) contagious [12]
contaminer to contaminate
conte *m.* story
  ~ de fées fairy tale
contenir to contain
content(e) glad, pleased
continuer to continue [3]
contraire *m.* opposite
  au ~ on the contrary [11]
contre against; as opposed to; in exchange for
  par ~ on the other hand [2]
contribuer to contribute
convaincant(e) convincing
convaincre to convince
convaincu(e) convinced
convenir to be appropriate
convention *f.* **collective** collective wage agreement
conversation *f.* conversation, talk
convoquer to summon
copain/copine *m./f.* friend, pal [1]
coquet(te) dainty
corde *f.* rope
Corée *f.* Korea
corps *m.* body [10]
correct(e) correct
corriger to correct
corsage *m.* bodice
cosmonaute *m./f.* astronaut
costume *m.* suit; outfit [10]
côte *f.* coast
côté *m.* side
  à ~ de next to, beside [3]
Côte d'Ivoire *f.* Ivory Coast
côtelette *f.* cutlet [5]
coton *m.* cotton [10]
cou *m.* neck [10]
couche *f.* stratum
se coucher to go to bed; to set (sun) [10]

couchette *f.* berth in sleeping compartment [7]
coude *m.* elbow [10]
couler to flow
couleur *f.* color
coulis *m.* type of sauce
couloir *m.* hallway, passage [7]
  au bout du ~ down the hall [7]
coup *m.* blow
  ~ de main helping hand [7]
coupe *f.* **du monde** World Cup
couper to cut
couple *m.* couple [8]
cour *f.* yard
  ~ de récréation schoolyard
courgette *f.* squash, zucchini
courir to run, to go to
courriel *m.* e-mail [6]
courrier *m.* mail
  ~ du cœur advice column
cours *m.* avenue; course, class [4]
  aller en ~ to go to class
  au ~ de during
course *f.* errand; track [6]
  faire des ~s to go shopping [4]
  faire les ~s to go grocery shopping [5]
court(e) short [10]
  à manches courtes short-sleeved [10]
cousin/cousine *m./f.* cousin [2]
couteau *m.* (*pl.* **couteaux**) knife [5]
coûter to cost [3]
coutume *f.* custom
couvert *m.* place setting [5]
couvert(e) covered
  le ciel est ~ it's cloudy [6]
craie *f.* chalk [P]
  morceau *m.* **de ~** piece of chalk
cravate *f.* tie [10]
crayon *m.* pencil [P]
créer to create
crémerie *f.* dairy store
créole Creole
crêpe *f.* pancake
crétin *m.* idiot
crevette *f.* shrimp [5]
cri *m.* shout; cry for help
  pousser des ~s to shout
crier to shout, to yell
crise *f.* crisis [C]
  ~ cardiaque heart attack
  ~ économique depression
critère *m.* criterion
croire to think, to believe [C]
croissant *m.* croissant [5]
croissant(e) growing
cru(e) raw [9]
cuillère *f.* spoon [5]
cuir *m.* leather [10]
cuisine *f.* cooking; kitchen [3]
  faire la ~ to do the cooking [4]

cuisinier/cuisinière *m./f.* cook [11]
cuisse *f.* **de canard** duck leg
cuit(e) cooked [9]
culinaire culinary
curriculum *m.* **vitae** résumé [11]
CV *m.* résumé [11]
cyclisme *m.* cycling [6]

d'abord first [5]
d'accord OK, agreed [3]
  être ~ to agree
dame *f.* lady [1]
Danemark *m.* Denmark
dans in [3]
  ~ les nuages in the clouds
danser to dance [2]
date *f.* date [4]
d'autres other; others
d'avance in advance
de/du/de la/des *art.* any; some [1]
de/du/de la/des *prep.* from; of
  ~ rien you're welcome [P]
débat *m.* debate
debout standing [9]
débris *m.*: **un vieux ~** decrepit old man
début *m.* beginning
débutant/débutante *m./f.* beginner [11]
décembre *m.* December [4]
déception *f.* disappointment
déchiré(e) torn
décidément decidedly
décider to decide
décision *f.* decision
découper to cut out
découvrir to discover
décret *m.* decree
décrire to describe
décroissant: par ordre ~ in descending order
déduire to deduce
défaut *m.* flaw, shortcoming, defect [12]
défendre to defend
défenseur *m.* defender
défi *m.* challenge [12]
défier to defy
défilé *m.* parade [9]
défiler to parade
défini(e) definite
définir to define
degré *m.* degree
dehors outside, outdoors
déjà already [4]
déjeuner to have lunch
déjeuner *m.* lunch [5]
  petit ~ breakfast [5]
délinquance *f.* delinquency, crime [C]
demain tomorrow [3]

demande *f.* **d'emploi**   job application [11]
   faire une ~   to apply for a job [11]
demander   to ask (for)
demeurer   to stay
demi(e) *m./f.*   half
   et ~   thirty (minutes past the hour) [4]
demi-pension *f.*   lodging with breakfast and dinner
densément   densely
dent *f.*   tooth [10]
dentaire   dental
dentiste *m./f.*   dentist [1]
départ *m.*   departure [7]
dépassé(e)   outdated
dépasser   to exceed
se dépêcher   to hurry (up) [10]
dépendant(e)   dependent
dépense *f.*   expense; expenditure
dépenser   to spend (money) [12]
se déplacer   to move (from one place to another)
déposer   to deposit; to drop off
déprimant(e)   depressing
depuis   since; for [7]
   ~ combien de temps?   for how long? [7]
   ~ dix ans   in the last 10 years
   ~ quand   since when [7]
   ~ que   since
député *m.*   deputy
déranger   to bother (someone), to disturb, to trouble [7]
dernier(ère)   last; latest [4]
derrière   behind [3]
des   (*see* **de**)
dès   from; as early as
   ~ maintenant   starting now
   ~ que   as soon as [11]
désaccord *m.*   disagreement
désagréable   unpleasant [1]
désapprobation *f.*   disapproval
désavantage *m.*   disadvantage
descendre   to go down; to get down; to get off [7]
description *f.*   description [2]
désert *m.*   desert [7]
désert(e)   deserted
désespéré(e)   desperate
désir *m.*   desire; wish
désirer   to want, to wish [5]
   vous désirez?   what would you like? [5]
désolé(e)   sorry [3]
désordre *m.*   untidiness
   en ~   untidy
désormais   from now on
dessert *m.*   dessert [5]
dessin *m.*   drawing [4]
   ~ animé *m.*   cartoon [6]
dessiner   to draw

dessous *m.pl.*   underside; shady side
détail *m.*   detail
détente *f.*   relaxation, rest
détester   to hate [2]
détruire   to destroy [C]
deux   two [2]
   les ~   both [2]
deuxième   second [3]
   ~ classe *f.*   second class [7]
devant   in front of [3]
(se) développer   to develop
devenir   to become [11]
deviner   to guess
devise *f.*   motto
devoir   to have to; must; to owe [8]
   j'aurais dû   I should have [12]
   je devais   I was supposed to [8]
   je devrais   I should [12]
devoir *m.*   duty
   ~s   homework [4]
   faire ses ~s   to do one's homework [4]
dévorer   to devour
d'habitude   usually [4]
diabétique   diabetic
diagnostic *m.*   diagnosis
dictée *f.*   dictation
diététique   dietetic [5]
différence *f.*   difference
différent(e)   different
difficile   difficult; choosy
difficilement   with difficulty [11]
difficulté *f.*   difficulty
digne   proper, suitable
dimanche *m.*   Sunday [4]
diminuer   to reduce, to get smaller [8]
dinde *f.*   turkey [9]
dîner   to have dinner [2]
dîner *m.*   dinner [5]
diplôme *m.*   diploma, degree
diplômé(e)   graduate
dire   to say [6]
   se ~   to say of oneself
direct: en ~   live
direction *f.*   management
   ~s   directions [3]
discipliné(e)   disciplined [6]
discothèque *f.*   discotheque
discuter (de)   to discuss
disponibilité *f.*   availability
disponible   available
disposer de   to have free or available
dispute *f.*   quarrel; argument
se disputer   to argue [8]
disque *m.* **compact**   compact disc
   lecteur *m.* **de ~s ~s**   CD player
distinguer   to distinguish
divers(e)   various
diviser   to divide
divorce *m.*   divorce [8]
dix   ten [1]

dix-huit   eighteen
dix-neuf   nineteen
dix-sept   seventeen
docteur *m.*   doctor
doctorat *m.*   doctorate
doigt *m.*   finger [9]
   lever le ~   to raise one's hand [9]
domaine *m.*   field
   ~ de spécialisation   major
domicile: à ~   at home
dommage: c'est ~ que   it's too bad that [C]
donc   therefore; so
donné(e)   given
donner   to give [2]
dont   of which, of whom; whose
doré(e)   golden
dormeur/dormeuse *m./f.*   sleeper
dormir   to sleep [7]
dos *m.*   back [10]
d'où   from where [1]
doucement   softly
douche *f.*   shower [3]
douleur *f.*   pain
doute: sans ~   probably
douter   to doubt [C]
doux (douce)   sweet; mild; soft
douzaine *f.*   dozen [5]
douze   twelve [2]
drame *m.*   drama [6]
drapeau *m.* (*pl.* **drapeaux**)   flag
draperie *f.*   cloth
drogue *f.*   drug, drugs
droit *m.*   law (*field of study*) [4]; right (*entitlement*) [C]
droit(e)   right
   tout ~   straight ahead
droite *f.*   right (*direction*) [3]
   à ~   on the right [3]
drôle   funny
du   (*see* **de**)
dur *adv.*   hard [10]
dur(e)   hard, difficult, solid
durer   to last

eau *f.*   water [5]
ébloui(e)   dazzled
éblouissant(e)   dazzling
échancré(e)   low-cut
échange *m.*   exchange
échanger   to exchange
écharpe *f.*   scarf, muffler [10]
éclater   to explode
école *f.*   school [4]
   ~ maternelle   kindergarten [4]
   ~ primaire   elementary school [4]
   ~ supérieure   school of higher education
écolier/écolière *m./f.*   school child
économie *f.*   economics [4]
économique   economic
écourté(e)   shortened

écouter to listen (to) [2]
écraser to crush
écrire to write
s'~ to write one another [8]
écrit(e) written
écrivain *m.* writer [1]
s'écrouler to crumble
éducation *f.* education
~ **physique** physical education [4]
éduquer to educate
effectivement actually
effectuer to execute, to carry out
égal(e) (*m.pl.* **-aux**) equal
égalité *f.* equality [12]
église *f.* church [3]
égoïste selfish [1]
Égypte *f.* Egypt
eh ben well (*colloquial*)
eh bien well, so [11]
élaboré(e) elaborate
élargir to enlarge, to widen
électricité *f.* electricity
électronique: message ~ *m.* e-mail message [6]
élève *m./f.* student, pupil (elementary/secondary school)
élevé(e) high
élever to raise
elle she, it [P]; her [11]
~**s** they [1]; them [11]
élu/élue *m./f.* elected official
e-mail *m.* e-mail [6]
embauché(e) hired [11]
embaucher to hire [11]
embêtant(e) annoying, irritating [4]
embouteillage *m.* traffic jam
embrasser to kiss
émission *f.* television program [6]
~ **de variétés** television variety show [6]
emmener to take along
émouvant(e) emotionally moving
s'emparer de to seize upon
empathique empathetic
empêcher to prevent
emplacement *m.* location [3]
emploi *m.* job [11]
~ **du temps** schedule [4]
employé/employée *m./f.* employee [11]
employer to use
employeur *m.* employer [11]
emporter to take away
emprunter (à) to borrow [7]
en *prep.* to, in
~ **avance** early [6]
~ **boîte** canned
~ **face de** across from [3]
~ **fait** actually, in fact
~ **haut de** above
~ **pratique** in practice

~ **retard** late [6]
~ **théorie** in theory
~ **train de** in the process of
en *pron.* of it, of them [12]
enchanté(e) delighted, nice to meet you [P]
enclume *f.* anvil
encore again; still
~ **de** more
pas ~ not yet
encourager to encourage [C]
en-dessous de below
s'endormir to fall asleep
endroit *m.* place, spot, site [12]
par ~s in places
énergétique energy-producing [5]
énergique energetic [1]
enfant *m./f.* child [2]
enfin finally; after all [5]
enlever to take away, to take off
ennemi *m.* enemy
ennui *m.* boredom [11]
s'ennuyer to be bored [8]
ennuyeux(se) boring [1]
enregistré(e) registered
enseignant/enseignante *m./f.* teacher, educator [11]
enseignement *m.* education
~ **supérieur** higher education
ensemble together [2]
ensemble *m.* whole (thing)
ensoleillé(e) sunny [6]
ensuite then [5]
entendre to hear [4]
s'~ to get along [8]
entendu! agreed! [6]
entier(ère) entire, whole
entre between [3]
entrecôte *f.* rib steak
entrée *f.* entrance
entreprise *f.* company, firm
entrer (dans) to enter, to come in [6]
~ **à la fac** to enroll [4]
entretien *m.* interview [11]
envers toward
envie *f.*: **avoir ~ de** to want to, to feel like [6]
environ approximately
envisager to look upon, to consider
envol *m.* take-off
s'envoler to fly away
envoyer to send
épanouir to develop
épanouissement *m.* development, blossoming
épaule *f.* shoulder [10]
épicerie *f.* grocery store [5]
épicier/épicière *m./f.* grocer
épisode *m.* episode
époque: à cette ~-là in those days [8]
à l'~ at the time; at this time

épouser to marry [8]
épouvante *f.*: **film** *m.* **d'~** horror movie
équilibre *m.* balance
équilibré(e) balanced
équipe *f.* team
érable *m.* maple
ermite hermit
escalader to climb
escalier *m.* staircase, stairs [7]
escargot *m.* snail
esclave *m./f.* slave
espace *m.* space
~ **clos** closed space
Espagne *f.* Spain
espagnol(e) Spanish [1]
espèce *f.* type, sort [5]
espérer to hope [11]
espoir *m.* hope
esprit *m.* mind
essai *m.* trial
essayer to try
essence *f.* gas
essentiel *m.* essential
est *m.* east [6]
est-ce que (question marker) [1]
estimer to be of the opinion
estomac *m.* stomach
et and [1]
~ **vous?** And you? [P]
établir to establish
étage *m.* floor, story [7]
étagère *f.* bookcase [3]
étape *f.* step, stage
état *m.* state
États-Unis *m.pl.* United States
été *m.* summer [6]
éteindre to turn off
éternuer to sneeze [12]
étoile *f.* star [7]
étoilé(e) starry
étonnant(e) surprising [C]
étrange strange [12]
étranger(ère) foreign [4]
langue *f.* **étrangère** foreign language [4]
étranger/étrangère *m./f.* stranger, alien; foreigner [C]
à l'étranger in a foreign country
être to be [1]
~ **au régime** to be on a diet [5]
~ **discipliné(e)** to have self-control [6]
~ **en bonne forme** to be/stay in good shape [10]
~ **né(e)** to be born
~ **pressé(e)** to be in a hurry [5]
être *m.* being
~ **humain** human being [12]
étrennes *f.pl.* New Year's gift
études *f.pl.* studies
~ **supérieures** higher education

étudiant(e) student [P]
étudier to study [1]
euh uh [P]
euro *m.* euro
Europe *f.* Europe
européen(ne) European
eux *pron. m.pl.* they; them [11]
événement *m.* event
évêque *m.* bishop
évidemment evidently [11]
éviter to avoid [11]
évoluer to evolve
exact(e) precise, correct
exagérer to exaggerate
examen *m.* test, exam [4]
  passer un ~ to take a test [4]
  rater un ~ to fail a test [4]
  réussir à un ~ to pass a test
examiner to examine
excéder to exceed
exception *f.:* **à l'~ de** with the
  exception of
excès *m.* excess
excusez-moi excuse me [7]
exercer to practice, to carry on, to
  carry out
  ~ une profession to practice a
  profession [11]
exercice *m.* exercise
  faire de l'~ to exercise [4]
exigé(e) required
exigence *f.* requirement
exister to exist, to be
  il existe en noir it comes in black
exotique exotic
expérience *f.* experiment;
  experience
explication *f.* explanation
expliquer to explain
exploit *m.* feat
explorateur/exploratrice *m./f.*
  explorer
exposition *f.* exhibit
expression *f.* expression
exprimer to express
exquis(e) exquisite
extérieur: à l'~ de outside of
extérioriser to externalize
extrait *m.* excerpt
extrait(e) excerpted

fac (faculté) *f.* college, school
  (division of a college) [4]
face: en ~ de across from [3]
  faire ~ à to face up to, to deal
  with
fâché(e) angry [9]
se fâcher to get mad/angry [10]
facilement easily [11]
façon *f.* way, manner
  de toute ~ in any case
facteur *m.* factor; letter carrier [11]

faculté *f.* faculty, school (division
  of a college)
faible weak
  vent ~ light wind
faim *f.* hunger [5]
  avoir ~ to be hungry [5]
faire to do, to make [4]
  ~ attention to pay attention
  ~ des courses to go shopping [4]
  ~ du bricolage to putter,
   to do-it-yourself [8]
  ~ du fitness to do fitness
   training [10]
  ~ du jardinage to do gardening
   [8]
  ~ face (à) to face (up to) [12]
  ~ fortune to make one's fortune
  ~ la collection de to collect
  ~ la connaissance de to meet
  ~ la cuisine to cook [4]
  ~ la lessive to do the laundry [8]
  ~ la sieste to take a nap
  ~ le ménage to do the housework
   [8]
  ~ le tour de to tour
  ~ les courses to go grocery
   shopping [5]
  ~ mal à to hurt [10]
  ~ partie de to be part of
  ~ peur à to scare
  ~ son lit to make one's bed [4]
  ~ une promenade to go for a
   walk [4]
  ~ un séjour to stay [7]
  ~ un voyage to go on a trip [4]
  il fait beau/froid, etc. it is nice,
   cold, etc. (weather) [6]
  un et un font deux one and one
   make two
fait *m.:* **en ~** actually, in fact
falaise *f.* cliff
falloir to be necessary
  il faut it is necessary [8]
  il faut que (one must) [C]
fameux(se) famous
familial(e) (*m.pl.* **-aux**) family
famille *f.* family [2]
fanfaron(ne) boasting
fantasme *m.* fantasy [12]
fantastique fantastic, terrific
fantôme *m.* ghost
farci(e) stuffed
fardeau *m.* (*pl.* **fardeaux**) burden
fast-food *m.* fast food [5]
fatigant tiring
fatigué(e) tired [1]
faut (*see* **falloir**)
faute *f.* mistake, error
fauteuil *m.* armchair [3]
faux (fausse) false
faveur *f.:* **en ~ de** in favor of
favori(te) favorite

favoriser to favor
fée *f.:* **bonne ~** fairy godmother
  conte de ~s fairy tale
félicitations *f.* congratulations [9]
féliciter to congratulate [9]
femme *f.* woman [1]; wife [2]
  ~ d'affaires businesswoman [11]
  ~ de ménage housekeeper
fenêtre *f.* window [P]
fer *m.* iron
  ~ à repasser *m.* iron (for ironing
   clothes)
ferme *f.* farm
fermer to close
féroce fierce
fête *f.* saint's day; celebration,
  party; holiday [9]
  ~ foraine carnival
  ~ nationale national holiday
fêter to celebrate
feu *m.* (*pl.* **feux**) fire [10]
  ~ d'artifice fireworks [9]
  ~ rouge *m.* traffic light
feuille *f.* leaf, sheet
  ~ de papier sheet of paper [P]
feuilleter to leaf through
feuilleton *m.* soap opera [6]
février *m.* February [4]
se ficher de to not care
  je m'en fiche! I don't give a
   damn! [4]
fidèle faithful
fier (fière) proud
fierté *f.* pride
fièvre *f.* fever
fille *f.* girl [1]; daughter [2]
film *m.* movie [2]
  ~ d'amour romantic film [2]
  ~ d'aventure action film [2]
  ~ d'épouvante horror movie [6]
  ~ policier detective movie [6]
fils *m.* son [2]
fin *f.* end
finalement finally [5]
financier(ère) financial
finir to finish [6]
fitness: faire du ~ to do fitness
  training [10]
fixe fixed
flamand *m.* Flemish
flanelle *f.* flannel [10]
fleur *f.* flower [9]
  à ~s flowered [10]
fleurir to make bloom
fleuve *m.* river
foie *m.* **gras** goose liver pâté
fois *f.* time [2]
  à la ~ at the same time
  une ~ once [2]
foncé(e) dark (color) [10]
fonction *f.* **publique** public office
fonctionnaire *m./f.* civil servant [11]

fonctionner to work (machine)
fondé(e) founded
fontaine *f.* fountain
foot(ball) *m.* soccer [2]
  faire du ~ to play soccer [4]
force *f.* strength
  de ~ by force
  ~ ouvrière workforce
forêt *f.* forest [7]
formation *f.* education, training [11]
forme *f.* shape, figure [10]
  en (bonne) ~ in (good) shape [10]
formidable terrific, great [4]
formulaire *m.* form [11]
formule *f.* formula
  ~s de politesse polite
    expressions [P]
fort *adv.* loud; hard
fort(e) heavyset, fat; strong [1]
forteresse *f.* fortress
fortune *f.* fortune
  bonne ~ luck
fou (folle) crazy, foolish [1];
  incredible
foulard *m.* scarf [C]
foule *f.* crowd
four *m.* oven
  au ~ baked
fourchette *f.* fork [5]
frais *m.* expense
frais (fraîche) fresh; cool [5]
  il fait frais it's cool (weather) [6]
fraise *f.* strawberry [5]
framboise *f.* raspberry [5]
français *m.* French (language) [4]
français(e) French [1]
France *f.* France
franchement frankly [11]
francophone French-speaking
francophonie *f.* French-speaking
  countries
frapper to knock; to strike, to hit [9]
fréquemment frequently [11]
frère *m.* brother [2]
frites *f.pl.* French fries [5]
froid(e) cold [5]
  il fait ~ it's cold (weather) [6]
fromage *m.* cheese [5]
front *m.* forehead [10]
frontière *f.* border [C]
fruit *m.* fruit [5]
  ~s de mer *m.pl.* seafood [5]
fuir to flee
fumeurs *m.pl.* smokers; smoking
  (section) [7]
fusil *m.* gun, rifle

gagner to win; to gain; to earn [11]
  ~ sa vie to earn a living [11]
gagneur/gagneuse *m./f.* winner
gant *m.* glove [10]
garage *m.* garage [7]

garantir to guarantee
garçon *m.* boy [1]; waiter
garder to keep
gare *f.* train station [3]
garni(e) served with vegetables
gâteau *m.* (*pl.* **gâteaux**) cake [5]
gâter to spoil
gauche *f.* left [3]
  à ~ to the left, on the left [3]
gênant(e) annoying
généralement generally [11]
généreux(se) generous [1]
génial(e) (*m.pl.* **géniaux**) cool, great
genou *m.* (*pl.* **genoux**) knee [10]
genre *m.* type, sort, kind [6]
gens *m.pl.* people [1]
gentil(le) nice [4]
géographie *f.* geography [4]
geste *m.* gesture
gestion *f.* business management [4]
gîte *m.* shelter
glace *f.* ice cream [5]; ice
  ~ à la vanille vanilla ice cream [5]
  ~ au chocolat chocolate ice
    cream [5]
glacé(e) icy
glacial(e) icy, bitterly cold
glisser to slip
globalisation *f.* globalization [12]
golf *m.* golf [4]
  faire du ~ to play golf [4]
gomme *f.* eraser [P]
gorge *f.* throat [10]
  avoir mal à la ~ to have a sore
    throat
goût *m.* taste [8]
gouvernement *m.* government
grâce à thanks to
grammaire *f.* grammar
gramme *m.* gram [5]
grand(e) big; tall [1]
  grande personne *f.* grown-up
grandir to grow up
grand-mère *f.* grandmother [2]
grand-père *m.* grandfather [2]
grands-parents *m.pl.* grandparents
  [2]
grande surface *f.* super store [5]
gras(se) greasy, fatty [5]
  faire la grasse matinée to sleep
    in [4]
gratin *m.* dish baked with
  breadcrumbs or grated cheese
  on top
gratinée à l'oignon *f.* onion soup
gratuit(e) free [12]
grave serious, grave [12]
Grèce *f.* Greece
grignoter to snack [5]
grippe *f.* flu [12]
gris(e) gray [2]
gronder to rumble

gros(se) heavyset [1]; big, great
  grosses bises hugs and kisses
grossièreté *f.* vulgarity
grossir to gain weight [6]
grouper to group
Guadeloupe *f.* Guadeloupe
guerre *f.* war [C]
  ~ de Sécession American Civil
    War
  Première ~ mondiale World
    War I
guerrier *m.* warrior
guichet *m.* ticket window [7]
guirlande *f.* garland
Guyane (française) *f.* (French)
  Guyana
gymnase *m.* gym [10]
gymnastique *f.* gymnastics [4]
  faire de la ~ to exercise [4]

s'habiller to get dressed [10]
habitant/habitante *m./f.* inhabitant
habiter to live [2]
habitude *f.* habit [5]
  comme d'~ as usual
habituel(le) usual
s'habituer to become accustomed
Haïti *m.* Haiti
haltère *f.* dumbbell
*hamburger *m.* hamburger [5]
*Hanoukka *f.* Hanukkah
*hanter to haunt
*haricots *m.pl.* **verts** green beans [5]
*haut *m.* upper part
*haut(e) high [10]
  à haute voix aloud
*hein? eh? [1]
herbe *f.* grass
héritage *m.* heritage
*héros *m.* hero
heure *f.* hour, o'clock; time [4]
  à l'~ on time [6]
  à quelle ~? at what time? [4]
  de bonne ~ early
  ~s supplémentaires overtime
  quelle ~ est-il? what time is it?
    [4]
  tout à l'~ in a little while
heureusement fortunately [11]
heureux(se) happy [1]
hier yesterday [5]
histoire *f.* history [4]; story [6]
historique historical [2]
hiver *m.* winter [6]
*hockey *m.* hockey [6]
*homard *m.* lobster [5]
homme *m.* man [1]
  ~ d'affaires *m.* businessman [11]

An asterisk (*) indicates an aspirate
h: no liaison or elision is made at the
beginning of the word.

*honte *f.*   shame
  avoir ~   to be ashamed
hôpital *m.* (*pl.* **hôpitaux**)   hospital [3]
horaire *m.*   timetable, schedule; hours [7]
horloge *f.*   clock [P]
*hors de   out of
*hors-d'œuvre *m.* (*pl.* **hors-d'œuvre**)   hors d'œuvre [5]
hôte *m.*   host
hôtel *m.*   hotel [3]
  ~ particulier   mansion
hôtelier(ère)   hotel (*adj.*)
*huit   eight
huître *f.*   oyster [5]
humain(e)   human
humide   damp
hypocondriaque   hypochondriac, depressed [12]
hypothèse *f.*   hypothesis
hypothétique   hypothetical

ici   here; this is (on telephone) [3]
idéal(e)   ideal [1]
idéaliste   idealistic [1]
idée *f.*   idea [6]
  se changer les ~s   to take one's mind off things
identifier   to identify
identité *f.*   identity
ignorer   to not know
il   he, it [P]
  il y a   there is, there are [2]; ago [6]
  il n'y a pas de quoi   you're welcome [P]
île *f.*   island [7]
illuminé(e)   lit up
illusoire   illusory
ils   they [1]
image *f.*   picture, image [9]
imaginer   to imagine
immédiatement   immediately
immeuble *m.*   apartment building
immigré/immigrée *m./f.*   immigrant [C]
impatiemment   impatiently [11]
impatient(e)   impatient [1]
imperméable *m.*   raincoat [10]
impliquer   to involve
important(e)   important
s'imposer   to be called for; to be essential
impressionniste   impressionist
imprévu(e)   unexpected
imprimé(e)   printed
  tissu *m.* **~**   print fabric [10]
impuissant(e)   powerless
inattendu(e)   unexpected
incarner   to embody
incluant   including
incontesté(e)   uncontested
incrédule   skeptical

incroyable   incredible [4]
Inde *f.*   India
indépendant(e)   independent
  entrée indépendante   separate entrance
index *m.*   index finger
indifférence *f.*   indifference [C]
indifférent(e)   indifferent [C]
indigène *m./f.*   native
indigestion *f.*   indigestion [12]
indiquer   to indicate
indiscret(ète)   indiscreet
individu *m.*   individual
individualiste   nonconformist [1]
individuel(le)   individual [3]
industriel *m.*   industrialist
inégalité *f.*   inequality [12]
inférieur(e)   inferior
infini(e)   infinite
infirmerie *f.*   nurse's office
infirmier/infirmière *m./f.*   nurse [11]
information *f.*   information
  ~s   news
informatique *f.*   computer science [4]
ingénieur *m.*   engineer [1]
injuste   unfair
inquiet(ète)   worried
(s')inquiéter   to worry
inquiétude *f.*   worry
insolite   strange
s'installer   to settle
instituteur/institutrice *m./f.*   grade school teacher
instruction *f.*   education
s'intégrer   to be integrated [C]
intelligent(e)   intelligent [1]
intention: avoir l'~ de   to intend to [11]
interdiction *f.*   ban
interdire   to forbid
interdit(e)   forbidden
intéressant(e)   interesting [1]
intéresser   to interest
  ça vous (t')intéresse?   would you like to? [6]
  s'~ à   to be interested in [10]
intérêt *m.*   interest; advantage
interprète *m./f.*   interpreter
interroger   to question [9]
interviewer   to interview
s'intituler   to be entitled
intolérance *f.*   intolerance [C]
intolérant(e)   intolerant [C]
inutile   useless
inventer   to invent
investir   to invest
invitation *f.*   invitation
invité/invitée *m./f.*   guest
inviter   to invite [2]
Irak *m.*   Iraq

Iran *m.*   Iran
irisé(e)   in rainbow colors
irrité(e)   irritated
islamique   Islamic
isolé(e)   isolated
Israël *m.*   Israel
Italie *f.*   Italy
italien(ne)   Italian [1]

jaloux(se)   jealous
jamais   never [2]
  ne... ~   never [5]
jambe *f.*   leg [10]
jambon *m.*   ham [5]
janvier *m.*   January [4]
Japon *m.*   Japan
japonais(e)   Japanese [1]
jardin *m.*   garden [7]
jardinage *m.*   gardening [8]
jardinet *m.*   small garden
jaune   yellow [3]
jazz *m.*   jazz [2]
je   I [P]
jean *m.*   jeans [10]
jeu *m.* (*pl.* **jeux**)   game
jeudi *m.*   Thursday [4]
jeune   young [3]
jeunesse *f.*   youth
jogging *m.*   jogging [4]; sweats [10]
  faire du ~   to go jogging [4]
joie *f.*   joy
joli(e)   pretty [3]
jongleur *m.*   juggler
joue *f.*   cheek [10]
jouer   to play; to gamble [2]
jouet *m.*   toy [9]
jour *m.*   day; daytime [4]
  de nos ~s   today
  ~ chômé   public holiday
  ~ d'action de grâces   Thanksgiving Day
  ~ de congé   day off; holiday [9]
  ~ de fête   holiday
  ~ de l'An   New Year's Day
  ~ des morts   All Souls' Day
  ~ férié   public holiday
  par ~   a day (per day)
  tous les jours   every day
journal *m.* (*pl.* **journaux**)   newspaper [2]
  ~ télévisé *m.*   news (TV) [6]
journaliste *m./f.*   journalist, reporter [1]
journée *f.*   day(time) [4]
  ~ de repos *f.*   day of rest
joyeux(se)   happy; merry [9]
judo *m.*   judo [6]
juillet *m.*   July [4]
juin *m.*   June [4]
jupe *f.*   skirt [10]
juridique   legal
jus *m.* **de fruits**   fruit juice [5]

jus *m.* **d'orange** orange juice [5]
jusqu'à as far as, up to [3]
jusqu'où how far
juste just; fair
justement exactly

kilo *m.* kilogram [5]
kiosque *m.* newsstand

la (*see* **le/la/l'/les**)
là there [3]
  il est ~ he is in [3]
  il n'est pas ~ he's not in [3]
-là (*see* **ce/cet/cette/ces**)
là-bas there, over there [1]
là-dedans inside
lac *m.* lake [7]
lâcher to let go of
laine *f.* wool [10]
  en ~ wool [10]
laisser to let, to allow
  ~ à l'abandon to abandon
  ~ tomber to drop
lait *m.* milk [5]
  ~ maternisé infant formula
lampe *f.* lamp [3]
lancer to launch
langage *m.* language
langue *f.* language
  ~ étrangère foreign language [4]
lapin *m.* rabbit [9]
laquelle (*see* **lequel**)
larme *f.* tear
lasagne *f.* lasagna
lavabo *m.* bathroom sink
laver to wash [8]
  se ~ to wash (oneself) [10]
le/la/l'/les *art.* the [1]
le/la/l'/les *pron.* him, her, it, them [6]
lecteur/lectrice *m./f.* reader
  lecteur de CD CD player [3]
lecture *f.* reading [6]
léger (légère) light (food, weight) [5]
légèrement lightly
légume *m.* vegetable [5]
lendemain *m.* the next day [6]
lentement slowly [11]
lequel/laquelle/lesquel(le)s which one(s)
les (*see* **le/la/l'/les**)
lessive *f.* laundry [8]
lettre *f.* letter [6]
  ~ de l'alphabet letter of the alphabet [P]
leur *pron.* (to) them [6]
leur *adj.* their [2]
lever to raise [10]
  ~ le doigt to raise one's hand [9]
  se ~ to get up; to rise [10]
lèvres *f.pl.* lips [10]

libéré(e) freed
libérer to free
liberté *f.* freedom
  ~ d'expression freedom of speech
  ~ d'expression religieuse freedom of religion
libre free [4]
Libye *f.* Libya
licence *f.* bachelor's degree
lien *m.* tie, bond; link
  ~ de parenté family relationship
lier to link
lieu *m.* (*pl.* **lieux**) place [3]
  au ~ de instead of
  avoir ~ to take place
  ~ de travail workplace
ligne *f.* **aérienne** airline
limonade *f.* lemonade [5]
lire to read [2]
lit *m.* bed [3]
  faire son ~ to make one's bed [4]
  ~s superposés bunk beds
litre *m.* liter [5]
littérature *f.* literature [2]
livre *f.* pound [5]
livre *m.* book [P]
locataire *m./f.* tenant, renter [3]
logement *m.* lodging [3]
logique logical
logis *m.* lodging
loi *f.* law [C]
loin far away; far
  ~ de far from [3]
loisir *m.* leisure
  ~s leisure activities [2]
long(ue) long [4]
  à manches longues long-sleeved [10]
  le long de along
longtemps a long time [9]
longueur *f.* length
loterie *f.* lottery
loto *m.* bingo
louer to rent [3]
lugubre gloomy
lui he; him; to him/her [6]
lumière *f.* light
lumineux(se) luminous, bright
lundi *m.* Monday [4]
lune *f.* moon [10]
lunettes *f.pl.* (eye)glasses
  ~ de soleil sunglasses [10]
lutte *f.* wrestling
lutter (contre) to fight (against) [C]
luxe *m.* luxury
Luxembourg *m.* Luxemburg
lycée *m.* high school [4]

ma (*see* **mon/ma/mes**)
macédoine *f.* **de légumes** mixed vegetables

madame (Mme) (*pl.* **mesdames**) madam, Mrs. [P]
mademoiselle (Mlle) (*pl.* **mesdemoiselles**) Miss [P]
magasin *m.* store [3]
magazine *m.* magazine [2]
Maghreb *m.* Maghreb
maghrébin(e) from the Maghreb
magnétoscope *m.* video cassette recorder [3]
magnifique magnificent [9]
magnifiquement magnificently
mai *m.* May [4]
maigrir to lose weight [6]
mail *m.* e-mail [6]
maille: en ~ knit
maillot *m.* **de bain** bathing suit [10]
main *f.* hand [10]
main-d'œuvre *f.* manpower
maintenant now [3]
maintenir to maintain
maire *m.* mayor
mais but [1]
  ~ non of course not [1]
  ~ oui but of course; well, yes [1]
  ~ si well, yes [1]
maïs *m.* corn [5]
maison *f.* house [3]
  ~ de campagne country house
maître *m.* **d'hôtel** butler
maîtresse *f.* schoolteacher [9]
maîtrise *f.* master's degree
maîtriser to master
majeur(e) main, major
majorité *f.* majority
  grande ~ vast majority
mal badly, poorly [2]
mal *m.* evil; pain, ailment [12]
  avoir du ~ à to have a hard time [C]
  avoir ~ à to hurt [12]
  ~ à la gorge sore throat [12]
  ~ à la tête headache [12]
malade sick, ill [1]
maladie *f.* disease, illness [12]
malaise *m.* discomfort
malentendu *m.* misunderstanding
malgré in spite of
malheur *m.* misfortune, bad luck
malheureusement unfortunately [11]
malheureux(se) unfortunate
Mali *m.* Mali
maman *f.* mom
manche *f.* sleeve
  à ~s courtes short-sleeved [10]
  à ~s longues long-sleeved [10]
  sans ~s sleeveless
manger to eat [2]
  se ~ to be eaten
mangue *f.* mango
manier to handle

manière *f.* way, means
 ~s manners
manifester to demonstrate
mannequin *m.* model
manque *m.* lack [11]
 un ~ de a lack of [11]
manquer to miss
 il manque . . . is missing
manteau *m.* (*pl.* **manteaux**) coat [10]
maquillage *m.* makeup
se maquiller to put on makeup [10]
marchand/marchande *m./f.*
 merchant
marche *f.* walking [4]
 faire de la ~ to go walking [4]
marché *m.* market
marcher to walk [10]
mardi *m.* Tuesday [4]
 ~ gras *m.* Shrove Tuesday
mari *m.* husband [2]
mariage *m.* marriage [8]
 ~ à l'essai trial marriage
se marier to get married; to blend
 [8]
marine: bleu marine navy blue [10]
Maroc *m.* Morocco
marocain(e) Moroccan [1]
marque *f.* brand [10]
marqué(e) marked
marquer un but to score a goal
marre: j'en ai ~! I've had it! [4]
marron *inv.* brown [10]
marron *m.* chestnut
mars *m.* March [4]
Martinique *f.* Martinique
masque *f.* mask
match *m.* match, game [2]
matériel(le) material
maths *f.pl.* math [4]
matière *f.* school subject [4]
 en ~ de in the matter of [4]
matin *m.* morning [4]
 du ~ in the morning (time)
matinal(e) (*m.pl.* **-aux**) morning
 (*adj.*)
matinée *f.* morning
 faire la grasse ~ to sleep in [4]
Mauritanie *f.* Mauritania
mauvais(e) bad [3]
 il fait mauvais it's bad weather
 [6]
me me, to me [8]
mécanicien/mécanicienne *m./f.*
 mechanic [1]
mécontent(e) displeased
médecin *m.* doctor [1]
médecine *f.* (discipline of)
 medicine [4]
médias *m.pl.* (communications)
 media
médicament *m.* medicine,
 medication [12]

Méditerranée *f.* Mediterranean Sea
meilleur(e) better (*adj.*) [5]
 **le meilleur/la meilleure/les
 meilleur(e)s** the best [9]
se mêler: De quoi te mêles-tu?
 Mind your own business!
membre *m.* member
même *adj.* same [7]
 -~ self
même *adv.* even
mémoire *f.* memory
menacer to threaten
ménage *m.* household
 faire le ~ to do housework, to do
 the cleaning [8]
mental(e) (*m.pl.* **-aux**) mental
menteur/menteuse *m./f.* liar
mentionné(e) mentioned [2]
mentir to lie
menton *m.* chin
menu *m.* menu; fixed-price menu
 [5]
mépriser to despise, to scorn
mer *f.* sea [7]
 fruits *m.pl.* **de ~** seafood [5]
merci thank you [P]; mercy
 ~ mille fois many thanks [9]
mercredi *m.* Wednesday [4]
mère *f.* mother [2]
mériter to deserve [12]
merveilleux(se) marvelous
mes (*see* **mon/ma/mes**)
mésaventure *f.* misadventure
message *m.* message [6]
 ~ électronique e-mail message [6]
messe *f.* Mass
météo(rologique): bulletin *m.* **~**
 weather report [6]
métier *m.* occupation, career [11]
métro *m.* subway
mettre to put; to put on [10]
 ~ au piquet to put in the corner
 (punish)
meublé(e) furnished [3]
 non ~ unfurnished [3]
meubles *m.pl.* furniture [3]
mexicain(e) Mexican [1]
Mexique *m.* Mexico
miche *f.* **de pain** loaf of bread
mi-chemin: à ~ half-way
midi *m.* noon [4]
mieux *adv.* better [5]
 il vaudrait ~ it would be better [C]
 il vaut ~ que it is better that [C]
 le ~ the best (*adv.*) [9]
migraine *f.* migraine
mijaurée *f.* stuck-up woman
milieu *m.* middle; milieu
 au ~ de in the middle of
 ~ de travail workplace
 ~ social social class; social
 environment [8]

militaire military
mille *inv.* thousand [3]
milliard *m.* billion [3]
million *m.* million [3]
mince slender, thin [1]
 ~ (alors)! drat!, darn it! [4]
minérale: eau *f.* **~** mineral water [5]
mini-pochette *f.* small clutch bag
ministre *m.* cabinet minister
 premier ~ prime minister
minuit *m.* midnight [4]
mis(e) en conserve canned
misère *f.* poverty [C]
mite *f.* clothes moth
mi-temps: à ~ half/part-time [11]
mixte mixed
se mobiliser to rally, to mobilize [C]
mocassin *m.* loafer; moccasin [10]
mode *f.* fashion; style [10]
mode *m.* mood
 sur le ~ rigolo in a funny way
modéré(e) moderate
modeste modest
moi me [11]
 ~ aussi me too; so do I [1]
 ~ non plus me neither; neither
 do I [1]
moins (de) less, fewer [5]
 au ~ at least [2]
 de ~ en ~ less and less
 en ~ less; fewer
 le/la/les ~ the least [9]
 ~ dix ten minutes to (the hour) [4]
 ~ le quart quarter to (the hour) [4]
 ~ que less than [5]
mois *m.* month [4]
moitié *f.* half
moment *m.* moment [3]
 un ~ just a minute [3]
mon/ma/mes my [2]
monde *m.* world [7]
 tout le ~ everyone
mondialisation *f.* globalization [12]
monotone monotonous
monsieur (M.) sir, Mr. [P]
montagne *f.* mountain [6]
 en ~ in the mountains
monter (dans) to go up; to bring
 up; to climb; to get ahead [6]
montre *f.* watch
montrer to show [9]
monture *f.* eyeglass frame
monument *m.* monument [7]
moral(e) moral
morale *f.* morals, ethics
 faire la ~ à to lecture
 ~ occidentale Western morality,
 ethics [12]
morceau *m.* (*pl.* **morceaux**) piece [5]
 ~ de craie piece of chalk [P]
mort *f.* death
mort(e) dead [9]

morue *f.* cod
mosquée *f.* mosque
mot *m.* word
  écrire un ~ to write a note
  ~ apparenté cognate
mot-clé *m.* key word
motiver to motivate
mouche *f.* fly
moulant(e) tight-fitting
mourir to die
mousse *f.* **au chocolat** chocolate
  mousse [5]
moyen *m.* means
moyen(ne) average [8]
  classe moyenne *f.* middle class
moyenne *f.* average
  en ~ on average
municipalité *f.* town government
mur *m.* wall [P]
mûrir to mature
murmurer to whisper, to murmur
  [9]
musculation *f.* weight lifting [10]
  faire de la ~ to do weight training
musée *m.* museum [3]
musicien/musicienne *m./f.*
  musician [1]
musique *f.* music [2]
  faire de la ~ to play music [4]
musulman(e) Moslem

nager to swim [7]
naïf (naïve) naive
naissance *f.* birth
naître to be born
narrateur/narratrice *m./f.* narrator
natation *f.* swimming [4]
  faire de la ~ to swim [4]
nationalité *f.* nationality [1]
nature *f.* nature [7]
naturel(le) natural
nausée *f.* nausea [12]
  avoir la ~ to be nauseated [12]
navette *f.* **spaciale** space shuttle
navigateur *m.* seafarer
ne (n') not [1]
  ~... jamais never [5]
  ~... pas not [1]
  ~... personne no one, nobody,
    not anyone [9]
  ~... plus no more, no longer [5]
  ~... que only
  ~... rien nothing, not anything
    [9]
né(e) born
néanmoins nevertheless
nécessité *f.* necessity
négatif(ve) negative
neige *f.* snow [6]
  chute de ~ snowfall
neiger: il neige it's snowing [6]
nerveux(se) nervous [1]

n'est-ce pas? isn't it so? [1]
nettoyer to clean
neuf nine
neuf (neuve) (brand-)new
neuvième ninth
neveu *m.* (*pl.* **neveux**) nephew [2]
nez *m.* nose [10]
  avoir le ~ qui coule to have a
    runny nose [12]
  ~ bouché stuffy nose [12]
ni: ~ l'un ~ l'autre neither one [2]
nièce *f.* niece [2]
n'importe no matter
niveau *m.* (*pl.* **niveaux**) level
Noël *m.* Christmas
  joyeux ~ Merry Christmas
  Père ~ Santa Claus
nœud *m.* knot
noir *m.* black [3]
noir(e) black; dark [2]
nom *m.* name
  ~ de famille *m.* surname [P]
nombre *m.* number
  ~s ordinaux ordinal numbers [3]
non-fumeurs non-smoking
  (section) [7]
nord *m.* north [6]
nos (*see* **notre/nos**)
note *f.* note; grade
notre/nos our [2]
nourrir to feed
nourriture *f.* food
nous we [1]; (to) us [8]
nouveau/nouvel/nouvelle/
  nouveaux/nouvelles new [3]
  de nouveau again
nouvelle *f.* (piece of) news
novembre *m.* November [4]
noyade *f.* drowning
nuage *m.* cloud [6]
nuageux(se) cloudy [6]
nuit *f.* night [7]
numéro *m.* number
numéroter to number
nylon *m.* nylon [10]

obéir to obey
objectif *m.* goal, objective
objet *m.* object, thing
  ~ d'art art object
  ~s personnels *m.pl.* personal
    possessions [3]
  ~s trouvés *m.pl.* lost-and-found
obligatoire mandatory
obscurité *f.* darkness
obstinément stubbornly
obtenir to obtain, to get
occasion *f.* opportunity [9]
occidental(e) (*m.pl.*
  occidentaux) Western
occupé(e) busy [4]
s'occuper de to be busy with

octobre *m.* October [4]
odeur *f.* odor, smell
odorant(e) fragrant
œil *m.* (*pl.* **yeux**) eye [10]
œuf *m.* egg [5]
officialisation *f.* making official
officiel(le) official
offrir to offer, to give [9]
oie *f.* goose
oignon *m.* onion [5]
oiseau *m.* (*pl.* **oiseaux**) bird
omelette *f.* omelet
on one; people; they; we
oncle *m.* uncle [2]
onze eleven
opéra *m.* opera
opinion *f.* opinion
optimiste optimistic [1]
or *m.* gold
orage *m.* storm [6]
orageux(se) stormy [6]
orange *f.* orange [5]
  ~ (*adj.*) *inv.* orange
ordinaire ordinary [5]
ordinateur *m.* computer [3]
ordonnance *f.* prescription [12]
ordre *m.* order
  par ~ décroissant in descending
    order
oreille *f.* ear [10]
organisation *f.* organization
organiser to organize
origine *f.* origin; source;
    background [C]
  à l'~ originally
  d'origine africaine of African
    origin [C]
os *m.* bone
ou or [1]
où where [3]
  le jour ~ the day that
  ~ se trouve... ? where is . . .
    located? [3]
ouais yeah
oublier to forget [5]
ouest *m.* west [6]
ours *m.* **en peluche** teddy bear [9]
outre-mer overseas
ouvert(e) open [9]
ouvragé(e) worked, decorated
ouvrier/ouvrière *m./f.* factory
    worker [11]
ouvrir to open
  s'~ to open oneself up

pain *m.* bread [5]
  ~ grillé *m.* toast [5]
paix *f.* peace
palace *m.* luxury hotel
pâlir to pale
palmier *m.* palm tree
pamplemousse *m.* grapefruit

pancarte *f.* sign
panne: tomber en ~ to break down
pansement *m.* bandage
 faire un ~ to bandage
pantalon *m.* pants [10]
 pantalon de survêtement
 sweatpants
pantoufle *f.* slipper [10]
papa *m.* dad
papier *m.* paper
 ~ à lettres stationery
Pâques *f.pl.* Easter
par by
 ~ contre on the other hand [2]
 ~ jour a (per) day
paraître to appear, to seem
parapluie *f.* umbrella [10]
parc *m.* park
parce que because
parcourir to skim
pardon excuse me [3]
 ~? what? excuse me? [P]
pareil(le) equal [8]
parenté *f.* family relationship
parents *m.pl.* relatives; parents [2]
 ~ éloignés distant relatives
paresseux(se) lazy [1]
parfait(e) perfect [6]
 c'est parfait! that's perfect! [6]
parfum *m.* perfume; scent
Paris *m.* Paris
parisien(ne) Parisian
parlement *m.* parliament
parler to speak [2]
 se ~ to talk to each other [8]
parmi among
parole *f.* word; lyric
 donner sa ~ to give one's word
part *f.*: **à ~** apart from
 c'est de la ~ de qui? may I ask
 who's calling? [3]
partager to share [8]
partenaire *m./f.* partner [8]
parti *m.* party
particularisme *m.* specific
 characteristics
particulier(ère) particular,
 private
 hôtel *m.* **~** mansion
particulier: chez un ~ in a private
 house
partie *f.* part; game
partir to leave [7]
partout everywhere [12]
parure *f.* dress, finery
pas *m.* step
pas not [P]
 ~ beaucoup not much, not many
 [2]
 ~ de ... no . . .
 ~ du tout not at all [1]
 ~ mal not bad [P]

 ~ tant de manières! stop fooling
 around!
 ~ tout à fait not quite [5]
 ~ trop not very, not too
passage *m.* passageway
passé *m.* past
passé(e) last; past
passeport *m.* passport
passer to take (an exam) [4]; to
 pass (through, by) [6]; to spend
 (time) [7]
 ~ l'aspirateur to vacuum [8]
 ~ par to pass through (by) [6]
se passer to happen [8]
 qu'est-ce qui s'est passé? what
 happened?
passe-temps *m.* pastime [6]
passif(ve) passive [1]
pâté *m.* pâté [5]
pâtes *f.pl.* pasta [5]
patiemment patiently [11]
patient(e) patient [1]
patin *m.* skate
 ~ à roulettes roller skate
patinage *m.* **sur glace** ice skating
patinoire *f.* skating rink
pâtisserie *f.* pastry shop [5]
patrie *f.* country
patron/patronne *m./f.* boss [11]
paupière *f.* eyelid
pause-café *f.* coffee break
pauvre poor [1]
 ~ de moi! woe is me!
pauvre *m./f.* poor person [C]
pauvreté *f.* poverty [C]
payer to pay [5]
pays *m.* country [6]
paysage *m.* countryside, landscape
Pays-Bas *m.pl.* Netherlands
peau *f.* skin
pêche *f.* peach [5]; fishing [7]
 aller à la ~ to go fishing [7]
péché *m.* sin
pêcheur *m.* fisherman
se peigner to comb one's hair [10]
peine *f.* sorrow, pain
 à ~ barely
peintre *m.* painter [1]
peinture *f.* painting [4]
pelouse *f.* lawn
peluche *f.* stuffed animal [9]
penché(e) sur concerned with
pendant during [7]
 ~ que while
 ~ combien de temps for how
 long [7]
pensée *f.* thought
penser to think [2]
 ~ à to think about [2]
 ~ de to think of
pension *f.* **complète** lodging and
 meals

perdre to lose [7]
 ~ du temps to waste time
père *m.* father [2]
Père Noël *m.* Santa Claus [9]
période *f.* period
permanence: en ~ permanently
permettre to allow, to permit
perpétuer to carry on
persillade *f.* chopped parsley
personnage *m.* character
personnalité *f.* personality
personne no one, nobody [9]
 ~ ne no one, nobody [9]
 ne... ~ no one, nobody, not
 anyone [9]
personne *f.* person
 grande ~ grown-up
perte *f.* loss
perturbation *f.* weather disturbance
peser to weigh
pessimiste pessimistic [1]
petit(e) short, small, little [1]
 ~ ami *m.* boyfriend [8]
 ~ déjeuner *m.* breakfast [5]
 petite amie *f.* girlfriend [8]
 ~s pois *m.pl.* peas [5]
petite-fille *f.* granddaughter [2]
petit-fils *m.* grandson [2]
pétition *f.* petition [C]
pétri(e) de steeped in
peu little, a little [1]
 à ~ près almost, nearly
 ~ de few
 un ~ a little [5]
peuplé(e) inhabited
peur *f.* fear [12]
 avoir ~ to be afraid [4]
 faire ~ à to scare [12]
peut-être perhaps, maybe [1]
phare *m.* light
pharmacie *f.* drugstore [3]
pharmacien/pharmacienne *m./f.*
 pharmacist [12]
phénomène *m.* phenomenon [12]
Philippines *f.pl.* Philippines
philosophie *f.* philosophy [4]
phobie *f.* phobia
photo *f.* photo [2]
 ~ de famille family photo [2]
 prendre une ~ to take a picture
photographie *f.* photograph
phrase *f.* sentence
physique *f.* physics [4]
physique physical
 éducation ~ physical education
 [4]
pièce *f.* room [3]
pied *m.* foot [10]
 à ~ on foot [7]
pilon *m.* pestle
piment *m.* bell pepper
pique-nique *m.* picnic [9]

piqûre *f.* injection [12]
  faire une ~ à to give an injection to [12]
pire worse
  le ~ the worst
piscine *f.* pool [7]
pizza *f.* pizza [5]
placard *m.* closet [3]
place *f.* seat, place; room [7]; square [3]
plage *f.* beach [7]
plainte *f.* complaint
plaire to please [4]
  ça te plaît? do you like that? [4]
plaisance *f.*: **de ~** pleasure related
plaisanter: to kid
  tu plaisantes! you're kidding! [4]
plaisir *m.* pleasure [6]
  avec ~ with pleasure [6]
plan *m.* **de la ville** street map [3]
planche *f.* **à voile** sailboarding
planète *f.* planet
plat *m.* course (food), dish [5]
  ~ garni main dish, entree [5]
  ~ principal main course [5]
  ~s cuisinés prepared foods
plat(e) flat
plateau *m.* (*pl.* **plateaux**) platter
  à ~ platform (shoe)
plein(e) full
  à ~ temps full-time [11]
  en ~ air outdoor
pléthore *f.* plethora
pleurer to cry [5]
pleut: il ~ it's raining [6]
plié(e) bent
plongée *f.* **sous-marine** diving
pluie *f.* rain [6]
  sous la ~ in the rain
plupart: la ~ de most [9]
pluriel *m.* plural
plus more [5]
  de ~ en ~ more and more
  le/la/les ~ the most [9]
  ne... ~ no more, no longer [5]
  ~ de more [5]
  ~... ~... the more . . . the more
  ~... que more . . . than [5]
  ~ tard later [3]
  ~ tôt earlier [4]
plusieurs several
plutôt instead, rather [2]
  ~ que instead of
pluvieux(se) rainy
pneumonie *f.* pneumonia
poche *f.* pocket [10]
poème *m.* poem [6]
poids *m.* weight
poil: de tout ~ of all sorts
poire *f.* pear [5]
pois: à ~ polka dot [10]
  petits ~ peas [5]

poisson *m.* fish [5]
poissonnerie *f.* fishmonger's shop [5]
poivre *m.* pepper [5]
poivron *m.* green pepper
pôle *m.* pole
poli(e) polite
policier(ère) detective [2]
poliment politely [11]
politicien/politicienne *m./f.* politician [1]
politique political
polo *m.* polo shirt [10]
polyester *m.* polyester [10]
pomme *f.* apple [5]
  ~ de terre potato [5]
  ~s frites French fries
  tarte *f.* **aux ~s** apple tart [5]
pompes *f.pl.* pushups [10]
population *f.* population
  ~ active workforce
porc *m.* pork [5]
port *m.* wearing; harbor
portable (téléphone portable) *m.* cell phone [3]
porte *f.* door [P]
porter to wear; to carry [10]
  se ~ bien to be in good health
Portugal *m.* Portugal
poser to place; to put down
  ~ une question to ask a question [2]
positif(ve) positive
position *f.* position, location
posséder to own, to possess, to have
possible possible
poste *f.* post office [3]
  par la ~ by mail
poste *m.* job, position [11]
  ~ de direction management position
  ~ de télévision television set
poster *m.* poster [3]
postulant/postulante *m./f.* applicant
poterie *f.* pottery
poule *f.* hen
poulet *m.* chicken [5]
poupée *f.* doll [9]
  ~ de chiffons rag doll
pour for; to, in order to
  le ~ et le contre pros and cons
  ~ moi in my opinion [C]
pourcentage *m.* percentage
pourquoi why [3]
pourriez-vous... ? could you . . . ? [3]
poursuivre to pursue
pourtant yet
pousser to push, to encourage
  ~ des cris to shout
pouvoir to be able to; can [4]
  j'ai pu I succeeded in [9]
  je n'ai pas pu I failed to [9]

pouvoir *m.* power [11]
pratique practical
pratique *f.*: **en ~** in practice
pratiquement practically
pratiquer to practice
précieux(se) precious
précis(e) precise
préféré(e) favorite
préférer to prefer [2]
préjugé *m.* prejudice [C]
premier(ère) first [3]
  premier étage *m.* second floor [7]
  première classe *f.* first class [7]
premièrement first [5]
prendre to take [3]; to have (food) [5]
  ~ rendez-vous to make an appointment [11]
  ~ une décision to make a decision
prénom *m.* first name [P]
préparer to prepare [4]
  ~ un examen to study for an exam [4]
près (de) near [3]
prescrire to prescribe [12]
présent(e) present
présentation *f.* introduction [P]
présenter to introduce . . . to . . .
  je te/vous présente let me introduce [P]
  se ~ to come to
président/présidente *m./f.* president [1]
présider à to preside over
presque almost, nearly [2]
presqu'île *f.* peninsula
pressé (*un citron*) squeezed [5]
pressé(es) (*les gens*) rushed [5]
pressentir to have a presentiment
prêt(e) ready
prétendre to claim
prêter to lend [7]
preuve *f.* proof
prévu(e) planned
prié(e): est ~ de se présenter is asked to come
prier to pray
  je t'/vous en prie you're welcome [9]
prière *f.* prayer
prince *m.* prince
princesse *f.* princess
principal(e) (*m.pl.* **-aux**) principal
  plat *m.* **~** main course [5]
principe *m.* principle
printemps *m.* spring [6]
privilégié(e) preferred
prix *m.* price [3]
problème *m.* problem [6]
processus *m.* process
prochain(e) next [6]
proche near (*adj.*)

produit *m.*   product [5]
  ~ bio   organic product [10]
  ~ surgelé   frozen food [5]
professeur *m.*   teacher, professor [P]
profession *f.*   occupation [1]
  ~ libérale   profession [11]
professionnel(le)   professional [11]
profiter de   to take advantage of
programme *m.*   program [6]
progrès *m.*   progress
progressivement   gradually
proie *f.*   prey
projet *m.*   plan [4]; project
promenade *f.*   walk [4]
  faire une ~   to go for a walk [4]
se promener   to go for a walk [10]
promettre   to promise
promotion *f.*   promotion [11]
se proposer   to intend
propre   own
propriétaire *m./f.*   landlord/
  landlady [3]
protéger   to protect
protester   to protest [C]
provenance *f.*: **en ~ de**   from
provinciaux *m.pl.*   French people
  who live outside Paris
provoquer   to instigate, to provoke
proximité *f.*   proximity
psychologie *f.*   psychology [4]
psychologique   psychological
psychologue *m./f.*   psychologist
pub *f.*   commercial [6]
public (publique)   public
publicité *f.*   advertisement
publier   to publish
puis   then [5]
pull *m.*   pullover [10]
puni(e)   punished [9]
punir   to punish
punition *f.*   punishment
pureté *f.*   purity
pyjama *m.*   pajamas [10]

quai *m.*   platform [7]
quand   when [3]
  ~ même   all the same
quantité *f.*   quantity [5]
quarante   forty [2]
quart: et ~   fifteen (minutes past the
  hour) [4]
  moins le ~   quarter to (the hour) [4]
  ~ de travail *m.*   shift
quartier *m.*   neighborhood [7]
quatorze   fourteen [2]
quatre   four [2]
quatre-vingt-dix   ninety [3]
quatre-vingt-onze   ninety-one [3]
quatre-vingts   eighty [3]
quatre-vingt-un   eighty-one [3]
que   what, that
  ~ je suis bête!   how stupid of me!

quel/quelle   which, what [2]
  quel âge avez-vous/as-tu?   how
    old are you? [2]
  quelle bêtise!   how stupid!
  quel temps fait-il?   what is the
    weather like?
quelque chose   something [9]
  ~ de bon   something good
quelquefois   sometimes [2]
quelqu'un   someone, somebody [9]
  ~ de célèbre   someone famous
querelle *f.*   quarrel
qu'est-ce que   what [2]
  ~ c'est?   what is it? [P]
  qu'est-ce qu'il y a?   what's the
    matter?
  ~ c'est que ça?   what is that? [5]
qu'est-ce qui   what
  ~ se passe?   what's going on?
question *f.*   question
qui   who [P]
  ~ est à l'appareil?   who's calling?
    [3]
quiche *f.*   quiche [5]
quinze   fifteen
quitter   to leave [12]
  ne quittez pas   please hold [3]
quoi   what
  de la/du ~?   some what? [5]
  il n'y a pas de ~   you're welcome
    [9]
quotidien(ne)   daily [10]

racisme *m.*   racism [C]
raconter   to tell, to relate [8]
radio *f.*   radio [2]
raffermissement *m.*   firming
raffiné(e)   refined, cultured
raffinement *m.*   refinement
raison *f.*   reason
raisonnable   reasonable [1]
raisonnablement   reasonably
raisonner   to reason
Ramadan *m.*   Ramadan
ramener   to bring back
rang *m.*   row
ranger   to tidy [8]
rapide   fast
rapide *m.*   express train
rapidement   quickly [11]
rappel *m.*   reminder
rappeler   to remind (of)
rapport *m.*   report [6]; relationship
rarement   rarely [11]
se raser   to shave [10]
rassuré(e)   reassured
rater   to miss [7]; to fail (an
  exam) [4]
rattraper   to catch up with
ravissant(e)   ravishing
rayon *m.*   department, counter (in a
  store) [5]

rayure *f.*: **à rayures**   striped, with
  stripes
réagir   to react
réaliser   to accomplish, to achieve,
  to fulfill [11]
réaliste   realistic [1]
réalité *f.*   reality [11]
rebrodé(e)   embroidered
récemment   recently [11]
recensement *m.*   census
réceptionniste *m./f.*   receptionist [7]
recette *f.*   recipe [5]
recevoir   to receive
recherche *f.*   research; search
  à la ~ de   in search of
rechercher   to look for
recommander   to recommend [12]
reconnaître   to recognize [9]
recouvrir   to cover
récréation *f.*   recess
recruter   to recruit
recycler   to recycle
réduction *f.*   discount, reduction [7]
réellement   really
refaire   to redo
réfléchir à   to think about, to reflect
  on [6]
reflet *m.*   reflection
refléter   to reflect
  se ~   to be reflected
réflexion *f.*   reflection, thought
  à la ~   upon reflection
réforme *f.*   reform
refuser   to refuse
regard *m.*   look, gaze
regarder   to look at [2]
régime *m.*   diet [5]
  être au ~   to be on a diet [5]
  suivre un ~   to be on a diet
région *f.*   region, area [3]
regretter   to be sorry; to regret [7]
regroupement *m.*   reuniting
réimporter   to reimport
reine *f.*   queen [9]
rejeter   to reject
rejoindre   to join
se réjouir   to be delighted
relation *f.*   relationship (not family)
  [8]
se relever   to pick oneself up; to
  recover
relier   to connect
religieux(se)   religious
relire   to reread
remarquer   to notice
remercier   to thank [9]
remettre   to restore, to return
remplacer   to replace
remplir   to fill out (a form, etc.) [11]
renard *m.*   fox
rencontre *f.*   meeting
rencontrer   to meet [8]

rendez-vous *m.* meeting, appointment [11]
rendre to make, to render [7]
  ~ **malade** to make sick
  ~ **visite à** to visit (a person) [7]
renommé renowned
renseignement *m.* information
rentrée *f.* back to school [6]
rentrer to come home; to return; to go back (in) [6]
renvoyer to fire
répandu(e) widespread
répartition *f.* distribution
repas *m.* meal [5]
repasser to iron [8]
repenser to think again
répéter to repeat
répétition *f.* repetition
replier to bend again
répondeur *m.* answering machine [3]
répondre to answer, to respond [7]
réponse *f.* answer; response
repos *m.* rest
se reposer to rest [10]
repousser to push away
représenter to represent
reprise: à plusieurs ~s several times
requête *f.* request
réseau (*pl.* **réseaux**) network
réservé(e) à reserved for [11]
résidence *f.* **universitaire** university dorm [3]
se résigner to resign oneself
respecter to respect [C]
responsable responsible
ressembler (à) to resemble [2]
  se ~ to look alike
ressentir to feel
restaurant *m.* restaurant [2]
  ~ **universitaire** university cafeteria [4]
restauration *f.* restoration
rester to stay, to remain [6]
  ~ **au lit** to stay in bed [12]
  ~ **debout** to remain standing [9]
resto-U *m.* university cafeteria
résultat *m.* result
résumé *m.* summary
résumer to summarize
retard *m.* lag, delay
  en ~ late [6]
retenir to keep
retirer to take off
retour *m.* return
retourner to return [6]
  se ~ to turn around
retraite *f.* retirement [11]
retrouver to meet [2]
  se ~ to meet [8]
se réunir to get together
réussir à to succeed [6]
  ~ **à un examen** to pass an exam [6]
réussite *f.* success [11]

rêve *m.* dream [12]
(se) réveiller to wake up [10]
réveillon *m.* Christmas Eve dinner
révélateur(trice) revealing
révéler to reveal
revenir to return, to come back [7]
rêver to dream [12]
  ~ **à** to dream of
revêtir to assume
réviser to review
revoir to see again
  au ~ good-bye
  se ~ to see each other again [8]
rez-de-chaussée *m.* ground floor [7]
rhume *m.* cold [12]
  ~ **des foins** hay fever
riche rich [1]
richesse *f.* richness
rideaux *m.pl.* curtains [3]
ridicule ridiculous
rien nothing [9]
  ce n'est ~ you're welcome [9]
  de ~ you're welcome [9]
  ne... ~ nothing, not anything [9]
  ~ **d'intéressant** nothing interesting
  ~ **du tout** nothing at all
rigolo(te) funny
rigoureux(se) harsh
rigueur: à la ~ if need be
rire to laugh [8]
risque *m.* risk
rival(e) (*m.pl.* **-aux**) rival
rivière *f.* river
riz *m.* rice [5]
robe *f.* dress [10]
  ~ **de chambre** bathrobe [10]
  ~ **du soir** evening dress [10]
rock *m.* rock music [2]
roi *m.* king [9]
rôle *m.* role
  à tour de ~ in turn
romain(e) Roman
roman *m.* novel [2]
  ~ **d'amour** romantic novel
  ~ **policier** detective novel [2]
romanche *m.* Romansh (language)
rompre to break
roquefort *m.* Roquefort cheese [5]
rosbif *m.* roast beef [5]
rôti *m.* roast [5]
roue *f.* wheel
rouge red
rouge *m.* red [3]
route *f.* road
  ~ **en terre** dirt road
routier(ère) road (*adj.*)
routine *f.* routine [10]
roux (rousse) red (hair) [2]
rue *f.* street [3]
rupture *f.* breaking off; breakup
rural(e) (*m.pl.* **ruraux**) rural

rêve *m.* dream [12]
russe Russian [1]
Russie *f.* Russia
rythme *m.* rhythm

sa (*see* **son/sa/ses**)
sable *m.* sand
sac *m.* **à dos** backpack [P]
sacré(e) sacred
sacrifier to sacrifice
sage quiet, well-behaved; wise
sage-femme *f.* midwife
saigner to bleed
sain(e) healthful [5]
saint(e) holy
saisir to seize
saison *f.* season [6]
salade *f.* salad; lettuce [5]
salaire *m.* wages, salary [11]
salle *f.* room; classroom [P]
  ~ **à manger** dining room [3]
  ~ **de bains** bathroom [3]
  ~ **de classe** classroom [P]
salon *m.* parlor, living room [3]
salsita *f.* salsa
salut hi [P]
salutations *f.pl.* greetings [P]
samedi *m.* Saturday [4]
sandale *f.* sandal [10]
sandwich *m.* sandwich [5]
sang *m.* blood
sans without
  ~ **doute** probably
sans-abri *m./f.* homeless person [C]
santé *f.* health [5]
sapin *m.* fir tree, Christmas tree [9]
satisfaire to satisfy
satisfait(e) satisfied [3]
saucisse *f.* sausage [5]
saucisson *m.* salami [5]
sauf except for
sauter to jump
sauvage wild
sauvage *m./f.* savage
sauver to save
savoir to know [9]
  j'ai su I found out [9]
savoir *m.* knowledge
scandaleux(se) scandalous [C]
scène *f.* scene
sceptique skeptical
science *f.* science [4]
  ~**s politiques** political science [4]
scolaire school (*adj.*)
se himself; herself; itself; themselves [8]
sec (sèche) dry, dried
seconde classe *f.* second class [7]
secret *m.* secret [8]
secrétaire *m./f.* secretary [1]
sécurité *f.* security [11]
  ~ **sociale** social security
sein: au ~ de within
seize sixteen

séjour *m.* living room [3]; stay [7]
  faire un ~ to stay [7]
sel *m.* salt [5]
sélectionner to select
selon according to
  ~ le cas as the case may be
  ~ vous in your opinion
semaine *f.* week [4]
  dans une ~ in a week [6]
  une ~ après a week later [6]
semblable similar
sembler to seem [C]
semelle *f.* sole
semestre *m.* semester
sénat *m.* senate
sénateur *m.* senator
Sénégal *m.* Senegal
sénégalais(e) Senegalese [1]
sens *m.* meaning; direction, sense
  ~ inverse opposite direction
sensible sensitive
sensuel(le) sensual
sentimental(e): vie *f.* **sentimentale**
  love life
sentir to smell
  se ~ to feel [8]
  se ~ bien/mal to feel well/ill [12]
séparé(e) separate
séparément separately
séparer to separate
sept seven
septembre *m.* September [4]
série *f.* series
sérieusement seriously [11]
sérieux(se) serious [1]
serpent *m.* snake
serré(e) tight
serveur/serveuse *m./f.* waiter/
  waitress [5]
service *m.* service
  ~ compris tip included
  ~ militaire military service
serviette *f.* briefcase [P]; napkin [5]
servir to serve; to be of use [7]
serviteur/servante *m./f.* servant
ses (*see* **son/sa/ses**)
seuil *m.* **de la pauvreté** poverty level
seul(e) alone
seulement only [11]
short *m.* shorts [10]
si yes [2]
  mais ~ well, yes [1]
si *adv.* as, so
si *conj.* if [12]; what if? [8]
sida *m.* AIDS
siècle *m.* century
siège *m.* seat [7], headquarters
sieste *f.* nap [4]
  faire la ~ to take a nap [4]
signe *m.* sign
signer to sign
signification *f.* meaning
signifier to mean

s'il vous (te) plaît please [P]
singulier *m.* singular
sirop *m.* syrup [12]
six six
sketch *m.* skit
ski *m.* skiing [4]
  faire du ~ to ski [4]
  ~ nautique water skiing [7]
smoking *m.* tuxedo [10]
sociable friendly, outgoing [1]
social(e) (*m.pl.* **sociaux**) social
société *f.* society; company [11]
sociologie *f.* sociology [4]
sociologue *m./f.* sociologist
sœur *f.* sister [2]
soi oneself [11]
  à ~ of one's own
soie *f.* silk [10]
soi-même oneself [12]
soif *f.* thirst [5]
  avoir ~ to be thirsty [5]
soigner to take care of
  se faire ~ to be taken care of [12]
  se ~ to take care of oneself [12]
soin *m.* care
soir *m.* evening [4]
  ce ~ tonight
  demain ~ tomorrow night [6]
  du ~ in the evening (time) [4]
  hier ~ last night [6]
soirée *f.* party [8]
soixante sixty [2]
soixante et onze seventy-one [3]
soixante-dix seventy [3]
soixante-douze seventy-two [3]
sol *m.* soil; land
soldat *m.* soldier
solde *m.* sale
  en ~s on sale
soleil *m.* sun [6]
  il fait du ~ it's sunny [6]
solitude *f.* solitude
solution *f.* solution [C]
sombre dark
son *m.* sound
son/sa/ses his/her/its [2]
sondage *m.* survey, poll
sonder to survey
sortie *f.* outing [6]
sortir to go out [7]
souche: de ~ by blood
souci *m.* concern, care
se soucier de to worry about
soudain suddenly
souffle *m.* breath
souffrir to suffer
souhaiter to wish [9]
souligner to underscore
soupçonner to suspect
soupe *f.* soup [5]
  ~ au poulet chicken soup
souper *m.* supper, dinner [5]
sourcil *m.* eyebrow

souris *f.* mouse
sous under
  ~ la pluie in the rain
se soustraire à to avoid
sous-vêtements *m.pl.* underwear
soutenir to support
souvenir *m.* souvenir [7]; memory
se souvenir (de) to remember [8]
souvent often [2]
souverain(e) sovereign
spacieux(se) spacious [3]
spécialiste *m./f.* specialist
spécialité *f.* specialty
spectacle *m.* show, event
  ~ de variétés variety show
sport *m.* sports [2]
  faire du ~ to play sports [4]
sportif(ve) athletic; sports [1]
stade *m.* stadium [6]
stage *m.* internship [11]
standing *m.*: **grand ~** luxury
station *f.* resort
station-service *f.* gas station
statistique *f.* statistic
statut *m.* status
steak *m.* steak [5]
step *m.* step workout [10]
  faire du ~ to do step (exercise)
  [10]
stimuler to stimulate
stress *m.* stress
strict(e) strict [4]
studio *m.* studio (apartment) [3]
stupéfait(e) astounded
stupide stupid [1]
stylo *m.* pen [P]
succès *m.* success [11]
sucre *m.* sugar [5]
sucré(e) sweet [5]
sud *m.* south [6]
suffire to suffice, to be enough
  suffit! that's enough!
suis (*see* **être, suivre**)
Suisse *f.* Switzerland
suisse Swiss [1]
suite: tout de ~ right away
suivant(e) following
suivi(e) followed
suivre to follow
  ~ un régime to be on a diet
sujet *m.* subject
  au ~ de about, on the subject of
super terrific, great [4]
superficie *f.* area
supérieur(e) higher, upper
  école supérieure *f.* school of
  higher education
supermarché *m.* supermarket [5]
supporter to stand, to tolerate
suprême *m.* **de volaille** poultry in
  cream sauce
sur on [3]
  un ~ dix one out of ten

sûr(e) sure, certain
  bien ~ of course [2]
sûrement surely
surface *f.*: **grande ~** super store [5]
surgelé(e) frozen [5]
surhumain(e) superhuman
surnaturel(le) supernatural
surnuméraire extra
surprenant(e) surprising [12]
surtout especially, above all [2]
surveillant/surveillante *m./f.*
  monitor, supervisor
survoler to get a general view
susceptible de likely to
sweat *m.* sweatshirt
symbole *m.* symbol [12]
sympathique nice, pleasant [1]
symptôme *m.* symptom [12]

ta (*see* **ton/ta/tes**)
tabac *m.* tobacco
  bureau *m.* **de ~** tobacco/
    magazine shop
table *f.* table [P]
tableau *m.* (*pl.* **tableaux**)
  chalkboard [P]; chart, table;
  painting [12]
  ~ noir blackboard
tabouret *m.* stool
tâche *f.* task; chore
  ~ domestique household chore
tâcher to try
taco *f.* taco
tactique *f.* tactic
Tahiti *f.* Tahiti
tahitien(ne) Tahitian [9]
taille *f.* height; waist [10]
tailleur *m.* women's suit [10]
se taire to be quiet
tandis que while, whereas
tant: ~ de so much, so many
  ~ pis too bad [4]
tante *f.* aunt [2]
tantôt... tantôt now . . . now
tapis *m.* rug [3]
tard late [4]
taro *m.* taro
tarte *f.* pie, tart
  ~ aux fraises strawberry tart [5]
  ~ aux pommes apple tart [5]
tas *m.*: **un ~ de** lots of [8]
tasse *f.* cup [5]
taux *m.* rate
te you, to you [8]
teinté(e) tinged
tel(le): un(e) ~ such a
télé *f.* TV
télécommande *f.* remote control [6]
téléphone *m.* telephone [3]
téléphoner to telephone [3]
  se ~ to call each other on the
    phone [8]

téléphoniste *m./f.* telephone operator
télévision *f.* television [2]
tellement so
  ~ de so much
température *f.* temperature [6]
temps *m.* time; weather [4]; tense
  à ~ in time, on time
  avoir le ~ (de) to have time (to) [4]
  de ~ en ~ from time to time
  du ~ libre free time [4]
  emploi *m.* **du ~** schedule [4]
  en ce ~-là at that time [8]
  en même ~ at the same time
  il est ~ que it is time that [C]
  quel ~ fait-il? What is the
    weather like?
tendance *f.* tendency
tendre to stretch, to straighten
ténèbres *f.pl.* darkness
tennis *f.* sneaker, tennis shoe [10]
tennis *m.* tennis [2]
  faire du ~ to play tennis [4]
tentative *f.* attempt
terminaison *f.* ending
(se) terminer to end
terrasse *f.* terrace
terre *f.* earth; ground
  par ~ on the ground
  route en ~ dirt road
terrible terrific; terrible
territoire *m.* territory
tes (*see* **ton/ta/tes**)
tête *f.* head [10]
TGV (train à grande vitesse) *m.*
  high-speed train [7]
thé *m.* tea [5]
  ~ citron tea with lemon [5]
  ~ nature plain tea [5]
théâtre *m.* theater
théorie *f.*: **en ~** in theory
thérapeute *m./f.* therapist
thermomètre *m.* thermometer
thon *m.* tuna [5]
tiens! say! [4]
timide shy [1]
timidement shyly
tissu *m.* fabric [10]
titre *m.* title
  à ~ de as
toi you [11]
toilettes *f.pl.* toilet [3]
tomate *f.* tomato [5]
tombe *f.* grave
tomber to fall [6]
  laisser ~ to drop
  ~ en panne to break down
  ~ malade to become ill
  ~ par terre to fall on the ground
ton/ta/tes your [2]
tonnerre *m.* thunder
tort: avoir ~ to be wrong
tortue *f.* turtle

tôt early [4]
toucher to touch; to affect [10]
  touche pas à... hands off . . .
toujours always; still [2]
tour *m.* tour; turn
  à son ~ in turn
  à ~ de rôle in turn
  ~ du monde around-the-world
    trip [12]
touriste *m./f.* tourist
tourner to turn [3]
Toussaint *m.* All Saints' Day
tousser to cough [12]
tout *pron.* everything [4]
tout *adv.*: **~ à l'heure** in a little while
  ~ de suite immediately, right
    away [7]
  ~ droit straight ahead [3]
tout/toute/tous/toutes all, every,
  each; the whole
  tous les deux both
  tous les jours every day [2]
  tout le monde everyone,
    everybody [8]
  de toute façon in any case
toux *f.* cough
tradition *f.* tradition [9]
traditionnel(le) traditional [9]
traditionnellement traditionally
tragique tragic
trahir to betray
train *m.* train
  en ~ by train [7]
  en ~ de in the process of
trait *m.* **d'union** hyphen [P]
traite *f.* **des esclaves** slave trade
traitement *m.* treatment [12]
traiter to treat
trame *f.* plot
tranche *f.* slice [5]
tranquille calm, tranquil [12]
  laisser ~ to leave alone, to leave
    in peace
transfert *m.* transfer
travail *m.* work; job
travailler to work [2]
traverser to cross, to go through [3]
tréma *m.* diaeresis
trembler to shake
trente thirty
très very [1]
  ~ bien, merci fine, thank you [P]
tribu *f.* tribe
triste sad [1]
trois three
tromper to deceive
  se ~ to be mistaken
trop too, too much [3]
trouver to find [3]; to think
  se ~ to be located
  ~ l'équilibre (entre) to find a
    balance (between) [12]

truculent(e) larger than life
T-shirt *m.* T-shirt [10]
tu you [P]
tuer to kill
tunique *f.* tunic
Tunisie *f.* Tunisia
tunisien(ne) Tunisian
type *m.* type
typique typical [1]

un(e) a, an [P]; one [2]
  un à un one by one
  une fois once [2]
unanime unanimous
uni(e) plain (one color); united
unificateur (unificatrice)
  unifying
Union *f.* **européenne** European
  Union [12]
union *f.* **libre** cohabitation
univers *m.* universe
universel(le) universal
université *f.* university [4]
urbain(e) urban
usage *m.* custom
utile useful [11]
utilisation *f.* use
utiliser to use

vacances *f.pl.* vacation [2]
  bonnes ~! have a nice vacation!
    [9]
vaccin *m.* vaccination [12]
vachement very
vaincre to defeat
vaisselle *f.* dishes [8]
valeur *f.* value [12]
valise *f.* suitcase [7]
vallée *f.* valley
variable changeable, partly cloudy
  [6]
varier to vary
variétés *f.pl.* variety show [6]
vaudrait: il ~ mieux it would be
  better [C]
vaut: il ~ mieux que it is better
  that [C]
veau *m.* veal [5]; calfskin
vedette *f.* star (celebrity)
végétarien(ne) vegetarian
vélo *m.* bicycle [4]
  en ~ by bicycle [7]
  faire du ~ to go biking [4]
velours *m.* velvet [10]
vendeur/vendeuse *m./f.*
  salesperson [11]
vendre to sell [7]
vendredi *m.* Friday [4]
venir to come [7]
  ~ de to come from; to have
    just [11]

vent *m.* wind [6]
  il fait du ~ it's windy [6]
  il y a du ~ it's windy
vente *f.* sale
ventre *m.* belly [10]
  mal au ~ bellyache
verbe *m.* verb
verdure *f.* greenery
véritable true, real
vérité *f.* truth [6]
vernaculaire vernacular
vernissage *m.* art exhibit opening
verre *m.* glass [5]; lens
vers toward; around (time)
vert(e) green [2]
  haricots *m.pl.* **verts** green
    beans [5]
veste *f.* jacket [10]
vestiaire clothing (*adj.*)
vestige *m.* remainder
vêtements *m.pl.* clothes [7]
vêtu(e) dressed
vétuste decrepit
viande *f.* meat [5]
victime *f.* victim
victoire *f.* victory, win
vide empty
vidéocassette *f.* video cassette [3]
vie *f.* life
  ~ sentimentale love life
vieillir to age, to grow old
vieux/vieil/vieille/vieux/vieilles
  old [3]
vif (vive) bright
vignoble *m.* vineyard
vigueur *f.*: **en ~** in force
villa *f.* villa
village *m.* village
ville *f.* city [3]
  ~ d'origine hometown
  ~ natale city of one's birth
vin *m.* wine [5]
vingt twenty
violence *f.* violence
vis-à-vis toward
viser to focus on
visible visible
visite *f.* visit
  rendre ~ à to visit (a
    person) [7]
visiter to visit (a place) [7]
vitamine *f.* vitamin [12]
vite fast, quickly
vitesse *f.* speed
vitre *f.* windowpane
vivre to live
voici here is, here are [1]
voilà there is, there are; here is,
  here are [1]
voile *f.* sailing
  planche *f.* **à ~** sailboard

voir to see [3]
  se ~ to see each other [8]
voisin/voisine *m./f.* neighbor
voisinage *m.* neighborhood
voiture *f.* car [7]
  en ~ by car [7]
voix *f.* voice
  à haute ~ aloud
vol *m.* flight [7]
volcan *m.* volcano
voleur *m.* thief
volley *m.* volleyball [4]
  faire du ~ to play volleyball [4]
volontiers! with pleasure! [6]
vos (*see* **votre/vos**)
voter to vote
votre/vos your [2]
  votre nom *m.***?** your last name?
    [P]
  votre prénom *m.***?** your first
    name? [P]
vouloir to want (to) [4]
  j'ai voulu I tried to [9]
  je n'ai pas voulu I refused to [9]
  je veux bien I'd love to [6]
  je voudrais I would like [3]
vous you [P]; (to) you [8]
  ~ deux both of you
voyage *m.* trip [4]
  bon ~! have a nice trip! [9]
  faire un ~ to go on a trip [4]
  ~ d'affaires business trip [7]
  ~ d'agrément pleasure trip
  ~ organisé package tour [7]
voyager to travel [2]
voyageur/voyageuse *m./f.* traveler
voyons let's see
vrai(e) true [4]
  C'est pas ~! No way! [4]
  C'est ~? Is that right? [4]
vraiment really [1]

W.C. *m.pl.* toilet [3]
week-end *m.* weekend

xénophobe xenophobic

y it, to there, there [10]
  il ~ a there is, there are [2]; ago
    [7]
yaourt *m.* yogurt [5]
yeux *m.pl.* (*sing.* **œil**) eyes [2]

zapper to zap, to channel surf [6]
zappeur *m.* channel surfer [6]
zéro zero
zone *f.* zone
  ~ de perturbation area of
    unsettled weather
zoo *m.* zoo
zut (alors)! rats! nuts! [4]

Anglais-Français

a/an un(e)
  a little un peu
  a lot (of) beaucoup (de)
abandon abandonner
abdominal muscles abdos *m.pl.*
able: be ~ to pouvoir
about au sujet de
above ci-dessus
  ~ all surtout
absent absent(e)
absolutely absolument
accent accent *m.*
accept accepter
accessory accessoire *m.*
accident accident *m.*
accompany accompagner
accomplish réaliser
accountant comptable *m./f.*
accounting comptabilité *f.*
accustomed: become ~ s'habituer
across from en face de
action film film *m.* d'aventure
active actif(ve)
actively activement
actor acteur *m.*
actress actrice *f.*
actually en fait
admire admirer
adore adorer
ads: classified ~ petites annonces *f.*
advantage avantage *m.*
advice conseil *m.*
aerobics aérobic *m.*
African africain(e)
after après
afternoon après-midi *m.*
  3:00 in the ~ 3 heures de l'après-midi
afterwards après, ensuite
again encore
against contre
agency agence *f.*
ago il y a
agreed! entendu! d'accord!
ahead: straight ~ tout droit
AIDS sida *m.*
air air *m.*
air conditioned climatisé(e)
airline ligne *f.* aérienne
alcoholic alcoolisé(e)
  ~ beverage boisson *f.* alcoolisée
Algerian algérien(ne)
alien étranger/étrangère *m./f.*
all *adj.* tout/toute/tous/toutes

all *pron., adv.* tout
allergic allergique
allergies allergies *f.pl.*
almost presque
alone seul(e)
aloud à haute voix
already déjà
also aussi
altruistic altruiste
always toujours
ambition ambition *f.*
American américain(e)
amusing amusant(e)
ancestors ancêtres *m.pl.*
and et
angry fâché(e)
  get ~ se fâcher
animal animal *m.* (*pl.* animaux)
anniversary anniversaire *m.*
annoying embêtant(e); gênant(e)
answer *n.* réponse *f.*
answer *v.* répondre (à)
answering machine répondeur *m.*
antibiotic antibiotique *m.*
anyone: not ~ ne... personne
anything: not ~ ne... rien
apartment appartement *m.*
  ~ building immeuble *m.*
apostrophe apostrophe *f.*
appeal appel *m.*
apple pomme *f.*
  ~ tart tarte aux pommes
appliance (electronic) appareil *m.* (électronique)
applicant postulant/postulante *m./f.*
apply appliquer
  ~ for a job faire une demande d'emploi
appointment rendez-vous *m.*
  make an ~ prendre rendez-vous
appreciate apprécier
April avril *m.*
architect architecte *m./f.*
architecture architecture *f.*
argue se disputer
arm bras *m.*
armchair fauteuil *m.*
around-the-world trip tour *m.* du monde
arrival arrivée *f.*
arrive arriver
art art *m.*
artist artiste *m./f.*

as aussi, si
  ~ ... ~ aussi... que
  ~ far as jusqu'à
  ~ many as autant de
  ~ soon ~ dès que
  ~ usual comme d'habitude
ashamed: be ~ (of) avoir honte (de)
ask demander
  ~ a question poser une question
aspirin aspirine *f.*
at à, dans, en
  ~ first d'abord
  ~ home à domicile
  ~ least au moins
  ~ that time en ce temps-là
  ~ the corner of au coin de
  ~ the home of chez
  ~ what time? à quelle heure?
athlete athlète *m./f.*
athletic sportif(ve)
attention: pay ~ faire attention
August août *m.*
aunt tante *f.*
author auteur *m.*
autumn automne *m.*
avenue avenue *f.*
average moyen(ne)
avoid éviter

baccalaureate exam bac; baccalauréat *m.*
bachelor's degree licence *f.*
back dos *m.*
background origine *f.*
backpack sac *m.* à dos
bad mauvais(e)
  it's ~ weather il fait mauvais
badly mal
baggage checkroom consigne *f.*
baker boulanger/boulangère *m./f.*
bakery boulangerie *f.*
balance équilibre *m.*
balanced équilibré(e)
ball balle *f.*; ballon *m.*
banana banane *f.*
bandage *v.* faire un pansement
bandage *n.* pansement *m.*
bank banque *f.*
banker banquier *m.*
barbaric barbare
baseball base-ball *m.*
basketball basket *m.*
  play ~ faire du basket
  ~ shoe basket *f.*

bathing suit   maillot *m.* de bain
bathrobe   robe *f.* de chambre
bathroom   salle *f.* de bains
bathtub   baignoire *f.*
be   être
  ~ able   pouvoir
  ~ afraid (of)   avoir peur (de)
  ~ ashamed (of)   avoir honte (de)
  ~ bored   s'ennuyer
  ~ born   naître
  ~ careful!   attention!
  ~ fed up   en avoir marre
  ~ hungry   avoir faim
  ~ hurt   se blesser
  ~ in good shape   être/rester en
    bonne forme
  ~ injured   se blesser
  ~ interested in   s'intéresser à
  ~ lucky   avoir de la chance
  ~ mistaken   se tromper
  ~ on a diet   être au régime
  ~ part of   faire partie de
  ~ self-confident   avoir confiance
    en soi
  ~ sorry   regretter
  ~ thirsty   avoir soif
  ~ wrong   avoir tort
  ~ _____ years old   avoir _____ ans
  I was born   je suis né(e)
beach   plage *f.*
beans: green ~   haricots verts *m.pl.*
beat   battre
beautiful   beau/bel/belle/beaux/
    belles
because   parce que
  ~ of   à cause de
become   devenir
  ~ accustomed   s'habituer
  ~ ill   tomber malade
bed   lit *m.*
  go to ~   se coucher
bedroom   chambre *f.*
beef   bœuf *m.*
beer   bière *f.*
before   avant de
begin   commencer
beginner   débutant/débutante
    m./f.
beginning   début *m.*
behind   derrière
Belgian   belge
believe   croire
belly   ventre *m.*
belt   ceinture *f.*
bench   banc *m.*
berth in sleeping compartment
    couchette *f.*
beside   à côté de
best *adj.*: **the ~**   le meilleur/la
    meilleure/les meilleur(e)s

best *adv.*   le mieux
better *adj.*   meilleur(e)
better *adv.*   mieux
  it is ~ that   il vaut mieux que
  it would be ~ that   il vaudrait
    mieux que
between   entre
bicycle   vélo *m.*, bicyclette *f.*
  by ~   en vélo
  ride a ~   faire du vélo
big   grand(e); gros(se)
biking: to go ~   faire du vélo
bill (*restaurant*)   addition *f.*
billion   milliard *m.*
binder   classeur *m.*
biological   biologique
biology   biologie *f.*
birth   naissance *f.*
birthday   anniversaire *m.*
  happy ~!   bon anniversaire!
black   noir(e)
blond   blond(e)
blouse   chemisier *m.*
blue   bleu(e)
  navy ~   bleu marine
boat   bateau *m.* (*pl.* bateaux)
  by ~   en bateau
boating: go ~   faire du bateau
body   corps *m.*
bond   lien *m.*
book   livre *m.*
bookcase   étagère *f.*
boot   botte *f.*
border   frontière *f.*
boredom   ennui *m.*
boring   ennuyeux(se)
born   né(e)
borrow   emprunter (à)
boss   patron/patronne *m./f.*
both   (tous) les deux
bottle   bouteille *f.*
boulevard   boulevard *m.*
bouquet   bouquet *m.*
boy   garçon *m.*
boyfriend   petit ami *m.*
brain   cerveau *m.* (*pl.* cerveaux)
bravo!   bravo! chapeau!
brawl   bagarre *f.*
Brazilian   brésilien(ne)
bread   pain *m.*
  loaf of French ~   baguette *f.*
break down   tomber en panne
breakfast   petit déjeuner *m.*
Brie cheese   brie *f.*
briefcase   serviette *f.*
bring   apporter
  please ~ me   pourriez-vous
    m'apporter...
  ~ up   monter
broccoli   brocoli *m.*

bronchitis   bronchite *f.*
brother   frère *m.*
brother-in-law   beau-frère *m.*
brown   brun(e)
brunette   brun(e)
brush   se brosser
build   bâtir
building   bâtiment *m.*
burgundy (color)   bordeaux (*inv.*)
bus   bus *m.*
  by ~   en bus
business   affaires *f.pl.*; commerce *m.*
  ~ trip   voyage *m.* d'affaires
businessman   homme *m.* d'affaires;
    businessman *m.*
businesswoman   femme *f.*
    d'affaires
busy   occupé(e)
but   mais
  ~ still   alors quand même
butcher shop   boucherie *f.*
butter   beurre *m.*
buy   acheter
by   par, en

café   café *m.*
cafeteria   cantine *f.*
cake   gâteau *m.* (*pl.* gâteaux)
calendar   calendrier *m.*
call *n.*   appel *m.*
call *v.*   appeler; (on the phone)
    téléphoner
  it's ~ed   ça s'appelle
calm   tranquille; calme
Camembert cheese   camembert *m.*
camping   camping *m.*
  go ~   faire du camping
campus   campus *m.*
can *n.*   boîte *f.*
can *v.*   pouvoir
  could you . . . ?   Est-ce que vous
    pourriez... ? Pourriez-vous... ?
Canadian   canadien(ne)
cancer   cancer *m.*
candle   bougie *f.*
canned   en boîte
cannibal   cannibale *m./f.*
cap   casquette *f.*
car   voiture *f.*
cardiovascular workout
    cardiotraining *m.*
care *n.*   souci *m.*
care *v.*: **not to ~**   s'en ficher
  I don't ~!   je m'en fiche! bof!
  to be taken ~ of   se faire soigner
  to take ~ of oneself   se soigner
career   carrière *f.*; métier *m.*
carrot   carotte *f.*
carry on   exercer
cartoon   dessin *m.* animé

case cas *m.*
  in any ~ de toute façon
cassette cassette *f.*
cat chat/chatte *m./f.*
catastrophe catastrophe *f.*
cathedral cathédrale *f.*
CD CD *m.*, compact *m.*
  ~ player lecteur *m.* de CD
cedilla cédille *f.*
cell phone portable *m.*
cereal céréales *f.pl.*
certainly certainement
chair chaise *f.*
chalet chalet *m.*
chalk craie *f.*
chalkboard tableau *m.* (*pl.* tableaux)
challenge défi *m.*
chance occasion *f.*
change changer
  ~ the channel changer de chaîne
changeable variable
channel: TV ~ chaîne *f.*
  ~ surf zapper
  ~ surfer zappeur *m.*
character personnage *m.*
characteristic caractéristique *m.*
château château *m.* (*pl.* châteaux)
check (*restaurant*) addition *f.*
cheek joue *f.*
cheese fromage *m.*
chemistry chimie *f.*
chest of drawers commode *f.*
chicken poulet *m.*
child enfant *m./f.*
chin menton *m.*
Chinese chinois(e)
chip chip *m.*
chocolate chocolat *m.*
  ~ mousse mousse *f.* au chocolat
  hot ~ chocolat *m.*
choice choix *m.*
cholesterol cholestérol *m.*
choose choisir
Christmas Noël *m.*
church église *f.*
cinema cinéma *m.*
citizen citoyen/citoyenne *m./f.*
city ville *f.*
  ~ of one's birth ville *f.* natale
civil servant fonctionnaire *m./f.*
class classe *f.*; cours *m.*
  first ~ première classe
  second ~ deuxième classe
classical music musique *f.* classique
classified ads petites annonces *f.pl.*
classroom salle *f.* de classe
claustrophobic claustrophobe
clean nettoyer
  ~ up ranger
cleaning nettoyage *m.*
client client/cliente *m./f.*
climate climat *m.*

clock horloge *f.*
closet placard *m.*
clothes vêtements *m.pl.*
cloud nuage *m.*
  in the ~s dans les nuages
cloudy nuageux(se)
  it's ~ le ciel est couvert
  partly ~ variable
coat manteau *m.* (*pl.* manteaux)
coffee café *m.*
  ~ with cream café crème
  ~ with milk café au lait
cohabitation union *f.* libre, cohabitation *f.*
Coke coca *m.*
cold *adj.* froid(e)
  it's ~ (weather) il fait froid
cold *n.* rhume *m.*
collar col *m.*
colonization colonisation *f.*
comb se peigner
come venir
  ~ back revenir, rentrer
  ~ from venir de
  ~ in entrer dans
comedy *n.* comédie *f.*
comedy *adj.* comique
comfort confort *m.*
comfortable confortable
comic strip bande *f.* dessinée
commercial pub *f.*
communicate communiquer
communications media médias *m.pl.*
compact disc disque *m.* compact
company compagnie *f.*
  ~ head chef *m.* d'entreprise
comparison comparaison *f.*
complaint plainte *f.*
composition rédaction *f.*
computer ordinateur *m.*
  ~ science informatique *f.*
concern souci *m.*
concert concert *m.*
conflict conflit *m.*
conformist conformiste
congratulate féliciter
congratulations félicitations *f.pl.*
constantly constamment
contagious contagieux(se)
continue continuer
contrary: on the ~ au contraire
contribute contribuer
cook *n.* cuisinier/cuisinière *m./f.*
cook *v.* faire la cuisine
cooked cuit(e)
cookie biscuit *m.*
cooking cuisine *f.*
  do the ~ faire la cuisine
cool frais (fraîche)
  ~! chouette!
  it's ~ (weather) il fait frais
corn maïs *m.*

corner coin *m.*
  at the ~ of au coin de
cost coûter
cotton *adj.* en coton
cotton *n.* coton *m.*
couch canapé *m.*
cough *n.* toux *f.*
cough *v.* tousser
could you . . . ? pourriez-vous... ?
count compter
country pays *m.*; campagne *f.*
  ~ house maison *f.* de campagne
countryside campagne *f.*
couple couple *m.*
course (*food*) plat *m.*; (class) cours *m.*
  main ~ plat *m.* principal
cousin cousin/cousine *m./f.*
crazy fou (folle)
create créer
credit card carte *f.* de crédit
Creole créole
crime délinquance *f.*
crisis crise *f.*
criterion critère *m.*
croissant croissant *m.*
cross traverser
crowd foule *f.*
cry pleurer
cup tasse *f.*
curtains rideaux *m.pl.*
custom coutume *f.*
  ~s mœurs *f.pl.*
customer client/cliente *m./f.*
cycling cyclisme *m.*

daily quotidien(ne)
dairy *adj.* laitier(ère)
  ~ store/department crémerie
dance *n.* bal *m.*
dance *v.* danser
dark sombre; (color) foncé(e)
dark-haired brun(e)
darkness obscurité *f.*
date date *f.*
daughter fille *f.*
day jour *m.*; journée *f.*
  ~ off jour *m.* de congé
  ~ of rest journée *f.* de repos
  in those ~s à cette époque-là
  the next ~ le lendemain
daytime journée *f.*
dead mort(e)
dear cher (chère)
death mort *f.*
decaffeinated décaféiné(e)
deceive tromper
December décembre *m.*
decrease diminuer
defect défaut *m.*
defend défendre
degree diplôme *m.*
  bachelor's degree licence *f.*
  master's degree maîtrise *f.*

delicatessen charcuterie *f.*
delighted enchanté(e)
delinquency délinquance *f.*
dentist dentiste *m./f.*
department (in a store) rayon *m.*
departure départ *m.*
dependent dépendant(e)
description description *f.*
desert désert *m.*
deserted désert(e)
deserve mériter
desk bureau *m.* (*pl.* bureaux)
desperate désespéré(e)
dessert dessert *m.*
destroy détruire
detective movie/novel film/ roman *m.* policier
develop (se) développer
diabetic diabétique
diaeresis tréma *m.*
diagnosis diagnostic *m.*
die mourir
diet régime *m.*
   be on a ~ suivre un régime, être au régime
dietetic diététique
difficulty: with ~ difficilement
dine dîner
dining room salle *f.* à manger
dinner dîner *m.*; souper *m.*
   to have ~ dîner
diploma diplôme *m.*
directions directions *f.pl.*
disadvantage désavantage *m.*
disciplined discipliné(e)
discotheque discothèque *f.*
discount réduction *f.*
discuss discuter (de)
disease maladie *f.*
dishes vaisselle *f.*
disorder désordre *m.*
displeased mécontent(e)
distant relatives parents *m.pl.* éloignés
disturb déranger
divorce divorce *m.*
do faire
   ~ gardening faire du jardinage
   ~ gymnastics faire de la gymnastique
   ~ housework faire le ménage
   ~-it-yourself faire du bricolage
   ~ one's duty faire son devoir
   ~ one's homework faire ses devoirs
   ~ the cooking faire la cuisine
   ~ the dishes faire la vaisselle
   ~ the laundry faire la lessive
   ~ step (*exercise*) faire du step
doctor médecin *m.*, docteur *m.*
doctorate doctorat *m.*
dog chien *m.*
doll poupée *f.*

door porte *f.*
doubt douter
downtown centre-ville *m.*
dozen douzaine *f.*
drama drame *m.*
drawing dessin *m.*
dream *n.* rêve *m.*
dream *v.* rêver
dress *n.* robe *f.*
   evening ~ robe *f.* du soir
dress *v.* s'habiller
dresser commode *f.*
dressy habillé(e)
drink *n.* boisson *f.*
drink *v.* boire
drugstore pharmacie *f.*
during pendant
duty devoir *m.*

each chaque; tout/toute
ear oreille *f.*
earlier plus tôt
early tôt; en avance; de bonne heure
earn gagner
   ~ a living gagner sa vie
easily facilement
east est *m.*
Easter Pâques *f.pl.*
eat manger
ecological écologique
economic économique
economics économie *f.*
education éducation *f.*; formation *f.*
   higher ~ études *f.pl.* supérieures
   physical ~ éducation *f.* physique
egg œuf *m.*
eight huit
eighteen dix-huit
eighty quatre-vingts
elbow coude *m.*
electronic appliance appareil *m.* électronique
electronic game jeu *m.* électronique
elementary school école *f.* primaire
elevator ascenseur *m.*
eleven onze
elsewhere ailleurs
e-mail courriel *m.*, e-mail *m.*, mail *m.*
employee employé/employée *m./f.*
employer employeur *m.*
empty vide
encourage encourager
end *n.* bout *m.*; fin *f.*
end *v.* terminer
energetic énergique
energy-producing énergétique
engineer ingénieur *m.*
English *n.* anglais *m.*
English *adj.* anglais(e)
enough assez
enroll entrer à la fac

enter entrer dans
environment environnement *m.*
equal pareil(le)
equality égalité *f.*
eraser gomme *f.*
error faute *f.*; erreur *f.*
especially surtout
euro euro *m.*
European Union Union *f.* européenne
even même
evening soir *m.*
   8:00 in the ~ 8 heures du soir
   ~ dress robe *f.* du soir
   good ~ bonsoir
every tout/toute/tous/toutes
   ~ day tous les jours
everybody tout le monde
everyone tout le monde
everything tout
everywhere partout
evidently évidemment
exam examen *m.*
   fail an ~ rater un examen
   pass an ~ réussir à un examen
   take an ~ passer un examen
examine examiner
excuse me pardon; excusez-moi
exercise *n.* exercice *m.*
exercise *v.* faire de l'exercice; faire de la gymnastique
exotic exotique
expectations attentes *f.pl.*
expensive cher (chère)
explode éclater
expression expression *f.*
   polite ~s formules *f.pl.* de politesse
eye œil *m.* (*pl.* yeux)
eyebrow sourcil *m.*
eyeglasses lunettes *f.pl.*
eyelash cil *m.*
eyelid paupière *f.*

fabric tissu *m.*
face up to faire face à
fact: in ~ en fait
factory worker ouvrier/ouvrière *m./f.*
fail (an exam) rater
fairy tale conte *m.* de fées
fall *n.* automne *m.*
fall *v.* tomber
   ~ asleep s'endormir
family famille *f.*
   ~ member membre *m.* de la famille
   ~ photo photo *f.* de famille
   ~ relationship lien *m.* de parenté
   ~ tree arbre *m.* généalogique
famous célèbre
fantastic fantastique
fantasy fantasme *m.*

far lointain(e)
  ~ from loin de
fashion mode f.
fast food fast-food m.
fat fort(e); gros(se); gras(se)
father père m.
favor favoriser
favorite préféré(e), favori(te)
fear peur f.
feat exploit m.
February février m.
fed up: be ~ en avoir marre
feed nourrir
feel ressentir; se sentir
  ~ like avoir envie de
few peu (de)
  a ~ quelques
fewer moins de
field champ m.
fifteen quinze
fifty cinquante
fight se battre; lutter
  ~ against lutter contre
figure forme f.
fill out (a form, etc.) remplir
film film m.
finally enfin, finalement
financial financier(ère)
find trouver
  ~ a balance (between) trouver l'équilibre (entre)
  I found out j'ai su
fine: the weather is ~ il fait beau
  ~, thank you très bien, merci
  I'm ~! ça va (bien)!
finger doigt m.
finish finir
fir tree sapin m.
fire feu m.
fireworks feu m. d'artifice
first adj. premier(ère)
  ~ floor rez-de-chaussée m.
first adv. d'abord
  at ~ d'abord
fish n. poisson m.
fish v. aller à la pêche
fishing pêche f.
fishmonger's shop poissonnerie f.
fit aller bien
  ~ poorly aller mal à
five cinq
flannel adj. en flanelle
flannel n. flanelle f.
flaw défaut m.
flight vol m.
floor étage m.
flower fleur f.
flowered à fleurs
flu grippe f.
fog brouillard m.
foggy: it's ~ il fait du brouillard
food aliment m.
foolish fou (folle)

foot pied m.
  on ~ à pied
football football m. américain
for pour
  ~ how long pendant combien de temps; depuis combien de temps
forbid interdire
forehead front m.
foreign étranger(ère)
forest forêt f.
forget oublier
fork fourchette f.
form formulaire m.
formerly autrefois
fortune: make one's ~ faire fortune
fortunately heureusement
forty quarante
four quatre
fourteen quatorze
fox renard m.
frankly franchement
free gratuite; libre
French n. français m.
French adj. français(e)
  ~ bread baguette f.
  ~ fries frites f.pl.
frequently fréquemment
fresh frais (fraîche)
Friday vendredi m.
friend ami/amie m./f.; copain/copine m./f.
friendly sociable
friendship amitié f.
from de
  ~ now on désormais
  ~ where d'où
front: in ~ of devant
frozen surgelé(e)
  ~ food produit m. surgelé
fruit fruit m.
  ~ juice jus m. de fruits
full plein(e)
full-time à plein temps
fun: have ~ s'amuser
funny comique, amusant(e)
furnished meublé(e)
furniture meubles m.pl.
future avenir m.

gain gagner
  ~ weight grossir
game match m.; jeu m.
  ~ show jeu télévisé
garage garage m.
garden jardin m.
gardening jardinage m.
garlic ail m.
gas essence f.
generally généralement
generous généreux(se)
geography géographie f.
German (language) allemand m.

German adj. allemand(e)
get: ~ along s'entendre
  ~ angry se fâcher
  ~ down descendre
  ~ dressed s'habiller
  ~ mad se fâcher
  ~ married se marier
  ~ up se lever; monter
ghost fantôme m.
gift cadeau m. (pl. cadeaux)
girl fille f.
girlfriend petite amie f.
give offrir; donner
glass verre m.
glasses (eye-) lunettes f.pl.
globalization mondialisation f.; globalisation f.
glove gant m.
go aller
  ~ back rentrer
  ~ boating faire du bateau
  ~ camping faire du camping
  ~ fishing aller à la pêche
  ~ for a walk se promener, faire une promenade
  ~ hunting aller à la chasse
  ~ in for sports faire du sport
  ~ out sortir
  ~ shopping faire des courses
  ~ to bed se coucher
  ~ up monter
goal objectif m.; but m.
golf golf m.
  play ~ faire du golf
good bon(ne)
  ~ evening bonsoir
  ~ grief! mince!
  ~ idea! bonne idée!
  ~ night bonsoir
  it's a ~ thing that c'est bien que
good-bye au revoir
grab attraper
grade note f.
grade school teacher instituteur/institutrice m./f.
graduate diplômé(e)
gram gramme m.
granddaughter petite-fille f.
grandfather grand-père m.
grandmother grand-mère f.
grandparents grands-parents m.pl.
grandson petit-fils m.
gray gris(e)
greasy gras (grasse)
great chouette, super, formidable
green vert(e)
  ~ beans haricots m.pl. verts
greetings salutations f.pl.
grocery:
  go ~ shopping faire les courses
  ~ store épicerie f.
ground: on the ~ par terre
  ~ floor rez-de-chaussée m.

grow: ~ old   vieillir
  ~ up   grandir
guess   deviner
gun   fusil *m.*
gym   gymnase *m.*
gymnastics   gymnastique *f.*
  do ~   faire de la gymnastique

habit   habitude *f.*
hair   cheveux *m.pl.*
hairdo   coiffure *f.*
hallway   couloir *m.*
  down the ~   au bout du couloir
ham   jambon *m.*
hand   main *f.*
  give someone a ~   donner un coup de main à
  on the other ~   par contre
  raise one's ~   lever le doigt
  shake ~s   serrer la main; (se) donner la main
handsome   beau/bel/belle/ beaux/belles
Hanukkah   Hanoukka *f.*
happen   se passer
  what happened?   qu'est-ce qui s'est passé?
happiness   bonheur *m.*
happy   heureux(se)
  ~ birthday!   bon anniversaire!
  ~ holidays!   joyeuses fêtes!
  ~ New Year!   bonne année!
hard *adj.*   dur(e)
  have a ~ time   avoir du mal (à)
hard *adv.*   dur
hat   chapeau *m.* (*pl.* chapeaux)
hate   détester
have   avoir; posséder
  ~ a hard time   avoir du mal à
  ~ dinner   dîner
  ~ (food)   prendre
  ~ fun   s'amuser
  ~ just   venir de
  ~ self-control   être discipliné(e)
  ~ to   devoir
hay fever   rhume *m.* des foins
he   il
head   tête *f.*
headache   mal *m.* à la tête
health   santé *f.*
healthclub   club *m.* de fitness
healthful   sain(e)
hear   entendre
heart   cœur *m.*
  ~ attack   crise *f.* cardiaque
heat   chaleur *f.*
heavyset   fort(e); gros(se)
height   taille *f.*
hello   bonjour, salut!; (on the telephone) allô?
help   aider
helping hand   coup *m.* de main
hen   poule *f.*

her *adj.*   son/sa/ses
her *pron.*   la; elle
here   ici
  ~ is/are   voici, voilà
heritage   héritage *m.*
hi   salut
hidden   caché(e)
high school   lycée *m.*
him   le; lui
hire   embaucher
hired   embauché(e)
his   son/sa/ses
historical   historique
history   histoire *f.*
hit   battre
hockey   hockey *m.*
holiday   fête *f.*; jour *m.* de congé
  happy ~   joyeuses fêtes
home: at ~   à domicile
  at the ~ of   chez
  in a private ~   chez un particulier
homeless person   sans-abri *m./f.*
hometown   ville *f.* d'origine
homework   devoirs *m.pl.*
hope   espérer
horror movie   film *m.* d'épouvante
hors d'oeuvre   hors-d'œuvre *m.* (*pl.* hors-d'œuvre)
horse   cheval *m.* (*pl.* chevaux)
hospital   hôpital *m.*
host   hôte *m.*
hot   chaud(e)
  ~ chocolate   chocolat *m.*
  it's ~ (weather)   il fait chaud
hotel   hôtel *m.*
hour   heure *f.*
house   maison *f.*
how   comment; comme
  ~ are you?   comment allez-vous/vas-tu? (comment) ça va?
  ~ do you spell that?   comment ça s'écrit?
  ~ many   combien (de)
  ~ much   combien (de)
  ~ old are you?   Quel âge avez-vous/as-tu?
  ~ stupid of me!   Que je suis bête!
human being   être *m.* humain
hundred   cent
hunger   faim *f.*
hungry: be ~   avoir faim
hunter   chasseur *m.*
hunting   chasse *f.*
  go ~   aller à la chasse
hurry   se dépêcher
hurry: in a ~   pressé(e)
hurt   avoir mal à; faire mal à
  be ~   se blesser
husband   mari *m.*
hyphen   trait *m.* d'union
hypochondriac   hypocondriaque
hypothesis   hypothèse *f.*

I   je
ice   glace *f.*
  ~ skating   patinage *m.* sur glace
ice cream   glace *f.*
  chocolate ~   glace au chocolat
  vanilla ~   glace à la vanille
idea   idée *f.*
  good ~!   bonne idée!
ideal   idéal(e)
idealistic   idéaliste
identity   identité *f.*
if   si
  ~ need be   à la rigueur
ill   malade
  become ~   tomber malade
illness   maladie *f.*
image   image *f.*
immediately   tout de suite
immigrant   immigré/immigrée *m./f.*
impatiently   impatiemment
important   important(e)
impressionist   impressionniste
in   dans, en, à
  he's (not) in   il (n')est (pas) là
  ~ a private home   chez un particulier
  ~ front of   devant
  ~ my opinion   pour moi, à mon avis
  ~ practice   en pratique
  ~ the country   à la campagne
  ~ theory   en théorie
  ~ those days   à cette époque-là
included   compris(e)
increase   augmenter
incredible   incroyable
indifference   indifférence *f.*
indifferent   indifférent(e)
indigestion   indigestion *f.*
individual *adj.*   individuel(le)
individual *n.*   individu *m.*
inequality   inégalité *f.*
information desk   bureau *m.* de renseignements
inhabitant   habitant/habitante *m./f.*
injection   piqûre *f.*
  give an ~   faire une piqûre (à)
injure oneself   se blesser
injured: be ~   se blesser
injury   blessure *f.*
instead of   au lieu de
instigate   provoquer
insurance   assurance *f.*
integrate: to be ~d   s'intégrer
intelligent   intelligent(e)
intend to   avoir l'intention de
interest *v.*   intéresser
  be interested   s'intéresser
interesting   intéressant(e)
internship   stage *m.*
interview   entretien *m.*, interview *f.*
intolerance   intolérance *f.*

intolerant intolérant(e)
introductions présentations *f.pl.*
invent inventer
invest investir
invitation invitation *f.*
invite inviter
iron repasser
irritating embêtant(e)
Islamic islamique
island île *f.*
isolated isolé(e)
it il/elle; le/la
  ~ is il est, c'est
  ~ is necessary (that) il faut (que)
  ~'s a question of il s'agit de
  ~'s . . . (weather) il fait...
  ~'s raining il pleut
  ~'s snowing il neige
Italian italien(ne)
its son/sa/ses

jacket veste *f.*; (waist-length) blouson *m.*
jam confiture *f.*
January janvier *m.*
Japanese japonais(e)
jazz jazz *m.*
jeans jean *m.*
jewel bijou *m.* (*pl.* bijoux)
jewelry bijoux *m.pl.*
job emploi *m.*; poste *m.*
  ~ application demande *f.* d'emploi
jogging jogging *m.*
  go ~ faire du jogging
joke blague *f.*
journalist journaliste *m./f.*
judo judo *m.*
juice jus *m.*
July juillet *m.*
June juin *m.*
junior high school collège *m.*
just: have ~ venir de
  ~ a minute un moment

keep garder
key clé *f.*
kidding: be ~ plaisanter
  you're kidding! tu plaisantes!
kill tuer
kilogram kilo *m.*
kind genre *m.*
kindergarten école *f.* maternelle
king roi *m.*
kitchen cuisine *f.*
knee genou *m.* (*pl.* genoux)
knife couteau *m.* (*pl.* couteaux)
knit en maille
knock frapper
knot nœud *m.*
know savoir; connaître
  ~ each other se connaître

lack manque *m.*
  a ~ of un manque de
lady dame *f.*
lake lac *m.*
lamp lampe *f.*
landlord/landlady propriétaire *m./f.*
language langue *f.*
last dernier(ère)
  ~ night hier soir
late tard; en retard
later plus tard
latest dernier(ère)
laugh rire
laundry lessive *f.*
law (field of study) droit *m.*; (legislation) loi *f.*
lawyer avocat/avocate *m./f.*
lazy paresseux(se)
leaf feuille *f.*
learn apprendre
least: at ~ au moins
  the ~ le/la/les moins
leather *adj.* en cuir
leather *n.* cuir *m.*
leave partir; quitter
lecture hall amphithéâtre *m.*
left gauche *f.*
leg jambe *f.*
leggings caleçon *m.*
leisure activities loisirs *m.pl.*
lemon citron *m.*
lemonade: fresh ~ citron *m.* pressé
lend prêter
less moins de
  ~ . . . than moins... que
  ~ and ~ de moins en moins
let: ~ me introduce you to . . . je te/vous présente...
  ~'s go allons
  ~'s see voyons
letter lettre *f.*
  ~ carrier facteur *m.*
  ~ of the alphabet lettre *f.* de l'alphabet
lettuce salade *f.*
level niveau *m.* (*pl.* niveaux)
library bibliothèque *f.*
life vie *f.*
light *adj.* clair(e) (color); léger(ère) (weight)
light *n.* lumière *f.*
like *prep.* comme
like *v.* aimer
  do you ~ that? ça te plaît?
  I like that Ça me plaît
  what would you ~? vous désirez?
  would you ~ to? ça vous (t')intéresse?
lips lèvres *f.pl.*
listen (to) écouter
liter litre *m.*

literature littérature *f.*
little petit(e)
  a ~ un peu
live habiter; vivre
living room séjour *m.*; salon *m.*
loaf of French bread baguette *f.*
loafer mocassin *m.*
lobster homard *m.*
location emplacement *m.*
lodging logement *m.*; logis *m.*
  ~ with breakfast and dinner demi-pension *f.*
long long(ue)
longer: no ~ ne... plus
long-sleeved à manches longues
look avoir l'air
  ~ at regarder
  ~ bad on aller mal à
  ~ for chercher
  ~ good on aller bien à
lose perdre
  ~ weight maigrir
lost-and-found objets *m.pl.* trouvés
lot: a ~ (of) beaucoup (de)
lottery loterie *f.*
love *n.* amour *m.*
love *v.* aimer
lower baisser
luck chance *f.*
  good ~! bonne chance!
  what ~! quelle chance!
lucky: be ~ avoir de la chance
luggage bagages *m.pl.*
luminous lumineux(se)
lunch déjeuner *m.*

madam madame
magazine magazine *m.*
magnificent magnifique
main course plat *m.* garni; plat *m.* principal
make faire; rendre
  ~ an appointment prendre rendez-vous
  ~ one's bed faire son lit
  ~ one's fortune faire fortune
  ~ sick rendre malade
makeup: to put on ~ se maquiller
man homme *m.*
management les cadres *m.pl.*
mandatory obligatoire
manners manières *f.pl.*
many beaucoup de, beaucoup
map carte *f.*; (city) plan
March mars *m.*
marriage mariage *m.*
married: to get ~ se marier
marry épouser
marvelous merveilleux(se)
master's degree maîtrise *f.*
match match *m.*

material comfort confort *m.* matériel
math maths *f.pl.*
mature mûrir
May mai *m.*
may I . . . ? est-ce que je pourrais... ?
maybe peut-être
me me; moi
meal repas *m.*
meat viande *f.*
mechanic mécanicien/ mécanicienne *m./f.*
medication médicament *m.*
medicine (drug) médicament *m.*; (discipline) médecine *f.*
meet retrouver; se retrouver; rencontrer
mentioned mentionné(e)
menu menu *m.*; carte *f.*
  fixed-price ~ menu *m.*
merry Christmas joyeux Noël
message message *m.*
Mexican mexicain(e)
midday midi *m.*
middle milieu *m.*
midnight minuit *m.*
migraine migraine *f.*
milk *adj.* laitier(ère)
milk *n.* lait *m.*
million million *m.*
mineral water eau minérale *f.*
minutes to (the hour) moins...
miss rater
Miss mademoiselle *f.* (*pl.* mesdemoiselles) (abbr. Mlle/ Mlles)
mistake faute *f.*; erreur *f.*
misunderstanding malentendu *m.*
moccasin mocassin *m.*
moderate modéré(e)
moment moment *m.*
Monday lundi *m.*
money argent *m.*
month mois *m.*
monument monument *m.*
moon lune *f.*
moral moral(e)
more plus de
  ~ . . . than plus... que
  ~ and ~ de plus en plus
  no ~ ne... plus
  the ~ . . . the ~ plus... plus...
morning matin *m.*
  6:00 in the ~ 6 heures du matin
  tomorrow ~ demain matin
  yesterday ~ hier matin
Moroccan marocain(e)
most la plupart de
  the ~ le/la/les plus
mother mère *f.*
mountain montagne *f.*
mouse souris *f.*

mousse mousse *f.*
  chocolate ~ mousse *f.* au chocolat
mouth bouche *f.*
movie film *m.*
  detective ~ film policier
  horror ~ film d'épouvante
  ~s cinéma, ciné *m.*
  ~ theater cinéma *m.*
Mr. monsieur *m.* (*pl.* messieurs) (abbr. M.)
Mrs. madame *f.* (*pl.* mesdames) (abbr. Mme)
much beaucoup
  how ~ combien
  too ~ trop (de)
muffler écharpe *f.*
murmur murmurer
museum musée *m.*
music musique *f.*
  play ~ faire de la musique
musician musicien/musicienne *m./f.*
must il faut (que); devoir
my mon/ma/mes

name nom *m.*
  first ~ prénom *m.*
  last ~ nom *m.* de famille
  my ~ is je m'appelle
nap sieste *f.*
  take a ~ faire la sieste
napkin serviette *f.*
national holiday fête *f.* nationale
nationality nationalité *f.*
nature nature *f.*
nausea nausée *f.*
nauseated: to be ~ avoir la nausée
near près de
neat chouette
necessary: it is ~ (that) il faut (que)
neck cou *m.*
need avoir besoin
  if ~ be à la rigueur
neighborhood quartier *m.*; voisinage *m.*
  ~ shop magasin *m.* du coin
neither one ni l'un ni l'autre
nephew neveu *m.* (*pl.* neveux)
never jamais; ne... jamais
new nouveau/nouvel/nouvelle/ nouveaux/nouvelles
  ~ Year's Day Jour *m.* de l'An
news nouvelles *f.pl.*
  (TV) ~ journal *m.* télévisé
newspaper journal *m.* (*pl.* journaux)
next prochain(e)
  ~ to à côté de
  the ~ day le lendemain
nice gentil(le); agréable; sympathique; aimable
  it's ~ weather il fait beau

niece nièce *f.*
night nuit *f.*
  last ~ hier soir
  tomorrow ~ demain soir
nightclub boîte *f.* (de nuit)
nightgown chemise *f.* de nuit
nightmare cauchemar *m.*
nine neuf
nineteen dix-neuf
ninety quatre-vingt-dix
ninety-one quatre-vingt-onze
no non
  ~ longer ne... plus
  ~ more ne... plus
  ~ one personne, personne ne, ne... personne
  ~ way! c'est pas vrai!
nobody personne, personne ne, ne... personne
noise bruit *m.*
nonconformist individualiste
nonsense bêtises *f.pl.*
non-smoking (section) non-fumeurs
noon midi *m.*
north nord *m.*
nose nez *m.*
  runny ~ nez qui coule
  stuffy ~ nez bouché
not ne... pas; pas
  ~ at all pas du tout
  ~ bad pas mal
  ~ much pas beaucoup; pas grand-chose
  ~ quite pas tout à fait
  ~ too pas trop
notebook cahier *m.*
nothing rien, ne... rien, rien ne...
notice remarquer
novel roman *m.*
November novembre *m.*
now maintenant
  from ~ on désormais
nurse infirmier/infirmière *m./f.*
nuts! zut (alors)!; mince!
nylon *adj.* en nylon
nylon *n.* nylon *m.*

objective objectif *m.*
occasion occasion *f.*
occupation profession *f.*
o'clock heure *f.*
October octobre *m.*
odor odeur *f.*
of de
  ~ course bien sûr
  ~ course not mais non
offer offrir
office bureau *m.* (*pl.* bureaux)
often souvent
oh yeah? et alors?
OK d'accord

old vieux/vieil/vieille/vieux/ vieilles
  be … years ~ avoir … ans
  grow ~ vieillir
  how ~ are you? quel âge as-tu/ avez-vous?
omelet omelette *f.*
on sur
  ~ foot à pied
  ~ the contrary au contraire
  ~ the other hand par contre
once une fois
one *number; art.* un(e)
one *pron.* on
one-color uni(e)
oneself soi-même
one-way ticket aller *m.* simple
onion oignon *m.*
only seulement; ne… que
open *adj.* ouvert(e)
open *v.* ouvrir
  ~ oneself up s'ouvrir
opinion opinion *f.;* avis *m.*
optimistic optimiste
or ou
ordinary ordinaire
orange *adj. inv.* orange
orange *n.* orange *f.*
orange juice jus *m.* d'orange
order *n.* ordre *m.*
order *v.* commander
ordinal numbers nombres *m.pl.* ordinaux
organic biologique
  ~ product produit bio
organize organiser
other autre
our notre, nos
outdoors dehors
outgoing sociable
outing sortie *f.*
outside dehors
over there là-bas
owe devoir
own posséder
owner propriétaire *m./f.*
oyster huître *f.*

package tour voyage *m.* organisé
pain mal *m.*
painter peintre *m.*
painting peinture *f.;* tableau *m.*
pajamas pyjama *m.*
pal copain *m.,* copine *f.*
pancake crêpe *f.*
pants pantalon *m.*
parade défilé *m.*
parents parents *m.pl.*
parka anorak *m.*
part: be ~ of faire partie de
partner partenaire *m./f.*
part-time à mi-temps

party soirée *f.*
pass passer
  ~ an exam réussir à un examen
  ~ through (by) passer par
passive passif(ve)
passport passeport *m.*
pasta pâtes *f.pl.*
pastime passe-temps *m.* (*pl.* passe-temps)
pastry shop pâtisserie *f.*
pâté pâté *m.*
patient patient(e)
patiently patiemment
pay payer
  ~ attention faire attention
peach pêche *f.*
pear poire *f.*
peas petits pois *m.pl.*
pen stylo *m.*
pencil crayon *m.*
people gens *m.pl.;* on (*pron.*)
pepper poivre *m.*
percentage pourcentage *m.*
perfect parfait(e)
  that's ~! c'est parfait!
perhaps peut-être
person personne *f.*
personal possessions objets *m.pl.* personnels
pessimistic pessimiste
petition pétition *f.*
pharmacist pharmacien/ pharmacienne *m./f.*
phenomenon phénomène *m.*
philosophy philosophie *f.*
phobia phobie *f.*
phone téléphoner
  ~ each other se téléphoner
photo(graph) photo *f.*
physical physique
physics physique *f.*
picnic pique-nique *m.*
picture image *f.*
pie tarte *f.*
piece morceau *m.* (*pl.* morceaux)
  ~ of chalk morceau de craie
pile: a ~ of un tas *m.* de
pill comprimé *m.*
pitcher carafe *f.*
pizza pizza *f.*
place lieu *m.* (*pl.* lieux); place *f.;* endroit *m.*
place setting couvert *m.*
plaid à carreaux
plan projet
plane avion *m.*
  by ~ en avion
plate assiette *f.*
play jouer
  ~ (a sport) faire du/de la (sport)
player: CD ~ lecteur *m.* de CD

pleasant sympathique; agréable
please *adv.* s'il vous plaît
  ~ bring me pourriez-vous m'apporter
  ~ hold (*on the telephone*) ne quittez pas
please *v.* plaire
pleasure plaisir *m.*
  ~ trip voyage *m.* d'agrément
  with ~! volontiers! avec plaisir!
pneumonia pneumonie *f.*
pocket poche *f.*
poem poème *m.*
polite expressions formules *f.pl.* de politesse
politely poliment
political politique
  ~ science sciences *f.pl.* politiques
politician politicien/politicienne *m./f.*
polka dot à pois
polo shirt polo *m.*
polyester *adj.* en polyester
polyester *n.* polyester *m.*
pool piscine *f.*
poor pauvre
  ~ person pauvre *m./f.*
poorly mal
pork porc *m.*
possess posséder
possessions affaires *f.pl.;* objets personnels *m.pl.*
postcard carte *f.* postale
poster poster *m.*
post office poste *f.*
potato pomme *f.* de terre
pound livre *f.*
poverty pauvreté *f.;* misère *f.*
power pouvoir *m.*
practical pratique
practice *n.* pratique *f.*
  in ~ en pratique
  ~ music faire de la musique
practice *v.* exercer
prefer préférer
prejudice préjugé *m.*
prepare préparer
prescribe prescrire
prescription ordonnance *f.*
present présent(e)
president président/présidente *m./f.*
pretty joli(e)
prevent empêcher
price prix *m.*
print imprimé
probably sans doute
problem problème *m.*
product produit *m.*
profession profession *f.* libérale; métier *m.*
professional professionnel(le)

professor professeur *m.*
program programme *m.*;
    (television) émission *f.*;
    programme *m.*
promotion promotion *f.*
protest *v.* protester
provoke provoquer
psychological drama drame *m.*
    psychologique
psychology psychologie *f.*
pullover pull *m.*; chandail *m.*
punish punir
punished puni(e)
pupil élève *m./f.*
pushups pompes *f.pl.*
put mettre
    ~ **on** (se) mettre
    ~ **on makeup** se maquiller
putter *v.* faire du bricolage

quantity quantité *f.*
quarter (hour) quart *m.*
    ~ **after (the hour)** et quart
    ~ **to (the hour)** moins le quart
queen reine *f.*
question interroger
    it's a ~ of il s'agit de
quiche quiche *f.*
quickly rapidement
quit one's job démissionner

rabbit lapin *m.*
racism racisme *m.*
radio radio *f.*
rain *n.* pluie *f.*
rain *v.:* **it's raining** il pleut
raincoat imperméable *m.*
raise lever; élever
    ~ **one's hand** lever le doigt
rally se mobiliser
Ramadan Ramadan *m.*
rarely rarement
raspberry framboise *f.*
rather plutôt
rats! zut (alors)!; mince!
ravishing ravissant(e)
raw cru(e)
read lire
reading lecture *f.*
reality réalité *f.*
really vraiment
    ~**?** ah bon?
reason raisonner
reasonable raisonnable
recall (se) rappeler
receive recevoir
recently récemment
receptionist réceptionniste *m./f.*
recess récréation *f.*
recipe recette *f.*
recognize reconnaître
recommend recommander

red rouge
    ~ **hair** roux (rousse)
    ~ **light** feu *m.* rouge
reduce diminuer
referee arbitre *m.*
refined raffiné(e)
refuse refuser
region région *f.*
regret regretter
reject rejeter
relate raconter
relationship relation *f.*
relatives parents *m.pl.*
    distant ~ parents éloignés
relaxation détente *f.*
remain rester
    ~ **standing** rester debout
remember (*someone or something*)
    se souvenir (de)
remind rappeler
remote control télécommande *f.*
render rendre
rent louer
renter locataire *m./f.*
report rapport *m.*
reporter journaliste *m./f.*
required exigé(e)
research recherche *f.*
resemble ressembler (à)
reserved for réservé(e) à
respect respecter
responsible responsable
rest se reposer
restaurant restaurant *m.*
résumé curriculum *m.* vitae, CV *m.*
retirement retraite *f.*
return rentrer; revenir; retourner
review réviser
rice riz *m.*
rich riche
ride *n.* promenade *f.*, randonnée *f.*
    car ~ promenade en voiture
    train ~ voyage *m.* en train
ride *v.:* ~ **a bike** faire du vélo
    ~ **a train** voyager en train
rifle fusil *m.*
right *adj.* droit(e); correct(e)
    is that ~? c'est vrai?
right *adv.* correctement; à droite
    ~ **away** tout de suite
right *n.* (direction) droite *f.*;
    (entitlement) droit *m.*
rise se lever
risk risque *m.*
river fleuve *m.*
road route *f.*
roast beef rosbif *m.*
rock music rock *m.*
romantic film film *m.* d'amour
room pièce *f.*; chambre *f.*
roommate camarade *m./f.* de
    chambre

rope corde *f.*
Roquefort cheese roquefort *m.*
round-trip ticket aller-retour *m.*
routine routine *f.*
row rang *m.*
rug tapis *m.*
runny nose nez *m.* qui coule
rural rural(e) (*m.pl.* ruraux)
    ~ **community** commune rurale *f.*
rushed *adj.* pressé(es) (*les gens*)
Russian russe

sad triste
saint's day fête *f.*
salad salade *f.*
salami saucisson *m.*
salary salaire *m.*
sale solde *m.*
    on ~ en soldes
salesperson vendeur/vendeuse
    m./f.
salt sel *m.*
sand sable *m.*
sandal sandale *f.*
sandwich sandwich *m.*
Santa Claus Père Noël *m.*
satisfied satisfait(e)
Saturday samedi *m.*
sausage saucisse *f.*
say dire
    ~**!** tiens! dis/dites!
scandalous scandaleux(se)
scare faire peur à
scarf écharpe *f.*; foulard *m.*
schedule emploi *m.* du temps;
    (train) horaire *m.*
school école *f.*; (at university)
    fac/faculté *f.*
    elementary ~ école primaire
    high ~ lycée *m.*
    junior high/middle ~ collège *m.*
    nursery ~ école maternelle
    ~ **subject** matière *f.*
schoolteacher maître/maîtresse
    m./f.
    primary ~ instituteur/
    institutrice *m./f.*
science science *f.*
sea mer *f.*
seafood fruits *m.pl.* de mer
season saison *f.*
seat place *f.*; siège *m.*
seated assis(e)
second deuxième
secret secret *m.*
secretary secrétaire *m./f.*
security sécurité *f.*
see voir
    ~ **one another** se (re)voir
    ~ **you soon** à bientôt
seem avoir l'air; sembler
selfish égoïste

sell vendre
send envoyer
Senegalese sénégalais(e)
separate séparé(e)
September septembre *m.*
serious sérieux(se); grave
seriously sérieusement
serve servir
seven sept
seventeen dix-sept
seventy soixante-dix
seventy-one soixante et onze
seventy-two soixante-douze
several plusieurs
shame honte *f.*
shape forme *f.*
  in good ~ en bonne forme
share partager
shave se raser
she elle
sheet of paper feuille *f.* de papier
shelter abri *m.*; gîte *m.*
shirt (*men's*) chemise *f.*; (*women's*)
  chemisier *m.*
shoes chaussures *f.pl.*
  dressy ~ chaussures habillées
shopping: go grocery ~ faire
  les courses
  go ~ faire des courses
  ~ mall centre *m.* commercial
short petit(e); court(e)
shorts short *m.*
short-sleeved à manches courtes
should (*see* devoir)
  I ~ je devrais
  I ~ have j'aurais dû
shoulder épaule *f.*
shout crier
show *n.*: **game ~** jeu *m.* télévisé
  variety ~ variétés *f.pl.*
show *v.* montrer
shower douche *f.*
shrimp crevette *f.*
shy timide
sick malade
  get ~ tomber malade
side côté *m.*
silk *adj.* en soie
silk *n.* soie *f.*
similar semblable
since depuis
  ~ when depuis quand
sing chanter
singer chanteur/chanteuse *m./f.*
single célibataire
  ~ person célibataire *m./f.*
sink (*bathroom*) lavabo *m.*
sir monsieur
sister sœur *f.*
sister-in-law belle-sœur *f.*
six six
sixteen seize
sixty soixante

skate patin *m.*
skating: ice ~ patinage *m.* sur glace
  ~ rink patinoire *f.*
skeptical sceptique
ski faire du ski
skiing ski *m.*
skirt jupe *f.*
sky ciel *m.*
sleep dormir
  ~ in faire la grasse matinée
sleeve manche *f.*
slender mince
slice tranche *f.*
slipper pantoufle *f.*
slowly lentement
small petit(e)
smell odeur *f.*
smoking (section) fumeurs *m.pl.*
snack *v.* grignoter
snail escargot *m.*
sneaker basket *f.*; tennis *f.*
sneeze éternuer
snow *n.* neige *f.*
snow *v.*: **it's snowing** il neige
so eh bien, ben, alors, donc
soap opera feuilleton *m.*
soccer foot *m.*, football *m.*
  play ~ faire du foot
society société *f.*
sociology sociologie *f.*
sock chaussette *f.*
sofa canapé *m.*
solid-color uni(e)
solitude solitude *f.*
solution solution *f.*
some *adj.* des; certain(e)s, quelques
  ~ what? de la/du quoi?
some *pron.* en; certain(e)s;
  quelques-un(e)s
somebody quelqu'un
someone quelqu'un
something quelque chose
sometimes quelquefois
son fils *m.*
song chanson *f.*
soon bientôt
  as ~ as dès que
sore throat mal *m.* à la gorge
sorry désolé(e); pardon
  be ~ regretter
sort espèce *f.*; genre *m.*
so-so comme ci comme ça
soup soupe *f.*
south sud *m.*
souvenir souvenir *m.*
space espace *m.*
spacious spacieux(se)
Spanish espagnol(e)
speak parler
  ~ loudly parler fort
specialist spécialiste *m./f.*
spend (money) dépenser; (time,
  vacation) passer

spider araignée *f.*
spoon cuillère *f.*
sports sport *m.*
spouse conjoint/conjointe *m./f.*;
  époux/épouse *m./f.*
spring printemps *m.*
square place *f.*
squash courgette *f.*
squeezed pressé (*un citron*)
stadium stade *m.*
staircase escalier *m.*
stairs escalier *m.*
stand supporter
standing debout
star étoile *f.*
station (train) gare *f.*
  gas ~ station *f.* service
stay *n.* séjour *m.*
stay *v.* rester; faire un séjour
  ~ in bed rester au lit
steak bifteck *m.*, steak *m.*
step workout step *m.*
stimulate stimuler
stingy avare
stool tabouret *m.*
stop arrêter
store magasin *m.*
storm orage *m.*
stormy orageux(se)
story étage *m.*; histoire *f.*
straight ahead tout droit
strange étrange
stranger étranger/étrangère *m./f.*
strawberry fraise *f.*
  ~ tart tarte *f.* aux fraises
street rue *f.*
  ~ map plan *m.* de ville
stress stress *m.*
strict strict(e)
strike frapper
striped à rayures
stroke attaque *f.* cérébrale
strong fort(e)
student élève *m./f.*
  university ~ étudiant/étudiante
  m./f.
studio studio *m.*
study étudier
stuffed animal peluche *f.*
stuffy nose nez *m.* bouché
stupid bête; stupide
  how ~! quelle bêtise!
subject (school) matière *f.*
  the ~ is il s'agit de
suburbs banlieue *f.*
succeed réussir (à)
success réussite *f.*; succès *m.*
suffer souffrir
sugar sucre *m.*
  ~ cane canne *f.* à sucre
suit (*men's*) costume *m.*; (*women's*)
  tailleur *m.*
suitcase valise *f.*

summer été *m.*
sun soleil *m.*
Sunday dimanche *m.*
sunglasses lunettes *f.pl.* de soleil
sunny ensoleillé(e)
  it's ~ il fait du soleil
supermarket supermarché *m.*
super store grande surface *f.*
supposed: I was ~ to je devais
surname nom *m.* de famille
surprising étonnant(e);
  surprenant(e)
sweater chandail *m.*; pull *m.*
  button-up ~ cardigan *m.*
sweats jogging *m.*
sweatshirt sweat *m.*
sweet sucré(e), doux (douce)
swim faire de la natation; nager
swimming natation *f.*
Swiss suisse
symbol symbole *m.*
symptom symptôme *m.*
syrup sirop *m.*

table table *f.*
tablet comprimé *m.*
taco taco *f.*
Tahitian tahitien(ne)
take prendre
  ~ a trip faire un voyage
  ~ advantage of profiter de
  ~ back ramener
  ~ off enlever
talk to each other se parler
talkative bavard(e)
tall grand(e)
tame apprivoiser
tart: apple ~ tarte *f.* aux pommes
taste goût *m.*
tea thé *m.*
  plain ~ thé nature
  ~ with lemon thé citron
  ~ with milk thé au lait
teacher instituteur/institutrice
  m./f.; professeur *m.*;
  enseignant/ enseignante *m./f.*
team équipe *f.*
telephone *n.* téléphone *m.*
telephone *v.* téléphoner
television télévision *f.*
  ~ set poste *m.* de télévision
tell raconter
temperature température *f.*
  take one's ~ prendre sa
  température
ten dix
tenant locataire *m./f.*
tendency tendance *f.*
tennis tennis *m.*
  play ~ faire du tennis
  ~ shoe tennis *f.*
terrace terrasse *f.*
terrible terrible

terrific super, formidable
test examen *m.*; épreuve *f.*
thank remercier
  many ~s merci mille fois
  ~s merci
  ~ you merci
Thanksgiving Day Jour *m.*
  d'action de grâces
that *adj.* ce/cet/cette... (-ci/-là)
that *conj.* que
that *pron.* ce, cela, ça; *rel. pron.* qui, que
the le/la/l'/les
theater: movie ~ cinéma *m.*
their leur, leurs
them les, leur
then alors, puis, ensuite
theory: in ~ en théorie *f.*
there là, là-bas; y
  ~ is/are il y a; voilà
therefore donc
thermometer thermomètre *m.*
these *adj.* ces; ces... (-ci/-là)
these *pron.* ceux/celles-ci; ceux/
  celles-là
they ils/elles/on
think penser, trouver, croire
  ~ about penser à; réfléchir à
  ~ of penser de
thirst soif *f.*
thirsty: be ~ avoir soif
thirteen treize
thirty trente
  ~ (minutes past the hour) et
  demie
this *adj.* ce, cet, cette... (-ci/-là)
those *adj.* ces; ces... (-ci/-là)
those *pron.* ceux/celles(-ci); ceux/
  celles(-là)
thousand mille *inv.*
three trois
throat gorge *f.*
  sore ~ mal *m.* à la gorge
Thursday jeudi *m.*
ticket billet *m.*
  one-way ~ aller *m.* simple
  round-trip ~ aller-retour *m.*
  ~ window guichet *m.*
tie cravate *f.*; lien *m.*
time heure *f.*; temps *m.*
  a long ~ longtemps
  at that ~ en ce temps-là
  free ~ temps *m.* libre
  from ~ to ~ de temps en temps
  have ~ (to) avoir le temps (de)
  have a hard ~ avoir du mal à
  it is ~ that il est temps de/que
  on ~ à l'heure
timetable horaire *m.*
tired fatigué(e)
title titre *m.*
to à, en, dans
  in order ~ pour
  ~ her lui

  ~ him lui
  ~ them leur
toast pain *m.* grillé
tobacco/magazine shop bureau *m.*
  de tabac
today aujourd'hui
together ensemble
toilet W.C. *m.pl.*; toilettes *f.pl.*
tomato tomate *f.*
tomorrow demain
too trop; aussi
  ~ bad tant pis
  ~ little trop peu (de)
  ~ much trop (de)
tooth dent *f.*
torn déchiré(e)
touch toucher
tour tour *m.*
tourist touriste *m./f.*
town village *m.*; ville *f.*
toy jouet *m.*
track course *f.*
tradition tradition *f.*
traditional traditionnel(le)
traditionally traditionnellement
traffic jam embouteillage *m.*
tragic tragique
train train *m.*
  by ~ en train
  high-speed ~ TGV *m.*
  ~ station gare *f.*
training formation *f.*
tranquil tranquille
travel voyager
  ~ agency agence *f.* de voyages
treatment traitement *m.*
tree arbre *m.*
  family ~ arbre *m.* généalogique
trip voyage *m.*
  business ~ voyage *m.* d'affaires
  go on a ~ faire un voyage
  have a nice ~! bon voyage!
  pleasure ~ voyage d'agrément
  ~ around the world tour du
  monde
true vrai(e)
truth vérité *f.*
try again later essayer plus tard
T-shirt T-shirt *m.*
Tuesday mardi *m.*
tuna thon *m.*
turkey dinde *f.*
turn tourner
  ~ off éteindre
  ~ on allumer
tuxedo smoking *m.*
twelve douze
twenty vingt
twenty-one vingt et un
twenty-two vingt-deux
two deux
type espèce *f.*; genre *m.*
typical typique

uh   euh
umbrella   parapluie *f.*
uncivilized person   sauvage *m./f.*
uncle   oncle *m.*
under   sous
understand   comprendre
 ~ one another   se comprendre
unemployment   chômage *m.*
unfortunately   malheureusement
unfurnished   non meublé(e)
university   université *f.*
 ~ cafeteria   restaurant *m.* universitaire
 ~ dorm   résidence *f.* universitaire
unmarried   célibataire
unpleasant   désagréable
up to   jusqu'à
us   nous
useful   utile
usual: as ~   comme d'habitude
usually   d'habitude
utilities   charges *f.pl.*

vacation   vacances *f.pl.*
 have a nice ~!   bonnes vacances!
 ~ day   jour *m.* de congé
vaccination   vaccin *m.*
vacuum   passer l'aspirateur
 ~ cleaner   aspirateur *m.*
value   valeur *f.*
variety show   variétés *f.pl.*
veal   veau *m.*
 ~ cutlet   côtelette *f.* de veau
vegetable   légume *m.*
vegetarian   végétarien(ne)
velvet *adj.*   en velours
velvet *n.*   velours *m.*
very   très; vachement (*slang*)
video cassette   vidéocassette *f.*
 ~ recorder   magnétoscope *m.*
violence   violence *f.*
visible   visible
visit *n.*   visite *f.*
visit *v.*   (a place) visiter; (a person) rendre visite à
vitamin   vitamine *f.*
voice   voix *f.*
volleyball   volley *m.*
 play ~   faire du volley
vote   voter

wages   salaire *m.*
waist   taille *f.*
waist-length jacket   blouson *m.*
wait (for)   attendre
waiter/waitress   serveur/serveuse *m./f.*
wake up   se réveiller

walk *n.*   promenade *f.*
 go for a ~   faire une promenade
walk *v.*   marcher; faire de la marche
walking   marche *f.*
 go ~   faire de la marche
wall   mur *m.*
want   désirer; vouloir
 ~ to   vouloir; avoir envie de
war   guerre *f.*
wash   laver
 ~ (oneself)   se laver
watch   montre *f.*
water   eau *f.*
 mineral ~   eau *f.* minérale
 ~ skiing   ski *m.* nautique
we   nous; on
weak   faible
wealth   richesse *f.*
wear   porter
weather   temps *m.*
 ~ report   bulletin *m.* météo
Wednesday   mercredi *m.*
week   semaine *f.*
 a ~ later   une semaine après
 in a ~   dans une semaine
weekend   week-end *m.*
weight lifting   musculation *f.*
welcome *n.*   bienvenue *f.*
welcome *v.*   accueillir
 you're ~   il n'y a pas de quoi; je t'/vous en prie; de rien
well   alors; bien; ben; eh bien
west   ouest *m.*
Western   occidental(e)
 ~ morality   morale *f.* occidentale
what   qu'est-ce que... ?; que; quel/quelle
 ~?   Pardon? Comment?
 ~ is he like?   comment est-il?
 ~ is his/her name?   comment s'appelle-t-il/elle?
 ~ is it?   qu'est-ce que c'est?
 ~ is that?   qu'est-ce que c'est que ça?
 ~ is your name?   comment tu t'appelles? comment vous appelez-vous?
 ~ time is it?   quelle heure est-il?
 ~ would you like?   vous désirez?
wheat   blé *m.*
 ~ field   champ *m.* de blé
when   quand
where   où
 from ~   d'où
 ~ is . . . located?   où se trouve... ?
which   quel/quelle
while   alors que

white   blanc (blanche)
who   qui, qui est-ce qui
 ~ am I?   qui suis-je?
 ~ is it?   qui est-ce?
 ~'s calling?   qui est à l'appareil?
whom . . . ?   qui est-ce que... ?
why   pourquoi
wife   femme *f.*
win   gagner
wind   vent *m.*
window   fenêtre *f.*
windy: it's ~   il fait du vent
wine   vin *m.*
winter   hiver *m.*
wish   désirer; souhaiter
with   avec
 ~ difficulty   difficilement
 ~ pleasure!   volontiers! avec plaisir!
woman   femme *f.*
wood   bois *m.*
wool   laine *f.*
work   travailler
workbook   cahier *m.*
worker   ouvrier/ouvrière *m./f.*
world   monde *m.*
worried   inquiet(ète)
worry   s'inquiéter
would: ~ you know?   sauriez-vous... ?
 ~ you like to?   ça vous (t')intéresse?
wound   blessure *f.*
write   écrire
 ~ one another   s'écrire
writer   écrivain *m.*
wrong: be ~   avoir tort

xenophobic   xénophobe

year   an *m.*; année *f.*
 be _____ ~s old   avoir _____ ans
 happy New ~   bonne année
yellow   jaune
yes   oui; si (in response to negative question)
 well, ~   mais oui; mais si
yesterday   hier
yet   déjà
yogurt   yaourt *m.*
you   vous; tu; te; toi
 ~ can   vous pouvez
 ~ would like   vous voudriez
 ~'re welcome   il n'y a pas de quoi; je vous (t') en prie; de rien
young   jeune
your   ton/ta/tes; votre/vos

Index

Credits

Text

pp. 29, 32, 37, 38, Illustrations from *Le petit Nicolas* by Sempé et Goscinny. Copyright © 1960 Éditions Doenoël. Used by permission.

pp. 37–38, From *Le petit Nicolas* by Sempé et Goscinny. Copyright © 1960 Éditions Doenoël. Used by permission.

p. 44, Jacques Prevert, "L'accent grave" in *Paroles.* © Éditions Gallimard. By permission of the publisher.

p. 80, René Philombe, "L'homme qui te ressemble" from *Petites Gouttes de chant pour créer l'homme* (Éditions Semences Africaines, 1977). Reprinted by permission.

p. 119, Extrait de *Un Nègre à Paris* by Bernard B. Dadié. Copyright © Éditions Présence Africaine, 1959. Reprinted by permission.

p. 202, Extrait de *Notre fille ne se mariera pas* by Guillaume Oyônô Mbia.

p. 222, Copyright © Dupuis 1997. First printed in *Ciné télé Revue,* #23, 5 juin 1997. Used by permission.

pp. 243–244, From *Le petit Nicolas et les copains* by Sempé et Goscinny. Copyright © 1960 Éditions Doenoël. Used by permission.

pp. 286–287, 324–327, Text and illustrations from *Le Petit Prince* by Antoine de Saint-Exupéry. Copyright 1943 and renewed 1971 by Harcourt, Inc. Reprinted by permission of Harcourt, Inc.

p. 382, © Christine Lerche—Sylvie Poideuir/BIBA. Used with permission.

pp. 401–403, Excerpted from "Une abominable feuille d'érable sur la glace" by Roch Carrier, from *Les Enfants du bonhomme dans la lune.* Copyright © 1979. Used by permission of Les Éditions Stanké, Montréal.

p. 421, From Gérard Mermet, "La régression du carriérisme," printed in Francoscopie 2001, pp. 268–269.

pp. 439–440, Reprinted from *Une si longue lettre* by Mariama Bâ by permission of Les Nouvelles Éditions Africaines.

Illustrations

pp. 24, 30, 71, 76 top row, 147 left, 148, 303, 343, Fian Arroyo

pp. 95, 116, 130, 131, 133, 134, 180, 218, 384, 385, 386, Patrice Rossi Calkin

pp. 10, 54, 65, 76 bottom two rows, 77, 262, 279, 340, Rick Morgan

pp. 5, 7, 11, 13, 31, 34, 35, 51, 58 top, 64, 109, 156, 157, 197, 198 top row, 236, 247, 271, 342, 373, 379, Jim Sollers and Patrice Rossi Calkin

Photographs

Chapitre préliminaire: *p. 1,* Owen Franken/Stock Boston; *p. 2,* Chantal Thompson; *p. 9 top,* Chantal Thompson; *p. 9 bottom,* Hazel Hankin/Stock Boston; **Chapter 1:** *p. 19,* Hazel Hankin/Stock Boston; *p. 22 top left,* Elaine Phillips; *p. 22 top right,* Ulrike Welsch; *p. 22 bottom left,* Elaine Phillips; *p. 22 bottom right,* Chantal Thompson; *p. 26 left,* Getty Images; *p. 26 second from left,* © Reuters NewMedia Inc./Corbis; *p. 26 middle,* © Pierre Georges/Corbis Sygma; *p. 26 fourth from left,* © Reuters NewMedia Inc./Corbis; *p. 26 right,* © Rufus F. Folkks/Corks; *p. 36 right,* Beryl Goldberg; *p. 36 left,* Ermakoff/The Image Works; *p. 43,* Gamma Liaison; *p. 46 left,* Joseph Sohm/Stock Boston; *p. 46 right,* Owen Franken/Stock Boston; *p. 47 right,* Chantal Thompson; **Chapter 2:** *p. 50,* Ulrike Welsch; *p. 53,* Peter Menzel/Stock Boston; *p. 55 left,* Elaine Phillips; *p. 55 middle,* Elaine Phillips; *p. 55 right,* Elaine Phillips; *p. 58,* © Robert Eric/Corbis Sygma; *p. 59,* Beryl Goldberg; *p. 67,* Chantal Thompson; *p. 70 right,* Carol Havens/Tony Stone Images; *p. 70 left,* Beryl Goldberg; *p. 75,* Owen Franken/Corbis; *p. 79,* Courtesy of Aija Bjornson; **Chapter 3:** *p. 87,* Barbara Alper/Stock Boston; *p. 97,* David Young-Wolff/PhotoEdit; *p. 99 bottom,* Chantal Thompson; *p. 104,* Elaine Phillips; *p. 108 top,* Beryl Goldberg; *p. 108 bottom,* Ron Giling/Panos Pictures; *p. 118 top,* Archivo SMA; *p. 118 top right,* Navaswan/Getty Images; *p. 118 bottom left,* Jeremy Walker/Getty Images; *p. 118 bottom right,* John Lamb/Getty Images; *p. 118 left,* Horst Von Irmer/Index Stock Imagery; **Chapter 4:** *p. 128,* Ulrike Welsch; *p. 129,* Chantal Thompson; *p. 143,*

Janine Wiedel Photolibrary/Alamy; *p. 144*, Chantal Thompson; *p. 145*, HIRB/Index Stock Imagery; *p. 150 top*, David Frazier; *p. 150 bottom*, Jeremy Hartley/Panos Pictures; *p. 151*, Ulrike Welsch; *p. 160*, Sygma; *p. 161*, © Gaumont; **Chapter 5:** *p. 169*, Weinberg Clark/The Image Bank; *p. 173*, Frank Siteman/Index Stock; *p. 176 top*, bobpdigitalimages; *p. 176 bottom left*, Chantal Thompson; *p. 176 bottom right*, Chantal Thompson; *p. 182*, Stuart Cohen/Comstock; *p. 193 top*, IPA/The Image Works; *p. 193 bottom*, J. Boisberranger/Gamma Liaison; *p. 194*, Chantal Thompson; *p. 201*, Gilles Rigoulet/Sygma; **Chapter 6:** *p. 210*, D.S. Henderson/The Image Bank; *p. 214*, Henry Georgi/Comstock; *p. 226*, Elaine Phillips; *p. 233 left*, David Frazier; *p. 233 right*, Beryl Goldberg; *p. 234 left*, Wendy Stone/Gamma Liaison; *p. 234 middle*, G. Rancinan/Sygma; *p. 234 right*, Reuters NewMedia Inc./Corbis; *p. 239*, David Simson/Stock Boston; **Chapter 7:** *p. 251*, J. P. Arnett/Sygma; *p. 255*, Mike Mazzaschi/Stock Boston; *p. 256*, Owen Franken/Corbis; *p. 267 left*, Pitchal Frederic/Corbis Sygma; *p. 267 right*, © Gerhard Steiner/Corbis; *p. 274 right*, Gontier/The Image Works; *p. 274 left*, Chantal Thompson; *p. 281*, Astier Frederik/Corbis Sygma; **Chapter 8:** *p. 294*, David W. Hamilton/The Image Bank; *p. 297*, Lee Snider/The Image Works; *p. 307*, Nathalie and David Chesnel; *p. 310*, Monika Graff/The Image Works; *p. 313*, Elaine Phillips; *p. 316 left*, Mark Antman/The Image Works; *p. 316 right*, David Frazier; *p. 319*, Chantal Thompson; *p. 320 left*, Ulrike Welsch; *p. 320 right*, Dion Ogust/The Image Works; *p. 322*, Elaine Phillips; **Chapter 9:** *p. 334*, Goldsmith/The Image Works; *p. 344 left*, Annebicque Bernard/Corbis Sygma; *p. 344 right*, Rougemont Maurice/Corbis Sygma; *p. 345 top left*, bobpdigitalimages; *p. 345 bottom left*, Owen Franken/Corbis; *p. 345 right*, Stephanie Maze/Corbis; *p. 354 top*, Heldur Netocny/Panos Pictures; *p. 354 center*, Elaine Phillips; *p. 354 bottom*, Elaine Phillips; *p. 355*, Owen Franken/Stock Boston; *p. 358 top*, Chantal Thompson; *p. 358 bottom*, Owen Franken/Stock Boston; *p. 364*, Etienne George/Sygma; **Chapter 10:** *p. 372*, Jeremy Hartley/Panos Pictures; *p. 387*, Beryl Goldberg; *p. 390*, Jen Petreshock/Getty Images; *p. 391 left*, Daniel Simon/Gamma Liaison; *p. 391 center*, Rick Smocan/Stock Boston; *p. 391 right*, Michel Renaudeau/Gamma Liaison; *p. 396*, Chantal Thompson; *p. 397*, Nathalie and David Chesnel; *p. 400*, Roch Carrier; **Chapter 11:** *p. 409*, Stuart Cohen/Comstock; *p. 414 bottom right*, Charles Gupton/Stock Boston; *p. 414 bottom left*, Owen Franken/Stock Boston; *p. 414 top right*, Elaine Phillips; *p. 414 top left*, P. Gontier/The Image Works; *p. 415 left*, Beryl Goldberg; *p. 415 second from left*, Chantal Thompson; *p. 415 center*, Chantal Thompson; *p. 415 second from right*, Elaine Phillips; *p. 415 right*, Robert Fried; *p. 417 left*, Beryl Goldberg; *p. 417 second from left*, Beryl Goldberg; *p. 417 second from right*, Lon C. Diehl/PhotoEdit, Inc.; *p. 417 right*, Elaine Phillips; *p. 424 left*, Chad Ehlers/Alamy Images; *p. 424 center*, Jack Hollingsworth/Photodisc/Getty Images; *p. 424 right*, © Cabrol Catherine/Corbis KIPA; *p. 426 left*, Elaine Phillips; *p. 426 right*, Elaine Phillips; *p. 427 center*, Patrick Ward/Stock Boston; *p. 427 left*, Martial Colomb/Photodisc/Getty Images; *p. 427 right*, John Eastcott/Stock Boston; *p. 429 left*, Robert Fried; *p. 429 right*, Beryl Goldberg; *p. 430*, Owen Franken/Stock Boston; *p. 436*, Robert Koene/Photodisc/Getty Images; *p. 438*, Les Nouvelles Éditions Africaines du Sénégal; **Chapter 12:** *p. 446*, Owen Franken/Stock Boston; *p. 451*, Arthur Tilley/Getty Images; *p. 453*, Chantal Thompson; *p. 461*, Chantal Thompson; *p. 465*, Chantal Thompson; *p. 466*, bobpdigitalimages; *p. 473*, Anne de Brunhoff; **Chapitre complémentaire:** *p. 479*, David Sauveur/Sygma; *p. 484*, Charles Blanquart/Sygma; *p. 485*, Barbara Alper/Stock Boston; *p. 488*, Madeline Pelletier/Sygma; *p. 494*, Cat's Collection.

Synthèse culturelle photos courtesy of David Chesnel, Nathalie Chesnel, Nathalie Dinane, Isabelle Lareau Funk, Laïla Lamani, Frédéric Riemer, and Aïssatou Sow.

Realia

p. 92, France Télécom; *p. 101*, Crédit Lyonnais; *p. 102*, But; *p. 103*, Commercialisation SORIMO Mediterranée; *p. 122*, DRIRE Île-de-France; *p. 135 left*, Théâtres Rex; *p. 135 right*, Maison Européenne de la Photographie; *p. 146*, http://www.education.gouv.fr; *p. 154*, École Supérieure de Gestion; *p. 170*, La Belle Époque; *p. 178*, Carrefour, Eau de source de montagne, Limonade Lorina, Coca-Cola, Oasis Tea; *p. 181*, Bistro Romain; *p. 190*, McDonald's; *p. 205*, Al Fassia; *pp. 215, 217*, Carnaval de Québec; *p. 224*, www.tvmag.com; *p. 227 left*, Atlas des Français; *top center*, Hachette Première Caméra One; *top right*, Danjaq, LLC and United Artists Corporation; *bottom center*, Columbia Pictures Industries, Inc.; *bottom right*, MK2; *p. 232*, Pariscope; *p. 241*, Aix-en-Provence Tourism; *p. 252*, Destination Bretagne; *p. 259*, Hôtel Paul Cézanne; *p. 266*, Komaroc S.A., Top Photo, © FISA Escudo de Oro, S.A.; *p. 275*, SNCF; *p. 289*, Cassis Office Municipal du Tourisme; *pp. 305 and 306*, Atlas des Français; *p. 448 right*, Theraplix; *p. 448 left*, Laboratoires UPSA; *p. 463*, Jardin Botanique de Montréal, Aux Anciens Canadiens, Château Frontenac, Parc Jacques-Cartier, Théâtre de la Tour.

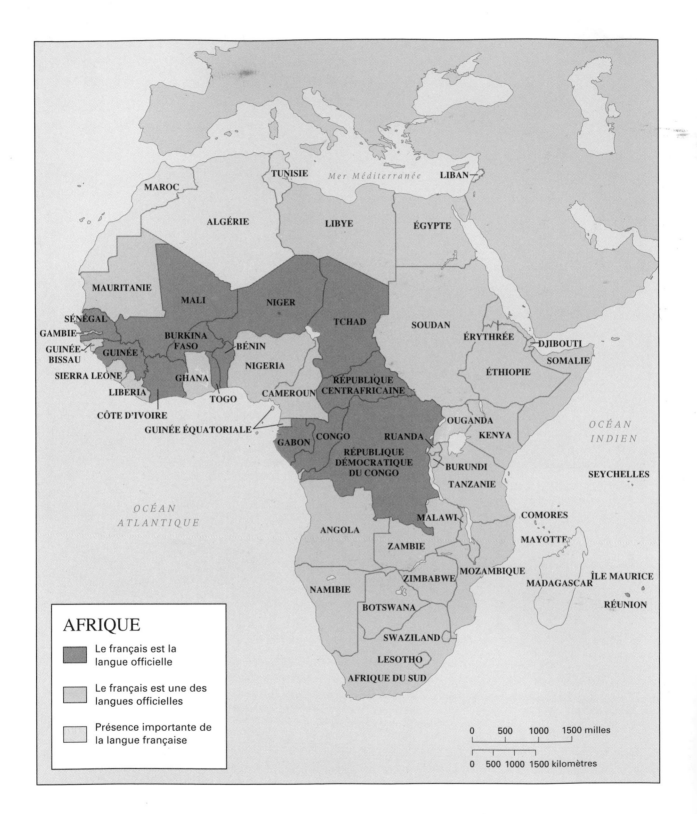

AFRIQUE

- Le français est la langue officielle
- Le français est une des langues officielles
- Présence importante de la langue française

MAROC

TUNISIE   Mer Méditerranée   LIBAN

ALGÉRIE   LIBYE   ÉGYPTE

MAURITANIE

MALI   NIGER

SÉNÉGAL   TCHAD   SOUDAN   ÉRYTHRÉE

GAMBIE   BURKINA   DJIBOUTI

GUINÉE-BISSAU   GUINÉE   FASO   BÉNIN   SOMALIE

SIERRA LEONE   NIGERIA   ÉTHIOPIE

GHANA   RÉPUBLIQUE CENTRAFRICAINE

LIBERIA   CAMEROUN

CÔTE D'IVOIRE   TOGO

GUINÉE ÉQUATORIALE   OUGANDA

CONGO   RUANDA   KENYA   OCÉAN INDIEN

GABON   RÉPUBLIQUE DÉMOCRATIQUE DU CONGO   BURUNDI   SEYCHELLES

TANZANIE

OCÉAN ATLANTIQUE   MALAWI   COMORES

ANGOLA   MAYOTTE

ZAMBIE   MOZAMBIQUE   ÎLE MAURICE

ZIMBABWE   MADAGASCAR

NAMIBIE   RÉUNION

BOTSWANA

SWAZILAND

LESOTHO

AFRIQUE DU SUD

0   500   1000   1500 milles

0   500 1000 1500 kilomètres